U0925606

# 2013
# 中国保税区出口加工区年鉴
## CHINA FREE TRADE ZONE AND EXPORT PROCESSING ZONE YEARBOOK

中国保税区出口加工区协会◎编

中国海关出版社

**图书在版编目（CIP）数据**

中国保税区出口加工区年鉴. 2013/中国保税区出口加工区协会编. —北京：中国海关出版社，2013. 10
ISBN 978-7-80165-991-0

Ⅰ. ①中… Ⅱ. ①中… Ⅲ. ①自由贸易区—中国—2013—年鉴 ②出口加工区—中国—2013—年鉴 Ⅳ. ①F752. 8-54

中国版本图书馆 CIP 数据核字（2013）第 245402 号

**中国保税区出口加工区年鉴（2013）**
ZHONGGUO BAOSHUIQU CHUKOU JIAGONGQU NIANJIAN（2013）

作　　者：中国保税区出口加工区协会
责任编辑：左桂月
助理编辑：熊　芬　李璞娜
出版发行：中国海关出版社
社　　址：北京市朝阳区东四环南路甲 1 号　　邮政编码：100023
网　　址：www. hgcbs. com. cn
编 辑 部：01065194242-7527（电话）　　01065194231（传真）
发 行 部：01065194242-7540/42/44/45（电话）　　01065194233（传真）
社办书店：01065195616/5127（电话/传真）　　01065194262/63（邮购电话）
北京市建国门内大街 6 号海关总署东配楼一层
印　　刷：廊坊市晶艺印务有限公司　　经　　销：新华书店
开　　本：787mm×1092mm　1/16
印　　张：31. 75　　字　　数：800 千字
版　　次：2013 年 10 月第 1 版
印　　次：2013 年 10 月第 1 次印刷
书　　号：ISBN　978-7-80165-991-0
定　　价：280. 00 元

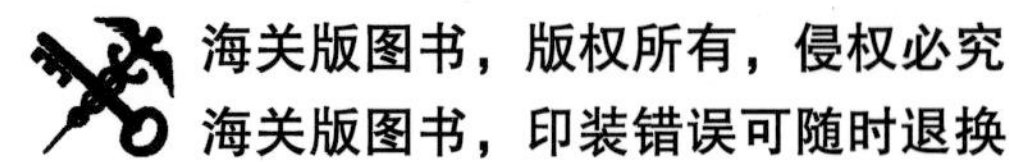

# 《中国保税区出口加工区年鉴（2013）》
# 编委会

## 编写人员名单

（以姓氏笔画为序）

丁玉辉　王　贞　王　伟　王莉芳　王振涛　方　胤　艾建军　东　超
叶　红　申　艳　史秀艳　冯宇群　曲直园　任晓锋　刘金华　刘险峰
许　涛　许建民　杜　琳　杨　颖　杨　蕾　吴亚玲　谷二艳　沈　霓
沈玲艳　张洁薇　陆凯凤　陈　立　陈　坚　陈　涛　陈一洁　陈婵媛
邵春芳　周郑宇　胡孟影　赵苏峰　施一玉　宦　潇　袁　璐　夏美文
唐顺德　黄海兵　崔莉娟　谢　丽　谢　炜　谢文玉　黎发明

## 编辑部成员

**主　任：**普　娜

**副主任：**李春生　陈一洁

**成　员：**左桂月　刘　锋　刘　继　王金刚　朱月青　苗维翠　寿　玲

CFEA

腾邦物流
9YES.COM

腾邦大厦A、B栋

腾邦集团大厦

深圳市腾邦物流股份有限公司作为国家商务部技术先进型服务企业，形成以“国际名酒交易中心”为龙头，以价值供应链和金融仓储为两翼，以物流、物联网智能为支撑的战略布局，成为全球葡萄酒金融交易创新模式的引领者。2012年腾邦物流在前海新区投资设立“国际名酒交易中心”，打造亚洲最大的酒类流通平台和采购中心。腾邦物流的努力获得了社会各界认可，被评为“国家高新技术企业”、“中国物流百强企业”、“中国十大民营物流企业”“中国最具投资价值物流企业”。腾邦物流秉承既定战略，不断创新变革，必将再创民族品牌。

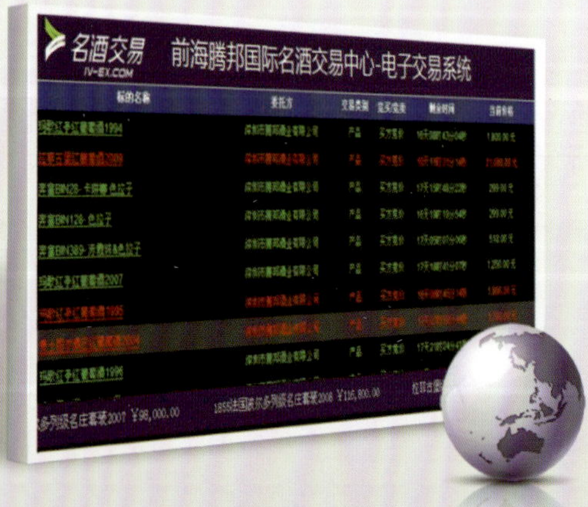

服务热线：4000-188-199
http://www.9yes.com

# 广西凭祥综合保税区

广西凭祥综合保税区于2008年12月19日经国务院批准设立，规划总面积8.5平方公里，一期工程于2011年9月30日正式封关运营，分口岸作业区、保税物流加工区和配套服务区3个功能区。

广西凭祥综合保税区位于广西凭祥市友谊关，与越南谅山接壤，与越南口岸直接相通，是全国第一个实现与境外直接相连，具有跨境合作背景的综合保税区，是中国目前开放层次最高、政策最优惠、功能最齐全的海关特殊监管区之一，享有多重叠加政策优惠。

结合独特的区位优势，广西凭祥综合保税区已逐步构筑了“五中心一基地三线路”产业发展格局，即建立橡胶国际贸易及保税加工中心、机电产品展销租赁维修中心、农资（化肥）保税仓储交易中心、大宗农产品保税加工配送中心、进口风景苗木交易中心和特色资源保税加工基地，同时努力打造“综保区—谅山—海防港”、“综保区—河内—胡志明”、“综保区—越南—老挝—泰国”3条黄金物流线路。

封关运营两年来，广西凭祥综合保税区园区经济呈现出迅猛发展势头，各项经济指标逆势上扬，进出口贸易量、贸易额增幅均高于全国、全区水平。2013年1～7月，通过凭祥综合保税区口岸作业区的进出境载货车辆达39 344辆（次），进出口货物32.97万吨；完成贸易额173.16亿元，同比增长76.97%。目前，已有47家企业入区登记注册，50多家企业正在申请入区，行业涵盖贸易、物流、加工、金融等领域。

广西凭祥综合保税区管委会同时挂中国凭祥—越南同登跨境经济合作区管委会牌子，行使中方区域的管理权。管委会成立以来，积极与越方共同推进中国凭祥—越南同登跨境经济合作区建设，在诸多方面达成共识。

# 珠海保税区

## （珠澳跨境工业区）

1996 年，珠海保税区经国务院批准设立，1999 年封关运作，区内实行“境内关外”的保税优惠政策。作为珠海保税区的延伸区域，珠澳跨境区于 2003 年经国务院批准设立，2006 年正式运行。区内实行“保税区＋出口退税政策＋ 24 小时通关专用口岸”等多种优惠政策。珠海保税区位于珠海市南部，与澳门仅一水之隔，紧邻横琴新区和十字门中央商务区，周边海港、空港、铁路、轻轨、高速等交通干道环绕，众多口岸直通澳门，距澳门国际码头不到 10 公里，距离澳门国际机场仅 15 公里，区位优势得天独厚。

至 2012 年年底，珠海保税区吸引了德国、法国、日本、美国、丹麦等 10 多个国家和地区，以及国内多个省市的近千家企业，其中包括多家世界 500 强企业和高新技术企业，已培育形成了航空维修与培训、精密加工、电子元器件制造、医药及医疗器械、现代物流等五大支柱产业。

依托“港珠澳大桥桥头堡地位”、“共享横琴新区优惠政策”和独有的保税政策等优势，珠海保税区正围绕“构建保税商务基地，打造国际贸易平台”的发展目标，按照“两年打基础，四年大发展”的总体思路，积极培育“三高一特”现代产业体系，着力打造集国际物流中心、国际贸易中心和商贸服务中心于一体的国内重要保税商务基地。

广州市副市长、综合保税区管委会主任王东（中），管委会党组书记、常务副主任余楚风（右），管委会副主任张彦（左）现场研究规划建设工作

综合保税区办事大厅

广州白云机场综合保税区批复面积7.385平方公里，毗邻国内三大枢纽机场之一的广州白云国际机场，分为中区、南区、北区3个区域，其中一期规划面积1.645平方公里。

# 广州白云机场综合保税区

作为广州市临空产业发展的重要平台，广州白云机场综合保税区将依托综合保税区的政策优势，围绕珠三角地区“世界高端制造中心”的产业配套需求，力争在更高层面、更高质量上承接国际产业转移，重点打造“三个中心”：一是全球保税物流中心，发挥区域交通网络优势，建立知名产品国际中转分拨中心，打造华南地区的国际航空物流枢纽和全球供应链的重要节点；二是全球保税维修中心，重点开展飞机零部件、电子产品、精密仪器等产品保税维修，不断扩大维修产品范围，打造全球维修中心聚集地；三是亚太贸易展览销售中心，发挥机场及综合保税区的优势，开展航空指向性强的商品、奢侈品等销售展示业务，增强综合保税区的展览、展示、交易功能。

广州白云机场综合保税区规划以广州白云国际机场为核心，形成“一芯三区”的产业发展总体空间格局。其中，中区重点发展航材贸易及分拨、生鲜冷链、航空维修、飞机租赁；北区重点发展保税展示，电子产品维修，进出口产品检测与认证，航空装备、电子信息、精密机械和仪器的研制与生产；南区重点发展生物医药的贸易及分拨、研发、保税加工，酒类展示交易，服务外包，离岸金融。

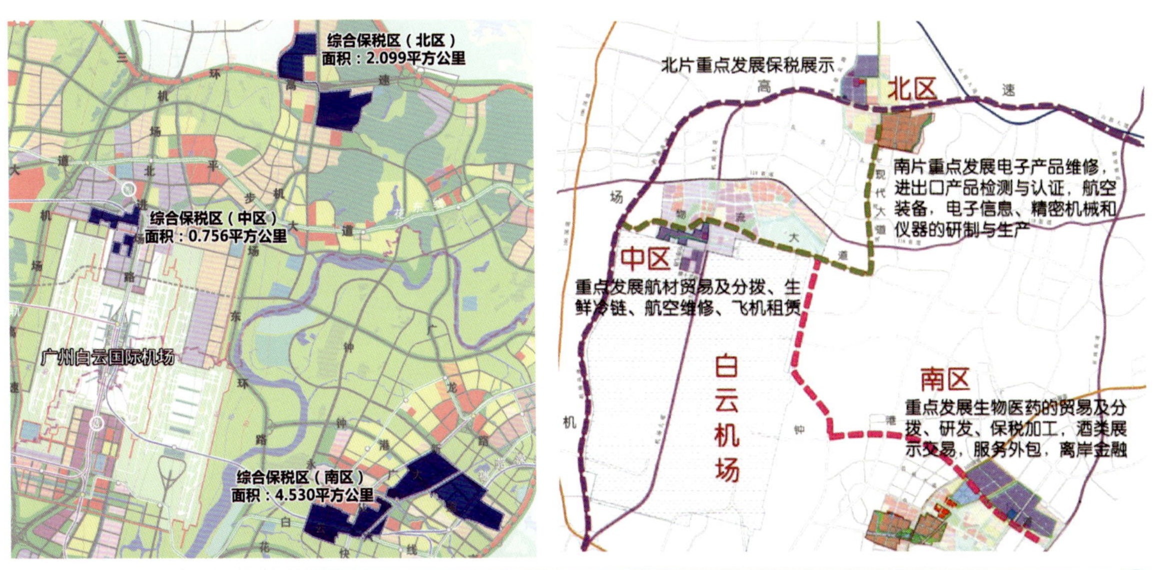

# 大连保税区

大连保税区行政管辖面积 251.3 平方公里，由保税区、大窑湾保税港区、出口加工区 A 区、大连汽车物流城和专业化港区五部分组成，是目前国内管辖面积最大的保税区，也是唯一集保税区、保税港区、出口加工区管理于一身的特殊经济区。

大连保税区现有企业 5 132 家，包括外资企业 801 家、内资企业 4 331 家。2012 年，大连保税区坚持以汽车物流城为载体，以重大产业项目为支撑，以基础设施建设为依托，坚持汽车、物流、城市三位一体，齐头并进、协调发展，各项事业持续快速健康发展。稳步推进通关模式改革，保税区、大窑湾保税港区、出口加工区 A 区联动作用突出，通关监管系统全面对接，海运整箱、空运进出口实现直通关。充分执行减免费政策，提升贸易便利化水平，降低物流成本；全面启动国际生态卫星城建设，加快区域城市化进程；着力打造绿色智慧能源港，实施一体化封闭管理，有效提升安全监管水平。不断加大重点项目推进力度，奇瑞、黄海整车下线，东风日产整车项目、獐子岛中央冷藏物流基地正式开工，以远东工业园为代表的一批重大产业项目陆续建成投产，实现了经济质量与社会效益双提升。

# 张家港保税区

张家港保税区于1992年经国务院批准设立，2008年转型升级为保税港区，并与金港镇实施一体化管理，管辖范围由4.1平方公里拓展到147平方公里，户籍人口约18万，流动人口约17万。经过20多年的发展，构建了保税港区、扬子江化工园、装备产业园、环保新材料产业园、滨江新城、香山景区等多元载体发展格局，成为长江下游重要的国际资本承载区、现代产业集聚地和大宗商品集散中心。2012年完成地区生产总值553亿元，工业开票销售收入1 267亿元，进出口总额144亿美元，成功获批为全国第7个港口型汽车整车进口口岸和江苏省唯一的进口商品集采分销中心，率先在江苏省建立红酒实验室并成为最大的保税进口口岸，被江苏省委、省政府表彰为“江苏省先进开发区”，综合排名位列全省开发区前10强。下一步，张家港保税区将围绕现代化建设的总要求，做强港口服务业，做优临港制造业，做美商贸宜居城，全力打造黄金口岸、创业天堂、人居典范。

新落成的石化交易大厦

道康宁-瓦克生产基地

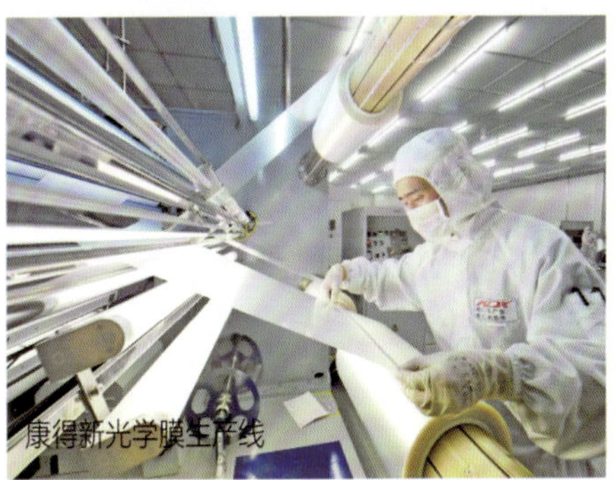
康得新光学膜生产线

葡萄酒检测实验室揭牌仪式

保税港务码头

# 昆山综合保税区

昆山综合保税区是在原有的昆山出口加工区的基础上整合转型而来的。2009 年 12 月 20 日，国务院批准在昆山出口加工区的基础上设立昆山综合保税区，规划面积 5.86 平方公里。2010 年 6 月 30 日、2012 年 12 月 3 日，昆山综合保税区分期通过国家验收并封关运作。

截至目前，昆山综合保税区已引进各类企业 184 家，总投资 23 亿美元。2012 年，昆山综合保税区实现进出口总额 546 亿美元，其中出口 360 亿美元；实现工业总产值 2 311 亿元；实现保税物流金额 692 亿美元。

结合昆山出口加工区的发展现状、综合保税区功能特色、转型升级发展方向等综合因素，昆山综合保税区将不断发挥其功能优势、产业优势、政策优势，做强现代制造业、做大货物贸易业、做优现代物流业、做精服务贸易业，着力打造“三大基地、三大平台”。

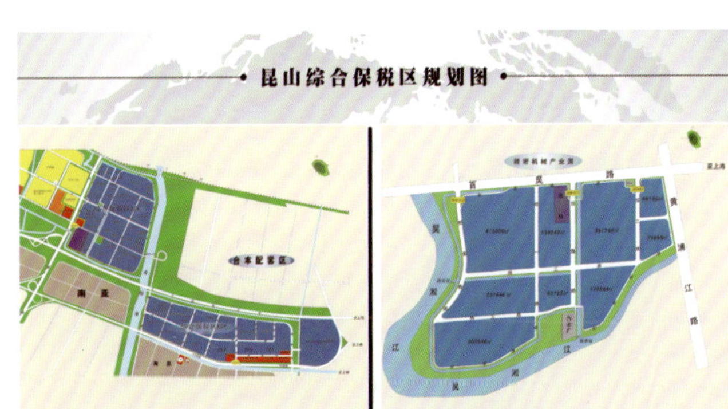

# 宁波保税区

宁波保税区（出口加工区）规划面积 5.3 平方公里，集国际贸易、进出口加工、保税仓储、保税展示和国际中转、国际采购、国际配送等功能于一体。2012 年实现地区生产总值 136.2 亿元，公共财政预算收入 32.2 亿元，海关税收 18.3 亿元，工业总产值 570.2 亿元，外贸进出口 132.7 亿美元，是长三角南翼开放型经济发展的重要功能区，浙江省外商投资新兴产业示范基地，国家进口贸易促进创新示范区。其重点培育了金属、固体化工品、煤炭、船舶等大宗生产资料市场和葡萄酒、橄榄油等生活消费品市场。

1. 宁波保税区进口商品市场
2. 进口商品市场一角
3. 宁波奇美电子液晶显示器检测车间
4. 固体化工品市场
5. 期货交割库
6. 钢材市场

# 汕头保税区

2012 年在欧债危机反复、国际经济动荡、国内宏观经济下行压力大的情况下，汕头保税区党委、管委会领导班子带领保税区全体建设者，深入学习贯彻党的十八大和市第十次党代会精神，化危为机，迎难而上，转变经济发展方式，经济综合实力上了新台阶，重大项目和基础设施建设取得新进展，区域经济继续保持稳定发展势头。

2012 年，汕头保税区实现地区生产总值 24.8 亿元，同比增长 7.2%；工业总产值 41.85 亿元，同比增长 15.5%；出口 1.45 亿美元，同比增长 22%，其中加工贸易企业出口 1.29 亿美元，同比增长 31.7%；完成固定资产投资 3.6 亿元，同比增长 38.7%；实现工商税收 2.04 亿元，同比增长 25.4%；实现公共财政预算收入 6 597 万元，同比增长 21.64%。

保税区坚持发展第一要务，持之以恒抓好招商引资工作。强化各部门之间的多向互动服务机制，做好历年洽谈、签约项目的跟踪落实，加快项目引进速度。成功引进多个项目，形成保税区新的经济增长点，增强发展后劲。

保税区引导扶持企业自主创新，推动产业转型升级。协调税务、银行、证监等部门，推动政银企合作，落实、用好省市扶持企业发展的各项专项资金，扶持企业上市融资。协调海关、商检等部门，开通货物从码头到保税区的直通道，解决企业货物一次报关问题，减少货物流转时间和费用。

加强区域管理，进一步优化投资环境。全面清理土地和房产，预留发展空间。强化闲置土地处置工作，客观妥善解决历史遗留问题。鼓励工业项目适当提高建设密度和容积率，促进土地集约节约利用。 抓好安全生产工作，开展地毯式检查，加强对各企业、厂房、仓库、货场等地方的监管，确保安全不出事故。积极推进社会治安视频监控系统建设，推动群防群治工作。成功侦破 6 宗包案的刑事案件，100% 按期完成领导干部包案任务。

两区协会会长甄朴一行到汕头保税区调研

汕头市委书记陈茂辉到保税区调研

# 济南综合保税区

济南综合保税区于2012年5月15日经国务院批准设立，总规划面积5.22平方公里，具有保税加工、保税物流、国际贸易、口岸通关四大功能。园区地处济南市区东部，距青岛港320公里，距济南国际机场18公里，距济南火车站20公里，在周边东南、东北、西北设有三个高速路口，与济青、济莱、京沪三条高速公路贯穿一体，具有“接纳东西南北、交流左右纵横”的独特区位优势。

目前，济南综合保税区落户项目超过100个。2013年上半年，园区集中签约项目达到16个，总投资超过100亿元，投资强度达到550万元/亩，全部达产后，年销售收入将突破500亿元。未来几年，园区将以保税物流、保税加工、国际贸易为三大产业发展方向，重点引进高端制造业、棉纺织业、保税物流等产业项目，全力建设成为济南外向型经济的示范区、山东中西部地区对外开放的新高地。

山东省委常委、济南市委书记王敏，济南市委副书记、市长杨鲁豫到园区调研

济南海关关长刘魏巍、副关长胡东升到园区调研

济南综合保税区办公楼

济南综合保税区海关监管仓库

# 南通综合保税区

南通综合保税区于2013年1月3日经国务院批准设立，规划总面积5.29平方公里，实行“一区两片”的发展格局。其中，A区地处南通经济技术开发区中心区域，位于原南通出口加工区范围内，规划面积1.5平方公里；B区紧邻规划中的年吞吐量200万标箱的集装箱码头，距苏通长江大桥下游仅2公里，规划面积3.79平方公里。

A区距现行南通港主港口5公里，北侧距源兴路400米，南侧距S336省道800米，东侧距通盛大道的最短距离仅1公里；B区紧邻规划中的南通港主港口，南侧毗邻长江，西侧距苏通长江大桥2公里，北侧距沿江大道1公里。

南通综合保税区对外交通便利，连接深海高速、沪陕高速、沿江高速、204国道，与沪蓉高速（沪宁高速）、京沪高速、沪嘉浏高速、苏嘉杭高速等贯通。

南通综合保税区努力营造亲商、安商、富商的投资环境，为客商投资兴业提供完备的生产要素，其配套条件优越，建有多幢标准厂房、保税仓库，以及可容纳2万人的职工（人才）公寓。

南通综合保税区将以建设现代物流和加工贸易运营示范区为目标，重点发展保税加工、保税物流、口岸作业、保税服务等业务，着力打造开放型经济发展新引擎，一切来南通综合保税区投资的客商都会在共同发展中得到丰硕的回报。真诚地欢迎海内外客商到南通综合保税区参观、考察、投资，南通综合保税区将为企业全面提升竞争力而尽心尽责。

江苏省委书记罗志军视察出口加工区

西安综合保税区（一期）是在西安保税物流中心的基础上升级扩建的，占地面积为 1.36 平方公里，总投资 16 亿元。截至 2013 年 5 月 30 日，西安综合保税区（一期）基础设施和监管设施建设已经全部完成，建成包括 6 000 平方米的通关服务中心，5 进 5 出全智能卡口和 1 条超宽超限通道，长 6 034 米的围网及巡逻通道，3 万平方米的保税仓库，10 600 平方米的验货场地，648 平方米的监管仓库，信息化设施（监控系统和信息管理系统），报关大厅，建筑面积 7.2 万平方米的标准厂房及市政基础配套设施，并配套完成给水、电力、天然气、雨污水等管网敷设，安装了道路照明、通讯网络等设施。西安综合保税区（一期）于 2013 年 6 月 18 日通过预验收，2013 年 9 月 17 日通过由国务院十部委组成的联合验收组的正式验收，并于 2013 年 10 月封关运行。

西安保税物流中心自 2010 年 4 月 20 封关运营后，运营状况良好，两座 3 万平方米的保税仓库出租和使用率达 90%。截至 2013 年 9 月 17 日，已实现通关业务 2 843 票，进出口贸易额约 88 313 万美元。其中，2013 年已实现通关业务 694 票，进出口贸易额约为 25 200 万美元。较上年同期 22 241 万美元增加了 13.30%。业务辐射陕西全境及甘肃、宁夏、河南、内蒙古、山西等周边省份。

自西安综合保税区获批以来，西安国际港务区管委会针对综合保税区展开了一系列招商引资活动。英国塔塔钢铁和日本通运等世界 500 强企业，以及厦门优传、田园冷链等多家国际国内西安综合保税区是国务院批准在西安设立的西北第一个综合保税区，总体规划用地 6.18 平方公里。西安综合保税区是西安国际港务区上升为国家战略规划后，国家为将陕西打造成为内陆型经济开发开放的战略高地、重要国际区域经济合作区而特别批准设立的，是国家西部大开发战略的重要布局，是提升内陆地区开发开放水平的一个重要措施，是关中—天水经济区开发开放的一个里程碑，是陕西对外开放合作的又一金字招牌。

# 西安综合保税区

知名企业已经先期入驻并正式对外运营。德国巴斯夫、美国瑞可维、山林粮油、河渎纺织等项目已经开工建设，世界名品园、陕西文化保税区等项目已经签订正式入区协议，正在进行项目规划设计，年内将动工建设。此外，在西安综合保税区挂牌成立的陕西太阳能光伏产业进出口基地也已经有黄河光伏、陕西有色光电、精英光电等企业签订了入驻协议。截至 2013 年 7 月，综合保税区共引进企业 41 家（已入区企业 17 家，意向企业 24 家），其中报关报检公司 3 家，保税物流企业 18 家，加工贸易企业 12 家，展示交易类项目企业 5 家（如世界名品园、文化保税区等），综合类项目企业 3 家，合同总金额超过 200 亿人民币。

# 厦门象屿保税区

2012 年是厦门象屿保税区成立 20 周年。20 年来，象屿保税区已从仅 0.63 平方公里的单纯保税区，发展成为目前包括象屿保税区、象屿保税物流园区、东渡港区、保税区二期及航空港工业与物流园区五大片区，总面积 9 平方公里，保税与非保税物流并举，国际物流与国内物流、城市物流与区域物流互动的厦门现代物流园区，是我国东南沿海和海峡西岸重要的国际物流节点与平台，也是全国保税区拓展保税物流的典型。

站在新的历史起点上，厦门市委市政府将两岸新兴产业和现代服务业合作示范区（以下简称两岸合作示范区）建设重任交由象屿保税区来牵头。象屿保税区全力以赴做好两岸合作示范区改革发展规划的编制和报批等前期工作。目前，两岸合作示范区的改革发展规划方案已经上报国务院，核心区概念性规划、用地保障工程、基础设施建设、招商引资等工作也在积极推进中。

两岸合作示范区是大陆首个以两岸产业深度合作为主题的国家级示范区，紧邻即将建设的厦门翔安国际机场，海岸线长达 43.56 公里，地理位置十分优越。其重点发展新一代信息技术、高端装备制造、生物与新医药、新材料新能源、海洋高新产业、节能环保等新兴产业，以及金融保险、现代物流、商务服务、高端旅游、服务外包、文化创意等现代服务业中的高端产业，将努力打造成为立足两岸、面向国际的两岸交流合作示范区和两岸现代产业集聚中心。

热忱欢迎广大海内外朋友到合作示范区参观考察、投资兴业，携手共进、同创辉煌！

投资服务热线：0592-6024973　5659452　传真：0592-6035830　网址：www.xmftz.xm.fj.cn

# 淮安综合保税区

淮安综合保税区于 2012 年 7 月 19 日经国务院批准设立，是江苏省长江以北第一家在出口加工区基础上转型升级的综合保税区，由 2008 年 3 月批准的出口加工区 1.36 平方公里单块园区，发展成包括 2 个片区共 4.92 平方公里的“一区两片”格局，即出口加工区周边的南片区 (3.35 平方公里 ) 和空港北片区 (1.57 平方公里 )。2013 年 1 月 30 日，综合保税区一期（2.63 平方公里）通过国务院联合验收组正式封关验收。淮安综合保税区是目前国内开放层次最高、政策最优惠、功能最齐全、运作最灵活、通关最便捷的海关特殊监管区域，将对淮安全市乃至苏北地区外向型经济发展起到重要的政策服务、大项目聚集和国际化平台作用。

淮安综合保税区已引进企业 14 家，注册外资 6.06 亿美元，完成投资近 16 亿美元。2012 年实现进出区值 21.63 亿美元，累计实现进出区总值 70 亿美元，创造就业岗位近 6 万个，已逐步形成一个以精密模具、电子接插件、印刷电路板等产品生产为主，以保税物流功能配套为辅的高科技出口加工基地。

今后 5 年淮安综合保税区发展定位：一是围绕一个目标，即“江北第一、全国一流”，在江苏长江以北实现经济总量第一，进入全国“第一梯队”；二是建成两个基地，即“以富士康为龙头的全国重要电子信息制造业基地”和“以保税物流为主的现代服务业基地”；三是凸显三大优势，即依托公铁水空港口一应俱全的交通优势、辐射 2 000 万人口的苏北重要中心城市的区位优势和以富士康科技城为代表的 IT 产业优势，不断提升招引重大项目的综合实力，进一步提升功能配套，增强对周边地区开放型经济的辐射力和带动力；四是打造四大中心，即保税加工中心、保税物流中心、展示展览中心和保税产品研发维修检测中心，全力将淮安综合保税区建设成为特色鲜明、充满活力的重要经济板块。

# 郑州新郑综合保税区

郑州新郑综合保税区二期通过封关验收

富士康生产厂房

国务院发展研究中心及海关总署莅临调研　航空港经济综合实验区新闻发布会

郑州新郑综合保税区是国务院批复的第13个综合保税区，也是中部地区第一家实现封关运行的综合保税区。在此基础上，国务院于2013年3月7日批准设立郑州航空港经济综合实验区（辖区面积415平方公里），郑州新郑综合保税区作为郑州航空港经济综合实验区的核心区域，是河南省对外开放的重要平台。

2012年是郑州新郑综合保税区经济加速发展、成效初步显现的一年。一是在建设上，郑州新郑综合保税区二期0.24平方公里于2012年12月21日正式封关运行，已封关面积达2.73平方公里，基本满足了区内企业生产需求。二是在功能拓展上，郑州新郑综合保税区于2012年12月6日成功实现了苹果iPhone5手机内销分拨中心在郑设立，并于同年12月3日，作为全国10个试点之一的“自产内销货物返区维修业务”获得海关总署正式批准。三是在经济发展上，2012年郑州新郑综合保税区完成进出口总值284.97亿美元，在全国110个海关特殊监管区排名第五，占河南省进出口总值的55.1%，被海关总署誉为“小区推动大省”的标兵和典范。

面对未来，郑州新郑综合保税区将不断探索创新，进一步加快区域产业结构调整升级，力争建设成为国内一流、运转高效的特定经济功能区域。

# 天津东疆保税港区

天津东疆保税港区是经国务院批准于2006年8月设立的海关特殊监管区。保税港区规划面积10平方公里，一期4平方公里于2007年12月封关运作；二期（全部10平方公里）已完成海关预验收，近期将完成正式封关验收。目前已经建成6个集装箱泊位，4个杂货泊位，58万平方米仓库和60余万平方米堆场。位于港区东部的综合配套区已经建成了两公里长的人工沙滩景区和625米码头岸线的国际邮轮母港。金融贸易服务中心、东疆商业综合体、游艇会所、五星级的安佳酒店、运动广场、低密度住宅、蓝白领公寓等共计70.4万平方米的生活配套设施正在建设中。

2011年5月10日，《天津北方国际航运中心核心功能区建设方案》获得国务院批复批准东疆在国际船舶登记制度、国际航运税收、航运金融和租赁业务创新等四个领域进行先行先试，并用5～10年时间，基本完善国际中转、国际配送、国际采购、国际贸易、航运融资、航运交易、航运租赁、离岸金融等功能。

截至2013年8月，东疆保税港区企业超过1 500家，注册资本金达到812.81亿元。2013年1～8月份新设立企业已超400家，接近2012年全年水平。

舟山港综合保税区于2012年9月29日获国务院批复成立，规划总面积5.85平方公里，分为本岛分区和衢山分区，是浙江舟山群岛新区建设国际物流岛的核心载体。

# 舟山港综合保税区

**发展目标**：利用综合保税区特有的功能政策优势，大力发展海洋经济，建设成为浙江海洋经济发展示范区的重要载体和舟山群岛新区发展的核心功能区，努力发展成为面向亚太地区、以大宗商品为主的综合保税区。

**功能定位**：充分发挥港口资源优势，突出海洋经济特色，加强与沪甬之间的优势互补，大力发展船舶、海洋工程装备、海洋生物产业、海洋新能源装备及海洋高新技术等产业，建设成为富有特色的现代海洋产业基地；大力发展国际进出口商品展示、交易，建设成为我国重要的进口商品基地；大力发展以矿砂、煤炭、油品、化工品及件杂货等大宗商品的储存、中转为主的现代港口物流业，建设成为我国大宗商品的国际物流配送中心。

**规划布局**：本岛分区位于新港园区一期西侧，规划面积2.83平方公里（不含商务配套区0.18平方公里），拟建设2个5万吨级泊位，2个3万吨级泊位（其中1个预留），配套岸线长度1 163米，重点建设以船舶及船用设备交易、高档进口水产品及冷链交易、中高档进口商品交易、有色金属交易、重型装备交易为主的五大专业市场。衢山分区位于衢山港区鼠浪湖岛，规划面积3.02平方公里，已通过核准建设2个30万吨级码头（水工结构均按40万吨散货船设计）、1个10万吨和2个5万吨级装船泊位，重点建设以油品化工品交易、铁矿砂交易、煤炭交易为主的三大专业市场。

**监管办法**：按照“一线放开、二线管住，区内自由、入区退税”的监管原则，实行全城封闭化、信息化、集约化的监管。

**项目引进**：2012年，综合保税区拟入区及签约项目28个，意向总投资189亿元；已注册企业32家，注册资金17.4亿元。其中，衢黄港口开发有限公司进口铁矿砂储运项目预期总投资50亿元，年吞吐量5 200万吨。

武汉东湖综合保税区于2011年8月29日经国务院批准设立，规划面积5.41平方公里，首期启动区1.82平方公里。2013年1月15日，首期通过国家十部委联合正式验收，6月29日正式封关运行。

# 武汉东湖综合保税区

武汉东湖综合保税区位于武汉东南部，地处高新产业聚集地——中国光谷腹地，是目前湖北省开放层次最高、功能最齐全的特殊监管区域，也是全国唯一一家位于国家自主创新示范区内的综合保税区。按照功能布局，东湖综合保税区分为保税加工区、保税物流区、口岸服务区与保税服务区。秉持“抓大、强中、养小”的发展思路，结合湖北武汉与东湖示范区的产业和科教人才优势，东湖综合保税区重点发展以光电子信息产业为核心的进出口加工制造业和现代服务业，拓展研发、加工、制造、检测、维修、贸易、物流、展示、结算等九大业务模块。富士康、联想、中外运等一批代表企业已入区发展，另有一批项目正在密切接洽中。

交通便捷：武汉自古九省通衢，依托武汉中部国际交通枢纽的地理区位，可以快速连接国内外主要城市。

政策优惠：自主创新示范区先行先试的政策条件，使区内企业叠加享受海关特殊监管区域及湖北省、武汉市、东湖国家自主创新示范区产业发展、资本特区、人才特区等相关优惠政策。

智力密集：武汉是中国三大科教中心之一，科研人才充足，创新力量雄厚，为企业发展提供可持续智力支撑和人力资源供应。

服务高效：有一支专业的专员服务队伍，为企业提供“一条龙”入驻服务。

配套齐全：周边教育医疗、娱乐休闲配套完善，为海内外人才与企业员工打造宜居宜业的最佳环境。

■ 招商电话：027-86639389　地址：湖北省武汉市光谷三路一号　网址：www.dh365.gov.cn

# 沈阳综合保税区

沈阳综合保税区于 2011 年 9 月 7 日经国务院批准设立，规划面积 7.2 平方公里，一期启动 1.854 平方公里，于 2012 年 10 月 30 日顺利通过国家十部委的联合验收。

沈阳综合保税区区块一位于沈阳近海经济区范围内，主要依托沈西工业走廊和沈阳近海经济区的资源优势，吸引大型仓储、分拨、配送型物流企业及加工贸易企业入驻，突出保税加工和保税物流功能；区块二位于沈阳浑南新区范围内，主要依托高新技术产业集群优势及背靠桃仙机场的区位优势，吸引高科技、高附加值产业入驻，突出口岸通关和保税加工功能。

沈阳综合保税区地理位置优越，经沈西开发大道，可直达营口港；经沈大高速公路，可直达大连港；经近海铁路，可直达盘锦港。“公海联运”、“铁海联运”、“空港联运”的立体交通构架，实现了同海港口岸和空港口岸之间的快速链接。便捷的交通环境，大大降低了企业运输成本。

沈阳综合保税区服务温馨，环境一流，行政审批服务中心为驻区企业提供优质高效的服务，综合保税区海关实行一次申报、一次查验、一次放行的“三个一次”通关模式，实现高效便捷通关。

# 青岛保税港区

青岛保税港区于2008年9月7日经国务院批复设立，由青岛保税区、青岛保税物流园区整合临近港口转型升级而成，规划面积9.72平方公里，包括2.5平方公里的青岛保税区、1平方公里的保税物流园区及21个码头泊位。目前，青岛保税港区市内实际管辖面积已达65.73平方公里，并在山东省内的德州、临沂、潍坊等地辟建了近30平方公里的功能园区，保税功能政策覆盖全省并辐射到沿黄九省区，成为海关特殊监管区域转型升级的示范区。“区（保税区）、园（保税物流园）、港（临近港口）”整合升级发展的模式，被海关总署誉为“青岛模式”，在全国推广。

青岛保税港区在国内，立足青岛，服务山东，依托陇海线，支撑环渤海，打造山东半岛蓝色经济区开放政策先行先试区；在国际上，面向环黄海，构筑世界先进的自由贸易区，打造东北亚国际中转枢纽港，建设东北亚最具影响力的国际航运中心核心区。

# 河南郑州出口加工区

出口加工区管委会主任崔巍（左四）调研区内企业

出口加工区综合办公楼

河南郑州出口加工区于2002年经国务院批准设立，是河南省唯一的国家级出口加工区，地理位置优越，交通、通讯便捷，公路港、铁路港、航空港、信息港环绕四周。河南郑州出口加工区分为两个区，其中A区位于国家郑州经济技术开发区内，面积0.9平方公里，于2004年6月通过国家九部委联合验收封关运作；B区位于郑州国际物流园内，规划面积5平方公里，其中海关监管区1.8平方公里。

截至目前，区内已建成标准厂房40万平方米，保税仓库3万平方米，集装箱堆场1万平方米，并配备有大型集装箱正面吊、叉车等设备。累计引进企业50余家，富士康科技集团等国内外知名企业相继入区，初步形成了手机零组件生产、超硬材料精细加工、新材料加工、仓储物流四大产业，并着力培育节能、环保型产业。

河南郑州出口加工区将以最优惠的政策、最优良的环境、最优质的服务欢迎您的到来！

可容纳1.7万人住宿的配套蓝领公寓

新建成标准厂房

区内企业

# 广州保税物流园区
# 广州出口加工区
# 广州保税区

2012 年，广州保税区、保税物流园区和出口加工区不断加快园区产业结构调整步伐，从以保税加工为主导的加工制造业向以现代物流、国际商贸和展览展示等为主导的现代服务业转型升级，努力服务广州开发区、萝岗区，服务珠三角地区，各项经济指标均有大幅度增长，多项工作取得了突破性的进展：进口商品采购港、进口红酒集散地、国际物流配送基地初步建成，“美酒新天地”、“原庄灌瓶，原瓶进口”的品牌效应增强；物流园区辐射范围进一步扩大，物流量显著提升，维修业务拓展顺利；出口加工区经济回暖，保税物流拓展业务逐步推进。

**广州开发区保税业务管理局**

电话：020-82112051 82112052 82112053 82112058
传真：020-82112070
网址：http://bsj.getdd.gov.cn/index.asp

# 上海青浦出口加工区

2012 年，青浦出口加工区主要经济指标保持稳步增长，各项重点工作有序推进，规模进一步扩大，功能进一步完善，效益进一步提升，经济发展继续保持平稳协调健康的良好态势。全年引进外资项目 10 个，内资实体型项目 36 个，完成注册型项目招商 203 个，希悦尔管理总部、法荷航空电子维修等一批优质外资项目和康恒、廿一客等一批内资项目落户。

## ■ 转型发展初显成效

一是科技创新渐显成效。主导产业发展势头良好，特别是高新技术产业发展迅速。二是传统产业改造升级加快推进。希悦尔、龙人等企业转型为总部型企业，鼎讯、毓恬冠佳、吉富新能源等 3 家公司取得了区级研发中心的认定。三是特色产业园区建设进展顺利。四是闲置资源再利用成效明显，全年共盘活闲置厂房 51 334 平方米。五是劣势企业淘汰初显成效。已淘汰 3 个项目，并成功引进新项目，盘活用地 109.3 亩，增加投资 3.4 亿元，投产后将新增产值约 6.2 亿元，目前还有 1 家劣势企业正在搬迁中。

## ■ 企业服务质量逐步提升

加强科技服务。积极开展政策宣传，推动科技创新、科技项目申报和争取科技扶持资金等，全年为企业申报科技项目 31 个，完成专利申报 501 件，对 100 多家落户企业进行科技、人才等各类政策宣讲，帮助企业申请到各类科技扶持资金共计 3 046 万元，完成安诺其院士专家企业工作站挂牌运作。

加强企业融资服务。积极推进政策性融资信用担保工作，成功为多家企业提供政策性融资担保服务。同时，成立“民生银行—青浦出口加工区小微企业商业合作社”，为小微企业提供无抵押快速贷款，已有 45 户企业成为会员。通过这两种服务模式，双管齐下，互为补充，2012 年成功为 9 家优质中小企业解决资金需求 2 527 万元，切实缓解了中小企业的融资难问题，帮助企业渡过难关。

加强人才服务。积极开展人才政策宣传和千人计划申报，已有 1 人成功申报上海市千人计划，获得 100 万元资金补助；认真开展落户企业人才工作调研，邀请相关部门听取企业意见和建议，完善人才政策，积极为企业引进、培养和留住各类人才。

# 陕西西安出口加工区A区

国家级陕西西安出口加工区A区于2002年6月21日由国务院批准设立，2004年4月5日封关运行，2006年12月被批准为全国7个拓展保税物流等功能试点的出口加工区之一。加工区A区的规划面积为1.47平方公里，现已开发面积0.75平方公里，加工区新片区规划调整审批工作正在进行中，新片区规划面积0.6平方公里。

西安出口加工区A区引进了英国罗尔斯罗易斯、法国赛峰、德国蒂森克虏伯、美国联合技术、GE等8家世界500强企业，世界知名企业意大利艾维欧、英国AMS航材、瑞士BIBUS航材、日本大河、美国雅奇等，以及国内行业龙头企业中航国际，中航材，中航工业西飞集团、西航集团、庆安集团，世纪互联，康龙化成等66个项目入区，初步形成了以高端航空制造为主，以精密机械、新能源、服务贸易为辅的产业格局。

西安出口加工区A区各类项目总投资超过65亿元人民币，历年累计实现进出口总额50.53亿美元，累计实现保税物流进出区货值21.2亿美元，各项主要经济指标连续7年保持40%的增长，预计“十二五”末进出口总额将达到50亿美元。出口加工区A区在最新的全国出口加工区评比中，综合运行绩效排名第七。

我们将依托陕西及西安地区的产业优势，着力发展以航空产业为代表的拥有高附加值与自有知识产权的高端装备制造业，形成航空产业链最为完善、最具航空特色出口加工区，形成上下游配套完善的光伏产业链，形成技术先进、带动力强的机械产业集群，不断提升极具内陆特色和规模的服务贸易产业水平。与此同时，积极进行产业调整升级、转型，提高加工贸易整体水平，提高附加值，延长产业链，由单一的加工制造向加工制造与服务贸易并重转型，实现加工贸易由规模速度型向质量效益型转变。

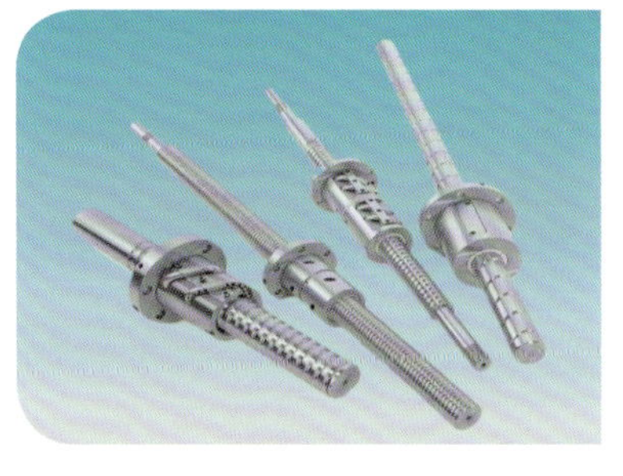

# 浙江杭州出口加工区

浙江杭州出口加工区自 2001 年 5 月 18 日通过海关总署等国家八部委联合验收，5 月 23 日正式封关运作以来，已经封关运作 11 年。2012 年在国际经济仍然存在诸多不确定性的大背景下，浙江杭州出口加工区利用现有资源，拓宽区域功能模式，助力区域企业转型升级。全年工业经济、外贸出口整体发展平稳，产业、产品结构稳步调整，保税物流业务保持增长，结构更趋合理。2012 年全年实现工业总产值 121.3 亿元；实现进出口总额 22.2 亿美元，其中出口 16.9 亿美元。

目前杭州出口加工区拥有杭州海关、国检的现场报关部门，为加工区内企业提供现场报关、报检服务；引入银行、报关行、货运代理、物流企业、物业、邮政等公共服务机构为杭州出口加工区内企业提供相应的服务；先后引进了杭州松下住宅电器设备（出口加工区）有限公司、东芝信息机器（杭州）有限公司、杭州矢崎配件有限公司等世界 500 强企业，共已入驻生产型企业 24 家，形成了电子信息、机械制造、家用电器、新能源等产业集聚区。

浙江杭州出口加工区管委会以“工业兴区”战略为指引，以走访调研、专题座谈会等形式，加强产业引导，全面了解企业生产经营状况；开展上门送政策活动，指导并协助企业了解杭州经济技术开发区（浙江杭州出口加工区）管委会制定的奖励优惠政策，全面支持和鼓励加工区企业自主创新，引进新项目、新技术，加快成品的更新换代及开拓海内外新市场，提高市场竞争力和可持续发展能力，推动加工区的转型升级。

自 2009 年 2 月起，浙江杭州出口加工区正式启动拓展保税物流功能及研发、检测、维修等业务后，业务范围相继辐射至富阳、桐庐、绍兴、滨江等地。2012 年，通过制定差别化发展方针，浙江杭州出口加工区保税物流业务总量保持高速增长态势。全年出口加工区保税物流业务累计货值 6.5 亿美元，海关代征税 4.91 亿元。同时浙江杭州出口加工区根据国家发展进口业务的宏观政策导向，积极扩大进口，调整贸易结构，促进区域贸易平衡，努力搭建“进口商品展示、交易平台”，并已于 2013 年 4 月获得“浙江省级进口平台”称号，为打造浙江杭州出口加工区进口商品交易平台建设打下了基础。

天裕光能光伏电板展示窗

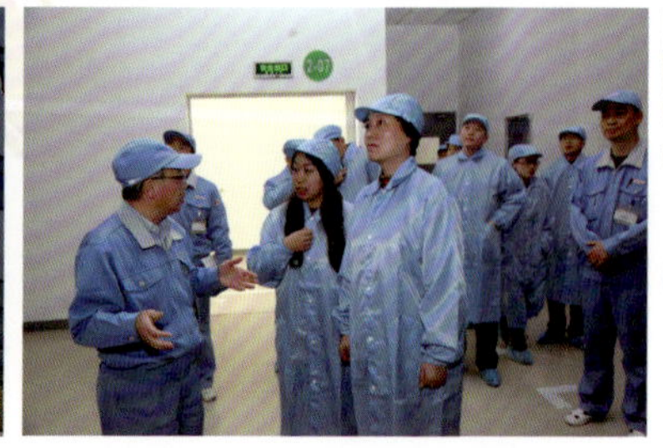
杭州市佟桂莉副市长莅临东芝信息调研

两区协会甄朴会长莅临杭州出口加工区考察

# 上海漕河泾出口加工区

出口加工区现状图

上海漕河泾出口加工区地处上海市闵行区浦江镇，地理位置优越，是距离市中心最近的保税监管区域。加工区紧邻徐浦大桥和卢浦大桥，距离上海市中心——人民广场16公里，距离上海浦东国际机场38公里，距离虹桥机场21公里，距离洋山深水港车程约48公里。

上海漕河泾出口加工区是国务院批准的第三批出口加工区之一，规划面积2.9平方公里，一期开发0.9平方公里。作为第三批通过验收的出口加工区，通过当地政府的大力协作及企业自身的不懈努力，主要经济指标排名多年来保持全国出口加工区前列。

加工区经过近9年不断的投入，基础设施配套齐全，管理机构运作成熟，各类服务措施到位，受到各行业投资商的青睐。加工区内已经建成标准厂房11万平方米，区内道路、供电、供水、排水、排污、供暖、照明、网络通信等基础设施已经完善，区内海关商检、金融服务、政策咨询、注册服务、报关服务等软环境一应俱全。

截至2012年年底，上海漕河泾出口加工区共引进各类高科技企业23家，其中外资企业16家，主要来自港台、欧美、日本等国家和地区。园区共计吸引投资总额6.9亿美元，合同外资2.52亿美元，实际利用外资2.51亿美元，单位面积土地投资强度已达到7.6亿美元/平方公里。引进的23家企业中有17家生产型企业，主要集中在电子信息制造业、医疗器械制造业领域，目前均已投产运作，且均为年销售收入超过500万元的规模以上企业，其中有3家企业年产值逾百亿。区内三家“英氏企业”——英顺达、英业达及英华达连续多年进入上海出口企业200强名录。漕河泾出口加工区累计进出口总额已达到1 036.56亿美元，经济发展水平位列全国出口加工区前列。

SHANGHAI SONGJIANG EXPORT PROCESSING ZONE

# 上海松江出口加工区

上海松江出口加工区A区于2000年4月27日经国务院批准设立，规划面积2.98平方公里，于2001年年初封关运作，现已全部开发完毕。B区于2003年3月14日经国务院批准设立，规划面积2.98平方公里，分两期开发，2003年11月一期1.33平方公里封关运作。

上海松江出口加工区地理位置优越，距上海虹桥国际机场20公里，距上海浦东国际机场42公里；周边有沪昆高速公路、沈海高速公路、申嘉湖高速公路、嘉金高速公路等高等级的公路，构成便捷的公路交通网络。上海市区外环线距松江出口加工区仅18公里。

作为全国最早的出口加工区之一，上海松江出口加工区经历12年的快速发展，基础设施配套完善，管理机构运作娴熟，各类服务措施齐全。

2007年，上海松江出口加工区在原先的保税加工功能之外，拓展了保税物流功能。目前，物流、研发、测试和维修等新业务已全面推开，为企业打通上下游形成完整的产业链提供了政策支持。

区内电子信息技术产业链日趋完善，目前，区内货物进出口的通关物流时间只需4小时，达到先进国家水平。

截至2012年年底，上海松江出口加工区累计完成工业生产总值16 039亿元；累计实现进出口总额3 218亿美元，约占全国出口加工区累计实现进出口总值的1/3；为国家提供各类税收122亿元。松江出口加工区是我国最大的以加工制造为主导的特殊监管区之一。

卡口

行政大楼

扬州市委书记谢正义在出口加工区调研考察

# 江苏扬州出口加工区

截至2012年年底，扬州出口加工区累计完成注册项目20个，投资总额11.86亿美元，注册资本6.58亿美元。其中，已投产和开工项目12个，主要有易倍得电子、峻茂光电、荣德太阳能、力铼光电、川岳科技等，初步形成了以电子和光伏产业为主的特色产业链经济。

扬州地处“长江三角洲”经济圈内，是上海经济圈和南京都市圈的节点城市，与南京、镇江构成“宁镇扬都市圈”。辖区面积6 638平方公里，人口470万；市区面积973平方公里，人口120万人。扬州先后荣获国家卫生城市、中国优秀旅游城市、全国生态示范城市、全国科技兴市先进城市、全国信息化试点城市、全国社会治安综合治理先进城市和联合国人居奖等多项殊荣。

扬州经济技术开发区为国家级经济技术开发区，综合实力强，在江苏省全部130多家开发区中列前五位，对外交通十分便捷。区内设有太阳能光伏产业基地、汽车产业基地、出口加工区、半导体照明产业基地、港口物流园区等特色园区，基本形成了太阳能光伏、LED、TFT-LCD等重点主导产业；有朴席生态新城、扬州“第二城”、南部临港新城区等商务、休闲、生活配套区，投资者创业投资、兴业经商皆能各得其所；有新光源公共服务中心、标准检测中心、设施共享中心、研发协作中心、创业孵化中心等八大系统高效运转；有江海学院等高级技术学校，人力资源丰富，技术支撑有力。

扬州经济技术开发区目前正重点打造太阳能光伏产业、半导体照明(LED)、智能电网、现代物流等特色产业，努力构建技术先进、主导明显、特色鲜明的产业发展和功能分区体系，逐步建设成为上海、南京两大都市圈交互影响的门户、镇扬组合城市的合力增长板块、扬州城市的副中心和现代产业高地、文化与生态交融的滨江国际生态城。

**扬州出口加工区招商局**

电话：0514 － 82982696　传真：0514 － 87529080　邮箱：yzckjgq@126.com

# 广东深圳出口加工区

广东深圳出口加工区是2000年4月27日经国务院批准成立的首批15家出口加工区之一，规划面积3平方公里，位于深圳市坪山新区内，2001年3月31日通过国家八部委联合验收并一次性封关运作，四至范围西起深汕路，东至绿荫路，北起丹梓西路，南至金牛西路。

加工区是由海关监管的特殊区域，实行“境内关外”管理，海关实行“一次报关、一次审单、一次查验”通关管理模式，通过预约加班的方法，区内企业基本实现了24小时通关的需求。

加工区内市政基础设施全部实现“七通一平”，区内设有管委会、海关、检验检疫和物流公司等管理和服务机构，区内企业可就近办理全部进出口手续。

加工区区内企业全部实行EDI联网管理，不实行银行保证金台账制度；免征企业流转环节的增值税和消费税，不实行增值税“免、抵、退”税政策；外汇管理宽松，不实行结售汇制度；进口设备全额保税，不实行免税额度控制；国内采购的货物视同出口，实行入区退税政策。

加工区是国内唯一在同一海关关区内拥有进出境陆运、海运和空运优势的出口加工区，其距深圳宝安国际机场仅60公里，距盐田国际集装箱码头仅25公里，距文锦渡、罗湖、皇岗、深圳湾等陆路口岸仅40公里。从加工区出发，车行100分钟内可抵达香港国际机场。

GUANGDONG SHENZHEN EXPORT PROCESSING ZONE

1. 深圳出口加工区正门
2. 全能电业
3. 日立环球
4. 新宁物流
5. 中芯国际
6. 肯发科技

# 江苏武进出口加工区

江苏武进出口加工区于 2009 年 6 月 23 日经国务院批准设立，2009 年 12 月 17 日通过国务院九部委联合验收小组验收，2010 年 3 月 15 日正式封关关运作。

武进出口加工区批准面积为 1.15 平方公里，实际围网验收面积 1.08 平方公里。围网内分为三大板块：一是加工贸易生产区域，占地 1 300 亩，其中已建成标准厂房 4 万平方米，企业自建厂房 21 万平方米；二是保税物流仓储区域，占地 209 亩，已建成保税仓库 2 万平方米；三是公路转关监管点，占地 110 亩，其中包括 3 000 平方米监管仓库、6 500 平方米保税仓库，17 000 平方米货物堆场、场站及商检场所。围网外包括两块区域，一是 105 亩商贸服务区域，已建成 26 000 平方米综合服务大楼；二是配套生活区，已建成 13 万平方米的员工便利中心，为企业提供员工住宿及生活配套。

截至目前，江苏武进出口加工区已进驻生产性企业 8 家，主要包括光宝集团华东营运中心、晶品光电、久元光电、华联医疗等项目，同时吸引了一大批现代物流企业进驻，为周边企业提供了保税物流业务。

目前，在出口加工区开展保税物流的业务类型主要有保税仓储、“一日游”、境外进口转关等，货物种类主要包括发动机、电子零部件、光伏生产设备、太阳能硅片、大宗棉纱棉花等，同时为武进高新区及周边地区一大批企业提供了保税物流服务，柳工、玉柴、曼恩机械、林帕克、住友电工等企业都已在出口加工区长期开展业务。

江苏武进出口加工区将继续发挥区内龙头企业的带动优势，紧紧围绕电子信息和半导体照明产业定位，加强项目招商力度。同时，进一步完善武进出口加工区的功能，根本改善武进地区的通关和投资环境，为区内企业及周边进出口企业营建一条通关“绿色通道”，加快物流速度，降低物流成本。

江苏武进出口加工区管理局配合武进高新区招商局进行招商活动，由投资服务处具体负责。

联系人：李海标　联系电话：0519-86221205　传真：0519-86221200

# 江西 赣州出口加工区

· 环境优美的员工宿舍

· 一派繁忙的生产车间

赣州出口加工区于 2007 年 5 月 9 日获国务院正式批准设立，2008 年 5 月 6 日顺利通过国家九部委的正式验收并封关运行，总体规划面积 2.93 平方公里，首期开发建设面积 0.933 平方公里。其位于赣州开发区，邻近 105、323 国道，距大广、蓉厦高速公路 10 公里。距赣州机场 16 公里，距京九铁路赣州货运南站 3 公里，距火车客运 10 公里，交通十分便捷。

区内设有监管大楼卡口、监管仓库、验货平台、验货场地、监管系统、围网、巡逻通道及熏蒸房等设施，完成了供水、供电、通信、雨水、污水管网、污水处理站、道路绿化、亮化等配套基础设施建设，实现了“七通一平”，并已建成 10 万平方米标准厂房与 20 万平方米员工宿舍；完善了管理部门、服务机构及企业电子政务、商务的统一网络和数据处理平台；建成了超市、餐馆、市场、银行网点、公交站台、网吧、篮球场等生活娱乐配套设施。

· 整齐规范的标准厂房

· 功能齐全的配套设施

该出口加工区围绕“保税加工为主，保税物流为辅”的发展方向。以《国务院关于支持赣南等原中央苏区振兴发展的若干意见》为契机，大力宣传国家财政部、海关总署、国家税务总局《关于赣州市执行西部大开发税收政策问题的通知》文件精神，加大招商引资力度，引进了世界 500 强企业伟创力集团，在区内投资创办伟创力电源（赣州）有限公司。拥有国内自主知识产权、投资 8 亿人民币的柔性 LCD 项目也即将投产。目前区内企业共 11 家，其中加工加工贸易企业 4 家，保税物流企业 7 家。

2012 年，该区实现进出境货物总值 2.14 亿美元，其中进口 0.29 亿美元，出口 1.85 亿美元。

· 气势轩昂的大门卡口

# 辽宁大连出口加工区 B 区

## LIAONING DALIAN EXPORT PROCESSING ZONE B

辽宁大连出口加工区 B 区是经国务院批准成立的出口加工区，占地面积 1.45 平方公里，一期占地 60 万平方米。2007 年 6 月 28 日，出口加工区 B 区完成了一期围网、巡逻路、主卡口、海关、检验检疫综合楼、查验场地、查验库房等设施的建设，并通过海关总署等八部委的正式验收，正式封关运作。

辽宁大连出口加工区 B 区位于大连金州新区，具有得天独厚的区位口岸优势、优良的港口条件、雄厚的临港工业基础、全方位的对外开放和完善的现代服务功能。其拥有独有的发展特色，是大连承接高端半导体生产制造这一战略新兴产业的核心区。目前，出口加工区内只有英特尔（大连）一家生产企业，也是英特尔在亚洲设立的第一家芯片制造企业。

在大连市政府领导下，金州新区正在以位于大连出口加工区 B 区的英特尔芯片项目为龙头，全力打造半导体产业千亿集群。其规划了高端芯片制造基地，占地 3 平方公里，承接半导体制造、封装测试类企业；规划了半导体服务基地，占地 2 平方公里，承接半导体设计、研发、软件外包及生产相关服务业类项目；规划了 IT 产业基地，占地 5 平方公里，主要承载 LED、OLED、TFT 配套等产业类项目。以“三个基地”为核心的产业平台逐步形成。

英特尔芯片项目的入驻促进了加工区内外的产业结构优化和半导体产业集群的形成。德国林德旗下的联华气体、美国空气产品、美国摩西湖化学制品有限公司等气体供应商已在大连投资设厂；美国联邦快递和敦豪快递、日本近铁、德国辛克等世界级物流服务商承担了项目的物流配送业务。一批与英特尔芯片及半导体产业相关的服务性公司正纷至沓来，加工区呈现出良好的发展态势。

2010 年，大连经济技术开发区与大连金州区合并成立大连金州新区，大连金州新区管委会经贸局下设出口加工区管理局，专门负责出口加工区 B 区事务的综合协调和日常管理工作。电话：0411-87630195，传真：0411-87614959。

# 广西北海出口加工区A区

北海出口加工区A区是于2003年3月经国务院批准成立的第三批出口加工区，位于北海市区西侧，总规划面积1.454平方公里，封关面积1.135平方公里。A区紧靠北海港和进港铁路，距市区中心2公里，距北海机场27公里，距南北高速公路入口17公里，是我国西部地区唯一临海的最接近东盟的国家级出口加工区。2009年1月，国家正式赋予出口加工区拓展保税物流等功能，使加工区实现了“保税加工、保税物流”两轮驱动的发展模式。截至2012年，北海出口加工区累计实现进出口超过31亿美元，就业人员超过18 000人。初步形成了以电子信息产业为代表的产业集聚。代表性投资商有台湾光宝集团旗下建兴科技、广东永昶集团、香港德昌电机集团、台湾建准集团、深圳惠科电子、韩国双赢洋弓等。

为进一步落实国务院有关加快广西北部湾经济区的开放开发政策，进一步引导、承接先进制造业入区发展，根据广西北部湾经济区发展规划及北海出口加工区拓展保税物流等功能的需求，自治区人民政府于2010年4月29日报请国务院拟在北海铁山港工业区范围内设置北海出口加工区扩展区域1.842平方公里。2012年3月7日，国务院办公厅复函自治区人民政府，同意扩大广西北海出口加工区规划范围，批准了规划面积为1.842平方公里的B区。北海出口加工区B区作为《广西北部湾经济区发展规划》保税加工体系中的重要组成部分，将充分利用海关特殊监管和保税政策，通过梯度转移择优选择加工制造、商贸物流、电子信息等品牌企业入驻，以最快的速度将B区建设成为铁山港（临海）工业区对外开放合作的窗口和基地。

北海市委书记王小东率各委办局到北海出口加工区B区调研

北海市市长周家斌到北海出口加工区B区调研

园区企业

# 浙江慈溪出口加工区

浙江慈溪出口加工区是2005年6月经国家批准设立的国家级出口加工区，总面积为2.0平方公里，首期0.7平方公里的区块在2006年11月正式封关运作。目前加工区内海关、国检等部门已正式入驻，可为区内企业提供多方位服务。慈溪出口加工区位于宁波杭州湾新区境内，距离慈溪市区约12公里，紧临杭州湾，全区地势平坦，气候湿润，四季分明，雨水充沛。加工区内道路交通、系统管网、行政管理及公用工程设施等规划设施完善，完全按新区“九通一平”（道路、供电、工业供水、生活供水、排水、排污、电信、供热、燃气及土地平整）的标准建设。先期已开发的0.7平方公里区块内高等级路网框架已经建成，且区内土地已按黄海标高1.4米填土完成，可立即投入建设使用。区内已建成单层轻钢标准厂房20 000平方米（6栋），多层砖混结构厂房18 700平方米。当前出口加工区已入驻生产、物流企业20余家，在谈项目近20个。出口加工区入驻企业享受国家级出口加工区在税收、海关等方面的优惠政策。

慈溪出口加工区所在的宁波杭州湾新区位于浙江省慈溪市北部，处于长江三角洲经济圈南翼、环杭州湾地区城市经济金三角的中心，世界最长跨海大桥——杭州湾大桥南引桥穿区而过，区位和交通优势十分明显。宁波杭州湾新区总规划控制面积235平方公里，建成后，新区将集聚超过50万的人口，成为环杭州湾地区生态型现代化工业新城、宁波市北部经济中心。

# 浙江嘉兴出口加工区

ZHEJIANG JIAXING EXPORT PROCESSING ZONE

浙江嘉兴出口加工区总规划面积2.98平方公里。A区位于浙江乍浦经济开发区，开发面积1.33平方公里，于2005年4月26日通过国家九部委联合验收，2006年2月28日正式封关运作。

区内基础设施建设完善，已具备通路、水、电、雨、污、通讯、蒸汽、天然气和土地平整等“八通一平”条件。嘉兴出口加工区A区将依托港口和区位优势，重点发展纺织原料、皮革、化工原料、电机电气等进口工业生产资料的集国际采购、货物贸易、物流配送等为一体的采购配送中心；鼓励发展以工业产品和生活用品等为主的出口集拼项目；以仓储物流为基础，支持拓展进口生产资料或生活消费品的展览展示、交易结算、金融服务、电子商务等服务贸易；着力发展临港装备制造和新型建筑材料等加工制造业。加工区坚持“保税加工、保税物流、保税服务”多元化发展的功能定位，努力建设成为服务于周边腹地经济和临港主导产业的保税物流核心区、特色加工功能区、区域性国际贸易区。

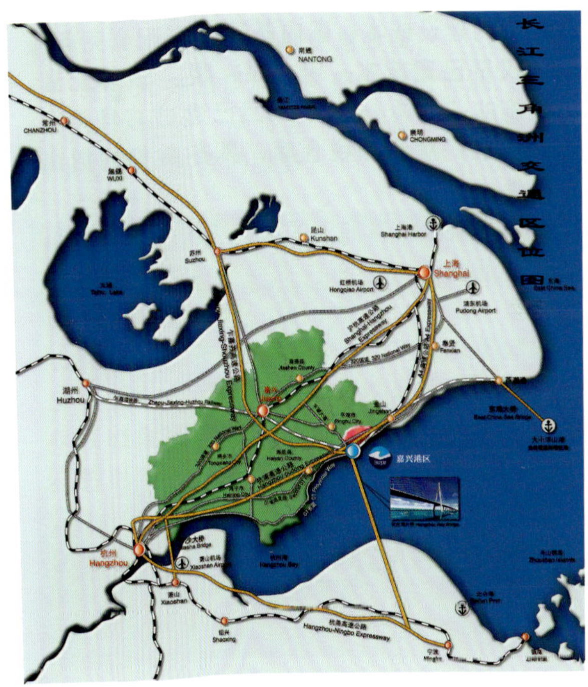

广州南沙保税港区位于广州市南沙新区南部，其所在的南沙新区是致力于深化粤港澳全面合作的国家级新区，地处珠江三角洲地理几何中心，水路交通便捷，区位优势明显，方圆60公里范围内有广州、深圳、香港、澳门、东莞、中山、佛山、江门、肇庆、惠州等10多个大中城市，具有很强的市场潜力和辐射力。南沙保税港区规划总面积7.06平方公里，一期封关运作面积3.7平方公里，包括港口区、物流区、加工区3个部分。保税港区现有10个10万吨级的集装箱深水泊位，在建12个1 000吨级江海联运多用途驳船泊位，拥有国内国际航线50条，航线覆盖欧洲、美洲、非洲、东南亚等地区。

优惠政策：保税港区叠加了保税区、出口加工区、保税物流中心的优惠政策和功能优势；区内企业拥有进出口收发货人和代理报关企业的双重身份；货物可通过集中报关的模式进出区；广东省及海关总署紧密合作，将以南沙保税港区为载体，实施海关监管先行先试的16条措施。

南沙保税港区诚挚邀请您到访，并期待着与您的合作！

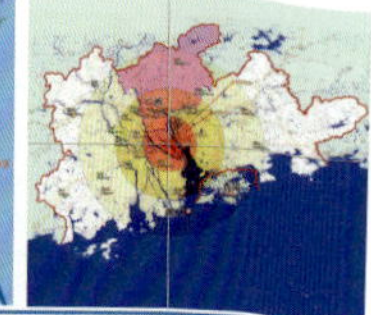

地址：广州市南沙区凤凰大道1号行政中心D座3楼　联系人：雷小姐、吕先生
邮箱：ns_bsgq@gz.gov.cn　联系电话：84986693　84986692
传真：39099013 网址：www.gzns.gov.cn/nsbsgq

# 盐城综合保税区

国家级盐城综合保税区是经国务院批准设立的全国第22家、江苏江北第1家综合保税区。综合保税区紧邻东风悦达起亚汽车工厂南侧，一期封关区域规划面积2.28平方公里，生活配套区2.58平方公里，制造业核心配套区18平方公里；二期封关区域规划15平方公里，同时规划相应的生活配套区和制造业配套区。按照“江北第一、全省领先、全国有位”的目标定位，盐城综合保税区着力于放大综合保税区政策和功能外溢效应，打造集制造、仓储、物流、贸易、检测、维修、金融服务、展示展览等功能于一体的千亿级国际化产业园区，重点发展电子信息、光电光伏新能源、汽车零部件、新材料、现代物流等高新技术产业研发制造项目。作为区域性外向型经济功能拓展的重要平台，盐城综合保税区一期建成后，封关区域项目总投资达50亿美元，年进出口额200亿美元，成为长三角地区制造业集群的生产服务基地及重要的国际货物集散地。

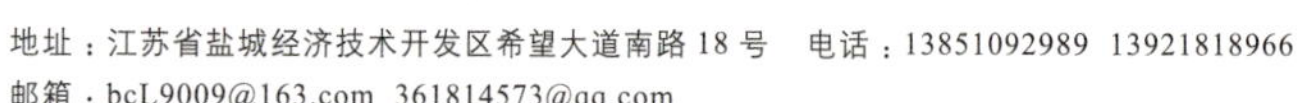
地址：江苏省盐城经济技术开发区希望大道南路18号　电话：13851092989　13921818966
邮箱：bcL9009@163.com　361814573@qq.com

# 苏州高新区综合保税区

苏州高新区综合保税区位于苏州国家高新区北部，区域规划控制面积 3.51 平方公里，由原高新区出口加工区和原高新区保税物流中心（B 型）整合形成。全区以“信息化围网”手段进行监管，共分为口岸作业区、保税物流区、保税加工区 3 个功能区域。

截至 2012 年年底，苏州高新区综合保税区内累计注册保税加工企业 40 家、物流通关企业 45 家、仓储配送企业 9 家、国际贸易企业 15 家，累计项目总投资 29.3 亿美元。2012 年全年，完成工业总产值 511.52 亿元；实现监管货值 583.12 亿美元；完成进出口总值 135 亿美元，其中出口 85 亿美元。

# 福建泉州出口加工区

泉州出口加工区是 2005 年 6 月 3 日经国务院批准设立，2006 年 12 月 22 日通过商务部、海关总署等国家九部委封关验收，2009 年 1 月 9 日获批叠加保税区、保税物流等功能，2009 年 1 月 16 日正式封关运作的特殊监管区。其具备保税物资仓储、中转、配送等所有功能，拥有“一日游”、保税深加工等政策优势，同时享受各级政府为“海西”建设提供的配套优惠政策。泉州出口加工区地理区位优势明显，海陆空交通网络发达，距离泉州晋江机场 15 公里，紧邻福厦高铁晋江站，距泉三高速公路入口 2 公里，距沈海高速公路入口 9 公里，距泉州港后渚港区 15 公里、石湖港区 30 公里、深沪港区 40 公里、围头港区 45 公里。

截至 2012 年年底，泉州出口加工区已有 48 家企业入驻，涉及航空零部件修造、高档印刷、贵金属加工、光电电子、玻璃钢、塑胶、日用纸制品、新材料、机电设备、工程机械、研发、商贸物流等多个特色产业。2012 年，全区规模以上工业产值 30.23 亿元，保税物流货物进出口总额达 15.17 亿美元，园区保税物流发展前景看好。泉州出口加工区发挥叠加保税物流园区的政策优势，拟打造“一个基地”，建设“两个中心”(即打造进口商品集散基地，建设进口食品及酒类商品展示交易中心、工业原材料供应及配送中心)。

# 江西九江出口加工区

九江出口加工区是2006年6月通过验收的江西省首家出口加工区，总体规划面积2.81平方公里，首期开发面积0.987平方公里。九江出口加工区位于庐山西麓、鹤问湖畔，距九江市中心区9公里、九江机场14公里、九江外贸码头15公里、昌北国际机场100公里，京九、武九、合九、铜九、昌九等5条铁路在此交汇，福银、杭瑞、合九、武九、大广等5条高速公路从旁经过。

九江出口加工区不断优化投资平台建设，提升项目服务水平，建成了12万平方米的标准厂房和15万平方米的生活配套，高标准地开展绿化亮化、管网改造、循环经济、物业管理和环境设施建设等各项创建活动，为园区开发建设、为企业发展提供强有力的保障。加工区依托区内逐渐形成的电子产业群，大力发展电子及相关配套产业；发挥临港优势，着力扶持发展现代物流业，促进出口加工区加工贸易和现代物流协调发展。九江出口加工区围绕创建“中部地区一流出口加工区”的目标，创新发展举措、创优发展环境，2012年实现外贸出口6.59亿美元，外贸进出口11.06亿美元，双双位居中部第一。

九江出口加工区和九江经济技术开发区实行“两块牌子，一套人马”，九江出口加工区管理局作为九江经济技术开发区管委会的职能部门，承担出口加工区日常管理和服务工作。

# 江苏泰州出口加工区

江苏泰州出口加工区于2010年4月28日经国务院批准设立，位于国家级泰州医药高新区，规划面积1.76平方公里，其中0.99平方公里区域已经封关运作。

泰州出口加工区地理条件优越，紧邻泰州主城区，周边有宁通高速、京沪高速、江海高速，距离扬州、泰州国际机场15分钟路程；紧邻国家一类开放口岸泰州港，从泰州港起运并经上海港中转的班轮可到达世界各主要港口。

泰州出口加工区以打造千亿级电子信息产业、百亿级现代物流产业为目标。区内主要企业有纬创资通（泰州）有限公司、纬立资讯配件（泰州）有限公司、泰州中外运物流有限公司、泰州鑫远物流有限公司等企业入驻。热忱欢迎广大客商前来考察，招商热线：0523-80817303。

# 湖南郴州出口加工区

郴州出口加工区于2005年6月经国务院批准设立，2007年11月封关运行，是湖南省目前唯一的国家级出口加工区，2009年6月叠加保税物流功能。

郴州出口加工区重点发展以出口为主的电子视讯产业、保税物流业和有色金属新材料产业，有色金属新材料、电子信息产业已初具规模。目前园区共有加工贸易企业15家，主要是电子信息、新材料等产业。其中，电子信息主要产品有DVD影碟机、液晶电视、液晶显示器制造、电子变压器及电感等电子器件，以及手机及通讯电子产品的组装、测试和维修，代表企业有台达电子、华录、科达等；新材料产业主要产品有精铟、白银、氧化铅精矿的精深加工，代表企业有金旺、国达等。

2012年，加工区加工贸易额在全国57家出口加工区中居第30位。

# 福建福州出口加工区

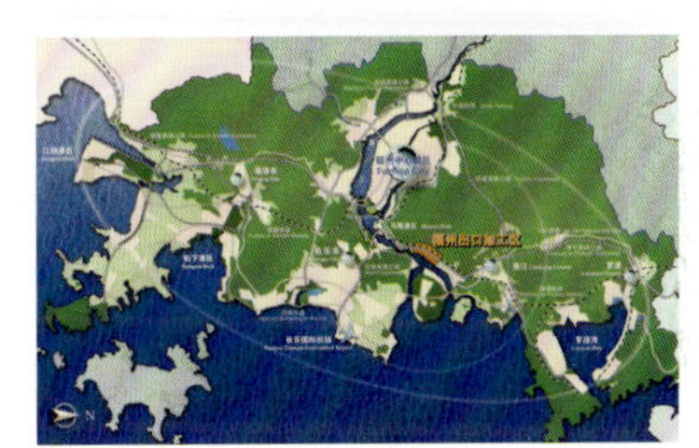

福州出口加工区于2005年6月经国务院批准成立，规划面积1.14平方公里，位于福州市区东面闽江出海口，坐落在宜居宜业、开放现代的福州马尾新城，镶嵌在海峡西岸经济区——两岸“三通”的最前沿，集聚海关特殊监管区域功能和政策优势。

目前，福州出口加工区首期用地内已建成了各项隔离和监管设施，实现了区内“七通一平”基础设施配套，引进华昆特种汽车配件等18个项目，总投资7 243万美元。2012年完成工业产值1.2亿元，税收收入2.58亿元（含海关税收及代征税）；完成1.33万单保税物流业务，货运量41万吨，进出区货值13亿美元。

福州出口加工区将以承接国际制造业为主，拓展国际物流配送产业，全力构筑以电子信息、精密机械为主导，高新技术产业、物流业及贸易服务业快速发展且生态和谐的产业体系，打造集加工贸易、保税物流和贸易服务于一体的外向型产业集聚区。

# 上海嘉定出口加工区

上海嘉定出口加工区处于江浙沪交通枢纽、长三角经济圈的中心地带，交通十分方便，区位优势明显。上海嘉定出口加工区以汽车零部件和电子信息等产业为主导发展方向，利用出口加工区功能拓展政策，大力发展保税物流、仓储、检测、维修等现代服务产业。为配合拓展功能和招商引资的需要，新建完成了一期 2.3 万平方米的标准厂房，随着物流企业的入驻，为周边数百家企业提供保税物流和物流仓储等服务。

2012 年全年，出口加工区累计进出区总货值为 13.89 亿美元，同比增长 42.61%。海关共征收税款 36 392 万元，同比增长 68.88%；上海出入境检验检疫局嘉定出口加工区办事处为区内外企业提供进出口检验放行 14 670 批次，检验收入为 338 万元。入驻出口加工区的 6 家保税物流企业，积极为周边企业提供便捷的保税物流业务，全年保税物流业务进出区货值总额达到 8.86 亿美元，同比增长 46.30%。同时，仓储业务也不断发展，区内场地已不能满足物流仓储需求，新规划的保税仓库项目已经立项，择时开工建设。

# 上海金桥出口加工区（南区）

上海金桥出口加工区（南区）是 2002 年 6 月经国务院八部委验收通过，正式封关运行的特殊监管区，享受国家级出口加工区的各项优惠政策。金桥出口加工区（南区）地理位置优越：距上海城市外环线 3 公里、内环线 12 公里，距浦东国际机场 10 公里、虹桥国际机场 30 公里，距外高桥港区 19 公里、洋山深水港 50 公里，空运、海运、陆运均极为方便。

截至 2012 年年底，已有 32 家企业获准注册南区，金桥南区吸收投资总额 16.36 亿美元，吸引合同外资 5.86 亿美元。作为由上海市经委命名的上海半导体装备基地和上海半导体装备产业发展中心，科技研发已成为区域经济发展的一个新亮点，进一步凸显了金桥南区研发产业的优势和特色。金桥南区将以“功能集成、提升优势、资源整合、集约优化”为发展目标，以加工贸易为主体，成为集保税物流、研发设计、检测维修及配套服务功能为一体的生产性服务业集聚区。

地址：上海浦东新区华东路 5031 号　邮编：201201　电话：021-58584689　传真：021-58584682

# 博大世通国际物流（北京）有限公司

北京亦庄保税物流中心于2011年1月5日经海关总署、财政部、国家税务总局、国家外汇管理局批准设立（署加函〔2011〕8号），是从事保税仓储物流业务的海关集中监管场所，物流中心内设立仓库、堆场、海关监管及检验检疫查验工作区。

中心集保税物流、出口退税、转口贸易、简单加工及增值服务等功能于一体，并享有保税政策。中心总规划面积20万平方米，一期建设总面积13.88万平方米，保税仓库总面积约为5万平方米，于2011年12月9日通过国家四部委联合验收，12月19日正式封关运行。

北京亦庄保税物流中心位于北京经济技术开发区核心区，地处五环路和六环路之间，东临京沪高速公路，距首都机场约30公里，距筹建中的北京第二机场约25公里，距市中心约20公里，距天津新港约140公里，往来北京城区、天津港口、环渤海地区顺畅便捷，交通路网发达，具有得天独厚的区位优势。北京亦庄保税物流中心的建设是服务北京南部制造业基地的重要举措，有利于提高企业物流运作效率，降低成本，促进企业供应链的优化升级。中心将通过向企业提供优质的保税物流服务方式，立足于服务北京经济技术开发区内及其周边区域的企业，并逐步扩大服务范围和区域，把业务辐射至北京市各区县及整个华北地区。

北京亦庄保税物流中心由博大世通国际物流（北京）有限公司具体负责项目的前期调研、开发建设及后期运营管理的工作。博大世通公司成立于2010年11月23日，注册资本金为人民币3.4亿元，是由北京经济技术开发区管委会委托北京经济技术投资开发总公司投资设立。公司主营业务范围包括仓储服务、物品包装、货运代理、分批包装、专业承包、房地产开发、物业管理、劳务服务、货物进出口、技术进出口、代理进出口等。

WWW.ECIDH.COM

# 华东信息科技有限公司

华东信息科技有限公司是立足长三角、面向全国的口岸信息和物流信息的软件开发和平台运营企业。公司的研发和运行中心设在昆山，在北京、上海、南京、苏州工业园区、成都、重庆、杭州等地都设有分公司、办事处及子公司。

公司自2003年成立以来，始终致力于开发物流信息平台，以及电子商务和电子政务集成软件，为华东地区的众多大型跨国企业和全国海关特殊监管区域提供全面的物流解决方案。

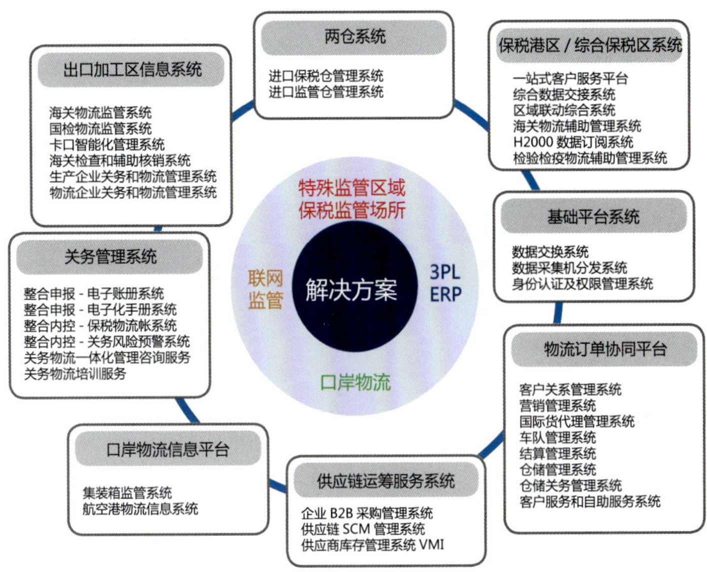


## 企业文化

- 质量方针：开发顾客需求，缔造行业精品，提供优质服务，提高管理效益。
- 公司使命：通过不断创新，为顾客创造价值，成为受人敬仰的公司。
- 公司理念：流畅地进行物流、资金流、信息流的传递，实现电子政务和电子商务的合二为一。
- 公司口号：服务赢得尊重，细节决定成败。
- 我们的追求：提供整体物流解决方案，降低企业物流成本。
- 公司定位：保税加工与保税物流IT专家。

## 解决方案

- 为全国特殊监管区域提供信息管理平台方案及系统，同时提供物流平台的运营服务；
- 为大型物流企业和3PL提供Logistics Hub和VMI Hub的平台建设和运营服务；
- 为跨国公司和进出口企业提供加工贸易联网监管、数据传输和采集、电子报关和通关的专业管理软件；
- 为地方电子口岸提供规划咨询服务及信息化解决方案。

## 公司荣誉

- 2005年通过江苏省软件企业的认定；
- 获得2007年度全国优秀民营科技企业“民营科技发展贡献奖”；
- 2008年江苏省中小企业信息化服务示范单位；
- 2009年6月通过ISO9001：2000质量管理体系认证，
  2009年10月通过CMMI3认证；
- 2011年9月通过ISO27001信息安全管理体系的认证，
  2011年通过江苏省高新技术企业的复审；
- 2011年通过江苏省软件企业技术中心的认定。

# 编辑说明

一、《中国保税区出口加工区年鉴》（以下简称《年鉴》）是由中国保税区出口加工区协会主编，中国海关出版社编辑出版的大型资料性实用工具书，公开向国内外发行。

二、《年鉴》的宗旨是面向海内外政府官员、投资商、研究机构、科技界及其他各界人士，用翔实的统计数据和文字全面、系统、准确地介绍中国保税区、出口加工区、保税港区（综合保税区）的开发建设历程和成就，介绍其基础条件、投资环境及有关法规和优惠政策等，为各有关机构与单位提供媒介服务，以推动中国保税区、出口加工区、保税港区（综合保税区）经济的协调发展。

三、《年鉴》中的数据已经上海市外高桥保税区统计调查所审核，《年鉴》部分区域经济发展分析中的数据，由于统计口径不同，方法不一，可能出现不一致，应以统计资料篇中的数据为准。

四、《年鉴》中的数据表格“比上年增长（%）”显示为“—”或“-100”的，表示上年同期数据没有或不可比。

五、《年鉴》中的数据表格如“历年招商引资情况表”、“历年外商投资情况表”中的“历年”数据截至2012年年底。

六、《年鉴》中深圳保税区包括福田、盐田港和沙头角3家保税区。

七、《年鉴》在编撰过程中，得到了海关总署领导及各保税区、出口加工区、保税港区（综合保税区）领导和有关人员的关心和支持，在此深表谢意。

八、由于我们水平有限，经验不足，请社会各界对《年鉴》提出宝贵意见。今后我们将充分汇集保税区、出口加工区、保税港区（综合保税区）的信息资料，逐步充实《年鉴》内容，使其发挥更大的作用。

**《中国保税区出口加工区年鉴》编辑部**

**2013年8月**

# 目　录

## 文献法规篇



## 文字资料篇

## 统计资料篇

**出口加工区**

## 专题研究篇

# 文献法规篇

# 国务院关于促进海关特殊监管区域科学发展的指导意见

国发〔2012〕58号

各省、自治区、直辖市人民政府，国务院各部委、各直属机构：

为适应我国不同时期对外开放和经济发展的需要，国务院先后批准设立了保税区、出口加工区、保税物流园区、跨境工业区、保税港区、综合保税区等6类海关特殊监管区域（以下简称特殊监管区域）。20多年来，特殊监管区域在承接国际产业转移、推进加工贸易转型升级、扩大对外贸易和促进就业等方面发挥了积极作用，但发展中也存在种类过多、功能单一、重申请设立轻建设发展等问题。为进一步推动特殊监管区域科学发展，现提出以下指导意见：

## 一、总体要求

（一）指导思想。以邓小平理论和“三个代表”重要思想为指导，深入贯彻落实科学发展观，整合特殊监管区域类型，完善政策和功能，强化监管和服务，促进特殊监管区域科学发展，更好地服务于改革开放和经济发展。

（二）基本原则。

——合理配置，协调发展。按照有利于实施国家区域发展战略规划、有利于中西部地区承接产业转移、有利于特殊监管区域整合优化，以及确有外向型大项目亟待进驻的原则，合理设立特殊监管区域，促进地区经济协调发展。

——注重质量，提升效益。增强特殊监管区域发展的内生动力，推动区域内企业技术创新和绿色发展，优化产业结构，提升整体效益，发挥辐射作用，带动周边地区经济发展。

——深化改革，强化监管。适应国内外经济形势变化，充分发挥特殊监管区域在统筹两个市场、两种资源中的作用；提高依法行政能力，加强监管，防范风险。

（三）发展目标。稳步推进特殊监管区域整合优化，加快形成管理规范、通关便捷、用地集约、产业集聚、绩效突出、协调发展的格局；完善政策和功能，促进加工贸易向产业链高端延伸，延长国内增值链条；鼓励加工贸易企业向特殊监管区域集中，发挥特殊监管区域的辐射带动作用，使其成为引导加工贸易转型升级、承接产业转移、优化产业结构、拉动经济发展的重要载体。

## 二、加强审核指导

（四）稳步推进整合工作。特殊监管区域实行总量控制，坚持按需设立，适度控制增量，整合优化存量。科学确定特殊监管区域设立条件和验收标准，优化审核程序，依法严格把关。具体办法，由海关总署会同有关部门制定。

（五）强化分类指导。统筹考虑各地区经济环境、产业基础、贸易结构、资源布局、发展规划等实际情况，加强分类指导，因地制宜地推进特殊监管区域规划、建设和发展。

**三、健全管理体系**

（六）严格建设和验收。特殊监管区域要严格按照国务院批准的四至范围和规划用地性质进行规划建设，由海关总署及相关部门实施联合验收。严禁擅自增加或改变经联合验收过的相关设施。

（七）健全退出机制。明确特殊监管区域首期验收土地面积比例和验收期限；超过验收期限尚未验收或验收后土地利用率低、运行效益差的，由海关总署责令整改；在规定期限尚未完成整改任务的，由海关总署报请国务院批准予以撤销或核减规划面积。具体办法，由海关总署会同有关部门制定。

（八）严格入区项目审核。制定特殊监管区域入区项目指引，引导符合海关特殊监管区域发展目标和政策功能定位的企业入区发展，避免盲目招商。

（九）强化监管和服务。充分运用信息技术和管理手段，优化监管模式，简化通关流程，加强保税货物监管，打击走私和偷逃税行为，维护质量安全，为企业生产经营创造良好环境。

**四、稳步推进整合优化**

（十）整合现有类型。在基本不突破原规划面积的前提下，逐步将现有出口加工区、保税物流园区、跨境工业区、保税港区及符合条件的保税区整合为综合保税区。整合工作要从实际出发，在充分听取省、自治区、直辖市人民政府意见的基础上实施。目前不具备整合条件的特殊监管区域，可暂予保留。

（十一）统一新设类型。新设立的特殊监管区域，原则上统一命名为“综合保税区”。

**五、完善政策和功能**

（十二）完善相关政策措施。完善保税等功能，规范税收政策，优化结转监管。具体办法由财政部、海关总署分别会同有关部门制订，报国务院批准后实施。

（十三）拓展业务类型。在严格执行进出口税收政策和有效控制风险的前提下，支持特殊监管区域内企业选择高技术含量、高附加值的项目开展境内外检测维修业务。鼓励在有条件的特殊监管区域开展研发、设计、创立品牌、核心元器件制造、物流等业务，促进特殊监管区域向保税加工、保税物流、保税服务等多元化方向发展。

（十四）带动周边经济发展。发挥特殊监管区域辐射功能，培育区域外产业配套能力，带动有条件的企业进入加工贸易产业链和供应链，促进区域内外生产加工、物流和服务业的深度融合，形成高端入区、周边配套、辐射带动、集聚发展的格局。

**六、加强组织领导**

（十五）完善工作机制。各省（区、市）人民政府要健全海关特殊监管区域综合管理工作机制，加强统筹协调，整合资源，落实责任，搞好服务，为特殊监管区域科学规划、建设和发展提供有力保障。

（十六）加强协作配合。国务院各有关部门要按照职责分工，加强协作配合，共同做好特殊监管区域的整合、监管、建设、发展工作。要寓管理于服务之中，共享相关信息和资源，提高监管和服务水平。

各地方、各部门要根据本指导意见抓紧制订实施方案和落实措施，加大工作力度，促进特殊监管区域又好又快发展。

国务院

2012 年 10 月 27 日

# 中华人民共和国海关总署、中华人民共和国国家发展和改革委员会联合公告

2012 年第 28 号

海关总署和国家发展改革委批准《光纤通讯用光衰减器加工贸易单耗标准》等 42 项加工贸易单耗标准（标准名称、文本见附件），自 2012 年 7 月 15 日起执行。

特此公告。

附件 1　42 项加工贸易单耗标准名称列表

附件 2　42 项加工贸易单耗标准文本

中华人民共和国海关总署

中华人民共和国国家发展和改革委员会

2012 年 6 月 4 日

**附件 1**

## 42 项加工贸易单耗标准列表

| 序号 | 标准号 | 标准名称 | 批准日期 | 实施日期 |
|---|---|---|---|---|
| 1 | HDB/YD015—2012 | 光纤通讯用光衰减器加工贸易单耗标准 | 2012 年 5 月 24 日 | 2012 年 7 月 15 日 |
| 2 | HDB/YD016—2012 | 数字通信用实心聚烯烃绝缘水平对绞电缆加工贸易单耗标准 | 2012 年 5 月 24 日 | 2012 年 7 月 15 日 |
| 3 | HDB/YD017—2012 | 显示器塑胶壳加工贸易单耗标准 | 2012 年 5 月 24 日 | 2012 年 7 月 15 日 |
| 4 | HDB/YD018—2012 | 压克力板（导光板原材）加工贸易单耗标准 | 2012 年 5 月 24 日 | 2012 年 7 月 15 日 |
| 5 | HDB/JB019—2012 | 传动链条加工贸易单耗标准 | 2012 年 5 月 24 日 | 2012 年 7 月 15 日 |
| 6 | HDB/JB020—2012 | 漆包圆铜线加工贸易单耗标准 | 2012 年 5 月 24 日 | 2012 年 7 月 15 日 |
| 7 | HDB/JB021—2012 | 空调压缩机（电机）加工贸易单耗标准 | 2012 年 5 月 24 日 | 2012 年 7 月 15 日 |

续表

| 序号 | 标准号 | 标准名称 | 批准日期 | 实施日期 |
|---|---|---|---|---|
| 8 | HDB/JB022—2012 | 空调风扇(单相电机)加工贸易单耗标准 | 2012年5月24日 | 2012年7月15日 |
| 9 | HDB/YS012—2012 | 钽管加工贸易单耗标准 | 2012年5月24日 | 2012年7月15日 |
| 10 | HDB/YS013—2012 | 氯化亚锡加工贸易单耗标准 | 2012年5月24日 | 2012年7月15日 |
| 11 | HDB/YS014—2012 | 硫酸亚锡加工贸易单耗标准 | 2012年5月24日 | 2012年7月15日 |
| 12 | HDB/QB062—2012 | 阿斯巴甜加工贸易单耗标准 | 2012年5月24日 | 2012年7月15日 |
| 13 | HDB/QB063—2012 | 阻燃高抗冲聚苯乙烯加工贸易单耗标准 | 2012年5月24日 | 2012年7月15日 |
| 14 | HDB/QB064—2012 | 液体食品无菌包装纸加工贸易单耗标准 | 2012年5月24日 | 2012年7月15日 |
| 15 | HDB/QB065—2012 | 卡拉胶加工贸易单耗标准 | 2012年5月24日 | 2012年7月15日 |
| 16 | HDB/QB066—2012 | 移动式插座加工贸易单耗标准 | 2012年5月24日 | 2012年7月15日 |
| 17 | HDB/QB067—2012 | 婴儿纸尿裤加工贸易单耗标准 | 2012年5月24日 | 2012年7月15日 |
| 18 | HDB/QB068—2012 | 聚乙烯单层非印刷吹塑薄膜加工贸易单耗标准 | 2012年5月24日 | 2012年7月15日 |
| 19 | HDB/QB069—2012 | 牙刷加工贸易单耗标准 | 2012年5月24日 | 2012年7月15日 |
| 20 | HDB/QB070—2012 | 化纤制男式羽绒大衣加工贸易单耗标准 | 2012年5月24日 | 2012年7月15日 |
| 21 | HDB/QB071—2012 | 羽毛或羽绒填充的睡袋加工贸易单耗标准 | 2012年5月24日 | 2012年7月15日 |
| 22 | HDB/QB072—2012 | 纸面巾加工贸易单耗标准 | 2012年5月24日 | 2012年7月15日 |
| 23 | HDB/QB073—2012 | 卫生巾加工贸易单耗标准 | 2012年5月24日 | 2012年7月15日 |
| 24 | HDB/QB074—2012 | 棉短绒纸浆加工贸易单耗标准 | 2012年5月24日 | 2012年7月15日 |
| 25 | HDB/QB075—2012 | 聚丙烯光盘盒加工贸易单耗标准 | 2012年5月24日 | 2012年7月15日 |

续表

| 序号 | 标准号 | 标准名称 | 批准日期 | 实施日期 |
|---|---|---|---|---|
| 26 | HDB/ SH050—2012 | 可发性聚苯乙烯加工贸易单耗标准 | 2012年5月24日 | 2012年7月15日 |
| 27 | HDB/ SH051—2012 | 戊基黄原酸钾加工贸易单耗标准 | 2012年5月24日 | 2012年7月15日 |
| 28 | HDB/SH052—2012 | 异丁基黄原酸钠加工贸易单耗标准 | 2012年5月24日 | 2012年7月15日 |
| 29 | HDB/SH053—2012 | 三醋酸甘油酯加工贸易单耗标准 | 2012年5月24日 | 2012年7月15日 |
| 30 | HDB/SH054—2012 | 三环氧丙基异氰尿酸酯加工贸易单耗标准 | 2012年5月24日 | 2012年7月15日 |
| 31 | HDB/SH055—2012 | 玻璃纤维改性聚对苯二甲酸丁二醇酯加工贸易单耗标准 | 2012年5月24日 | 2012年7月15日 |
| 32 | HDB/SH056—2012 | 丙烯酸加工贸易单耗标准 | 2012年5月24日 | 2012年7月15日 |
| 33 | HDB/SH057—2012 | 丙烯酸正丁酯加工贸易单耗标准 | 2012年5月24日 | 2012年7月15日 |
| 34 | HDB/SH058—2012 | 阳离子表面活性剂加工贸易单耗标准 | 2012年5月24日 | 2012年7月15日 |
| 35 | HDB/FZ082—2012 | 机织女式大衣加工贸易单耗标准 | 2012年5月24日 | 2012年7月15日 |
| 36 | HDB/FZ083—2012 | 棉制及合成纤维制机织女式防寒服加工贸易单耗标准 | 2012年5月24日 | 2012年7月15日 |
| 37 | HDB/FZ084—2012 | 尼龙-6,6帘子布加工贸易单耗标准 | 2012年5月24日 | 2012年7月15日 |
| 38 | HDB/FZ085—2012 | 聚酯帘子布加工贸易单耗标准 | 2012年5月24日 | 2012年7月15日 |
| 39 | HDB/FZ086—2012 | 毛制及合成纤维制机织男式西服马甲加工贸易单耗标准 | 2012年5月24日 | 2012年7月15日 |
| 40 | HDB/FZ087—2012 | 机织欧码男式长裤加工贸易单耗标准 | 2012年5月24日 | 2012年7月15日 |
| 41 | HDB/FZ088—2012 | 棉制男式长袖厨师工作服(欧码)加工贸易单耗标准 | 2012年5月24日 | 2012年7月15日 |
| 42 | HDB/FZ089—2012 | 全棉梭织色织布加工贸易单耗标准 | 2012年5月24日 | 2012年7月15日 |

**附件 2**

# 42 项加工贸易单耗标准文本

## 1. 光纤通讯用光衰减器加工贸易单耗标准

HDB/YD015—2012

| 序号 | 成品 | | | | 原料 | | | | 净耗 | 单位 | 工艺损耗率(%) |
|---|---|---|---|---|---|---|---|---|---|---|---|
| | 名称 | 单位 | 商品编码 | 品质规格 | 名称 | 单位 | 商品编码 | 品质规格 | | | |
| 1 | 光纤通讯用光衰减器 | 个 | 85177090 | 5 伏、19 伏 | MEMS 器件 | 个 | 85177090 | 5 伏、19 伏 | 1 | 个/个 | 15 |
| | | | | | 双光纤准直器 | 个 | 90138090 | | 1 | 个/个 | 15 |
| 2 | 光纤通讯用光衰减器 | 个 | 85177090 | 5 伏、19 伏 | MEMS 芯片 | 个 | 85177090 | 5 伏、19 伏 | 1 | 个/个 | 25 |
| | | | | | 双光纤准直器 | 个 | 90138090 | | 1 | 个/个 | 25 |

## 2. 数字通信用实心聚烯烃绝缘水平对绞电缆加工贸易单耗标准

HDB/YD016—2012

| 序号 | 成品 | | | | 原料 | | | | 单位 | 工艺损耗率(%) |
|---|---|---|---|---|---|---|---|---|---|---|
| | 名称 | 单位 | 商品编码 | 品质规格 | 名称 | 单位 | 商品编码 | 品质规格 | | |
| 1 | 数字通信用实心聚烯烃绝缘水平对绞电缆 | 千克 | 85444911 | UTP CAT5E 4 对 × 2 股 ×（0.40 毫米 ~ 0.52 毫米） | 电工圆铜线 | 千克 | 74081900 | Φ0.4 毫米 ~ 3.0 毫米 | 千克/千克 | 3.4 |
| 2 | 数字通信用实心聚烯烃绝缘水平对绞电缆 | 千克 | 85444911 | FTP CAT5E 4 对 × 2 股 ×（0.40 毫米 ~ 0.52 毫米） | 电工圆铜线 | 千克 | 74081900 | Φ0.4 毫米 ~ 3.0 毫米 | 千克/千克 | 3.8 |
| 3 | 数字通信用实心聚烯烃绝缘水平对绞电缆 | 千克 | 85444911 | UTP CAT5 25 对 × 2 股 ×（0.40 毫米 ~ 0.52 毫米） | 电工圆铜线 | 千克 | 74081900 | Φ0.4 毫米 ~ 3.0 毫米 | 千克/千克 | 5.0 |
| 4 | 数字通信用实心聚烯烃绝缘水平对绞电缆 | 千克 | 85444911 | UTP CAT6 4 对 × 2 股 ×（0.50 毫米 ~ 0.58 毫米） | 电工圆铜线 | 千克 | 74081900 | Φ0.55 毫米 ~ 3.0 毫米 | 千克/千克 | 4.5 |
| 5 | 数字通信用实心聚烯烃绝缘水平对绞电缆 | 千克 | 85444911 | FTP CAT6 4 对 × 2 股 ×（0.50 毫米 ~ 0.58 毫米） | 电工圆铜线 | 千克 | 74081900 | Φ0.55 毫米 ~ 3.0 毫米 | 千克/千克 | 6.0 |

注：1. UTP 为非屏蔽双绞线，FTP 为屏蔽双绞线。

2. CAT5E 为链路级别达到 CLASS D 级，CAT6 为链路级别达到 CLASS E 级。

## 3. 显示器塑胶壳加工贸易单耗标准

HDB/YD017—2012

| 序号 | 成品 | | | | 原料 | | | | 净耗 | 单位 | 工艺损耗率（%） |
|---|---|---|---|---|---|---|---|---|---|---|---|
| | 名称 | 单位 | 商品编码 | 品质规格 | 名称 | 单位 | 商品编码 | 品质规格 | | | |
| 1 | 塑胶外壳（显示器用/监视器用） | 千克 | 8529909090 | 不限 | ABS塑胶粒 | 千克 | 3903301000 | 改性、已着色 | 1 | 千克/千克 | 1.7 |
| 2 | 塑胶外壳（显示器用/监视器用） | 千克 | 8529909090 | 不限 | PC/ABS塑胶粒 | 千克 | 3907400000 | 改性、已着色 | 1 | 千克/千克 | 1.7 |

注：1. ABS塑胶粒是丙烯腈—丁二烯—苯乙烯聚合而成的一种热塑性高分子化合物，如在生产过程中原料添加色母，则净耗小于1。

2. PC/ABS塑胶粒是聚碳酸脂与丙烯腈—丁二烯—苯乙烯聚合而成的一种热塑性高分子化合物，如在生产过程中原料添加色母，则净耗小于1。

## 4. 压克力板（导光板原材）加工贸易单耗标准

HDB/YD018—2012

| 序号 | 成品 | | | | 原料 | | | | 单位 | 工艺损耗率（%） |
|---|---|---|---|---|---|---|---|---|---|---|
| | 名称 | 单位 | 商品编码 | 品质规格 | 名称 | 单位 | 商品编码 | 品质规格 | | |
| 1 | 压克力板（导光板原材） | 千克 | 39205100 | 2毫米≤板材厚度<4毫米 | 聚甲基丙烯酸甲酯 | 千克 | 39061000 | | 千克/千克 | 8.8 |
| 2 | 压克力板（导光板原材） | 千克 | 39205100 | 4毫米≤板材厚度<6毫米 | 聚甲基丙烯酸甲酯 | 千克 | 39061000 | | 千克/千克 | 11.3 |
| 3 | 压克力板（导光板原材） | 千克 | 39205100 | 6毫米≤板材厚度<10毫米 | 聚甲基丙烯酸甲酯 | 千克 | 39061000 | | 千克/千克 | 13.0 |

## 5. 传动链条加工贸易单耗标准

HDB/JB019—2012

| 序号 | 成品 | | | | 原料 | | | | 净耗 | 单位 | 工艺损耗率（%） |
|---|---|---|---|---|---|---|---|---|---|---|---|
| | 名称 | 单位 | 商品编码 | 品质规格 | 名称 | 单位 | 商品编码 | 品质规格 | | | |
| 1 | 传动链条 | 千克 | 7315119000 | 基准节距1英寸，带滚子 | 非合金钢热轧钢带 | 千克 | 7211190000 | 宽度小于600毫米，厚度小于4毫米 | 1 | 千克/千克 | 43 |
| | | | | | 合金钢冷轧钢带 | 千克 | 7226999090 | 宽度小于600毫米 | | | 3 |
| | | | | | 合金钢丝 | 千克 | 7229909000 | 含C 0.18% ~0.43%，Cr 0.6% ~1.2%，未镀涂层 | | | 4 |
| | | | | | 非合金钢丝 | 千克 | 7217100000 | 含C 0.35% ~0.39%，Mn 0.6% ~0.9%，未镀涂层 | | | 25 |
| 2 | 传动链条 | 千克 | 7315119000 | 基准节距1英寸，带滚子，链片加厚 | 非合金钢热轧钢带 | 千克 | 7211190000 | 宽度小于600毫米，厚度小于4毫米 | 1 | 千克/千克 | 46 |
| | | | | | 合金钢冷轧钢带 | 千克 | 7226999090 | 宽度小于600毫米 | | | 3 |
| | | | | | 合金钢丝 | 千克 | 7229909000 | 含C 0.18% ~0.43%，Cr 0.6% ~1.2%，未镀涂层 | | | 4 |
| | | | | | 非合金钢丝 | 千克 | 7217100000 | 含C 0.35% ~0.39%，Mn 0.6% ~0.9%，未镀涂层 | | | 25 |
| 3 | 传动链条 | 千克 | 7315119000 | 基准节距3/8英寸，无滚子 | 非合金钢冷轧钢带 | 千克 | 7211290000 | 宽度小于600毫米，厚度小于4毫米 | 1 | 千克/千克 | 56 |
| | | | | | 合金钢冷轧钢带 | 千克 | 7226999090 | 宽度小于600毫米 | | | 3 |
| | | | | | 合金钢丝 | 千克 | 7229909000 | 含C 0.18% ~0.43%，Cr 0.6% ~1.2%，未镀涂层 | | | 4 |
| 4 | 传动链条 | 千克 | 7315119000 | 基准节距1/2英寸，带滚子 | 非合金钢冷轧钢带 | 千克 | 7211290000 | 宽度小于600毫米，厚度小于4毫米 | 1 | 千克/千克 | 50 |
| | | | | | 合金钢冷轧钢带 | 千克 | 7226999090 | 宽度小于600毫米 | | | 3 |
| | | | | | 合金钢丝 | 千克 | 7229909000 | 含C 0.18% ~0.43%，Cr 0.6% ~1.2%，未镀涂层 | | | 4 |
| | | | | | 非合金钢丝 | 千克 | 7217100000 | 含C 0.35% ~0.39%，Mn 0.6% ~0.9%，未镀涂层 | | | 25 |

续表

<table>
<tr><th rowspan="2">序号</th><th colspan="4">成品</th><th colspan="4">原料</th><th rowspan="2">净耗</th><th rowspan="2">单位</th><th rowspan="2">工艺损耗率(%)</th></tr>
<tr><th>名称</th><th>单位</th><th>商品编码</th><th>品质规格</th><th>名称</th><th>单位</th><th>商品编码</th><th>品质规格</th></tr>
<tr><td rowspan="4">5</td><td rowspan="4">传动链条</td><td rowspan="4">千克</td><td rowspan="4">7315119000</td><td rowspan="4">基准节距 5/8 英寸，带滚子</td><td>非合金钢冷轧钢带</td><td>千克</td><td>7211290000</td><td>宽度小于 600 毫米,厚度小于 4 毫米</td><td rowspan="4">1</td><td rowspan="4">千克/千克</td><td>44</td></tr>
<tr><td>合金钢冷轧钢带</td><td>千克</td><td>7226999090</td><td>宽度小于 600 毫米</td><td>3</td></tr>
<tr><td>合金钢丝</td><td>千克</td><td>7229909000</td><td>含 C 0.18% ~0.43%, Cr 0.6% ~1.2%,未镀涂层</td><td>4</td></tr>
<tr><td>非合金钢丝</td><td>千克</td><td>7217100000</td><td>含 C 0.35% ~0.39%, Mn 0.6% ~0.9%,未镀涂层</td><td>25</td></tr>
<tr><td rowspan="4">6</td><td rowspan="4">传动链条</td><td rowspan="4">千克</td><td rowspan="4">7315119000</td><td rowspan="4">基准节距 3/4 英寸，带滚子</td><td>非合金钢冷轧钢带</td><td>千克</td><td>7211290000</td><td>宽度小于 600 毫米,厚度小于 4 毫米</td><td rowspan="4">1</td><td rowspan="4">千克/千克</td><td>47</td></tr>
<tr><td>合金钢冷轧钢带</td><td>千克</td><td>7226999090</td><td>宽度小于 600 毫米</td><td>3</td></tr>
<tr><td>合金钢丝</td><td>千克</td><td>7229909000</td><td>含 C 0.18% ~0.43%, Cr 0.6% ~1.2%,未镀涂层</td><td>4</td></tr>
<tr><td>非合金钢丝</td><td>千克</td><td>7217100000</td><td>含 C 0.35% ~0.39%, Mn 0.6% ~0.9%,未镀涂层</td><td>25</td></tr>
<tr><td rowspan="4">7</td><td rowspan="4">传动链条</td><td rowspan="4">千克</td><td rowspan="4">7315119000</td><td rowspan="4">基准节距 3/4 英寸，带滚子，链片加厚</td><td>非合金钢热轧钢带</td><td>千克</td><td>7211190000</td><td>宽度小于 600 毫米,厚度小于 4 毫米</td><td rowspan="4">1</td><td rowspan="4">千克/千克</td><td>53</td></tr>
<tr><td>合金钢冷轧钢带</td><td>千克</td><td>7226999090</td><td>宽度小于 600 毫米</td><td>3</td></tr>
<tr><td>合金钢丝</td><td>千克</td><td>7229909000</td><td>含 C 0.18% ~0.43%, Cr 0.6% ~1.2%,未镀涂层</td><td>4</td></tr>
<tr><td>非合金钢丝</td><td>千克</td><td>7217100000</td><td>含 C 0.35% ~0.39%, Mn 0.6% ~0.9%,未镀涂层</td><td>25</td></tr>
<tr><td rowspan="4">8</td><td rowspan="4">传动链条</td><td rowspan="4">千克</td><td rowspan="4">7315119000</td><td rowspan="4">基准节距 3/4 英寸，带滚子，链片直边形</td><td>非合金钢热轧钢带</td><td>千克</td><td>7211190000</td><td>宽度小于 600 毫米,厚度小于 4 毫米</td><td rowspan="4">1</td><td rowspan="4">千克/千克</td><td>51</td></tr>
<tr><td>合金钢冷轧钢带</td><td>千克</td><td>7226999090</td><td>宽度小于 600 毫米</td><td>3</td></tr>
<tr><td>合金钢丝</td><td>千克</td><td>7229909000</td><td>含 C 0.18% ~0.43%, Cr 0.6% ~1.2%,未镀涂层</td><td>4</td></tr>
<tr><td>非合金钢丝</td><td>千克</td><td>7217100000</td><td>含 C 0.35% ~0.39%, Mn 0.6% ~0.9%,未镀涂层</td><td>25</td></tr>
</table>

续表

| 序号 | 成品 | | | | 原料 | | | | 净耗 | 单位 | 工艺损耗率（%） |
|---|---|---|---|---|---|---|---|---|---|---|---|
| | 名称 | 单位 | 商品编码 | 品质规格 | 名称 | 单位 | 商品编码 | 品质规格 | | | |
| 9 | 传动链条 | 千克 | 7315119000 | 基准节距 5/8 英寸，带滚子，链片加厚 | 非合金钢热轧钢带 | 千克 | 7211190000 | 宽度小于600毫米，厚度小于4毫米 | 1 | 千克/千克 | 52 |
| | | | | | 合金钢冷轧钢带 | 千克 | 7226999090 | 宽度小于600毫米 | | | 3 |
| | | | | | 合金钢丝 | 千克 | 7229909000 | 含C 0.18%～0.43%，Cr 0.6%～1.2%，未镀涂层 | | | 4 |
| | | | | | 非合金钢丝 | 千克 | 7217100000 | 含C 0.35%～0.39%，Mn 0.6%～0.9%，未镀涂层 | | | 25 |
| 10 | 传动链条 | 千克 | 7315119000 | 基准节距 5/8 英寸，带滚子，链片直边形 | 非合金钢冷轧钢带 | 千克 | 7211290000 | 宽度小于600毫米，厚度小于4毫米 | 1 | 千克/千克 | 44 |
| | | | | | 合金钢冷轧钢带 | 千克 | 7226999090 | 宽度小于600毫米 | | | 3 |
| | | | | | 合金钢丝 | 千克 | 7229909000 | 含C 0.18%～0.43%，Cr 0.6%～1.2%，未镀涂层 | | | 4 |
| | | | | | 非合金钢丝 | 千克 | 7217100000 | 含C 0.35%～0.39%，Mn 0.6%～0.9%，未镀涂层 | | | 25 |
| 11 | 传动链条 | 千克 | 7315119000 | 基准节距 1/2 英寸，带滚子，链片加厚 | 非合金钢冷轧钢带 | 千克 | 7211290000 | 宽度小于600毫米，厚度小于4毫米 | 1 | 千克/千克 | 43 |
| | | | | | 合金钢冷轧钢带 | 千克 | 7226999090 | 宽度小于600毫米 | | | 3 |
| | | | | | 合金钢丝 | 千克 | 7229909000 | 含C 0.18%～0.43%，Cr 0.6%～1.2%，未镀涂层 | | | 4 |
| | | | | | 非合金钢丝 | 千克 | 7217100000 | 含C 0.35%～0.39%，Mn 0.6%～0.9%，未镀涂层 | | | 25 |
| 12 | 传动链条 | 千克 | 7315119000 | 基准节距 1/2 英寸，无滚子 | 非合金钢冷轧钢带 | 千克 | 7211290000 | 宽度小于600毫米，厚度小于4毫米 | 1 | 千克/千克 | 57 |
| | | | | | 合金钢冷轧钢带 | 千克 | 7226999090 | 宽度小于600毫米 | | | 3 |
| | | | | | 合金钢丝 | 千克 | 7229909000 | 含C 0.18%～0.43%，Cr 0.6%～1.2%，未镀涂层 | | | 4 |

注：本单耗标准中的传动链条由内链片、外链片、小轴、套筒、滚子构成，故生产内链片、外链片、小轴、套筒、滚子等配件的所有原料的总净耗应小于等于1千克/千克。

## 6. 漆包圆铜线加工贸易单耗标准

HDB/JB020—2012

| 序号 | 成品 | | | | 原料 | | | | 净耗 | 单位 | 工艺损耗率(%) |
|---|---|---|---|---|---|---|---|---|---|---|---|
| | 名称 | 单位 | 商品编码 | 品质规格 | 名称 | 商品编码 | 单位 | 品质规格 | | | |
| 1 | 漆包圆铜线 | 千克 | 8544110000 | Φ0.015 毫米~0.0299 毫米 | 铜丝 | 7408190000 | 千克 | Φ2.6 毫米 | <1 | 千克/千克 | 3.5 |
| 2 | 漆包圆铜线 | 千克 | 8544110000 | Φ0.03 毫米~0.069 毫米 | 铜丝 | 7408190000 | 千克 | Φ2.6 毫米 | <1 | 千克/千克 | 3.0 |
| 3 | 漆包圆铜线 | 千克 | 8544110000 | Φ0.03 毫米~0.069 毫米 | 铜丝 | 7408110000 | 千克 | Φ8.0 毫米 | <1 | 千克/千克 | 3.3 |
| 4 | 漆包圆铜线 | 千克 | 8544110000 | Φ0.07 毫米~0.30 毫米 | 铜丝 | 7408190000 | 千克 | Φ2.6 毫米 | <1 | 千克/千克 | 2.6 |
| 5 | 漆包圆铜线 | 千克 | 8544110000 | Φ0.07 毫米~0.30 毫米 | 铜丝 | 7408110000 | 千克 | Φ8.0 毫米 | <1 | 千克/千克 | 2.8 |
| 6 | 漆包圆铜线 | 千克 | 8544110000 | Φ0.30 毫米以上 | 铜丝 | 7408190000 | 千克 | Φ2.6 毫米 | <1 | 千克/千克 | 2.3 |
| 7 | 漆包圆铜线 | 千克 | 8544110000 | Φ0.30 毫米以上 | 铜丝 | 7408110000 | 千克 | Φ8.0 毫米 | <1 | 千克/千克 | 2.5 |
| 8 | 漆包圆铜线 | 千克 | 8544110000 | 无 | 聚氨酯、聚酰胺、聚酯 | 3208901090 3208909000 3208100000 | 千克 | 10% ≤ 固形物含量<20% | <1 | 千克/千克 | 91.7 |
| 9 | 漆包圆铜线 | 千克 | 8544110000 | 无 | 聚氨酯、聚酰胺、聚酯 | 3208901090 3208909000 3208100000 | 千克 | 20% ≤ 固形物含量<22% | <1 | 千克/千克 | 83.4 |
| 10 | 漆包圆铜线 | 千克 | 8544110000 | 无 | 聚氨酯、聚酰胺、聚酯 | 3208901090 3208909000 3208100000 | 千克 | 22% ≤ 固形物含量<26% | <1 | 千克/千克 | 81.8 |
| 11 | 漆包圆铜线 | 千克 | 8544110000 | 无 | 聚氨酯、聚酰胺、聚酯 | 3208901090 3208909000 3208100000 | 千克 | 26% ≤ 固形物含量<28% | <1 | 千克/千克 | 78.4 |
| 12 | 漆包圆铜线 | 千克 | 8544110000 | 无 | 聚氨酯、聚酰胺、聚酯 | 3208901090 3208909000 3208100000 | 千克 | 28% ≤ 固形物含量<30% | <1 | 千克/千克 | 76.8 |
| 13 | 漆包圆铜线 | 千克 | 8544110000 | 无 | 聚氨酯、聚酰胺、聚酯 | 3208901090 3208909000 3208100000 | 千克 | 30% ≤ 固形物含量<38% | <1 | 千克/千克 | 75.1 |
| 14 | 漆包圆铜线 | 千克 | 8544110000 | 无 | 聚氨酯、聚酰胺、聚酯 | 3208901090 3208909000 3208100000 | 千克 | 38% ≤ 固形物含量 | <1 | 千克/千克 | 68.5 |

注：净耗，铜丝与绝缘漆相加应等于“1”。

## 7. 空调压缩机（电机）加工贸易单耗标准

HDB/JB021—2012

| 序号 | 成品 | | | | | | 原料 | | | | 净耗 | 单位 | 工艺损耗率（%） |
|---|---|---|---|---|---|---|---|---|---|---|---|---|---|
| | 名称 | 单位 | 商品编码 | 品质规格 | | | 名称 | 单位 | 商品编码 | 品质规格 | | | |
| | | | | 定子最大外径 | 转子最大外径 | 叠加片数 | | | | 钢板厚度 | | | |
| 1 | 变频空调压缩机（电机） | 台 | 8414301301 | 88毫米 | 50.8毫米 | 86 | 无取向硅钢带 | 千克 | 7226190000 | 0.35毫米，已分切 | 1.00 | 千克/台 | 40.35 |
| 2 | 变频空调压缩机（电机） | 台 | 8414301301 | 107毫米 | 55毫米 | 144 | 无取向硅钢带 | 千克 | 7226190000 | 0.35毫米，已分切 | 2.69 | 千克/台 | 39.00 |
| 3 | 变频空调压缩机（电机） | 台 | 8414301301 | 112毫米 | 54毫米 | 158 | 无取向硅钢带 | 千克 | 7226190000 | 0.35毫米，已分切 | 3.30 | 千克/台 | 37.39 |
| 4 | 变频空调压缩机（电机） | 台 | 8414301301 | 122毫米 | 61毫米 | 158 | 无取向硅钢带 | 千克 | 7226190000 | 0.35毫米，已分切 | 3.27 | 千克/台 | 47.09 |
| 5 | 定速空调压缩机（电机） | 台 | 8414301302 | 88毫米 | 43.2毫米 | 90 | 无取向硅钢带 | 千克 | 7226190000 | 0.50毫米，已分切 | 1.62 | 千克/台 | 42.83 |
| 6 | 定速空调压缩机（电机） | 台 | 8414301302 | 107毫米 | 52毫米 | 130 | 无取向硅钢带 | 千克 | 7226190000 | 0.50毫米，已分切 | 4.58 | 千克/台 | 39.72 |
| 7 | 定速空调压缩机（电机） | 台 | 8414301302 | 112毫米 | 54毫米 | 159 | 无取向硅钢带 | 千克 | 7226190000 | 0.50毫米，已分切 | 4.80 | 千克/台 | 39.50 |
| 8 | 定速空调压缩机（电机） | 台 | 8414301302 | 122毫米 | 61毫米 | 170 | 无取向硅钢带 | 千克 | 7226190000 | 0.50毫米，已分切 | 6.14 | 千克/台 | 37.53 |
| 9 | 定速空调压缩机（电机） | 台 | 8414301302 | 132毫米 | 64毫米 | 177 | 无取向硅钢带 | 千克 | 7226190000 | 0.50毫米，已分切 | 7.21 | 千克/台 | 38.33 |
| 10 | 定速空调压缩机（电机） | 台 | 8414301302 | 160毫米 | 89毫米 | 210 | 无取向硅钢带 | 千克 | 7226190000 | 0.50毫米，已分切 | 10.89 | 千克/台 | 50.47 |

注：空调压缩机（电机）净耗（千克/台）=电磁钢板的重量×叠加片数=电磁钢板体积×密度×叠加片数=（定子冲片面积 + 转子冲片面积）×厚度×密度×叠加片数。

## 8. 空调风扇（单相电机）加工贸易单耗标准

HDB/JB022—2012

| 序号 | 成品 | | | | | | 原料 | | | | 净耗 | 单位 | 工艺损耗率（%） |
|---|---|---|---|---|---|---|---|---|---|---|---|---|---|
| | 名称 | 单位 | 商品编码 | 品质规格 | | | 名称 | 单位 | 商品编码 | 品质规格 | | | |
| | | | | 定子最大外径 | 转子最大外径 | 叠加片数 | | | | 钢板厚度 | | | |
| 1 | 空调风扇（单相电机）[塑封] | 台 | 85014000 | 78毫米 | 42毫米 | 52 | 无取向硅钢带 | 千克 | 72251900 | 0.5毫米 | 0.58 | 千克/台 | 60.51 |
| 2 | 空调风扇（单相电机）[塑封] | 台 | 85014000 | 79毫米 | 45毫米 | 36 | 无取向硅钢带 | 千克 | 72251900 | 0.5毫米 | 0.47 | 千克/台 | 53.76 |
| 3 | 空调风扇（单相电机）[铁壳、铝壳] | 台 | 85014000 | 95毫米 | 57.6毫米 | 60 | 无取向硅钢带 | 千克 | 72251900 | 0.5毫米 | 1.09 | 千克/台 | 49.16 |
| 4 | 空调风扇（单相电机）[铁壳、铝壳] | 台 | 85014000 | 95毫米 | 61.7毫米 | 56 | 无取向硅钢带 | 千克 | 72251900 | 0.5毫米 | 1.10 | 千克/台 | 44.23 |
| 5 | 空调风扇（单相电机）[铁壳] | 台 | 85014000 | 115毫米 | 75毫米 | 80 | 无取向硅钢带 | 千克 | 72251900 | 0.5毫米 | 2.26 | 千克/台 | 49.94 |
| 6 | 空调风扇（单相电机）[铁壳] | 台 | 85014000 | 120毫米 | 74毫米 | 56 | 无取向硅钢带 | 千克 | 72251900 | 0.5毫米 | 1.64 | 千克/台 | 40.33 |
| 7 | 空调风扇（单相电机）[铁壳] | 台 | 85014000 | 120毫米 | 70.5毫米 | 60 | 无取向硅钢带 | 千克 | 72251900 | 0.5毫米 | 2.08 | 千克/台 | 40.37 |
| 8 | 空调风扇（单相电机）[铁壳] | 台 | 85014000 | 120毫米 | 71毫米 | 50 | 无取向硅钢带 | 千克 | 72251900 | 0.5毫米 | 1.53 | 千克/台 | 47.02 |
| 9 | 空调风扇（单相电机）[铁壳] | 台 | 85014000 | 120毫米 | 73.6毫米 | 40 | 无取向硅钢带 | 千克 | 72251900 | 0.5毫米 | 1.24 | 千克/台 | 51.11 |

注：空调风扇（单相电机）净耗（千克/台）＝单片无取向硅钢带的重量×叠加片数＝无取向硅钢带体积×密度×叠加片数＝（定子冲片面积 + 转子冲片面积）×厚度×密度×叠加片数。

## 9. 钽管加工贸易单耗标准

HDB/YS012—2012

| 序号 | 成品 | | | | 原料 | | | | 净耗 | 单位 | 工艺损耗率（%） |
|---|---|---|---|---|---|---|---|---|---|---|---|
| | 名称 | 单位 | 商品编码 | 品质规格 | 名称 | 单位 | 商品编码 | 品质规格 | | | |
| 1 | 钽管 | 千克 | 8103909090 | 牌号 RO5200（单位:毫米）外径×壁厚×长度 Φ:12.7～38.1×0.381～2×≤6000 | 钽锭 | 千克 | 8103909090 | 牌号 RO5200（单位:毫米）外径×长度 Φ:153×220～1280 | 1 | 千克/千克 | 4 |

## 10. 氯化亚锡加工贸易单耗标准

HDB/YS013—2012

| 序号 | 成品 | | | | 原料 | | | | 净耗 | 单位 | 工艺损耗率（%） |
|---|---|---|---|---|---|---|---|---|---|---|---|
| | 名称 | 单位 | 商品编码 | 品质规格 | 名称 | 单位 | 商品编码 | 品质规格 | | | |
| 1 | 氯化亚锡 | 千克 | 28273990 | 品位≥99.0% | 锡锭 | 千克 | 80011000 | 品位≥99.90% | 0.5266 | 千克/千克 | 2～4 |
| | | | | 品位≥98.0% | | | | | 0.5214 | 千克/千克 | |

注：标准中的工艺损耗率上限值为4%，下限值为2%。

## 11. 硫酸亚锡加工贸易单耗标准

HDB/YS014—2012

| 序号 | 成品 | | | | 原料 | | | | 净耗 | 单位 | 工艺损耗率（%） |
|---|---|---|---|---|---|---|---|---|---|---|---|
| | 名称 | 单位 | 商品编码 | 品质规格 | 名称 | 单位 | 商品编码 | 品质规格 | | | |
| 1 | 硫酸亚锡 | 千克 | 28332990 | 品位≥99.0% | 锡锭 | 千克 | 80011000 | 品位≥99.90% | 0.5533 | 千克/千克 | 5～9 |

注：标准中的工艺损耗率上限值为9%，下限值为5%。

## 12. 阿斯巴甜加工贸易单耗标准

HDB/QB062—2012

| 序号 | 成品 | | | | 原料 | | | | 净耗 | 单位 | 工艺损耗率（%） |
|---|---|---|---|---|---|---|---|---|---|---|---|
| | 名称 | 单位 | 商品编码 | 品质规格 | 名称 | 单位 | 商品编码 | 品质规格 | | | |
| 1 | 阿斯巴甜 | 千克 | 2924299090 | ≥98.0% | L－苯丙氨酸 | 千克 | 2922491090 | ≥98.5% | 0.56 | 千克/千克 | 30 |

注：本单耗标准中的L－苯丙氨酸应符合《美国食品用化学品法典》（FCC）规定，阿斯巴甜应符合国家标准 GB 22367 规定。

## 13. 阻燃高抗冲聚苯乙烯加工贸易单耗标准

HDB/QB063—2012

| 序号 | 成品 | | | | 原料 | | | | 净耗 | 单位 | 工艺损耗率(%) |
|---|---|---|---|---|---|---|---|---|---|---|---|
| | 名称 | 单位 | 商品编码 | 品质规格 | 名称 | 单位 | 商品编码 | 品质规格 | | | |
| 1 | 阻燃高抗冲聚苯乙烯 | 千克 | 39031910 | | 高抗冲聚苯乙烯树脂 | 千克 | 39031910 | | <1 | 千克/千克 | 2.80 |

注：1. 加工中需添加阻燃剂、阻燃协效剂及其他助剂，通常阻燃剂含量≤25%、阻燃协效剂含量≤8%，其他助剂含量≤3%。

2. 本单耗标准中的高抗冲聚苯乙烯树脂应符合国家标准 GB/T 18964.2 或 ISO 2897.2 规定，阻燃高抗冲聚苯乙烯应符合国家标准 GB/T 24150 规定。

## 14. 液体食品无菌包装纸加工贸易单耗标准

HDB/QB064—2012

| 序号 | 成品 | | | | 原料 | | | | 净耗 | 单位 | 工艺损耗率(%) |
|---|---|---|---|---|---|---|---|---|---|---|---|
| | 名称 | 单位 | 商品编码 | 品质规格 | 名称 | 单位 | 商品编码 | 品质规格 | | | |
| 1 | 液体食品无菌包装纸 | 千个 | 4811599900 | 250毫升,砖形 | 涂布白板纸 | 平方米 | 4810920000 | | 34.95 | 平方米/千个 | 5.00 |
| 2 | 液体食品无菌包装纸 | 千个 | 4811599900 | 125毫升,砖形 | 涂布白板纸 | 平方米 | 4810920000 | | 21.19 | 平方米/千个 | 4.50 |

注：原料涂布白板纸以克重（千克/平方米）为计量单位时，净耗标准按以下公式换算：净耗标准 = 标准净耗 × 克重。如：当原料克重为 0.192 千克/平方米时，250 毫升砖形液体食品无菌包装纸的净耗标准为 34.95 × 0.192 = 6.710 40 千克/千个，125 毫升砖形液体食品无菌包装纸的净耗标准为 21.19 × 0.192 = 4.068 48 千克/千个。

## 15. 卡拉胶加工贸易单耗标准

HDB/QB065—2012

| 序号 | 成品 | | | | 原料 | | | | 净耗 | 单位 | 工艺损耗率(%) |
|---|---|---|---|---|---|---|---|---|---|---|---|
| | 名称 | 单位 | 商品编码 | 品质规格 | 名称 | 单位 | 商品编码 | 品质规格 | | | |
| 1 | 精制卡拉胶 | 千克 | 1302391100 | K型,含水率≤12%,白色或奶油色粉末状,溶于水无杂质 | 麒麟菜 | 千克 | 1212216100 | 带盐、水分、泥沙等杂质,水分≤42% | 1 | 千克/千克 | 82 |
| 2 | 半精制卡拉胶 | 千克 | 1302391100 | K型,含水率≤12%,棕黄色或淡黄色粉末状,溶于水有沉淀物 | 麒麟菜 | 千克 | 1212216100 | 带盐、水分、泥沙等杂质,水分≤42% | 1 | 千克/千克 | 72 |

## 16. 移动式插座加工贸易单耗标准

HDB/QB066—2012

| 序号 | 成品 | | | | 原料 | | | | 工艺损耗率（%） |
|---|---|---|---|---|---|---|---|---|---|
| | 名称 | 单位 | 商品编码 | 品质规格 | 名称 | 单位 | 商品编码 | 品质规格 | |
| 1 | 移动式插座 | 个 | 8536690000 | 无开关 | ABS 树脂 | 千克 | 3903301000 | | 15 |
| | | | | | | | | | 边角料回收 2 |
| | | | | | 脲醛树脂 | 千克 | 3909100000 | | 22 |
| | | | | | | | | | 边角料回收 2 |
| | | | | | 铜带 | 千克 | 7409210000 | | 65 |

注：移动式插座加工过程中，ABS 树脂、脲醛树脂在边角料不回收的情况下，工艺损耗率最高分别不超过 15%、22%，在边角料回收的情况下工艺损耗率最高均不超过 2%。

## 17. 婴儿纸尿裤加工贸易单耗标准

HDB/QB067—2012

| 序号 | 成品 | | | | 原料 | | | | 净耗 | 单位 | 工艺损耗率（%） |
|---|---|---|---|---|---|---|---|---|---|---|---|
| | 名称 | 单位 | 商品编码 | 品质规格 | 名称 | 单位 | 商品编码 | 品质规格 | | | |
| 1 | 婴儿纸尿裤 | 千片 | 9619001000 | 小号（S），婴儿体重 3～6 千克 | 绒毛浆 | 千克 | 4703210000 | | 12 | 千克/千片 | 5.0 |
| | | | | | 聚丙烯酸盐吸水树脂 | 千克 | 3906909001<br>3906909090 | | 6 | 千克/千片 | 4.5 |
| 2 | 婴儿纸尿裤 | 千片 | 9619001000 | 中号（M），婴儿体重 5～11 千克 | 绒毛浆 | 千克 | 4703210000 | | 17 | 千克/千片 | 5.0 |
| | | | | | 聚丙烯酸盐吸水树脂 | 千克 | 3906909001<br>3906909090 | | 8 | 千克/千片 | 4.5 |
| 3 | 婴儿纸尿裤 | 千片 | 9619001000 | 大号（L），婴儿体重 8～14 千克 | 绒毛浆 | 千克 | 4703210000 | | 19 | 千克/千片 | 5.0 |
| | | | | | 聚丙烯酸盐吸水树脂 | 千克 | 3906909001<br>3906909090 | | 10 | 千克/千片 | 4.5 |
| 4 | 婴儿纸尿裤 | 千片 | 9619001000 | 加大号（XL），婴儿体重≥12 千克 | 绒毛浆 | 千克 | 4703210000 | | 21 | 千克/千片 | 5.0 |
| | | | | | 聚丙烯酸盐吸水树脂 | 千克 | 3906909001<br>3906909090 | | 13 | 千克/千片 | 4.5 |

注：本单耗标准中的绒毛浆应符合国家标准 GB/T 21331 规定，聚丙烯酸盐吸水树脂应符合国家标准 GB/T 22905 规定，婴儿纸尿裤应符合国家标准 GB/T 28004 规定。

## 18. 聚乙烯单层非印刷吹塑薄膜加工贸易单耗标准

HDB/QB068—2012

<table>
<tr><th rowspan="2">序号</th><th colspan="4">成品</th><th colspan="4">原料</th><th rowspan="2">净耗</th><th rowspan="2">单位</th><th rowspan="2">工艺损耗率(%)</th></tr>
<tr><th>名称</th><th>单位</th><th>商品编码</th><th>品质规格</th><th>名称</th><th>单位</th><th>商品编码</th><th>品质规格</th></tr>
<tr><td>1</td><td>聚乙烯单层非印刷吹塑薄膜</td><td>千克</td><td>3920109090</td><td>包装用,非分切,非医药卫生、食品用</td><td>低密度聚乙烯</td><td>千克</td><td>3901100090</td><td></td><td>1</td><td>千克/千克</td><td>1</td></tr>
</table>

注：本单耗标准中的低密度聚乙烯应符合国家标准GB11115规定。

## 19. 牙刷加工贸易单耗标准

HDB/QB069—2012

<table>
<tr><th rowspan="2">序号</th><th colspan="4">成品</th><th colspan="4">原料</th><th rowspan="2">工艺损耗率(%)</th></tr>
<tr><th>名称</th><th>单位</th><th>商品编码</th><th>品质规格</th><th>名称</th><th>单位</th><th>商品编码</th><th>品质规格</th></tr>
<tr><td rowspan="4">1</td><td rowspan="4">牙刷</td><td rowspan="4">把</td><td rowspan="4">9603210000</td><td rowspan="4">手动,成人用</td><td>ABS树脂</td><td>千克</td><td>3903301000<br>3903309000</td><td></td><td>1.50</td></tr>
<tr><td rowspan="2">尼龙丝</td><td rowspan="2">千克</td><td rowspan="2">5404190090</td><td>已分切</td><td>8.00</td></tr>
<tr><td>未分切</td><td>12.00</td></tr>
<tr><td>白铜片</td><td>千克</td><td>7409400000</td><td></td><td>0.01</td></tr>
</table>

注：本单耗标准中牙刷刷柄采用一次成型工艺加工。

## 20. 化纤制男式羽绒大衣加工贸易单耗标准

HDB/QB070—2012

| 序号 | 成品 | | | | 原料 | | | | | 单耗（米/件） | 工艺损耗率（%） |
|---|---|---|---|---|---|---|---|---|---|---|---|
| | 名称 | 单位 | 商品编码 | 品质规格 | 名称 | | 单位 | 商品编码 | 品质规格 | | |
| 1 | 化纤制男式羽绒大衣 | 件 | 62011310 | 常规款欧码 | 化纤及混纺织物 | 面料 | 米 | 5407、5408、5512、5513、5514、5515、5516、5801、5903品目项下全部商品编码 | 幅宽1.45米（57英寸） | 3.25 | |
| | | | | | | 里料 | 米 | | | 2.55 | |
| | | | | | | 胆料 | 米 | | | 4.75 | |
| | | | | 常规款亚码 | | 面料 | 米 | | | 2.94 | |
| | | | | | | 里料 | 米 | | | 2.25 | |
| | | | | | | 胆料 | 米 | | | 4.12 | |
| | | | | | 填充用羽毛；羽绒 | | 千克 | 0505100090 | 应符合国家标准GB/T 17685、行业标准FZ/T 81002规定 | | 1 |

注：1. 本标准中面料、里料和胆料单耗数据根据亚码、欧码中不同尺寸常规款式的羽绒服统一进行排料测算得出。

2. 本标准中提到的化纤制男式羽绒大衣常规款式，指带帽、有挂面、有防风袖、无防风裙、无左右胸袋、前下左右各一侧兜、有一内里袋，内部结构为双层胆料（四层工艺），衣长在90公分以上、120公分以下的化纤制面料男式羽绒服。衣长为从后中领缝（不含衣领）至下摆的长度。

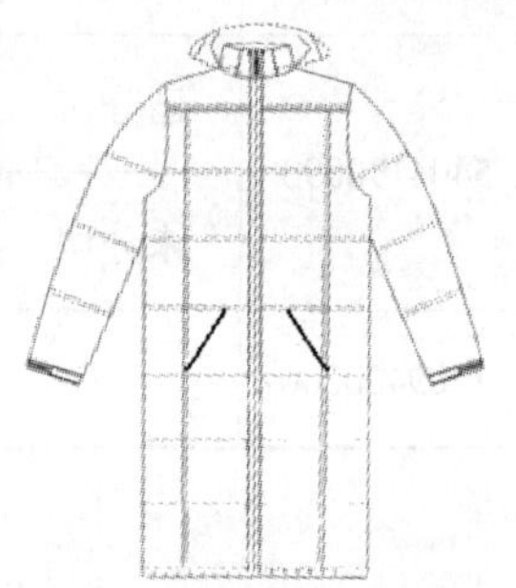

图1　常规款正面

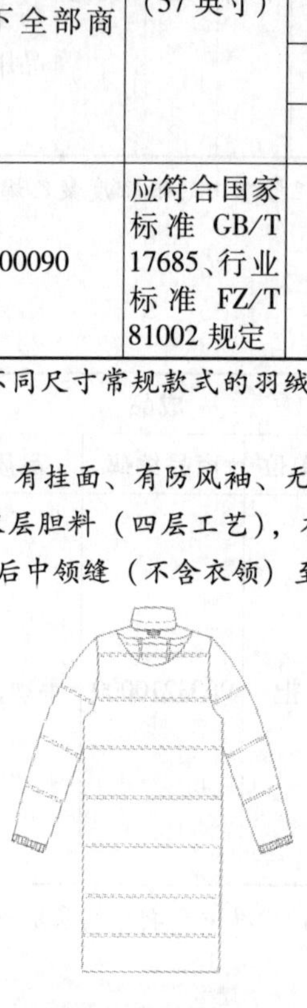

图2　常规款反面

3. 如果羽绒服是单层胆料常规款，胆料的单耗应为本单耗标准规定数值的50%。
4. 本标准只适用于幅宽为56～60英寸的面料。面料幅宽与本标准规定不同时，换算公式为：非标准幅宽情况下的单耗标准＝标准幅宽情况下的单耗标准×标准幅宽÷实际幅宽。
5. 双面穿及表里共布的羽绒服，请参考面料加里料的总用量。
6. 印花面料、起绒织物面料在相应单耗标准基础上加8%。
7. 格子面料：格子平均边长在10公分（含10公分）以下的，面料单耗增加15%；格子平均边长在10公分以上的，面料单耗增加20%。
8. 如果有加袋、加兜盖、加隐藏帽、加收纳袋、加腰带、结构变化等异于常规款式的，增加相应部分用料。
9. 采用绗缝工艺或大码的数量超过50%或批量小于500件时，不适用于此标准。
10. 本标准不适用于3XL及以上尺寸。

## 21. 羽毛或羽绒填充的睡袋加工贸易单耗标准

HDB/QB071—2012

| 序号 | 成品 | | | | | 原料 | | | | | 单耗（米/条） | 工艺损耗率（%） |
|---|---|---|---|---|---|---|---|---|---|---|---|---|
| | 名称 | 单位 | 商品编码 | 品质规格 | | 名称 | | 单位 | 商品编码 | 品质规格 | | |
| | | | | 充绒量 | 含绒率 | | | | | | | |
| 1 | 羽毛或羽绒填充的睡袋 215厘米×80厘米×55厘米 | 条 | 94043010 | 100克/平方米以下 | 70%以下 | 尼龙、涤、棉制织物 | 面料 | 米 | 5407、5408、5208、5209品目项下全部商品编码 | 幅宽1.52米（60英寸） | 3.24 | |
| | | | | | | | 里料 | 米 | | | 3.24 | |
| | | | | | 70%～80% | | 面料 | 米 | | | 3.26 | |
| | | | | | | | 里料 | 米 | | | 3.26 | |
| | | | | | 80%～95% | | 面料 | 米 | | | 3.28 | |
| | | | | | | | 里料 | 米 | | | 3.28 | |
| | | | | 100～250克/平方米 | 70%以下 | | 面料 | 米 | | | 3.30 | |
| | | | | | | | 里料 | 米 | | | 3.30 | |
| | | | | | 70%～80% | | 面料 | 米 | | | 3.32 | |
| | | | | | | | 里料 | 米 | | | 3.32 | |
| | | | | | 80%～95% | | 面料 | 米 | | | 3.36 | |
| | | | | | | | 里料 | 米 | | | 3.36 | |
| | | | | 250克/平方米以上 | 70%以下 | | 面料 | 米 | | | 3.38 | |
| | | | | | | | 里料 | 米 | | | 3.38 | |
| | | | | | 70%～80% | | 面料 | 米 | | | 3.40 | |
| | | | | | | | 里料 | 米 | | | 3.40 | |
| | | | | | 80%～95% | | 面料 | 米 | | | 3.46 | |
| | | | | | | | 里料 | 米 | | | 3.46 | |
| | | | | | | 填充用羽毛；羽绒 | | 千克 | 05051000 | 应符合国家标准GB/T 17685、行业标准FZ/T 81002规定 | | 1 |

注：1. 本标准中面料和里料单耗数据是根据木乃伊型（又称妈咪型，胸部稍宽，头部和脚部都渐窄）常规款式、固定规格的羽毛或羽绒填充的睡袋统一进行排料测算得出。

2. 本标准规定的羽毛或羽绒填充的睡袋常规款式指有胸领、有挡风、无内袋、采用明立衬工艺制作的木乃伊型（又称妈咪型，胸部稍宽，头部和脚部都渐窄）素色羽毛或羽绒填充的睡袋，且符合行业标准QB/T1195规定。

3. 本标准只适用于门幅为56～60英寸的面料。面料幅宽与本标准规定不同时，换算公式为：非标准幅宽情况下的单耗标准＝标准幅宽情况下的单耗标准×标准幅宽÷实际幅宽。

4. 羽毛或羽绒填充的睡袋的常规长度为215厘米。羽毛或羽绒填充的睡袋的长度增减直接影响单耗，睡袋长度每增减1厘米，其单耗值亦在相应单耗基础上增减2厘米。睡袋宽度对单耗数值影响不大。但长度在1.78米以下及2.40米以上的羽毛或羽绒填充的睡袋不适用此标准。

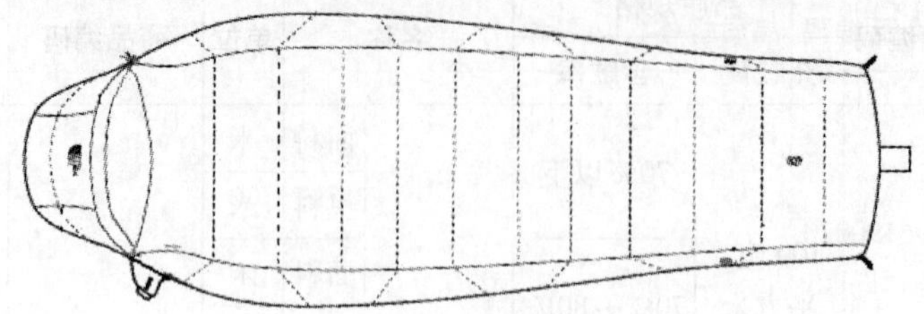

图1　木乃伊型羽毛或羽绒填充的睡袋常规款

5. 如果有加外袋、加内袋、加压缩袋、结构变化等异于木乃伊型常规款的地方，增加相应部分用料。

6. 采用暗立衬工艺，面料在相应单耗标准基础上加3%；采用拼色工艺，面料在相应单耗标准基础上加4%。

7. 部分羽毛或羽绒填充的睡袋款式为内松紧、内外松紧或复合片设计，用料较多，单耗也较大，不适用于此单耗标准。

## 22. 纸面巾加工贸易单耗标准

HDB/QB072—2012

| 序号 | 成品 | | | | 原料 | | | | 净耗 | 单位 | 工艺损耗率（%） |
|---|---|---|---|---|---|---|---|---|---|---|---|
| | 名称 | 单位 | 商品编码 | 品质规格 | 名称 | 单位 | 商品编码 | 品质规格 | | | |
| 1 | 普通纸面巾 | 千克 | 48182000 | | 针叶木浆、非针叶木浆 | 千克 | 47032100<br>47032900<br>47042100<br>47042900 | 水分含量10%～12% | 1 | 千克/千克 | 7～9 |
| 2 | 印花纸面巾 | 千克 | 48182000 | | 针叶木浆、非针叶木浆 | 千克 | 47032100<br>47032900<br>47042100<br>47042900 | 水分含量10%～12% | 1 | 千克/千克 | 8～10 |

注：1. 本单耗标准中的针叶木浆、非针叶木浆应符合国家标准GB/T 13506、行业标准QB/T 1678，纸面巾应符合国家标准GB/T 20808。

2. 加工普通纸面巾、印花纸面巾时，若针叶木浆、非针叶木浆水分含量为10%，则工艺损耗率最高分别不超过7%、8%；若针叶木浆、非针叶木浆水分含量为12%，则工艺损耗率最高分别不超过9%、10%。

## 23. 卫生巾加工贸易单耗标准

HDB/QB073—2012

| 序号 | 成品 | | | | 原料 | | | | 净耗 | 单位 | 工艺损耗率(%) |
|---|---|---|---|---|---|---|---|---|---|---|---|
| | 名称 | 单位 | 商品编码 | 品质规格 | 名称 | 单位 | 商品编码 | 品质规格 | | | |
| 1 | 普通直条型卫生巾 | 千克 | 96190020 | | 绒毛浆 | 千克 | 47032100<br>47032900<br>47042100<br>47042900 | | 0.5～0.7 | 千克/千克 | 7.0 |
| | | | | | 卫生巾高吸收性树脂 | 千克 | 3906909090 | | 0.01～0.1 | 千克/千克 | 8.0 |
| 2 | 普通护翼型卫生巾 | 千克 | 96190020 | | 绒毛浆 | 千克 | 47032100<br>47032900<br>47042100<br>47042900 | | 0.4～0.7 | 千克/千克 | 6.5 |
| | | | | | 卫生巾高吸收性树脂 | 千克 | 3906909090 | | 0.02～0.1 | 千克/千克 | 8.5 |

注：本单耗标准中的绒毛浆、卫生巾高吸收性树脂应分别符合国家标准 GB/T 21331、GB/T 22875。卫生巾应符合国家标准GB/T 8939。

## 24. 棉短绒纸浆加工贸易单耗标准

HDB/QB074—2012

| 序号 | 成品 | | | | 原料 | | | | 净耗 | 单位 | 工艺损耗率(%) |
|---|---|---|---|---|---|---|---|---|---|---|---|
| | 名称 | 单位 | 商品编码 | 品质规格 | 名称 | 单位 | 商品编码 | 品质规格 | | | |
| 1 | 棉短绒纸浆（棉浆粕） | 千克 | 47061000 | | 棉短绒 | 千克 | 14042000 | 三类 | 1 | 千克/千克 | 30 |

注：本单耗标准中的棉短绒应符合国家标准 GB/T 20223，棉短绒纸浆（棉浆粕）应符合行业标准 FZ/T 51001。

## 25. 聚丙烯光盘盒加工贸易单耗标准

HDB/QB075—2012

| 序号 | 成品 | | | | 原料 | | | | 净耗 | 单位 | 工艺损耗率(%) |
|---|---|---|---|---|---|---|---|---|---|---|---|
| | 名称 | 单位 | 商品编码 | 品质规格 | 名称 | 单位 | 商品编码 | 品质规格 | | | |
| 1 | 聚丙烯光盘盒 | 千克 | 39231000 | | 聚丙烯 | 千克 | 3902100090 | 注塑级 | 1 | 千克/千克 | 3 |

## 26. 可发性聚苯乙烯加工贸易单耗标准

HDB/ SH050—2012

| 序号 | 成品 | | | | 原料 | | | | 单耗 | 单位 |
|---|---|---|---|---|---|---|---|---|---|---|
| | 名称 | 单位 | 商品编码 | 品质规格 | 名称 | 单位 | 商品编码 | 品质规格 | | |
| 1 | 可发性聚苯乙烯 | 千克 | 3903110000 | 颗粒直径：0.5 毫米~2.5 毫米 发泡剂含量＞ 5.8% | 苯乙烯 | 千克 | 2902500000 | 含量≥ 99.7% | 0.937 | 千克/千克 |

注：发泡剂含量≤5.8%的成品对应单耗会随发泡剂减少而增加。

## 27. 戊基黄原酸钾加工贸易单耗标准

HDB/ SH051—2012

| 序号 | 成品 | | | | 原料 | | | | 单耗 | 单位 |
|---|---|---|---|---|---|---|---|---|---|---|
| | 名称 | 单位 | 商品编码 | 品质规格 | 名称 | 单位 | 商品编码 | 品质规格 | | |
| 1 | 戊基黄原酸钾 | 千克 | 2930902000 | 含量≥90% | 正戊醇 | 千克 | 2905199090 | 含量≥99% | 0.466 | 千克/千克 |

## 28. 异丁基黄原酸钠加工贸易单耗标准

HDB/SH052—2012

| 序号 | 成品 | | | | 原料 | | | | 单耗 | 单位 |
|---|---|---|---|---|---|---|---|---|---|---|
| | 名称 | 单位 | 商品编码 | 品质规格 | 名称 | 单位 | 商品编码 | 品质规格 | | |
| 1 | 异丁基黄原酸钠 | 千克 | 2930902000 | 含量≥90% | 异丁醇 | 千克 | 2905141000 | 含量≥99% | 0.460 | 千克/千克 |

## 29. 三醋酸甘油酯加工贸易单耗标准

HDB/SH053—2012

| 序号 | 成品 | | | | 原料 | | | | 单耗 | 单位 |
|---|---|---|---|---|---|---|---|---|---|---|
| | 名称 | 单位 | 商品编码 | 品质规格 | 名称 | 单位 | 商品编码 | 品质规格 | | |
| 1 | 三醋酸甘油酯 | 千克 | 2915390090 | 含量≥99% | 粗甘油 | 千克 | 1520000000 | 含量≥ 80.0% | 0.607 | 千克/千克 |
| 2 | 三醋酸甘油酯 | 千克 | 2915390090 | 含量≥99% | 甘油 | 千克 | 2905450000 | 含量≥ 98.0% | 0.444 | 千克/千克 |

注：本表中粗甘油按 80.0% 含量计算单耗，如粗甘油含量大于 80%，则单耗会随之降低。

## 30. 三环氧丙基异氰尿酸酯加工贸易单耗标准

HDB/SH054—2012

| 序号 | 成品 | | | | 原料 | | | | 单耗 | 单位 |
|---|---|---|---|---|---|---|---|---|---|---|
| | 名称 | 单位 | 商品编码 | 品质规格 | 名称 | 单位 | 商品编码 | 品质规格 | | |
| 1 | 三环氧丙基异氰尿酸酯 | 千克 | 2933699090 | 挥发份≤0.2%<br>总氯量≤0.4%<br>环氯残留≤100毫克/千克 | 环氧氯丙烷 | 千克 | 2910300000 | 含量≥99% | 1.600 | 千克/千克 |

## 31. 玻璃纤维改性聚对苯二甲酸丁二醇酯加工贸易单耗标准

HDB/SH055—2012

| 序号 | 成品 | | | | 原料 | | | | 单耗 | | |
|---|---|---|---|---|---|---|---|---|---|---|---|
| | 名称 | 单位 | 商品编码 | 品质规格 | 名称 | 单位 | 商品编码 | 品质规格 | 净耗 | 单位 | 工艺损耗率(%) |
| 1 | 阻燃改性PBT树脂(GF0) | 千克 | 3907991090 | 阻燃,玻璃纤维含量为0% | PBT树脂 | 千克 | 3907991001 | 特性黏度0.70~1.35 | 0.930 | 千克/千克 | 3 |
| 2 | 阻燃玻璃纤维改性PBT树脂(GF10) | 千克 | 3907991090 | 阻燃,玻璃纤维含量为8%(含)~12.5% | PBT树脂 | 千克 | 3907991001 | 特性黏度0.70~1.35 | 0.850 | 千克/千克 | 3 |
| 3 | 阻燃玻璃纤维改性PBT树脂(GF15) | 千克 | 3907991090 | 阻燃,玻璃纤维含量为12.5%(含)~17.5% | PBT树脂 | 千克 | 3907991001 | 特性黏度0.70~1.35 | 0.805 | 千克/千克 | 3 |
| 4 | 阻燃玻璃纤维改性PBT树脂(GF20) | 千克 | 3907991090 | 阻燃,玻璃纤维含量为17.5%(含)~22.5% | PBT树脂 | 千克 | 3907991001 | 特性黏度0.70~1.35 | 0.755 | 千克/千克 | 3 |
| 5 | 阻燃玻璃纤维改性PBT树脂(GF30) | 千克 | 3907991090 | 阻燃,玻璃纤维含量为27.5%(含)~32.5% | PBT树脂 | 千克 | 3907991001 | 特性黏度0.70~1.35 | 0.655 | 千克/千克 | 3 |
| 6 | 非阻燃改性PBT树脂(GF0) | 千克 | 3907991090 | 非阻燃,玻璃纤维含量为0% | PBT树脂 | 千克 | 3907991001 | 特性黏度0.70~1.35 | 0.995 | 千克/千克 | 3 |

续表

<table>
<tr><th rowspan="2">序号</th><th colspan="4">成品</th><th colspan="4">原料</th><th colspan="3">单耗</th></tr>
<tr><th>名称</th><th>单位</th><th>商品编码</th><th>品质规格</th><th>名称</th><th>单位</th><th>商品编码</th><th>品质规格</th><th>净耗</th><th>单位</th><th>工艺损耗率（%）</th></tr>
<tr><td>7</td><td>非阻燃玻璃纤维改性PBT树脂(GF10)</td><td>千克</td><td>3907991090</td><td>非阻燃，玻璃纤维含量为8%（含）~12.5%</td><td>PBT树脂</td><td>千克</td><td>3907991001</td><td>特性黏度0.70~1.35</td><td>0.920</td><td>千克/千克</td><td>3</td></tr>
<tr><td>8</td><td>非阻燃玻璃纤维改性PBT树脂(GF20)</td><td>千克</td><td>3907991090</td><td>非阻燃，玻璃纤维含量为17.5%（含）~22.5%</td><td>PBT树脂</td><td>千克</td><td>3907991001</td><td>特性黏度0.70~1.35</td><td>0.825</td><td>千克/千克</td><td>3</td></tr>
<tr><td>9</td><td>非阻燃玻璃纤维改性PBT树脂(GF30)</td><td>千克</td><td>3907991090</td><td>非阻燃，玻璃纤维含量为27.5%（含）~32.5%</td><td>PBT树脂</td><td>千克</td><td>3907991001</td><td>特性黏度0.70~1.35</td><td>0.725</td><td>千克/千克</td><td>3</td></tr>
<tr><td>10</td><td>非阻燃玻璃纤维改性PBT树脂(GF40)</td><td>千克</td><td>3907991090</td><td>非阻燃，玻璃纤维含量为37.5%（含）~42.5%</td><td>PBT树脂</td><td>千克</td><td>3907991001</td><td>特性黏度0.70~1.35</td><td>0.625</td><td>千克/千克</td><td>3</td></tr>
<tr><td>11</td><td>非阻燃坡璃纤维改性PBT树脂(GF50)</td><td>千克</td><td>3907991090</td><td>非阻燃，玻璃纤维含量为47.5%（含）~52.5%</td><td>PBT树脂</td><td>千克</td><td>3907991001</td><td>特性黏度0.70~1.35</td><td>0.525</td><td>千克/千克</td><td>3</td></tr>
</table>

注：1. 聚对苯二甲酸丁二醇酯简称“PBT树脂”，上表中每个产品中PBT树脂的净耗均为上限，因为在玻璃纤维改性PBT的生产中，玻璃纤维含量是一个范围，而非固定值，本标准制定时参照GB/T 24151－2009《塑料 玻璃纤维阻燃增强聚对苯二甲酸丁二醇酯专用料》［以非阻燃玻璃纤维改性PBT（GF20）的净耗为例，国家标准中玻璃纤维含量为17.5%～22.5%，若选择标准中的下限17.5%，PBT树脂净耗上限则为0.825］。另在阻燃玻璃纤维改性产品中，各个厂家使用阻燃剂的种类不同及阻燃等级不同，阻燃剂添加量也是一个范围，根据行业惯例，本表中阻燃剂总量最低含量取值7%。

2. 本标准中工艺损耗率3%为上限值，另批量小于5吨的损耗率为4%。

## 32. 丙烯酸加工贸易单耗标准

HDB/SH056—2012

<table>
<tr><th rowspan="2">序号</th><th colspan="4">成品</th><th colspan="4">原料</th><th rowspan="2">单耗</th><th rowspan="2">单位</th></tr>
<tr><th>名称</th><th>单位</th><th>商品编码</th><th>品质规格</th><th>名称</th><th>单位</th><th>商品编码</th><th>品质规格</th></tr>
<tr><td>1</td><td>丙烯酸</td><td>千克</td><td>29161100</td><td>含量≥99.0%</td><td>丙烯</td><td>千克</td><td>29012200</td><td>含量≥99.2%</td><td>0.732</td><td>千克/千克</td></tr>
<tr><td>2</td><td>精丙烯酸</td><td>千克</td><td>29161100</td><td>含量≥99.5%</td><td>丙烯</td><td>千克</td><td>29012200</td><td>含量≥99.2%</td><td>0.751</td><td>千克/千克</td></tr>
</table>

## 33. 丙烯酸正丁酯加工贸易单耗标准

HDB/SH057—2012

| 序号 | 成品 | | | | 原料 | | | | 单耗 | 单位 |
|---|---|---|---|---|---|---|---|---|---|---|
| | 名称 | 单位 | 商品编码 | 品质规格 | 名称 | 单位 | 商品编码 | 品质规格 | | |
| 1 | 丙烯酸正丁酯 | 千克 | 29161230 | 含量≥99.5% | 丙烯酸 | 千克 | 29161100 | 含量≥99% | 0.605 | 千克/千克 |
| | | | | | 正丁醇 | | 29051300 | 含量≥99.5% | 0.614 | 千克/千克 |

## 34. 阳离子表面活性剂加工贸易单耗标准

HDB/SH058—2012

| 序号 | 成品 | | | | 原料 | | | | 单耗 | 单位 |
|---|---|---|---|---|---|---|---|---|---|---|
| | 名称 | 单位 | 商品编码 | 品质规格 | 名称 | 单位 | 商品编码 | 品质规格 | | |
| 1 | 双十八烷基二甲基氯化铵(俗称 D1821) | 千克 | 3402120000 | 含量:(75±1)% | 氢化牛脂酸或1865酸 | 千克 | 3823110000 | 含量:98% | 0.788 | 千克/千克 |
| 2 | 双癸烷基二甲基氯化铵(俗称 D1021) | 千克 | 3402120000 | 含量:(80±2)% | 癸醇 | 千克 | 2905199090 | 含量:98% | 0.751 | 千克/千克 |

## 35. 机织女式大衣加工贸易单耗标准

HDB/FZ082—2012

| 序号 | 成品 | | | | 原料 | | | | 单耗 | 单位 |
|---|---|---|---|---|---|---|---|---|---|---|
| | 名称 | 单位 | 商品编码 | 品质规格 | 名称 | 单位 | 商品编码 | 品质规格 | | |
| 1 | 毛制机织女式大衣 | 件 | 6202110090<br>6202190030 | 亚码 | 毛制机织物 | 米 | 5112 品目项下除 5112110010、5112190010、5112200010、5112300010、5112900020 以外的全部商品编码 | 幅宽1.47米 | 2.42 | 米/件 |
| | | | | 欧码 | | | | | 2.58 | |

续表

<table>
<tr><th rowspan="2">序号</th><th colspan="4">成品</th><th colspan="4">原料</th><th rowspan="2">单耗</th><th rowspan="2">单位</th></tr>
<tr><th>名称</th><th>单位</th><th>商品编码</th><th>品质规格</th><th>名称</th><th>单位</th><th>商品编码</th><th>品质规格</th></tr>
<tr><td rowspan="2">2</td><td rowspan="2">棉制机织女式大衣</td><td rowspan="2">件</td><td rowspan="2">6202129090<br>6202190040</td><td>亚码</td><td rowspan="2">棉制机织物</td><td rowspan="2">米</td><td rowspan="2">5208 品目项下除 52081100、52081200、52081300、52081900、52082100、5208220030、5208220040、5208220050、52083100、5208320010、5208320093、5208320094、5208320095、52084100、5208420010、52085100、5208520010、5208520093、5208520094、5208520095 以外的全部商品编码；<br>5209 品目项下除 52091100、52091200、52091900、5209210030、5209290030、5209310010、5209310093、5209390030、5209410010、5209510010、5209510093、5209590030 以外的全部商品编码；<br>5210 品目项下除 52101100、52101910、52101990、5210210013、5210210015、5210210023、5210210025、5210210093、5210210095、5210310013、5210310015、5210310023、5210310025、5210310093、5210310095、5210510013、5210510015、5210510023、5210510025、5210510093、5210510095 以外的全部商品编码；<br>5211 品目项下除 52111100、52111200、52111900、5211310013、5211310023、5211310093、5211390013、5211390023、5211390093、5211510013、5211510023、5211510093、5211590013、5211590023、5211590093 以外的全部商品编码；<br>5212 品目项下除 52121100、5212120060、5212130060、5212150060、52122100、5212230050、5212250050 以外的全部商品编码</td><td rowspan="2">幅宽 1.47 米</td><td>2.35</td><td rowspan="2">米/件</td></tr>
<tr><td>欧码</td><td>2.51</td></tr>
</table>

续表

<table>
<tr><th rowspan="2">序号</th><th colspan="4">成品</th><th colspan="4">原料</th><th rowspan="2">单耗</th><th rowspan="2">单位</th></tr>
<tr><th>名称</th><th>单位</th><th>商品编码</th><th>品质规格</th><th>名称</th><th>单位</th><th>商品编码</th><th>品质规格</th></tr>
<tr><td rowspan="2">3</td><td rowspan="2">合成纤维制机织女式大衣</td><td rowspan="2">件</td><td rowspan="2">6202139090<br>6202190050</td><td>亚码</td><td rowspan="2">合成纤维制机织物</td><td rowspan="2">米</td><td rowspan="2">5407 品目项下除 54071010、54071020、54072000、54073000、5407410010、5407410020、5407810030、5407820030、5407830030、5407840030、5407910093、5407920093、5407930093、5407940093 以外的全部商品编码；<br>5512 品目项下除 5512110030、5512110040、5512110050、5512190033、5512190034、5512190035、5512210030、5512210040、5512210050、5512290033、5512290034、5512290035、5512910030、5512910040、5512910050、5512990033、5512990034、5512990035 以外的全部商品编码；<br>5513 品目项下除 55131110、5513112030、5513112040、5513121000、55131310、5513190030、5513190040、5513210030、5513210040、5513290040、5513410030、5513190040 以外的全部商品编码；<br>5514 品目项下除 55141110、5514112030、55141210、55141911、5514210030、5514230020、5514290030、5514410030、5514430020、5514490030 以外的全部商品编码；<br>5515 品目项下除 5515110023、5515110024、5515110025、5515110033、5515110034、5515110035、5515120013、5515190023、5515190024、5515190025、5515190033、5515190034、5515190035、5515210013、5515210023、5515290023、5515290024、5515290025、5515290033、5515290034、5515290035、5515910013、5515910023、5515990023、5515990024、5515990025、5515990033、5515990034、5515990035 以外的全部商品编码</td><td rowspan="2">幅宽 1.47 米</td><td>2.35</td><td rowspan="2">米/件</td></tr>
<tr><td>欧码</td><td>2.51</td></tr>
</table>

续表

<table>
<tr><th rowspan="2">序号</th><th colspan="4">成品</th><th colspan="4">原料</th><th rowspan="2">单耗</th><th rowspan="2">单位</th></tr>
<tr><th>名称</th><th>单位</th><th>商品编码</th><th>品质规格</th><th>名称</th><th>单位</th><th>商品编码</th><th>品质规格</th></tr>
<tr><td rowspan="2">4</td><td rowspan="2">麻制机织女式大衣</td><td rowspan="2">件</td><td rowspan="2">6202190021<br>6202190029<br>6202190090</td><td>亚码</td><td rowspan="2">麻制机织物</td><td rowspan="2">米</td><td rowspan="2">5309 品目项下除 53091110、53092110、5309212023、5309212027、5309290023、5309290027 以外的全部商品编码；<br>5311 品目项下除 53110012、53110014、5311001523、5311001533、5311009023、5311009033 以外的全部商品编码</td><td rowspan="2">幅宽1.47米</td><td>2.47</td><td rowspan="2">米/件</td></tr>
<tr><td>欧码</td><td>2.63</td></tr>
</table>

注：1. 常规款式女式大衣：指与所附款式图所示款式基本相同的女式大衣。

2. 亚码机织女式大衣：指对亚洲地区女士穿着机织大衣规格的统称。
本标准中的机织亚码女式大衣规格是指衣长104～116厘米，胸围94～118厘米，摆围98～122厘米。
欧码机织女式大衣：指对欧美地区女士穿着机织大衣规格的统称。
本标准中的机织欧码女式大衣规格是指衣长110～122厘米，胸围106～130厘米，摆围110～134厘米。

3. 本单耗标准适用于普通款式女大衣，不包括特殊规格、特殊款式及女童机织女式大衣。

4. 不同幅宽机织物为原料，机织女式大衣单耗的换算办法：
当实际幅宽小于标准幅宽时：单耗（实际幅宽）＝单耗（标准幅宽）×标准幅宽÷实际幅宽×（1＋10%）；
当实际幅宽大于标准幅宽时：单耗（实际幅宽）＝单耗（标准幅宽）×标准幅宽÷实际幅宽。

5. 对花、对条格女式大衣的单耗视花型和条格大小而在本单耗的基础上要相应增加：花型直径或条格宽度在0.04米以下加放1.5个花型或条格长度，花型直径或条格宽度在0.04米及以上加放2.5个花型或条格长度。

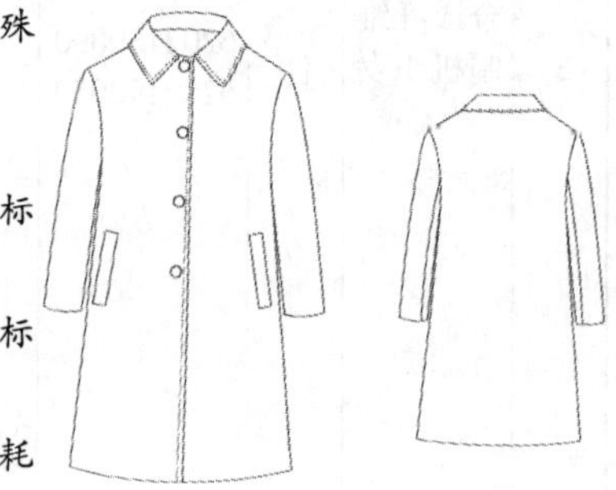

常规款式女式大衣款式图

6. 需定向裁剪的绒类和印花机织物工艺损耗大，应在常规款式女大衣单耗基础上增加10%。

7. 如在常规款式的基础上加袋、加袋盖等结构上的差异变化，如果增加部分用料面积小于0.1平方米，则可忽略不计；
如果增加部分用料面积大于0.1平方米，则按以下公式核定单耗：单耗（非常规款式）＝单耗（常规款式）＋增加部分用料面积÷标准幅宽×（1＋10%）

8. 在结构上或尺寸上与常规款式有差异的女式大衣，单耗用量要在标准单耗的基础上做适当的增减：衣长每增减0.02米，其单耗相应增减0.02米；胸围或摆宽每增减0.04米，其单耗增减4%。

9. 如一个合同中，大码的数量超过加工贸易总量的50%或批量小于500条的，在相应的单耗基础上增加6%。

10. 特殊情况下，并且涉及多个计算公式时，单耗值按注释的先后顺序累计计算。

## 36. 棉制及合成纤维制机织女式防寒服加工贸易单耗标准

HDB/FZ083—2012

| 序号 | 成品 | | | | 原料 | | | | 单耗 | 单位 |
|---|---|---|---|---|---|---|---|---|---|---|
| | 名称 | 单位 | 商品编码 | 品质规格 | 名称 | 单位 | 商品编码 | 品质规格 | | |
| 1 | 棉制及合成纤维制女式防寒服 | 件 | 6202929090<br>6202939090 | 亚码 | 棉制机织物及合成纤维制机织物 | 米 | 5208 品目项下除 52081100、52081200、52081300、52081900、52082100、5208220030、5208220040、5208220050、52083100、5208320010、5208320093、5208320094、5208320095、52084100、5208420010、52085100、5208520010、5208520093、5208520094、5208520095 以外的全部商品编码;<br>5209 品目项下除 52091100、52091200、52091900、5209210030、5209290030、5209310010、5209310093、5209390030、5209410010、5209510010、5209510093、5209590030 以外的全部商品编码;<br>5210 品目项下除 52101100、52101910、52101990、5210210013、5210210015、5210210023、5210210025、5210210093、5210210095、5210310013、5210310015、5210310023、5210310025、5210310093、5210310095、5210510013、5210510015、5210510023、5210510025、5210510093、5210510095 以外的全部商品编码;<br>5211 品目项下除 52111100、52111200、52111900、5211310013、5211310023、5211310093、5211390013、5211390023、5211390093、5211510013、5211510023、5211510093、5211590013、5211590023、5211590093 以外的全部商品编码;<br>5212 品目项下除 52121100、5212120060、5212130060、5212150060、52122100、5212230050、5212250050 以外的全部商品编码;<br>5407 品目项下除 54071010、54071020、54072000、54073000、5407410010、5407410020、5407810030、5407820030、5407830030、5407840030、5407910093、5407920093、5407930093、 | 幅宽 1.47 米 | 2.43 | 米/件 |
| | | | | 欧码 | | | | | 2.59 | |

续表

| 序号 | 成品 | | | | 原料 | | | | 单耗 | 单位 |
|---|---|---|---|---|---|---|---|---|---|---|
| | 名称 | 单位 | 商品编码 | 品质规格 | 名称 | 单位 | 商品编码 | 品质规格 | | |
| 1 | 棉制及合成纤维制女式防寒服 | 件 | 6202929090<br>6202939090 | 亚码 | 棉制机织物及合成纤维制机织物 | 米 | 5407940093 以外的全部商品编码；<br>5512 品目项下除 5512110030、5512110040、5512110050、5512190033、5512190034、5512190035、5512210030、5512210040、5512210050、5512290033、5512290034、5512290035、5512910030、5512910040、5512910050、5512990033、5512990034、5512990035 以外的全部商品编码；<br>5513 品目项下除 55131110、5513112030、5513112040、5513121000、55131310、5513190030、5513190040、5513210030、5513210040、5513290040、5513410030、5513190040 以外的全部商品编码；<br>5514 品目项下除 55141110、5514112030、55141210、55141911、5514210030、5514230020、5514290030、5514410030、5514430020、5514490030 以外的全部商品编码；<br>5515 品目项下除 5515110023、5515110024、5515110025、5515110033、5515110034、5515110035、5515120013、5515190023、5515190024、5515190025、5515190033、5515190034、5515190035、5515210013、5515210023、5515290023、5515290024、5515290025、5515290033、5515290034、5515290035、5515910013、5515910023、5515990023、5515990024、5515990025、5515990033、5515990034、5515990035 以外的全部商品编码 | 幅宽 1.47 米 | 2.43 | 米/件 |
| | | | | 欧码 | | | | | 2.59 | |

注：1. 常规款式女式防寒服：有填充物或衬里(如腈纶棉、羊毛絮片、棉纤维)并与所示款式图基本相同的服装。本单耗标准适用于普通款式女防寒服，不包括特体规格和特殊款式女防寒服。

2. 亚码女式防寒服：指亚洲地区女士穿着防寒服规格的统称。本标准中的机织亚码女式防寒服规格是指衣长 88～102 厘米，胸围 96～120 厘米，摆围 100～124 厘米。

欧码女式防寒服：指欧美地区女士穿着防寒服规格的统称。本标准中的机织欧码女式防寒服规格是指衣长 94～108 厘米，胸围 112～132 厘米，摆围 116～136 厘米。

3. 不同幅宽的机织物为原料，机织女式防寒服单耗换算办法：

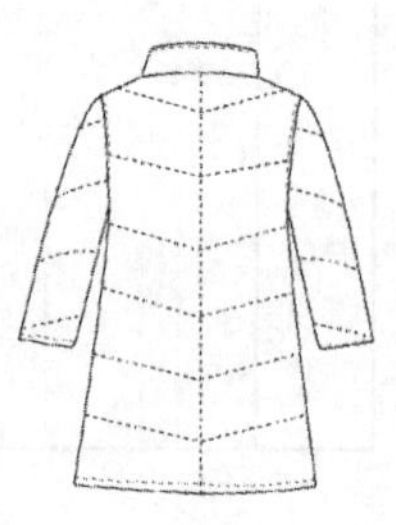

当实际幅宽大于标准幅宽时：单耗（实际幅宽）= 单耗（标准幅宽）× 标准幅宽 ÷ 实际幅宽；

当实际幅宽小于标准幅宽时：单耗（实际幅宽）= 单耗（标准幅宽）× 标准幅宽 ÷ 实际幅宽 ×（1 + 10%）。

4. 对花、对条格女式防寒服的单耗视花型和条格大小而在本单耗的基础上要相应增加：花型直径或条格宽度在 0.04 米以下加放 1.50 个花型或条格长度，花型直径或条格宽度在 0.04 米以上加放 2.5 个花型或条格长度。

5. 在常规款式的基础上加袋、加袋盖等结构上差异的，如果增加部分用料面积小于 0.1 平方米，则可忽略不计；如果增加部分用料面积大于 0.1 平方米，则按以下公式核定单耗：单耗（非常规款式）= 单耗（常规款式）+ 增加部分用料面积 ÷ 标准幅宽 ×（1 + 10%）。

6. 需定向裁剪的绒类和印花机织物工艺损耗大，应在常规款式女防寒服单耗基础上增加 10%。

7. 如一个合同中，大码的数量超过加工贸易总量的 50% 或批量小于 500 件的，在相应的单耗基础上增加 6%。

8. 特殊情况下，并且涉及多个计算公式时，单耗值按注释的先后顺序累计计算。

## 37. 尼龙 -6,6 帘子布加工贸易单耗标准

HDB/FZ084—2012

<table>
<tr><th rowspan="2">序号</th><th colspan="4">成品</th><th colspan="4">原料</th><th rowspan="2">净耗</th><th rowspan="2">单位</th><th rowspan="2">工艺损耗率（%）</th></tr>
<tr><th>名称</th><th>单位</th><th>商品编码</th><th>品质规格</th><th>名称</th><th>单位</th><th>商品编码</th><th>品质规格</th></tr>
<tr><td>1</td><td>尼龙 -6,6 白坯帘子布</td><td rowspan="2">千克</td><td rowspan="2">59021020</td><td rowspan="2">各种规格</td><td>尼龙 -6,6 切片</td><td>千克</td><td>39081011</td><td rowspan="2">各种规格</td><td>0.948</td><td>千克/千克</td><td>10.39</td></tr>
<tr><td>2</td><td>尼龙 -6,6 白坯帘子布</td><td>尼龙 -6,6 高强力纱</td><td>千克</td><td>54021920</td><td>0.998</td><td>千克/千克</td><td>3.40</td></tr>
<tr><td>3</td><td>尼龙 -6,6 浸胶帘子布</td><td rowspan="2">克</td><td rowspan="2">59021020</td><td rowspan="2">各种规格</td><td>尼龙 -6,6 切片</td><td>千克</td><td>39081011</td><td rowspan="2">各种规格</td><td>0.943</td><td>千克/千克</td><td>12.72</td></tr>
<tr><td>4</td><td>尼龙 -6,6 浸胶帘子布</td><td>尼龙 -6,6 高强力纱</td><td>千克</td><td>54021920</td><td>0.993</td><td>千克/千克</td><td>5.91</td></tr>
</table>

注：本标准数值已按公定回潮率计算。

## 38. 聚酯帘子布加工贸易单耗标准

HDB/FZ085—2012

<table>
<tr><th rowspan="2">序号</th><th colspan="4">成品</th><th colspan="4">原料</th><th rowspan="2">净耗</th><th rowspan="2">单位</th><th rowspan="2">工艺损耗率（%）</th></tr>
<tr><th>名称</th><th>单位</th><th>商品编码</th><th>品质规格</th><th>名称</th><th>单位</th><th>商品编码</th><th>品质规格</th></tr>
<tr><td>1</td><td>聚酯（浸胶）帘子布</td><td rowspan="2">千克</td><td rowspan="2">59022000</td><td rowspan="2">各种规格</td><td>聚酯切片</td><td>千克</td><td>39076019</td><td rowspan="2">各种规格</td><td>0.960</td><td>千克/千克</td><td>8.7</td></tr>
<tr><td>2</td><td>聚酯（浸胶）帘子布</td><td>聚酯高强力纱</td><td>千克</td><td>5402200010</td><td>0.965</td><td>千克/千克</td><td>4.43</td></tr>
<tr><td>3</td><td>聚酯（白坯）帘子布</td><td rowspan="2">千克</td><td rowspan="2">59022000</td><td rowspan="2">各种规格</td><td>聚酯切片</td><td>千克</td><td>39076019</td><td rowspan="2">各种规格</td><td>0.985</td><td>千克/千克</td><td>6.85</td></tr>
<tr><td>4</td><td>聚酯（白坯）帘子布</td><td>聚酯高强力纱</td><td>千克</td><td>5402200010</td><td>0.990</td><td>千克/千克</td><td>2.49</td></tr>
</table>

注：本标准数值已按公定回潮率计算。

## 39. 毛制及合成纤维制机织男式西服马甲加工贸易单耗标准

HDB/FZ086—2012

<table>
<tr><th rowspan="2">序号</th><th colspan="4">成品</th><th colspan="4">原料</th><th rowspan="2">单耗</th><th rowspan="2">单位</th></tr>
<tr><th>名称</th><th>单位</th><th>商品编码</th><th>品质规格</th><th>名称</th><th>单位</th><th>商品编码</th><th>品质规格</th></tr>
<tr><td rowspan="2">1</td><td rowspan="2">毛制及合成纤维制机织男式西服马甲</td><td rowspan="4">件</td><td rowspan="2">6211339099<br>6211392090</td><td>亚码后背用里料</td><td rowspan="2">毛制机织物及合成纤维制机织物</td><td rowspan="4">米</td><td rowspan="4">5112 品目项下除 5112110010、5112190010、5112200010、5112300010、5112900020 以外的全部商品编码；<br>5407 品目项下除 54071010、54071020、54072000、54073000、5407410010、5407410020、5407810030、5407820030、5407830030、5407840030、5407910093、5407920093、5407930093、5407940093 以外的全部商品编码；<br>5512 品目项下除 5512110030、5512110040、5512110050、5512190033、5512190034、5512190035、5512210030、5512210040、5512210050、5512290033、5512290034、5512290035、5512910030、5512910040、5512910050、5512990033、5512990034、5512990035 以外的全部商品编码</td><td rowspan="2">幅宽 1.50 米</td><td>0.51</td><td rowspan="2">米/件</td></tr>
<tr><td>欧码后背用里料</td><td>0.54</td></tr>
<tr><td rowspan="2">2</td><td rowspan="2">毛制及合成纤维制机织男式西服马甲</td><td rowspan="2">6211339099<br>6211392090</td><td>亚码</td><td rowspan="2">毛制机织物及合成纤维制机织物</td><td rowspan="2">幅宽 1.50 米</td><td>0.84</td><td rowspan="2">米/件</td></tr>
<tr><td>欧码</td><td>0.95</td></tr>
<tr><td rowspan="2">1</td><td rowspan="2">毛制及合成纤维制机织男式西服马甲</td><td rowspan="4">件</td><td rowspan="2">6211339099<br>6211392090</td><td>亚码后背用里料</td><td rowspan="2">毛制机织物及合成纤维制机织物</td><td rowspan="4">米</td><td rowspan="4">5514 品目项下除 55141110、5514112030、55141210、55141911、5514210030、5514230020、5514290030、5514410030、5514430020、5514490030 以外的全部商品编码；<br>5515 品目项下除 5515110023、5515110024、5515110025、5515110033、5515110034、5515110035、5515120013、5515190023、5515190024、5515190025、5515190033、5515190034、5515190035、5515210013、5515210023、5515290023、5515290024、5515290025、5515290033、5515290034、5515290035、5515910013、5515910023、5515990023、5515990024、5515990025、5515990033、5515990034、5515990035 以外的全部商品编码</td><td rowspan="2">幅宽 1.50 米</td><td>0.51</td><td rowspan="2">米/件</td></tr>
<tr><td>欧码后背用里料</td><td>0.54</td></tr>
<tr><td rowspan="2">2</td><td rowspan="2">毛制及合成纤维制机织男式西服马甲</td><td rowspan="2">6211339099<br>6211392090</td><td>亚码</td><td rowspan="2">毛制机织物及合成纤维制机织物</td><td rowspan="2">幅宽 1.50 米</td><td>0.84</td><td rowspan="2">米/件</td></tr>
<tr><td>欧码</td><td>0.95</td></tr>
</table>

注：1. 本单耗标准适用于款式图所示的常规款式男西服马甲。

马甲（vest）：无袖上衣。穿着便于双手活动。本标准规定男式西服马甲内无填充物。机织男式西服马甲分为两种基本类型：第一种是产品前后部分采用同一种原料，第二种是后背部分采用与前片不同的机织物为原料。

亚码机织男式西服马甲：指亚洲地区男士穿着机织男式西服马甲规格的统称。

亚码衣长 58～68 厘米，胸围 98～114 厘米。

欧码机织男式西服马甲：指欧美地区男士穿着机织男式西服马甲规格的统称。

欧码衣长 64～74 厘米，胸围 102～122 厘米。

2. 本标准适用于常规款式机织男式西服马甲。不适合特殊规格、特殊款式及儿童机织男式西服马甲的单耗核算。

3. 不同幅宽的机织物为原料，机织男式西服马甲单耗的换算办法：

当织物实际幅宽小于标准幅宽时：单耗（实际幅宽）＝单耗（标准幅宽）×标准幅宽÷实际幅宽×（1＋10%）；

当织物实际幅宽大于标准幅宽时：单耗（实际幅宽）＝单耗（标准幅宽）×标准幅宽÷实际幅宽。

4. 对花、对条格男式西服马甲单耗要在本单耗的基础上根据花型直径和条格大小相应增加：

花型直径或条格长、宽度在 4 厘米及以下加放 1.5 个花型或条格长度；

花型直径或条格长、宽度在 4 厘米以上加放 2.5 个花型或条格长度。

机织男式西服马甲款式示意图

5. 如在常规款式的基础上加袋、加袋盖等结构上的差异，机织男式西服马甲单耗的换算办法：

单耗（非常规款式）＝单耗（常规款式）＋增加部分用料面积÷标准幅宽×（1＋10%）。

## 40. 机织欧码男式长裤加工贸易单耗标准

HDB/FZ087—2012

| 序号 | 成品 | | | | 原料 | | | | 单耗 | 单位 |
|---|---|---|---|---|---|---|---|---|---|---|
| | 名称 | 单位 | 商品编码 | 品质规格 | 名称 | 单位 | 商品编码 | 品质规格 | | |
| 1 | 毛制男式长裤(卷脚口、网裤脚) | 条 | 6203410022 | 欧码 | 毛制机织物 | 米 | 5112 品目项下除 5112110010、5112190010、5112200010、5112300010、5112900020 以外的全部商品编码； | 幅宽 1.47 米 | 1.42 | 米/条 |
| | 毛制男式长裤（翻脚口） | | | | | | | | 1.49 | 米/条 |

续表

<table>
<tr><th rowspan="2">序号</th><th colspan="4">成品</th><th colspan="4">原料</th><th rowspan="2">单耗</th><th rowspan="2">单位</th></tr>
<tr><th>名称</th><th>单位</th><th>商品编码</th><th>品质规格</th><th>名称</th><th>单位</th><th>商品编码</th><th>品质规格</th></tr>
<tr><td rowspan="2">2</td><td>棉制男式长裤（卷脚口、网裤脚）</td><td rowspan="2">条</td><td rowspan="2">6203429061<br>6203429062</td><td rowspan="2">欧码</td><td rowspan="2">棉制机织物</td><td rowspan="2">米</td><td rowspan="2">5208 品目项下除 52081100、52081200、52081300、52081900、52082100、5208220030、5208220040、5208220050、52083100、5208320010、5208320093、5208320094、5208320095、52084100、5208420010、52085100、5208520010、5208520093、5208520094、5208520095 以外的全部商品编码；<br>5209 品目项下除 52091100、52091200、52091900、5209210030、5209290030、5209310010、5209310093、5209390030、5209410010、5209510010、5209510093、5209590030 以外的全部商品编码；<br>5210 品目项下除 52101100、52101910、52101990、5210210013、5210210015、5210210023、5210210025、5210210093、5210210095、5210310013、5210310015、5210310023、5210310025、5210310093、5210310095、5210510013、5210510015、5210510023、5210510025、5210510093、5210510095 以外的全部商品编码；<br>5211 品目项下除 52111100、52111200、52111900、5211310013、5211310023、5211310093、5211390013、5211390023、5211390093、5211510013、5211510023、5211510093、5211590013、5211590023、5211590093 以外的全部商品编码；<br>5212 品目项下除 52121100、5212120060、5212130060、5212150060、52122100、5212230050、5212250050 以外的全部商品编码</td><td rowspan="2">幅宽 1.47 米</td><td>1.47</td><td>米/条</td></tr>
<tr><td>棉制男式长裤（翻脚口）</td><td>1.55</td><td>米/条</td></tr>
</table>

续表

<table>
<tr><th rowspan="2">序号</th><th colspan="4">成品</th><th colspan="4">原料</th><th rowspan="2">单耗</th><th rowspan="2">单位</th></tr>
<tr><th>名称</th><th>单位</th><th>商品编码</th><th>品质规格</th><th>名称</th><th>单位</th><th>商品编码</th><th>品质规格</th></tr>
<tr><td rowspan="2">3</td><td>合成纤维制男式长裤(卷脚口、网裤脚)</td><td rowspan="2">条</td><td rowspan="2">6203439041<br>6203439042<br>6203439081</td><td rowspan="2">欧码</td><td rowspan="2">合成纤维制机织物</td><td rowspan="2">米</td><td rowspan="2">5407 品目项下除 54071010、54071020、54072000、54073000、5407410010、5407410020、5407810030、5407820030、5407830030、5407840030、5407910093、5407920093、5407930093、5407940093 以外的全部商品编码;<br>5512 品目项下除 5512110030、5512110040、5512110050、5512190033、5512190034、5512190035、5512210030、5512210040、5512210050、5512290033、5512290034、5512290035、5512910030、5512910040、5512910050、5512990033、5512990034、5512990035 以外的全部商品编码<br>5513 品目项下除 55131110、5513112030、5513112040、5513121000、55131310、5513190030、5513190040、5513210030、5513210040、5513290040、5513410030、5513190040 以外的全部商品编码;<br>5514 品目项下除 55141110、5514112030、55141210、55141911、5514210030、5514230020、5514290030、5514410030、5514430020、5514490030 以外的全部商品编码;<br>5515 品目项下除 5515110023、5515110024、5515110025、5515110033、5515110034、5515110035、5515120013、5515190023、5515190024、5515190025、5515190033、5515190034、5515190035、5515210013、5515210023、5515290023、5515290024、5515290025、5515290033、5515290034、5515290035、5515910013、5515910023、5515990023、5515990024、5515990025、5515990033、5515990034、5515990035 以外的全部商品编码</td><td rowspan="2">幅宽 1.47 米</td><td>1.44</td><td>米/条</td></tr>
<tr><td>合成纤维制男式长裤(翻脚口)</td><td>1.51</td><td>米/条</td></tr>
</table>

续表

| 序号 | 成品 | | | | 原料 | | | | 单耗 | 单位 |
|---|---|---|---|---|---|---|---|---|---|---|
| | 名称 | 单位 | 商品编码 | 品质规格 | 名称 | 单位 | 商品编码 | 品质规格 | | |
| 4 | 麻制男式长裤(卷脚口、网裤脚) | 条 | 6203499042<br>6203499052<br>6203499062<br>6203499094 | 欧码 | 麻制机织物 | 米 | 5309 品目项下除 53091110、53092110、5309212023、5309212027、5309290023、5309290027 以外的全部商品编码；<br>5311 品目项下除 53110012、53110014、5311001523、5311001533、53110020、5311009023、5311009033 以外的全部商品编码 | 幅宽 1.47 米 | 1.47 | 米/条 |
| | 麻制男式长裤（翻脚口） | | | | | | | | 1.55 | 米/条 |

注：1. 常规款式机织欧码男式长裤：指与所附结构图所示服装款式基本相同的男式长裤。

本单耗标准适用于普通款式欧码男式长裤，不包括特殊规格和特殊款式机织男式长裤（不含机织男童长裤）。

2. 欧码机织男式长裤：指欧美地区男士穿着机织男式长裤规格的统称。本标准中的机制欧码男式长裤规格是指腰围 78～100 厘米，臀围 106～126 厘米，裤长 106～119 厘米。

3. 不同幅宽机织物为原料，机织欧码男式长裤的单耗换算办法：

当实际幅宽小于标准幅宽时：单耗（实际幅宽）＝单耗（标准幅宽）×标准幅宽÷实际幅宽×(1＋10%)；

当实际幅宽大于标准幅宽时：单耗（实际幅宽）＝单耗（标准幅宽）×标准幅宽÷实际幅宽。

4. 对花、对条格欧码男式长裤单耗要在本单耗的基础上视花型和条格大小相应增加：

花型直径或条格宽度在 0.04 米以下加放 1.5 个花型或条格长度；

花型直径或条格宽度在 0.04 米及以上加放 2.5 个花型或条格长度。

5. 需定向裁剪的绒类和印花机织物工艺损耗在常规款式男式长裤相应单耗基础上增加 10%。

6. 如成衣普通水洗则单耗在相应的单耗基础上增加 3%，成衣酵素洗则单耗在相应的单耗基础上增加 5%。

7. 裤长的增加直接影响单耗，裤长或腰围每增减 0.02 米，其单耗在相应单耗基础上增减 1.5%；

裤口每增减 0.01 米，其单耗在相应单耗基础上增减 1%；

裤膝部如有横向裁剪的款式，其单耗在相应单耗的基础上增加 3%。

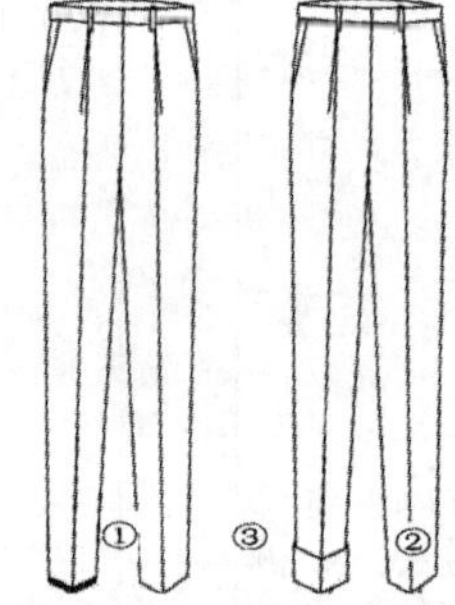


①网脚口：脚口码边，不用拆净。
②翻脚口：裤脚外翻，并内折。
③卷脚口：手缝或机扎将裤脚折净。

8. 如在常规款式的基础上加袋、加袋盖、加护膝贴布等款式上的差异，机织欧码男式长裤的单耗换算办法：

如果增加部分用料面积大于 0.1 平方米，则按以下公式核定单耗：

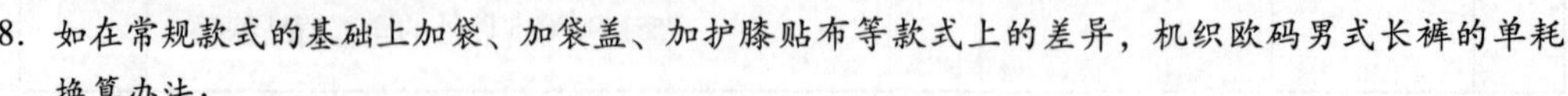
单耗（非常规款式）＝单耗（常规款式）＋增加部分用料面积÷标准幅宽×（1＋10%）；

如果增加部分用料面积小于 0.1 平方米，则可忽略不计。

9. 如一个合同中，大码的数量超出加工贸易总量的 50% 或相同花色机织物批量小于 500 条，则单耗在相应的单耗基础上增加 10%。

10. 特殊情况下单耗值按备注的先后顺序累计计算。

## 41. 棉制男式长袖厨师工作服（欧码）加工贸易单耗标准

HDB/FZ088—2012

<table>
<tr><th rowspan="2">序号</th><th colspan="4">成品</th><th colspan="4">原料</th><th rowspan="2">单耗</th><th rowspan="2">单位</th></tr>
<tr><th>名称</th><th>单位</th><th>商品编码</th><th>品质规格</th><th>名称</th><th>单位</th><th>商品编码</th><th>品质规格</th></tr>
<tr><td rowspan="2">1</td><td rowspan="2">棉制男式长袖厨师工作服</td><td rowspan="2">件</td><td rowspan="2">6203320010</td><td rowspan="2">欧码</td><td rowspan="2">棉制机织物</td><td rowspan="2">米</td><td rowspan="2">52082200、52082300、52082900、52083200、52083300、52083900、52092100、52092200、52092900、52093100、52093200、52093900、52102100、52102910、52102990、52103100、52103200、52103900、52112000、52113100、52113200、52113900、52121200、52121300、52122200、52122300</td><td>幅宽 1.52 米</td><td>1.76</td><td rowspan="2">米/件</td></tr>
<tr><td>幅宽 1.12 米</td><td>2.39</td></tr>
</table>

注：1. 平均衣长、胸围超过标准码以外的棉制男式长袖厨师工作服（欧码），按以下公式计算单耗标准值：幅宽 1.52 米（60 英寸）时：单耗标准＝单耗标准（平均码）＋（超出平均衣长部分的长度＋超出平均胸围部分的长度）×1.25；幅宽 1.12 米（44 英寸）时：单耗标准＝单耗标准（平均码）＋（超出平均衣长部分的长度＋超出平均胸围部分的长度）×1.70。

2. 非常规款式：指与本标准规定的棉制男式长袖厨师工作服（欧码）款式所附结构图所示有差异的款式。如在常规款式的基础上有增减部位，则按以下公式计算单耗标准值：单耗标准 ＝ 单耗标准（标准款式）＋（－）增（减）部位用料面积÷标准幅宽×（1＋10%）。

3. 不同面料幅宽的单耗标准的换算：单耗标准（非标准幅宽）＝单耗标准×标准幅宽÷实际幅宽。

4. 如一个合同中，大码的数量超过 50% 或批量小于 500 件的，在相应的单耗标准基础上增加 5% 以内。

5. 以上 4 条数据算法，按顺序综合使用。

## 42. 全棉梭织色织布加工贸易单耗标准

HDB/FZ089—2012

| 序号 | 成品 | | | | 原料 | | | | 单耗 | 单位 | 工艺损耗率（%） |
|---|---|---|---|---|---|---|---|---|---|---|---|
| | 名称 | 单位 | 商品编码 | 品质规格 | 名称 | 单位 | 商品编码 | 品质规格 | | | |
| 1 | 全棉梭织色织布 | 米 | 52084200、52084300、52084900 | 幅宽 148.6 厘米（58.5”）128 克/平方米 | 纯棉纱线 | 千克 | 52051100、52051200、52051300、52051400、52051500、52052100、52052200、52052300、52052400、52052600、52052700、52052800、52053100、52053200、52053300、52053400、52053500、52054100、52054200、52054300、52054400、52054600、52054700、52054800 | | 0.19 | 千克/米 | 13.68 |

注：1. 实际成品平方米重（即克重）及幅宽与本标准不一致的，按以下公式计算净耗：净耗＝0.19×（实际成品克重/128）×（实际成品幅宽/148.6）。

2. 本标准所用原料应按国家标准 GB9994—2008《纺织材料公定回潮率》规定，纯棉纱线回潮率为 8.5%（英制回潮率为 9.89%）。

3. 本标准的数值已按公定回潮率计算。

# 中华人民共和国海关总署公告

2012 年第 7 号

（关于来料加工企业转型为法人企业进口设备税收问题）

经国务院批准，自 2011 年 7 月 1 日至 2012 年 12 月 31 日，对不具备法人资格的来料加工企业（指不具有独立法人资格的来料加工装配厂，以下简称来料加工厂）以外商提供的全部不作价设备作为投资设立法人企业的，或在 2009 年 7 月 1 日至 2012 年 12 月 31 日期间，将该企业全部不作价设备作为投资整体转入同一投资方已设立的法人企业的，准予对其在 2008 年 12 月 31 日及以前已经办理了加工贸易备案，并且在 2009 年 6 月 30 日及以前申报进口尚在海关监管期限内的不作价设备，免予补缴关税和进口环节增值税。在 2008 年 9 月 9 日至 2009 年 6 月 30 日期间已由来料加工厂整体转型为法人企业的，对已结转到法人企业尚在海关监管期限内的不作价设备，准予作为投资处理，免予补缴关税和进口环节增值税。现就执行中的有关问题公告如下：

一、申请享受上述税收优惠政策规定的，外商投资法人企业应在 2012 年 12 月 31 日之前将全部相关不作价设备一次性向企业所在地海关（以下称主管海关）提出减免税申请，经主管海关审批同意后，按照《中华人民共和国海关进出口货物减免税管理办法》（海关总署令第 179 号）的有关规定办理相关手续。

二、向海关申请办理减免税手续时，不作价设备的申报金额不得高于该设备原进口时的申报价格，并且计入外商投资法人企业的投资总额。有关不作价设备的海关监管年限连续计算。

三、符合上述政策规定的不作价设备的减免税审批手续纳入“减免税管理系统”管理，监管方式为：减免设备结转（代码：0500）；征免性质为：国批减免（代码 898）；“中华人民共和国海关进出口货物征免税证明”（以下简称“征免税证明”）备注栏须注明“来料加工装配厂转型，转自编号 D×××手册”。

四、上述外商投资法人企业在向海关申请办理不作价设备减免税审批手续时须提供以下单证材料：

（一）对于以外商提供的全部不作价设备作为投资设立法人企业的，应提供地市级商务部门关于同意来料加工厂转型为外商投资法人企业的相关批准文件及经其确认的不作价设备清单（原件）；对于作为投资整体转入同一投资方已设立的法人企业的，应提供地市级商务主管部门审核批准的来料加工厂加工协议或补充协议及经其确认的不作价设备清单（原件）。

（二）外商投资法人企业的“外商投资企业批准证书”和“营业执照”复印件（需提交原件验核）。

（三）有关加工贸易不作价设备手册及原进口报关单复印件。

（四）海关要求提供的其他文件。

五、在2011年7月1日至2012年12月31日期间，来料加工厂以外商提供的全部不作价设备作为投资新设立法人企业的，或在2009年7月1日至2012年12月31日期间，将来料加工厂全部不作价设备作为投资整体转入同一投资方已设立的法人企业的，外商投资法人企业和来料加工厂按现行规定分别填制进、出口货物报关单，在报关单“备案号”栏目分别填报“征免税证明”编号和加工贸易手册编号。外商投资法人企业和来料加工厂办理上述形式报关手续之后，由来料加工厂凭不作价设备结转出口货物报关单到原不作价设备手册备案海关申请办理不作价设备手册核销手续。原不作价设备手册备案海关凭上述不作价设备结转出口货物报关单办理核销手续。

对于在本公告发布之日前，上述来料加工厂已将全部不作价设备作为投资新设立法人企业或整体转入同一投资方已设立的法人企业，且来料加工厂已不再续存的，可由外商投资法人企业按照本公告第六条的规定办理相关的海关手续。

六、在2008年9月9日至2009年6月30日期间已由来料加工厂整体转型为法人企业的，对已结转到法人企业尚在海关监管期限内的不作价设备，外商投资法人企业按现行规定分别填制进、出口货物报关单，在报关单“备案号”栏目分别填报“征免税证明”编号、外商投资法人企业及来料加工厂的加工贸易手册编号。外商投资法人企业办理上述形式报关手续之后，凭不作价设备结转出口货物报关单到原不作价设备手册备案海关申请办理不作价设备手册核销手续。原不作价设备手册备案海关凭上述不作价设备结转出口货物报关单办理核销手续。

七、对于在2009年7月1日至本公告发布前，来料加工厂已将其在2008年12月31日及以前办理了加工贸易手册备案，并且在2009年6月30日及以前申报进口的部分不作价设备结转到同一投资方已设立的法人企业的，应在2012年12月31日前将尚未结转的不作价设备，全部转入同一投资方已设立的法人企业，方可作为投资处理，并免予补缴关税和进口环节增值税。其中，来料加工厂已经结转到已设立的法人企业尚在海关监管期限内的不作价设备，按本公告第六条规定办理相应的海关手续；来料加工厂将尚未结转且在海关监管期限内的不作价设备转入已设立的法人企业的，按本公告第五条规定办理相应的海关手续。

八、2009年1月1日及以后新备案的不作价设备或者以在2008年12月31日以前备案但在2009年7月1日及以后申报进口的不作价设备出资设立外商投资法人企业，新成立的外商投资法人企业所从事的项目属于国家鼓励类产业条目或中西部地区外商投资优势产业项目的，可以按照现行政策规定办理免征关税的结转手续（原进口时已征收进口环节增值税的，结转时不再征收）。

特此公告。

中华人民共和国海关总署

2012年2月6日

# 中华人民共和国海关总署公告

2012 年第 45 号

（关于公布促进外贸稳定增长的若干措施）

为有效应对当前复杂严峻的国内外经济形势，认真贯彻落实国务院《关于促进外贸稳定增长的若干意见》，发挥海关职能作用，切实做到政策解难、手续解繁、营造环境，促进外贸稳定增长，海关总署研究制定了《海关总署关于促进外贸稳定增长的若干措施》，现公告如下：

## 一、改进海关监管和服务

（一）提供准确快捷的统计信息。

加强对进出口规模、结构、国际市场布局和国内地域分布以及贸易方式结构、市场份额变化等情况的综合分析和监测预警，及时为国家宏观调控和企业生产经营提供有效信息支持。

（二）加强与其他管理部门的协作配合。

主动配合有关部门做好加快出口退税、调减自动进口许可商品管理目录、跨境贸易人民币结算及进出口商品法检目录调整工作。加快与其他相关管理部门的信息共享，抓紧完成原产地证书等监管证件的跨部门联网核查、进出口企业综合资信管理数据库等系统建设，完善出口退税联网核查系统。

（三）加强服务窗口建设。

强化为民服务意识，加强咨询服务，发挥“12360”服务热线作用，完善通关应急机制，实现服务热线全国联网和全天候 7 × 24 小时服务，及时、有效解决企业在通关过程中遇到的紧急、疑难问题。加强窗口服务，在服务窗口推行“首问负责制、限时办结制、服务承诺制”，口岸及海关特殊监管区域所在地海关实行 7 ×24 小时预约通关。

（四）改进监管模式，提高效能服务。

按照“一线放宽、二线管住、人货分离、分类管理”的原则，加快相关试点步伐，探索建立“管得住、通得快”的监管新模式。继续扩大关检“一次申报（一单两报）、一次查验（共同查验检疫）、一次放行（联网出证放行）”试点范围，作业环节由串联改为并联，提高口岸通关效率。取消汽车整车（包括整套散件及二类底盘）出口转关限制。在不同关区的海关特殊监管区域间和监管场所间建立多式联运流转货物监管模式。

（五）帮助企业解决境外通关问题。

加强与外国（地区）海关多层面、多方位的交流，通过海关境外派驻人员帮助企业有效解决在境外遇到的通关问题。加强与“渝新欧”铁路沿线国际海关合作，积极推动中欧安全贸易航线试点计划、中美“海关—商界联合反恐计划（C－TPAT）”联合验证和与主要贸易伙伴国家海关的“经认证的经营者（AEO）”互认等供应链安全与便利合作项目，帮助企业享受所在国通关优惠措施。

## 二、加快业务改革步伐

（六）全面推开分类通关改革。

将分类通关改革扩大到全国海关和进出口全领域，提高对高资信企业的通关便利水平，严格落实各项改革配套措施，10月1日前实现分类通关全覆盖。

（七）加快推进通关无纸化改革。

加快通关作业无纸化改革试点步伐，海关与商务部自动进口许可证联网核查、海关与国家密码局密码产品进出口许可证联网核查等跨部门联网应用项目，提前到年底完成开发并上线运行。逐步取消纸质报关单及随附单证，实现通关全过程无纸化作业。

（八）扩大“属地申报、口岸验放”的适用范围。

在保障有效监管的前提下，11月15日前将“属地申报、口岸验放”通关模式的适用范围放宽至一年内无走私违规记录、资信良好的B类生产型出口企业。

（九）调整企业分类标准。

将AA类企业评定标准从年出口值3 000万美元（中西部1 000万美元）下调为50万美元。自2012年10月1日起至2013年12月31日止，对上一年度进出口额未达到50万美元或进出口报关单票数未达到3 000票的，企业报关差错率虽超过3%、5%，但记分次数总计不超过20次的AA类、A类企业，暂不下调其管理类别，保持企业原分类等级；此前已下调AA类、A类企业类别的，经申请恢复企业原分类类别。对A类生产型企业适用较低查验率、实施更加便捷的通关待遇。

## 三、降低企业通关成本

（十）减少进出口环节收费。

从10月1日起，停止收取进出口货物纸质报关单证明联（进口付汇用、出口收汇用）和出口报关单退税联打印费、报关单条码费和海关监管手续费。加快办理取消ATA单证册调整费和货物行李物品保管费2个收费项目的工作进程。

（十一）优化税收征管方式。

加快推广税费电子支付系统，在9月底完成长三角地区税费电子支付系统的推广和切换的基础上，年底前完成全国税费电子支付系统的推广和切换。加快制定《〈海关事务担保条例〉实施办法》，运用保金、保函等多种方式为企业办理海关事务担保，对于符合条件的企业，给予免担保待遇。

（十二）提高案件办理效率。

进一步提高办案效率，缩短办案周期，对无主观故意、违法情节轻微、危害后果不大的案件从快处理。

## 四、简化保税监管手续

（十三）进一步简化加工贸易内销手续。

支持海关特殊监管区域内企业开展自产内销货物返区维修业务。对B类及以上企业全面推广实施“内销集中办理纳税手续”措施。企业在提供有效担保条件下，可在内销当月办理集中纳税手续。

（十四）进一步简化保税监管手续。

简化海关特殊监管区域二线进出区手续，扩大进出区“两单一审”业务改革试点范围。积极开展保税仓库及出口监管仓“两仓整合”试点，实现两仓政策叠加，同时辐射国际国内市场。研究出台支持集成电路设计企业发展的具体措施，鼓励企业创新发展。进一步简化联网监管企业核销手续，根据企业的生产实际，从企业ERP系统中提取工单数据，利用工单简化电子账册的报核。

## 五、维护公平贸易秩序，营造健康发展环境

（十五）加强实际监管，提高监管质

量。

进一步加强对进出口物流的有效监管，完善运输工具、舱单、监管场所、查验“四位一体”的物流监控体系建设。加强海关执法统一性建设，实现执法原则、执法标准和执法要求的基本统一，有效规制自由裁量权，在2012年年底前使所有AA类企业在全国各个口岸现场享受同样的通关便利。加强实货监管，确保相关查验规定落到实处。

（十六）保持打私高压态势，加强反走私综合治理。

持续深入推进“国门之盾”专项行动，保持打击货运渠道走私和非设关地走私的高压态势，重点打击专业性、团伙性走私；不断完善反走私综合治理长效机制，遏制走私违法活动势头，为广大守法企业营造规范、公平、有序的发展环境。

特此公告。

中华人民共和国海关总署

2012年9月27日

# 中华人民共和国海关总署公告

2012 年第 53 号

（关于扩大“属地申报、口岸验放”通关模式适用范围）

为促进对外贸易稳定增长，推动区域协调发展，为企业通关提供便利，海关总署决定将“属地申报、口岸验放”通关模式的适用范围扩大至部分 B 类生产型出口企业。现就有关事项公告如下：

一、一年内无走私违规记录（以海关企业分类管理评定记录为准）、资信良好的 B 类生产型出口企业，可按照海关总署公告 2006 年第 43 号规定，向所在地直属海关提出申请，适用“属地申报、口岸验放”出口通关模式。

二、本公告所称 B 类生产型企业，系指根据《中华人民共和国海关企业分类管理办法》（海关总署令第 197 号）有关规定，适用 B 类管理且经海关审核企业类型为生产型的企业。

三、本公告内容自发布之日起实施。

特此公告。

中华人民共和国海关总署

2012 年 11 月 1 日

# 国家外汇管理局公告

2012年第1号

（国家税务总局、国家外汇管理局、海关总署关于货物贸易外汇管理制度改革的公告）

为大力推进贸易便利化，进一步改进货物贸易外汇服务和管理，国家外汇管理局、海关总署、国家税务总局决定，自2012年8月1日起在全国实施货物贸易外汇管理制度改革，并相应调整出口报关流程，优化升级出口收汇与出口退税信息共享机制。现公告如下：

## 一、改革货物贸易外汇管理方式

改革之日起，取消出口收汇核销单（以下简称核销单），企业不再办理出口收汇核销手续。国家外汇管理局分支局（以下简称外汇局）对企业的贸易外汇管理方式由现场逐笔核销改变为非现场总量核查。外汇局通过货物贸易外汇监测系统，全面采集企业货物进出口和贸易外汇收支逐笔数据，定期比对、评估企业货物流与资金流总体匹配情况，便利合规企业贸易外汇收支；对存在异常的企业进行重点监测，必要时实施现场核查。

## 二、对企业实施动态分类管理

外汇局根据企业贸易外汇收支的合规性及其与货物进出口的一致性，将企业分为A、B、C三类。A类企业进口付汇单证简化，可凭进口报关单、合同或发票等任何一种能够证明交易真实性的单证在银行直接办理付汇，出口收汇无须联网核查；银行办理收付汇审核手续相应简化。对B、C类企业在贸易外汇收支单证审核、业务类型、结算方式等方面实施严格监管，B类企业贸易外汇收支由银行实施电子数据核查，C类企业贸易外汇收支须经外汇局逐笔登记后办理。

外汇局根据企业在分类监管期内遵守外汇管理规定情况，进行动态调整。A类企业违反外汇管理规定将被降级为B类或C类；B类企业在分类监管期内合规性状况未见好转的，将延长分类监管期或被降级为C类；B、C类企业在分类监管期内守法合规经营的，分类监管期满后可升级为A类。

## 三、调整出口报关流程

改革之日起，企业办理出口报关时不再提供核销单。

## 四、简化出口退税凭证

自2012年8月1日起报关出口的货物（以海关“出口货物报关单［出口退税专用］”注明的出口日期为准，下同），出口企业申报出口退税时，不再提供核销单；税务局参考外汇局提供的企业出口收汇信息和分类情况，依据相关规定，审核企业出口退税。

2012年8月1日前报关出口的货物，截至7月31日未到出口收汇核销期限且未核销的，按本条第一款规定办理出口退税。

2012 年 8 月 1 日前报关出口的货物，截至 7 月 31 日未到出口收汇核销期限但已核销的以及已到出口收汇核销期限的，均按改革前的出口退税有关规定办理。

**五、出口收汇逾期未核销业务处理**

2012 年 8 月 1 日前报关出口的货物，截至 7 月 31 日已到出口收汇核销期限的，企业应不迟于 7 月 31 日办理出口收汇核销手续。自 8 月 1 日起，外汇局不再办理出口收汇核销手续，不再出具核销单。企业确需外汇局出具相关收汇证明的，外汇局参照原出口收汇核销监管有关规定进行个案处理。

**六、加强部门联合监管**

企业应当严格遵守相关规定，增强诚信意识，加强自律管理，自觉守法经营。国家外汇管理局与海关总署、国家税务总局将进一步加强合作，实现数据共享；完善协调机制，形成监管合力；严厉打击各类违规跨境资金流动和走私、骗税等违法行为。

本公告涉及有关外汇管理、出口报关、出口退税等具体事宜，由相关部门另行规定。之前法规与本公告相抵触的，以本公告为准。自 2012 年 8 月 1 日起，本公告附件所列法规全部废止。

特此公告。

2012 年 6 月 27 日

附件 1　废止法规目录（略）

# 文字资料篇

# 2012 年全国海关特殊区域经济运行情况分析

2011 年是“十二五”开局之年，在海关总署的正确领导和地方政府部门的有力支持下，全国各海关特殊区域积极落实促进产业与经济发展的各项政策措施，在保持现有经济规模的基础上不断谋求新发展与新突破。全年各项主要经济指标均有不同程度增长，区域经济呈现良好发展局面。

2012 年是挑战与机遇并存的一年，面对复杂多变的宏观经济形势，全国各特殊区域在海关总署的正确领导和各级地方政府的大力支持下，根据国务院对特殊区域科学发展的指导意见，牢牢把握转型升级、整合优化的发展主线，加快产业结构调整步伐，不断增强经济发展动力，促使经济运行呈现良好态势。

全年完成进出口总额 6 066.8 亿美元，比上年增长 27.5%；完成工业总产值 17 169.3亿元，比上年增长 11.3%；实现物流企业营业收入 5 278.3 亿元，比上年增长 4.6%；完成税务部门税收 855.8 亿元，比上年增长 7.0%。

## 一、经济运行主要特点

（一）进出口逆势增长，领先全国

1. 特殊区域成为我国外贸增长的重要支撑点。在国际经济形势不景气，我国对外贸易增长明显放缓的情况下，各特殊区域加大对企业扶持力度，进出口额实现逆势增长。据海关统计，2012 年全国特殊区域共实现进出口总额 6 066.8 亿美元，比上年增长 27.5%，增幅高出全国 21.3 个百分点，占全国进出口比重从上年的 12.9% 上升至 15.7%。其中，出口额 2 954.9 亿美元，增长 30.2%；进口额 3 111.9 亿美元，增长 25.1%，增幅分别比全国高出 22.3 个和 20.8 个百分点。

**2012 年全国各类型海关特殊区域进出口情况表**

单位：亿美元

| 区域 | 进出口 | | | 出口 | | 进口 | |
|---|---|---|---|---|---|---|---|
| | 1~12 月 | 增幅（%） | 比重（%） | 1~12 月 | 增幅（%） | 1~12 月 | 增幅（%） |
| 特殊区域合计 | 6 066.8 | 27.5 | 100.0 | 2 954.9 | 30.2 | 3 111.9 | 25.1 |
| 其中：保税区 | 2 537.0 | 29.9 | 41.8 | 875.0 | 47.4 | 1 662.0 | 22.3 |
| 出口加工区 | 1 302.9 | -1.0 | 21.5 | 817.0 | -3.1 | 485.9 | 2.7 |
| 综合保税区 | 1 712.9 | 50.7 | 28.2 | 1 042.3 | 52.4 | 670.6 | 48.2 |
| 保税港区 | 348.6 | 54.1 | 5.7 | 135.5 | 55.8 | 213.1 | 53.1 |
| 物流园区 | 165.4 | 31.3 | 2.8 | 85.1 | 36.4 | 80.3 | 26.4 |

2. 物流货物比重持续上升。分贸易方式来看，物流货物已成为特殊区域最主要的进

出口贸易方式，全年完成2 797.7亿美元，比上年增长47.0%，占总量的46.1%，比上年提高5.5个百分点，主要是综合保税区完成535.0亿美元，比上年增长1.0倍；其次是加工贸易，实现进出口2 810.7亿美元，比上年增长17.7%，其中进料加工仍是主体，完成2 550.0亿美元，增长21.9%。

3. 港、台地区进出口额激增。从国别上看，特殊区域与港、台地区的贸易往来日渐频繁，其中与香港地区的进出口总额达866.2亿美元，比上年增长97.9%，仅次于美国的867.3亿美元，上升为全国特殊区域第二大进出口地区，占总量的14.3%；与台湾地区的进出口总额为445.2亿美元，比上年增长44.8%，占特殊区域总量的7.3%。

4. 新兴区域助推增长。从各区域情况来看，一批新兴的中西部特殊区域逐步“发力”，紧抓此次东部地区产业梯度转移契机，加工贸易取得较大发展，有效推动了特殊区域对外贸易的整体增长。如综合保税区中的河南新郑和重庆西永，不仅进出口规模超百亿美元，增幅也在1倍以上；保税港区中的重庆两路寸滩和广西钦州，均实现3倍以上的高速增长。

（二）产业经济良性发展，各展所长

1. 综合保税区和保税港区对工业产值贡献加大。2012年全国综合保税区和保税港区完成工业总产值6 608.9亿元，比上年增长23.0%，占特殊区域总量的38.5%。部分由加工区转型的区域由于具有一定基础，加工业优势得到进一步巩固，其中昆山综合保税区、成都综合保税区、烟台保税港区分别完成工业总产值2 310.9亿元、1 311.0亿元和962.7亿元，合计占综合保税区和保税港区总量的69.4%。

2. 出口加工区物流功能拓展显成效。出口加工区不断加快物流功能拓展步伐，全年新批的136家企业中，物流企业达到51家，占总数的37.5%。部分加工区物流企业实现跨越式发展，如山东济南出口加工区，积极引进大型企业入区开展保税物流业务，全年实现物流收入12.8亿元，占出口加工区物流收入的29.1%。此外，浙江宁波出口加工区完成4.8亿元、江苏无锡出口加工区完成4.5亿元、陕西西安出口加工区（B区）完成1.6亿元、江西赣州出口加工区完成1.6亿元、青岛西海岸出口加工区完成1.5亿元，增幅均在2倍以上。截至2012年年底，53个出口加工区中，已有46个区域拓展了物流功能并产生收入，累计批准物流企业275家，其中已投产运营217家，投产率达到78.9%。

此外，综合保税区和保税港区全年实现物流收入1 029.4亿元，比上年增长35.4%，其中洋山保税港区、青岛前湾保税港区分别完成626.5亿元和107.4亿元，增长20.0%和18.0%；北京天竺综合保税区完成113.2亿元，增长2.0倍。三者合计完成847.1亿元，占综合保税区和保税港区总量82.3%。保税区完成4 205.0亿元，比上年略有下降。

3. 保税区贸易产业规模不断壮大。根据特殊区域产业功能定位，商品销售主要集中在保税区。全年商品销售额突破2万亿元，达到21 512.5亿元，比上年增长7.8%。其中外高桥保税区在内需市场和龙头企业的双重促进下，销售额达到10 700.4亿元，比上年增长10.2%；天津港保税区推进总部经济建设，完成2 959.2亿元，比上年增长18.7%；厦门象屿保税区、福州保税区、珠海保税区虽然产业总量较小，但增速均在20%以上，同样取得较大发展。

（三）招商引资重心转移，结构优化

1. 新批物流企业增多。在工业项目匮乏的情况下，各特殊区域将招商重点转移至物流企业，全年共新批物流企业846家，比上年增长 10.2%，有效缓解了入区项目整体下降的趋势。各区域中，综合保税区和保税港区吸引物流企业 457 家，比上年增长 38.9%，占特殊区域总量的 54.0%，其中洋山保税港区和天津东疆保税港区分别达到 219 家和 82 家，增长 1.2 倍和 34.4%。

2. 外商投资增多。在近几年内资项目与投资趋多的情况下，2012 年吸引外资出现明显好转，共批准外商投资总额 143.4 亿美元，比上年增长 17.9%；实现合同外资 111.4 亿美元，比上年增长 20.5%。各类区域均有不同程度增长，其中保税区总量大，实现合同外资 78.2 亿美元，比上年增长 14.3%；加工区增速快，实现合同外资 16.7 亿美元，比上年增长 46.3%。

3. 综合保税区和保税港区项目增多。作为功能最全面、政策最优惠的特殊区域，综合保税区和保税港区已成为招商引资增量的主要来源，新批企业 1 915 家，比上年增长 44.5%；批准投资额 68.9 亿美元，比上年增长 20.8%。超过 6 成的区域项目与投资额均实现增长。如宁波梅山保税港区新批企业 373 家，批准投资额 20.9 亿美元，同比分别增长 10.7% 和 1.2 倍；张家港保税港区新批企业 356 家，批准投资额 2.2 亿美元，同比分别增长 30.4% 和 75.7%；重庆两路寸滩保税港区新批企业 128 家，批准投资额 5.2 亿美元，同比分别增长 66.2% 和 59.7%。

（四）经济、社会效益取得双丰收，基础夯实

1. 保税区税收贡献突出。产业经济的不断好转也带动经济效益的稳步提升，保税区全年共实现工商税收 713.0 亿元，比上年增长 8.7%，占特殊区域总量的 83.3%。其中，外高桥保税区完成 401.9 亿元，比上年增长 10.8%；天津港保税区完成 130.2 亿元，比上年增长 8.9%。两者合计占保税区总量的 74.6%。

2. 就业辐射作用显著。园区经济的良性发展不仅为特殊区域自身取得了良好的经济效益，同时也有效推动就业，取得了较好的社会效益。截至 2012 年 12 月末，特殊区域企业从业人员总数达到 194.4 万人，比上年增长 16.2%。

3. 固定资产投资平稳增长。各区域加大区域建设力度，不断完善投资环境，推动项目落地投产，全年完成固定资产投资1 261.1 亿元，比上年增长 12.5%。各区域中，天津港保税区、大连保税区总量大，分别完成 311.0 亿元和 222.0 亿元，同比分别增长 5.1% 和 15.9%，合计占特殊区域总量的 42.3%；成都高新区综合保税区、郑州新郑综合保税区增速快，分别完成 86.0 亿元和 80.2 亿元，同比分别增长 3.7 倍和 61.4%。

## 二、功能产业优化与转型发展

根据《国务院关于促进海关特殊监管区域科学发展的指导意见》的要求，全国特殊区域在功能创新、产业结构优化及区域转型升级上取得了一定成绩，主要表现在：

（一）功能创新显成效

随着特殊区域数量的不断增多，同类区域竞争继续加剧，部分区域根据形势的变化和发展的需要，结合自身优势，在功能创新上取得新进展。

1. 洋山保税港区抓住期货保税交割全国首家试点的先发优势，继续深化期货保税交割试点功能，拓展了期货保税仓单质押融资功能，实现在全国率先为保税大宗商品打造供应链融资平台，提升期货保税交割业务的内含价值。依托期货保税交割功能吸引 53 家大宗商品龙头企业落户，新增销售额 220 亿元。以铜为主的金属材料进出口额快速增长，全年铜及其制品进出口额达 48 亿美元，比上年增长 1 倍多。

2. 天津东疆保税港区借助国家赋予的租

赁业创新试点政策，不断完善飞机租赁相关配套政策和业务流程，改善产业发展环境，加快产业要素聚集，租赁业规模得到进一步提升。累计注册租赁企业355家，其中单机公司232家，单船公司76家，总部型36家，共完成租赁飞机100架，离岸租赁船舶36艘，租赁飞机发动机9台，租赁总资产约51亿美元，已成为区域重要支柱产业。

3. 上海青浦出口加工区继续做大做强维修功能，成功吸引了一批占地面积小、科技含量高、员工素质强、产值税收大的优质名企入驻。其中翘楚普惠公司投产3年来，业务量、税收几乎均呈几何级攀升之势：2010年交付大修发动机41台，当年实现个调税1 000万元、关税1亿元；2011年维修量增长至72台，个调税和关税均翻番；2012年交付120台，实现产值25亿元，人均创产值1 000多万元。

此外，苏州工业园综合保税区的“全球维修中心”、“两单一审”试点，重庆西永综合保税区的“区区流转”模式等，都对特殊区域功能创新进行了积极探索。

（二）产业结构不断优化

近年来，各特殊区域积极发掘自身优势，有的放矢，促进产业结构不断优化，经济加速发展。如江苏淮安出口加工区加大对项目推动力度，多项重点项目投产运营，带动产值加速上升，全年完成448.7亿元，比上年增长1.6倍；江苏南京出口加工区（南区）在区内重点企业华宝通讯的带动下，产销齐增，完成100.1亿元，比上年增长4.5倍。此外，海南洋浦综合保税区的工业总产值、厦门海沧保税港区的物流收入增幅也均在50%以上。

中西部特殊区域抓住加工贸易梯度转移契机，取得巨大发展成效。如河南新郑综合保税区作为我国中部地区的第一个综合保税区，充分发挥人力成本的优势，成功吸引国际电子信息产业代工巨头富士康进驻，带动园区经济实现较大突破，全年工业总产值达到1 210.0亿元，比上年增长2.1倍；西安出口加工区（A区）着力发展以航空产业为代表的高端装备制造业，聚集20多家航空制造及配套服务企业，形成了航材供应和航空研发设计、制造、维修、监测、物流等较为齐全的“航空转包产业制造链条”；重庆两路寸滩保税港区致力笔记本电脑基地的打造，不断吸引高端电子产业落户，全年完成工业总产值223.7亿元，比上年增长1.2倍。

（三）区域转型促发展

根据国务院关于海关特殊区域整合发展的思路，海关总署正逐步推动特殊区域整合升级工作，促使区域存量进一步优化，区域质量进一步提高，目前已有13个出口加工区升级为综合保税区，4个升级为保税港区。如四川成都高新区综合保税区整合了原来的出口加工区和保税物流中心，在功能提升的同时也带动园区经济加速发展，全年工业生产总值、企业利润总额、固定资产投资总额等指标均呈现高速增长，在综合保税区和保税港区中处于领先位置；由出口加工区转型升级而成的昆山综合保税区同样抓住转型后的政策优势，推动区内企业从原来的单一保税加工功能向保税物流、货物贸易、展览展示、研发检测、维修等功能拓展，全年实现物流收入11.4亿元，比上年增长75.7%。

## 三、存在问题与建议

（一）招商引资不容乐观

从全年招商引资情况来看，各特殊区域共新批项目6 174个，比上年下降2.5%；吸引投资额287.6亿美元，下降11.3%，整体形势仍然不容乐观。如保税区中，新批企业比上年下降的区域占到46.2%，其中天津港、大连、宁波等前几年项目增长较快的区域均出现不同程度下降；出口加工区中，入区项目出现下降的区域超过50%；综合保税区和保税港区中，入区项目出现下降的区域也占到近30%。

面对日益严峻的招商形势，各特殊区域应注重招商与稳商并行，一方面加强研究，根据自身特点，探索一套行之有效的招商方案；另一方面，做好现有企业的服务工作，确保企业在区内的稳定运行。

（二）外贸形势仍需谨慎对待

虽然2012年特殊区域进出口总额实现27.5%的高速增长，高出全国平均水平20多个百分点，但这主要依靠部分重要区域的贡献，对于整体外贸形势尚不能盲目乐观。以保税区为例，如果剔除深圳保税区，那么增幅将由原来的29.9%下降至5.2%。综合保税区中，如果剔除郑州新郑综合保税区，那么整体增幅也将回落近25个百分点。

从长远来看，国际经济形势依然严峻，外需疲软的局面并未得到根本改变，国际贸易保护主义盛行更导致了外贸环境的恶化；国内需求的减弱也抑制了对进口的需求。对于特殊区域管理部门而言，要时刻保持对区内企业尤其是龙头企业的关注，对经济形势的异动要早发现、早调研、早解决，避免各种突发经济事件对区域整体形势造成影响；对于特殊区域企业而言，要进一步通过创新来提高出口产品的附加值，优化产品结构，提升产品竞争力。同时，要关注新兴市场经济国家，比如亚洲国家、东盟国家、非洲，促进贸易多元化发展。

（三）出口加工区缺乏新增长点

从出口加工区全年运行情况来看，虽然物流功能拓展取得了一定成效，但在加工贸易发展上仍显后劲不足。全年完成工业总产值5 243.8亿元，比上年下降2.0%，近4成的区域产值出现下降；共实现企业利润总额116.3亿元，比上年下降17.6%，利润比上年下降的区域占24.5%，亏损的区域占21.6%。松江、漕河泾、杭州等大型出口加工区的各项工业经济指标均有不同程度下降。

国际市场的持续动荡，外需的疲软及外贸成本的上升固然是加工产业下降的重要原因，但同时也应该看到，随着中国人口红利的逐步丧失，用工成本的不断提高，加工产业已无法单纯依靠低成本来博取竞争优势。只有通过推动产业升级，努力向产业链上游发展，吸引更多具有核心技术及研发能力的企业入驻，才能真正实现出口加工功能的新突破。

# 保税区（保税物流园区）

# 上海外高桥保税区
# SHANGHAI WAIGAOQIAO FREE TRADE ZONE

**【概况】** 2012年，上海外高桥保税区继续坚持改革创新和先行先试，加快推进总部经济发展，着力打造贸易便利化环境，发挥“国家进口贸易促进创新示范区”引领作用，做好招商引资与稳商育商工作，提升战略性主导产业的集聚能级，促使区域经济保持良好增长态势。

**【国际贸易】** 一年来，外高桥保税区以建设“国家进口贸易促进创新示范区”为抓手，不断提升贸易便利的国际化水平，充分发挥对外窗口和对内辐射的作用，促使保税区的国际贸易规模日益扩大，为上海国际贸易中心建设作出了重要贡献。据上海海关统计，2012年外高桥保税区投资企业完成进出口总额1 018.47亿美元，比上年增长10.4%，占上海市进出口总额的23.3%，所占比重比上年提高2.2个百分点，在全市外贸进出口整体下滑的严峻形势下保持两位数增长。其中，进口额800.50亿美元，比上年增长11.1%；出口额217.97亿美元，比上年增长8.0%。

从事进出口业务的企业数量持续攀升，与世界各国保持紧密经贸往来。据统计，2012年外高桥保税区直接开展进出口业务的投资企业达到3 368家，比上年增长1.3%，净增42家；与193个国家和地区发生了进出口业务往来，不仅与欧美、东亚等传统贸易伙伴的进出口额持续攀升，而且与发展中国家的经贸往来得到巩固与提升。全年与保税区进出口业务往来超过10亿美元的国家和地区达到21个，比上年净增2个，这些国家和地区合计完成进出口额914.19亿美元，比上年增长11.8%，占保税区进出口总额的89.8%。

进出口贸易结构继续优化。2012年外高桥保税区的进出口贸易结构中：保税区物流货物进出口额仍保持主体地位，完成775.95亿美元，比上年增长10.2%，占保税区进出口总额的76.2%；一般贸易进出口额增长较快，完成171.04亿美元，比上年增长12.1%，占保税区进出口总额的16.8%，所占比重比上年提高0.3个百分点；加工贸易进出口额小幅增长，完成67.80亿美元，比上年增长8.5%，占保税区进出口总额的比重回落至6.7%。

进口贸易保持较快增长。据统计，2012年外高桥保税区完成进口额800.50亿美元，比上年增长11.1%，增幅超过上海市平均水平10.1个百分点，占全市进口额的34.8%，所占比重比上年提高3.2个百分点，是全市进口额实现增长的关键因素。列全市进口企业排名前10位的重点企业中有4家是保税区企业，并且均入围全国进口企业百强行列。

出口贸易保持一定增幅。外高桥保税区功能拓展的推进和亚太分拨中心的发展，吸引了越来越多的跨国公司物流基地入驻，在促进进口业务的同时也带动了出口业务的发展，促使出口产品和贸易方式结构优化，出口额保持一定增幅。据统计，2012年保税区完成出口额217.97亿美元，比上年增长8.0%，占全市出口额的10.5%，所占比重比上年提高0.9个百分点。

**【招商引资】** 在招商引资面临巨大竞争压力及宏观经济环境出现一定波动的形势下，外高桥保税区努力加大招商引资和稳商育商工作力度，不断完善功能创新和企业服务体系，吸引众多高能级贸易主体的集聚和企业增资扩容，促使保税区招商引资又掀新高潮，吸引投资额再创历史新高。据统计，2012年保税区新批投资企业415个，比上年增长20.6%；吸引投资总额34.54亿美元，比上年增长137.1%。

增资扩容是投资额倍增的主要动力，企业增资额再创历史新高。2012年外高桥保税区增资企业达到306个，比上年增长1.7%；实现增资额24.87亿美元，比上年增长106.4%，再创历史新高，占保税区投资总额的72.0%。增资大企业数量多、金额大。增资额超过1 000万美元的较大企业达到38个，比上年增加11个，合计增资额达到21.12亿美元，占保税区增资额的84.9%。

新批企业数量持续增长，投资额倍增。2012年保税区新批投资企业415个，比上年增长20.6%。新批企业吸引投资额实现倍增，完成9.77亿美元，比上年增长246.8%。其中，贸易类企业占主要比重，包括融资租赁、技术服务等在内的现代服务业企业所占比重逐步提升，比上年增长45.9%，占新批企业的21.4%。新批大企业是推动投资额快速增长的主要动力。2012年保税区投资额超过1 000万美元的新批企业达到17个，比上年净增10个，合计吸引投资额7.82亿美元，占新批企业投资额的80.1%。

内、外资企业投资额双双增长。2012年保税区新批外资企业131个，比上年增长4.0%，占保税区新批企业的31.6%。吸引外商投资额在企业增资的促进下呈现倍增态势，完成30.32亿美元，比上年增长137.7%，占保税区投资额的87.8%。2012年保税区新批内资企业284个，比上年增长30.3%，内资企业数量已经连续第4年超过外资企业数量，并且数量差异呈扩大趋势。吸引内资企业注册资本20.61亿元，比上年增长116.1%。

截至2012年年底，外高桥保税区累计批准投资企业达到11 533个，吸引投资总额达到246亿美元。入围世界500强的421家外资跨国公司中，已有102家进驻保税区，共投资228个企业。世界知名的沃尔玛、埃克森美孚、英国石油、丰田汽车、通用电气、嘉能可、苹果公司等均在保税区投资注册企业。

**【产业发展】** 贸易业商品销售额跃上新台阶。2012年，面对复杂多变的国内外经济形势，外高桥保税区贸易企业紧紧依托保税区功能优势和服务优势，加快营销模式的整合升级和国内市场渠道的布局，努力拓展多元化的业务模式。2012年保税区实现商品销售总额突破万亿元大关，达到10 700.39亿元，比上年增长10.2%，其中年销售额超过10亿元的贸易企业达到167家，比上年净增4家。

对国内市场的销售规模增长良好。保税区贸易企业抓住我国扩大内需战略下的市场机遇，扩大对汽车、手表、电脑、高档服装和化妆品等进口商品的内销力度，进一步提升对国内市场的销售份额。2012年保税区贸易企业完成国内商品销售额8 690.39亿元，比上年增长11.3%，增幅超过保税区平均水平1.1个百分点，占保税区商品销售总额的81.2%，所占比重比上年提高0.8个百分点。对国际市场的销售额稳步上升。随着国内产品竞争力的提升和企业加快“走出去”步伐，保税区贸易企业将国内优势产品分拨销售至国际市场的现象也不断涌现，促使对国际市场的销售也保持较大规模。2012年保税区贸易企业完成对外商品销售额2 010亿元，比上年增长5.5%，占保税区商品销售总额的18.8%。

资源类商品保持较大规模，消费类商品增长势头好。外高桥保税区贸易业涉及9个行业大类、42个行业小类，其中属于原材料类商品行业的销售额约占2/3，属于消费类商品行业的销售额约占1/3。前四大贸易行业的销售额已占保税区的95.0%，所占比重比上年提高1.3个百分点。

物流企业经营收入小幅增长。外高桥保税区作为立足国内、面向世界的重要国际物流平台，努力创新物流业务模式，不断提升物流运作效率，加快亚太分拨中心培育进程，促使产业间联动、区域间联动水平进一步提升，克服了周边区域分流物流业务及国际物流市场持续低迷的不利影响，推动物流企业经营收入小幅增长。2012年保税区从事物流业务的800家企业完成经营收入3 398.37亿元，比上年增长2.2%。其中，500家物流分拨企业完成经营收入（含分拨货值）3 224.53亿元，比上年增长1.9%，占保税区物流企业经营收入的94.9%。300家从事第三方物流业务的企业完成物流业务营业收入173.84亿元，比上年增长9.0%。其中，运输及货代企业完成102.52亿元，比上年增长8.5%；仓储企业完成71.32亿元，比上年增长9.7%。

加工制造业加快转型升级。2012年，外高桥保税区加工制造业积极应对挑战，努力优化产品结构、提升产业能级，并加快了产业转型升级的步伐，促使工业经济保持稳步发展。截止2012年年底，保税区正式投产加工企业192家，完成工业总产值727.78亿元，比上年增长2.4%。其中，产值超亿元的工业企业达到72家，合计完成工业产值691亿元，比上年增长5.0%，占保税区工业总产值的95.0%。

高技术产业占工业经济主体地位。这些产业具备智力性、创新性、战略性和资源能耗少等优势，对推进保税区产业结构调整、提高劳动生产率、增加区域经济效益，具有重要的推动作用。2012年保税区高技术产业产值为504.2亿元，比上年增长5.1%，占保税区工业总产值的69.3%。

保税区加工企业依托保税区功能综合、业务多元的优势，积极拓展各类服务功能，加快转型升级步伐。比如日东光学、伊顿流体、美卓自动化等在开展生产业务的基础上，通过提供贸易业务满足客户个性化要求，提高了企业资源配置效率，60家加工企业完成贸易业务收入超过42亿元；再如德尔福动力、京西重工和恩坦华等依托技术优势开展产品研发活动，安捷伦、马瑞利和会田工程等贴近客户推出维护服务、技术维修业务，30家加工企业完成技术服务等收入近4亿元。

以技术服务产业为主的服务产业规模逐步壮大。外高桥保税区作为一个综合性的产业园区，随着跨国公司产业转移和保税区投资企业的升级转型，以技术为核心、以外包为特征的研发、软件、维修等现代服务产业迅速发展壮大：

一是研发企业经营收入增长较快。保税区跨国公司不断提高企业自主创新能力和市场适应能力，促进研发服务收入实现较快增长。2012年保税区有近30家企业开展科技研发活动，科研投入合计15亿元，涉及科技项目100多个，从事科技研发活动的工作人员达到5 500人。其中，专门从事研发业务的企业合计完成研发服务收入24.25亿元，比上年增长18.0%。

二是维修检测业务规模迅猛扩张。越来越多的跨国公司将处于产业链高端的维修、检测等售后服务环节从欧美地区逐步向中国转移，这不仅为保税区加工贸易转型升级提供有效途径，也是产业融合发展的重要切入点。2012 年外高桥保税区共有 90 家企业开展维修和检测业务，这些企业合计完成维修、检测服务收入 24. 87 亿元，比上年增长 94. 3%。

三是软件服务企业经营收入持续增长。软件服务业是技术服务产业的重要组成部分，也是保税区重点扶持发展的产业之一。2012 年保税区从事软件设计、系统集成等软件服务业务的 25 家企业完成软件服务收入 17. 20 亿元，比上年增长 12. 1%。

四是专业技术咨询服务水平较高。随着保税区主体产业的良好发展，也涌现出一批从事专业技术、专利产品、售后服务、技术培训等业务活动的企业，具备较高的专业业务技能和服务水平，成为保税区经济发展中较为特殊的一个群体。2012 年保税区有 100 家企业从事专业技术咨询服务业务，这些企业合计完成技术咨询服务收入 35. 86 亿元，比上年增长 31. 8%。

**【功能培育】** 跨国公司营运中心进一步转型升级。从 2006 年起，外高桥保税区开始培育和发展以销售管理中心为核心的跨国公司区域性营运中心，在促进经济发展、推动产业升级、强化稳商留商等方面已经发挥出重要的作用，有力提升了保税区的综合竞争力。截至 2012 年年底，经保税区管委会认定的跨国公司营运中心达到 198 家，其中 2012 年新认定 29 家。此外，保税区已有 31 家跨国公司被上海市认定为区域性地区总部。

跨国公司营运中心充分利用保税区政策功能优势，积极推进在华业务的统筹整合，并在集约化管理和规模经济效应的促进下，展现出显著的发展效益和经济贡献。据统计，2012 年 198 家跨国公司营运中心企业完成经营收入 5 899. 67 亿元，比上年增长 1. 8%，占外高桥保税区投资企业经营总收入的 49. 6%；缴纳税务部门税收 200. 30 亿元，比上年增长 11. 6%，占外高桥保税区税务部门税收的 49. 8%。此外，营运中心的进出口额和从业人数也分别占到外高桥保税区总量的 31% 和 29%。保税区的营运中心以 3. 3% 的企业数量，创造了保税区 47% 的经济总量，是保税区经济可持续发展的中流砥柱。

保税市场贸易平台服务功能不断增强。目前，外高桥保税区已经搭建各类保税商品交易市场及服务平台 17 家，包括综合性市场 3 家（第一、第二、第三市场），专业市场（含功能性平台）14 家，行业协会 2 家（医疗器械贸易行业协会、美国机床行业协会）。其中，汽车、钟表、医药、酒类、机床、医疗器械、工程机械、化妆品、健康品、文化服务等是目前保税区重点发展的十大专业贸易平台。截至 2012 年年底，加入保税市场成为会员单位的投资企业累计达到 6 344 家，其中有 237 家是 2012 年新加入的会员单位，占 3. 7%。据统计，2012 年保税市场合计完成各类商品交易额 1 191. 30 亿美元，比上年增长 3. 4%，净增 39. 14 亿美元。

**【保税物流园区】** 上海外高桥保税物流园区于 2003 年 12 月由国务院批准设立，是我国首个实施“区港联动”试点的区域。2012 年在“创新保税货物多方位联动监管模式，加快推进东北亚跨国采购和配送中心建设”项目评选中，荣获上海同创共建文明口岸活动最具影响力共建典型项目。

园区开发建设进入成熟阶段。园区一期、二期仓库均已建成并投入使用，其中一期单层仓库 10 万平方米租赁率达 100%，二期双层仓库 28 万平方米租赁率超过 90%；1

万平方米商务中心大楼租赁率也已超过50%。截至2012年年底，保税物流园区累计已完成固定资产投资额26.9亿元。

规模集成式招商工作取得新成效。保税物流园区以功能性项目为目标，积极推进规模集成式招商，努力打造立足长三角，服务东南亚、东北亚的国际采购配送中心。截至2012年年底，保税物流园区已引进各类专业的国际物流、国际配送、国际采购项目100多个。其中，独立法人单位43家，吸引投资总额6.49亿美元，其中合同外资2.91亿美元。

物流效能与环境不断提升，投资企业经营收入连续成倍增长。保税物流园区积极优化查验流程和信息化监管手段，在促进物流通关效率的同时也加强了对企业的监管与服务，带来了货物流转进出保税物流园区的持续增长。根据保税区海关统计，2012年保税物流园区进出境备案（指“一线”：保税物流园区与境外之间）货值247.04亿美元，比上年增长49.0%；保税物流园区视同进出口（指“二线”：保税物流园区与国内一般区域之间）货值达到332.18亿美元，比上年增长2.3%；完成海关部门税收100.8亿元。

同时，投资企业经营收入连续第二年呈现倍增态势。据统计，2012年保税区物流园区30家正式开展经营活动的企业合计完成经营收入66.57亿元，比上年增长114.0%；园区企业共缴纳税务部门税收0.69亿元，比上年增长21.2%；园区完成进出口额73.03亿美元，比上年增长11.1%，在全国各保税物流园区中排名第一，占全国保税物流园区进出口额的44%。

【发展效益】 投资企业利润总额稳中有升。面对复杂多变的经济环境，外高桥保税区投资企业积极利用各项政策措施和服务机制的有利方面，在优化整合业务结构、创新业务模式方面不遗余力，不断增强自身综合竞争能力，发挥规模效应和集聚作用，推动企业经营效益在较为严峻的经济形势下保持稳中有升的态势。据统计，2012年保税区投资企业共实现利润总额445.75亿元，比上年增长1.1%。其中，外资企业利润达到431.73亿元，比上年增长2.1%，净增9.04亿元，占保税区企业利润总额的96.9%，所占比重比上年提高1.0个百分点。

各类税收总额稳步增长。随着保税区综合经济的良好发展和进出口贸易规模的持续扩大，经济发展的规模效应进一步显现，促进了各类税收收入的稳步增长，继续为国家和地方带来可观的经济效益。据统计，2012年外高桥保税区共实现各类税收总额突破千亿元大关，达到1 008.94亿元，比上年增长6.2%。截至2012年年底，外高桥保税区已累计完成各种税收总额5 912亿元。

【招商部门】 上海外高桥保税区（保税物流园区）由上海综合保税区管理委员会统一管理。联系电话：021－68282600。

# 深圳保税区
# SHENZHEN FREE TRADE ZONE

**【经济发展】** 2012年伊始，受发达国家债务危机和国际经济环境的影响，深圳市经济面临巨大挑战，重点企业利润明显下调。保税区也未能例外，重点工业企业订单下降严重，物流贸易企业经营面临较大困难。面对这种状况，深圳市经贸产业部门和园区主管部门采取了一系列措施，出台了“稳定经贸发展33条”、转型升级配套政策及促进战略性新型产业发展等一系列稳增长促转型的政策，积极开展政策宣讲、业务辅导和项目资助，充分发挥财政资金调控经济稳定增长作用。同时，一方面不断提升硬件设施水平，推动园区新联检场投入使用，实现物流园区通关信息系统升级；另一方面不断优化企业服务质量，全力协调各有关单位为驻区企业提供更好的通关环境和行政服务，协调驻区联检单位的业务部门就近办公和延时服务，推动驻区海关出台“稳增长、促发展”8项措施，通过信息化手段开展分类通关改革，实现转关业务“先入区后核销”，针对检测维修、进口分拨等业务开展监管方式创新。这些举措极大地提高了园区通关效率和运作水平，提振了企业转型发展的信心，超额完成年初制定的各项经济工作目标。

2012年，园区实现工业增加值122.2亿元，同比增长12.4%，占深圳市规模以上工业增加值的2.4%；实现工业总产值996.5亿元，同比增长38.3%；进出口总额达到1 099.9亿美元，创历史新高，同比增长72.3%，居全国海关特殊监管区域首位，约占全市总量的23.6%，其中进口540.6亿美元，同比增长64.8%；实现税收总额132亿元，同比增长7%。全年新批准设立企业235家，同比增长34.3%；外资企业投资额为9 794.5万美元，同比增长48%；实际利用外资5 615万美元，同比增长23.7%。2012年，深圳保税区每平方公里土地创造48.7亿元的工业增加值，397亿元的工业产值，438.2亿美元的进出口总额和52.6亿元的税收收入，并提供了5万多个就业岗位。

从各个具体园区来看：

受欧美市场不景气的影响，福田保税区保税加工业务基本维持2011年的水平，全年实现工业产值430.2亿元，同比增长1.7%，其中联想信息、麦迪实、赛意法、昱科环球4家企业实现产值364.9亿元，占福田保税区工业产值的84.8%；进出口方面，受融资性贸易业务的影响，福田保税区完成进出口额601.1亿美元，同比增长41.8%，其中保税仓转进出口实现459.5亿美元，同比增长53%；实现商品销售额380.8亿元，同比增长2.2%；实现税收总额49.3亿元，同比下降2.1%。

沙头角保税区则因黄金珠宝加工业务大幅增长，2012年累计完成工业产值566.3亿元，同比增长69%；实现工业增加值49.6亿元，同比增长13.4%；实现进出口额435.6亿美元，同比增长138.7%；完成税收收入1.5亿元，同比增长12.4%。

盐田港保税物流园区北片区企业纷纷投入运作，为园区经济发展注入新的空间和活力，虽然从2012年9月份起，受苹果系列产品报关迁移的影响，园区的一日游业务和关税出现大幅下降，但国际贸易业务仍稳步增长。全年实现进出口额63.1亿美元，同比增长99%，其中进口额实现15.8亿美元，同比增长312.4%；进出区额实现218亿美元，同比增长33.3%；实现税收总收入81.2亿元，同比增长13.1%。

**【投资环境】** 依托于发达的外向型经济，在深圳市委市政府、驻区海关等部门的大力支持下，深圳建立了除综合保税区外各种类的国家级海关特殊监管区域，能够满足外向型经济客户全方位的发展需求。

东部：沙头角保税区、盐田港保税区、盐田港保税物流园区。3个区位于深圳特区东部的盐田区，毗邻我国重要的中转港——盐田港，南靠香港，周边分布着我国最密集的海关特殊监管场所，园区具备良好的海铁联运交通系统。沙头角保税区位于盐田中心区，围网内面积0.2平方公里，以保税加工为主。盐田港保税物流园区在原盐田港保税区土地上置换建成，面积0.96平方公里，以进出口业务为主，可以开展检测、维修等简单加工业务。目前，海关总署已经同意将东部3个保税（物流园）区（沙头角保税区、盐田港保税区及盐田港保税物流园区）和盐田港中西港区整合为深圳盐田综合保税区，并向国土资源部和住房城乡建设部征求意见。

中部：福田保税区。1991年5月28日经国务院批准设立，总面积1.68平方公里，其中围网内面积1.35平方公里，配套生活区0.33平方公里。福田保税区地理位置优越，北靠福田中心区，南部与香港临界。建有日通车能力4 000辆次的一号专用通道，经落马洲大桥与香港直接连通。

西部：深圳前海湾保税港区。2008年10月18日经国务院批准成立，规划面积3.71平方公里。其一期园区于2009年7月10日通过国家联合验收并已封关运作，实际运作面积1.174平方公里。前海湾保税港区享受国内最优惠的保税政策，国内货物“入区退税”，园区交通便利，港区内有3个码头，通过西部通道与香港连通。

北部：深圳出口加工区。2000年4月27日经国务院批准成立，规划面积3平方公里，位于深圳市坪山新区。2001年3月31日通过国家八部委联合验收并已封关运作。

根据《国务院关于促进海关特殊监管区域科学发展的指导意见》（国发〔2012〕58号）精神，结合深圳市委市政府主要领导对深圳保税区域转型升级工作的具体指示，编制了《深圳保税区域转型升级工作纲要》。该纲要从全市保税区域发展现状出发，以自主创新和结构优化为立足点，以区域整合与业务拓展为推进手段，坚持产业转型与环境优化，结合各区域功能定位、空间优化和产业升级等工作，提出将深圳保税区域建设成为面向全球的国际贸易示范区、深港保税服务业合作试验区、全国保税制造业升级引领区、保税政策与监管创新先行区，形成高端商贸、先进制造、总部经济、现代服务业和创新产业的积聚，推动深圳市产业结构转型和外经贸发展模式转变，最终向自由贸易园区转型。

园区硬环境建设取得一定进展，配套设施进一步优化。已完成福田保税区配套设施建设、隔离围网更新改造、道路及环境改造、联检场地改造与景观工程，以及盐田港保税物流园区基础设施补充与基础设施建设续建等工程的立项，目前处于落实资金与建设阶段，同时推动其他配套工程的立项推进，通过这些工程建设，将有力地提升园区设施的服务承载力，改善园区的面貌。

在园区软环境方面，目前福田、沙头角、盐田港保税区及盐田港保税物流园区由经贸信息委下辖的保税经济促进处和福田、沙头角、盐田港3个保税区服务中心参与园区行政和服务事物。在园区公共设施的维护、绿化养护、水电管理、信息系统、安保委托等工作方面，园区主管部门协调3个服务中心做好相关工作，解决了盐田港保税物流园区信息系统维护、园区保安经费偏低等问题，建立园区非经营性国有资产委托管理的机制。在园区行政服务方面，全年完成内资企业入区/变更核准402单，为区内115家企业办理两地车行驶标志804台次；针对园区交通拥堵的现状，保税处积极协调派出所、交警中队、服务中心、保安公司等，组织做好交通告示和车辆停放管理，增派交通协调员，加大重点路段疏导力度，有效缓解了园区交通拥堵情况；协调联检单位延长加班时间25次，其中节日加班4次，将涉外科室中午工作时间延长1小时，主动解决企业通关申报困难；协调办理特种车辆进出福保区约3 455辆/次，满足了企业的生产经营需求。

**【招商引资】** 经过20余年的开发建设，深圳保税区内土地开发殆尽，目前新引进的项目多为商贸物流领域，规模较小，对区内产业的影响有限。2012年合同利用外资7 657万美元，同比增长15.7%；实际利用外资5 615万美元，同比增长23.7%。新批企业235家，其中外资项目40个。在外资项目中，新批贸易企业23家，约占总数的60%。

**【对外贸易】** 2012年，受沙头角保税区黄金珠宝加工产业和福田保税区第四季度融资性贸易的影响，深圳保税区实现进出口总额1 099.9亿美元，同比增长72.3%，其中出口559.3亿美元，同比增长80.3%；进口540.6亿美元，同比增长64.8%。外贸结构中，加工贸易进出口总额实现557.8亿美元，占全区外贸额的51%；实现保税仓转进出口额523.9亿美元，占全区外贸额的47%。按区域分，福田保税区实现进出口总额601.1亿美元，同比增长41.8%，其中出口291.9亿美元，进口309.2亿美元；沙头角保税区以出口加工为主，实现外贸总额435.6亿美元，同比增长138.7%，其中出口220亿美元，进口215.6亿美元；盐田港保税物流园区实现进出口63.1亿美元，同比增长99%，其中出口47.3亿美元，进口15.8亿美元。

**【商贸业】** 深圳保税（物流园）区商贸行业主要集中在福田保税区，2012年，福田保税区限额以上商贸企业实现销售总额380.8亿元，同比增长2.2%，其中乐金显示贸易（深圳）有限公司实现销售额144.88亿元，NEC、法之龙运动品（深圳）有限公司、松下电器机电（深圳）有限公司的销售额都在30亿元以上。

**【物流业】** 2012年，深圳保税区规模以上生产服务企业实现营业收入181.81亿元，其中福田保税区生产服务企业实现营业收入177.1亿元。福田保税区规模以上物流企业实现营业收入162.9亿元，盐田港保税物流园区企业实现物流收入4.71亿元。

**【工业】** 2012年，深圳保税区实现工业增加值122.2亿元，同比增长12.4%；实现工业总产值996.5亿元，同比增长38.3%。其中，福田保税区全年实现工业增加值72.7亿元，同比增长1.7%；实现工业总产值430.2亿元，同比增长1.7%。福田保税区工业结构以信息产业为主导，联想信息、麦迪实、赛意法、日立环球4家企业产值占福田保税区工业总产值的84.8%。沙头角保税区受黄金珠宝加工业务大幅增长的影响，全年实现工业增加值49.6亿元，同比增长13.4%；实现工业总产值566.3亿元，同比增长69%。

【发展趋势】 2013年，深圳保税区转型升级面临攻坚之年，园区管理部门的工作思路是：以打造"深圳质量"为核心理念，以园区转型升级为中心工作，以区域整合与业务拓展为推进手段，强化改革创新，坚持产业转型与环境优化，全力构建并充分发挥园区政策、功能、环境的新优势，推动园区从"加工、物流"中心向"营销、物流、结算、研发、维修"中心转型。

【机构设置与管委会领导】 2012年，深圳市政府机构深化改革，原市科技工贸和信息化委员会划分为市经济贸易和信息化委员会、市科技创新委员会，农业局部分职能划入市经贸信息委。市经济贸易和信息化委员会下设保税经济促进处，负责促进保税区内企业发展，推动保税经济发展；承办保税区域申报立项工作；按规定组织保税区土地项目预申报，指导保税区非经营性国有资产管理工作；联系、指导3个保税区（保税物流园区）服务中心做好园区经济服务工作。

管委会领导：市经济贸易和信息化委员会党组书记、主任郭立民；市经济贸易和信息化委员会副主任（分管领导）谢建民；市经济贸易和信息化委员会保税经济促进处处长袁富勇，副处长康丽辉、张振强。

【招商部门】 保税经济促进处，联系人：刘金华，联系电话：0755－83590737；福田保税区服务中心，联系人：慈勤怡，联系电话电话：0755－83480526；沙头角保税区服务中心，联系人：胡正诚，联系电话：0755－25260060；盐田保税区服务中心，联系人：张桂怡，联系电话：0755－25281182。

# 广州保税区
# GUANGZHOU FREE TRADE ZONE

**【经济发展】** 2012 年，广州保税区突出保税特色，发挥政策优势，提升服务功能，不断加快园区产业结构调整步伐，从以保税加工为主导的加工制造业向以现代物流、国际商贸和展览展示等为主导的现代服务业转型升级，努力服务广州开发区、萝岗区，服务珠三角地区，同时深入开展“暖企”调研活动，努力推进经济增长，多项工作取得了突破性的进展。

2012 年，广州保税区实现进出区货值 166.39 亿美元，同比增长 0.39%；实现进出口总额 45.88 亿美元，同比增长 7.84%；实现工业总产值 71.47 亿元，同比增长 4.01%；合同利用外资 3 578 万美元，同比增长 5.77%，实际使用外资 3 219 万美元；实现税收总额 10.17 亿元；固定资产投资（工业项目）14 334万元，同比增长 7.18%。

**【投资环境】** 广州保税区基础设施完善，拥有便利的区位优势、优惠的政策优势和高效的体制优势，建立了通达世界的海、陆、空立体直转通关物流系统，覆盖面广、业务形态丰富，是优质的外向型经济基地，尤其适合发展现代物流、国际商贸、保税加工、保税展销等业务。截至 2012 年年底，保税区已形成了以电脑及其零配件系统产品、重型机械设备制造、生物医药、模具钢材加工、食用油加工、酒类交易中心、有色金属交易市场为主导行业的支柱产业。同时，位于广州保税区内的保税物流园区运作有效，进一步提升了区域优惠政策的丰富性和完整性。

2012 年，根据市、区有关“暖企行动”的统一部署，确定“抓大不放小、重点突破”的工作思路，全年持续对保税区、保税物流园区及出口加工区的企业进行全面的摸查，将企业分类造册，建立企业进出口基础数据库，做好进出保税物流园区分析图表、工业企业产值预测表及亿元以上商贸企业跟踪表。对大众集团、海瑞克、卡尔蔡司、卓德嘉、蒂森克虏伯、费森尤斯卡比、千松科技等 18 家区内重点企业进行走访调研，跟进企业的生产经营情况，落实各项扶持政策和措施，为全区经济增长作出了重要贡献。累计召开企业座谈会 5 次，走访企业 80 余次，接待企业来访 20 余次，架设好企业与通关、国检、税务和外汇管理等部门之间沟通的桥梁。对座谈和走访中企业反映的问题进行梳理分析，并将情况及时反映到相关部门，帮助企业解决各种问题，协调各种诉求，主要表现在：一是重点盯住产值大户大众电脑集团，想方设法为其解决问题和困难，使其多接订单生产；二是努力协调海关提高通关效率，改变区内经营环境不如区外的倒挂现象；三是就企业开展的业务形态中所遇到的通关政策及操作问题，如二手机电产品翻新业务的继续开展和企业的生存问题、非保货物的实际操作、电子监管系统的使用情况和发展进度、通关等方面的问题进行了探讨并研究解决对策，协调解决了保畅物流、百润捷、海瑞克、荷兰世天威的通关问题，红酒预检服务问题和区港联动散货运输沿途监管的问题等，促进监管部门加快通关速度，帮助企业挽回流失的客户和货值；四是根据贸易企业反映国税部门征管变严的问题，及时成立了局领导牵头的协调组，专人摸查核实保税区内注册贸易公司的联系方式和区外办公地址，反复协调区国税部门维持现有的管理模式，协调解决了普洛斯延期入资、广保商品交易公司注册及酒饮公司股权转让事宜；五是协调解决了千松公司国内采购涉证料件进区、山崎马扎克展品缴纳保证金出区展示、大众集团关于印花税减半申请、广川公司受国税部门核查补税等问题。

着力区域发展调研，推动区域转型升级发展实现新的突破。一是围绕保税区 20 年的经济发展并结合新型城市化调研，委托专业顾问公司继续开展课题研究，形成《广州保税区转型发展和通关便利化研究报告》，指出发展中的难点问题，探寻解决方法，提出保税区在原功能利用的基础上，根据四区合一、经济功能区与行政事务区合一的特点，拓展展览展示、国际分拨配送新功能等转型发展的方法和建议。二是为顺应国家外贸方针由出口为主转向进出口并重的形势，用活保税区政策功能优势，以发展进口红酒一条街、建设进口化妆品专业市场为突破口，对进口商品基地作为区域转型升级的基础，开展论证和调研工作，并与广东产业研究院、广州市生产力促进中心、科技统计分析中心等单位进行交流和探讨，委托广州巴菲特投资咨询有限公司开展进口商品专业市场调研工作，形成《广州保税区进口商品交易基地建设研究报告》。

对行政执法项目进行梳理，现有行政许可事项两大项（27 小项），非行政许可事项 11 项，备案事项 1 项。详细制定了各事项的审批规程，对审批事项的内容，法律依据，审批数量、方式、条件，申报材料，申请表格，受理机关，决定机关，审批程序、时限、法律效力等作了详细规定。全年一站式窗口服务接待咨询人数 2 123 人次，共受理审批事项 1 594 批次，收到锦旗 6 面、感谢信 8 封，第一季度被评为“政务服务中心先进单位”。

**【招商引资】** 2012 年，充分依托海关特殊监管区域功能政策，培育进口商品专业市场，打造高精端进口商品采购港。

一是保税商品质押融资业务。与黄埔海关加贸处研究有关保税货物质押的可行性，报请海关总署获得批准。二是塑胶粒加工项目。经协调和推介相关政策，项目投资者为扩大经营规模并加大出口和提高技术水平，决定将集团总部转到区内，购地建厂。三是皮革加工项目。经多次协调沟通，投资者决定在保税区投资建设高档皮革、皮具加工项目，现在项目已落户并已启动试运营。四是汽车物流项目。与招商公司、项目投资方反复磋商，带项目方考察区内环境，介绍区内政策，投资方拟购地将项目扩大为营销、物流总部。五是水产集团项目。积极拜会海关、检验检疫部门，就水产品加工项目咨询有关监管和操作细则，现因海关对水产类产品的加工没有明确的损耗规定，水产集团仍在进行投资调研。

**【对外贸易】** 2012 年，广州保税区进出口货物总值为 45.88 亿美元，同比增长 7.84%；合同利用外资 3 578 万美元，同比增长 5.77%，实际利用外资 3 219 万美元。

**【物流业】** 2012 年，广州保税区继续围绕“集中力量发展具有广州东部新城区特色的物流产业，增加为开发区和全市生产型企业配套服务能力”这一中心任务，通过保税物流园区的建设和运作，推动物流产业优化升级，构筑辐射珠三角乃至华南地区的物流平台。

积极组织区内主要物流企业按照《广州市重点物流企业和重点物流项目认定办法》规定的条件，向市交委申报重点物流企业和项目。经评审，保税区有2个企业和2个项目被认定为2012年广州重点物流企业和项目。

**【工业】** 电子设备制造业为保税区的支柱行业，其他生产加工门类较广，主要有食用油精炼、医用材料、钢材模具、重型机械设备制造、日用品、包装材料生产等。2012年，保税区完成工业总产值71.47亿元。

**【保税物流园区】** 广州保税物流园区与黄浦新港实行区港联动，规划面积0.507平方公里，是广州开发区第五个国家级经济功能区。保税物流园区正式运作以来，在通关手段信息化、监控立体化、货物流动便捷化的管理模式下，2012年实现进出区货值118.34亿美元。园区业务已辐射天津、山东、湖南、江西、福建、内蒙古等10多个省份，服务企业近2 000家，其中广州开发区内企业占30%，有效地降低了企业的运输成本和仓储压力。

为打造现代物流示范区，积极推进保税物流园区与黄埔新港码头的联动建设，扩大区域辐射范围。开展区内主要物流企业码头业务量调查，并多次实地考察黄埔新港和新沙港码头，促进保税物流园区与黄埔新港联动，使其运用水上货运“巴士”快速无缝接驳南沙、深圳、香港等国际枢纽港，实现“一次报关，直通世界各大港口”，促进以国际物流配送为核心的第三方物流发展。具体操作上采用运输车辆提前备案的监管方式实行区港联动，实现“到港货物直接入园，入园货物可入仓分拣后申报，一次报关，可分批出区”。2012年7月与黄埔海关联合举办“区港联动暨广州保税物流园区通关政策宣讲会”。区港之间的“无缝对接”为下一步保税物流园区内企业开展国际采购、国际中转、国际贸易、国际配送等业务打下良好的基础。

保税物流园区大力开展保税仓储和国际分拨配送业务，满足了加工制造企业对保税物流业务发展的需求，有效降低了企业物流成本，提高了资金、货物周转效率，企业市场竞争力明显得到提升，从而吸引了周边地区企业纷至沓来，利用园区的特殊功能和优惠政策为自身减负。园区对周边地区乃至整个珠三角地区强有力的辐射力无疑将带动与之关联的保税区和出口加工区的发展。

按照广州市加快推进把广州建设成为亚洲物流中心的总体部署，保税区结合区域特征和实际工作进展，开展规划研讨和政策推介。目前，广州保税区、广州出口加工区和保税物流园区3个保税监管区域已成为广州地区政策功能最齐全、运作最成熟的保税物流区域。

**【酒类交易市场】** 广州保税区国际酒类交易中心是广州开发区管委会、广东省酒类行业协会和澳企实业联合打造的，集进出口展示、贸易、仓储、物流、报关、报检于一体的进口酒类专业市场。2012年，交易中心新引进企业13家，累计入驻企业99家。目前有企业69家，商铺达到120间，从业人数超过2 000人。据海关不完全统计，2012年酒类交易中心进口葡萄酒692.2万升，同比增长6%；价值3 363万美元，同比增长13.7%。目前红酒交易中心呈现出整体发展，经营形式百花齐放，各具特色的态势，包括创建自有葡萄酒品牌，发展连锁加盟经营，成为中国地区总代理等。

广州保税区国际酒类交易中心开展多种营销活动，打造高精端国际商品保税展示中心。一是向广东省发改委申请省进口商品交易基地。根据广东省政府《关于促进进口的若干意见》（粤府〔2011〕126号）中“依托特殊监管区域等建立进口基地”的内容，积极与市发改委沟通，申请在保税区设立进口商品基地，已基本确定酒类交易中心为广东省目前唯一的进口红酒基地。二是落实广东省经贸委2012年民生实事推进食品安全示范点创建工作的要求，组织推荐酒饮公司、卡聂高酒业有限公司申报省酒类安全示范点。三是积极协助酒饮公司申请市经贸局商业网点建设资金。四是制订保税区升级改造和宣传推广总体方案，并利用有限的资金作广泛的宣传。以“广州保税区，美酒新天地”为口号，围绕树立进口商品采购港、进口红酒集散地、国际性物流配送基地的形象，在报纸、车身、网络、户外广告等展开宣传，进一步提升保税区形象，扩大其知名度和影响力。五是协助工商分局开展诚信市场建设，帮助入驻企业申请广州市著名商标，打造红酒街诚信经营市场品牌。六是开展巡回推介活动。开展2012巡回推介会，组织交易中心19家企业赴韶关、清远巡回推介，参会经销商、机关团体单位600多人，洽谈客户约250批次，达成初步合作意向100多个。《糖烟酒周刊》、《世界葡萄酒》杂志、大洋网美酒美食频道等杂志和网站上共刊登相关信息50多条次。还与广州跨国公司联谊会合作举办政企高层交流会暨进口葡萄酒推介会。七是组织酒商参加全国糖酒会、2012年广东酒类展销会，引起国内各专业媒体和经销商的关注和报道。八是组织酒街企业全区大型活动。组织企业参加区慈善会活动、广州跨国企业文化节、萝岗区欢乐节、萝岗区首届金雁文化节等全区大型活动。

**【进口商品基地建设】** 根据广东省政府《关于促进进口的若干意见》（粤府〔2011〕126号），在稳定出口的同时，积极扩大进口规模。将依托特殊监管区域等建立进口基地，鼓励企业在海关特殊监管区域、保税物流中心和保税仓库设立采购中心、分拨中心和配送中心，开展流通性简单加工和增值服务，通过保税监管场所扩大物资进口和储备，并根据市场需求，在广州、深圳等中心城市规划建设若干进口商品交易中心，打造全国有影响力的进口商品交易平台。2012年，确定打造进口商品基地的工作重心，通过多种渠道招商引进进口商品专业市场项目，努力推进广州保税区有色金属交易所、广州水产集团、进口化妆品交易市场和骏德酒业、裕金酒业等项目的招标、筹建和服务工作。联系外国和港澳台的驻穗机构，宣传保税区政策和投资环境；通过参加华南美国商会的会员活动，拜访和接待阿根廷驻穗总领事馆、香港贸促会等工作，向考察团介绍打造进口商品基地的规划，扩大宣传效果和品牌影响力。与行业协会、龙头企业沟通，争取进口商品项目落户保税区；走访深圳珠宝企业，引导企业建设珠宝产业城，将高档珠宝的展示销售、技能培训、鉴定认证等业务引入保税区。

2012年3月，在广东省美容美发行业协会的支持下，参加第36届广东国际美博会，设立宣传咨询展位，现场接待参展参会客商的业务咨询。通过与香港、澳门、台湾等行业协会的联系，接待多批客商到保税区考察。目前，正在开展此项目的论证工作。

2012年6月，在区有关部门的全力配合下，广州保税区广保商品交易商务有限公司正式开业。目前，工商银行、深圳发展银行等金融机构已与该公司签署了结算、融资业务的战略合作协议，分别提供10亿~300亿元的授信额度。同时，该公司积极调试交易系统、发展有色金属行业的会员，开始进行有色金属交易业务。

**【发展趋势】** 广州保税区立足历史和现状，妥善进行业务梳理，进一步拓展功能，按照海关总署关于整合特殊监管区域的精神，扩展出口加工区保税物流功能，研究保税区、出口加工区和保税物流园区的整合升级，探索从以加工贸易为主的发展模式向保税商贸基地的发展模式转型。同时，以保税物流园区的运作为发展契机，整合现有资源，继续推进保税物流体系建设，大力发展现代物流。

**【机构设置与管委会领导】** 广州保税区的地方管理机构是广州保税区管委会，2002 年 6 月广州保税区管委会与广州经济技术开发区、广州高新技术开发区、广州出口加工区管委会合署办公，构成强大的“四区合一”行政管理体系，2003 年全区通过 ISO 9001 和 ISO 14000 双认证，拥有中国对外开放最完整、最系统、最丰富的优惠政策体系，可供外商选择的投资领域最宽、政策空间最大。

2005 年 6 月，广州市委、市政府为加快“东进”战略的实施，在原四区合一经济区域的基础上，成立了广州市萝岗区，面积为 393.22 平方公里。

广州保税区管委会为广州市政府的派出机构，享受市一级的审批权限，机构精简，办事高效。管委会下设办公室、发展和改革局、经济发展局、科技和信息化局、规划国土局、建设和市政园林局、环境保护和城市管理局、保税业务管理局、企业建设局（招商局）、财政局等机构。

管委会领导：广州保税区管委会主任骆蔚峰，副主任李红卫、陈小华、郑锡雄、蔡刚强、郭粤明、孙秀清。萝岗区副区长张超平具体分管保税区业务。

**【招商部门】** 广州开发区保税业务管理局是广州保税区的经济业务主管部门，诚挚欢迎广大客商进行咨询、交流及前来投资和开展业务。我们必然践行“一切为了投资者，一切为了企业，用最好的服务，最佳的环境，让投资者获得最大的回报”的管理理念。联系人：金晶、陈坚，联系电话：020－82112051、82112062，传真：020－82112070。

# 福州保税（港）区
# FUZHOU FREE TRADE（PORT）ZONE

**【经济发展】** 福州保税（港）区即福州保税区与福州保税港区统称，实行“两块牌子一套班子”，由福州保税（港）区管委会统一管理。2012年，福州保税区引进项目179个，注册资本为2.11亿美元，进出口贸易额为1.4亿美元，财政收入为3.1亿元；福州保税港区固定资产投资7.12亿元，进出口贸易额为49.41亿美元，进出区贸易额为49.78亿美元，财政收入为0.2亿元，港口货物吞吐量为506.8万吨，港口集装箱货物吞吐量为77.6万标箱。

**【投资环境】** 一是干部作风明显改善。切实加大了机关效能建设的广度和力度，加大督查督办力度，有力提高了干部服务企业的意识和为企业办事的效率。二是窗口服务更加到位。加强投资服务中心和经发局两个对外窗口的建设，不断深化服务机制建设，对企业投资生产、经营中的各种问题实行“一条龙”服务。全年为企业办理有关项目审批、变更、进口设备审批、加工贸易审批等200多项，外企年检40多家。三是企业服务更扎实。定期和不定期走访企业、召开企业座谈会，积极协调海关、国检、工商、税务等驻区机构，及时解决企业遇到的困难和问题，促进企业安心稳定生产。四是通关环境更便捷。保税区海关从2012年年初以来不断推进分类通关改革，实现了“由企及物”的管理模式，进一步提高了通关效率。同时，不断完善物流监管体系，提升综合监管能力，有效运用风险分析，切实提升了查验效率。

**【现代物流产业】** 2012年新引进福建捷兴、福州昌裕荣、汉城、岩鑫全等8家物流企业，全区物流企业达到82家，全年共为福州市及周边地区企业提供49.78亿美元的物流服务。

**【文化创意产业】** 目前，福州保税（港）区聚集了以蔚蓝广告有限公司、十方文化传播有限公司等为龙头的40家文化创意企业，经营范围涉及现代传媒业、文化会展业、广告创意、咨询策划创意、工艺美术和建设设计等六大行业。

**【福州保税港区信息化平台建设】** 福州保税港区信息化平台软硬件建设基本到位，完成了福州保税港区口岸物流监控系统、保税业务管理系统、公共信息平台、数据交换平台、公共机房、配套硬件、网络连接建设、智能卡口硬件建设、视频监控报警系统、内外贸隔离监管码头CTMS系统改造、机房整改，2012年11月8日至16日，通过了福州海关加贸处牵头的联合测试组的测试，基本满足封关运作的需求。

**【福州保税港江阴汽车进口口岸建设】** 福州保税港江阴汽车进口口岸主体工程完工，建成专用海关整车监管区30.9亩，国检检测区43.1亩，包括汽车堆场、查验平台、检测实验室、办公楼及出入区卡口和海关信息化监管系统等。2012年11月29日，福州保税港江阴汽车进口口岸通过了福州海关组织的预验收。

2012 年 11 月 16 日和 12 月 5 日分别在厦门和香港举办了两次“福州保税港江阴汽车进口口岸政策与运营推介会”，吸引了中进汽贸（天津）进口汽车贸易有限公司和香港左钛汽车商会等两岸四地汽车物流企业的广泛关注和浓厚兴趣，引进海峡福建汽车物流有限公司、福州保税港国际汽车城有限公司和福建省建州汽贸有限公司等 3 家汽车进口商和运营商。

**【福州保税区进口酒类交易中心建设】** 福州保税区以海峡经贸广场为载体，推进进口酒类交易中心建设。目前区内引进 20 多家进口酒类和食品企业，优传、铭豪、凯撒 3 家已入驻海峡经贸广场进口酒类交易中心。优传进口酒类业务不断发展壮大，2012 年年度销售额达 850 万元。

**【对接武夷山陆地港】** 与武夷山市政府签订战略合作协议，共同建设“武夷山·福州保税港商贸中心”。该商贸中心占地 200 亩，开展商贸服务、国际贸易、保税仓储、物流分拨配送及金融等业务。

**【发展趋势】** 《海西发展规划》的进一步实施和平潭综合试验区的开发开放，为福州保税（港）区发展提供了难得的机遇。同时，福州保税港和江阴汽车进口口岸的封关运作，将有力推动福州保税（港）区经济的强劲发展。

**【机构设置与管委会领导】** 福州保税区管委会与福州保税港区管委会实行“两块牌子，一套人马”管理模式，设有办公室、财政局、经济发展局、开发建设局、投资促进局、马尾保税区办事处、加工贸易办事处和综合投资服务中心等 8 个工作部门。

管委会领导：党组副书记、管委会副主任李平（主持工作），党组成员、纪检组长程红梅，党组成员、管委会副主任李克亭，党组成员、管委会副主任黄武闽，管委会副调研员林继红。

**【招商部门】** 福州保税区经济发展局为福州保税（港）区管理委员会的招商机构，负责全区招商引资、业务审批和企业服务工作。联系人：兰祖向，联系电话：0591－28327755。

# 厦门象屿保税区
# XIAMEN XIANGYU FREE TRADE ZONE

**【经济发展】** 2012年，象屿保税区管委会以科学发展观为指导，紧紧围绕科学发展这个主题和加快转变经济发展方式这条主线，深入贯彻落实厦门市委市政府的决策部署，坚持“稳中求进”的原则，积极投身综合配套改革，多措并举，调结构、保增长、促发展。全年完成进出口总额50.2亿美元，同比增长16.72%，增幅居全国同类区域前列，居全市领先水平；实现区域生产总值50.52亿元，同比增长13.5%；实现工业生产总值18.55亿元，同比增长7.4%；实现物流营运收入65.56亿元，同比增长14.4%；实现商贸业销售收入381.0亿元，同比增长22.8%；实现财政收入6.8亿元，同比增长23.6%；固定资产投资7.18亿元，完成年度计划的135%。园区经济继续保持快速平稳发展的良好态势。

**【投资环境】** 深化“效能建设年”活动，将2012年定为“企业走访年”，深入企业为民服务，走访了园区300家企业，收集了136条意见与建议，其中大部分问题已得到解决，切实为企业排忧解难，服务和支持企业发展。开展了保税区首届经济技术创新成果和创新能手评选表彰活动，共有象屿集团、中外运、贝莱胜、嘉里大通等20多家企业获得了47项创新成果及28位创新能手。积极牵头建立银企沟通平台与合作渠道，多次组织建设银行、兴业银行等与企业对接，与中国建行厦门分行签订框架协议，制定了《象屿保税区“红酒贷”业务管理办法》，出口信保为园区企业提供2.6亿美元出口货物保险，有效帮助中小企业解决融资难、信贷难的问题。

坚持“安全第一、预防为主、综合治理”的方针，扎实推进园区安全生产工作。一是集中开展安全生产大检查、道路交通综合整治、清剿火患等各项工作。二是深入开展企业安全生产标准化建设工作，狠抓安全生产责任制和各项措施的落实。三是积极开展“安全生产月”警示图片展、安全征文比赛、应急救援演练等活动，营造了浓厚的安全氛围。2012年全年安全生产形势良好，没有发生重特大安全生产事故，促进区域经济社会安全稳定发展。

**【招商引资】** 2012年引进345个项目，引资总额23.54亿元。合同利用外资3 567万美元，实际利用外资2 150万美元，分别完成年计划的178.5%和107.5%。2012年“九八”投洽会，象屿保税区项目促进成效显著，落实投资项目9个，总投资约14亿元，利用外资1.15亿美元，其中3个项目参加厦门市签约仪式。共有134家企业增资，增资额近11亿元，其中有2家企业增资额超亿元。引进了一批实力较强、符合产业导向的企业，增强了园区集聚力。物流业引进了北京康捷空、深圳伟航集运、惠航货代等年收入超过1亿元的企业，贸易业引进了厦门百强进出口公司昌和贸易、得龙进出口等企业。

【两岸合作示范区】 "一区三中心"之一的两岸新兴产业和现代服务业合作示范区（以下简称合作示范区）是大陆首个以两岸产业深度合作为主题的国家级示范区，是厦门市实施综合配套改革方案中最重要的任务和平台。市委市政府高度重视，省委常委、市委书记于伟国，市委副书记、市长刘可清，市委常委、副市长康涛，分管副市长张灿民等市领导，多次听取合作示范区建设情况汇报，实地调研并作出加快项目建设的指示。作为牵头单位，象屿保税区管委会认真贯彻落实市委市政府的决策部署，将合作示范区建设作为保税区重中之重的工作，在市有关部门的积极配合下，全力以赴做好合作示范区改革发展规划的编制和报批，同时积极推进合作示范区用地保障工程和招商引资等前期工作。

合作示范区改革发展规划方案已上报国务院审批，并批转国家发展改革委牵头办理。2012 年 12 月初，国家发展改革委体改司孔泾源来厦检查指导厦门市实施综合配套改革的情况时，实地调研了合作示范区用地保障工程现场，充分肯定厦门市深化完善合作示范区总体发展规划所取得的进展。目前，国家发展改革委正牵头协调相关部委研究办理。同时，甄选出 3 家国际知名设计机构参与合作示范区核心区概念性规划，2012 年 10 月中旬提交中间成果，12 月下旬完成专家评审，下一阶段将综合 3 家设计单位特长进一步优化。同时，合作示范区的城市总体规划及产业、交通、市政等专项规划和起步区的控制性详规业已着手制定。核心区域约有 20 平方公里将由废旧盐田改造形成，2012 年以来相关基础工程全面开工，形成陆域面积 5 平方公里，其余部分将分阶段在 2014 年年底前完成。

抓好招商引资项目储备，成功举办了合作示范区投资说明会，启动全球招商，已有新加坡、马来西亚、我国台湾和香港地区等境外客商及国内央企、知名民企共十几个团组前来实地考察与洽谈，并达成一批投资意向，项目涉及冷链物流、医药物流、电子商务、文化创意等现代服务业领域。

【项目建设】 2012 年，象屿保税区固定资产投资计划为 5.34 亿元，全年实际完成投资 7.18 亿元，完成年度计划的 135%。其中，象屿五金机电物流集散中心、信诺进口酒体验中心已开业，贝莱胜电子厦门二厂项目竣工投入使用，港务叶水福仓库项目竣工预验收，国家商务部确定的"海峡两岸冷链物流产业合作试点单位"——万翔冷链物流中心进入实质性施工阶段，厦门农水产品物流中心正在对预验收提出的问题进行完善，金远东物流中心项目投入使用，航空港物流运营中心正在进行内外装修，安捷尔仓储物流、劲美源通（厦门）物流园、厦门金绿物流城等项目也在加快建设中。

【专业市场】 大力培育专业市场，发展优势产业链。保税区进口酒专业市场运作日渐成熟，通过保税功能进行展示和分销业务形成集聚效应，已有台酒和金酒的大陆分拨中心及优传酒类等近百家企业入驻，2012 年销售收入突破 6 亿元，是海西规模最大的进口酒类集散中心。成功争取国家批准大嶝市场购买台湾商品的免税额从 3 000 元提高到 6 000元，大嶝对台市场全年进口台湾商品首次突破 6 000 万美元，达 6 671 万美元，同比增长 25.9%。象屿五金机电物流集散中心于 2012 年 5 月中旬开业，已聚集近 250 家商户，成为闽南地区最大的五金机电集散基地；象屿城市物流配送中心吸引了近 200 家公路货运企业入驻，成为福建省规模最大的公路货运和城市配送中心。厦门农水产品物流中心已基本建成，正积极推进招商工作。大宗商品贸易再上新台阶，化工产品、矿砂、粮食等门类大宗商品供应链销售额超过50亿元，形成了一批有实力、专业强的大宗商品供应商。

**【保税物流园区】** 2012年，象屿保税区、象屿保税物流园区一线进出口额均实现20%以上的高增长，保税业务进出口额突破40亿美元，再创历史新高，其中保税区进出口30亿美元，同比增长31.2%；保税物流园区进出口额11亿美元，同比增长25.9%。保税业务的大幅增长，主要得益于3个方面：一是全球物流为DELL的第三方配送大幅增长，进出口近9亿多美元，同比增长超过100%；二是ECCO、瑞声达等亚太分拨中心业务大幅增长，其中瑞声达产品的配送额突破2亿美元，增幅达90%，ECCO的配送额也超过1亿美元，全部为增量增长；三是保税功能开发带动的增长，外代为客户实现单笔设备进口达1亿美元，金门酒进口配送额同比增长90%以上。

**【发展趋势】** 站在新的历史起点上，厦门市委市政府将两岸新兴产业和现代服务业合作示范区（以下简称两岸合作示范区）建设重任交由象屿保税区来牵头。象屿保税区管委会全力以赴做好两岸合作示范区改革发展规划的编制和报批等前期工作。目前，两岸合作示范区的改革发展规划方案已经上报国务院，核心区概念性规划、用地保障工程、基础设施建设、招商引资等工作也在积极推进中。

两岸合作示范区是大陆首个以两岸产业深度合作为主题的国家级示范区，以厦门翔安南部为核心，规划面积约156平方公里，紧邻即将建设的厦门翔安国际机场，海岸线长达43.56公里，地理位置十分优越。示范区重点发展新一代信息技术、高端装备制造、生物与新医药、新材料新能源、海洋高新产业、节能环保等新兴产业，以及金融保险、现代物流、商务服务、高端旅游、服务外包、文化创意等现代服务业中的高端产业，将努力打造成为立足两岸、面向国际的两岸交流合作示范区和两岸现代产业集聚中心。

**【机构设置与管委会领导】** 厦门象屿保税区管委会作为市政府的派出机构，机构级别为副厅级，内设办公室、政治处、经济发展处、建设管理处（安全生产监督管理局）、计划财政处（计划财政局）、监察室等6个处室。

管委会领导：党工委书记、管委会主任林树溪，党工委副书记陈章福，党工委委员、管委会副主任马自力，党工委委员、管委会副主任陈敏，党工委委员、大嶝对台小额商品交易市场管委会副主任陈青峰。

**【招商部门】** 象屿保税区招商服务中心是象屿保税区管委会直属事业单位。该中心负责象屿保税区的招商引资服务工作，为中外投资者免费提供咨询、跟踪、信息等“一站式”服务：协助进行投资前期的市场调研，协助办理投资各环节的手续，协调解决投资过程中遇到的问题，专人服务全程跟踪投资计划。联系人：杨松鹏，联系电话：0592－6035811。

# 宁波保税区（出口加工区）
# NINGBO FREE TRADE ZONE (EXPORT PROCESSING ZONE)

**【经济发展】** 2012 年是宁波保税区建区 20 周年，也是其转型发展的关键之年。面对国内外复杂严峻的经济形势，宁波保税区认真贯彻落实党的十八大精神，按照“稳中求进、进中求好”的总要求，齐心协力谋转型，全力以赴促增长，实现了区域经济企稳回升。

2012 年，全区（含出口加工区，下同）实现生产总值 136.2 亿元，同比增长 0.6%，其中第二产业为 48.0 亿元，同比下降 4%；第三产业为 88.2 亿元，同比增长 3.4%。同年完成公共财政预算收入 32.2 亿元，同比增长 0.5%，其中中央级收入 16.5 亿元，同比下降 2%；地方级收入 15.7 亿元，同比增长 4%。完成海关税收总额 18.3 亿元，同比下降 18%。以国际贸易、进口专业市场、仓储物流、高端金融服务为特色的现代服务业得到较快发展，已成为推动保税区经济发展的重要支柱，产业结构转型升级取得新突破和新进展，为“三年行动计划”的有力实施奠定了良好基础。

**【投资环境】** 2012 年，宁波保税区获批为国家进口贸易促进创新示范区，成为全国 4 家示范区之一，为贸易便利化创新试点、贸易平台建设和高质量贸易要素聚集创造了条件。全年完成固定资产投资 10.4 亿元，其中厂房仓储投资 3.3 亿元，设备购置投资 4.1 亿元；在建项目 20 个，其中本年度新开工项目 2 个。推进了一批重点功能性项目建设，市场配套不断完善。进口商品市场一期和永裕进口葡萄酒集散中心分别于 2012 年 6 月、11 月正式开业，进口商品市场二期等重点工程提前完工，建成后展厅面积将达 12 万平方米；2.8 万平方米进口商品仓库项目于 12 月完成主体工程；4.5 万平方米商务大楼项目主体结构与附属配套均基本完成；18 万平方米的人才公寓和职教中心项目一期工程于 8 月开工，二期工程于 2013 年 1 月开工。

**【招商引资】** 主攻大产业、大项目、新领域，引进项目的数量和质量都有新的突破。2012 年全区外资企业注册资金 1.1 亿美元，投资总额 3.1 亿美元，合同外资 9 989 万美元，实际外资 6 260 万美元，同比分别增长 34 倍、33 倍、13 倍和 30 倍。其中，外资增资企业 4 家，增注册资金 1.2 亿美元，增投资总额 3.3 亿美元。全年引进项目 473 个，注册资本 28 亿元，注册资本 1 000 万元以上项目 32 个。香港招商物流已正式落户，总投资 7 亿元，主要利用物联网技术打造华东地区重要的物流中心。中兴供应链、法国吉飞配送、宝晟黄金、信锐珠宝等一批重大项目达成投资意向，奠定了保税区发展基础。

**【对外贸易】** 2012 年是宁波保税区设立以来外贸发展最困难的一年，也是外贸扶持和服务力度最大的一年，出台了促进外贸发展扶持政策，加大政策宣讲力度，引导企业调整贸易方式、市场结构和产品结构，外贸发展企稳回升。2012 年全区完成外贸进出口总额 132.7 亿美元，其中出口 48.7 亿美元，进口 84.0 亿美元，同比分别下降 8%、1% 和 12%。其中，加工贸易进出口 66.0 亿美元，同比增长 4%；一般贸易进出口 40.6 亿美元，同比下降 6%，其中一般贸易进口 27.6 亿美元，同比下降 7%。2012 年下半年外贸进出口比上半年明显回升，其中出口回升了 6.2 个百分点，进口回升了 7.7 个百分点，外贸稳增长成效明显，全区国际贸易继续在宁波市外贸发展中保持重要地位。国际贸易主体进一步集聚，保税进口专业市场规模进一步做大，集聚各类市场会员企业超过 1 000 家，全年实现市场交易额1 244亿元，同比增长 27%；进口葡萄酒市场会员企业达 260 多家，进口葡萄酒 865 万升，进口金额 4 487 万美元；其他进口食品种类不断拓展，橄榄油、奶粉、咖啡、啤酒、蜂蜜等成倍增长；船舶交易市场全年共交易船舶 119 艘，交易总重 31.9 万吨，交易金额 18.3 亿元。

**【物流业】** 发挥口岸贸易和临港区位优势，引进 130 多家仓储物流企业落户，形成了以进口分拨、国际采购配送、期货交割和第三方物流为特色的保税物流服务体系，保税仓储面积近 100 万平方米，建成了华东地区重要的铁矿砂、固体化工、进口食品、国际采购配送等四大物流分拨中心。2012 年全区仓储货运总量 111.5 万吨，货运总值 36.9 亿美元，比上年均略有下降。其中，进仓货物 47.4 万吨，货值 13.8 亿美元；出仓货物 52.0 万吨，货值 13.6 亿美元。

**【工业】** 2012 年全区完成工业总产值 570.2 亿元，实现工业增加值 44.0 亿元，同比分别增长 6%、2%；产品销售收入 522.5 亿元，同比下降 1%。主导产业支撑作用明显，液晶光电产业实现产值 443.3 亿元，同比增长 10.4%，其中奇美电子实现产值 290.6 亿元、液晶模组产量 8 520 万套，同比分别增长 15.8%、44.4%，已经成为国内最大的液晶模组生产基地；奇美电子新一期增资案正式获批，总投资增加 2.85 亿美元，注册资本增加 9 500 万美元。引导第二产业重点企业向第三产业延伸，成功促进中集、中盟、广发文博 3 家企业设立工业销售中心，拉长了企业产业链，提升了赢利空间。新兴产业提速发展，融资租赁、股权投资、产业基金等高端金融业招商取得新进展，其中股权投资基金累计引进 13 家，注册资本 14.2 亿元；一批重点企业、重大项目和关键技术研发取得突破性进展。

**【科技创新】** 2012 年全区创新产业快速发展。一批重点企业、重大项目和关键技术研发取得突破性进展。金瑞泓科技国家 02 专项 7 423 万元扶持资金全部到位，成为国内最大单晶硅片制造商，并被认定为国家创新型试点企业；引进了比亚迪太阳能光伏研发中心，提升宁波市光伏产业研发水平。加大高端科技创业项目引进力度，出台扶持政策，举办了首届宁波保税区海外人才创业活动，吸引 60 多名海外高层次人才携带 50 多个高科技项目参加，经评审 13 个团队共获扶持资金3 400万元，其中加拿大环境智慧云系统等 7 个项目正式注册。科技创新创牌成果丰硕，各级科技计划项目计 15 项获得立项，其中国家级项目 2 项，共获上级资助 1 655万元；新认定省级工程技术中心 2 家，市级以上高新技术企业 3 家；组织申报专利 141 件，其中发明专利 54 件；新增注册商标 55 件，全区累计拥有注册商标 1 033 件，其中宁波市知名商标 14 件，浙江省著名商标 7 件，司法认定驰名商标 2 件。营造创新创业氛围，组织多个科技项目参加国家、省市创新创业赛事，获中国创新创业大赛入围奖 1 项，市科技进步奖三等奖 1 项，市发明创新大赛发明创新银奖2项。

【发展趋势】 2013年是全面贯彻落实党的十八大精神的开局之年，实施“十二五”规划的中考之年，也是实施重点开发区域3年行动计划的启动之年。下一步，宁波保税区将以科学发展观为指导，以宁波国际贸易示范区和国家进口贸易促进创新示范区建设为重点，坚持“稳中求进、进中求好”的工作总基调，强化改革推动、区域联动、创新驱动，提升增长质量、发展效益、和谐水平，努力实现保税区新一轮创业创新发展。

【机构设置与管委会领导】 宁波保税区、宁波出口加工区是由国务院批准设立的海关特殊监管区，由宁波市政府派出机构——宁波保税区管委会统一管理，内设8个行政管理部门和13个事业单位，海关、检验检疫、税务、外汇、工商、国土、规划等部门在区内设立专门分支管理机构，负责两区有关管理，形成了垂直整合、横向联动、精简高效的行政管理体制。

管委会领导：管委会主任郁伟年，党工委书记马兆祥，管委会副主任、党工委副书记严荣杰，管委会副主任、党工委委员夏群，管委会副主任、巡视员、党工委委员汪闻勇，党工委委员、纪工委书记杜占春，管委会副主任、党工委委员兼办公室主任叶万档，党工委委员、组织部部长、人事劳动社会保障局局长沈勤儿。

【招商部门】 宁波保税区现有3个招商部门：一是贸易合作局，联系人：孙竹影，联系电话：0574－86880139；二是市场物流合作局，联系人：钱继光，联系电话：0574－86888702；三是工业科技合作局，联系人：余斌，联系电话：0574－86821157。

# 汕头保税区
# SHANTOU FREE TRADE ZONE

【概况】 一年来，在欧债危机反复、国际经济动荡、国内宏观经济下行压力大的情况下，汕头保税区党委、管委领导班子带领保税区全体建设者，深入学习贯彻党的十八大和汕头市第十次党代会精神，化危为机，迎难而上，转变经济发展方式，使保税区经济综合实力上了新台阶，重大项目和基础设施建设取得新进展，区域经济继续保持稳定发展势头。

【经济发展】 2012 年，全区实现地区生产总值24.8 亿元，同比增长7.2%；实现工业总产值41.85 亿元，同比增长15.5%；出口1.45 亿美元，同比增长22%，其中加工贸易企业出口1.29 亿美元，同比增长31.7%；完成固定资产投资 3.6 亿元，同比增长38.7%；完成工商税收2.04 亿元，同比增长25.4%；完成公共财政预算收入6 597万元，同比增长21.64%。

【投资环境】 全面清理土地和房产，预留发展空间。强化闲置土地处置工作，客观妥善解决历史遗留问题。对20 多个已过会的用地建设项目，列出进度表，对已办理土地出让手续但尚未开工的项目开展督查督办，发出“开工督办单”，力促项目开工建设。完成全区土地、房产的清理造册登记工作，制作土地现状彩图和 VCD 光盘，对已建、在建、已出让未建、已出让闲置、未出让用地及区内空置厂房、烂尾楼分门别类列出明细表，明晰全区房地产情况。鼓励工业项目适当提高建设密度和容积率，促进土地集约节约利用。努力做好刘百川先生债务、粤财信托金平办事处债务、工行资产包债务的谈判削债工作。挖掘税源潜力，落实增收措施，扎实推进“营改增”工作，深入新办企业开展税法宣传和纳税辅导，对辖区新增项目实行保姆式服务和跟踪管理，积极培植税源，增强税收后劲，促进税源长足发展。按月定期对重点税源企业纳税申报情况进行归集分析，并全面调查企业的资金流、货物流、库存量、销售状况、成本费用等情况，有效提高了组织收入的预见性和主动性。在登记注册方面，实行“一址多照”，有效解决了保税区企业发展的“瓶颈”问题，支持促进了区域经济发展。一年来，共有8 户企业获评“守合同重信用企业”称号，其中1户连续15 年被评为“守合同重信用企业”，3 户连续 10 年被评为“守合同重信用企业”。抓好安全生产工作，开展地毯式检查，加强对各企业、厂房、仓库、货场等地方的监管，确保安全不出事故。积极推进社会治安视频监控系统建设，推动群防群治工作。成功侦破6 宗包案的刑事案件，100% 按期完成领导干部包案任务。

【招商引资】 成功引进重庆国资委属下的大型粮油企业红蜻蜓集团，与汕头保税区华美油脂公司达成收购协议，预计年新增产值10 亿元，形成保税区新的经济增长点，增强发展后劲。强化各部门之间的多向互动服务机制，做好历年洽谈、签约项目的跟踪落实，加快项目引进速度。2012 年新引进新佳兴 BOPP、中炬塑料、松田电子、LED 节能环保等 24 个项目，投资总额 35.1 亿元，其中 5 个项目已开工建设，投资总额 7.57 亿元。在谈的还有台湾 IGBT 功率半导体、普洛斯汕头物流中心、美联塑料功能色母粒、润和生物渗透膜和立胜游艇等 10 多个项目，计划投资额为 15.4 亿元。

**【产业转型升级】** 协调税务、银行、证监等部门，推动政银企合作，落实、用好省、市扶持企业发展的各项专项资金，扶持企业上市融资。保税区首家上市公司——万顺包装材料股份有限公司，将募集到的资金增资扩产，生产 ITO 导电膜和电子触控屏，市场前景广阔。荣获“广东省名牌产品”称号的西电公司现正进行上市辅导期工作，预计 2013 年在深交所上市。积极协调海关、商检等部门，开通货物从码头到保税区的直通道，解决企业货物一次报关问题，减少货物流转时间和费用。深化“百人服务团”活动，协调解决华美油脂公司 5 万吨货轮进港码头靠泊、企业供水水压、供电等问题，协调解决华美油脂公司排水排污、威尔信公司货物报关、万顺分公司进出口权问题，以优质服务增强企业增资扩产的信心。威尔信动力设备有限公司入选海关总署组织评选的“中国外贸出口先导指数”样本企业，公司总经理许乃强先生被汕头市评为“五一劳动模范”。双骏生物公司生物药品、保健品研发项目被中国医药质量管理协会授予“中国纳豆激酶生产质量管理示范基地”，这是国内唯一一个“中国医药质量管理协会纳豆激酶生产质量管理示范基地”，是保税区继卜高通美环保科技园获“中国塑胶循环利用示范基地”之后，又一高新技术企业获得国家行业协会颁发的示范基地称号。

# 张家港保税区
# ZHANGJIAGANG FREE TRADE ZONE

【经济发展】 2012年，张家港保税区实现地区生产总值553.53亿元，比上年增长10.2%；工业开票销售收入1 267.47亿元，同比增长6.4%；公共财政预算收入32.02亿元，同比增长12.4%；入库税收68.7亿元，同比增长6.6%。保税区被江苏省委、省政府表彰为“江苏省先进开发区”。

【投资环境】 2012年，张家港保税区滨江大厦、磁传感产业基地、金科地产高档商住小区建设全面启动，石化交易大厦、新后塍高中完成主体工程，段山重装园一期工程竣工，疏港高速正式开工。总投资9.22亿元的13条道路工程顺利推进，香山“一湖两路”工程全面启动，东山村遗址博物馆概念性规划方案正式确定，滨江新城和香山开发雏形初显。南沙、德积、后塍办事处主干道街景改造工程顺利推进，文星新村、安利小区等老宅区综合改造基本完成。保税区全年基础设施投入26.38亿元，比上年增长5.2%。

【招商引资】 2012年，张家港保税区实现注册外资64 310万美元，到账外资36 724万美元；完成注册外地资本35亿元，比上年增长16.6%，外地资本投入30.76亿元，同比增长103.4%。全年新开工项目103个，新增私营企业1 034家，注册资本26.98亿元。总投资4亿美元的润英联添加剂项目、总投资10亿美元的霍尼韦尔特性材料项目成功签约。全球最大的物流地产商普洛斯、全国最大的橄榄油分拨基地世纪康鑫、国内粮油企业龙头北大荒江苏总部等一批重点服务业项目实现落地。

【工业】 2012年，张家港保税区紧扣转型主线，突出项目引领，经济继续保持稳健发展态势：实现工业增加值291.87亿元，同比增长5.7%；全年销售超10亿元规模企业达到33家；工业投资106.01亿元，同比增长12.6%，扬子江石化、康得新一期、欣锦阳等项目顺利开工，康宁化学、银河锂业碳酸锂、佐敦二期等项目竣工投产；上市企业再融资49.9亿元；新增中国驰名商标2件。

【贸易业】 2012年，张家港保税区实现外贸进出口总额143.82亿美元，其中进口总额115.4亿美元，出口总额28.41亿美元；实现服务业增加值247.6亿元，同比增长14.9%，占GDP的比重为44.7%。成功获批江苏省唯一的整车进口口岸和进口商品集采分销中心，石化期货交易所建设列入国家苏南现代化规划草案。建立江苏省首家葡萄酒检测实验室并成为全省最大的葡萄酒保税进口口岸，全年进口葡萄酒突破100万升。化工、纺织、粮油和名贵木材四大专业市场不断放量发展，其中江苏化工品交易所成功发布液体化工指数，全年实现交易额435亿元、税收2.5亿元；纺织原料市场被授予“中国纺织原料进口分销中心”，全年实现交易额272亿元、税收2.2亿元。日祥贸易、丰立集团、荣德贸易、鑫东鸣贸易、荣润贸易、东华能源和鑫香山金属材料公司共7家企业入选“中国服务业500强”。

**【新兴产业】** 2012年，成功获批张家港锂电池及材料科技产业园、国家火炬计划张家港锂电特色产业基地和江苏省知识产权试点园区。全年自主申报“千人计划”人才实现零的突破，引进“千人计划”人才5名，获评省“双创”人才3人，市级以上创新创业人才总数累计达到42人。获批国家863计划项目3个，获评全市唯一的“省创新团队”和“省重大科技成果转化项目”。新增省高新技术企业13家，累计达到47家。新兴产业育成中心一、二期竣工并实质性运作。

**【管理与服务】** 强化政策支撑和服务体系建设，出台了《张家港保税区新兴产业育成中心管理办法》（试行），在省内率先启动保税仓储货物抵押试点工作，编制完成扬子江化学工业园规划环评并通过第一轮专家评审。出台了《关于鼓励扶持企业上市深入推进资本经营的若干意见》，形成了“培育、股改、上市”的企业梯队，培育上市后备企业40家，拟上市企业5家。出台了《社区建设管理意见》、《拆迁安置小区、商品房小区移交管理实施意见》等规定，进一步完善了信访隐患排查应急调处、联动会办机制。大力度推进区镇管理体制改革，形成二室十局一中心的工作格局，专门成立整车进口口岸、进口消费品、专业市场等9个专项工作推进小组。

**【发展趋势】** 2013年，张家港保税区将立足打造“江苏外高桥”的高点定位，坚持“咬定一个目标、加速两个转型、提升三大能级”。一个目标，即力争3~5年，发展质效和服务能力达到外高桥保税区现有水平，其中业务总收入突破10 000亿元，税收总额突破600亿元。加速两个转型，即加速产业转型，物流贸易由大宗商品为主向大宗商品和高档消费品并重转型，制造业由传统产业向新材料、新装备、新能源转型；加速城市转型，由港口工业城镇向开放文明商贸镇、真山真水宜居城转型。提升三大能级，即做强港口服务业，提升国际贸易能级；做优临港制造业，提升产业支撑能级；做美商贸宜居城，提升城市综合能级。张家港保税区努力打造功能政策完备、临港产业发达、现代商贸繁荣的黄金口岸，人才集聚、创新主导、配套一流的创业天堂，生态文明、真山真水、安宁舒适的人居典范。

**【机构设置与管委会领导】** 张家港保税区管委会下设党政办公室、组织人事局、发展改革局、招商局、物流贸易局、财政局、规划建设局、安全环保局、国土资源局、企业服务管理局、社会事业局、农村工作局、政法和社会管理办公室、行政服务中心。

**【招商部门】** 招商局，联系人：张卫星，联系电话：0512－58320857；物贸局，联系人：彭烨，联系电话：0512－58322553。

（注：文中数据包含金港镇）

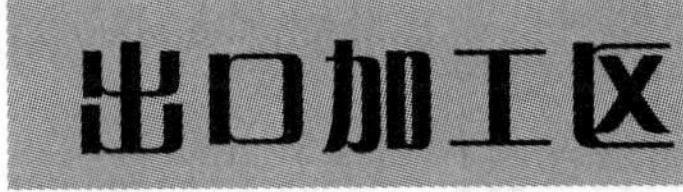
出口加工区

# 天津出口加工区
# TIANJIN EXPORT PROCESSING ZONE

**【经济发展】** 2012年，天津出口加工区面对复杂多变的国内外经济形势，立足于经济发展方式转变和综合竞争能力提升，扎实推进加工贸易转型升级，从实际出发着力项目引进和完善投资环境。2012年，天津出口加工区实现工业生产总值351 130万元，同比增长91.4%；实现工业产品销售额345 558万元，同比增长93.7%；增加值累计25 670万元，同比增长90.3%；企业利润总额累计5 321万元，同比增长132.3%。全年保税物流货物货值为33 110.045万美元。区内维修检测业务进区货物1 613.71吨，货值为627.54万美元，同比增长29.2%；出区货物1 628.10吨，货值为611.61万美元，同比增长27.14%。

**【投资环境】** 天津出口加工区是2000年4月由国务院批准设立的首批出口加工区之一，规划面积2.54平方公里，已开发面积1平方公里，位于天津经济技术开发区东北部，于2001年6月通过海关总署等国家八部委的联合验收，正式封关运作。

天津出口加工区位于天津经济技术开发区内，2008年，天津经济技术开发区被批准为首批国家生态工业示范园区，并连续十余年在国家商务部对各个开发区的综合评比中排名第一。天津出口加工区地理位置优越，依托于天津滨海新区及天津经济技术开发区，基础设施完备，人力资源丰厚，政务环境公开，生活环境更是一应俱全。

同时，企业服务工作更是天津出口加工区投资环境的一项重要内容。坚持倡导天津经济技术开发区遵循已久的“投资者是帝王，项目是生命线”的服务理念，天津出口加工区管委会建立了职能部门联席会议制度和企业定期走访制度，定期与海关、检验检疫等职能部门召开会议，共同解决区域运营过程中企业普遍反映的情况问题；不定期走访企业，解决个别企业出现的个别问题，努力使企业满意，使投资者信任。管委会办公室及时关注国家政策变化，及时给予企业正确引导，将政策变化对企业的影响减少到最小。天津出口加工区高度重视为企业办实事、解难题，多方面创造条件，畅通服务企业渠道，及时解决存在的困难和问题。同时围绕产业发展，以优化服务流程、提高服务质量为重点，主动接轨国际惯例，健全和完善项目建设过程中的全方位服务、企业开工投产后的经常性服务，帮助企业解决项目审批、项目建设、生产经营过程中遇到的问题，为企业提供完善、优质、便捷的服务，营造良好的生产经营环境。建立上门服务机制，定期协同海关、商检等职能部门上门为企业服务，帮助企业解决生产经营等方面存在的问题，努力为企业创造高效率、低成本的外部运行环境，形成促进出口加工区发展的整体合力。

**【招商引资】** 根据区内土地剩余不多的现实情况，天津出口加工区大力提高项目准入门槛，坚持创新招商举措，加强对高科技、大品牌、规模化项目的招商力度。招商重点从数量转移到质量上，重视附加值高、项目技术含量高的科技企业的引进，提高项目质量，提高天津出口加工区的科技含量，引导区内加工贸易转型升级。力争建造高科技高附加值加工制作环节、研发中心的重要基地，面向国际市场，汇集大型高新技术龙头企业的聚集区。

**【工业】** 天津出口加工区自封关至今，共批准项目 25 个，其中包括出口加工区拓展功能后注册的物流项目 6 个，行业涉及家具、服装、新材料、包装、物流等。截至 2012 年 12 月，全区共吸引投资总额 20 105 万美元，其中外商投资总额 17 423 万美元；就业人数为 5 116 人。

**【加快促成进口商品保税展示中心项目落成开业】** 天津原野贸易有限公司拟在天津出口加工区内成立 20 万平方米的保税展示中心，分期建成，其中 10 万平方米作为展示中心，10 万平方米作为物资储存仓库。由于天津经济技术开发区是滨海新区核心区的标志区域，为了提升开发区的功能地位，天津出口加工区进口商品保税展示中心项目意义重大。展示商品总计达到 30 类品种，其中涉及高端消费奢侈类（国际一线品牌）、民用类、资源工业原料类。其充分利用天津出口加工区属于海关特殊监管区域的政策优势，开展大宗进口商品的展示，使之成为一个大规模的交易平台和窗口，办成天津口岸各类进口物资贸易的重要渠道和基地，辐射华北、东北等地区及西北部分地区。

**【发展趋势】** 经过十余年的发展，天津出口加工区已经走上一个良性发展的轨道，成为天津加强加工贸易管理的一个“打得出去，叫得响亮”的品牌。随着中国经济形势的企稳，天津滨海新区的政策功能优势及出口加工区保税物流等功能的政策叠加，从天津出口加工区的个性情况来看，优质项目的加入、土地资源的充分开发成为快速发展的推动力。在当前国内外经济形势多变的情况下，要实现又好又快发展，还面临诸多困难与挑战。2013 年，天津出口加工区要认清形势，积极应对，采取一系列措施促进区域发展保持稳定。要把招商工作的重心放在发展电子、汽车零部件等产业，与周边产业形成分工明确、服务配套的产业链，努力实现各项经济指标的稳定增长，充分发挥出口加工区的辐射带动作用，有效利用出口加工区充裕的政策优势，服务于天津滨海新区，服务于环渤海经济圈。

**【机构设置与管委会领导】** 天津出口加工区管理机构为天津出口加工区管委会，与天津经济技术开发区管委会合署办公。天津出口加工区管委会主任由天津经济技术开发区管委会主任兼任。天津出口加工区管委会下设管委会办公室，与天津开发区管委会贸易发展局合署办公，行使出口加工区管理职能，从事日常管理、协调工作，天津经济技术开发区各职能部门对出口加工区延伸服务。天津经济技术开发区贸易发展局局长兼任天津出口加工区管委会办公室主任。

**【招商部门】** 本着“全民招商”的招商路线，利用天津滨海新区的政策、资源优势，发挥各部门职能，天津出口加工区管委会办公室与天津经济技术开发区管委会投资促进局建立协调机制，共同承担招商职责。天津出口加工区管委会办公室招商电话：022 - 25201436、25202367，传真：022 - 25201635；天津经济技术开发区投资促进局招商电话：022 - 25201355，传真：022 - 25201412，网址：www. tjepz. com，www. teda. gov. cn。

# 河北秦皇岛出口加工区
# HEBEI QINHUANGDAO EXPORT PROCESSING ZONE

【概况】　秦皇岛出口加工区于2002年6月21日经国务院批准设立，位于秦皇岛市东部沿海，总规划面积2.5平方公里，其中一期0.67平方公里，2003年9月15日通过海关总署等国家八部委联合验收，正式封关运行。

【经济发展】　截至2012年年底，秦皇岛出口加工区内共有入区企业15家，其中生产性企业11家，保税物流企业4家。区内企业累计完成营业总收入81 491万元，实现工业总产值81 443万元，实现工业销售收入81 404万元，实现进出口总值22 490万美元。2012年出口加工区共完成营业总收入17 275万元，实现工业总产值17 247万元，实现工业销售收入16 171万元，实现进出口总值4 206万美元。区内企业现有职工1 166人。秦皇岛出口加工区建区以来累计完成固定资产投资2.61亿元，其中基础设施投资2.11亿元，企业固定资产投资4 958万元

【投资环境】　秦皇岛地处河北省东北部，南临渤海，北依燕山，东接辽宁，西近京津，位于中国最具发展潜力的环渤海中心地带，是东北与华北两大经济区的结合部和重要出海口。秦皇岛素有“京津后花园”之美誉，在接受京津辐射方面具有得天独厚的优势。这里空气清新，气候温和，冬暖夏凉，城市绿化覆盖率达38.5%，海洋、沙滩、阳光、空气和绿色完美组合，是最适宜人类居住的城市之一。

秦皇岛出口加工区距历史名城山海关5公里，距山海关船厂码头及正在建设中的山海关港2公里，距年吞吐能力1.6亿吨的秦皇岛港10公里，北靠京沈铁路山海关编组站，西临京沈高速公路山海关连接线，东至辽宁省界，南侧是秦皇岛开发区工业区，交通十分便利。区内早已完成水、电、路、暖、讯等配套设施的“九通一平”。

【招商引资】　在招商策略上，通过吸引企业租赁厂房生产，逐步引导企业购地自建厂房，留住企业的根；在产业导向上，坚持把电子信息产业等对地方经济具有较大拉动作用的产业作为重点来扶持，逐步完善当地的产业链，形成局部的积聚效应。面对客商，始终坚持主动服务，以诚相待，积极加强与企业的协调与沟通，及时了解企业生产经营状况，努力为企业排忧解难。同时，为企业发展营造融洽的交流平台和发展氛围，全力打造秦皇岛出口加工区亲商、安商、富商的服务品牌。

【工业】　秦皇岛关东针织有限公司于2004年10月在秦皇岛出口加工区成立，由日本关东尼龙株式会社独资兴建，项目投资总额200万美元，注册资本200万美元，占地面积13 340平方米，厂房面积7 138平方米。其经营范围主要是生产和销售女士的长筒袜、连裤袜等各种针织品，原材料80%从国内购进，其余从日本、韩国购进，年生产规模约1 800万双，产品100%出口，销售市

场主要是日本及周边的东南亚国家。2012年，该公司完成工业总产值7 100万元。

秦皇岛飞凯特金属制品有限公司于2005年3月在秦皇岛出口加工区成立，由日本日产钢业株式会社独资兴办，项目投资总额200万美元，注册资本200万美元。其主要产品有各种铁丝绳索具、物流箱及相关产品。生产规模为年产钢丝绳索具30万条，物流箱10万套，产品全部出口日本。2012年，该公司完成工业总产值2 956万元。

秦皇岛信达尔工程机械有限公司，注册资本350万元，主要经营范围是通用机械的设计、制造、安装、销售及机械产品的非标设计及技术咨询服务等。2012年，信达尔公司完成工业总产值4 179万元。

秦皇岛一心西服有限公司于2004年7月在秦皇岛口加工区设立，项目总投资90万美元，注册资本90万美元，生产厂房面积6 900平方米。其主要生产男士西服，引进德国、日本、韩国全套西服专业生产线及样板设计系统，原材料全部由意大利、日本进口，产品定位中高档消费群体，成品全部出口日本、美国等国家。2012年，该公司完成工业总产值2 017万元。

**【保税物流拓展顺利，基础设施配套全面跟进】** 进一步推广保税物流辅助平台系统应用。2009年11月16日，出口加工区辅助平台系统投入使用，标志着秦皇岛出口加工区保税物流业务正式运行。几年来，辅助平台系统得到了广泛应用。区内生产型企业和保税物流企业通过辅助平台系统进行货物的报关和作业，取得了良好的应用效果，真正做到了方便、快捷、高效。海关、检验检疫也实现了保税物流功能开放后的数据备份、汇总统计电子化。据海关统计数据，2012年共审核进出口报关单4 364票，监管货运量5.7万吨，货值2.94亿美元，征收税款4 501万元。在出口加工区辅助管理平台共签发核放单17份，作业单分送集报370份，办理卡口登记货物237单。

截至2012年年底，秦皇岛出口加工区建设物流仓库2座，建筑面积25 698平方米；建设标准厂房96 044平方米；建成10 000千伏安中配室1座，为厂房配套的500千伏安箱变2座，3 200千伏安配电室1座，1 600千伏安配电室1座，日处理能力1 000吨污水处理厂1座，直径500mm自来水管道接入加工区并新建加压泵站1座，供热能力50吨锅炉房1座。海关综合楼建筑面积4 500平方米，监管仓库建筑面积1 528平方米，验货广场面积4 600平方米，围栏长度2 955米，区内道路总长8 259.2米。以上建设项目的竣工，大大提升了出口加工区的项目承载能力，为项目进驻加工区提供了有力保障。

**【发展趋势】** 秦皇岛出口加工区紧紧抓住国务院批准出口加工区拓展保税物流等功能这一历史机遇，加快拓展保税物流等功能的进程，着力引进保税物流企业，开展研发、检测、维修业务，实现加工区功能叠加，引导先进制造业和生产型现代服务业入区发展。加大招商引资力度，着力引进龙头项目，增强龙头项目的带动和辐射作用。着力加强区内、区外的配套能力，实现加工区的初步繁荣和带动作用。逐步将加工区、山海关港、开发区东区和山海关靠近加工区的部分区域实行统一规划，逐步向保税港区发展，形成具有口岸、物流、加工等功能全面的保税港区。

**【机构设置与管委会领导】** 秦皇岛出口加工区管委会与秦皇岛经济技术开发区管委会实行“两块牌子、一套人马”。出口加工区管委下设3个部门：经济管理部，主要负责项目审批、企业管理与服务等方面工作；建设规划部，主要负责项目建设、规划、用地审批等方面工作；综合管理部，主要负责综合协调、后勤保障与服务工作。

管委会领导：秦皇岛出口加工区管委会主任胡英杰，常务副主任邵宏根，副主任王月华。

**【招商部门】** 秦皇岛出口加工区管委与秦皇岛经济技术开发区招商局建立协调机制，出口加工区的项目引进，由开发区招商局统一负责，不定期组织招商协调会，进一步整合资源，形成合力。联系人：李琨，联系电话：0335－5180018，传真：0335－5180011。

# 辽宁大连出口加工区 B 区
# LIAONING DALIAN EXPORT PROCESSING ZONE B

**【概况】** 辽宁大连出口加工区 B 区是经国务院批准成立的出口加工区，占地面积 1.45 平方公里，一期占地 60 万平方米。2007 年 6 月 28 日，大连出口加工区 B 区完成了一期围网、巡逻路、主卡口、海关、检验检疫综合楼、查验场地、查验库房等设施的建设，并通过海关总署等八部委的正式验收，正式封关运作。

辽宁大连出口加工区 B 区拥有独有的发展特色，是大连承接高端半导体生产制造这一战略新兴产业的核心区。目前，出口加工区内只有英特尔（大连）一家生产企业，也是英特尔在亚洲设立的第一家芯片制造企业。

**【投资环境】** 辽宁大连出口加工区 B 区位于大连金州新区。大连是三面环海的港口城市，具有海洋性气候特点，温和湿润，四季分明；具有得天独厚的区位口岸优势、优良的港口条件、雄厚的临港工业基础、全方位的对外开放和完善的现代服务功能。大连地区人才素质高，劳动力资源丰富，政策优惠、政府高效，为了方便投资者，改善投资环境，简化审批手续。大连金州新区生活设施齐备，外商居住区、中高档楼盘、购物中心、酒店餐饮、医院、国际学校一应俱全，使外商在这里可以高品质地生活和工作。

**【英特尔半导体芯片项目】** 2006 年，美国英特尔公司在大连出口加工区 B 区设立英特尔半导体（大连）有限公司。2007 年 5 月，英特尔半导体芯片项目开工建设，一期投资 25 亿美元，占地面积 60 万平方米，建筑面积 16 万平方米，主导产品是生产 12 英寸 65 纳米芯片组。2010 年年底，该项目建成并投产。现有员工 2 000 人。

该项目的落地和正式投产标志着大连金州新区将成为英特尔公司亚洲最大的芯片生产基地，奠定了大连在中国集成电路产业“一轴一带”布局中的重要地位。一大批世界级产业链相关或非相关企业逐步向这里聚集。

**【发展趋势】** 在大连市政府领导下，金州新区正在以位于大连出口加工区 B 区的英特尔芯片项目为龙头，全力打造半导体产业千亿集群。规划了高端芯片制造基地，占地 3 平方公里，承接半导体制造、封装测试类企业；规划了半导体服务基地，占地 2 平方公里，承接半导体设计、研发、软件外包及生产相关服务业类项目；规划了 IT 产业基地，占地 5 平方公里，主要承载 LED、OLED、TFT 配套等产业类项目。以“三个基地”为核心的产业平台逐步形成。

英特尔芯片项目的入驻促进了加工区内外的产业结构优化和半导体产业集群的形成。德国林德旗下的联华气体、美国空气产品、美国摩西湖化学制品有限公司等气体供应商已在大连投资设厂；美国联邦快递、敦豪快递、日本近铁、德国辛克等世界级物流服务商承担了项目的物流配送业务。一批英特尔芯片及半导体产业相关的服务性公司正纷至沓来，出口加工区呈现出良好的发展态势。

**【机构设置与管委会领导】** 2010年，大连经济技术开发区与大连金州区合并成立大连金州新区，大连金州新区管委会经贸局下设出口加工区管理局，专门负责出口加工区B区事务的综合协调和日常管理工作。

管委会领导：主任徐长元，出口加工区B区分管主任李莉，出口加工区管理局局长马秀莲。

**【招商部门】** 出口加工区管理局，电话：0411－87630195，传真：0411－87614959。

# 上海松江出口加工区
# SHANGHAI SONGJIANG EXPORT PORCESSING ZONE

**【概况】** 上海松江出口加工区由 A 区和 B 区组成，总规划面积 5.96 平方公里。上海松江出口加工区 A 区于 2000 年 4 月 27 日经国务院批准设立，为全国首批出口加工区之一，规划面积 2.98 平方公里，于 2001 年年初封关运作，已全部开发完毕；B 区于 2003 年 3 月 14 日经国务院批准设立，规划面积 2.98 平方公里，分两期开发，2003 年 11 月一期 1.33 平方公里封关运作。

松江出口加工区的总体目标，是成为全球重要的 IT 产业生产基地和一流的现代化工业园区，实现内外销兼顾、保税物流功能完善、国内外贸易功能齐全、从研发到售后“一条龙”的综合性区域，为海内外投资者创造一个大展宏图、投资兴业的家园。

**【经济发展】** 据统计，2012 年全年，松江出口加工区共完成工业产值 1 629 亿元；完成进出口总额 421 亿美元，其中进口 115 亿美元，出口 306 亿美元；完成利润总额 7 亿元；完成增加值 85 亿元；完成税收总额 22 亿元，其中海关及代征税 15 亿元，工商税收 7 亿元。自封关运行至 2012 年年底，园区已累计实现进出口总额 3 217 亿美元。

**【投资环境】** 上海松江出口加工区地理位置优越，距上海虹桥国际机场 20 公里；距上海浦东国际机场 42 公里；周边有沪昆高速公路、沈海高速公路、申嘉湖高速公路、嘉金高速公路等高等级的公路，构成便捷的公路交通网络。上海市区外环线距松江出口加工区仅 18 公里。

作为千年文化古城的松江，历来重视发展教育，注重人才素质的培养。目前已拥有一座包括 7 所大学的现代化大学城（其中包括上海外国语大学、上海对外贸易学院、上海立信会计大学、东华大学、华东政法大学、上海工程技术大学、上海视觉艺术学院），2 所大专院校，31 所中学，7 所职业学校，28 所技术学校，1 所电大。人力资源相当充沛，可以为区内企业提供不同专业、不同层次的专门人才，同时还可以为区内企业提供各种人员培训服务。

作为全国最早的出口加工区之一，上海松江出口加工区已经运作多年，基础设施配套完善，管理机构运作娴熟，各类服务措施齐全，是中外客商的投资宝地。松江出口加工区实行全封闭管理，区内海关、商检、税务、工商、银行、外贸、运输、报关等一应俱全，落户企业在区内可办理完一切进出口手续。目前区内货物进出口的通关物流时间只需 4 小时，达到先进国家水平。

**【招商引资】** 2012 年，欧债危机余波及产业转移大潮给加工区的招商引资工作带来了很多困难。同时，相对西部开发由政府在税收、土地、资源、人才等方面给予大量优惠政策，松江出口加工区的政策优势弱化。全年园区共有 9 个项目落户，均为内资项目，其中保税物流企业 5 家，9 家企业注册资本 3 850 万元，实收资本 2 025 万元。截至

2012年年底，区内落户企业达108家，其中外资83家，内资25家，外商投资总额24.48亿美元。园区从业人员超过10万人，带动解决周边就业岗位约2万个。

**【工业】** 2012年，欧债危机的愈演愈烈势持续影响着加工区的整体走势，而加工区企业在内销方面的新进展也由于产线西迁遭遇发展的瓶颈。经过一年的调整，目前加工区内需要转移的产线已基本完成转移过程，正开始向新产线的迁入过渡。根据广达提供的信息显示，广达集团已拿下数量达10万台的云端服务器大单。区内富士康旗下国基电子也表示已逐渐将高技术含量、高附加值的卫星基站产品作为其主要产品线。可以说，加工区各项业务已从大幅回落过渡到了稳步增长阶段。

此外，海关总署《加贸司关于开展海关特殊监管区域内企业内销产品返区维修试点工作的通知》也于2012年年底出台，明确指出为贯彻落实党的十八大报告精神，按照《国务院关于促进海关特殊监管区域科学发展的指导意见》和《海关总署关于印发海关促进外贸稳定增长若干措施的通知》要求，支持发展服务贸易，促进外贸稳定增长，决定在海关特殊监管区域内开展企业内销产品返区维修试点。松江出口加工区内达利（上海）电脑有限公司位于全国12家试点企业之列。这一通知的出台给企业带来了切切实实的利好，扫清了企业内销业务拓展的最大障碍。

**【物流】** 截至2012年12月，松江出口加工区内共有第三方物流企业25家，仓储面积达19.7万平方米，2012年全年完成营业收入4.6亿元，出入库金额达353亿美元。目前加工区保税物流业务除传统物流仓储业务外，已衍生出简单装配、分拣、分拨配送等业务，并逐步尝试进口奢饰品、食品及生活用品等全新业务，发展空间巨大。

**【发展趋势】** 上海松江出口加工区已经经历了12年的发展，电子信息技术产业链已经日趋完善。然而，出口加工区初创时以制造、外资、出口为主的发展模式及相关政策在当前国际市场低迷，国内产业转移大潮的背景下显得难以适应。要使出口加工区全面发展、协调发展、可持续发展，迫切需要由现行相对单一的外销模式转变为内外销兼顾、保税物流功能完善、国内外贸易功能齐全、从研发到售后“一条龙”的综合性模式。

2012年年底，《国务院关于促进海关特殊监管区域科学发展的指导意见》出台，明确提出要深入贯彻落实科学发展观，整合特殊监管区域类型，完善政策和功能，强化监管和服务，促进特殊监管区域科学发展，更好地服务于改革开放和经济发展。这正是加工区转型升级的最佳契机，根据松江出口加工区发展现状，A区加工贸易企业众多，产业链成熟，宜推进物流与生产相结合的业务形式，物流以为生产型企业配套为主；B区发展空间广阔，潜力巨大，宜推动物流与贸易相结合的业务模式，实现园区业务从区内向区外的全面辐射。新的一年里，松江出口加工区将以继续鼓励发展电子信息等产业、继续鼓励发展保税物流仓储等业务、支持各类贸易公司开展进出口商品国内分销业务、连接国内外市场的进出口商品交易、完成从自主设计研发到售后维修的产业“一条龙”为发展目标，积极争取向综合保税区模式转型升级。

**【机构设置与管委会领导】** 松江出口加工区管委会下设7个部门：出口加工区管理部、党务行政部、规划建设部、企业服务部、财务资产部、物业公司、经济发展部。

管委会领导：管委会党委书记、主任胡

永表，管委会分管副书记、副主任高富忠。

**【招商部门】** 管委会下属经济发展部负责出口加工区的招商引资工作。联系人：经济发展部部长夏超群，联系电话：13918906969。

# 上海金桥出口加工区（南区）
# SHANGHAI JINQIAO EXPORT PROCESSING ZONE（SOUTH AREA）

**【经济发展】** 2012年，金桥出口加工区（南区）完成工业总产值22.06亿元；产品销售收入20.87亿元；年度进出口总额3.68亿美元，其中出口额2.51亿美元，进口额1.17亿美元。园区历年累计进出口总额为299 762万美元。

至2012年12月，已有32家企业获准注册南区，其中24家为外商独资企业，6家为中外合资合作企业，2家为中资企业，吸收投资总额16.36亿美元，合同外资5.86亿美元。

作为上海半导体装备基地，以中微半导体为主的具有自主知识产权的半导体装备企业群体在区内得以蓬勃发展，科技研发已成为区域经济发展的一个新亮点，进一步凸显了金桥出口加工区（南区）研发产业的优势和特色。

**【投资环境】** 上海金桥出口加工区（南区）于2001年9月4日经国务院批准设立，2002年6月正式封关运行，享受国家级出口加工区的各项优惠政策，规划面积2.8平方公里，其中一期封关面积为1.55平方公里。作为浦东新区唯一的国家级出口加工区，金桥出口加工区（南区）距洋山深水港50公里，距外高桥港区19公里，距浦东国际机场10公里，距虹桥国际机场30公里，距上海城市外环线3.5公里。周边有城市快速干道外环线、浦东新区主干道龙东大道，连接市区与浦东国际机场的地铁2号线，具有出口加工区得天独厚的区位优势。

至2009年年底，园区内建成总长度为3 840米的“一纵三横”的主干道路及雨污水管道，建成巡关环道5 342米，建成通用厂房22.8万平方米，建成数据通信光缆网络，区内河道两岸建成宽度为20米、长度约为1 000米的绿化带，区域北部宽度为200米的生态林带已具规模。根据园区发展规划和企业需求，做好园区基础设施建设。不断完善新查验场、保税仓库的管理，完成主卡口盖顶的维护、修缮工作，完成区内监控系统的安装和验收，提升园区综合服务水平，为园区保税物流业务的增长打下了坚实的基础。

**【招商引资】** 2012年，受金融危机影响，金桥出口加工区（南区）没有新企业入驻。

**【工业】** 金桥出口加工区（南区）在2012年的欧洲金融危机中，历经考验，工业生产保持稳定增长。2012年完成工业总产值22.06亿元，同比增长5.5%。园区企业自经过2009年全球金融危机后，区内部分企业为增强竞争力，大力投入研发，目前初显成效。中微半导体设备（上海）有限公司表现突出，研发的新产品打入国际市场，工业总产值完成3.25亿元，同比增长1.2倍；英联川宁饮料（上海）有限公司生产工艺先进，原料筛选严格，成功抢占国际市场，完成工业总产值3.42亿元，同比增长31.0%。

**【保税物流功能拓展】** 出口加工区功能拓展为出口加工区的发展提供了强劲的发展动力，使得企业就近开展集约化物流配送分拨业务模式得以实现，在时间及空间上能合理调配资源，有效降低了企业的运营成本，缩短了生产周期，提高了交货时效，增强了产品的国际竞争力，形成了良性循环的大好局面。2012年，园区保税物流业务量有所调整，办理即进即出业务1 591批，进出口量完成2.67亿美元。

**【研发】** 金桥出口加工区（南区）积极探索加工贸易转型升级，着力集聚技术密集型高附加值产业。目前金桥出口加工区（南区）以中微半导体设备（上海）有限公司、安集微电子（上海）有限公司为代表的研发型企业，拥有被公认为本行业的世界级专家和技术团队，以科技创新及知识产权为本，以填补国内技术空白为目标，取得了骄人的成果。随着出口加工区功能的拓展，金桥出口加工区（南区）将集研发、生产、检测、维修及保税物流功能于一体，成为拥有高科技水平和知识产权成果云集的出口加工区。

**【发展趋势】** 金桥出口加工区（南区）紧紧抓住拓展保税功能这个发展机会，进一步开展保税物流及研发、监测、维修功能，将出口加工区由单一的加工贸易实体经济向上下游延伸，向产业链拉长、物流成本降低、附加值提高转变，推进园区成为出口加工生产中心、离岸保税物流中心、离岸调拨配送中心、研发与检测中心、售后服务和维修中心。同时，充分利用金桥出口加工区（南区）位于浦东新区中心的区位优势，调整产业规划，提高产业能级，促进加工贸易转型升级，建立由单一的加工制造向先进制造业和生产性服务业发展的现代产业园。

**【机构设置与管委会领导】** 上海金桥出口加工区管委会与上海金桥出口加工区（南区）管委会合署办公，实行“一套班子、两块牌子”的管理模式。上海金桥出口加工区（南区）海关监管区综合办公室为管委会的直属单位，负责金桥出口加工区（南区）的日常管理工作。

管委会领导：上海金桥出口加工区管理委员会主任朱嘉骏，常务副主任张素心，分管副主任李幼林。

**【招商部门】** 金桥出口加工区（南区）海关监管区综合办公室。主任：张磊，联系电话：021－58584689，传真：021－58584682。

# 上海青浦出口加工区
# SHANGHAI QINGPU EXPORT PROCESSING ZONE

**【概况】** 在上海青浦区委、区政府的正确领导下，在区各职能部门的关心支持下，青浦出口加工区紧紧围绕“树服务品牌，建特色加工区”的目标，以2012年年初确定的各项重点任务为抓手，切实采取有效措施，积极应对宏观经济背景下出现的新情况、新问题，攻坚克难、奋力拼搏，使主要经济指标保持稳步增长，各项重点工作扎实有序推进，经济发展继续保持平稳协调健康的良好态势。

**【经济发展】** 2012年，面对宏观经济调控的形势，出口加工区各项主要经济指标总体完成情况良好，有的指标超额完成全年目标任务。

| 序号 | 指标名称 | | 单位 | 全年确保目标 | 全年完成情况 | | |
|---|---|---|---|---|---|---|---|
| | | | | | 总量 | 完成率（%） | 同比增长（%） |
| 1 | 税收 | 全口径税收 | 亿元 | 8.692 5 | 8.707 9 | 100.18 | 16.3 |
| | | 区级税收 | 亿元 | 2.135 | 2.083 1 | 97.57 | 11.4 |
| 2 | 规模以上工业总产值 | | 亿元 | 188.3 | 190.93 | 101.4 | 17.6 |
| 3 | 利用外资 | 合同外资 | 万美元 | 8 000 | 8 036 | 100.45 | |
| | | 外方到位资金 | 万美元 | 7 500 | 7 585 | 101 | 37.5 |
| 4 | 全社会固定资产投资（属地） | | 亿元 | 10.4 | 10.9 | 104.8 | 67.7 |
| | 其中：工业固定资产投资 | | 亿元 | 10.0 | 10.0 | 100 | 53.8 |
| 5 | 引进重点企业 | 引大引强引实企业 | 户 | 10 | 13 | 130 | |
| | | 总部企业 | 户 | 2 | 2 | 100 | |
| 6 | 引进内资 | 内资实体型项目注册资金 | 亿元 | 2 | 5.567 | 278.3 | 156.2 |
| | | 内资实体型项目到位资金 | 亿元 | 1.2 | 3.876 | 323 | |
| 7 | 盘活闲置厂房 | | 平方米 | 20 000 | 51 334 | 256.6 | |
| 8 | 项目开工 | | 个 | 10 | 18 | 180 | 63.6 |
| 9 | 万元产值能耗下降率 | | % | 5 | 10.5 | | |

**【投资环境】** 转型发展初显成效。一是科技创新渐显成效。主导产业发展势头良好，

特别是高新技术产业发展迅速，2012 年全年完成高新技术产业产值约 84.2 亿元，同比增长 21.44%，占规模以上工业总产值的 44.7%。二是传统产业改造升级加快推进。希悦尔、龙人等企业转型为总部型企业，鼎讯、毓恬冠佳、吉富新能源等 3 家企业设立了研发中心。三是闲置资源再利用成效明显。2012 年全年共盘活闲置厂房 51 334 平方米，其中日立海立项目盘活闲置厂房5 000 平方米，预计每年产值可达 2 亿元，税收达 1 000 万元，利用闲置土地转型发展的“尚之坊”、“移动智地”两个特色产业园已分别产生税收 3 000 万元和2 100万元，影响力正在扩大。四是劣势企业淘汰初显成效。已淘汰 3 个项目，并成功引进新项目，盘活用地 109.3 亩，增加投资 3.4 亿元，投产后将新增产值约 6.2 亿元。目前，还有 1 家劣势企业正在搬迁中。

规划建设有序推进。规划方面，完成了加工区产业发展战略规划和民用航空维修基地发展规划，并积极推动“一园三区”控详规划调整，加快完成“一园三区”专项交通规划。建设方面，有序推进土地出让，完成创力矿山、东航等 10 个项目 528 亩土地摘牌；稳步推进项目开竣工，尚之坊、斯伦贝谢等 18 个项目开工，总建筑面积 31.6 万平方米，另有 12 个项目竣工，总建筑面积 25.8 万平方米；有效推进动迁工作，完成动迁签约 154 户；基础设施建设加快推进，3 条大修道路和 3 条新建道路开工建设；道路和绿化养护按计划逐步实施，完成绿化种植面积约 3.5 万平方米。同时，积极开展环境综合整治等活动，环境面貌及园区形象有了较大的改善。

特色产业园加快推进。“尚之坊·时尚文化创意产业园”一期已吸引诺奇、红孩儿等时尚品牌入驻，共入驻企业 22 家，二期项目已启动建设；“移动智地·上海移动互联网产业园”一期项目已开工建设，已有 8 家企业落户；“民用航空·青浦园”已成功获得上海市授牌，被列入上海市航空产业“十二五”规划，成为上海民用航空产业的主要基地，已有法荷航空电子维修、射磁探伤设备研发制造等项目落户。

功能拓展加大力度。功能区（海关特殊监管区）完成进出口总额 42.86 亿美元，同比增长 55.85%。其中，保税物流完成 10.17 亿美元，同比增长 41.1%；维修业务完成 25.64 亿美元，同比增长 58.53%；上缴国税 3.52 亿元，同比增长 5.31%。

企业服务质量逐步提升。完善企业联系人制度，加强走访联系，协调解决落户企业手续办理、劳资纠纷、错峰用电、子女教育等各类问题和困难 30 余项；加强科技服务和宣传，邀请相关部门对 100 多家落户企业进行科技、人才等各类政策宣讲，帮助企业申报国家服务业发展引导资金，帮助安诺其成立院士专家企业工作站，为企业申报科技项目 31 个，完成 501 件专利申报；加强金融服务，推荐多家优质企业进行政策性融资信用担保，成立“民生银行—青浦出口加工区小微企业商业合作社”为 6 家小微企业提供无抵押贷款；加强人才服务，开展落户企业人才工作调研，听取企业意见和建议，协调解决相关困难和问题，并广泛宣传人才政策，协助做好“千人计划”申报等服务工作，1 人成功申报上海市“千人计划”，获得 100 万元资金补助。

内部管理高效规范。大力开展“制度建设年”活动，建立健全并推动规章制度有效实施；强化绩效考核，进一步发挥考核激励作用；积极开展员工学习培训和人才招聘工作，进一步充实人才队伍和提升队伍整体素质；组织开展文化理念征集活动，大力倡导社会主义核心价值观；认真开展内部招投标评审，严格控制管理支出；推动信访维稳、档案管理、信息工作，以及改善办公室环境等各项后勤保障工作有条不紊开展。

【招商引资】 积极做好项目储备，2012 年共收集总部型、先进制造业、保税物流等各类优质项目信息 70 多个。重点项目招商取得有效突破，全年引进外资项目 10 个，引进内资实体型项目 36 个，完成注册型项目招商 200 多个，希悦尔管理总部、法荷航空电子维修等一批优质外资项目和光典、廿一客等一批内资项目落户。加大闲置资源再利用招商力度，2012 年利用闲置厂房引进项目 14 个。

# 上海闵行出口加工区
# SHANGHAI MINHANG EXPORT PROCESSING ZONE

【综述】 2012年，上海闵行出口加工区在海关、检验检疫局等监管部门及相关业务部门的大力支持下，紧紧围绕“项目抓落地、企业抓产出、服务抓实效、管理抓长效”的工作方针积极开展各项工作，较好地完成了各项工作任务。

【经济发展】 2012年1月~12月，上海闵行出口加工区实际进出口总额19.2亿美元，同比下降4.62%，其中实际进口总额5.59亿美元，同比下降2.78%；实际出口总额13.61亿美元，同比下降5.35%。

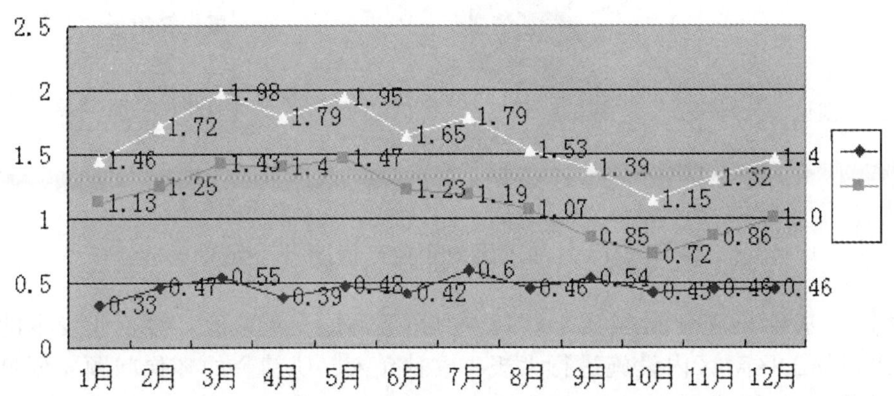


2012年1月~12月实际进出口总值折线图（亿美元）

由上图可见，加工区上半年总的经济运行状况为：

第一季度呈稳步上升态势。1月正逢春节佳期，部分企业休业。2月随着各企业的正常运行，其进出口总值也不断回升，3月进出口总值达1.98亿美元，创上半年最高。

第二季度经济运行呈现轻微波动。4月与6月份进出口总值均有所下滑，总值分别为1.79亿美元与1.65亿美元，环比分别下降9.59%与15.38%。

第三季度总体呈下滑态势。7月进口额及进出口总值稍有回升后又继续下跌，9月出口额及进出口总值均降至前三季度最低点，进口额有所回升。

第四季度出口额及进出口总额均达到全年最低点0.72亿美元和1.15亿美元，年末有所回升，进口额基本持平。

实际进出口总额分解表如下：

| | 实际进出口总额（亿美元） | 比重（%） |
|---|---|---|
| 创见资讯 | 5.7 | 29.73 |
| 先锋电子 | 4.63 | 24.15 |

| | 实际进出口总额（亿美元） | 比重（%） |
|---|---|---|
| 晶澳太阳能 | 4.68 | 24.41 |
| 纳图兹家具 | 1.94 | 10.12 |
| 喆盛、近铁、新市洋 | 1.31 | 6.83 |
| 其他 | 0.91 | 4.75 |

电子信息产业仍占主导地位。闵行出口加工区电子信息企业主要集中在创见资讯、先锋电子两大企业。截至12月份，两家企业合计进出口总值10.33亿美元，约占全区进出口总值的53.88%。

新能源产业发展势头依旧。晶澳太阳能于2010年4月正式投入生产之后，其业务量呈直线上升态势，2012年其进出口总值就达4.68亿美元。

保税物流功能日益突显。随着喆盛、近铁和新市洋的投入运营，闵行出口加工区的物流收入增速迅猛。在加工区的进出口总值中占据了一席之地，由2011年的4%上升为6.83%。

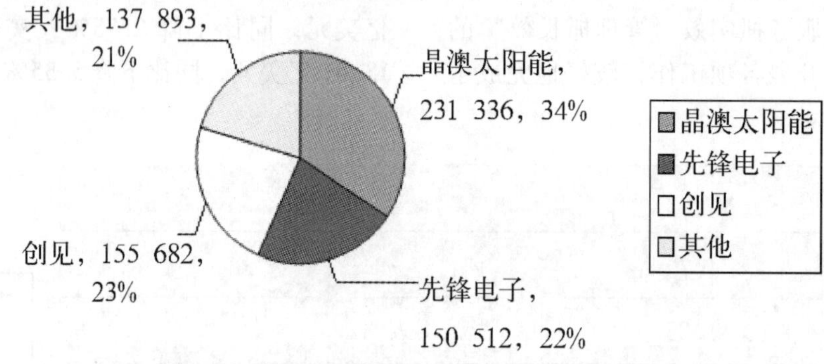


2012年12月加工区内企业产值图（千元）

【投资环境】 基础设施建设情况。2012年，闵行出口加工区对区内设施进行大规模的维护和保养，增设减速带，更换路牌，修补绿化和围网等。与专业单位签订维护合同，保证卡口监控设备、集装箱识别系统和地磅的正常运行。完善废旧物品回收管理制度，对入区回收的单位进行备案、审核，实行“一企一章”制度，改善区内回收单位混乱无序的状态。

服务管理情况。2012年，上海闵行出口加工区按照服务与管理并举的理念，根据年初所制定的工作计划，每季度对企业进行一次随访，动态跟踪企业运营情况。为了进一步加强与企业之间的了解与沟通，与企业分享数据、资料、通知等，拉近管理部及其他部门与企业之间的距离，拓宽沟通交流渠道。对企业发生的困难及时介入，研精舍的环保问题、创见的水务和电力问题等，经过与相关部门的联络沟通，协助企业解决了问题。

以例会形式作为载体，加强日常沟通联络，与海关、检验检疫局形成了良好的工作关系，2012年共组织召开加工区例会两次，并邀请企业共同参加，很好地协调了开发区、企业、职能部门的关系。邀请奉浦派出所、安监部门对区内企业进行现场指导，排除安全隐患。

【产值与税收】 截至2012年12月，上海闵行出口加工区实现工业产值96.59亿元，同比下降6.22%，其中创见资讯、先锋电子、晶澳太阳能与纳图兹家具作为加工区内的代表企业，工业产值占整个加工区的

94.28%。

至2012年12月，加工区累计实现工商税收0.55亿元，同比增长37.5%。

**【其他相关数据】** 加工区对创造就业岗位、辐射周边地区发展起到了积极作用。至2012年年底，加工区企业从业人员已有8 300多人。

# 江苏南通出口加工区
# JIANGSU NANTONG EXPORT PROCESSING ZONE

【概况】 2012年，在海关总署等各有关单位的大力支持下，在南通市委、市政府的正确领导下，南通出口加工区紧紧围绕重点工作目标任务，开拓创新，攻坚克难，综合保税区的报批工作顺利完成并获得国务院批准设立。窗口服务和企业日常服务进一步优化，保税物流大力发展，通讯报道、年鉴组织、统计等多项工作，受到了“两区协会”的表彰，各项工作取得了较好的成效。2012年，实现进出口额1.44亿美元，保税物流进出区货值4.2亿美元。

南通出口加工区于2002年6月21日经国务院批准设立，2002年10月29日封关运作，首期开发面积0.75平方公里。作为南通市唯一的海关特殊监管区域，南通出口加工区在全市外向型经济发展中发挥了积极的作用。

随着南通经济技术开发区改革开放步伐的不断加快，国内外商流、物流、人流、资金流、信息流加速集聚，南通出口加工区转型升级综合保税区势在必行。综合保税区的申报筹建工作是开发区2012年的重点工作，根据开发区党工委“边申报、边招商、边建设”的工作思路，全力以赴高效推进申报工作，于2013年1月3日获得国务院批准设立。

南通综合保税区规划面积5.29平方公里，实行“一区两片”的发展格局。其中，A区位于原南通出口加工区范围内，规划面积1.5平方公里，四至范围为东至新开北路，南至复兴路，西至中天路，北至通启河；B区位于苏通长江大桥东侧2公里处，紧邻规划中的年吞吐量200万标箱的集装箱码头，规划面积3.79平方公里，四至范围为东至开发区与海门市交界，西至农场路，南至长江，北至纬十七路、纬十五路、纬十六路。

南通出口加工区（南通综合保税区）位于国家级南通经济技术开发区内，处于中国沿海南北交通动脉和长江入海的枢纽位置。母城南通是中国首批对外开放的14个沿海城市之一，拥有长江岸线226公里，黄海岸线210公里，陆地总面积8 001平方公里，总人口764.88万。南通城是长江三角洲地区最适宜人居的花园城市，被誉为“中国近代第一城”，拥有濠河和狼山两个国家级风景区，先后获得“中国人居环境范例奖”、“中国优秀旅游城市”称号，被评为中国环境保护模范城市和国家历史文化名城。南通也是一座各项事业协调发展的和谐城市。被誉为中国“教育之乡”、“文博之乡”、“体育之乡”、“长寿之乡”、“平安之乡”，连续两届荣获“全国社会治安综合治理优秀城市”称号，社会公众安全感满意率江苏省最高。

在中国权威机构公布的跨国公司眼中最具投资潜力的中国城市中，南通市名列榜首，是中国投资环境40优城市之一。南通市获得“2012 年中国大陆创新能力最强的城市”、“2012 中国特色魅力城市”等称号，2012 年南通被台湾电机电子同业公会评为“极力推荐城市”。南通经济技术开发区被中国国际跨国公司研究会、联合国全球契约组织、联合国环境规划署联合评为“跨国公司最佳投资的开发区”。

**【经济发展】** 截至 2012 年年底，南通出口加工区已吸引了来自日本、美国、挪威、澳大利亚、马来西亚、香港等国家和地区的 28 家企业入区发展，其中外商投资企业 17 家，物流企业 11 家，投资总额 41 946 万美元，注册资本总额 20 745 万美元。

南通出口加工区建区以来，截至 2012 年年底累计实现进出口额 23.71 亿美元，其中，累计出口额 12.18 亿美元，累计进口额 11.53 亿美元。2012 年南通出口加工区完成进出口额 14 440 万美元，其中出口额 9 624 万美元，进口额 4 816 万美元。

作为南通市唯一的海关特殊监管区域，2012 年南通出口加工区的保税物流业务得到进一步拓展，南通市所属的各县（市）、区，均有企业利用出口加工区这一重要平台，开展保税物流业务，为全市外向型经济的健康发展作出了应有的贡献。2012 年，保税物流监管货值 4.2 亿美元。

南通福汉兴业现代物流中心有限公司经过前期的筹备，已经开始建设现代标准的物流仓库和分拨场所，发展保税物流业务。

区内已投产生产型企业出口产品主要为激光磁头（DVD、笔记本电脑用）、石油钻井成套设备、汽车配套产品、高档服装、医药口罩、电暖桌等，在建企业建成投产后出口产品还包括新能源、生物医药、精密弹簧（笔记本电脑用）、体育用品等。南通联亚药业有限公司是区内重点企业，是江苏省服务外包示范企业，是一家集生物医药研发与生产于一体的外商独资企业，总投资 12 800 万美元，注册资本 6 400 万美元，主要从事激素类药、心血管类药、抗抑郁症类药的研发、生产。经过前几年的积累，该企业已有 10 个产品通过美国 FDA 认证，且产品正式出口美国，为中国处方药出口到美国市场开创先河。

**【投资环境】** 基础设施：南通出口加工区（南通综合保税区）充分依托南通经济技术开发区“九通一平一防”的基础设施，生产要素完备，配套条件十分优越。

通路：综合保税区内道路环通成网，道宽 22 米以上，与开发区、主城区和周边城市均有高等级公路、高速公路相连接。

通电：对综合保税区内企业可实行双回路不间断供电。开发区内已有 4 座 220 千伏输变电站和 10 座 110 千伏输变电站，可为综合保税区内用户提供 110 千伏、20 千伏、10 千伏等不同电压等级的电源，生产、生活用电供应充足。

通自来水：开发区内的洪港水厂供水能力为 60 万吨/日，同时南通市狼山水厂可向开发区供水 5 万吨/日，两水厂向综合保税区内双水源供水。

通下水：实行雨、污水分流，雨水管和污水管已经分别环通。

通污水处理：综合保税区内排污管道直通开发区污水处理厂，污水处理一厂目前能力为 10 万吨/日，污水处理二厂目前能力为 5 万吨/日。工业污水经企业处理达到三级标准后，送到污水处理厂，经生化处理达标后排入长江。

通蒸汽：开发区、综合保税区统一规划，实行集中供热。已建成热电厂 2 座，集中供热能力为 900 吨/小时。开发区蒸汽管道已接到综合保税区，能满足区内企业的需要。

通工业用气：由法液空、理达等企业根据投资者需要提供氮、氩、氦、氧等工业用气。如投资者有特殊要求，也可满足。

通讯：开发区内通讯设施先进，具备3万门程控电话交换能力，可提供国际国内直拨、数据通信、光纤宽带、传真等服务。

通码头：区内码头功能齐全，各类货物运输可直通码头。

一平：保持土地平整的自然地貌，地面无建筑物。

一防：组建了国家级开发区中第一支企业特种联合消防队，这支消防队可为综合保税区内企业提供服务。

标准厂房：根据入区企业的要求，提供标准厂房，可买可租。

交通物流：

海运：南通港已经与美国、俄罗斯、加拿大、澳大利亚、日本、新加坡等100多个国家和地区的300多个港口通航，并开通南通至中国香港、日本、韩国3条国际地区集装箱航线。

河运：内河运输十分发达。向北可到达苏北及安徽淮南各市县，向南可到无锡、苏州、嘉兴、杭州、南昌、岳阳、长沙等地，沿江而上可到达芜湖、安庆、九江、武汉、宜昌、重庆等地。

公路：南通综合保税区临近G15沈海高速、G40沪陕高速等国家高速公路，距离上海虹桥机场仅1小时车程，上海浦东机场1.5小时车程，南通兴东机场15分钟车程。

铁路：新（新沂）长（长兴）铁路南通段、宁（南京）启（启东）铁路均已竣工营运，两条铁路均可直达综合保税区。沪（上海）通（南通）铁路已获国家发展改革委批准，即将开工建设。

航空：南通综合保税区距上海虹桥机场100公里，距上海浦东机场150公里，距南京禄口机场240公里，距南通兴东机场15公里，南通兴东机场已开通至北京、天津、青岛、大连、沈阳、重庆、武汉、长沙、成都、厦门、泉州、昆明、广州、深圳、海口等航线。

苏通大桥：位于南通经济技术开发区内，东距长江入海口约100公里，是G15沈海高速公路重要的组成部分。苏通大桥（不含引桥）长7 600米，其中主航道桥为双塔斜拉桥，主跨宽1 088米，通航净宽891米，净高62米，能满足第四、五代集装箱船舶全天候通行。苏通大桥南北接线全长32公里，是目前世界最大斜拉桥。

生活配套：总建筑面积15万平方米，可容纳近2万员工的职工、人才公寓已经建成。该公寓设施、套型、面积多标准，专门为出口加工区内企业配套。

位于南通综合保税区A区东南侧的星湖商业板块由星湖街区、星湖101广场和星湖邻里三个组团构成，占地面积20万平方米，建筑面积33万平方米。三个组团各具特色，浑然一体，交相辉映，将丰富业态与顶级商业空间环境有效结合，是集休闲、中西餐饮、娱乐、购物、商务、旅游、文化办公于一体的国际化时尚体验之都，是南通地区独一无二的休闲公园。

**【招商引资】** 南通出口加工区（南通综合保税区）始终把招商引资当做一切工作的生命线。与上海、苏南地区实行差别化发展，错位发展，形成自己的产业发展特色。2012年入区的有南通福汉兴业现代物流中心有限公司、南通康赛克半导体工具有限公司等企业。南通出口加工区（南通综合保税区）将以联亚药业作为服务外包示范点，进一步加大服务外包产业的招商引资力度，力争做成医药服务外包示范区。同时加大现代物流业的招商力度，加快发展现代服务业，提升服务业贡献份额。

重点发展的产业：

先进制造业：光电信息、精密机械、医药健康、装备制造、新材料、新能源、高档纺织等先进制造产业的加工制造。

现代物流业：区域性国际物流中心、国际配送与分拨中心、国际采购中心，发展第三方和第四方物流，延伸物流供应链和分销链。

创新服务业：大力发展研发中心、数据处理中心、结算中心、测试中心等创新型服务产业，拓展融资租赁、离岸金融业务。

保税服务业：打造国际棉花展览展示中心，船舶与海工配件展览展示中心，进口设备、工业装备、消费品展览展示中心等展览展示产业集群；吸引飞机及其部件、航空航天等高端检测、维修项目；鼓励贸易企业入区发展。

**【发展趋势】** 全力推进建设工作，实现综合保税区封关运作。2013 年是南通综合保税区开发建设的首战之年，将全力推进综合保税区建设工作，争取快出形象。一方面，加快推进拆迁扫尾工作。另一方面，加快基础设施建设，围网、巡逻通道等监管设施建设提速推进；加快海关监管大楼的建设，保证南通综合保税区在 2013 年实现封关运作，充分发挥综合保税区作为海关特殊监管区域在深化对外开放中的功能与作用。

倾力打造服务环境，实现保税加工与保税服务协调发展。倾力打造南通综合保税区优质高效的服务平台，提升服务水平，提高服务效率，完善服务制度，为区内企业提供优质、便捷、高效的服务。对在实践中已明确的涉区机构联席会议、区内企业巡访和服务热线等“三项制度”应进一步规范化、正常化；充分利用信息技术等现代化手段，凸现南通综合保税区快速通关的优势；继续加强与海关、国检等驻区机构的沟通，进一步解放思想，以相对简化的监管程序，达到有效监管的目的，方便企业出入，打造通关便利化；在做好区内生产性企业服务的同时，要着重做好福汉兴业现代物流项目、南通综合保税区物流中心公司物流平台项目及联亚研发中心项目的服务工作，提高保税物流和保税服务在出口加工区经济总量中的份额，实现南通综合保税区保税加工与保税物流、保税服务协调发展。

努力开展招商工作，实现综合保税区招商引资的突破。南通综合保税区获批成功后，全区上下要迅速把工作重心转到开发建设上来，抓紧开展招商活动，推动综合保税区开发建设工作快出形象，尽快取得成效。

在综合保税区的审批过程中，无论是海关总署，还是国家发展改革委、财政部、商务部等国家部委，都特别关注入区项目情况，原则上要求适合入区项目用地面积需占总申报面积的一半以上。为了使南通综合保税区顺利获批，全区上下应强势开展综合保税区的招商工作，组织综合保税区专题招商活动，大力推介南通综合保税区，按照功能和产业定位，集中精力招引一批项目入区，两个片区按照特色鲜明、用地集约、产业集聚的要求，因地制宜，错位发展，合力把南通综合保税区打造成为长三角先进制造业基地、长三角北翼物流中心和江苏创新驱动发展新平台。

我们将以建设现代物流和加工贸易运营示范区为目标，加快建设，重点发展保税加工、保税物流、口岸作业、保税服务等业务，着力打造开放型经济发展新引擎。继续秉承“亲商、安商、富商”的理念，遵循“为投资者服务、让投资者赢利”的宗旨，为投资客商提供全方位的服务。我们相信，一切来南通综合保税区投资的客商都会在我们的共同发展中得到丰硕的回报。

**【招商部门】** 南通综合保税区 24 小时招商服务热线：0513 － 85980289，网址：http：//www. ntftz. gov. cn。

# 江苏南京出口加工区
# JIANGSU NANJING EXPORT PROCESSING ZONE

**【概况】** 南京出口加工区于2003年3月10日经国务院批准设立，同年进行了规划建设，于同年9月28日通过了国务院八部委的联合验收正式封关运作。

南京出口加工区位于国家级南京经济技术开发区内，东至仙新路，西至兴智路，北至恒广路，南至栖霞大道，面积1.5平方公里，紧邻中国内河第一大港南京新生圩外贸港和南京长江二桥，是沪宁杭经济核心区的主要城市，是江苏沿海、沿江的主要枢纽，距南京中心城区仅10公里，可直接接受南京市在工业、技术、信息、金融、人才、服务等多方面的辐射和支持。

**【经济发展】** 2012年，南京出口加工区抓住外贸形势转暖的机遇，开拓前进，实现了经济快速发展。全年实现累计监管货值38.3亿美元，同比增长23.5%；累计进出境货值达到5.8亿美元，与2011年度基本持平；监管货运量达到17.8万吨，同比增长21%。监管点物流中心转关集装箱量达到22 765标箱，同比增长10.6%；监管货值达到20亿美元，同比增长11%。

根据国家为出口加工区拓展保税物流等功能的统一部署，南京出口加工区于2009年3月初在江苏省内率先开展了相关业务。2012年，出口加工区（含监管点物流）监管的保税物流货值超过40亿美元，占监管货值的80%。这一趋势表明，以开发区加工贸易企业为主要服务对象的保税物流功能的经济潜力正在迅速释放，保税区物流功能所包含的各项业务模式已成为出口加工区经济发展的“增长极”，出口加工区的功能配置和经济结构更趋优化。

**【投资环境】** 2012年南京出口加工区进一步加大开发与建设力度，优化投资环境，完成固定资产投资0.5亿元。截至2012年年底，南京出口加工区累计完成固定资产投资17.9亿元。

目前，南京出口加工区1.5平方公里的土地已经完成“七通一平”，通信、网络等全部到位；建成综合管理大楼2.8万平方米，标准厂房8万平方米，仓储设施2.5万平方米。

**【招商引资】** 2012年南京出口加工区继续加大招商引资力度，进一步拓展招商渠道，积极吸引外资，不断提高管理服务水平。南京出口加工区现有项目10个，批准投资金额3.85亿美元，其中外资项目6个，合同利用外资11 440万美元，实际利用外资7 300万美元。

**【管理与服务】** 为帮主进区企业扩大生产规模，提升南京出口加工区综合竞争力，管委会始终将服务与协调工作放在突出位置，主动为企业排忧解难，积极营造良好的投资环境与发展氛围，努力打造服务型机关。由于出口加工区管理局在口岸管理工作中取得的良好成绩，管理局于2009年、2010年和2011年连续3年被评为“江苏省文明口岸先进单位”。

2012年，南京出口加工区实现了进出口贸易业务的全面开展，步入了快速发展的良好轨道。随着入区项目的进一步发展，南京出口加工区作为“招商引资”、“招商选资”新型平台的功能逐步显现，进出口总额增长速度明显加快。全年进出口货物总额达到5.7亿美元，与2011年基本保持持平。其中，出口额为3.1亿美元，同比增长1%；进口额2.6亿美元，同比基本持平。

**【发展趋势】** 展望2013年，南京出口加工区将进入了一个新的发展阶段，前景广阔，机遇与挑战并存。南京出口加工区将积极面对当前较为严峻的外贸形势，努力克服诸多不利因素，确保特殊监管区域外贸总额保持较大幅度增长。南京出口加工区要运用特殊监管区域和场所的各类信息平台和辅助管理系统等技术手段，帮助企业简化办事流程，提升外贸管理水平与效率；要准确掌握生产企业的运行动态，协调解决企业在开展加工贸易过程中遇到的各类问题和困难，促进企业增加投资和扩大生产规模；要鼓励支持物流企业用好用足优惠政策，优先运作好大型物流项目，丰富、扩展保税物流功能的内涵和模式，增强物流企业的保税能力。南京出口加工区将抓住机遇，努力把出口加工区、新港监管点物流中心、龙潭保税物流中心及正在申报中的龙潭综合保税区统一打造成为“政策最优惠、通关最便捷、功能最齐全、服务最优良”的新兴平台，实现资源的最优化配置。

**【结构设置与管委会领导】** 南京市人民政府于2003年9月19日批复同意设立南京出口加工区管委会。南京出口加工区管委会与南京经济技术开发区管委会合署办公，实行“两块牌子，一套班子”的管理体制。南京出口加工区管委会根据国家规定的职权、职责和市政府授权，统一行使对出口加工区的行政管理权。出口加工区管委会内设综合管理局，负责日常行政管理工作。南京经济技术开发区管委会主任邢正军同志兼任南京出口加工区管委会主任；南京经济技术开发区副主任蒋伟同志分管出口加工区日常工作。

# 江苏泰州出口加工区
# JIANGSU TAIZHOU EXPORT PROCESSING ZONE

**【概况与经济发展】** 江苏泰州出口加工区于2010年4月28日经国务院批准设立，位于国家级泰州医药高新技术产业开发区内，规划面积1.76平方公里。出口加工区为海关监管的特殊封闭区域，实行货物“一次申报、一次审单、一次查验”的通关模式，为入驻企业提供更宽松的经营环境和更快捷的通关便利。泰州出口加工区的建成，是泰州开放型经济发展的一座重要里程碑，标志着泰州承接国际大企业、大项目的能力和全市的对外开放水平有了实质性的提高。截至2012年12月，泰州出口加工区已累计引进企业15家，实现监管货物总值4.3亿美元。

**【投资环境】** 积极抓好产业载体建设，提高产业承载力是江苏泰州出口加工区抢抓机遇、率先发展的基本条件。2012年，泰州出口加工区载体建设实现了新的突破，建成并交付14.7万平方米的标准厂房、1.5万平方米保税仓库。完成了二期范围内的卡口、围网、监控、信息网络等特殊要求工程的建设，区内建设道路5.9公里，并配套完成了路灯、绿化、通水、通电、通气等工程。全区载体功能得到进一步增强，为下一阶段发展打下了坚实基础。

**【招商引资】** 泰州出口加工区以打造千亿级电子信息产业为目标。充分利用政策优势，积极引导各类企业入区发展。

目前区内已有龙头企业纬创资通（泰州）有限公司入驻，该项目由台湾纬创集团投资建设，总投资10亿美元、注册资本3亿美元，目前已投资4.68亿美元、注册资本1.6亿美元。目前已建成F1和F2两栋厂房，总建筑面积约18.7万平方米。F2厂房已于2012年6月16日正式投产，主要生产导光板、背光板、液晶显示模块和触控模块。

区内另有一重大配套项目——纬立资讯配件（泰州）有限公司入驻，该公司由台湾巨腾集团投资建设，总投资4.08亿美元、注册资本1.36亿美元，其中一期总投资9 900万美元，注册资本4 980万美元。已建成21.8万平方米的厂房和职工宿舍。主要从事电脑机壳及周边产品的制造及销售。

保税物流业务方面，已引进了2家重点物流企业：泰州鑫远物流及泰州中外运物流。泰州中外运物流有限公司是中国外运长江有限公司在泰州地区设立的全资子公司，是泰州口岸最大的物流船代、货代及航空货运企业之一，主要从事货物仓储、配送、联运、装卸搬运及仓库再包装等业务。

泰州鑫远物流为泰州开发区鑫泰集团与中远物流共同出资成立，是泰州出口加工区监管仓库经营方，在为区内企业提供公共服务的同时，也为区内外企业提供保税仓储及“一日游”等保税服务。

**【管理与服务】** 泰州出口加工区管委会下设泰州出口加工区管理局，具体负责出口加工区的行政管理、园区建设、经济运行、招商引资和企业服务等工作。驻区海关、国检实行 24 小时通关、查验服务。同时，积极举办各种形式的座谈会和宣讲会，促进企业和海关、国检等部门之间的沟通交流，协调解决通关过程中的相关问题。泰州出口加工区全力打造优质高效的服务体系，为企业提供优质、便捷、高效的“一站式”、“保姆式”服务，帮助企业解决建设运营过程中出现的各类问题。

**【二期调整】** 为支持 328 国道改扩建工程，有效实施封闭隔离，高效节约利用土地，在省、市政府和相关部门的大力关心支持下，2012 年 8 月 22 日，泰州出口加工区规划范围调整经国务院同意正式获批。调整后的泰州出口加工区规划面积仍为 1.76 平方公里，四至范围为东至引江大道（现祥泰路）西侧，南至纬八路一线，西至长江大道东侧一线，北至新 328 国道（永定西路）南侧。在规划调整申报的同时，泰州出口加工区对照海关总署相关文件精神，强化措施，扎实推进，完成了泰州出口加工区二期 0.48 平方公里范围内各项基础设施和监管设施的建设工作。9 月 28 日，泰州出口加工区二期通过了南京海关牵头组织的预验收，并于 2013 年 1 月 11 日正式封关运作。

# 江苏连云港出口加工区
# JIANGSU LIANYUNGANG EXPORT PROCESSING ZONE

**【概况】** 连云港出口加工区于2003年3月10日经国务院批准设立，规划面积2.97平方公里。其中，0.51平方公里的一期于2003年7月15日通过国务院八部委联合验收并封关运作，1.98平方公里的二期于2009年12月22日通过南京海关验收并于2012年10月底正式封关运作。连云港出口加工区按照国际标准建成了道路、供水、供电、燃气、排污等“九通一平”的市政基础设施，建有现代化标准厂房26栋、面积16万平方米；区内配有现代化的监管仓库、查验场地、报警系统、闭路电视监控系统和电子闸门放行系统。

**【经济发展】** 2012年，连云港出口加工区完成工业增加值1.9亿元，同比增长11.4%；完成企业利润总额6 977万元，同比增长35.5%；完成工业销售产值10.6亿元，同比增长33.7%；完成工业总产值9.2亿元，同比增长31%；完成税收总额2 541万元，同比增长16.8%；完成保税物流量6.9亿美元，同比增长13倍。区内从业人数2 700人。

**【投资环境】** 连云港出口加工区位于美丽的海滨城市连云港市的东部城区。连云港市地处中国沿海中部、陇海兰新铁路东端，南连长三角经济圈，北接山东半岛城市群，向东与日韩隔海相望，向西连通中西部地区，处在连接南北、沟通东西的重要位置。连云港出口加工区距连云港港10公里，距连云港民航机场30公里，距连云港东站1公里。连云港出口加工区紧邻高教科技产业园，有充足的大学生和技术人员供给。周边地区有丰富且成本低廉的劳动力资源。连云港出口加工区管委会按国际惯例为进区企业提供宽松和便利的经营环境。区内已通过ISO 14000环境管理体系和ISO 9001质量管理体系认证。区内设有“一站式”行政服务中心，海关、国检、税务、工商、银行、外贸、运输、报关等一应俱全，企业在区内即可办完全部进出口手续并享受快捷、优质的“一条龙”服务。

**【工业】** 连云港出口加工区有来自韩国、日本、美国、我国台湾等国家和地区的9家企业投资设厂，投资产业涉及新能源、医疗机械、电子、服装加工等多个领域。重点企业有：连云港艾业无纺布制品有限公司、连云港重山风力设备有限公司、连云港倚天科技有限公司、连云港柏学实业有限公司等。

**【招商引资】** 截至2012年年底，连云港出口加工区内累计引进项目14个，其中外资项目9个，内资项目5个。批准投资总额1.77亿美元，投资额在1 000万美元以上项目5个。累计合同利用外资7 910万美元，实际利用外资7 017万美元，投产工业项目8个。2012年出口加工区新入驻项目2个。

**【二期封关运作】** 2012年5月，1.98平方公里的出口加工区二期封关工作正式启动。一是加大驻区机构协调力度，快速统一工作步调。6月10日，召开海关、国检、区国税局、市国税局进出口分局以及市外汇管理局等相关单位的专题协调会，统一认识和操作方法。二是深入企业开展宣传，做好封关前后业务衔接。先后对区内11家企业进行走访，详细介绍出口加工区封关前后政策变化情况，重点做好关税核算、手册核销、双号并行操作办法等方面的解释，便于企业有针对性地开展封关准备。同时，对不适宜在区内生产的企业，协调规划局、建设局等部门，做好区外选址、搬迁等。三是快速实施监管设施建设，全面满足海关监管需要。年内完成了二期隔离围网、红外报警、监控录像及监管中心等监控设施的维护和调试；完成了监管仓库、卡口的供水、供电等工程；对二期卡口值班室进行了改造，确保二期监控设施、办公设施等满足监管需要。四是开展南京海关、连云港海关跑办活动，确保二期封关顺利实施。10月底，出口加工区二期正式实施封关。

**【荣获“2012年中国新能源最具投资价值园区”】** 2012年11月，在“第四届中国（无锡）国际新能源大会暨展览会”上，连云港出口加工区被中国国际贸易促进委员会和中国（无锡）国际新能源大会暨展览会组委会联合评为“2012年中国新能源最具投资价值园区”，是苏北地区唯一入选的园区，全国共10家园区入选。

**【发展趋势】** 下一步，连云港出口加工区将以江苏沿海开发纳入国家战略为契机，积极推进转变外贸增长方式和加工贸易的转型升级，按照“物流通畅、加工便捷、土地集约、定位清晰”的原则，积极探索以加工制造为主体，推进连云港出口加工区成为先进制造业与生产性服务业的集聚区。一是突出政策优势，壮大主导产业。按照“保税加工为主，保税物流为辅”的功能定位，重点引进与连云港市主导产业相配套的新型材料、绿色能源、精密机械、保税物流等方面的骨干龙头型项目进区发展，加大保税加工型项目的招商引资力度，加强与开发区“三新一高”企业的联系，促其将出口加工环节向出口加工区延伸。二是突出港口带动作用，发展大物流。充分利用连云港港口优势，通过区港联动，做好港口经济文章，吸引国内外知名贸易企业向出口加工区聚集，培育大物流、大市场，促进现代物流业迅速崛起。三是突出区域合作动力，放大辐射功能。随着国家东中西区域合作示范区建设的深入实施，连云港在东中西区域合作中的区位优势日益凸显，连云港出口加工区将以此为契机，促进出口加工区在带动东中西区域合作济的发展中创造更多亮点。

**【机构设置与管委会领导】** 连云港出口加工区管委会与连云港经济技术开发区管委会合署办公，实行“两块牌子，一套班子”的管理模式。连云港经济技术开发区党工委书记关永健同志兼任连云港出口加工区党工委书记，连云港经济技术开发区管委会副主任邱家海同志兼任连云港出口加工区管委会副主任并分管出口加工区工作。连云港出口加工区管理局为管委会的直属单位，负责连云港出口加工区的日常管理工作。

**【招商部门】** 招商电话：0518－82347682，传真：0518－82342057，网址：http：//www.ldz.gov.cn。

# 江苏镇江出口加工区
# JIANGSU ZHENJIANG EXPORT PROCESSING ZONE

【概述】 在镇江市上下深入贯彻落实“两会”和六届三次全会精神，全面加快现代化建设新步伐之际，镇江出口加工区2012年以申报综合保税区为契机，整合全市资源，引导加工贸易企业向区内集中集约集聚发展，在加大招引力度的同时，积极拓展保税物流发展空间，大力发展保税业务，经济指标、平台建设、服务优势等方面取得较大进步。自封关运作已累计实现进出口总额3.584亿美元，实现工业总产值17.23亿元，实现工业销售15.27亿元。

【经济发展】 2012年，在国际经济形势不景气的情况下，镇江出口加工区业绩逆势增长。进出口额达到11 942万美元，同比增长80.94%。工商税收、海关税收及代征税共完成11 049万元，同比增长157%，其中工商税收完成776万元；海关税收及代征税达到10 273万元，同比增长197%，其中海关代征增值税8 912万元，增长230%。2012年海关监管货值实现4.1亿美元，同比增长39%；监管货运量达到20.75万吨，同比增长459%。全年工业实现产值6.39亿元，同比增长138.5%；实现销售5.35亿元，同比增长136.2%；实现利税2.8亿元，同比增长428%；物流及贸易企业实现销售19.65亿元，同比增长2.6%。保税物流业务发展良好，全年实现保税物流业务进出区货值3.06亿美元，同比增长28%。前五位的产品主要为初级形状的丁二烯橡胶、多晶硅片料、含氮磷的化肥、不锈钢管、船用设备等。

【投资环境】 镇江出口加工区位于素有“天下第一江山”美誉的中国江苏省镇江市的东部，位于国家级经济技术开发区——镇江新区内，既是长江三角洲重要的制造业基地，又是承接国际资本和产业转移的重要窗口。镇江市是中国经济发展最具活力的“长三角”地区十六个重点城市之一，是全国科技进步先进城市，国家环境保护模范城市，全国优秀旅游城市。2008年被《福布斯》杂志评为“中国最佳商业城市”之一，2009年被台湾电电公会评为“极力推荐”的A级城市。30余家实际500强和国际知名企业、近10家中央企业落户区内。区内基础设施完善，配套设施齐全，区内企业既可以享受国家级经济技术开发区的优惠政策，又可以享受出口加工区的特殊优惠政策。

【招商引资】 2012年，新引进一家物流企业——镇江中沙保税物流有限公司，由西沙国际货运有限公司投资设立，注册资金50万，主要从事保税物流相关业务。截至2012年年底，累计引进项目13家（不包括退区项目），其中加工贸易企业9家，物流企业4家，总投资2.89亿美元，注册资本9 601万美元，实际到位外资8 250万美元。

【区域开发与建设】 出口加工区从改善投资硬环境入手，大力实施配套设施项目建设，着力打造高效率、低成本的综合投资环境。2012 年，为了适应保税物流的快速发展，镇江新区交通建设投资有限公司投资建设了 2 万平方米的保税仓库和 8 万平方米货场，计划总投资 6 000 万元，至年底，仓库基本建成，货场正在混凝土浇筑中。生产配套：区内建有监管仓库 1 970 平方米，标准厂房 8 万平方米，35 千伏变电所 1 座。商务配套：已在大港通港路西侧、镇大铁路南侧建成出口加工区商务配套中心，占地 11.19 亩，总建筑面积约 13 500 平方米，金融、报关代理、运输代理、外贸代理、人才招聘代理以及快餐供应等服务机构可进驻，为进区企业提供方便周到的服务。生活配套：在出口加工区东侧建有 194.85 亩配套服务中心，总建筑面积约 20 万平方米，拥有白领公寓、综合商业广场、商务办公楼等；在出口加工区的东北侧建有面积 18 792 平方米的员工公寓——“四海家园”，配套的超市、食堂等设施已投入运营，可满足区内所有企业员工的住宿、生活及娱乐。

**【综合保税区申报】** 为进一步改善镇江投资环境、促进产业结构优化、促进加工贸易向产业链高端延伸，发挥特殊监管区域辐射带动作用，提升镇江港口功能，2012 年 8 月，镇江市委、市政府作出重要决策，出口加工区要向国家级综合保税区升级。9 月 12 日，镇江市政府向江苏省政府提交了《关于申报设立镇江综合保税区的请示》；省政府批转商务厅牵头省发展改革委、南京海关、江苏出入境检验检疫局、省国土厅、省住建厅进行办理。11 月 14 日，镇江市政府行文《关于申报设立镇江综合保税区的补充说明》，就规划选址范围进行了详细说明，已批准的原出口加工区为基础，向北扩展，总规划面积 3.064 平方公里，设置南区（原出口加工区一期和二期共 2.366 5 平方公里，东至通港路，南至金港大道，西至青龙山路，北至镇大铁路）和北区（0.697 6 平方公里，东至通港路，南至纬二路，西至北山路，北至临江西路和兴港西路）。12 月 12 日，江苏省关于设立镇江综合保税区的请示报告上报到国务院，12 月下旬，国务院批转海关总署办理，申报进展顺利。

**【发展趋势】** 2013 年镇江经济技术开发区将以“产业升级、创新突破、城乡建设、民生改善、素质提升”五大行动计划为主抓手，大兴实干之风，奋力创新争先，全面提升质态，我们将紧紧围绕“五大行动计划”，以创新为驱动，以转型为主线，以提升为重点，狠抓产业招商、拓展功能和发展空间等重点工作，主要经济指标大幅提升，速度快于追赶周边海关特殊监管区域。2014 年出口加工区将完成产值、销售额各达 7 亿元，同比增长 16% 以上；进出口总额 1.8 亿美元，同比增上 50% 以上，同时预计还将新引进项目 2 ~ 3 家。

**【机构设置与管委会领导】** 镇江出口加工区管委会与镇江新区管委会实行“两块牌子、一套班子”的管理模式。管委会下设管理局，具体负责出口加工区的行政管理工作。管理局同时托管—出口加工区综合服务中心，具体负责出口加工区的物业管理、房屋及公共设施的管理维护、租赁等方面工作。

**【招商部门】** 镇江出口加工区管理局全面负责出口加工区的招商引资工作。招商热线：0511 - 83370088，服务热线：0511 - 83371515，传真：0511 - 83373737，联系人：张超，手机：13906100801，邮箱：polder53371912@yahoo.com.cn。

# 江苏常熟出口加工区
# JIANGSU CHANGSHU EXPORT PROCESSING ZONE

【经济发展】 2012年，常熟出口加工区继续保持了较快的发展态势，各项经济指标快速提高，完成工业总产值6.46亿元；实现工业销售收入6.46亿元；进出口总额达到6.24亿美元，同比增长81.9%，超过封关运作后前5年的总和；实现海关监管货值38.71亿美元，同比增长132.7%；完成海关税收2.93亿元，同比增长271.4%。

【投资环境】 常熟出口加工区位于长江三角洲经济圈中心，东距上海80公里，南邻苏州45公里，紧靠常熟港，紧邻沿江高速公路、苏嘉杭高速公路、沿江一级公路，离苏通大桥道口仅500米，交通区位优势十分明显。

常熟出口加工区位于常熟经济开发区内，依托开发区的支撑，因此产业基础扎实，产业配套能力强，物流运输便捷。企业入驻常熟出口加工区，不仅享有海关提供的简单、快捷的通关便利，还享有国家级出口加工区和开发区特有的优惠政策。海关、国检、银行、仓储等机构一应俱全，落户企业不出园区即可办理一切进出口手续。在叠加了保税物流功能以后，加工区从原来只能引进加工制造企业，扩大到可以引进国际采购中心、配送中心、研发机构、售后服务企业、国际贸易企业等入区经营，促进了生产性服务业的做大做强，并极大地提升了出口加工区的区域竞争力，形成更加完整的产业链。

【招商引资】 常熟出口加工区将招商引资作为工作重点，立足出口加工区，面向常熟经济技术开发区，围绕新能源、新材料、精密机械等产业进行全方位招商。2012年加工区新增注册项目1个，为泰富益农用机械设备（常熟）有限公司，其主要从事以拖拉机为主的农用机械部件、零配件及应用件的生产，总投资1 500万美元，注册资本600万美元；新增签约项目1个，为卡朋特特种金属（常熟）有限公司，注册资本1 000万美元；另外达涅利的转口贸易公司也正在办理相关准备工作中。

在做好招商引资工作的同时，加工区积极筹划搭建招商载体，提高硬件环境，自2005年年底开始分批建设标准厂房，到目前为止共建造8幢70 000平方米。为促进加工区保税物流业务的发展，2009年开始规划建设新的保税物流仓储用房，总投资7 000万元，占地面积68 000平方米，仓库面积29 000平方米，到2010年7月首期2幢11 600平方米已全部完工投入使用，到2011年年底已全部租出，目前出口加工区正在启动二期工程的建设，预计2014年5月竣工投入使用。

【工业】 常熟出口加工区作为加工贸易企业的集聚区，依托常熟港的优势，吸引了不少机械加工企业入驻，截至2012年年底，已有17家加工和物流企业入驻，其中加工企业为11家，大部分为欧美企业，有9家企业已正式投产。区内企业主要有：由美国世伟洛克控股有限公司独资建设的世伟洛克常熟流体系统技术有限公司，从事高精密阀门和安装组件及各种合金产品的制造；由新加坡大众钢铁工程私人有限公司投资的常熟众达机械工程有限公司，从事以集装箱吊机为主的港口新型机械设备及相关零部件的设计和制造；由美国 FMC 公司投资的常熟美信达科技能源设备有限公司，从事测量装置、流体操控装置、传送装置相关产品及相关零部件、辅助件的生产；由韩国 DHC 株式会社投资的迪爱奇希电子（常熟）有限公司，主要从事光电子器件的组装加工；由美国欧地亚洲有限公司独资建设的欧地管道系统（苏州）有限公司，从事管道、建筑及流体控制系统塑料及橡胶等相关部件的生产与研发；由英国 synpart 公司投资的常熟拓凯日用品有限公司，从事以牙线、棉签为主的日用品的生产，等等。

**【发展趋势】** 2013 年，常熟出口加工区针对常熟临江临港的区位优势和开发区的产业结构情况，初步确定了加工区的招商产业定位，重点围绕机械装备、汽车零部件及相关的物流产业，注重选择项目质量和产出，提高招商选资的针对性和有效性，延伸加工区的产业链，强化产业的配套化程度，形成特色产业集群和比较优势，提升核心竞争力。

同时，常熟出口加工区将全力推进转型升级，把加工区的重点向保税物流业务等方向倾斜，利用常熟经济开发区打造汽车整车产业基地的有利时机，围绕奇瑞捷豹路虎和观致汽车 2 个项目，引进国际知名的物流地产开发商，建设高标准的精密汽车零部件仓库，大力发展汽车零部件保税物流产业及汽车零部件展示产业，将常熟出口加工区打造成长三角地区进口汽车零部件的集散地。

**【机构设置与管委会领导】** 2005 年 8 月，经常熟市政府批准，设立常熟出口加工区管委会，与常熟经济开发区管委会合署办公，管委会领导由开发区领导兼任。下设常熟出口加工区管理局，内设招商科、规划建设科、经济发展科及综合科。局属下成立了常熟出口加工区开发建设有限公司，具体负责加工区的投资及物流运作和物业管理等工作。

**【招商部门】** 常熟出口加工区管理局，下设招商科，主要负责加工区的招商引资工作。出口加工区招商科联系人：王晓楠，电话：0512 - 52292757、13812817206；张诚，电话：0512 - 52690181、18913634358；邮箱：stephaniewang@ cedz. org。

# 江苏吴中出口加工区
# JIANGSU WUZHONG EXPORT PROCESSING ZONE

**【经济发展】** 吴中出口加工区于2005年6月经国务院批准设立，规划总面积3平方公里，2007年8月首期1.38平方公里正式封关运作。2009年7月拓展保税物流及研发、检测、维修功能。按照“建设一流载体、发展一流产业、集聚一流人才”的要求，吴中出口加工区各项工作有序推进，区域环境持续提升，服务配套不断加强，经济业态加速繁荣。2012年，实现工业总产值31.56亿元，物流企业营业收入4 114万元；实现报关单数25万票、进出区总货运量21万吨；实现进出口总额37.27亿美元、进出口监管货值80.22亿美元，保持了稳健发展的良好态势。

凭借政策、资源、环境、服务等优势，吴中出口加工区已成为中外客商投资兴业的发展宝地。目前，1.38平方公里启动区已基本完成招商引资和载体建设。

**【投资环境】** 吴中出口加工区位于国家级吴中经济技术开发区内，地处长三角经济圈中心腹地，北部与苏州工业园区无缝对接，东部与国际大都市上海咫尺相望。苏嘉杭高速、绕城高速、京杭大运河等交通条件十分便捷，至上海虹桥机场、无锡硕放国际机场分别仅需1小时、半小时车程。

2012年，吴中出口加工区进一步加快载体建设。现建有高品质机械加工类和电子IT类标准厂房12.56万平方米，代建自建厂房16.4万平方米，项目承载能力持续提升。建有保税物流仓库5万平方米，完全满足企业物流配送的需求。建有6.7万平方米集宿楼，可容纳员工1万人。正在建设中的一期、二期天运广场即将完工，建成后将为企业办公、员工生活提供优质的配套服务。同时，吴中出口加工区已完成卡口、围网、监控、信息网络等特殊要求工程和智能配套工程，各种管网、路灯、绿化、通水、通电等基础工程全面到位。

吴中出口加工区毗邻建有苏州独墅湖高等教育区、苏州国际教育园、吴中区职教中心等31所高校，为企业提供高素质专业技术人才；周边建有生物医药检测、信息网络检测、电力检测、食品（化妆品）检测、电器检测、丝绸（纺织）检测、电源检测、计量检测、特种设备检测、环保检测等检测认证平台，能为各类企业提供完善的检测服务。

**【招商引资】** 吴中出口加工区全力推进招商引资，注重培育科技创新型工业企业，重点打造国际高端物流配送中心。截至2012年年底，出口加工区累计引进工业项目有伟创力、精曜新能源、商先创等10个，其中外资6家，注册资本3亿美元，内资4家，注册资本2.5亿元；物流项目有国海国际、嘉瑞物流等20个，注册资本1.34亿元。

**【发展趋势】** 吴中出口加工区将以打造高新电子信息、高精机械装备、高效物流服务、高端国际贸易“四大产业基地”为目标，重点发展电子资讯、精密机械、新材料、新能源等高科技产业。同时，结合已经平整完毕的 1.62 平方公里二期区域，加快拓展货物贸易、服务贸易、展览展示、研发、检测、维修等新兴产业。深入推进与太仓港、南京禄口机场的联动互通，实现“海陆空”联运一体化，推进第三方物流服务业进一步发展。

**【机构设置与管委会领导】** 吴中出口加工区管理局成立于 2007 年 12 月，为正科级建制单位，现有办公室、招商部、工程管理部、综合服务部 4 个职能部门，工作人员 55 名。办公室主要负责行政事务、接待、宣传、财务管理等工作；招商部主要负责招商活动及相关报批、协调工作；工程管理部主要负责权限内的工程规划、项目报建、市政工程维护、项目建设跟踪管理等工作；综合服务部主要负责相关后勤、安保、统计、咨询等工作。

管理局领导职数 1 正（正科级），2 副（副科级）。

**【招商部门】** 吴中出口加工区管理局招商部共有招商人员 22 人，分 4 个小组，其中日韩组为定向招商小组。联系人：夏倩（招商部主任），联系电话：0512 - 66018009、66018092。

# 江苏南京出口加工区（南区）
# JIANGSU NANJING EXPORT PROCESSING ZONE (SOUTH ZONE)

【经济发展】 2012年，在全球外贸形势严峻的情况下，南京出口加工区（南区）进出口总额逆势上扬，全年完成进出口总额23.26亿美元，同比增长97.96%，其中出口额13.66亿美元，同比增长121.98%；进口额9.6亿美元，同比增长71.43%。截至2012年年底，累计实现进出口总额143.07亿美元。

截至2012年年底，南京出口加工区（南区）已先后吸引来自我国台湾、德国、美国、澳大利亚等国家和地区的华宝通讯、捷普绿点、上美塑胶、博珩电子、海格木工等30多家企业落户区内，累计投资总额超4亿美元，产品涉及新能源、新材料、汽车零部件、IT、通用机械加工等多个行业，目前已形成电子信息、汽车配件、航空为支撑的产业结构体系。

南京出口加工区（南区）管理局连续第二年被江苏省口岸委授予“江苏省文明口岸先进单位”的荣誉称号。

【投资环境】 南京出口加工区（南区）位于国家级南京江宁经济技术开发区内，首期规划面积为1.2平方公里，区内各项基础设施齐全，实行由海关监管的“境内关外”管理模式，设有海关、国检驻加工区办事处，实行“一次申报、一次审单、一次查验”的便捷通关模式。

南京出口加工区（南区）具有得天独厚的区位优势，位于九龙湖畔，坐拥三个“百年”——百年名校东南大学、南师附中江宁分校、百年名院南京同仁医院，被清华启迪科技园、福特亚洲研发中心、中国无线谷、南瑞继保研发中心、南大科技园、南京最大的人才公寓等载体环绕。距南京市中心15公里，距南京禄口国际机场不足20公里，距南京重要的交通门户及华东地区的重要交通枢纽之一南京火车南站仅7公里。南京地铁3号线、5号线、6号线、绕越公路东西而过，机场高速南北而过，将军路和宁溧路纵贯地块，交通区位优势全国独一无二。

【招商引资】 2012年，南京出口加工区（南区）引进央企中外运长江、澐顺物流等各类项目7个，其中外资项目4个，内资项目3个，2个项目于当年竣工投产，项目涉及航空产业、电子机械、精密仪器以及保税物流等行业。

【管理与服务】 南京出口加工区（南区）作为面向全南京市的重要平台，通关功能辐射包括江宁、溧水、高淳等共1 706家企业。为了提供更好的服务，加工区管理局加强与海关、国检等职能部的沟通联系，提高通关效率。

为了更好地为企业提供服务，加工区管理局与南京出入境检验检疫局组织召开了“检地企国检法律宣贯会”，出口加工区及开发区内300多家涉及国检业务的规模型企业参加了专题培训会，效果良好。为进一步加强与相关查验职能部门的联系，管理局每季度不定期与海关、国检、边防等部门举行议事座谈会，把提高通关效率落到实处，助推企业发展。

**【发展趋势】** 2012年9月17日，国务院批准设立南京综合保税区，南京出口加工区（南区）是南京综合保税区的重要组成部分。南京（南区）将全力推进综合保税区验收建设工作，在确保综合保税区成功验收的前提下，以“转型、提升、创新”为目标，做优做强先进制造业，积极发展现代服务业，重点发展以航空产业为特色的航空保税物流中心，建设一个富有效率、充满活力、布局合理、可持续发展的南京综合保税区江宁。

南京综合保税区江宁将在提升原出口加工区产业基础上，优化产业布局，并适时拓展空间，增强综合保税区的整体竞争力。规划五大功能中心：保税加工制造中心、高附加值产品检测维修中心、国际物流分拨中心、高端商品展示交易中心、医疗健康保健服务中心。保税加工制造中心，重点发展电子信息、汽车配件等产业；高附加值产品检测维修中心，重点发展电子产品、汽车配件、高端机械装备等维修检测业务；国际物流分拨中心，重点发展国际物流分拨集散业务；高端商品展示交易中心，重点培育会展产业、电子消费品和进出口商品（食品、药品等）展示交易；医疗健康保健服务中心，重点引进先进医疗保健机器设备。

**【机构设置与管委会领导】** 南京出口加工区（南区）管委会实行“两块牌子，一套班子”的管理体制，下设南京出口加工区（南区）管理局。管理局作为南京出口加工区（南区）的职能管理部门，负责出口加工区日常事务的管理与企业服务工作。出口加工区管理局下设办公室、经济发展与产业促进部、综合管理部3个职能部门。

**【招商部门】** 南京出口加工区（南区）招商工作由管理局经济发展与产业促进部负责。部门负责人：何伟，电话：025－52724932，电子邮箱：hw@jndz.gov.cn。

# 江苏武进出口加工区
# JIANGSU WUJIN EXPORT PROCESSING ZONE

**【经济发展】** 武进出口加工区于2009年6月23日经国务院批准设立，并于2009年12月17日顺利通过国务院九部委联合验收小组的验收。2010年3月15日武进出口加工区正式开关运作。2012年是武进出口加工区正式运作的第三年，同时，也是其健康、高效、和谐发展的一年。2012年，武进出口加工区各企业产品市场需求量持续增加，企业经营良好。截至年底，武进出口加工区进区工业项目总投资57 780万美元，其中注册外资34 350万美元，实际到账外资33 550万美元。区内全年企业工业总产值515 366万元人民币，区内实际进出口额56 106.2万美元，境内区外195 446.7万美元，进出区货物量总计151 495万吨，报关单量累计36 203票，海关税收及代征税10 919.2万元人民币。区内保税物流实际进境17 662.2万美元，实际出境1 548.8万美元；境内区外进境32 106万美元，出境47 974.2万美元。（海关统计口径）

**【投资环境】** 武进出口加工区批准面积为1.15平方公里，是由常州海关监管的封闭式综合特殊监管区域。除可以从事加工制造外，还叠加了保税物流等功能，融研发、采购、生产、销售、售后服务为一体。

武进出口加工区位于武进高新技术产业开发区，东至凤林路，南至武进大道，西至淹城路，北至阳湖路。地理条件优越，交通便捷，紧邻沿江高速和建设中的常泰高速，上海虹桥、浦东机场，上海港口及南京禄口国际机场均在1～2小时车程范围内。

2012年，区内已建成项目总面积320 970.5万平方米，在建项目总面积12 586.86万平方米。截至2012年年底，共建成各种不同规格的标准厂房、保税仓库、监管仓库以适应更多企业及物流公司的不同需要，进一步完善了区内市政道路、水利设施及雨污水管线、路灯、电信等综合管网工程，实施了区内主干道及标准厂房区整体绿化工程。

**【招商引资】** 武进出口加工区把招商引资作为全年的头等大事来抓，紧紧围绕高新区大招商格局，积极探索招商工作新模式，与招商、规划、海关等部门密切配合，利用加工区通关、物流、税收政策优势及良好的载体条件，积极做好项目引进工作，更高更优推进产业招商。武进出口加工区以IT及光电子产业为主导——重点招引LED研发制造项目，建设集研发、制造、维修、出口等功能于一身的半导体照明特色产业基地；同时兼顾发展精密机械、电子信息、新型材料、新能源等技术、资金密集型的新兴产业。经过不懈努力与发展，武进出口加工区现已得到了众多企业的认可与青睐，现区内有光宝科技、晶品光电、瑞声光电等8家生产制造型企业，有飞力达、海晨、中外运等12家大型物流公司。未来，武进出口加工区将根据区内发展规划和产业定位，按照区内企业发展的要求，充分考虑到区内用工规模和企业物流规模，对区外产业配套区、满足区内用工需求商贸服务区以及公用物流平台建设进行科学规划；通过公共物流平台建设，为企业提高物流效率，降低生产成本；通过便利中心为区内工作人员提供完善的生活服务，解决区内工作人员生活问题。武进出口加工区将坚持以大企业为龙头，延长上下游产业链条，引导研发、维修、检测型企业入区，吸引相关配套企业在周边落户，切实把出口加工区建设成加工贸易转型升级的先行区、示范区。

**【发展趋势】** 2013 年，武进出口加工区管理局将进一步加大招商引资力度实现招商引资新突破，在稳步推进生产企业招商工作的同时，开启升格国家级综合保税区的新征程，尽全力提高企业服务及加工区管理水平，实现平台运作和规范管理新突破，促进优势产业的聚集和发展，努力将武进出口加工区建设成为一流出口加工基地，创建最佳保税物流中心。

**【招商部门】** 武进出口加工区管理局配合武进高新区招商局进行招商活动，由投资服务处具体负责。联系人：李海标，联系电话：0519 - 86221205，传真：0519 - 86221200。

# 浙江杭州出口加工区
# ZHEJIANG HANGZHOU EXPORT PROCESSING ZONE

**【经济发展】** 2012年是各级党委和政府部门换届后的第一年，也是浙江杭州经济技术开发区"十二五"规划有效实施的重要一年，更是全面加快"三大转型"，保持经济社会平稳健康可持续发展的关键之年。面对复杂多变的国际国内经济形势，杭州出口加工区工业经济、外贸出口整体发展平稳，产业、产品结构稳步调整，保税物流业务保持高速增长，结构更趋合理。

杭州出口加工区全年实现工业总产值121.33亿元。实现税收8.85亿元，其中工商税收1.72亿元，海关代征税7.13亿元。进出口总额22.22亿美元，其中出口16.92亿美元。保税物流业务量达6.5亿美元。

杭州出口加工区管委会以"工业兴区"战略为指引，以走访调研、专题座谈会等形式，加强产业引导，全面了解企业生产经营状况。开展"上门送政策"活动，指导并协助企业了解杭州经济技术开发区（杭州出口加工区）管委会制定的奖励优惠政策，全面支持和鼓励加工区企业自主创新，引进新项目、新技术，加快成品的更新换代及开拓海内外新市场，提高市场竞争力和可持续发展能力，推动加工区的转型升级。

**【投资环境】** 地理、交通优势。公路：通过高速公路3小时内可到达华东地区各主要城市。海运：可等距离利用上海和宁波港。空运：杭州萧山国际机场为一类口岸，已开通至日本、韩国、新加坡、泰国、我国香港、我国澳门等国家和地区每日往返航班。

人才优势。在距离杭州出口加工区两公里处，有浙江省内最大的高教园区——杭州下沙高教园区，总面积10.12平方公里，园区有14所高校，在校学生数达18万人，专业覆盖理、工、商、财经等专业门类。

服务软环境。杭州海关、国检在杭州出口加工区设立办事处，为区内企业提供现场报关、报检服务，并已引入银行1家，报关行5家、货运代理9家，以及物业、邮政等公共服务机构为区内企业提供相应的服务。杭州出口加工区管委会一直以"亲商、安商、富商"为宗旨，实行"每月例行走访"、"重点企业跟踪服务"、"区内企业总经理定期会谈"等制度，不断优化服务举措，努力解决企业实际困难。同时，定期举办"区内企业与配套机构联谊会"和"业务培训会"，为加工区内企业创造优良的发展环境。

**【招商引资】** 杭州出口加工区设有专门的招商部门，拥有专业的招商团队，一直以吸引"两头在外"适合在加工区发展的加工贸易型企业为主，引进资本和先进技术并重的外商投资企业为主线，重点关注新能源企业，充分发挥大项目的示范带动作用，开展"以外引外"，通过引进龙头企业吸引更多的配套企业，延伸产业链。

**【工业】** 2012年杭州出口加工区工业经济、外贸出口等主要经济指标基本保持平稳。受国际主要经济实体复苏乏力，海外市场需求萎缩，人民币汇率持续上升，原材料、用工成本持续上涨等因素影响，园区整体发展较去年有所放缓，共有10家产值过亿元企业，其中1家超50亿元产值企业，1家超20亿元产值企业，1家超5亿元产值企业。

杭州出口加工区龙头企业东芝信息机器（杭州）有限公司2012年积极转型，在立足海外市场的基础上，积极向总部申请引入车载电子转向部品新项目。其他骨干企业发展良好，其中希赛瓶盖系统（杭州）有限公司抓住机遇，扩大生产规模，扩建第二工厂，年产值同比增长26.3%。2012年杭州出口加工区内电子信息产业企业实现总产值99.69亿元，占加工区总产值的82.17%。

**【发展趋势】** 2013年，是“十八大”举行后关键之年，在国际政治经济形势动荡、经济复苏乏力的大背景下，以装配制造为主的加工贸易仍将处于低位运行状态，出口加工区单纯加工制造基地的定位将进一步弱化，但其作为区域内集保税加工、保税物流两大保税功能为一身的综合性政策服务平台的作用将日益凸显。杭州出口加工区将进一步发挥加工区平台功能，拓展业务范围，服务区内乃至开发区及周边城区企业，同时鼓励区内工业企业向微笑曲线两端延伸，努力引入研发、检测等生产性服务业企业，实现多元化发展。把服务区内企业、促进加工区整体经济发展作为工作的重中之重，建立健全加工区联勤联动服务管理网络，“稳增长、促转型、谋发展、强管理、重队伍”，全面推进区域产业平稳健康发展。

同时，大力发展保税物流业和特色服务业。根据杭州市政府“积极扩大进口、优化产业结构、促进贸易平衡、加快转型升级”的指导思想，转变区域经济发展方式，扩大国内市场。以推动杭州钱盛进口商品展示有限公司发展为契机，力争设立区域进口商品展示中心，推动杭州出口加工区成为连接国内国外两个市场支撑内外双向贸易的政策平台。

**【机构设置与管委会领导】** 杭州出口加工区管委会与杭州经济技术开发区管委会合署办公，采用“两块牌子、一套班子”的管理体制。设立杭州出口加工区综合管理局，具体负责加工区的日常管理事务，内设两个科室：综合与商务科和公共事务科。

杭州出口加工区管委会领导：党工委书记、管委会主任陈晨，分管副主任王永芳，出口加工区综合管理局局长曲伟。

**【招商部门】** 杭州经济技术开发区招商局，联系人：张立溧，联系电话：0571－86877978；杭州出口加工区综合管理局，联系人：周文，联系电话：0571－86714026。

# 浙江慈溪出口加工区
# ZHEJIANG CIXI EXPORT PROCESSING ZONE

**【概况】** 慈溪出口加工区于2005年6月经国务院批准设立，按国际自由贸易区惯例运作，具有“免税、保税、免证”的特殊政策。2009年，海关总署对出口加工区在原先加工制造的基础上迭加了保税物流、研发、检测、维修等功能，使出口加工区成为发展保税物流和出口加工的新基地。区域总规划面积2平方公里，一期开发面积0.7平方公里，于2006年11月通过海关总署等九部委联合验收，正式封关运作。宁波海关、宁波出入境检验检疫局分别于2007年12月和2010年5月在出口加工区设立现场办事处，正式挂牌运行。

区内基础设施配套完善，道路、电力、供水、供热、供气、通讯、绿化等设施高标准配套，已建成6 800平方米的海关监管场站和监管仓库、30 000平方米的轻钢厂房（仓库）、18 700平方米的多层框架标准厂房以及10栋员工宿舍，供入区投资企业租赁使用，并已全部出租。建筑面积35 000平方米的永宏户外休闲用品出口分拨项目，17 000平方米的飞宇进口商品交易配送中心项目均已建成投入使用，建筑面积18 000平方米的朗清国际名品展销中心项目正在建设之中，预计2013年10月竣工。

**【经济发展】** 2012年慈溪出口加工区实现进出区监管货值2.09亿美元，同比下降15.9%；完成进出口货运量15 541吨，同比增长25.3%，货值9 896万美元，同比增长2.8%。进口方面，以有色金属、固体化工和纺织原料为主的进口分拨业务得到了实质性发展，占到区域进出口总额的74.2%；出口方面，以照明灯具、汽车配件、户外休闲用品为主的出口集拼业务得到了快速发展，全年完成出口额2 551万美元，同比增长130%，成为宁波关区出口增长最快的地区；生产制造方面，艾迪特设备科技和盛曼光电液晶电视2个生产项目相继投产，2012年实现工业产值1.18亿元，同比增长95.3%。

**【投资环境】** 慈溪出口加工区设立在宁波杭州湾新区。新区位于世界最长的跨海大桥——上海至宁波的杭州湾跨海大桥南端，是上海、杭州、宁波三大都市的“金三角”几何中心，紧邻中国的经济金融中心——上海、国际知名的旅游文化城市——杭州和苏州，在一个半小时交通圈中，同时拥有上海浦东、上海虹桥、杭州萧山和宁波栎社四大国际空港和宁波、上海两大海港，开展商务活动交通非常便捷。

慈溪出口加工区依托宁波杭州湾新区完善的基础设施环境、配套的产业发展环境、丰富的人力资源环境、快捷的交通运输环境、优质的商务运行环境，以建设集保税物流与加工贸易等多功能于一体的现代化园区为目标，积极推进功能拓展，创新服务发展模式，努力成为现代服务业和加工贸易类企业的理想投资之地。

**【招商引资】** 慈溪出口加工区定位于发展

保税物流为主，加工贸易为辅，努力打造区域性的国际贸易平台，并以此为导向开展招商引资工作。截至2012年年底，区内累计引进各类企业19家，项目总投资6亿元，投入运作（在建）企业13家，其中生产企业3家、物流仓储企业10家，包括国内500强大型央企中国外运长航集团、国内最大的户外休闲用品制造商永强集团出口集拼中心、香港上市企业兴业铜业国际集团有色金属进口分拨中心、飞宇物流进口原料交易配送中心、澳洲帝阳进口商品展示分销中心、美国万机汽车零部件出口集拼中心、飞瑞国际照明产品出口集拼、妈咪宝婴童用品出口集拼、年产200万台液晶电视机的盛曼光电、艾迪特科技饮料设备制造等一批优质项目，世界500强企业DHL全球货运也入区运行。

**【工业】** 宁波盛曼光电有限公司由宁波盛曼电器有限公司投资，总投资8 500万元，于2011年在出口加工区注册成立，从事家电的生产、制造和销售，近年来发展成为专业从事液晶电视机的研发、生产和出口外销企业。公司现有厂房面积18 000平方米，拥有3条专业生产线，计划再投入3条整机生产线，预计年产值10亿元。现有员工200余人，现月生产能力可达6万台，产品涉及LCD、LED、数字电视机、电视机/DVD一体机、网络智能电视机、屏幕触摸控制安桌系统电视机、3D电视机等数10种产品类别，已获得ISO9001质量体系、UL、CE/GS、CB、ETL、ROHS、SASO等多种认证，远销至美国、欧洲、中东、澳大利亚、北非等国家和地区。另获得世界500强企业霍尼威尔Honeywell、中国电子CEC等大型知名企业授权，OEM/ODM，FuUSKD，CKD成套加工和出口。

宁波艾迪特设备科技有限公司由宁波新惠康电器有限公司与德国Mr. Max Taha、意大利Angelo Fusi合资，于2011年5月在出口加工区注册成立，总投资280万元，注册资本200万元，租赁5号轻钢仓库3 500平方米，主要从事各类饮料设备及制冷设备的生产制造，产品全部出口，预计年产值1亿元。

2011～2012年，这2个生产项目相继投产，2012年完成工业产值1.18亿元，同比增长95.3%。

**【发展趋势】** 根据2012年10月国务院出台的《关于促进海关特殊监管区域科学发展的指导意见》（国发〔2012〕58号）文件精神，结合慈溪出口加工区的实际情况，慈溪出口加工区提出今后3年“将慈溪出口加工区建设成为服务于周边腹地经济和新区主导产业的保税物流和出口加工功能区，打造区域性的国际贸易平台”的发展思路。依托新区主导产业，着重发展汽车零部件、航空器材的进出口配送和消费品的国际采购、出口集拼项目；开发建设工业原材料进口交易配送中心和国际消费品进口展示分销中心，努力扩大进口；着眼于战略性新兴产业，重点发展面向国际市场的电子信息和智能家电制造业。

**【机构设置与管委会领导】** 慈溪出口加工区管委会根据“不增设机构”的原则，与宁波杭州湾新区开发建设管委会实行合署办公，“两块牌子、一套班子”，实行统一领导、通盘规划、分工负责、分块运作、互为依托的管理体制。出口加工区管委会下设出口加工区管理局，主要负责项目招商、开发建设等工作和企业管理服务、协调、后勤保障等工作。

管委会领导：管委会主任王剑侯，管委会副主任陈寿旦，出口加工区管理局局长蔡世杰，出口加工区管理局副局长谢军。

**【招商部门】** 慈溪出口加工区招商负责单位为慈溪出口加工区管理局。副局长：谢军（主持加工区工作），联系电话：0574－63071228；联系人：方胤，电话：0574－63070091。

# 安徽芜湖出口加工区
# ANHUI WUHU EXPORT PROCESSING ZONE

【经济发展】 2012年，芜湖出口加工区实现进出口值5.42亿美元，同比增长17.57%，其中出口为3.95亿美元，同比增长21.86%；进口1.47亿美元，同比增长8.08%。同期，芜湖市实现外贸进出口总值46.2亿美元，出口加工区进出口值占全市总值的11.7%。2012年，芜湖出口加工区利用保税物流叠加功能，实现保税物流进出口额2.56亿美元，同比增长17.4%；实现工业总产值25.24亿元，同比下降3%；工业企业销售收入25.73亿元，同比下降0.6%；企业实现利润为1.01亿元。

【投资环境】 芜湖市地域面积5 988平方公里，人口384.21万，其中市区面积1 064.7平方公里，人口123.8万，下辖无为、芜湖、繁昌、南陵县，以及镜湖、弋江、鸠江、三山4区，2个国家级开发区。

芜湖濒临长江，东与长江三角洲连成一体，西接华中地区，南依黄山、九华山风景区，北临南京，交通便利，是华东地区重要的水陆交通枢纽。有3条高速公路、5条铁路在此交汇，芜湖长江公铁两用大桥是沟通京九、京广、京沪、陇海等铁路大动脉的重要结点，是交通运输部确定的公路运输枢纽城市；芜湖港是长江逆江而上的最后一个深水良港，是长江运输的主枢纽港，芜湖朱家桥外贸码头，已和世界50多个国家和地区建立了业务往来。芜湖距南京禄口国际机场和合肥骆岗机场均约1小时左右车程。

在投资环境和服务方面，芜湖在全国非省会城市中名列前茅：在中国社会科学院《中国城市竞争力报告》中，芜湖列中西部非省会城市第1名；在第三届中国财富论坛上，芜湖获“世界投资中国——中小城市魅力奖”第1名；在改革开放30周年之际，芜湖被中央列为成功开拓中国特色发展之路的全国18个典型地区之一；被评为“2012中国最佳休闲城市”。

芜湖经济技术开发区是芜湖市主要的工业产业集中区域，包括国家级经济技术开发区、国家级出口加工区、国家级高新技术创业服务中心、国家级汽车电子产业园、国家级汽车及零部件出口基地、国家级动漫产业基地等6个国家级园区。2012年，全区实现规模以上工业企业总产值1 328.6亿元，同比增长4.9%；固定资产投资221.1亿元，同比增长39%；财政收入47.7亿元，同比增长19%。安徽省经济发展研究院对全省150家开发区2012年度发展评价显示，芜湖经济技术开发区综合竞争力位列第一。其中，汽车及零部件产业——奇瑞汽车已形成年产100万台发动机和90万辆整车的生产能力，连续10年排名国内自主品牌乘用车企业销量第一，连续8年位居国内乘用车企业出口销量第一，汽车零部件生产企业达100家以上，2012年实现产值453.8亿元；家用电器产业——聚集了以美的、日立为代表的知名品牌企业，是国内最重要的家电生产基地之一，2012 年实现产值 466.9 亿元；新材料产业——海螺型材是国内最大的型材生产企业，以海螺、华亚、可耐福为代表的型材企业年生产能力达到 60 万吨型材、6 万吨 PVC 管材、3 000 万平方米石膏板，鑫科新材料是国内最大的精密铜带和白铜合金生产企业，楚江集团是国内最大的铜板带材及线材生产企业之一，中达电子等电子材料企业在海内外市场均占有重要份额。

芜湖出口加工区位于芜湖经济技术开发区内。2003 年 3 月 12 日通过国家九部委验收，总体规划 2.95 平方公里，已开发面积 2.17 平方公里。其中，一期开发面积 1.1 平方公里，2003 年 3 月 12 日通过海关总署等九部委验收，同年 4 月 23 日正式封关运行；二期开发面积 1.07 平方公里，2008 年初启动二期工程建设，2009 年 7 月 31 日通过合肥海关组织的验收并封关运行。

按照国家有关规定，区内设有芜湖海关驻出口加工区办事处、安徽出入境检验检疫局驻出口加工区工作组等行政机构。芜湖出口加工区管委会委托出口加工区管理局具体负责日常行政事务、加工贸易审批、物业管理、政策研究、信息交流等综合服务工作，并协助土地、建设等部门在出口加工区履行职能，同时开展出口加工区招商引资工作，另有银行、外运、外贸、报关行等服务机构。这些机构使出口加工区“一站式”通关的优势得到充分发挥。

**【工业】** 2012 年，受国际经济低迷、人民币对外升值等因素的影响，芜湖出口加工区内工业龙头企业中达电子、美的洗涤电器等公司受到较大冲击，出口订单锐减，营运情况显著低于预期。芜湖出口加工区管理局积极协调海关、商检、外管等部门，在报关、报检、审批等环节中优化流程，帮助企业提高通关效率，同时为区内企业提供优质服务，解决生产经营中的实际问题。

中达电子（芜湖）有限公司：该项目占地 543.3 亩，配套设施用地 128 亩，增资后总投资达 2.66 亿美元，注册资本 1.34 亿美元。该项目分二期开工，一期工程建筑面积为 240 793 平方米的厂房、宿舍及员工会所等设施已全部建成并投入使用。2012 年，该公司实现工业产值 18.05 亿元，完成销售额 17.9 亿元。全年实现进出口值 3.33 亿美元，同比增长 2.6%，其中出口值为 2.37 亿美元，同比增长 10.8%；进口值为 0.96 亿美元，同比下降 13.2%。

芜湖美的洗涤电器有限公司：该项目占地 405 亩，区外配套用地 57 亩，总投资 8.3 亿元。该项目分三期建设，一期工程投资 3.6 亿元，23 800 平方米的主厂房现已建成并投入使用。2012 年，实现工业产值为 1.81 亿元，完成销售额 2.3 亿元。全年实现进出口值 0.414 亿美元，同比增长 2.3%，其中出口值为 0.377 亿美元，同比增长 6.2%；进口值为 0.037 亿美元，同比下降 28.6%。

合保电器（芜湖）有限公司：注册资本 500 万美元，主要从事避雷器、落式熔断器、绝缘子等产品的生产和销售。2012 年实现工业产值 2.2 亿元，完成销售额 2.3 亿元。全年实现进出口值 0.51 亿美元，同比增长 73.2%，其中出口值为 0.32 亿美元，同比增长 101.3%；进口值为 0.19 亿美元，同比增长 40.1%。

**【发展趋势】** 随着中达电子、美的小家电等大型出口加工型企业的投产，芜湖出口加工区呈现出良好发展势头；二期工程的竣工及保税物流园区的启动，为芜湖出口加工区提供更广阔的发展空间。一个通关更便捷、服务更周到、功能更齐全、监管更科学的芜湖出口加工区正在崛起。一个覆盖皖江流域乃至安徽全省，集国际加工、国际采购、仓储、物流于一体的大型综合平台正在芜湖出口加工区逐步形成。

**【机构设置与管委会领导】** 芜湖出口加工区管委会和芜湖经济技术开发区管委会实行“两块牌子，一套班子”的管理体制。芜湖出口加工区管理局作为芜湖经济技术开发区管委会的职能部门，依托经济技术开发区管委会其他职能部门，承担出口加工区招商引资、日常管理和服务工作。芜湖出口加工区管理局设贸管科、综合科两个科室。

管委会领导：芜湖出口加工区管委会主任陆雷，芜湖经济开发区管委会副主任张春虎；芜湖出口加工区管理局局长邓小红，副局长朱俊、刁建青。

**【招商部门】** 芜湖出口加工区管理局，局长：邓小红，电话：0553－5772018；副局长：朱俊、刁建青，电话：0553－5772002、5772017。

# 江西南昌出口加工区
# JIANGXI NANCHANG EXPORT PROCESSING ZONE

**【概况】** 2012 年，在南昌市委、市政府的正确领导下，在各驻区单位的大力支持下，南昌出口加工区面对全球经济不景气的形势，积极努力做好东部沿海地区产业转移的承接工作，主动促进加工贸易产业转型升级，推动园区经济稳定发展。区内重点企业平稳健康发展，园区基础配套设施投入扩大，产业优化转型速度加快，工业企业快速发展态势明显。

**【经济发展】** 紧紧围绕“跨越超越、填平补齐”的工作目标，2012 年南昌出口加工区工业经济持续环比正增长，同比增幅 1 倍以上。自 2007 年封关运行以来园区内总投资超过 10 亿美元，实现合同外资 4.53 亿美元，实际利用外资 2.01 亿美元，内资 1.24 亿元，累计进出口 16.08 亿美元，其中出口 7.9 亿美元。

2012 年，园区累计完成进出口总额 64 675万美元，同比增长 17.4%，其中出口额 31 396 万美元，同比增长 0.3%。在进出口总额中，工业企业进出口总额 58 428 万美元，占进出口总额的 90.3%；保税物流实际进出境 6 247 万美元，占进出口总额的 9.7%。

**【投资环境】** 南昌出口加工区于 2006 年 5 月经国务院批准设立，位于南昌市大气质量和综合环境最优的南昌国家高新技术产业开发区内，规划总面积 1 平方公里。其中，一期（A 区）0.31 平方公里于 2007 年 9 月通过国家 9 部委验收正式封关运行，二期（B 区）0.69 平方公里于 2010 年 12 月 28 日通过国家 9 部委验收并正式封关运行。

基础设施：南昌出口加工区 2012 年新建标准厂房、仓库共计 5 万平方米；园区外 500 米内建有企业员工公寓供企业员工租住，小区具备食堂、商业服务、文化、娱乐、体育休闲等完善的生活配套设施，并配有物业管理。

交通物流：地处长江中下游，鄱阳湖西南岸，承东启西，贯通南北，运输便利，距南昌火车站 5 公里，距赣江新水运港口 20 公里，距昌北国际机场 25 公里。园区针对区内外企业进出香港货物因转关操作差异而影响通关速度的问题，于 2012 年 5 月顺利开通“赣粤港”直通车，实现了“夕发朝至”的通关模式。

人才优势：园区位于江西省最大的智力密集区，30 余家高等院校和科研院所是强有力的人才、智力依托，区内昌东高校园区各类院校开设了近 200 个专业学科，每年可培养、输送近 6 万名专业技术人才。

商务成本：园区享有国家赋予的特许政策，建立了扶持企业发展的一系列配套政策体系，依托门类齐全的工业配套体系，成本低廉的生产要素资源，诚信至上的客商服务理念，高效快捷的政府办事效率，一个“成本最低、回报最快、效率最高、信誉最好”的投资环境已然形成。

【招商引资】 2012 年，南昌出口加工区依托南昌高新区现有招商引资平台，充分发挥海关特殊监管区域的政策优势和高效快捷的通关优势，以现有光电产业集群为主导，积极引进投资规模大、科技含量高、对区域经济具有重大带动作用的产业。全年新引进项目5 个（外资项目4 个，内资项目1 个），其中注册资本 3 000 万美元以上企业 3 家，注册资本 1 000 万美元以上企业 1 家。全年完成合同外资 13 500 万美元，实际利用外资 4 500 万美元。2012 年适时出台的《出口加工区入区企业优惠政策》为园区的招商引资发挥了良好的推动作用。

【发展趋势】 2013 年南昌出口加工区将进一步以沿海地区产业梯度转移为契机，狠抓招商引资和项目服务，力争落户一批以光电产业为主的高新技术产业项目，形成稳定的增长机制；同时，不断拓展园区业务功能，形成拥有加工贸易、保税物流、检测维修、研究开发等完善业务功能的新型出口加工区，实现出口加工区跨越发展。

【机构设置与管委会领导】 南昌出口加工区与南昌国家高新技术产业开发区实行“两块牌子，一套班子”的管理体制，南昌出口加工区管理局作为南昌国家高新技术产业开发区管委会的职能部门，承担出口加工区的日常管理和服务工作。

【招商部门】 南昌出口加工区管理局，以“为投资者服务，让投资者盈利”为宗旨，为投资客商提供政策咨询，为投资项目提供从项目审批、项目建设到投产运营后的“一条龙”服务。招商热线：0791－88161320、88161015，联系人：方宁，手机：13755778866，传真：0791－88161055。

# 江西九江出口加工区
# JIANGXI JIUJIANG EXPORT PROCESSING ZONE

**【经济发展】** 2012年，九江出口加工区以科学发展观为统领，紧紧围绕“一切以项目为中心，一心为企业谋发展”的工作理念，紧扣项目推进、园区服务、企业整合、功能配套4项工作重点，园区各项工作强力推进，高效运行，取得重大进展。园区主要经济指标大幅攀升，项目建设势头强劲，以商招商成果显著，功能配套日趋完善，园区形象全面提升。据统计，2012年区内企业实现增加值30 911万元，同比增长205%；实现工业总产值325 117万元，实现工业产品销售额317 550万元；实现进出口额110 648万美元，同比增长18.1%，其中进口额44 705万美元，同比增长3.5%；出口额65 943万美元，同比增长30.5%，进口额、出口额双双位居中部第一。

**【投资环境】** 九江出口加工区于2006年6月通过国家九部委验收，是江西省首家国家级出口加工区，总体规划面积2.81平方公里，首期开发面积0.987平方公里。园区位于庐山西麓、鹤问湖畔，距九江市中心区9公里、九江机场14公里、九江外贸码头15公里、昌北国际机场100公里。京九、武九、合九、铜九、昌九等5条铁路在此交汇，福银、杭瑞、合九、武九、大广等5条高速公路从旁经过，开发区自筹资金1亿元建设的专用通道九园公路直达九江市区及外贸码头。区内土地已按照规划要求全面做到应征尽征，并实现区内全部地块“七通一平”。目前已完成开发利用土地面积947亩，其中已开发完成包括道路、卡口、河流、验货场、监管仓库、绿化用地在内的公共用地335亩；已开发完成工业用地612亩，含园区自建标准厂房14幢，占地185亩，建筑面积12万平方米。此外，瀚森科技园、红鹰飞机等项目自建厂房427亩。同时，园区还完善了海关监管系统，配置了信息化辅助平台，大大提高了海关的通关效率和监管效能。

作为江西省首批“省级生态工业园”，九江出口加工区高标准地开展绿化亮化、管网改造、循环经济、物业管理和环境设施建设等各项创建活动。对规划范围内的主次干道、支道、河流、厂区等全面绿化管养，园区绿化植被覆盖率达42%以上。同时，投资建设了园区环境监控中心，扩建了园区污水处理厂，扩建后的污水处理厂可实现日处理污水23 000吨，并全面完成园区雨污管网改造和完善工程。几年来，园区始终把完善配套功能作为建设重点内容常抓不懈。园区基础设施的不断完善，综合配套环境的不断优化，使得入驻园区企业职工生产生活更加方便，更加安心。一是生活配套功能更加齐备。园区已完成自建生活配套建筑面积16万平方米，可供1万余名员工生活，同时沿街新建商业功能门面房4.3万平方米，现已全部建成并投入使用。二是服务机构更加齐全。园区先后引进了通讯邮政、海关国检、银行超市、医疗教育、餐饮物业、公交物流、休闲娱乐等生产生活服务机构入驻，企业职工足不出园，可正常生产生活。三是赴市到县更加便利。建成同九江县直接连通的跨高速道路连接段，极大地方便了企业职工群众出行。此外，园区还通过建立增压泵房、完善主干道供电管网和改造供电不稳定线路、完善天然气管道等有力措施，有力保障了水电气的供应，为企业发展提供了坚强的保障。随着越来越多服务机构的入驻，一个能容纳2～3万人宜居宜业的新型工业城镇正在迅速崛起。

**【招商引资】** 2012年，九江出口加工区通过以商招商、配套产业招商引进了多维科技等项目入驻。实现利用外资600万美元。截至2012年年底，累计引进项目22个，其中外资项目15个，投资总额55 816万美元，累计合同利用外资46 666万美元，实际利用外资15 745万美元。

九江出口加工区干部职工竭尽全力帮助企业解决难题。对重点企业和项目，实行一名领导、一个部门、一个责任人全天候跟踪负责制，凡园区牵头负责的项目手续，管理局安排专人跟踪服务，为企业代办完成，力促企业抢时开工建设。此外，还通过多种方式满足企业在用工、融资等方面需求。

**【工业】** 截至2012年年底，九江出口加工区已投产企业17家，投资总额超过千万美元的投产企业12家。目前区内已经聚集了以铨讯电子、绿晶光电、瀚森科技等企业为龙头的电子信息产业，以正展光电、绿翔光电为代表的新兴LED产业，以红鹰飞机为代表的精密制造业，以及万利通环保包装材料等配套项目，这些项目成为了实现出口创汇的主力军。此外，自2008年1月海关总署拓展出口加工区功能以来，九江出口加工区已开展了保税物流、仓储及维修检测业务，引进了长江物流、中兴物流等物流企业落户园区，既服务了区内企业，又带动了区外企业。

**【发展趋势】** 九江出口加工区依托区内初具规模的电子产业，大力发展电子产业及相关配套产业；围绕新型材料、新能源、精密机械等产业，着力引进上下游企业，完善产业链；进一步发挥临港优势，发展现代物流业，促进出口加工区加工贸易和现代物流协调发展；围绕创建"中部地区一流出口加工区"的目标，创新发展举措，创优发展环境，努力打造绿色生态工业园区。

**【机构设置与管委会领导】** 九江出口加工区和九江经济技术开发区实行"两块牌子，一套班子"的管理体制，九江出口加工区管理局作为九江经济技术开发区管委会的职能部门，承担出口加工区的日常管理和服务工作。

**【招商部门】** 九江出口加工区热情欢迎海内外客商垂询，共谋发展。

招商工作联系人：陈冬梅，13607021705；邹莹，13879257845。办公室电话：0792－8799085。

# 福建泉州出口加工区

# FUJIAN QUANZHOU EXPORT PROCESSING ZONE

**【概况】** 泉州出口加工区于2005年6月3日经国务院批准设立，2006年12月22日通过商务部、海关总署等国家9部委验收，于2009年1月16日正式封关运作，是改革开放以来泉州地区首个由国务院批准享受专项优惠政策、由海关监管的国家级经济区域，也是福建省面积最大的出口加工区。

**【经济发展】** 截至2012年年底，全区累计引进项目48个，总投资规模约19.7亿元，现已投产项目26个，2012年总产值约30.26亿元，同比增长332.67%。区内项目主要涉及航空维修、高端印刷、光电电子、机械制造、贵金属加工、酒类食品等行业。同时，随着泉州出口加工区外贸政策优势日益显现，进出口贸易额继续保持快速增长态势，保税物流业务增长尤为迅猛。2012年，货物进出口总额达15.17亿美元，同比增长258.6%；海关征收税款达9 190万元，同比增长15%。其中，保税物流进出口总额4亿美元，同比增长16%，品种涉及液晶显示器、塑料米、皮革、纱线、酒类及飞机轮胎等。

**【投资环境】** 泉州出口加工区获国务院批准面积达3平方公里，验收面积3 076亩。目前已建成区内道路16.8公里；标准厂房6座，面积近13万平方米；综合服务楼1座，面积1.2万平方米；员工宿舍楼3座，面积3.8万平方米，以及网球场、篮球场、及员工休闲区等公共场所面积约3 000平方米。

同时，所属福建省晋江市位于海西经济较发达地区，在2012年全国最具竞争力百强县中排名第六，市政配套设施较为完善，给泉州出口加工区的发展提供强有力的保障。

供水方面：全市共有水库28座，总库容4 679.4万立方米；自来水厂15座，日供水量67.8万吨。目前还在建设市供水二期工程和东山、胜康等水厂，供水水源十分充足。泉州出口加工区目前由磁灶镇华源自来水公司负责供水，日供水量3万吨。另建有独立水压加压泵站，预留供水接口，随时可以和日供30万吨的泉州金浦水厂对接。

供电方面：全市建有LNG燃气电厂、热电厂、垃圾焚烧发电厂及输变电站37座（500千伏1座、220千伏6座、110千伏30座），售电量占泉州市的1/3以上，福建省的1/10以上；供电可靠率达99.88%，即使在迎峰度夏高峰期，也没有出现拉闸限电现象。泉州出口加工区内建有110千伏变电站1座，供电能力达120兆伏安。

供气方面：建设LNG天然气供气中压管103公里，可提供日用气量2万立方米。

**【区域优势】** 航空方面：泉州出口加工区距厦门高崎机场76.2公里，距泉州晋江机场18.4公里。厦门高崎机场，属4E级国际机场，是国内第五大国际航空港，开通境内航线130条，境外航线40条，通达北京、上海、深圳及欧美、日本、韩国、港澳、东南亚等国家和地区的86个城市，每周16个航班往返于厦门和台湾之间，旅客吞吐量居27个两岸直航点第4位。泉州晋江机场，属4D级国际机场，是国家一类航空口岸，对台直航骨干机场，已开通国内外航线24条，每日19个航班往返于晋江和香港、北京、上海、深圳、成都等城市之间，目前新建停机坪5.5万平方米、候机楼2.2万平方米已投入使用，空运能力将大幅提高。

海运方面：泉州出口加工区距厦门港78公里，距晋江围头港47.2公里，距晋江深沪港44.9公里，距石狮石湖港36.4公里。厦门港，开通航线164条，月航班880班，航运网络覆盖欧美、中东、澳大利亚、印度、红海、地中海、南非、西非、东南亚、东北亚和中国港澳台等国家和地区。晋江围头港，是国家一类开放口岸、对台通航货运口岸，已开通至中国台湾、中国香港、东南亚国际地区集装箱航线，以及覆盖全国沿海、长江沿岸主要港口的内贸集装箱班轮航线，正在启动建设45万平方米后方堆场及相关配套项目，建成后将成为福建沿海的大型国际性开放港口。晋江深沪港，是国家一类开放口岸，已开通至新加坡、印尼、俄罗斯、韩国、日本、朝鲜等国家的散杂货航线。

陆路方面，泉州出口加工区紧靠国道324线，距泉三、沈海两条高速公路出入口仅5.9公里，距福厦高铁晋江站14公里，距鹰厦铁路泉州南站18.4公里，每天4班动车前往上海，车程约7个小时。福厦高铁晋江站是除福州、厦门站外，唯一具备客货运双重功能的站点。

赴台通道方面，除从厦门高崎机场直飞台湾外，还可以通过“小三通”泉金、厦金航线，由泉州石井码头和厦门东渡、五通码头乘船到金门，每日13个班次，单程时间55~70分钟，费用约600元新台币；即将开通的泉州至台中快捷航线，将大大缩短往返时间及费用。

**【政务环境】** 泉州出口加工区不断优化投资软环境，项目实行“领导挂钩、专人跟踪服务”制度，设立重大项目审批“绿色通道”，对入区项目在咨询、报批、基建、生产经营等方面实行“一站式”、“一条龙”便捷服务，专人为企业代办设立所需的所有手续。同时，泉州海关、泉州出入境检验检疫局等单位派驻入区办公，实行“一次申报、一次审单、一次查验”24小时通关模式，企业不出园区即可办好进出口手续。

**【发展趋势】** 2013年，泉州出口加工区总体工作目标是：全面贯彻落实党的十八大精神，以科学发展观统揽全局，把握海西建设和泉州环湾发展机遇，围绕市委、市政府提出的建设“现代产业基地、滨海生态城市”的总体目标，发挥叠加保税物流园区的政策优势，打造“一个基地”，建设“两个中心”（即打造进口商品集散基地，建设进口食品及酒类商品展示交易中心和工业原材料供应及配送中心）。同时，继续有针对性地加大对“两头在外”加工生产项目及进口保税物流项目的招商引资力度，强化对企业的全方位服务，紧抓前期入驻项目的落地建设，全面推动加工区各项工作稳步向前发展。

# 山东青岛出口加工区
# SHANDONG QINGDAO EXPORT PROCESSING ZONE

【概况】 青岛出口加工区位于青岛环胶州湾产业带中间位置，于2003年3月10日获国务院批准设立，同年12月8日通过国家8部委联合验收，核心区规划面积2.8平方公里，其中一期1.7平方公里于2004年8月正式封关运作，配套产业区10.1平方公里。青岛出口加工区距青岛国际机场19公里，距前湾港33公里，距青岛港18公里，周边济青高速、青银高速、308国道、204国道等路网纵横交错，形成立体式交通网络，交通便利，区位优越。

青岛出口加工区成立以来，紧紧围绕创建一流出口加工区的目标，以科学发展观统领开发建设全局，以招商引资为主线，以完善区域城市功能为重点，各项工作呈现出良好的发展态势。

【投资环境】 青岛出口加工区是国内为数极少没有依托经济开发区的出口加工区之一，创始阶段基础配套设施不完善。为改变区域环境较为落后的现状，青岛出口加工区不断加大投资和开发建设力度。目前，核心区及配套产业区基础设施配套分别达到“九通一平”和“七通一平”标准，道路、水电、供热、供气及信息化配套达到国内一流园区水平。为充分发挥配套产业区对核心区的反哺功能，产业区重点发展税源经济，规划了商住区、商业区、商务区、配套工业区。商住区大力发展商住项目，完善区域城市功能，增加地方财政收入，打造青岛北部城区西侧的高端商住中心；商业区依托功能区保税展览展示功能，打造胶州湾北部国际化进口高端商品交易展示中心；商务区以发展商务经济、总部经济为目标，加快青岛北部城区CBD中央商务区建设，积极发展商务楼宇，加快大型公司总部、贸易公司、服务型公司的引进，打造青岛北部城区总部经济中心；配套工业区大力发展高端装备、电子信息软件、智能装备、环保节能、现代物流等高新技术产业，加快形成胶州湾北部的高端产业聚集区。

完善区域硬环境的同时，青岛出口加工区进一步优化投资服务体系，打造优质的投资软环境。2012年，全力营造“亲商、安商、富商”服务氛围，强化投资服务软环境建设。坚持并完善了定期走访企业制度、驻区部门联席会议制度、驻区部门与企业见面会议制度、项目协调促进领导小组会议制度等，每月定期走访企业，了解企业经营情况，帮助解决企业在生产过程中遇到的各种问题。

【招商引资】 2012年，继续保持强劲招商态势，紧紧围绕产业规划，坚持“走出去”招商，多渠道挖掘项目信息，招商引资工作进展顺利。全年批准项目6个，批准投资总额3.26亿美元，其中批准外资项目5个，完成合同外资1.05亿美元，实际利用外资5 820万美元。截至2012年年底，青岛出口加工区累计签约内外资项目66个，其中外资项目60个，投资总额14.5亿美元，合同外资6.25亿美元，到账外资3.88亿美元；内资项目6个，总投资19.4亿元。所引进的项目中，投资总额过千万美元的外资项目26个，占引进外资企业总数的43%，单个外资项目平均投资额达到2 416万美元。

在招商引资过程中，青岛出口加工区重点发展电子信息、装备制造、新材料、新能源四大产业，构建特色化产业集群。经过多年的招商运作和精心培育，电子信息、装备制造两大优势产业初具规模，保税物流企业群体正在加速形成。以投资5 000万美元的世界500强企业——泰科电子为龙头的电子信息产业现有企业13家，产品基本覆盖了电子产品配件大部分领域，产值占园区企业工业总产值的56%；以世界同行业最大品牌商德国斯蒂尔集团投资9 569万美元设立的安德烈斯蒂尔动力工具（青岛）有限公司和日本洋马株式会社投资2亿美元设立的洋马发动机（山东）有限公司为龙头的装备制造业现有企业15家，产值占园区企业工业总产值的25%；总投资4 000万美元的丹麦NDI物流、香港广阔橡胶物流、中日纺织物流、捷克消防物流等国际知名物流公司落户，短期内将形成保税物流产业集群发展态势。这些产业集群，为园区转型升级打下良好的产业基础。

**【工业经济】** 2012年，青岛出口加工区投产企业达到49家，占引进项目总数的74%，区内企业用工人数达到7 600人。实现工业总产值44亿元，同比增长3.26%，其中高新技术企业工业总产值达到11亿元，电子信息产业工业总产值35亿元；实现工业增加值12.3亿元，同比增长3.26%；销售收入43亿元，同比增长3.45%；固定资产投资达到3.64亿元；实现利润总值7.78亿元，同比增长2.17%；进出口总值完成6.25亿美元，其中出口完成4.17亿美元。

**【园区管理】** 2012年，青岛出口加工区着力提高行政审批效率，全年300余项行政审批事项均提前完成；着力优化通关通检环境，积极协调海关、国检等驻区职能部门，形成了通关速度快捷、物流监控到位、加工贸易联网监管的出口加工区监管模式；着力建设平安和谐园区，安监队伍进一步壮大，安全生产网格化管理信息平台向企业不断延伸，安全生产网格化、专业化、科学化管理水平明显提高，安全培训教育、隐患排查整改力度进一步加大，全年未发生较大安全事故；建立了治安联动机制，形成了上下互动、平行联动的治安网络，区域维稳和治安防范能力有效增强。加强劳动人事监管，进一步畅通了职工维权渠道，设立24小时公开投诉电话，实行对企业劳动用工的动态管理，定期对区内企业劳资情况进行走访摸底，妥善处理企业劳资纠纷。

**【发展趋势】** 青岛出口加工区位于山东省建设“半岛蓝色经济区”的战略要地和青岛市“环湾保护、拥湾发展”战略中心位置，是国内为数不多的设在国家级经济开发区（高新区）之外的出口加工区之一。青岛出口加工区加快发展对青岛市经济社会发展、优化对外开放布局、促进产业转型升级将发挥重要的作用。按照国务院《关于促进海关特殊监管区域科学发展的指导意见》（国发〔2012〕58号）要求和青岛市委、市政府的最新部署，青岛出口加工区要充分发挥海关特殊监管区域的政策优势，发挥空港、海港优势和保税加工、保税物流、保税服务等功能优势，加快向“综合保税区”转型，全力打造全新的发挥功能优势的政策平台，加快形成高新技术企业聚集、外向型特点突出、具有较强辐射带动作用的山东半岛蓝色经济与现代高端产业示范区。

**【机构设置与管委会领导】** 青岛出口加工区工委于2004年12月31日由青岛市委正式

公布建立（青委〔2004〕166号），作为青岛市委的派出代表机关，受青岛市委直接领导。青岛出口加工区管委会是青岛出口加工区的行政管理部门，下设办公室、经济贸易发展局、规划建设局、招商局、公共事务管理局、计划财务管理中心6个部门。管委会领导成员有：中共青岛市委青岛出口加工区工委书记、管委会主任张卫平，中共青岛市委青岛出口加工区工委委员、管委会副主任荀团年，中共青岛市委青岛出口加工区工委委员、管委会副主任王保岚。

**【招商部门】** 招商部门为管委会经济贸易发展局和招商局，联系人：贝利辉，联系电话：0532－87828881、15806587511；联系人：郇永霞（18653221224）、李云伟（13455241868），联系电话：0532－87828880。

# 山东威海出口加工区
# SHANDONG WEIHAI EXPORT PROCESSING ZONE

【经济发展】 截至2012年年底，威海出口加工区内投产企业45家，其中加工行业38家，物流行业7家。在加工行业中，电子企业20家、食品企业4家、汽车零部件企业4家、其他企业10家。2012年，区内企业共完成工业产值39.7亿元，同比增长0.21%；实现进出口总值11.15亿美元，同比增长4.81%；完成税收7 475万元，同比增长0.87%；新引进项目3个，增资项目5个，到位资金784万美元；全年保税物流业务累计实现货值7.56亿美元。

【投资环境】 威海出口加工区于2000年4月27日经国务院批准设立，2001年1月8日通过了国务院8部委联合验收小组的验收，2001年10月8日正式封关运作，规划面积2.6平方公里，一期使用面积1.34平方公里，建有20 000平方米的综合办公楼、5 000平方米的保税仓库和10 000平方米的综合验货场。

建区以来，威海出口加工区借助国家赋予的“境内关外”海关特殊监管方式，依靠临近韩国的地域优势，重点实施了“借韩兴区”战略，以“建设规范高效和谐园区，促进经济又好又快发展”为宗旨，秉承“企业创造财富、政府营造环境，院内的事企业干、院外的事政府办”的服务理念，建立和完善了“机关干部分包企业负责制”，定期进行走访和调研，帮助解决生产经营中遇到的困难和问题，有力地促进了园区经济的健康快速发展。目前，区内已引进项目52个，批准投资总额6亿美元，实际利用外资4.1亿美元。截至2012年年底，累计完成工业总产值225.96亿元、进出口额66.75亿美元、税收2.77亿元、保税物流进出区货值16.36亿美元。

【工业】 围绕打造高质高效产业聚集区，重点发展电子信息、汽车配件、医疗器械、保税物流等四大支柱产业。一是抓大促小，力推骨干企业做大做强。不断优化产业结构，加快转变经营方式，鼓励企业增资扩股，革新技术，创新发展。2012年，日月光半导体（威海）有限公司，增加投资2.3亿元建设三期工厂，5月底开业，达产后，年产能力将提高3倍。颐和成人用品公司投资800万欧元从意大利引进了国内首条成人拉拉裤生产线，2012年6月初开机试运行，达产后，年产值可达2亿元。6家中小企业增资扩股，扩大生产规模，产值同比增长20%以上。二是提质增效，力促重点企业加大技改投入。积极引导企业加强技术改造，加快产品结构调整，加大科技研发，有效地遏制了经济下滑的不利局面，企业经济实现快速稳定发展。三是转型发展，提升保税物流产业发展层次。2012年年初组织园区中外运等7家物流企业召开专题座谈会，8月份组织物流企业参加园区首届物流节系列活动，与企业共同研究探讨如何做大保税物流业，带动周边商贸业繁荣发展，增强园区活力的新举措。园区物流企业规模不断壮大，资金实力逐步加强，立足仓储物流业务平台，尝试建立面向区外重要客户群的进口分拨中心，积极开展贸易经营业务。四是拓展空间，盘活利用闲置土地。土地资源已成为制约出口加工区持续发展的瓶颈，因此对加工区内占而未用，用而不足的存量土地，逐块丈量、建立台账，积极引导企业尽可能利用存量土地。五是腾笼换鸟，力劝经营不善企业搬出园区。为把出口加工区建设成为高端高质高效产业聚集区，按照《威海出口加工区企业准入退出管理规定》，抬高项目准入门槛，着力引进投资强度大、科技含量高、带动性强的项目。同时，加快淘汰产能低、效益差的企业出区，实现低效利用土地向优质项目转移配置，提升土地利用价值。长期经营不善的2家企业出让厂区搬出加工区。

**【发展趋势】** 紧紧围绕建设高质高效高端产业聚集区的目标要求，做活存量，做大增量，做优总量，提质增效，优化产业结构，努力打造以日月光半导体（威海）有限公司引领的电子信息产业板块，以威海鸿宇医疗器械有限公司为龙头的医疗器械产业板块，以威海艾迪姆汽车配件有限公司为骨干的汽车配件产业板块，以威海中外运保税仓储有限公司为核心的保税物流产业板块，突出园区特色，实现集群发展。

**【机构设置与管委会领导】** 威海出口加工区与威海经济技术开发区实行“两区合一”的管理体制，威海经济技术开发区（出口加工区）管委会下设出口加工区管理局，是正县级事业单位，内设综合科、经济发展科、监督管理科、政工科、保税物流科5个职能科室，具体负责出口加工区的管理与服务工作。

管委会领导：威海经济技术开发区（出口加工区）工委书记、管委会主任孙开连，出口加工区管理局局长林玉霞。

**【招商部门】** 联系电话：0631－5981061，传真：0631－5981632。

# 河南郑州出口加工区
# HENAN ZHENGZHOU EXPORT PROCESSING ZONE

【经济发展】 2012年，在全球市场需求乏力，世界经济持续低迷，国内经济增速明显放缓的形势下，郑州出口加工区以中原经济区建设和郑州都市区建设为指导，紧紧围绕年度工作目标，以省、市重点项目建设为抓手，多策并举促进项目建设、企业发展，全区固定资产投资、工业总产值、出口创汇等主要指标同比实现稳定增长，较好地完成了年度工作目标。

2012年，全区新引进项目11个，批准投资总额2.03亿美元；合同利用外资5 450万美元，同比增长102%；实际利用外资5 062万美元，同比增长27%；完成固定资产投资30.98亿元，同比增长239%；完成工业总产值47.17亿元，同比增长66%；完成增加值12亿元，同比增长57%；完成工业产品销售收入44.63亿元，同比增长57%；实现进出口5.5亿美元，其中进口4.91亿美元，出口5846万美元。区域经济在重点项目的拉动下，呈现以下三大特点：一是重点项目建设推进顺利，全区固定资产投资实现新突破。2012年，随着省、市重点项目建设的顺利推进和富士康二期项目投资力度的加大，全区固定资产投资实现新突破，完成30.98亿元，是2011年同期的3.4倍，达到建区以来年度投资最高值。其中，河南省重点项目出口加工区富士康厂房及职工公寓建设完成投资11.5亿元，30万平方米厂房和宏光花园职工公寓竣工投入使用。二是深加工结转业务额继续保持大幅增长，直接出境额同比下降。2012年，全区共实现深加工结转额6.4亿美元，同比增长64%，其中富泰华公司及其配套工业企业结转至郑州新郑综合保税区4.1亿美元，占全区结转额的64%。受富泰华公司及其配套企业深加工结转出区量大幅增长，区内中小企业出区和物流出口业务量小幅下降的双重影响，全区直接出境额同比下降，2012年全区实现出口创汇5 846万美元，同比下降22%。三是富士康项目顺利推进，带动就业、税收大幅增加。随着富士康项目的顺利推进，园区就业人数大幅增加，2012年全区就业人员达到28 481人，较去年同期增加13 282人，其中富士康员工22 169人，占总就业人员的78%。从税收情况来看，2012年，全区完成税收19 674万元，同比增长161%，其中海关关税及代征增值税13 656万元，同比增长148%；国地税税收6 018万元，同比增长197%。国地税中，富泰华公司纳税额占全区的一半。

【投资环境】 郑州出口加工区是集保税加工、保税物流、保税研发、保税检测、保税维修等综合保税功能为一体的海关特殊监管区域，位于河南省郑州市东南部，京广铁路、陇海铁路、京珠高速公路、连霍高速公路、310国道、107国道、环城公路环绕四周。距新郑国际机场22公里，距陇海铁路圃田站3公里，距国家一类铁路口岸——郑州铁路东站1.5公里，距郑州铁路客运东站5公里，距公路货运中心站2.5公里，至天津、青岛、连云港港口铁路运输最多不超过8小时，交通便利。进区企业不仅享有国家赋予的进出口免税、进料保税、入区退税等优惠政策，还享有省、市政府赋予的更多优惠，是河南省实施开放带动战略，实现中原崛起的重要平台和对外开放的新窗口，被省委、省政府定位为“全省招商引资、扩大出口的示范区”。随着近期国务院批复建设郑州航空港经济综合实验区，郑州出口加工区迎来了新的发展机遇。

在区域开发建设方面，截至2012年年底，郑州出口加工区封关运行面积0.893平方公里，区内基础设施配套完善，建成标准厂房40万平方米，保税仓库2万平方米，集装箱堆场1万平方米，并配备有大型集装箱正面吊、叉车等设备，为入区企业提供了充足的生产、仓储场所和完善的配套设施；在出口加工区周边，18万平方米职工公寓建成并投入使用，为入区企业员工提供了生活便利。同时，为了解决原规划用地被高速铁路占用，发展空间受限问题，郑州市政府在郑州国际物流园区规划1.8平方公里作为出口加工区B区用地，目前正在等待国务院正式批复。

在服务企业方面，2012年郑州出口加工区继续坚持“抓大不放小”的服务原则，一方面紧紧围绕富士康等重点项目，集中人力、物力完善企业配套；另一方面持续加大对中小企业的扶持力度，为中小企业创造优良的发展环境。一是做好重点项目的对接及服务工作。积极协调海关和检验检疫部门，确保进区设备的快速通关；深入落实领导分包企业责任制和项目联络员制度，对分包企业定期走访，解决企业发展难题。二是不断优化企业通关环境。根据企业诉求，通过上报协调，经郑州海关批准，机场海关与驻出口加工区办事处之间的海关监管货物，可以由符合规定的非海关监管车辆承运，降低了企业物流成本。三是做好中小企业的扶持工作。积极协调市商务、财政、科技部门兑现企业有关政策扶持资金，润嘉公司出口创汇农业发展专项资金、晶诚科技外经贸发展促进资金、富泰华招商引资奖励资金也于年内拨付到位。四是不断完善园区基础设施配套。全年以园区环境整治效果实现新提升为目标，大力实施“净化”、“绿化”、“美化”、“亮化”工程。经过努力，园区环境明显改善，进一步巩固了创建全国文明城市成果。五是着力改善企业员工生活环境。2012年以来，郑州出口加工区继续加强物业员工队伍建设，继续完善工作对接机制，多措并举提升服务水平，不断改善富士康等企业员工生活和工作条件。

**【招商引资】** 2012年，郑州出口加工区围绕产业发展目标，抢抓产业转移机遇，克服各种不利因素影响，拓宽招商渠道，加大招商力度，扩大招商成果，加速产业结构调整。一是积极组织参加大型招商活动。二是大力实施“走出去”，“请进来”招商战略。三是以招商活动为载体，加强招商网络平台建设。2012年，郑州出口加工区共引进项目11个：富士康配套项目2个，分别为投资额4000万元港币的郑州建泰精密科技有限公司和专为富士康项目提供机电设备进口的正中仓储配套项目；台湾独资的打印机色带项目佳原电子、日资生物化学项目蒂斯科尔科技、华赢橡胶科技、虹瀚保税仓储、天翰贸易、拉姆顿机械项目和郑州优特核子医疗设备项目也都顺利入区；优传红酒项目和思博雅进口红酒项目的进驻，为把郑州出口加工区打造成为进口酒业基地奠定了基础，标志着郑州出口加工区产业调整又迈出新步伐。

**【工业】** 从工业发展情况来看，2012年，随着富士康项目生产规模的扩大，出口加工区手机零配件产量增加，拉动全区工业经济快速增长，全年全区工业总产值突破40亿元，完成47.17亿元，是去年同期的1.7倍。其中，富泰华及其配套企业完成工业总产值43.25亿元，占全部工业总产值的91%，大项目拉动经济增长效应明显。从工业产品销售收入看，全年全区完成工业产品销售收入44.63亿元，产销比为95:100，保持了较高的产销水平。

**【发展趋势】** 2013年，郑州出口加工区将认真贯彻落实《国务院关于促进海关特殊监管区域科学发展的指导意见》，抢抓中原经济区、航空港经济综合实验区建设新机遇，牢牢把握转中求进的总基调，突出“服务”和“提升”两个主题，努力做好转型升级和扩区建设两篇文章，持续推动园区全面、协调可持续发展，充分释放出口加工区发展外向型经济的综合效应，进一步发挥出口加工区在经济技术开发区中的对外开放平台作用。随着2012年富士康二期项目生产设备的全部到位及配套厂房的竣工，2013年全区固定资产投资及设备进口额将有一定幅度下降，预计可完成固定资产投资22亿元，同比下降35%；完成进口3.5亿美元，同比下降33%。工业产值及出口方面，随着富士康二期及其配套企业的顺利投产，2013年全区工业产值和出口将保持稳定增长，预计将完成工业总产值56亿元，同比增长20%；完成出口8亿美元，同比增长11%。

**【机构设置与管委领导】** 郑州出口加工区管委会于2003年6月经河南省编委批准设立，属郑州市政府的派出机构，管委会下设党政办公室、招商局、经济发展局、综合管理局、企业党工委办公室5个部门，并设有国有投资公司郑州昇阳出口加工发展有限责任公司，部门分工明确，职责完善，运转有序。目前，管委会领导班子配备主任1名，副主任2名。

**【招商部门】** 郑州出口加工区招商局现有招商人员10人，是一支素质高、业务精，工作能力强的招商队伍，招商局全体人员将竭诚为进区企业提供全方位的优质服务，欢迎您的到来。

郑州出口加工区招商局联系电话：0371－66866120、66866130；联系人：杜旭东（局长，英语），0371－66866126；刘明（副局长，英语），0371－66866120/130；赵珉（西班牙语），0371－66866120/130；刘艳丽（英语），0371－66866120/130；朱小兵（英语），0371－66866120/130；时永利（英语），0371－66866120/130；王丽芳（日语），0371－66866160；郑会显（英语），0371－66866160。

# 广东广州出口加工区
# GUANGDONG GUANGZHOU EXPORT PROCESSING ZONE

**【经济发展】** 2012 年，广东广州出口加工区完成工业总产值 28.45 亿元，同比增长 25.38%；实现进出口总额 5.76 亿美元，同比增长 39.12%。

**【投资环境】** 广州出口加工区设在广州经济技术开发区东区内，规划面积 3.05 平方公里，按照“统一规划、分期开发”的原则，首期开发 0.9 平方公里，现已建成完善的监管设施和配套设施，包括：围网、海关办公大楼、验货场和“七通一平”设施等。截至 2012 年，广州出口加工区累计实现固定资产投资 12.56 亿元，其中基础（公共）设施投资达到了 5.88 亿元。

广州出口加工区具有优越的地理位置，它北靠广深高速公路，南临广九铁路、广深公路，区内的主干道与黄埔新港相连，方便监管货物的转关运输，同时毗邻港口和国际空港，交通便捷，通过高速公路网可以快速连接珠三角各城市及香港、澳门。

**【招商引资和工业发展】** 汽车产业是广州的三大支柱产业之一，在广东省、广州市的高度关注下蓬勃发展，形成了“东部本田、北部日产、南部丰田”三大汽车板块。本田汽车（中国）有限公司是全国第一个整车产品 100% 出口的企业，目前产品已出口欧洲 21 个国家，吸引了 70 多家汽车配套厂商落户广州开发区，形成了广州市东部汽车产业基地，成为广州汽车工业发展整体战略的重要组成部分，带动了华南地区汽车产业链的发展。

随着保税物流园区业务量的迅速增加，为进一步满足区内企业物流需求，缓解广州开发区西区的交通压力，广州出口加工区抓住国务院批准全国出口加工区拓展保税物流功能这一契机，经过周密的布置，协调区商业发展总公司制订完善《广州出口加工区拓展保税物流功能建设方案》，项目总规划用地 165 019 平方米，其中仓储区仓库 9 000 平方米，货检服务综合楼 15 000 平方米。出口加工区拓展保税物流功能试运作仪式已于 2009 年年底启动。

**【发展趋势】** 随着国家对出口加工区保税物流等功能的拓展，以及对海关特殊监管区域的整合，广州出口加工区将具备更完善的政策功能，为区内外企业提供一流的加工贸易、物流配送平台和完善的检测、维修、翻新、升级支持等售后服务。同时广州出口加工区准备启动未开发区域的建设，把出口加工区做大做强。

本田汽车（中国）有限公司将继续紧跟国际市场导向，逐步拓展销售市场的广度和深度，扩大生产规模，实现 25 万辆/年的设计产量。

**【机构设置与管委会领导】** 广州出口加工区的地方管理机构是广州出口加工区管理委员会，广州出口加工区与广州经济技术开发区、广州高新技术开发区、广州保税区管理委员会合署办公，构成强大的“四区合一”行政管理体系，2003 年全区通过 ISO 9001 和 ISO 14000 双认证，拥有中国对外开放最完整、最系统、最丰富的优惠政策体系，可供外商选择的投资领域最宽、政策空间最大。

2005 年 6 月，广州市委、市政府为加快“东进”战略的实施，在原四区合一经济区域的基础上，成立了广州市萝岗区，面积为 393.22 平方公里。

广州出口加工区管委会为广州市政府的派出机构，享受市一级的审批权限，机构精简，办事高效。管委会下设办公室、发展和改革局、经济发展局、科技和信息化局、规划国土局、建设和市政园林局、环境保护和城市管理局、保税业务管理局、企业建设局（招商局）、财政局等机构。

骆蔚峰同志担任广州出口加工区管委会主任，李红卫、陈小华、郑锡雄、蔡刚强、郭粤明、孙秀清同志任副主任。萝岗区副区长张超平同志具体分管出口加工区业务。

**【招商部门】** 广州开发区保税业务管理局是广州出口加工区的经济业务主管部门，诚挚欢迎广大客商前来咨询、交流、投资和开展业务。我们必将践行“一切为了投资者，一切为了企业，用最好的服务、最佳的环境让投资者获得最大的回报”的管理理念。联系人：金晶、陈坚，联系电话：020－82112051、82112062，传真：020－82112070。

# 广东深圳出口加工区
# GUANGDONG SHENZHEN EXPORT PROCESSING ZONE

**【区域概况】** 广东深圳出口加工区是2000年4月27日国务院批准成立的首批15家出口加工区之一，规划面积3平方公里，位于深圳市坪山新区内，2001年3月31日通过国家八部委联合验收并一次性封关运作。四至范围西起深汕路，东至绿荫路，北起丹梓西路，南至金牛西路。

深圳出口加工区是由海关监管的特殊区域，实行“境内关外”管理，海关实行“一次报关、一次审单、一次查验”通关管理模式，通过延长工作时间和预约加班的方法，实现了区内企业24小时通关的要求。

深圳出口加工区内市政基础设施全部实现“七通一平”，区内设有管委会、海关、检验检疫等管理和服务机构，区内企业可就近办理全部进出口手续。

深圳出口加工区区内企业全部实行EDI联网管理，不实行银行保证金台账制度；免征企业流转环节的增值税和消费税，不实行增值税“免、抵、退”税政策；外汇管理宽松，不实行结售汇制度；进口设备全额保税，不实行免税额度控制；国内采购的货物视同出口，实行入区退税政策。

深圳出口加工区是国内唯一在同一海关关区内拥有进出境陆运、海运和空运优势的出口加工区，距深圳宝安国际机场仅60公里，距盐田国际集装箱码头仅25公里，距文锦渡、罗湖、皇岗、深圳湾等陆路口岸仅40公里。从深圳出口加工区出发，车行100分钟内可抵达香港国际机场。

**【经济发展】** 2012年，深圳出口加工区共实现工业增加值32.16亿元，同比增长4.42%；实现工业总产值136.71亿元，同比增长4.42%。其中，高新技术产业实现工业总产值95.76亿元，同比增长22.14%；电子信息产业实现工业总产值94.08亿元，同比增长22.21%；实现工业产品销售额136亿元，同比增长4.62%；实现工业企业利润总额5.09亿元，同比增长66.06%；平均从业人员1.83万人，同比下降3.06%。

2012年，深圳出口加工区实现进出口总值72.07亿美元，同比增长84.2%，其中进口总值29.90亿美元，同比增长114.7%，出口总值42.16亿美元，同比增长67.4%。从分项统计来看，深圳出口加工区实现了保税物流功能的拓展，完成进料加工进出口总值42.14亿美元，同比增长24.4%；完成海关特殊监管区域物流货物进出口总值29.24亿美元，同比增长506.2%；完成海关特殊监管区域进口设备0.68亿美元，同比增长61.0%。

**【投资环境】** 深圳出口加工区政策优势明显。深圳市委、市政府高度重视出口加工区的发展，于2000年10月8日审议通过了《深圳出口加工区若干规定》，赋予出口加工区管委会市一级的经济管理权限。

根据2008年12月31日下发的《国务院办公厅关于保持对外贸易稳定增长的意

见》（国办发〔2008〕135号），深圳出口加工区区域功能从原来单一的保税加工，拓展至保税加工、保税物流、研发、检测、维修、售后服务及部分国际贸易等领域。2009年11月27日，深圳市政府四届第一百五十次常务会议审定通过了深圳出口加工区管委会会同深圳市发展和改革委员会、深圳市人民政府口岸办公室、深圳市科技工贸和信息化委员会、深圳海关、深圳出入境检验检疫局、深圳市市场监督管理局、深圳市国家税务局、国家外汇管理局深圳分局拟定的《关于本市推进出口加工区拓展保税物流功能及开展研发、检测、维修业务的意见》。

为促进加工区加工贸易和保税物流业务的开展，自2010年1月起，深圳出口加工区管委会会同深圳海关和深圳出入境检验检疫局，先后出台了一系列加工区通关便利措施，包括：一般贸易分送集报、保税货物跨关区直转、延长通关时间、降低查验频率、法检货物集中报检、境内入区货物不实施检验检疫、点对点监管的保税货物多次陆空联运模式等，加工区已成为深圳市目前关税最优惠、通关最快捷、管理最简便、经济最开放的海关特殊监管区域。

**【招商引资】** 截至2012年年底，加工区已吸引来自美国、日本、荷兰、英国、新加坡、加拿大、英属维尔京群岛、开曼群岛、萨摩亚、中国大陆、中国香港、中国台湾共12个国家和地区的57家投资企业入区经营。入区企业中外商投资企业有40家，仓储物流企业12家，累计投资总额11.51亿美元，注册资本4.78亿美元，企业实际到位外资3.96亿美元。已投产的企业共有52家，其中工业企业45家，物流企业7家。行业主要集中于IT、家电、电子、保税物流服务等领域，初步形成了以日立环球存储产品（深圳）有限公司为龙头的电脑硬盘产业集群、以主力实业（深圳）有限公司为龙头的家用电器产业集群和以深圳市新宁现代物流有限公司为龙头的保税物流服务业产业集群。

**【重点产业】** 目前，加工区工业主要以高新技术和先进制造业为支柱，重点发展新能源、新材料、先进装备制造和保税物流服务等产业，主要招商目标为世界500强企业、大型跨国集团公司和国内外知名保税物流企业等。

**【发展趋势】** 加工区在经历了11年发展历程后，初步形成了电脑硬盘产业和家用电器产业集聚基地，两大产业链条日趋完善。可以预计在未来的一至两年内，以日立环球为龙头的电脑硬盘产业、以主力实业为龙头的家用电器产业和以新宁物流为龙头的保税物流服务业都将具备一定的规模，加工区有望成为珠三角地区功能最齐全、服务最优化的保税监管区域。

据测算，出口加工区现还有国有未出让土地约50万平方米，可整合利用土地约60万平方米，发展空间依然很大。

**【机构设置与管委会领导】** 加工区依托深圳市坪山新区，加工区管委会与深圳市坪山新区管委会实行一套人马两块牌子的管理模式。管委会下设综合办公室、经检监察局（审计局）、组织人事局（编办）、经济服务局（安全生产行政执法监察大队）、发展和财政局、社会建设局、公共事业局、城市建设局（公路局）、城市管理局（城市管理监督指挥中心）、规划土地监察大队共10个局（办）和机关后勤服务中心、建设管理服务中心、社会事务服务中心3个事业单位。

加工区主要业务协调管理部门为经济服务局企业管理科，为深圳市坪山新区经济服务局内设机构。

深圳海关于2000年开始筹建驻深圳出口加工区办事处（正处级），2001年4月深圳海关驻深圳出口加工区办事处正式挂牌运作。办事处内设办公室、综合业务科、监管科和稽查科4个科室。

深圳出入境检验检疫局坪山加工区办事处（正处级）亦于2005年4月正式挂牌运作。办事处内设综合科、业务一科、业务二科和1个服务分中心。

**【招商部门】** 深圳市坪山新区投资推广中心。电话：0755－84622116、84622220，传真：0755－84622226，网址：http：//www.psxq.gov.cn，地址：广东省深圳市坪山新区深汕路坪山段583号，邮编：518118。

# 广西北海出口加工区

# GUANGXI BEIHAI EXPORT PROCESSING ZONE

**【经济发展】** 2012年，广西北海出口加工区完成工业总产值84.06亿元，其中电子信息产业76.34亿元；完成进出口总额7.27亿美元，其中加工贸易进出口额6.95亿美元，占北海市加工贸易进出口额的67.4%。

截至2012年，北海出口加工区累计批准企业64个，进区企业投资总额约6.24亿美元，累计实现进出口额超过31.27亿美元，代表性投资商有日本三洋、台湾光宝集团、台湾建准集团、广东永昶集团、香港德昌电机集团、深圳万港物流集团、深圳惠科电子、韩国双赢洋弓、模雅特电子等。

**【投资环境】** 北海出口加工区A区位于广西北海市区西侧，总规划面积1.454平方公里，首期开发围网面积1.135平方公里，2003年3月10日经国务院批准设立，2005年4月正式运作，是我国西部地区唯一临海的、最靠近东盟国家的出口加工区。北海出口加工区A区距市中心3公里，距北海福成机场27公里，距高速公路入口17公里，与北海港相邻，紧邻进港铁路及铁路编组站。

B区位于广西北部湾经济区发展规划中的铁山港（龙潭）组团内的铁山港工业区，规划总面积11.02平方公里，其中封关围网面积1.842平方公里。

北海地处中国广西南端，位于北部湾畔的中心位置，是中国西部重要的国际贸易港口城市。北海东与经济发达的广东省交界，南与全国最大经济特区海南省相距120海里，向北内陆辐射范围可达云南、贵州、四川、重庆 、湖南等省（市），隔海毗邻东盟自由贸易区，是中国西部大开发的战略重点区域。

**【招商引资】** 2012年北海出口加工区引进项目7个，新增到位资金7 308万美元。北海出口加工区管委会在对内服务好企业的同时，对外寻求招商引资新突破，继续加大招商力度，积极对接国际知名电子信息龙头企业，以龙头企业入驻为契机，带动上下游配套产业入驻，吸引关联企业跟进入驻。加强与国内外大企业的联系对接，对有投资意向的企业，由领导带队分头拜访，进行宣传推介，吸引其来加工区投资。同时配合北海出口加工区B区的建设开发进度，早谋划、早准备，提前开展北海出口加工区B区的招商引资工作。将B区作为今后招商引资工作重点，提前做好招商引资谋划，充分利用B区临港优势，有针对性地制定招商计划，提高B区的招商引资效果。

**【发展趋势】** 2006年以来，党和国家领导人，中央部委和自治区党委、政府的主要领导等先后到北海出口加工区视察，对北海出口加工区的发展模式和取得的成绩给予了充分肯定和认可。

经过几年的发展，北海出口加工区逐步成为广西和北海市发展外向型产业的重要平台、电子信息产业的重要基地和对外开放的重要窗口。为进一步落实国务院加快广西北部湾经济区开放开发的战略规划，进一步引导、承接先进制造业入区发展，根据广西北部湾经济区发展规划及北海出口加工区拓展保税物流等功能的需求，自治区人民政府于2010年4月29日报请国务院拟在北海铁山港工业区范围内设置北海出口加工区扩展区域1.842平方公里。2012年3月7日国务院复函自治区人民政府，同意北海出口加工区扩区。扩大后的北海出口加工区规划面积3.296平方公里，共分为两个区块。其中，区块一（A区）为北海出口加工区现有区域，规划面积1.454平方公里；区块二（B区）位于铁山港区，规划面积为1.842平方公里。B区的建设将发挥北海出口加工区保税加工、保税物流、生产型服务一体化的优势，以电子信息产业、机电一体化产业、新材料产业、林板材深加工产业等为主要产业导向，有效地承接东部加工贸易及现代服务业的转移。

北海出口加工区将紧紧把握东部产业转移、国际产业分工进一步深化和作为全国加工贸易梯度转移重点承接地的契机，抓住北部湾经济区开放开发带来的机遇，优化投资环境，主动承接产业转移；推进项目建设，完善园区配套识施；大力开展招工和培训服务工作，解决企业用工难问题，关爱企业员工，着力改善民生；扶优扶强扶大，培育产业集群。

**【机构设置与管委会领导】** 北海出口加工区管委会为北海市政府派出机构，下设党政办公室、财政局、社会工作局、招商局、人力资源局、产业发展局、保税物流局、建设开发局等机构。

管委会领导：管委会主任、党工委书记沈平，副主任李斌、孙旭、龙江、喻荣辉、宾勇，纪工委书记陈炎招。

**【招商部门】** 联系人：黄兴焕，联系电话：0779－3928068、3928018、3928308。

# 四川绵阳出口加工区
# SICHUAN MIANYANG EXPORT PROCESSING ZONE

**【经济发展】** 2012年四川绵阳出口加工区围绕高新区建设“千亿园区”的目标，按照实施“倍增计划”的要求，团结拼搏，务实创新，加快加工贸易转型升级，加快项目引进和项目增资，加快招商载体建设，强化企业服务，规范区域管理，实现了出口加工区稳步发展。全年实现工业总产值96 984万元，同比增长18.6%；进出口总额39 638万美元，同比增长31%，其中出口额22 508万美元，同比增长14%。

**【投资环境】** 绵阳市先后获得联合国最佳人居范例奖、全国创建文明城市工作先进城市、国家卫生城市等多项荣誉，辖区环境优美，交通便利，周边配套设施完善。绵阳出口加工区距离4C级的绵阳机场仅8公里，机场目前已开通至北京、上海、广州、深圳、三亚、拉萨、兰州等国内主要城市的20余条航线；宝成电气化铁路复线贯穿全区；成绵乐城际高速铁路、成都—西安高速铁路、成都—兰州铁路在建；成绵广（成都—西安）高速公路贯穿全区，成绵第二高速公路、绵阳—遂宁—重庆高速公路均已通车。

绵阳是国家重要的国防军工科技及产品研发和生产基地，涉及核技术应用、航空电子、空气动力、高性能特殊钢、电子信息技术、磁性材料、工业自动化、航空发动机等众多领域；拥有中国工程物理研究院、中国空气动力研究与发展中心、西南自动化研究所、燃气涡轮发动机研究院等18家防科研院所；拥有西南科技大学等大专院校10所。全市共有博士后流动工作站5个，国家级技术中心4个，国家工程技术研究中心4个。市内各单位共有产业技术工人26万人，科研和工程技术人员17万人，享受国务院特殊津贴专家838人，国家两院院士26人。绵阳独具的丰富、高层次的科技研发资源，对本地产品的研发起着强有力的技术支持作用。绵阳市高考升学率连续7年全省第一。全市45所职业培训学校（学院）年培训各类合格技术工人超过3万人，良好的基础和职业教育体系完全能满足市民对高品质普通教育的期望，满足各类企业对高素质技术工人的需要。绵阳市劳动力规模250万人以上，各类专业人才荟萃，劳动力素质较高；生产要素保障充分、价格低廉，企业厂房建设成本及运行成本相对较低。绵阳出口加工区于2005年6月3日经国务院批准设立，规划面积0.56平方公里。按照“统一规划、分期开发”的原则，2007年11月1日一期封关运行，已修建厂房12.1万平方米，1座4 000平方米的检验检疫处理场所，2个共计3 000平方米的海关监管仓库，剩余可利用土地还可修建30万平方米标准厂房。

**【招商引资】** 2012年4月封关区引进四川柯西澳光电科技有限公司大功率节能灯项目，2012年年底正式投产。历年累计已引进入区工业企业5家、物流企业2家，从业人员8 218人，其中外资项目2个。批准投资总额3 970万美元，合同利用外资310万美元，实际利用外资310万美元，初步形成了以电子信息业为主的研发制造基地。

**【工业】** 2012年绵阳出口加工区在保持经济总量稳步攀升同时，区域发展水平得到进一步提升。全年各项主要经济指标均呈现快速增长态势，特别是工业总产值、工业增加值、销售产值与去年相比均有大幅增长，区域经济总量已具备一定规模。区内大部分企业赢利能力明显加强，利税总额与去年相比均实现大幅度攀升，全年实现工业增加值24 414万元，同比增长18.8%，实现工业产品销售额92 593万元，同比增长18.7%，实现税收908万元，同比增长45.7%。

**【发展趋势】** 绵阳出口加工区将坚持“政府引导、企业主体、市场运作、政策扶持”的原则，以效益最大化为目标，充分发挥市场机制的作用，通过保税物流功能的拓展继续做大做强，鼓励区内加工制造企业向产业链两端延伸。在加工制造的基础上，充分利用保税物流功能与区外配套企业形成有机的关联体，降低企业物流和管理成本，增强企业综合竞争力。围绕支撑绵阳工业发展的六大支柱产业，突出做大做强电子信息产业，着力建设一批大项目、培育一批大企业、形成一批优势产业，变资源为财富，化优势为强势。

**【机构设置与管委会领导】** 绵阳出口加工区管委会与绵阳高新区管委会合署办公，实行“一套班子、两块牌子”的管理体制，下设综合管理部、规划建设部、项目服务部3个中层机构，负责出口加工区的规划建设、业务管理，对外招商引资、项目推进、协调服务等工作。另设绵阳出口加工区资产经营责任有限公司，负责加工区物业管理、房屋及公共设施的管理维护和租赁等方面的工作。

**【招商部门】** 出口加工区项目服务部，部长王益勇，联系电话：0816－2850362，传真：0816－2850153。

# 陕西西安出口加工区（A区）
# SHANXI XI'AN EXPORT PROCESSING ZONE（PART A）

【概况】 陕西西安出口加工区于2002年6月21日经国务院批准设立，2004年4月5日正式封关运行，2006年12月，经批准成为全国首批、西北唯一一家拓展保税物流等功能的试点单位。陕西西安出口加工区同时具备出口加工和保税物流等功能。

西安出口加工区（A区）位于国家级西安经济技术开发区内，毗邻西安新行政中心，距西安咸阳国际机场20公里，距西安火车货运站10公里、火车集装箱货运新站1公里，西安铁路北客站2.5公里，距绕城高速公路入口仅1.5公里。加工区总规划面积1.47平方公里，目前已开发面积0.75平方公里，新片区规划调整审批工作正在进行中，新片区规划面积0.6平方公里。

西安出口加工区（A区）封关运行以来，已引进了英国罗尔斯罗易斯、法国赛峰、德国蒂森克虏伯、美国联合技术、GE等8家世界500强企业，意大利艾维欧、英国AMS航材、瑞士BIBUS航材、日本大河、美国雅奇等世界知名企业，以及中航国际，中航材，中航工业西飞集团、西航集团、庆安集团，世纪互联，康龙化成等国内行业龙头企业66个项目入区，投产企业56家，累计实现进出口总额50.53亿美元，其中出口31.57亿美元，初步形成航空、机械、新能源、服务贸易等产业格局。

【经济发展】 2012年，西安出口加工区（A区）新投产项目9个；全年完成进出口总额8.7亿美元；完成工业总产值119.88亿元人民币，同比增长21.8%；生产总值（增加值）32.13亿元人民币，同比增长17.4%；技工贸总收入134.89亿元人民币，同比增长20.9%；固定资产投资15.08亿元人民币。

西安出口加工区（A区）在经济发展过程中，以陕西经济发展实际情况为基准，依托陕西在能源、人才、工业基础等方面的优势，逐渐形成了具有自身特色的发展思路，主要体现在：

一是有效地利用陕西的产业优势发展加工贸易，将主导产业定位为航空、机械、新能源、服务贸易等领域。

二是积极推动国有企业、内资企业入区开展加工贸易，并鼓励入区企业使用国产设备和原材料，提升国产化率，有效提升企业核心竞争力。同时，积极倡导并促进国有企业研发、试制具有自主知识产权的加工技术及产品，促进加工贸易的转型升级。

三是发展航空特色出口加工区。西安出口加工区（A区）目前已聚集了国际、国内26家航空制造企业及航材供应、物流企业，形成了较为齐全的横跨国内外的“航空产业制造链”，为国外知名的波音、空客、GE、庞巴迪等公司，国内著名的西飞、西航、贵航、沈飞、成飞等厂商和国家大飞机项目提供生产、供应、物流一体化的服务，发挥了航空制造业的示范、带动、辐射作用。

四是保税物流业务的顺利开展优化了西安出口加工区（A区）的投资环境和企业运营环境，除对原有的主导产业有带动提升作用外，还引来诸多新兴产业来此"筑巢引凤"，以西安为中心辐射山西、甘肃、河南、宁夏、青海等地的"一日经济圈"已经形成，有效带动了区域经济的发展。

五是依托陕西在科技、教育、人才等方面的优势，每年有大批留学人员回国创办企业，出口加工区对此在政策方面积极扶持。目前已有多家留学生创办的企业入区，涉及机械加工、生物科技、医药研发、电子信息等行业。

六是提高土地利用率，走集约化发展之路。在招商过程中，鼓励企业租或买已建成的标准厂房，提高土地使用效率，加快企业投产速度。

**【投资环境】** 投资环境是区域发展的软实力，加工区始终把完善投资环境、提升服务质量放在首位。西安出口加工区（A区）为承接国外及东部地区加工贸易的产业转移，从软、硬件环境及招商、安商的各项优惠政策上，做好了全方位的准备。

加大基础设施建设力度，完善投资环境。加工区目前建设有现代化多功能标准厂房25万平方米，其中已建成一期单层标准厂房7栋、二期四层标准厂房1栋、三期四层标准厂房4栋、四期标准厂房4栋；保税仓库5栋，面积3.6万平方米，堆场18 500平方米；建设了公寓楼2万平方米，可容纳5 000人居住；加工区服务中心大楼2.5万平方米，可为企业提供办公、餐饮等服务；员工餐厅6 734平方米，可同时容纳5 000人就餐。

区内道路、给排水、供电、供热、供气、通信、宽带及生活服务等设施齐全。18层2.5万平方米的加工区服务中心大楼可满足区内企业办公需要。加工区周边地区的白桦林居、雅荷春天、西安中学、交大经发中小学、西安图书馆、城市运动公园，西安国际高尔夫运动中心、长安医院、经发会馆等完善的生活配套设施，为加工区营造了良好的人居环境，形成了设施齐全的生活配套圈。

**【招商引资】** 2012年引进了西飞国际转包生产、西飞科技、航空动力新一代发动机、中航国际、中航材、法国赛峰集团运营中心、庆安高升力系统、台湾荣刚、鑫隆石油、新加坡匹克等12个项目入区。2012年11月14日，在第九届珠海航展上，举行了专场签约仪式，西飞国际、中航国际、中航材、航空动力、赛峰集团、台湾荣刚等7个项目入驻，项目总投资32亿元，涉及航空零部件、飞机发动机零部件、航材加工及航空物流分拨配送、运营中心等领域，项目全部达产后可实现进出口总额约25亿美元，标志着加工区航空产业"磁场效应"的日益显现，坚持"品牌引领，尖端主导"的招商思路取得了一定成绩。

2012年保税物流进出区货值达7.53亿美元，通过保税物流业务直接进出口总量达3.04亿美元，同比增长102%。累计批准8家保税物流企业入驻。进出区保税物流货物主要包括飞机机翼组件、航空发动机零部件、光伏组件、显像管、汽车发动机、食品添加剂、稀有金属材料等200余种产品，业务涉及省内外400多家企业，行业涉及航空、机械、电子、新材料、纺织、汽车等，并辐射到10多个国家和地区。

**【发展趋势】** 2013年，西安出口加工区（A区）在招商引资方面，将加大对航空、机械电子、外包、珠宝加工等产业的招商力度，同时下大力气做好保税物流工作。在日常管理工作中，将不断创新运行机制，提高管理和服务水平，努力完善各类各项操作管理职能，着力发挥加工制造及保税物流功能对周边地区的辐射带动作用，为进一步促进区域经济发展，承接国外及东部地区产业转移做出新的贡献。

2013年，西安出口加工区（A区）进出口总额有望突破10亿美元，力争尽早形成以航空、机械、新能源、服务贸易等为主导的产业集群，打造具有内陆特色的加工区，为西安及陕西周边地区的外向型经济发展真正起到提升和促进作用。

**【机构设置与管委会领导】** 陕西西安出口加工区管委会下设陕西西安出口加工区（A区）管理办和陕西西安出口加工区（B区）管理办。

管委会领导：陕西西安出口加工区管委会主任韩松，陕西西安出口加工区管委会副主任段永和，陕西西安出口加工区（A区）管理办主任饶宏，陕西西安出口加工区（A区）管理办副主任王宁红。

**【招商部门】** 西安出口加工区（A区）下设招商部门，联系电话：029－86531010、86531038、86531003、86531019、86531016、86402928。

# 陕西西安出口加工区（B区）
# SHANXI XI'AN EXPORT PROCESSING ZONE（PART B）

**【概况】** 2012年，陕西西安出口加工区（B区）充分发挥专业园区政策优势及外向型经济的辐射带动功能，积极加大招商引资，做好企业服务，呈现出老企业增资、新企业入区的较好势头，进出口总值保持快速攀升态势，对区域发展贡献愈发明显。

**【经济发展】** 2012年，陕西西安出口加工区（B区）实现营业收入人民币168.58亿元，同比增长56.5%；实现进出口总值39.61亿美元，同比增长37.7%，其中进口22.79亿美元，出口16.82亿美元；实际引进外资9 700万美元，内资4 600万元。

2012年，陕西西安出口加工区（B区）完成加工贸易许可及变更业务批准证360套、保税物流变更业务批准证10套，完成非报关业务审批180单；进出口货运量7 597吨，同比增长10.2%，其中进口4 651吨，出口2 946吨；出口加工区接受企业进出口报关单26 922票，同比增长52.9%，其中进口8 503票，出口18 419票；进出口集装箱521个，同比下降13.3%，其中进口243个，出口278个；海关代征税1 363万人民币；保税物流业务进出口总值达1.92亿美元；检测业务进出口货值达1.84亿美元，同比下降65.2%，其中进口0.94亿美元，出口0.9亿美元。

**【投资环境】** 陕西西安出口加工区（B区）是国务院批准设立的国家级出口加工区，位于西安高新区内。规划面积1.338平方公里，一期已建设0.7平方公里，区内基础设施配套齐全，实现“七通一平”。区位优势明显，西三环延伸线直接通到出口加工区（B区）卡口，交通十分便利。

目前，陕西西安出口加工区（B区）配套服务完善，投资环境优良，可为企业生产、商务、生活等提供各方面服务。出口加工区（B区）内有两栋标准厂房可供出租，厂房均为地上四层，一期标准厂房总建筑面积为38 557平方米，二期标准厂房总建筑面积为68 502平方米厂房内水、电、暖、消防等基础设施配套完善。

陕西西安出口加工区（B区）内保税物流专区已建成并投入使用，保税物流专区总用地面积37 275平方米，已建成的1号仓库面积8 600.47平方米，堆场面积5 560平方米，仓库内水、电、通信、网络、消防、监控等设施齐全。保税仓储与保税物流业务有机地结合起来，推动了出口加工区（B区）服务水平的提升，辐射并满足区内外企业保税仓储及保税物流的需求，有效降低了企业的经营成本，提高了企业的对外贸易水平和竞争力。

蓝博国际社区是完善西安出口加工区（B区）综合配套和产业发展环境的重要项目，是出口加工区（B区）半导体、光伏产业、先进制造等产业集群化发展的重要服务平台。目前区内美光半导体、信泰电子等企业员工已入住，有效解决了企业员工的住宿、餐饮、购物等生活需求，为出口加工区（B 区）招商引资和产业持续发展提供了更大的空间。

**【招商引资】** 陕西西安出口加工区（B 区）紧紧围绕重大项目开展招商引资工作。积极协调中航汉胜航空电力有限公司、飞睿航空控制技术有限公司加快注册，密切跟踪陕西电信数据交换中心及呼叫中心项目，就项目入区及建设事宜进行多次洽谈，争取项目早日落实。

主动出击，多方面开拓项目资源。赴深圳、上海、无锡等地开展招商工作，上门拜访上海泓明供应链集团、招商局物流等有入区意向的企业，接待韩国商会、上海集成电路行业协会，开展多种形式的招商活动。做好日常大量的项目洽谈接待工作，积极推进标准厂房招商。

跟踪落实项目，促进产业链项目招商，引进信泰电子的配套企业麦合德电子有限公司、东邦精密科技有限公司。

参加各种招商活动，努力引进具有较大产业规模和形象的大项目入区。通过参加西洽会、国际太阳能产业及光伏工程展览会、亚欧博览会等招商会议，开拓招商项目资源，向企业介绍出口加工区的政策情况。

积极推动保税物流业务发展，园区内物流企业业务发展迅速，管理办和物流企业及时宣传保税物流的最新政策，为区外企业提供便利、快捷的物流方案。2012 年，出口加工区保税物流业务进出口总值预计 1.92 亿美元，检测业务进出口货值预计 1.84 亿美元。

利用两区协会网站、开发区报道、出口加工区门户网站等媒体发表了 30 多篇新闻报道，加大宣传力度。在西洽会期间加强宣传力度，通过开发区导报专版彩页和省口岸办展位展板进行文字和图片宣传，向参加西洽会的客商推介宣传出口加工区的功能和政策。参加中西部地区海关特殊监管区域承接产业转移工作课题研究。

与三星项目物流组进行多次洽谈，详细解答有关问题，制订物流解决方案。在三星项目签约后，积极协调三星电子与西安海关、检验检疫、机场、航空公司、铁路部门、物流公司以及三星电子配套企业之间的交流沟通。同时，协调海关、检验检疫完成三星电子首批货物进口通关事宜。协调各部门给予三星项目物流保障。西安海关、检验检疫各部门分别为三星电子及其配套企业开展通关业务专项培训；协同三星电子、省口岸办、各航空公司开展关于加快推进航空货运的专题座谈会，确保三星电子空运需求能够得到保障；陆续接待三星配套企业 40 余家，为其介绍海关特殊监管区域政策，并且给予物流方面的建议。

2012 年新增优秀项目 5 个，分别是西安飞睿航空控制技术有限公司、西安正邦生物科技有限公司、西安东邦精密科技有限公司、西安麦合德电子有限公司、西安中航汉胜航空电力有限公司。

**【工业】** 陕西西安出口加工区（B 区）成立之初就吸引了美国美光半导体、应用材料两家国际著名企业进驻。美光半导体的主要业务为存储集成电路测试和内存模块生产，2012 年完成内存模块 1.4 亿块，生产固态硬盘 147 万个，连续四年位列陕西省企业进出口总值第一名，三期建设正在快速进行，累计投资达到 7.66 亿美元。应用材料公司总投资 3 亿美元，建立了全球规模最大、技术最先进的太阳能研发中心，进行薄膜太阳能和晶硅太阳能技术开发。韩国信泰电子公司总投资 1.01 亿美元生产半导体零部件，成为韩国在中国西部投资规模第二的项目，二期工程投资 8 000 万美元，占地 70 亩，正在规划设计、办理前期相关准备工作。

两家世界 500 强公司中航工业集团与美

国汉胜携手合作的由国家层面布局、具有全球重大影响的战略性产业项目——C919 大飞机电源系统项目将在出口加工区（B 区）于 8 月份建成投产，总投资 1.45 亿美元。由中航工业集团公司西安飞行自动控制研究所出资设立的西安飞睿航空控制技术有限公司已正式运行，该项目总投资 4 亿元人民币，预计产值达到 6 亿元，主要从事国际民用航空飞行器所用控制系统转包生产，国内大型客机 C919 控制系统及产品的研发、制造、维修业务。未来，两家航空产业项目将会极大地拉动出口加工区（B 区）进出口贸易的增长。

目前区内有生产型企业 12 家，区内企业总人数 3 000 人左右。生产型企业涉及的产业有半导体芯片的测试、半导体零部件的制造、半导体和太阳能设备的研发、大飞机电源系统、航空转包生产、液压设备、光电子产品的生产等。

**【发展趋势】** 2013 年，陕西西安出口加工区（B 区）将紧紧围绕西安高新区建设世界一流科技园区和“打造一流出口加工基地、创建最佳保税物流中心”的目标，努力做到运行规范化、资源集约化、服务社会化、管理科学化，加大招商引资力度，积极推进园区建设，不断强化企业服务，加强内部协调管理，使园区在 2013 年实现新的跨越。

**【机构设置与管委会领导】** 陕西西安出口加工区（B 区）设有项目部、企业服务部、综合部。项目部负责招商引资、产业发展、对外宣传、规划建设、出口企业联盟工作，企业服务部负责企业服务与协调、资产运营管理、保税物流业务、园区监管、安全生产工作，综合部负责综合计划与考核、统计与分析、日常行政事务、人力资源管理、加工贸易业务审批、固定资产管理工作。

管委会领导：陕西西安出口加工区（B 区）管理办主任李群刚，副主任孙臻。

**【招商部门】** 陕西西安出口加工区（B 区）管理办公室项目部，联系电话：029－88888750，传真：029－88888813，网址：http：//www.xaepz.com。

# 保税港区（综合保税区）

# 洋山保税港区
# YANGSHAN FREE TRADE PORT ZONE

**【概况】** 2012 年，洋山保税港区加快功能拓展与政策突破，全力推进招商引资，不断优化区域运作环境，努力培育企业做大做强，促使区域经济发展保持快速增长势头，经受住了国内外严峻经济形势的考验，为上海国际航运中心建设起到了有力支撑作用。据统计，2012 年洋山保税港区投资企业完成经营总收入 938.56 亿元，同比增长 73.6%；进出口总额 93.15 亿美元，同比增长 58.3%；税务部门税收 26.06 亿元，同比增长 27.3%。

**【招商引资】** 2012 年洋山保税港区紧抓政策机遇，扩大宣传，主动出击，加大对实体项目与功能性项目的招商推介力度，不仅吸引众多航运、物流和分拨中心纷纷入驻，也集聚了一批以汽车、融资租赁、大宗商品为代表的特色企业和功能性项目，促使新增企业项目和投资额实现大幅增长。据统计，2012 年洋山保税港区新增注册企业 296 家，同比增长 116.1%；吸引外商投资额 3.88 亿美元，同比增长 53.5%，其中合同外资 1.11 亿美元，同比增长 18.1%；内资企业注册资本 28.07 亿元。

从企业类型来看：物流类企业占主要比重。新增物流企业占总数的 74.0%，达到 219 家，同比增长 119.0%，其中仓储类企业 43 家，运输及货代类企业 175 家。

从企业性质来看：内资数量翻番，外资投资额增长快。新增内资企业数量仍保持领先，达到 270 家，同比增长 128.8%，占 91.2%；吸引外商投资连续第二年呈现快速增长态势，新增外资企业 26 家，同比增长 36.8%，占 8.8%；吸引外商投资额 3.88 亿美元，同比增长 53.5%。

截至 2012 年年底，洋山保税港区累计批准企业（独立法人单位）612 家，吸引投资总额 61.86 亿美元，其中内资企业注册资本 353.88 亿元，合同外资 3.16 亿美元。

**【经济效益】** 随着洋山保税港区企业经营规模的持续扩大和经营效益的不断提升，税务部门税收继续保持快速增长。据统计，2012 年洋山保税港区完成税务部门税收 26.06 亿元，同比增长 27.3%。

所得税占主体，增值税增长显著。从税种上分析，2012 年洋山保税港区完成企业所得税 17.31 亿元，同比增长 12.2%，完成个人所得税 2.23 亿元，同比增长 3.3%，所得税合计占税务部门税收 75%；受“营改增”政策影响，增值税呈大幅增长态势，完成 2.85 亿元，同比增长 20.6 倍，占税收总额 10.9%。

亿元大户税收集中度高。2012 年洋山保税港区企业税收增长主要来源于重点企业税收的持续增长，纳税超过 1 000 万元的投资企业有 27 家，比上年增加 9 家，合计税收 24.07 亿元，占洋山保税港区税收 92.4%，其中税收超亿元的 7 家重点企业合计税收所占比重达到 72%。

【进出口贸易】 洋山保税港区在期货保税交割功能和分拨配送功能的推动下，已初步形成以铜为主的有色金属物流集散平台和面向欧美、亚太的电子产品分拨配送中心，同时汽车、食品、游艇等展示贸易功能进一步拓展，有力促进了进出口额的快速增长，在全国同类区域中保持领先。据统计，2012 年洋山保税港区投资企业完成进出口总额 93.15 亿美元，同比增长 58.3%，增幅高出全国保税港区平均水平 4.2 个百分点，占全国保税港区 26.7%，继续排名第一。

开展进出口业务的企业持续增加。2012 洋山保税港区共有 63 家投资企业直接开展进出口业务活动，比上年增加 19 家。其中，进出口额超 1 亿美元的企业达到 15 家，比上年增加 2 家，合计完成进出口额 86.01 亿美元，同比增长 60.6%，占洋山保税港区进出口总额 92.5%。

发生进出口业务往来的市场进一步扩大。2012 年洋山保税港区投资企业共与世界各地的 163 个国家和地区发生进出口业务往来，比上年新增 23 个国家和地区，共有 21 个国家和地区进出口额超过 1 亿美元。

海运方式占据绝对比重，空运方式倍增。洋山保税港区具有毗邻港口、区港合一的优势，适合开展对海运方式依赖度较高，以大宗商品为代表的体积大、重量大产品的进出口业务。2012 年海运方式完成进出口额 83.71 亿美元，同比增长 55.0%，占洋山保税港区进出口总额 90%；此外，空运方式完成的进出口额实现倍增，达到 9.10 亿美元，同比增长 102.9%，占 9.8%；主要涉及体积小、价值大的电子产品。

进口额总量大、增长快。2012 年洋山保税港区充分发挥保税期货交割功能优势，加快以金属铜为代表的大宗商品运营商集聚，努力推动汽车、食品、服装等特色商品展示分销业务，促使进口额快速增长，达到 54.58 亿美元，同比增长 87.7%，增幅比出口额高 58.5 个百分点，占洋山保税港区进出口总额 58.6%。从进口商品种类上分析：贱金属及其制品类进口额实现倍增，达到 46.48 亿美元，同比增长 104.7%，占洋山保税港区进口额 85.3%；机电设备及电子产品类进口额 3.26 亿美元，同比增长 25.7%，占洋山保税港区进口额 6.0%。

出口额继续快速增长。2012 年洋山保税港区完成出口额 38.57 亿美元，同比增长 29.2%，占洋山保税港区进出口总额 41.3%。机电设备及电子产品是主要出口种类，达到 22.29 亿美元，同比增长 77.7%，占洋山保税港区出口额 57.8%；贱金属及其制品出口额 7.93 亿美元，同比增长 126.1%，占洋山保税港区出口额 20.6%；

【口岸功能】 洋山保税港区各项功能拓展取得实质性进展，口岸监管及服务部门努力营造便捷高效的口岸环境，促使洋山港航运枢纽和外贸口岸功能进一步发挥，更好地为上海口岸、长三角乃至全国经济发展服务，为上海国际航运中心建设做出重要的贡献。

洋山港中转枢纽功能进一步凸显。洋山港是上海港集装箱量保持增长的主要支撑因素。据统计，2012 年洋山港完成集装箱吞吐量 1 415.0 万标箱，同比增长 8.0%，增幅比上海港高 5.5 个百分点，占上海港集装箱量的比重从上年的 41.3% 提升至 43.5%。其中，体现对国内经济腹地辐射服务作用的“水水中转”集装箱量 660.8 万标箱，同比增长 9.9%，占洋山港箱量 46.7%，所占比重比上年提高 0.8 个百分点；体现对国际市场中转功能的“国际中转”集装箱量 120.3 万标箱，同比增长 29.3%，占洋山港箱量 8.5%，所占比重比上年提高 1.4 个百分点。此外，2012 年洋山港停靠船舶13 416艘次，其中干线船舶 4 647 艘次；国际干线集装箱船进出港 9 056 艘次，内支线集装箱船 9 817

艘次。

洋山口岸外贸进出口货物稳中有增。洋山港不断丰富远洋航线，积极完善物流功能，努力克服国际市场低迷的不利影响，促使口岸外贸进出口额稳中有增。2012 年全国各地的投资企业通过洋山外贸口岸完成进出口货值 2 719.6 亿美元，同比增长 1.4%，占上海口岸外贸进出口货物总值 25.7%。在洋山口岸外贸进出口货值中：外贸出口货值 1 891.6 亿美元，同比降低 0.1%，占进出口货物总值的 31.6%；外贸进口货值 828.0 亿美元，同比增长 5.0%，占进出口货物总值的 19.2%。

此外，2012 年全国各地的各类外贸企业为通过洋山口岸进出口货物而向上海海关缴纳的各类关税和代征税达到 564.4 亿元，同比增长 14.6%，占上海海关征税总额 15.2%。其中，洋山海关直接征收 387.1 亿元，同比增长 16.3%，占上海海关征税总额的 68.6%，其余部分由市区海关（如浦江海关）直接征收。

**【产业发展】** 在招商引资新增企业不断投产和功能创新逐步形成生产力规模的推动下，洋山保税港区航运物流企业和大宗商品企业的集聚效应开始显现，产业经济规模迅速扩大。据统计，2012 年洋山保税港区有投资企业共完成经营总收入 938.56 亿元，同比增长 73.6%。其中，来自航运物流业务的收入为 626.47 亿元，同比增长 20%，占经营总收入的 66.7%。

航运物流业务收入持续较快增长。航运业务量的提升推动了运输企业业务收入持续上升。2012 年洋山保税港区从事运输业务的投资企业完成营业收入 530.99 亿元，同比增长 17.7%，其中从事水上运输业务的航运企业完成营业收入 507.40 亿元，同比增长 14.0%，占洋山航运物流业务收入 81.0%。

码头公司业务收入逐步增长。港口货物量的增加促使码头企业收入继续稳步增长。2012 年洋山保税港区的货运港口企业完成营业收入 55.72 亿元，占洋山航运物流业务收入 8.9%。

运输代理业务收入实现快速增长。2012 年洋山保税港区从事货物运输代理及相关服务的企业收入增长较快，完成营业收入 28.78 亿元，同比增长 176.7%。

仓储业务收入稳中有升。从事仓储物流业务的投资企业完成营业收入 10.35 亿元，同比增长 1.5%，其中深水港物流和进才物流分别完成 3.8 亿元和 1.1 亿元。

**【创新突破】** 依托期货保税交割功能形成大宗商品产业。2012 年 4 月 25 日在全国首次启动保税仓质押融资功能试点，推动了保税交割从单纯的物流属性向金融属性拓展，为形成大宗商品规模化市场奠定了良好的基础。全年综合保税区铜及制品进口额 106 亿美元，同比增长 50%，占全国进口总量近 30%。洋山保税港区 2012 年新增大宗商品龙头企业 33 家，累计达到 53 家。

国际中转集拼功能试单运作。成功进行了国际中转集拼试单运作，首单境外货物由韩国运至外高桥港区，经水上“穿梭巴士”运抵洋山保税港区，在洋山国际中转集拼中心内与国内出口货物组合拼箱后，发往波兰和斯洛文尼亚，走通了国际中转集拼功能全流程，在全国率先实现对国际集装箱货物的二次集拼和中转运输。

“保税船舶登记”启动。2012 年 3 月洋山保税港区作为交通运输部海事局批准的全国第一个特殊中国籍国际航运登记港，率先启动了保税船舶登记业务，可以为注册在洋山保税港区，从事国际航运业务的保税船舶办理船舶登记业务。2012 年 10 月国内首单保税船舶登记业务成功试点运作，该项功能创新是探索建立“国际船舶登记制度”迈出的第一步，为我国航运企业更为平等地参与国际竞争创造了条件，开辟了中资国际航运方便旗回归的新途径，对促进上海高端航运服务业、航运金融业的发展具有极大地推动作用。

启运港退税政策落地。根据国务院《关于推动上海加快发展现代服务业和先进制造业，建设国际金融中心和国际航运中心的意见》，启运港退税政策于2012年8月试点运作。启运港退税作为上海国际航运发展综合试验的又一次政策创新，有利于洋山保税港区航运服务能力的提高，推动了出口集拼、分拨配送等增值服务的发展，为国际中转集拼等功能创新打下了基础。

**【招商部门】** 洋山保税港区由上海综合保税区管理委员会统一管理。联系电话：021－68282600。

# 烟台保税港区
# YANTAI FREE TRADE PORT ZONE

**【开发建设】** 2009年9月7日，烟台保税港区经国务院以国函〔2009〕108号文件正式批复设立，成为全国第13家、山东省第2家保税港区，也是目前按照“功能整合、政策叠加”要求，全国第一家以出口加工区和临近港口整合转型升级形成的保税港区。烟台保税港区于2010年7月30日通过国家11部委验收组的联合验收，之后仅用五个月时间，完成开关运作的各项准备，于2011年1月12日正式开关运作，成为烟台开放发展史上的一个重要里程碑。烟台保税港区规划面积为7.26平方公里，分为两个区块：区块一面积为5平方公里，包括原出口加工区A区0.7平方公里和烟台港4.3平方公里，区块二面积2.26平方公里，即位于烟台开发区内的原出口加工区B区。一期封关面积为4.86平方公里，其中区块一3.05平方公里，区块二1.81平方公里。

**【投资环境】** 烟台保税港区位于烟台市城区北部，外与日韩隔海相望（距离韩国235海里，距离日本529海里），内与城区紧密相连，距烟台火车站1公里，距烟台莱山国际机场17公里，北接沈海高速，与烟大铁路轮渡仅一网之隔，距离市区中心商圈不到2公里。

烟台保税港区是真正实现区港一体化运作的海关特殊监管区域，货物下船即可入区。烟台港是中国环渤海港口群主枢纽港，以集装箱、矿石、煤炭、油品为四大主营货种。2012年，烟台港货物吞吐量突破2亿吨，同比增长11.3%；完成集装箱吞吐量185万标箱，同比增长8.3%；化肥出口量、铝钒土进口量、对非口岸贸易量、石油焦和朝鲜煤炭进口量五项指标位居全国首位。目前烟台港已开通内外贸航线50条，月均航班约300班，经烟台港可连接环渤海地区、长三角地区、珠三角地区主要港口，可承接世界各地货物。

开关运作以来，烟台保税港区加快港口集装箱码头及后续配套工程建设，目前一期封关区域内的集装箱泊位已全部形成作业能力，集装箱年吞吐能力由150万标箱扩大到500万标箱以上。2012年港口作业区新建通用仓库3万平方米、保税仓库5 000平方米、后方堆场16万平方米，捷时达物流、山东中外运仓储和益通仲伯物流等重点工程全面启动并加紧推进，进一步促进了区域功能升级。

**【招商引资】** 烟台保税港区成立后，坚持走出去、请进来双管齐下，全面加大政策功能推介力度。集中力量抓好重点招商，变招商引资为“选商择资”，重点面向跨国公司、企业总部、世界500强，着力引进投资强度大、附加值高、发展前景好、具有强力拉动作用的大项目；突出热点地区深入招商，以日本、韩国及港、澳、台地区为招商重点区域，有针对性地加大工作力度，确保招商取得实效；强化特色产业专业招商，按照“两头延伸”的要求，以产业升级、项目置换为着力点，围绕商品展示、保税物流、保税加工“产业链”论证和筛选项目，加大功能招商力度，凸显保税港区政策虹吸与聚焦效应。2012 年在国内外举行招商推介活动 20 场次，发展国外招商大使 10 多位，制作图文并茂的小册子，将保税港区的优惠政策以通俗易懂的方式介绍给客商，保税港区知名度得到了有效提升。2012 年全区新注册项目投资总额 10 730 万美元，同比增长 378%；“以商招商”取得显著成效，全区合同外资和实际到位外资分别有 65% 和 75% 来自于增资扩股，其中帕特仑精密电子全年连续增资 4 次，平均每三个月增资一次。

**【经济发展】** 开关运作以来，烟台保税港区紧紧围绕山东半岛蓝色经济区和烟台东部新区建设，突出“发挥保税港区特殊政策功能优势”这一核心，加快新兴产业培育，狠抓园区转调升级，使全区实现又好又快发展。2012 年全区各项经济指标继续保持快速增长，完成外贸进出口 167.8 亿美元，其中出口 101.4 亿美元，进口 66.4 亿美元；合同外资和实际利用外资分别达到 8 896 万美元和 4 824 万美元；完成保税物流货值 85.6 亿美元；实现工业总产值 962.7 亿元。

**【目标定位】** 作为三大战略实施的重要前沿功能区，烟台保税港区坚持从区域经济发展的全局和高度着眼，紧紧围绕建设“区域性贸易中心、航运中心、高技术产业中心”和“东北亚枢纽港”的发展目标，以保税物流为重点，以国际商品展示为突破口，以高端高质高效新兴产业为引擎，以港口航线开辟、货源培育为保障，努力打造在国内外有较大影响力的区域性物流中心、特色突出的商品展示交易中心、高效便捷的航运服务中心和产业聚集的临港产业集群，在政策功能运用、产业转型发展和先行先试上更好地发挥引领带动作用，为区域经济发展提供有力政策支撑。

**【发展趋势】** 开关运作以来，烟台保税港区充分依托保税加工、保税物流、保税服务等特殊政策平台，初步形成了东区以港口作业和保税物流为主，西区以保税加工制造为主的发展格局。一是狠抓拓展提高，加快培育新兴功能产业。充分运用保税港区独特的政策和功能集成优势，以国际商品展示为突破口，创造和诱发商机，促进贸易生成；以保税加工贸易和现代物流为着力点，以保税仓储和现代港口运营为保障，努力构建多元化口岸物流新业态。目前，区内已初步形成了以国际商品展示、国际采购、保税仓储、分销和配送为代表的保税物流产业链。占地面积近 3 万平方米的进口酒类食品展示交易中心吸引了国内外 60 多家经销商入驻，汇集了欧、亚、非、大洋洲、南北美 30 多个国家和地区上千种国际知名进口酒，成为辐射我国十几个省市地区的国际葡萄酒交易中心，凸显了烟台“国际葡萄酒城”的特色和影响力。区内还有全国保税港区首家汇集了国际一线品牌婴幼儿奶粉的国际奶类展示中心，主营美国进口蜂蜜、橄榄油以及系列保健食品的美国 CNE 商品展示交易中心等特色国际商品展示交易基地。目前全区已形成了酒类、奶类、美国农副产品、综合商品等五大展示群体，显现出良好的带动作用和发展前景。二是重抓转调升级，巩固提升保税加工产业。西区以富士康为代表，在转调先行方面发挥了引领作用；东区坚持“立体发展、辐射发展”理念，推动发展方式由粗疏向集约转变，产业培育由传统向现代升级，项目引进由低层次向高层次置换。目前全区骨干创汇企业一半以上引进高新技术调整产品结构，十大骨干创汇企业进出口额占全区总额的 85% 以上。区内保税加工区片盘活启动空置厂房 8 万多平方米，原有加工企业已有 14 家拓展了保税物流业务，全区保税物流货值实现翻番增长。2012年一期封关区域内（包括东西两区），平均每平方公里完成外贸进出口34.4亿美元、工业总产值198.1亿元，用有限的土地资源创造了良好的经济效益。三是主抓软硬件建设，着力优化通关环境。一方面，力推硬环境上水平。和烟台港一起，加快专业性、特色化保税仓储设施建设，推进航线开辟，促进货源集聚，进一步提升港区产业集聚和功能承载能力，着力打造大进大出、快进快出的国际物流通道。另一方面，狠抓软环境出效益。立足于服务区域经济发展和功能创新，积极争取海关、检验检疫等驻区机构的支持，打造科学高效的口岸监管环境，着力扶持拓展化肥、铝土矿、煤炭等港口大宗货源转口贸易及保税物流业务，打造特色保税物流板块。2012年区内化肥、石油焦、钢材等大宗货源进出口增势强劲，化肥、石油焦出口比上年均实现翻番增长，铁矿砂、钢材进口同比分别增长68%和61.1%，大宗货源进出口已占全区进出口总额的75%以上。

**【机构设置与管委会领导】** 烟台保税港区管理委员会为山东省政府派出机构，机构规格为副厅级。按照“精简、统一、高效”的原则，管委会下设办公室、经贸发展局、规划建设局、财政局及西区管理局5个正处级工作部门和综合服务管理中心1个副处级事业单位。海关、检验检疫、国税、地税、工商及银行、保险等单位在烟台保税港区均设有派驻机构。

管委会领导：烟台保税港区工委书记、管理委员会主任于华文，工委委员、管委会副主任栾秉政，工委委员、纪工委书记、管委会副主任邵玉进，工委委员、管委会副主任、经贸发展局局长陈新姿，工委委员、西区管理局局长闫庆华。

**【招商部门】** 烟台保税港区经贸发展局为专业招商部门，主要负责区内企业的前期招商和后期管理服务。经贸发展局局长陈新姿（兼任），联系电话：0535－6877610、6877611、6877612、6877621。网址：http：//ftpa. yantai. gov. cn/，地址：山东省烟台市芝罘区环海路88号，邮编：264012。

# 青岛保税港区
# QINGDAO FREE TRADE PORT AREA

**【开发建设】** 2012年，青岛保港区充分发挥功能政策优势，不断加大招商引资力度，切实发挥辐射带动作用，不断提高区域发展质量与效益，呈现出产业结构不断优化、服务业平稳增长、港口吞吐量大幅提高、财政收入稳步提升的发展态势。

2012年对接蓝、黄两大国家战略，在董家口规划建设20平方公里的功能区，与潍坊、德州合作建设的保税港区功能区已正式启动，与平度、胶州、临沂等地开展合作建设的保税港区功能区正在规划之中。通过功能区开放战略进一步发挥辐射带动作用，打造与青岛港口业务关联的“无水港”。

**【投资环境】** 青岛保税港区于2008年9月7日经国务院批准设立，规划面积9.72平方公里，设计建设21个码头泊位，是我国第一个通过区（保税区）、园（保税物流园区）、港（临近港口）转型升级形成的保税港区。2009年9月，保税港区（一期）顺利通过国家十一部委联合验收正式封关运营。2011年12月，保税港区二期2.02平方公里区域通过验收。2012年11月获批成为汽车整车进口口岸，为企业优化产业结构、降低物流成本、拓展国际市场搭建了更加开放的政策平台；为青岛、山东经济发展和对外开放创造了新的战略优势。

在区域建设中坚持高起点规划、高标准建设、高效能管理，大力实施区域亮化、绿化、硬化、美化工程，区域综合服务功能不断增强，建成山东省花园式投资精品区。

青岛保港区是山东省企业文化建设示范单位，山东省首个投资无费区、全程代理服务区，率先通过ISO 9001、ISO 14001和OHSAS 18000三认证，成为山东省唯一的国家级工业旅游示范区，率先提出“文化立区”战略，发起承办首届中国保税区文化立区研讨会，设立“中国和文化国际传播中心”和“中国循环经济研究中心”，为广大投资者提供了良好的投资环境。

青岛前湾港自然条件优越，港深水阔，终年不淤不冻，平均吃水深度达-17.5米，是世界著名的天然良港，拥有70多个泊位，30万吨的超级巨轮可全天候靠离，可接纳载箱量1万标箱以上的超大型集装箱船舶作业，目前已开辟国际航线72条，可到达全球450余个港口。2012年，实现吞吐量12 142万吨，同比增长19.9%；集装箱完成1 113万标准箱，同比增长17.3%。

**【招商引资】** 青岛保税港区立足区域空间现状，全力打造“窗口经济”，积极培育航运交易、国际贸易、现代物流、保税展示等现代服务业，累计吸引世界500强企业37个。

坚持园区化布局、链条式集聚、集群化发展，着力引进一批高端企业和关键配套项目。2012年继续加大招商引资力度，积极转变招商思路，招商引资成果显著。全年共引进项目391个，引进项目总投资101 891万美元。其中，外资项目 15 个，投资总额 19 450万美元，合同外资 9 251 万美元，实际利用外资 6 558 万美元，同比增长 67.9%；实际到位内资 45.7 亿元，同比增长46%，共引进内资项目376个，合同资金 515 258 万元，同比增长 41.9%。

**【对外贸易】** 在世界经济发展趋缓及欧债危机的国际环境下，青岛保税港区出口保持逆势增长。2012 年，全区实现商品销售总额 293.73 亿元，同比增长 3.2%；外贸进出口总额 843 363 万美元，其中进口额 634 251 万美元，出口额 209 112 万美元，同比增长 10.6%。

区域外贸的贸易方式结构持续改善，一般贸易比重继续提高。2012 年，青岛保税港区一般贸易进口 92 850 万美元，同比增长 62%，一般贸易出口 50 688 万美元，同比增长 3.5%，占全区外贸进出口总额的 17%，比重较去年同期提升了 2.1 个百分点，贸易方式不断优化。

**【经济发展】** 保税港区功能政策优势引导区域产业转型升级，带动青岛保税港区第三产业的快速发展，产业结构进一步优化，经济发展平稳向好。2012 年全区实现生产总值（GDP）110.57 亿元，同比增长 5.1%。其中，第二产业增加值 26.36 亿元，第三产业增加值 84.22 亿元，第三产业增加值占 GDP 比重逐年扩大，提高到 76.2%。实现全部收入（包括海关关税和代征税）51.36 亿元，同比增长 4.5%；实现工业总产值 47 亿元。仓储物流业发展迅速，进库货物总量 118.78 万吨，同比增长 8.5%；出库货物总量 121.43 万吨，同比增长 29.3%。

**【发展趋势】** 围绕山东省“蓝、黄”两大国家战略，积极争取自由贸易港区，按照在国内，支撑环渤海，打造山东半岛蓝色经济区核心功能区；在国际，面向环黄海，构筑世界先进的自由贸易港区，聚力打造国际大宗生产资料配置中心和定价中心的目标定位，致力于建设“国际航运服务中心”、“区域性国际物流中心”、“东北亚国际贸易中心”、“大宗商品交易定价中心”、“东北亚汽车物流中心和交易中心”，努力为青岛、山东乃至沿黄流域开发开放提供支持和动力。

**【机构设置与管委会领导】** 根据《山东省青岛前湾保税港区条例》，青岛前湾保税港区管理委员会为山东省人民政府的派出机构，负责保税港区的管理工作。保税港区管委会根据工作需要，按照精简、统一、效能的原则，设置相应的行政管理机构，按程序报经省级公务员主管部门批准，可以对专业性较强的职位和辅助性职位实行聘任制。

保税港区管委会履行下列职责：（一）组织编制保税港区总体规划，并按法定程序报经批准；（二）制定保税港区经济发展规划和年度计划并组织实施；（三）根据国家和山东省有关产业政策，组织编制产业发展目录，统筹产业布局，对投资项目实施管理；（四）管理保税港区的发展改革、科技、财政、建设、交通运输、人力资源和社会保障、环境保护、商务和安全生产等工作；（五）根据省和所在市人民政府授权或者接受有关部门的委托，负责土地、规划等方面的管理工作；（六）协调配合海关、检验检疫、边防检查、海事、外汇管理以及工商行政管理、税务、质量技术监督等有关部门的工作。

**【招商部门】** 招商局。联系人：姚颖，联系电话：0532－86767207。

# 苏州工业园综合保税区
# SUZHOU INDUSTRIAL PARK INTEGRATED FREE TRADE ZONE

【开发建设】 苏州工业园综合保税区规划面积5.28平方公里，分为东、西两个围网区，是在原监管点、出口加工区和保税物流中心B型基础上整合而成。2007年8月28日，苏州工业园综合保税区首期4.2平方公里顺利通过海关总署等国家九部委的联合验收，2008年1月15日正式封关运作，2009年4月22日，综合保税区二期0.66平方公里也顺利通过验收。目前，苏州工业园综合保税区累计封关面积4.86平方公里。

【投资环境】 苏州工业园区位于长三角腹地，是上海向内陆地区货物疏散和补给的枢纽，海陆空运输条件优越。沪宁高速公路、铁路贯穿东西，苏嘉杭高速直通南北，两小时车程可达上海浦东机场、上海虹桥机场、杭州萧山机场和南京禄口机场。沿长江有太仓港、张家港港等诸多支线港口作为上海、宁波港的补充，企业货物出口可选择的口岸多、运费低。

苏州工业园综合保税区高度重视环境载体建设。截至目前，建成各类保税仓库40万平方米，厂房约115万平方米，区外周边建成非保税仓库50万平方米，商业和办公设施45万平方米。这里已初步形成设施先进、配套完善、交通便利，集保税加工、保税物流和进出口贸易为一体的综合性功能区域。苏州工业园区东大门的城市建筑形态已初显雏形，为开发区进一步发展创造了新的增长点。

【区域功能优势】 2012年，苏州工业园综合保税区贯彻国务院和省市关于促进外贸平衡发展、促进进口的指示，抓紧研究如何进一步推出具有竞争性和先行性的政策和措施，借助中新协调联合理事会平台，提升和优化综合保税区竞争实力。除先后提出多项拟争取的政策外，还完成了申请省商务厅设立“苏州工业园区国际商务区”的相关工作，获得了江苏省内唯一一家以“国际商务区”命名的特色产业园称号。向商务部成功申请获批在园区设立“国家进口贸易促进创新示范区”。

【招商引资】 截至2012年年底，苏州工业园综合保税区累计企业数量达到228家，其中生产企业112家，物流企业43家，贸易公司及其他类型企业71家，总投资超过34亿美元。目前，综保区集聚了包括卡特彼勒、希捷、百得、通用电气、泰科等在内的世界500强企业，形成以电子产品、汽车零部件、航空器件制造为主的保税加工体系。区内物流企业不断转型发展，纷纷由原先的主要从事仓储货代业务逐步转为为生产企业提供VMI、DC等集成物流服务，通过专业的服务提高产品附加值，使业务量保持稳定增长。园区报关公司开发了目前国内唯一的供应链综合管理平台“规范申报的公共集成报关平台”，彻底改变了传统报关的操作模式，提高了通关效率。目前区内已形成1个国家级企业技术中心、1个省级示范物流基地、3个省级物流企业技术中心、5个省级重点物流企业和6家技术先进型服务企业。此外，苏州工业园综合保税区着力引入央企，进行了包括中外运苏州物流中心、中国邮政苏州速递物流中心、华润礼安苏南医药配送中心等多个重点大项目的合作；加大了央企招商力度，并取得了实质性进展；积极研究发展电子商务，助推综合保税区向贸易服务转型升级。

**【对外贸易】** 综合保税区设立后，以大物流来降低企业运营成本，提升产品的出口附加值，引导企业将加工贸易的内涵向附加值更高的上游研发采购和下游销售、售后服务扩展，带动了整个园区加工贸易转型升级，对工业向服务业转型起到了重要的推动作用。截至2012年年底，区内累计注册贸易公司71家，其中包括世界500强企业普利司通、艾默生投资设立的普利司通（苏州）贸易有限公司、艾默生环境优化技术（苏州）贸易有限公司，美国财富500强企业西科电气公司出资设立的WESCO（苏州）贸易有限公司等国际知名企业。同时，区内已有38家生产型企业的经营范围增加了分销功能并陆续开展业务。

**【经济发展】** 2012年，综合保税区继续发挥政策优势、区位优势、服务优势，紧盯企业需求，加大服务力度，积极推进资源整合、区域合作，牢牢把握国际国内产业转移调整契机，加快转型发展速度，全年经济发展总体处于稳定较好状态。2012年综合保税区累计监管货值达1 080.6亿美元，同比增长8%；累计监管货运量391.9万吨，同比增长9%。

**【发展趋势】** 未来，综合保税区将以虚拟口岸为依托，以商贸和物流两大产业为支柱，以8.38平方公里的物流园和综合保税区为集聚区，5.28平方公里围网区为特殊政策享受区，建设覆盖苏州工业园区并服务全国的示范性功能区域。区内商流、物流、资金流顺畅，可以面向国际国内两个市场综合开展贸易、仓储配送和生产加工服务，满足苏州和华东地区企业的需求。下一步苏州工业园综合保税区将坚定不移地执行进口与出口并重、区内与区外联动、离岸与在岸协调、加工向服务转型的决策方针，加快打造特色进口商品展销基地、国际物流配送中心、国际贸易技术服务中心、国际贸易服务与结算中心、离岸金融服务中心，努力建设“中国离岸服务第一区”。

**【机构设置与管委会领导】** 苏州工业园区综合保税区管委会为副厅级，同苏州工业园区管理委员会合署办公，下设正处级编制的综合保税区管理办公室，与园区经发局合署，负责区域内日常的企业服务、政策协调、统计宣传和后勤服务等工作。办公室下设2个处室，分别为综合处和企业服务处。

管委会领导：主任杨知评，综合保税区管理办公室常务副主任孙扬澄，综合保税区管理办公室副主任王迅。

**【招商部门】** 综合保税区门户网站全新改版上线，网站内容和功能全面升级，重点加强了政府和企业之间的互动，加大了对企业的宣传力度，通过企业信息系统完善各类信息的发布以及企业数据的更新功能。网址为：http://iftz.sipac.gov.cn，可点击了解综合保税区最新情况和发展动态，咨询综合保税区有关政策法规和服务措施（咨询电话：0512－62878328、62586850，电子邮箱：timtang@seall.cn、elvawang@seall.cn）。

# 苏州高新技术产业开发区综合保税区
# SUZHOU NATIONAL NEW & HI-TECH DISTRICT INTEGRATED FREE TRADE ZONE

**【开发建设】** 苏州高新区综合保税区位于苏州国家高新区北部，区域规划控制面积3.51平方公里，由原高新区出口加工区（2003年3月批准设立）和原高新区保税物流中心（B型）（2005年8月批准设立）整合形成。苏州高新区综合保税区于2010年8月10日由国务院批准设立，2010年11月4日通过国家10部委联合验收，实现封关运作。苏州高新区综合保税区以“信息化围网”手段进行监管，按照功能划分为：口岸作业区、保税物流区、保税加工区。

口岸作业区面积0.29平方公里，是整个高新区进出口货物通关和检验检疫的唯一场所，可用于保税货物、一般监管货物、特殊区域间货物及国际快件货物的转关通关。区内建有监管仓库10座共9万平方米，查验场地1.2万平方米，停车场3.6万平方米，集装箱堆场4.4万平方米。保税物流区面积0.52平方公里，区内重点发展保税仓储业务、国际分拨配送业务及国际贸易。区内建有12万平方米现代化仓库，其中恒温仓库800平方米，主要用于存储电子元器件、汽车零部件、光伏设备、医疗器械，以及进口食品、酒类等货种。保税加工区面积2.7平方公里，区内重点发展保税加工、检测维修等业务。区内建有各类厂房，面积约为175万平方米，其中企业自建厂房113万平方米，标准厂房41万平方米，主要用于加工贸易生产企业的入驻。

另外，综合保税区外设有配套工业园0.59平方公里，为综合保税区提供生产配套服务。配套工业园区利用紧邻综合保税区的区位优势，为区内企业开展研发、检测、维修等功能拓展业务提供载体支持；通过区内外有机联动，优势互补，为综合保税区增加招商优势、扩大产业辐射、优化产业结构提供良好契机。

**【投资环境】** 苏州高新区综合保税区在载体建设上一直坚持高标准、严要求，努力建设具有国内一流载体的综合保税区。截至2012年年底，建成各类厂房仓库200万平方米，其中区内标准厂房41万平方米、保税仓库23万平方米，配套工业园内标准厂房19万平方米，规划设计、环境安全均参照区内建设标准，广泛吸引高科技外资企业投资进驻。

高新区报关报检服务中心与苏州高新区综合保税区相距仅500米，是现今国内最具规模、通关功能最为齐备的一流区域物流通关平台，其将涉及货物通关流程的所有行政和社会服务纳入其中，实现海关、国检、经贸等行政管理部门，海关特殊监管区域管理部门，以及报关、货代等物流服务企业集中办公，真正实现“一个窗口”对外，“一条龙”服务的一站式通关模式。

综合保税区周边规划建设普通仓库60

万平方米，商业办公设施3.7万平方米，已初步形成设施先进、配套完善、交通便利，集保税加工、保税物流和进出口贸易为一体的综合性功能区域。综合保税区的快速发展带动了周边区域经济的发展，进一步提升了区域的发展水平。现今在区域周边已形成了综合商贸服务区域，主要有："四星级高中"吴县中学、50万平方米的大白荡公园、可容纳2万人居住美林青年公寓、大型居住社区名墅花园等。

**【招商引资】** 2012年，苏州高新区综合保税区（含配套工业园）共引进项目23个，其中工业项目12个，物流项目1个，电子商务项目1个，进口红酒及食品经销商9家。截至2012年年底，区内累计注册保税加工企业40家、物流通关企业45家、仓储配送企业9家、国际贸易企业15家，累计项目总投资29.3亿美元。区外配套工业园入驻加工贸易企业40家，累计项目总投资1.37亿美元。

高新区综合保税区保税加工项目主要来自台湾地区、欧美、日韩和东南亚等国家和地区。投资领域主要涉及电子、精密机械、新材料、家用产品、汽车零部件等科技含量较高、附加值较大的产业。电子和精密机械目前是保税加工的两大主导产业。区内的中外运、新宁、大田等知名物流企业为全国28个省、近2 000家生产企业提供保税物流服务。

**【对外贸易】** 苏州高新区综合保税区利用功能政策和区位优势，依托苏州进口食品（化妆品）集中监管样板及进口食品（化妆品）销售展示中心，大力发展国际贸易，建设专业化国际贸易服务平台，打造集展示、推广、交易、仓储、品鉴、电子商务、融资租赁、配套服务于一体的国际贸易集聚区。

苏州进口食品（化妆品）集中监管样板位于综合保税区东区D7仓库内，2011年10月获批设立，是江苏省首家进口食品检验检疫监管样板。检验检疫监管样板建筑面积8 332平方米，设有常温食品存放区、化妆品存放区、恒温仓库、贴标作业区、查验区、留样室等功能区域，以"集中口岸、集中仓储、集中检验监管"为核心，以信息化、网络化、智能化系统为手段，改革进口食品检验监管模式，通关时限较以往提速3天～5天，实现了"一次报验、一次取样、一次检疫、一次处理、一次收费、一次放行"的通关流程优化，通过电子监控、溯源管理（二维码）、风险预警、分批核销等信息化管理手段，有效保证了进口食品的质量安全。

苏州高新区进口食品（化妆品）销售展示中心集仓储、展示、加工、分拨配送于一体，依托进口食品检验检疫监管样板将业务服务延伸至仓储物流、进口代理、清关、现货交易、电子商务、团购、直销等领域，首期建筑面积5 000平方米，交易商品主要包括进口葡萄酒、奶粉等各类商品。其中，一楼、二楼规划展销进口葡萄酒，三楼、四楼规划展销奶粉、化妆品等其他进口商品。展销中心凭借优惠的扶持政策、高效的食品检验通关效率吸引了众多进口食品贸易商，包括屈臣氏、优传、尼古拉、优福捷、众意行、佰隆等，汇集了来自世界绝大多数葡萄酒产区的数千种性价比极高的原瓶装进口葡萄酒。

2012年全年，综合保税区累计进口食品802批次，货量18 896吨，进口额7 554.5万美元。其中，进口红酒19.8万升，进口额96.68万美元。

**【经济发展】** 2012年全年，完成工业总产值511.52亿元，同比增长13%；实现监管货值583.12亿美元，进出口总值135亿美元，同比增长51%，其中出口85亿美元，同比增长36%。截至2012年年底，苏州高新区综合保税区累计完成工业总产值1 369亿元，固定资产投资135亿元，进出口总值582亿美元。

截至2012年年底，综合保税区内共有保税仓储企业9家，物流货代企业45家。其中，新宁、大田、中外运、宝恒通等知名物流企业为全国28个省、近2 000家生产企业提供配送、分拨等第三方保税物流服务。2012年全年，报关单量共37.88万票，货运量75.34万吨，5.9万标箱（监管27 538箱，非监管31 490箱）。

**【物流通路】** 为更好地服务企业、顺应转型升级步伐，综合保税区进一步整合物流供应链，发展铁运、陆运及水运，研究水陆联程、水水联运等操作模式，提升通关环境，形成了多种通路叠加的大型国际性物流枢纽。

铁路方面，与远东陆桥有限公司合作，于2012年11月22日开通“苏蒙欧”运输班列。出口货物经综合保税区监管场站办理海关相关手续后，在苏州西站装车，经铁路运抵波兰、匈牙利、捷克等主要东欧国家。此项目为苏州地区乃至苏南地区企业的产品出口至欧洲开辟了一条安全、高效、便捷的物流通道。

陆路运输与物流供应商OTL合作，在综合保税区区内建立其华东地区集散中心，开通以苏州为核心的长三角地区至东盟国家的跨境卡车航班仓储运输业务。出口货物在综合保税区监管场站办理相关海关手续后，装箱运输至广西凭祥友谊关出境，至老挝、越南、泰国等东盟国家。

水路运输借助苏州大运河“四改三”航道整治工程的契机，发挥紧邻京杭大运河的优势，计划通过水水联运方式，实现与上海洋山港的水路对接。

此外，苏州高新区综合保税区大力开展保税仓储和国际分拨配送业务，满足了加工制造企业对保税物流业务发展的需求；改变物流业务模式，大力发展物流服务业务外包，为本地物流市场注入了先进的经营理念、经营模式和管理技术，推动了本地第三方、第四方物流市场的发育和成长。2012年，综合保税区物流企业第三方物流运作完成监管货值158亿美元，货运量29.3万吨，报关单量14.28万票。

**【发展趋势】** 围绕建设全国一流综合保税区的发展目标，着力推动区域经济转型升级，利用综合保税区政策优势和叠加功能，在率先发展现代物流、着力发展国际贸易、优化发展保税加工、鼓励发展保税研发、引导发展检测维修、加快发展保税展览、创新发展特色金融的基础上，重点实施“三个平台、两个中心、一个基地”的发展战略。一是发展现代物流，构建保税产业最佳运营平台；二是发展服务贸易，重点建设服务外包产业平台；三是发展国际经济，建立国际商品展示交易平台；四是发展国际贸易，建立国际采购和分销中心；五是发展销售维修、检测租赁业务，建立光电器材保税维修中心；六是发展保税加工，建立高科技研发和制造基地。

**【机构设置与管委会领导】** 2012年6月，经苏州高新区管委会批准，正式设立“苏州高新技术产业开发区综合保税区管理办公室”作为苏州国家高新产业技术开发区管理委员会的派出机构，行使对综合保税区的行政管理权。苏州高新区综合保税区管理办公室下设行政管理部、计划财务部、经济发展部、开发建设部、综合管理部5个工作部门。为了更好地推进综合保税区的开发建设，设立苏州高新区出口加工区投资开发有限公司、苏州高新区保税中心有限公司，负责综合保税区的土地开发、基础设施建设、标准厂房仓库租赁、物流仓储经营等事宜。

**【招商部门】** 经济发展部。门户网站：http：//www.snd－iftz.gov.cn/；联系人：徐玉、程欣；联系电话：0512－68018661、66161301；传真：0512－66161303；电子邮件：xu.y@snd.gov.cn，cheng.x@snd.gov.cn。

# 上海浦东机场综合保税区
# SHANGHAI PUDONG AIRPORT INTEGRATED FREE TRADE ZONE

**【概况】** 上海浦东机场综合保税区于2009年7月3日由国务院正式批准设立，2010年4月2日开始一期1.60平方公里的封关运作。2011年12月28日完成二期1.99平方公里的封关验收，实现园区整体封关运作。2012年，机场综合保税区积极推进核心功能拓展与运营环境优化，加快特色产业集聚与培育，区域经济呈现快速发展态势。

**【开发建设】** 开发建设持续推进。2012年30万平方米的A5、A6保税仓库完成竣工备案验收，并已投入实际使用；春秋项目通过招拍挂方式完成土地转让工作，项目进入立项程序，计划2013年内将正式投入开工建设；开展口岸通关服务中心二期项目的建设规划，已完成项目前期立项、规划等筹备工作，预计2013年将正式启动建设工作。2012年机场综合保税区完成固定资产投资额19.99亿元，比上年增长3.96倍，其中租赁企业飞机购置14.35亿元，占71.8%。

**【功能创新】** 融资租赁业务规模化发展。机场综合保税区融资租赁业务模式实现创新突破，经营规模不断扩大，集聚优势逐步凸显，已累计引进了8家境内外融资租赁母公司和51家SPV项目公司，初步形成了规模化、集聚化的发展态势。

高端消费品展示交易新型业态实现突破。积极推进国内首家外商独资经营免税品的日上免税行成功进入，搭建集免税保税、完税为一体的国际品牌展示交易平台。其综合实验店已完成海关系统联网调试并将于2013年年初对外营业，成为国内特殊监管区域首家经营免税商品的功能性项目，开创了国内综合保税区“前店后库”商业模式的范例，是区内首个开展高端消费品保税贸易展示的实体运作项目。

全球检测维修功能启动运作。2012年12月12日波音维修项目正式进入机场综合保税区运作，上海波音成为国内首家利用保税政策优势发展非国内制造航空产品维修业务的标杆企业，对机场综合保税区下一步打造并加快形成全球高端检测维修功能具有重要的意义和引领作用。

**【招商引资】** 机场综合保税区加快政策功能拓展，不断完善投资环境，亚太分拨、融资租赁、检测维修等特色产业集聚优势进一步凸显，有效推进了招商引资工作。据统计，2012年机场综合保税区新增注册企业77家，同比增长1.27倍，吸引投资额1.14亿美元，同比增长1.8%。

从企业类型来看：融资租赁类企业大幅增长。新增的77家企业中，融资租赁类企业达到46家，同比增长5.6倍，占新增企业总数的60%。从企业性质来看，外资投资额高，内资企业数量多。机场综合保税区吸引的外资企业虽然只有7家，但投资额达到0.89亿美元，同比增长25.9%，占投资总额的78%；而内资企业在数量上占主要比重，达到70家，吸引注册资本1.58亿元。

截至2012年年底，机场综合保税区累计批准注册企业124家，吸引投资总额2.56亿美元。

**【进出口贸易】** 2012年以来，机场综合保税区努力提升服务效能，不断优化区域通关环境，为进出口额相比上年的快速增长奠定了基础。据统计，2012年机场综合保税区完成进出口总额18.89亿美元，同比增长2.2倍。其中，进口额12.01亿美元，同比增长2.1倍，占进出口总额的63.6%；出口额6.88亿美元，同比增长2.4倍，占进出口总额的36.4%。

企业进出口规模迅速扩大。2012年机场综合保税区直接开展进出口业务活动的企业有19家，比上年增加12家，其中进出口额超过1 000万美元的企业达到13家，比上年增加9家。

贸易往来进一步拓宽，欧洲增势显著。2012年机场综合保税区投资企业共与世界各地的73个国家和地区发生进出口贸易往来，比上年增加21个国家和地区。进出口额的完成主要集中在亚洲与欧洲。其中，与亚洲完成进出口额7.50亿美元，同比增长2.3倍，占机场进出口总额39.7%；与欧洲进出口增势迅猛，达到5.55亿美元，同比增长10倍，占29.4%，主要是法国和德国增长迅速。

飞机、集成电路进出口增长明显。从进口商品类别来看：融资租赁业的迅速发展使得飞机成为机场综合保税区的主要进口货物，进口额达到7.21亿美元，比上年增长1.9倍，占机场综合保税区进口额60%。从出口商品类别来看：机场综合保税区出口货物最多的是集成电路及微电子组件，出口额达到5.22亿美元，同比增长2.8倍，占机场综合保税区出口额75.9%；其次是自动数据处理设备及其部件1.51亿美元，同比增长1.5倍，占机场综合保税区出口额21.9%。

物流货物占绝对比重。2012年机场综合保税区物流货物进出口额达到18.83亿美元，比上年增长2.2倍，占机场进出口总额的99.7%。其中，物流货物进口额11.99亿美元，出口额6.84亿美元，分别比上年增长2.1倍和2.4倍。

**【经济效益】** 随着企业经营规模的不断扩大及新企业的投入运行，综合保税区税收产出也逐步增加。据统计，2012年机场综合保税区纳税企业完成税务部门税收1.05亿元，同比增长61.6%。

企业所得税为机场综合保税区企业缴纳的第一大税种，达到6 565万元，同比增长64.5%，占机场税收的62.5%；受“营改增”政策影响，企业增值税达到2 240万元，比上年净增2 200万元，成为继所得税后的第二大税种，占机场税收的21.3%。

**【产业发展】** 随着招商引资企业数量的快速增加和区域运营环境的完善，投资企业加快了业务运营的步伐，促进了区域经济规模的快速比上年增长。据统计，2012年机场综合保税区投资企业完成经营总收入21.85亿元，同比增长75.2%。

一是企业收入构成渐趋多元化。其中，物流业务收入占主要比重，随着物流业务规模的不断扩大，来自物流业务的收入达到16.69亿元，同比增长62.9%，占经营总收入的76.4%；融资租赁业务迅速扩大，来自融资租赁业务的收入达到3.57亿元，同比增长94%，占经营总收入的16.4%。

二是经营效益增长显著。经营规模的迅速扩大也带来了良好的经济效益。2012年机场综合保税区企业实现利润总额2.4亿元，同比增长52%；从业人员900人，同比增长64.9%。

三是园区货物进出日益繁忙。机场综合保税区功能拓展卓有成效及企业业务规模的不断扩大，推动了进出园区的货物不断增加。2012年，机场综合保税区海关部门监管货物实现倍增，完成进出报关票数4.45万票，比上年增长1.8倍；进出境备案（指“一线”：机场综合保税区与境外之间）货值达到18.84亿美元，比上年增长2.3倍；视同进出口（指“二线”：机场综合保税区与国内一般区域之间）货值达到15.87亿美元，比上年增长2.9倍。

【招商部门】 上海浦东机场综合保税区由上海综合保税区管理委员会统一管理。联系电话：021－68282600。

# 郑州新郑综合保税区
# ZHENGZHOU XINZHENG INTEGRATED BONDED ZONE

**【开发建设】** 郑州新郑综合保税区成立于2010年10月24日，规划面积5.073平方公里，是国务院批准的全国第13个、中部地区第一家实现封关运行的综合保税区。自批复以来，以苹果、富士康为标志的产业迅速进驻，河南省政府提出“举全省之力、建保税新区”，在郑州海关的大力支持下，郑州新郑综合保税区创新实施了“政府边建设、企业边生产、海关边监管”的模式，仅用5个月就实现了第一条手机生产线的投产，10个月完成了基础设施建设和系统集成。2011年11月4日，一期2.49平方公里正式封关运行；为满足富士康高端手机生产建设需求，二期0.24平方公里于2012年12月21日封关运行；预计三期2.343平方公里将于2013年年底实现围网建设。

**【投资环境】** 郑州新郑综合保税区位于郑州航空港区，距离郑州市中心城区约20公里。而郑州具有“三纵两横”高速公路网，“五纵六横”干线公路网，“米”字形的铁路网；拥有铁路一类、二类口岸各1个，航空一类口岸和公路二类口岸各1个，货物在郑州可直接联检封关，实现陆、海、空联运，直达国外。

郑州航空港经济综合实验区作为国务院批准的国家级新区已经上升到国家经济发展的战略高度，郑州新郑综合保税区作为郑州航空港经济综合实验区的核心区、中原经济区的核心增长极，将以此为契机，通过政策创新、体制创新与模式创新，积极承接国内外产业转移，并围绕《国务院关于促进海关特殊监管区域科学发展的指导意见》（国发〔2012〕58号），以海关特殊监管区域为基础的“六大中心”（即制造中心、物流中心、销售中心、结算中心、研发中心和维修中心），大力发展物流产业、高端制造业和现代服务业，力争建设成为我国开放层次最高、政策最优惠、功能最齐全的特定经济功能区域。

**【招商引资】** 截至2012年年底，鸿富锦精密电子有限公司布局手机生产线96条（含维修线），日产能45万部，累计生产苹果手机6 713万部，其中iphone5手机产量占苹果全球产量的70%。郑州新郑综合保税区2012年全年完成进出口报关单12.7万票，进出口总量在全国110个海关特殊监管区排名第五，被海关总署推举为全国综保区尤其是内陆地区综保区建设的标兵和典范。

郑州新郑综合保税区除了富士康郑州项目，现已有海程邦达、华商、商通等10余家报关企业在综合保税区开展报关、报检业务。另有郑州畅联、郑州中外运、富泰通、金象物流、郑州天隽、邦达吉通等知名物流企业进驻综合保税区，为区内企业提供物流服务。此外，为促进区内功能业务多元化发展，综合保税区多方位开展招商引资，目前河南众品实业有限公司已明确表示将入驻综合保税区。

**【对外贸易】** 2012 年郑州综合保税区海关共审核进出口报关单 126 574 票，监管货运量 364 291.8 吨，货值 678.91 亿美元，收缴关税 916.77 万元人民币，收缴进口环节增值税 155 605.1 万元人民币。

2012 年郑州综合保税区出入境检验检疫局累计完成出入境货物检验检疫 19 552 批，货值 206.4 亿美元。其中，入境货物包括手机、手机生产设备、金属加工设备、入境维修手机及手机电池、涂料等手机料件；累计检验检疫入境货物 3 658 批，货值 49.7 亿美元。此外，从 2012 年 12 月 6 日起，区内企业生产手机开始出区入境分销至国内，2012 年累计受理入境分销手机 155 批。

郑州新郑综合保税区出境货物主要为手机。2012 年全年综合保税区累计出口手机 15 881 批，同比增长 191.5%，货值 157 亿美元，同比增长 192.4%；出境货物主要流向美国、加拿大、日本、欧盟、澳大利亚、中国香港地区等国家或地区。

**【经济发展】** 2012 年郑州新郑综合保税区累计完成固定资产投资 80.2 亿元，共实现工业总产值 1 210 亿元，增加值 158 亿元，拉动全省 GDP 增长 0.58 个百分点；累计完成进出口总值 284.97 亿美元（其中进口 128.48 亿美元，出口 156.5 亿美元），占全省进出口总值的 55.1%，带动河南省外贸首次突破 500 亿美元大关，同比增长 58.6%，连续 12 个月居中部六省第一，带动全省进出口增速居全国第 3 位；累计实现苹果 iPhone5 手机结关进口 305 万台，缴纳进口环节增值税 15 亿元，日均进口环节增值税达 5 357 万元。

**【发展趋势】** 为确保综合保税区的高效运转，综合保税区在科学设计区内业务流程、信息系统的基础上，加快河南电子口岸建设步伐，推进大通关信息平台、大监管信息平台、海关特殊监管区域信息平台、河南国际物流信息平台和监控指挥中心等“四平台一中心”建设，着力打造全省的大通关电子口岸平台。同时，围绕国务院的“六个中心”进一步加快区域产业升级和技术创新，全力将郑州新郑综合保税区打造成为一个功能完备、运转高效、环境优美的国内一流综合保税区，力争成为国际物流中心、中原经济区对外开放主平台、中部地区加快发展的重要支点。2012 年 12 月 3 日《加贸司关于开展海关特殊监管区域内企业内销产品返区维修试点工作的通知》（加贸函〔2012〕97 号）已正式批复郑州新郑综合保税区作为内销产品返区维修试点。

**【机构设置与管委会领导】** 郑州新郑综合保税区管委会为河南省政府派出机构，规格为正厅级，现委托郑州市管理。为突出精简、统一、高效的原则，河南省政府将原有的郑州航空港区管委会（正县级）进行套合，实行一个机构、两块牌子的管理模式，内设 10 个正处级机构，下辖 4 个办事处。其中，综合保税区口岸业务协调局为正处级机构，负责综合保税区区内管理、企业服务、政策协调、接待宣传和后勤保障等工作。

管委会领导：主任张延明，副主任赵新中、张俊峰、黄卿；综合保税区口岸业务协调局局长徐笠。

**【招商部门】** 企业入驻、相关政策咨询联系人：李纪昉，电话：0371 - 86196688、86196699，电子邮箱：zbqkaj@126.com。

# 无锡高新区综合保税区

# WUXI HIGH-TECH ZONE COMPREHENSIVE BONDED ZONE

**【开发建设】** 无锡高新区综合保税区由原无锡出口加工区（2002 年 6 月批准设立）转型而来，2012 年 4 月 28 日经国务院批准设立，规划面积 3.497 平方公里，2012 年 12 月 21 日，一期 2.385 平方公里顺利通过省级预验收，2013 年 1 月 31 日通过国家十部委正式验收，是省内第 4 家、国内第 20 家综合保税区。依托特殊政策优势和地理优势，2012 年，园区经济发展迅速，各项经济指标稳定增长，全年园区海关监管货值达到 314 亿美元。其中，进出口总额 96 亿美元，同比增长 12%；规模工业总产值 281 亿元，工业增加值 125 亿元，同比分别增长 12.6% 和 7.5%；税收总额 12.6 亿元，同比增长 63.8%；保税物流进出库货值 108 亿美元，同比增长 146%，综合实力位居全国海关特殊监管区域前列，是无锡市外向型经济的重点发展区域。

**【投资环境】** 无锡高新区综合保税区位于无锡新区境内，具有优越的地理位置、便利的交通和强大的口岸功能，东临上海，西接南京，距无锡苏南国际机场仅 5 公里，实施口岸通关“5+2”工作制度、“白+黑”工作制度、节假日预约加班制度、重点企业绿色通道制度等服务制度，为区内企业提供通关便利，区内市政基础设施，仓储、物流等配套设施齐全，入驻报关、运输、外贸等各类公司，提供齐全、便捷服务。

**【招商引资】** 2012 年，无锡高新区综合保税区加大招商力度，不断扩大招商网络，把制造业招商与物流业招商相结合，2012 年全年入驻新项目 4 个，当年批准投资总额 23 543万美元，合同利用外资 8 030 万美元，实际到位外资 10 441 万美元。截至 2012 年年底，无锡高新区综合保税区历年累计引进项目总投资 76.6 亿美元，注册外资 31.9 亿美元，实际到位外资 29.98 亿美元。

**【产业发展】** 无锡高新区综合保税区以高科技制造和现代服务业为核心，形成了四大产业集群，其中包括以海力士、海太半导体为代表的大规模集成电路产业集群，以希捷、捷普为代表的高端电子产业集群，以理波光电、微密为代表的精密机械产业集群，以中外运、佳达仓储为代表的现代服务业产业集群。作为拥有先进制造、保税物流、研发检测等九大功能的海关特殊监管区域，无锡高新区综合保税区无疑将为无锡高端产业聚集、区域性物流中心城市以及进出口大市的建设带来极大的推动作用。

**【管理与服务】** 2012 年，园区严格按照 ISO 9000/14000 的体系规定，做好园区服务管理工作；落实综合保税区规划建设方案，突出围网、监控、卡口、场站等重要监管设施建设，提升园区整体环境形象；服务重点企业，如服务捷普新项目、菲尼萨扩产、海太扩产等；完善通关环境，优化场站管理，完成了场站管理系统的正式运行；“无纸化通关”试点工作顺利开展；武警部队进驻高新区综合保税区，充实了海关一线监管力量，提高综合保税区监管效能。

**【发展态势】** 无锡高新区综合保税区要以改革、开放、创新为动力，加快推进产业升级，加快推进服务创新，加快探索功能延展，推动加工贸易和保税业务集中，推动先进制造业和现代服务业集聚，推动口岸、监管资源优化配置，突出辐射和带动作用，实现统筹国内外两种资源、链接国内外两个市场，成为无锡市引导加工贸易转型升级、承接产业转移、优化产业结构、拉动经济发展的重要载体。

**【机构设置与管委会领导】** 无锡高新区综合保税区管理委员会与无锡国家高新技术产业开发区管理委员会实行“两块牌子、一套班子”的管理模式，无锡高新区综合保税区管理局作为无锡新区管委会的职能部门，承担无锡综合保税区的日常管理和服务工作，下设四个部门：行政综合处、经贸发展处、园区服务处、招商处。

管委会领导：无锡高新区综合保税区管委会主任嵇克俭，无锡高新区综合保税区管委会副主任李伟敏。

**【招商部门】** 无锡高新区综合保税区管理局下设招商处，主要负责无锡综保区的招商引资工作，联系人：刘斌，联系电话：0510－85200681；包娟，联系电话：0510－85201993；周超，联系电话：0510－85200971。

# 淮安综合保税区
# HUAI'AN INTEGRATED FREE TRADE ZONE

**【开发建设】** 2012年7月19日，淮安综合保税区获国务院批准设立，面积4.92平方公里，共分两个区块。其中，南区3.35平方公里，系在原淮安出口加工区1.36平方公里基础上向东、向北扩大；北区1.57平方公里，位于淮安空港片区。按照分步实施计划，2012年12月20日淮安综合保税区申请验收的一期2.63平方公里通过了省验收组的预验收，2013年1月30日通过国家十部委联合验收。淮安综合保税区的四至范围为：东至237省道，南至新海口路，西至徐杨中心路，北至深圳路。区域内土地符合土地利用总体规划，按规定程序履行具体用地报批手续。基础设施开发建设完毕，已实现"九通一平"，建成主干道、巡逻通道、雨水污水排放系统和供水、供电、通信等设施。区内无商业、住宅、营业性生活消费设施等。

**【投资环境】** 淮安综合保税区位于江苏淮安经济技术开发区境内。区内交通便捷，京沪、宁宿徐、宿淮、宁淮和淮盐五条高速公路在境内交汇，新长铁路贯穿境内，淮安涟水机场已开通北京、上海、广州、重庆、厦门、武汉等10条航线。淮安设立二类水路口岸，积极申报一类口岸，直接对接上海、扬州、连云港、太仓、南京等江海港口。

园区内设有海关、出入境检验检疫办事处、陆路口岸直通式进出口货物分流中心和物流保税仓库。同时启动了区港联动、区域通关、分送集报等创新高效的通关政策，积极推行"一次申报、一次审单、一次放行"的通关模式，确保为每位进区投资的客商提供优质、高效、满意的服务。

**【招商引资】** 截至2012年年底，共引进各类企业12家，注册外资实际到账5.5亿美元，累计完成投资近16亿美元，已逐步形成一个以精密模具、电子接插件、PCB（印刷电路板）等产品生产为主，以保税物流功能配套为辅的高科技出口加工基地，对周边地区产生了显著的辐射带动和示范作用。近两年来又先后引进并建成世界500强日本伊藤忠商事投资2 000万美元的伊安保税物流园项目和香港百隆集团投资1亿美元的新国高档色纺纱项目。

**【经济发展】** 截至2012年年底，共引进各类企业12家，注册外资5.5亿美元，累计完成投资近16亿美元。全年实现工业总产值448.7亿元，同比增长162.9%；实现销售收入446.5亿元，同比增长164.4%；实现利润1.4亿元，完成海关税收及代征税6 766万元。

2012年实现进出区总值21.6亿美元，同比增长5.4%，入区货量125 576吨，出区货量51 930吨；实际进出口35 169万美元，同比增长27.4%，其中进口22 885万美元，同比增长62.1%，出口12 284万美元，同比下降9%；实现保税物流额45 384万美元。淮安综合保税区已逐步形成一个以精密模具、电子接插件、PCB（印刷电路板）等产品生产为主，以保税物流功能配套为辅的高科技出口加工基地，对周边地区产生了显著的辐射带动和示范作用；已成为“江苏省新型电子元器件高技术特色产业基地”和“江苏省新型工业化产业示范基地”，处于淮安IT产业的领军地位，为淮安带来了“台资集聚高地、IT产业领地”和“南有昆山，北有淮安”的美誉。

**【发展趋势】** 淮安综合保税区在初步论证并借鉴其他综合保税区发展的基础上，着眼于长远发展，进一步明确了淮安综合保税区的发展定位。淮安综合保税区计划用五年时间，围绕一个目标，即“江北第一、全国一流”，实现在江苏省长江以北经济总量第一，在全国达到前十位，进入“第一梯队”；建成两个基地，即“全国重要的电子信息制造业基地”和“新三产业、现代服务业基地”；凸显三大优势，即公铁水空港口一应俱全的交通优势、辐射2 000万人口的苏北重要中心城市的区位优势和以富士康科技城为代表的IT产业优势；打造四个中心，即保税加工中心、保税物流中心、展示展览中心和保税产品研发维修检测中心，确保全面完成各项功能建设，将淮安综合保税区建设成为基础设施完善、功能齐备、辐射带动和示范作用明显的综合保税区，又好又快地全面提升淮安乃至苏北地区的开放型经济层次和总量。

**【机构设置与管委会领导】** 淮安综合保税区管理办公室下设综合管理部、经济管理部、投资促进部、规划建设部和保税物流部5个部门。

管委会领导：淮安经济技术开发区党工委委员、管委会副主任刘晓录，兼任淮安综合保税区管理办公室主任。

**【招商部门】** 淮安综合保税区管理办公室投资促进部诚挚欢迎广大投资者和业务需求者咨询、交流及开展业务。招商热线：0517－86283718，传真：0517－86283729。联系人：申先生、俞小姐。

# 海口综合保税区
# HAIKOU INTEGRATED FREE TRADE ZONE

**【开发建设】** 2012年综合保税区在党工委和管委会的领导下，各部门认真履行职责，以招商选资、对原保税区企业拓宽服务、加强监管和着力于综合保税区配套设施建设等工作为重点，实现了园区的主要经济指标比去年不同程度的增长，其中贸易额、进出口和税收增幅度较大。

**【招商引资】** 招商选资取得成效。综合保税区现已有18家企业进驻，其中工业企业2家，贸易、物流企业16家。2012年年底新进企业7家，投资额近10亿元。其中，海南大印集团投资9亿元建设的国际橡胶保税物流项目和进口橡胶交易平台项目于9月16日动工，2012年年底实现进口橡胶2万吨，交易额35.04亿元，各类税收1亿元。同时，还储备了珠宝钻石、高尔夫球具保税加工展销等项目。

重点项目如期竣工并投产。一是汉能250兆瓦薄膜太阳能电池项目2012年计划投资12.8亿元，2012年实际完成投资12.38亿元，全年投资完成率达96.72%。汉能开工至今累计完成投资24.16亿元，汉能一期项目6条生产线目前已全部调试完毕并部分投入试产。二是众联新能源高尔夫球车项目总投资0.5亿元，2012年计划投资2 500万元，全年投资完成率达100%，该项目在3月份已正式投产，8月份开始接受订单并销售。

安商稳商零距离服务企业。海口原保税区的“五通一平”在经历了20年的使用以后，大部分的道路和水电设施都已破损和老化，企业如今又不能享受任何优惠政策，在此情形下，少数企业意欲搬迁。为此，综合保税区管委会领导对此十分重视，用实际行动安商稳商，不仅加大了对园区基础设施的投入和对企业的扶持力度，而且还零距离服务于企业。一是投资了860万元改造园区破损的道路和老化的水电设施；二是对22家重点纳税企业进行奖励表彰；三是服务好重点项目和企业，协调解决金盘电气土地缴税、汉能用地配套、众联项目产品市场开拓和融资等问题，其中协调海关为汉能减免设备税费1.72亿元，协调海关等口岸单位为大印集团进口橡胶给予了通关便利措施，简化8项审批事项的流程，使审批效率提高到98%；四是狠抓安全生产管理与监督，谨防企业生产经营过程中不安全事故的发生。

**【经济发展】** 在全球经济形势十分严峻的情况下，综合保税区全年主要经济指标稳中有升。2012年新增贸易额150亿，实现工业总产值170.25亿元，同比增长9.41%，占全市比重为35.24%；工业销售产值158.63亿元，同比增长2.53%，占全市比重为36.41%；利润总额17.49亿元，同比增长9.74%，占全市比重为25.81%；工业增加值37.8亿元，同比增长12.7%，占全市比重为33.8%；税收12亿元，同比增长11.11%，占全市比重为5.87%；进出口货值1.84亿美元，同比增长28.2%，占全市比重为4.12%（营业收入和进出口大幅度增长主要是进入综合保税区的大型贸易物流企业所致）。

**【行业发展】** 一是生物制药企业凭借管委会全方位的零距离服务和企业自身的科学管理，使企业的生产经营平稳运行和发展。园区生物制药企业共实现工业产值34.5亿元，60%以上的制药企业都有不同程度的增长。增幅较大的有：澳美华制药增幅为100.5%，三风友制药增幅为94.45%，新世通制药增幅为52.5%，灵康制药增幅为48.3%，康芝制药增幅为39.5%，中和药业增幅为27.1%，国瑞堂制药增幅为23.2%。

二是贸易物流企业由原来的38家增加到52家，不仅在企业数量上有所增加，而且在营业收入上也有大幅度的增长，2012年全年贸易物流企业的营业收入额达150亿元，同比增长125.8%。

三是电子信息产业增长势头仍然强劲。三星光纤光缆年产值为5.6亿元，同比增长31.5%，其增长的主要原因有：三星作为世界500强企业，其产品具有品牌效应；出口订单增加，大量产品销往韩国和东南亚国家；国家实施宽带普及和提速工程，光纤光缆到楼入户，市场需求大幅增加。

**【发展趋势】** 主要经济指标预测：如果汉能在2013年能正式投产，预计园区2013年可实现贸易额200亿元，同比将增长33.3%，实现工业总产值180亿元，同比将增长5.8%；税收13亿元，同比将增长8.3%；进出口货值1.98亿美元，同比将增长10%；工业增加值41亿元，同比将增长8.5%。

为实现预定的目标，园区工委将以深入贯彻党的十八大精神为动力，认真落实省市领导关于园区建设发展的各项要求，以加快园区产业发展为主线，以招商选资为重点，以项目建设为抓手，解放思想，真抓实干，发挥“前店后厂、区内外联动”的辐射带动作用，把海口综合保税区建设成为临港加工物流保税园区，努力建成海南对外开放的新高地。

首先是抓龙头，加快培育园区特色产业和骨干企业。采取精心筹划、专题招商的方式，用好政策，下大力气把成长性好、带动性强、附加值高、辐射面广的高端项目、核心项目引进园区，促进园区产业链加快形成。一是扶持汉能释放产能，做大做强海口光伏产业链；二是扶持大印集团保税物流项目建设，促其做大做强，成为具有带动引领作用的进口橡胶交易“龙头”；三是引进安基钻石珠宝、高尔夫球具保税加工交易等项目，发挥其在该行业的带动效应，填补海南产业空白；四是引进有实力的企业，开展进口酒类、冷链食品仓储和交易业务；五是抓好奎斯特直升机项目等储备项目的科研论证和前期工作。通过扶持上述行业的龙头企业，逐渐培育产业链，使其成为海口、海南经济新的增长点。

其次是抓增量，加快发展现代服务业。最大限度发挥保税优惠政策与国际旅游岛特别是离岛免税政策的叠加效应，引进开放型、高附加值、高税收型项目，促进保税物流和保税贸易等业态的发展，尽早形成海口、海南新的经济增量。一是抓好进口大宗商品保税物流项目，加快建设进口橡胶保税物流基地，培育和建成中国南方进口橡胶交易中心；二是充分利用保税物流功能，为“离岛免税”进口商品、高端进口产品提供保税仓储、分拨业务；三是搭建进口冷链食品交易平台，培育区域性的进口食品、进口酒类（红酒、洋酒等）交易市场；四是积极推进将马村港列为国家整车进口口岸的工作，力争有新的突破。

再次是抓服务，加快现有产业发展。重

点支持区内骨干企业，为它们排忧解难。积极协调省市有关部门，在产业政策、市场开拓、专项资金等方面提供支持，促使老企业转型升级，新企业早见成效。出台园区鼓励企业发展的政策、措施，积极帮助企业申报国家、省、市各级工业发展专项资金、技术改造资金、应用技术与研发资金、高新技术专项资金，通过贷款贴息、担保贷款等多种方式破解企业融资难题。

最后是抓规划，加快建设园区步伐，完善园区产业规划和建设规划。科学规划综合保税区的发展定位、目标、功能分布、空间布局、重点产业、项目支撑和保障措施。加快园区配套基础设施建设步伐，做好公共保税仓、保税标准工厂、冷链仓库建设，建立完善进口商品电子交易平台，启动生活配套区的建设，积极推动临空产业园建设规划、产业论证等各项前期工作。

# 济南综合保税区
# JINAN COMPREHENSIVE FREE TRADE ZONE

**【经济发展】** 2012年5月15日，国务院正式批复设立济南综合保税区，该综合保税区由原济南出口加工区转型升级而成。济南综合保税区（含原济南出口加工区）在济南市委、市政府的正确领导下，在市商务局等业务主管部门的大力支持下，紧紧围绕全市“加快科学发展，建设美丽泉城”的目标要求，重点围绕按时通过封关验收、强化招商引资、加快重点项目建设、突出协调服务4个工作重点，狠抓落实，推动了2012年各项工作有序、顺利开展。全年实现主营业务总收入130亿元，同比增长276.77%；规模以上工业企业主营业务收入28.5亿元，增加值4.02亿元，利税1.99亿元；限额以上贸易企业业务收入100.22亿元；重点服务业主营业务收入2.20亿元，出口创汇6.1亿美元，服务业企业利税3.68亿元；固定资产投资33.8亿元，保税物流进出口总额5.1亿美元，进出区总额10.53亿美元。各项经济指标均实现了稳步有效增长，全部完成年度任务指标。

**【投资环境】** 济南综合保税区四至范围为东至港西路，南至旅游路，西至东绕城高速，北至经十东路，规划用地面积5.22平方公里，地处济南市主干道经十东路和东绕城高速交口处，距济南国际机场15分钟车程，距青岛港2.5小时车程，区位交通物流优势突出，是山东省中西部地区唯一的综合保税区。2013年，园区进一步创新工作思路，强化服务意识，狠抓项目建设和企业服务，投资环境进一步改善。

一是突出重点工作落实，确保“三重点”任务完成。结合园区实际，紧紧盯住重点工作，全力推进重点工作，确保了“三重点”任务的完成。面临获批之后繁重的建设任务，济南综合保税区成立了综合保税区建设指挥部，制订了综合保税区控制性详规编制方案并进行了公示，完成了扩区任务，提升了综合保税区的发展空间。公租房建设主体已经完工，现已进入全面装饰阶段，公租房建设完成全年工作计划，确保了公租房在2013年6月份竣工交付使用。继续推进了3个“三重点”重点项目，浪潮LED光电子产业园厂房建设已于2012年年底完工，晶正电子、欧梅赛尔项目已经签署入区协议，目前土地手续正在办理中。

二是明确园区发展目标和产业定位，围绕封关验收，各项建设全面展开。自综合保税区获批以来，按照市委、市政府和管委会的要求，结合国际国内形势及园区发展实际，济南综合保税区研究制定了未来三到五年的园区发展目标及产业定位：重点实施新扩区及配套区建设、海关监管基础设施建设等建设任务；进一步强化招商引资力度，按照“1+3”发展模式，着力将综合保税区打造成辐射山东省中西部地区外向型经济发展示范区、国际高端产业聚集区和保税物流基地。围绕如何在一年内按时通过封关验收全面做好各项筹备。目前各项工作进展顺利，完成了2.02平方公里新扩区土地组卷上报；成立了章锦街道办事处（筹），基本完成了五村人、财、物的交接，拆迁安置地点初步确定，正对拆迁安置方案做最后论证；根据封关要求，制订通关卡口、道路管网、封关区域、监管系统等设施的建设方案，现正进行设计和招投标工作；保税大厦C座顺利开工，预计2014年8月建成投入使用；刘公河综合整治一期工程正在施工，建成后将成为园区重要的生态景观走廊；新卡口及办公联检大楼正在进行规划设计。

三是进一步优化环境，为企业提供优质服务。综合保税区管理服务部门始终以为企业排忧解难，提供优质高效服务为宗旨，不断优化园区发展环境。将鼓励企业创新及发展的各项优惠政策及时传达到企业，帮助企业利用政策加快技术创新。多次组织企业召开海关、国税、重点出口企业联席会议，交流各项优惠政策落实情况，为企业排忧解难，先后组织企业参加市贸促会、市科技局等单位举办的讲座、论坛、政策宣讲会等活动7场。针对企业资金短缺、融资需求较强的实际，2012年8月份联合中信银行召开了银政企业务合作交流会，拓展银政企合作平台，赢得了企业的广泛好评。认真贯彻落实安全生产会议精神，强化安全生产意识，完善安全生产管理机构和各类应急预案，成立了应急预案领导小组，组织编报了《突发事件应急预案》，定期开展安全生产检查，查找隐患，督促整改落实，确保了2012年全年安全生产无事故。

**【招商引资】** 2012年，综合保税区积极围绕“新起点、大格局”的发展思路，坚持“以招商促发展”的发展战略，不断创新招商思路，改进招商方式，拓展招商领域，狠抓责任落实，招商引资工作保持了良好的发展态势，全年引进市外资金17.5亿元，合同利用外资5 000万美元，实际利用外资2 600万美元，并着力引进了一批有规模的企业，如总投资13亿的麦克利人源基因生物试剂项目，总投资2.5亿美元华芯单层玻璃触控屏（OGS）项目和封装测试厂房项目（现已开工），总投资1.5亿元的晶正电子铌酸锂单晶薄膜产业项目等。同时，还在积极跟踪新加坡丰树集团物流地产、山东天地健生物工程、北京联东产业地产、塞克塞斯药业等项目，为2013年做好项目储备。

此外，济南综合保税区进一步加强了与济南市口岸办、济南海关、济南出入境检验检疫局等职能部门的沟通，从硬件和软件两个方面不断优化通关环境，提高服务水平，园区通关效能大力提高，口岸工作取得显著成绩，被评为“2012年度共建文明口岸先进单位”。

**【工业与企业】** 目前，济南综合保税区累计引进企业80余家，区内企业主要来自美国、日本、加拿大及我国香港等国家和地区。目前区内产业主要分为以下几大类：一是半导体集成电路类，主要包括山东华芯OGS触控屏生产项目、封装测试项目等；二是汽车、机械制造加工类，主要包括中国重汽保税物流工业园、鲁电集团电气产业园、中航标准件出口研发项目等，其中中国重汽保税物流工业园主要从事重型汽车全套散件生产、研发、检测、维修、整车出口和保税仓储等业务，建成后年进出口额将达10亿美元；三是仓储、物流类，主要包括苏宁电器物流配送中心、银座加工配送物流中心、中外运保税物流仓储基地、中远保税仓储物流项目等，主要从事货物的仓储、配送物流等业务，使围网内保税物流和配套区现代物流实现联动发展；四是技术研发孵化类，主要包括山东交通科研所研发基地、山东环保产业研发基地、孵化基地项目等，主要为各类孵化企业提供良好的产业平台支撑，使其在区内迅速做强做大，目前环保产业基地已有十几家孵化企业入驻，孵化基地项目正在建设中，已有几十家孵化企业意向入驻；五是服装家具类，主要包括日本郡是株式会社服装出口项目、山东兴和进出口公司等，主要从事针织服装、鞋帽、陶瓷及装饰品的生产物流等业务。

山东华芯半导体公司：由山东省人民政府、济南市人民政府和浪潮集团共同投资成立的高新技术企业，注册资金3亿元，是山东省发展集成电路产业的主体，是中国领先的存储器及相关芯片设计研发与封装测试企业。2009年5月，公司成功收购德国奇梦达中国研发中心，开始自主设计大容量动态随机存储器（DRAM）芯片并成功量产销售。2010年，公司开始研发超高速存储控制SoC芯片。2011年，公司在济南投资建设国内领先水平的芯片封装测试生产线。2011年11月，公司在济南出口加工区成立山东华芯微电子科技有限公司，将在济南出口加工区内建设集成电路产业园，大力发展集成电路产业。华芯自成立以来，已承担包括“国家863计划”、“国家核高基重大专项”、“国家信息产业发展专项”等在内的国家、省、市科研项目近20项，申请专利50余项。公司将持续加大研发创新力度，积极构建芯片设计、晶圆制造以及封装测试产业链，与中国集成电路产业共同成长。

山东兴和进出口公司：是一家集生产、研发于一体的综合性实体企业，涉及铝合金型材及设备、医疗产品、陶瓷制品、服装帽业等多个产业。诚信立足，创新致远。兴和集团坚持以一流品质获取市场信任，以优质服务赢得客户满意，以持续改进寻求企业发展，以卓越管理树立国际品牌。陶瓷在中国有着悠久的历史，兴和集团从事陶瓷产品生产加工行业16年，以一流生产设备和超高性价比与欧美各国多家知名进口商建立了良好的合作关系。先后被评为“出口创汇先进企业”、“海关出口信用A类企业”，并通过了SEDEX等世界权威机构和多家知名公司的验厂。2011年，兴和集团经过与世界各国多家供应商的激烈竞争，成功拿到了2012年伦敦奥运会官方指定陶瓷杯的生产订单，并创下了山东乃至全国的陶瓷杯单笔订单数量及金额的双项记录！这份荣耀不仅属于兴和集团，更属于中国陶瓷业！同年，兴和集团又成功拿到2012年马来西亚总统大选的竞选帽订单，将帽业产品的市场版图进一步拓展。作为济南地区知名制帽企业，凭借出色的设计能力和成本控制能力打入了全球20多个国家和地区的帽业产品市场。在迪斯尼，在拉斯维加斯，在NBA湖人队的每一个主场，出自兴和集团的帽业产品总能让人眼前一亮，东方的细腻和西方的粗犷相得益彰。拥有可口可乐、大众汽车等众多国际知名合作伙伴，兴和集团成为向世界展示中国形象的窗口企业。从陶瓷到制帽再到铝合金型材及设备，兴和集团实行多元化生产经营，一个又一个行业的跨越造就了兴和集团的传奇历程。铝型材挤压机、铝棒加热炉、铝长棒加热炉等一系列全套铝型材挤压生产设备的经营为兴和缔造了新的辉煌。自2007年出口印度市场铝合金型材，兴和集团又开发了高技术含量、高附加值的高速铁路车厢用铝型材，成为印度北方铁路公司Rail tech group独家供应商，并与印度最大的铝型材模具生产商G&L合作，占据了印度铝型材设备市场的80%。

华芯OGS触控屏项目：项目引进台湾富创得公司拥有专利技术的触控屏成套设备及生产工艺，采用先进的OGS（One Glass Solution）一体化触控屏工艺，生产用于电脑、平板和智能手机等广泛应用的投射式电容触控屏。计划分三期建设，其中一期总投资8 000万美元，已于2012年9月初开始建设，预计达产后年销售收入近1亿美元，毛利率约为33%，净利率为20%以上。项目三期全部建成后，各种规格的触控屏年产销规模将达到2 000万片，年收入将达到10亿美元，年利税将达2亿美元将成为国内一流、国际知名的触控屏产业基地。项目对济南综合保税区的发展会形成良好的带动，并且与集成电路芯片和封装测试形成互动。带动上下游企业落户综合保税区，形成触控屏上下游产业链。

山东如意科技集团：是全球知名的创新型技术纺织企业，资产总额131亿元，拥有国内A股和日本东京主板2个上市公司，旗下拥有20个全资和控股子公司，职工3万人，是以纺织服装为主业，拥有国内规模最大的毛纺服装产业链和棉纺印染产业链。2013年年初成功收购澳大利亚卡比棉田150万亩，成为我国在澳洲获得战略性农业资源的成功案例。如意集团将充分利用济南综合保税区的优势，在综合保税区投资建设如意产业园，主要生产高档纺织品。项目占地200亩，总投资1.5亿美元，建成年产200万纱锭，年销售收入60亿元的规模。其中，一期注册资金1 600万美元，投资总额1亿元，计划于2013年8月前投产，达产后预计可实现年销售收入约15亿元，进出口额2.5亿美元。

**【发展趋势】** 随着济南综合保税区的顺利获批，一个目前国内开放层次最高、政策最优惠、功能最齐全、通关最便捷的海关特殊监管区在济南东部新城崛起，繁荣发展的济南进一步拉近了与世界融合的距离。根据新的发展规划，济南综合保税区主要划分为口岸作业、保税加工、保税物流、贸易服务四大功能区。口岸作业区主要承担进出口货物通关监管、场站服务、集装箱拼装转运、检验检疫等功能；保税加工区主要承担研发、加工、制造、维修等功能，重点发展先进制造业，引入电子信息、生物医药、环保节能、光机电一体化为主导的高新技术产业和高附加值制造产业；保税物流区主要承担VMI和DC等保税仓储和物流增值服务等功能，重点发展第三方和第四方物流业务；贸易服务区主要承担国际贸易及海关、商检、税务、外管、金融等一站式服务功能。

新机遇，新希望，新挑战。未来3～5年，济南综合保税区将加快总部基地及配套建设、服务外包基地建设、新扩区及配套区建设和海关监管基础设施建设，全面提升园区综合竞争力、创新驱动力和辐射带动力，努力构造以光机电、医药、国际物流和服务外包产业为龙头，产业发展与周边生态高度融合的外向型经济区。力争主要经济指标年均增速50%以上，打造成辐射山东省中西部地区外向型经济发展示范区、国际高端产业聚集区，保税物流大基地。

**【机构设置与管委会领导】** 济南综合保税区建设管理筹建委员会（筹）为济南综合保税区的管理机构。筹委会主任张新文，副主任张端武、张金龙、张承新。下设党政办公室、发展改革局、经济发展局、财政局、规划建设局、保税物流局。

**【招商部门】** 招商电话：0531－88237808、88237819，传真：0531－88237807。

# 统计资料篇

# 保税区（保税物流园区）

# 2012 年全国保税区下分贸易方式进出口贸易额统计表

| 名称 | 贸易方式 | 进出口总额（万美元） | 比上年增长（%） | 出口额（万美元） | 比上年增长（%） | 进口额（万美元） | 比上年增长（%） |
|---|---|---|---|---|---|---|---|
| 合计 | | 25 371 127.3 | 29.9 | 8 750 483.6 | 47.4 | 16 620 643.7 | 22.3 |
| 天津港保税区 | 合计 | 1 645 260.6 | 6.1 | 256 710.6 | -3.0 | 1 388 550.0 | 7.9 |
| | 一般贸易 | 928 928.5 | 15.3 | 153 056.8 | -5.2 | 775 871.6 | 20.4 |
| | 其他捐赠物资 | | | | | | |
| | 来料加工装配贸易 | 72.6 | -75.7 | 54.8 | -74.7 | 17.8 | -78.2 |
| | 进料加工贸易 | 1 547.7 | -35.7 | 1 082.6 | -24.6 | 465.1 | -52.2 |
| | 加工贸易进口设备 | | | | | | |
| | 外商投资企业作为投资进口的设备、物品 | | | | | | |
| | 出料加工贸易 | 109.2 | -54.4 | 59.6 | -72.7 | 49.6 | 129.6 |
| | 保税监管场所进出境货物 | 283.3 | -71.0 | 5.8 | -65.7 | 277.5 | -71.1 |
| | 海关特殊监管区域物流货物 | 713 720.0 | -3.6 | 102 319.7 | 1.1 | 611 400.2 | -4.4 |
| | 其他贸易 | 599.3 | -24.0 | 131.2 | -30.7 | 468.1 | -21.9 |
| 大连大窑湾保税区 | 合计 | 267 358.2 | -4.1 | 82 122.3 | -4.1 | 185 235.8 | -4.1 |
| | 一般贸易 | 137 388.1 | 12.1 | 41 628.7 | 37.4 | 95 759.4 | 3.8 |
| | 来料加工装配贸易 | 13 731.7 | 22.1 | 11 577.7 | 32.8 | 2 154.0 | -14.9 |
| | 进料加工贸易 | 28 364.7 | -19.0 | 15 947.9 | -8.5 | 12 416.8 | -29.3 |
| | 边境小额贸易 | 2.9 | | 2.9 | | | |
| | 加工贸易进口设备 | 24.5 | 43.2 | | | 24.5 | 43.2 |
| | 租赁贸易 | | | | | | |
| | 外商投资企业作为投资进口的设备、物品 | | | | | | |
| | 保税监管场所进出境货物 | 232.6 | -57.9 | | | 232.6 | -57.5 |

续表

| 名称 | 贸易方式 | 进出口总额（万美元） | 比上年增长（%） | 出口额（万美元） | 比上年增长（%） | 进口额（万美元） | 比上年增长（%） |
|---|---|---|---|---|---|---|---|
| | 海关特殊监管区域物流货物 | 86 800.3 | -19.9 | 12 955.7 | -55.6 | 73 844.6 | -6.7 |
| | 其他贸易 | 813.2 | -6.3 | 9.3 | -10.1 | 803.9 | -6.3 |
| 上海外高桥保税区 | 合计 | 9 442 650.3 | 10.0 | 1 934 270.9 | 6.3 | 7 508 379.4 | 11.0 |
| | 一般贸易 | 1 708 780.3 | 10.4 | 403 064.5 | 20.1 | 1 305 715.8 | 7.7 |
| | 国家间、国际组织无偿援助和赠送的物资 | | | | | | |
| | 来料加工装配贸易 | 139 061.9 | 23.3 | 85 378.1 | -9.9 | 53 683.8 | 197.0 |
| | 进料加工贸易 | 538 492.8 | 5.2 | 240 825.8 | 3.4 | 297 667.0 | 6.7 |
| | 加工贸易进口设备 | 575.1 | 120.1 | | | 575.1 | 120.1 |
| | 租赁贸易 | 7.5 | 141.9 | | | 7.5 | 141.9 |
| | 外商投资企业作为投资进口的设备、物品 | 22 364.2 | 13.8 | | | 22 364.2 | 13.8 |
| | 保税监管场所进出境货物 | 5 210.7 | -9.8 | 101.7 | -93.8 | 5 109.1 | 23.2 |
| | 海关特殊监管区域物流货物 | 7 019 721.7 | 10.0 | 1 204 833.0 | 4.4 | 5 814 888.7 | 11.3 |
| | 其他贸易 | 8 435.9 | 11.9 | 67.8 | -58.7 | 8 368.2 | 13.4 |
| 张家港保税区 | 合计 | 441 895.9 | 2.7 | 114 149.4 | -5.3 | 327 746.6 | 5.8 |
| | 一般贸易 | 93 317.5 | 28.7 | 16 067.0 | 30.6 | 77 250.4 | 28.3 |
| | 来料加工装配贸易 | 18 511.9 | -3.0 | 11 236.2 | -1.9 | 7 275.7 | -4.6 |
| | 进料加工贸易 | 98 269.5 | -21.6 | 67 579.7 | -18.0 | 30 689.7 | -28.5 |
| | 加工贸易进口设备 | | | | | | |
| | 外商投资企业作为投资进口的设备、物品 | 1 454.3 | -41.5 | | | 1 454.3 | -41.5 |
| | 保税监管场所进出境货物 | 39 071.3 | 34.0 | 16 047.7 | 104.5 | 23 023.5 | 8.1 |
| | 海关特殊监管区域物流货物 | 191 200.8 | 5.5 | 3 218.6 | -50.7 | 187 982.2 | 7.6 |
| | 其他贸易 | 70.8 | 25.8 | 0.1 | -87.3 | 70.7 | 27.4 |
| 宁波北仑港保税区 | 合计 | 617 688.4 | -19.1 | 148 039.8 | -12.4 | 469 648.7 | -21.0 |
| | 一般贸易 | 305 661.8 | -1.7 | 48 062.1 | 21.4 | 257 599.7 | -5.0 |
| | 来料加工装配贸易 | 3 944.3 | -50.5 | 1 874.3 | -47.4 | 2 070.0 | -53.0 |
| | 进料加工贸易 | 139 259.8 | -3.6 | 75 544.1 | -5.1 | 63 715.7 | -1.7 |
| | 外商投资企业作为投资进口的设备、物品 | 258.5 | -93.0 | | | 258.5 | -93.0 |

续表

| 名称 | 贸易方式 | 进出口总额（万美元） | 比上年增长（%） | 出口额（万美元） | 比上年增长（%） | 进口额（万美元） | 比上年增长（%） |
|---|---|---|---|---|---|---|---|
| | 保税监管场所进出境货物 | 1 886.4 | 54.5 | | | 1 886.4 | 54.8 |
| | 海关特殊监管区域物流货物 | 165 758.7 | -43.8 | 21 899.7 | -52.6 | 143 859.0 | -42.2 |
| | 其他贸易 | 918.9 | 704.9 | 659.6 | 116 287.5 | 259.3 | 128.3 |
| 福建马尾保税区 | 合计 | 19 290.1 | -25.5 | 8 713.6 | 2.4 | 10 576.5 | -39.1 |
| | 一般贸易 | 13 571.5 | -13.2 | 6 423.2 | 28.7 | 7 148.3 | -32.8 |
| | 来料加工装配贸易 | 650.9 | 29.1 | 420.2 | 0.2 | 230.7 | 171.7 |
| | 海关特殊监管区域物流货物 | 5 067.7 | -48.0 | 1 870.2 | -39.6 | 3 197.5 | -51.9 |
| | 其他贸易 | | | | | | |
| 厦门象屿保税区 | 合计 | 370 082.0 | 14.8 | 240 581.1 | 10.0 | 129 500.9 | 25.0 |
| | 一般贸易 | 76 621.8 | 13.5 | 51 377.7 | 23.0 | 25 244.0 | -2.0 |
| | 来料加工装配贸易 | 541.0 | -48.2 | 359.1 | -12.5 | 181.9 | -71.3 |
| | 进料加工贸易 | 34 960.9 | 15.7 | 18 736.3 | 19.4 | 16 224.6 | 11.6 |
| | 保税监管场所进出境货物 | 599.6 | 9 333.0 | 3.8 | -40.8 | 595.8 | |
| | 海关特殊监管区域物流货物 | 256 815.3 | 15.2 | 170 099.0 | 5.8 | 86 716.3 | 39.8 |
| | 其他贸易 | 543.4 | -19.8 | 5.2 | 60.8 | 538.1 | -20.1 |
| 青岛保税区 | 合计 | 723 398.0 | -16.6 | 151 596.3 | -4.9 | 571 801.7 | -19.2 |
| | 一般贸易 | 144 225.9 | 36.7 | 51 398.0 | 6.2 | 92 827.9 | 62.5 |
| | 其他捐赠物资 | | | | | | |
| | 来料加工装配贸易 | 22 335.5 | -8.8 | 15 482.0 | -6.1 | 6 853.5 | -14.3 |
| | 进料加工贸易 | 34 787.7 | 5.1 | 24 931.3 | 7.7 | 9 856.4 | -1.0 |
| | 加工贸易进口设备 | 30.3 | -32.0 | | | 30.3 | -32.0 |
| | 外商投资企业作为投资进口的设备、物品 | 1 890.6 | -62.7 | | | 1 890.6 | -62.7 |
| | 保税监管场所进出境货物 | 51 644.9 | 4.1 | 5 534.3 | -5.8 | 46 110.6 | 5.4 |
| | 海关特殊监管区域物流货物 | 468 435.1 | -27.8 | 54 250.5 | -17.1 | 414 184.7 | -29.0 |
| | 其他贸易 | 47.9 | 118.0 | 0.1 | -91.3 | 47.8 | 132.6 |
| 广州保税区 | 合计 | 322 641.9 | -3.4 | 116 378.4 | -16.0 | 206 263.4 | 5.5 |

续表

| 名称 | 贸易方式 | 进出口总额（万美元） | 比上年增长（%） | 出口额（万美元） | 比上年增长（%） | 进口额（万美元） | 比上年增长（%） |
|---|---|---|---|---|---|---|---|
| | 一般贸易 | 58 432.3 | -2.3 | 7 374.1 | 23.8 | 51 058.2 | -5.2 |
| | 来料加工装配贸易 | 3 458.1 | -6.9 | 2 393.7 | -12.7 | 1 064.4 | 9.2 |
| | 进料加工贸易 | 108 226.6 | 3.1 | 68 673.2 | -10.2 | 39 553.4 | 38.8 |
| | 加工贸易进口设备 | 518.7 | 8.9 | | | 518.7 | 8.9 |
| | 外商投资企业作为投资进口的设备、物品 | 502.3 | -37.8 | | | 502.3 | -37.8 |
| | 海关特殊监管区域物流货物 | 151 486.7 | -7.7 | 37 922.0 | -28.9 | 113 564.8 | 2.5 |
| | 其他贸易 | 17.2 | 357.8 | 15.5 | | 1.7 | -55.0 |
| 深圳保税区 | 合计 | 11 313 888.1 | 83.7 | 5 600 401.2 | 95.7 | 5 713 486.9 | 73.2 |
| | 一般贸易 | 192 078.4 | 28.5 | 88 714.8 | 12.4 | 103 363.5 | 46.5 |
| | 来料加工装配贸易 | 419 854.8 | -20.0 | 383 107.1 | -14.2 | 36 747.7 | -53.1 |
| | 进料加工贸易 | 4 365 756.9 | 77.5 | 2 356 944.8 | 70.2 | 2 008 812.1 | 86.9 |
| | 外商投资企业作为投资进口的设备、物品 | 2 068.8 | -84.9 | | | 2 068.8 | -84.9 |
| | 保税监管场所进出境货物 | 218.6 | | | | 218.6 | |
| | 海关特殊监管区域物流货物 | 6 333 906.7 | 110.2 | 2 771 634.0 | 191.3 | 3 562 272.7 | 72.8 |
| | 其他贸易 | 3.9 | -4.5 | 0.5 | -38.0 | 3.4 | 3.1 |
| 珠海保税区 | 合计 | 181 320.3 | 7.2 | 83 417.3 | 7.5 | 97 902.9 | 6.9 |
| | 一般贸易 | 10 495.3 | 31.8 | 162.6 | 20.6 | 10 332.7 | 32.0 |
| | 来料加工装配贸易 | 1 969.4 | -22.2 | 1 256.5 | -24.2 | 712.9 | -18.5 |
| | 进料加工贸易 | 76 657.4 | 0.3 | 56 767.3 | 0.0 | 19 890.1 | 0.9 |
| | 加工贸易进口设备 | 86.2 | -56.1 | | | 86.2 | -56.1 |
| | 海关特殊监管区域物流货物 | 92 112.0 | 12.3 | 25 231.0 | 32.6 | 66 881.0 | 6.2 |
| 汕头保税区 | 合计 | 25 653.7 | -32.0 | 14 102.7 | 19.2 | 11 550.9 | -55.4 |
| | 一般贸易 | 4 729.4 | -54.4 | 4 412.5 | 43.5 | 316.9 | -95.7 |
| | 进料加工贸易 | 12 897.2 | 10.8 | 8 221.1 | 17.1 | 4 676.1 | 1.3 |
| | 保税监管场所进出境货物 | | | | | | |
| | 海关特殊监管区域物流货物 | 8 027.0 | -34.8 | 1 469.1 | -15.5 | 6 557.9 | -38.0 |
| | 其他贸易 | 0.0 | | | | 0.0 | |

# 2012 年全国保税区经济指标统计情况表

| 指标 | 单位 | 合计 | | | |
|---|---|---|---|---|---|
| | | 2012 年 12 月 | 当年累计 | 增幅（%） | 历年累计 |
| 增加值 | 万元 | 3 241 194 | 38 888 963 | 9.86 | 2 727 448 935 |
| 销售收入 | 万元 | 24 004 140 | 262 074 620 | 5.81 | 1 474 105 107 |
| 工业总产值 | 万元 | 4 824 537 | 53 166 119 | 13.20 | 341 863 866 |
| 其中：高新技术产业 | 万元 | 1 734 361 | 18 083 854 | 7.27 | 84 487 603 |
| 电子信息产业 | 万元 | 1 189 013 | 12 964 416 | 4.98 | 88 071 340 |
| 商品销售额 | 万元 | 19 843 147 | 215 124 894 | 7.75 | 1 109 905 405 |
| 物流企业营业收入 | 万元 | 3 979 059 | 42 049 705 | -1.55 | 297 361 116 |
| 批准企业 | 个 | 331 | 4 123 | -15.53 | 67 171 |
| 其中：加工企业 | 个 | 7 | 114 | -16.79 | 4 073 |
| 贸易企业 | 个 | 189 | 3 138 | -2.97 | 46 872 |
| 仓储物流企业 | 个 | 31 | 338 | -15.29 | 5 533 |
| 批准外资企业数 | 个 | 30 | 339 | -22.60 | 23 097 |
| 其中：加工企业 | 个 | 4 | 25 | -28.57 | 2 480 |
| 贸易企业 | 个 | 15 | 206 | -21.67 | 16 070 |
| 仓储物流企业 | 个 | 3 | 33 | -42.11 | 1 976 |
| 批准投资额 | 万美元 | 108 778 | 1 870 936 | -21.53 | 17 755 904 |
| 其中：外商投资总额 | 万美元 | 74 278 | 959 664 | 7.61 | 11 063 310 |
| 合同利用外资 | 万美元 | 56 437 | 782 483 | 14.26 | 7 875 461 |
| 实际利用外资 | 万美元 | 38 271 | 418 716 | -9.12 | 4 262 704 |
| 期末货物存放量 | 万吨 | 1 245 | 1 245 | 53.85 | 1 245 |
| 货运总量 | 万吨 | 231 | 5 360 | 10.24 | 45 102 |
| 期末施工房屋面积 | 平方米 | 4 746 719 | 4 746 719 | 53.42 | 4 746 719 |
| 房屋竣工面积 | 平方米 | 335 420 | 1 091 020 | -48.34 | 17 734 779 |
| 税收总额 | 万元 | 1 540 851 | 20 697 964 | 7.04 | 122 433 524 |
| 其中：工商税收 | 万元 | 349 540 | 7 130 070 | 8.65 | 40 916 494 |
| 海关税收及代征税 | 万元 | 1 191 311 | 13 567 894 | 6.22 | 81 484 836 |
| 固定资产投资额 | 万元 | 338 057 | 6 899 164 | 7.57 | 43 353 389 |
| 其中：基础设施投资 | 万元 | 50 917 | 694 385 | -39.44 | 11 774 927 |
| 期末从业人员 | 人 | 739 408 | 739 408 | 2.76 | 739 408 |
| 其中：外资企业从业人员 | 人 | 471 511 | 471 511 | -0.20 | 471 511 |
| 保税区批准面积 | 平方公里 | 41 | 41 | 0.00 | 41 |
| 保税区验收封关面积 | 平方公里 | 37 | 37 | 0.00 | 37 |

续表

| 指标 | 单位 | 天津港保税区 | | | |
|---|---|---|---|---|---|
| | | 2012年12月 | 当年累计 | 增幅（%） | 历年累计 |
| 增加值 | 万元 | 1 122 799 | 10 684 380 | 21.00 | 2 545 916 534 |
| 销售收入 | 万元 | 5 138 772 | 50 611 813 | 14.12 | 236 120 513 |
| 工业总产值 | 万元 | 1 468 228 | 14 279 194 | 29.76 | 54 339 431 |
| 其中：高新技术产业 | 万元 | 702 458 | 6 084 358 | 10.93 | 19 779 591 |
| 电子信息产业 | 万元 | 17 855 | 181 868 | -42.29 | 1 759 680 |
| 商品销售额 | 万元 | 2 530 443 | 29 591 625 | 18.73 | 125 975 482 |
| 物流企业营业收入 | 万元 | 440 592 | 2 365 952 | -36.47 | 31 894 429 |
| 批准企业 | 个 | 45 | 555 | -63.46 | 17 978 |
| 其中：加工企业 | 个 | 2 | 21 | 133.33 | 629 |
| 贸易企业 | 个 | 18 | 263 | -47.40 | 9 721 |
| 仓储物流企业 | 个 | 4 | 41 | -70.29 | 1 693 |
| 批准外资企业数 | 个 | 5 | 66 | -34.65 | 5 928 |
| 其中：加工企业 | 个 | 0 | 1 | -75.00 | 376 |
| 贸易企业 | 个 | 0 | 16 | -15.79 | 4 687 |
| 仓储物流企业 | 个 | 0 | 1 | -93.33 | 287 |
| 批准投资额 | 万美元 | 80 196 | 743 056 | -49.71 | 8 163 740 |
| 其中：外商投资总额 | 万美元 | 61 859 | 476 703 | -3.24 | 4 856 776 |
| 合同利用外资 | 万美元 | 46 583 | 527 210 | 10.30 | 3 809 401 |
| 实际利用外资 | 万美元 | 28 444 | 301 722 | 15.24 | 1 808 885 |
| 期末货物存放量 | 万吨 | 0 | 0 | — | 0 |
| 货运总量 | 万吨 | 0 | 0 | — | 0 |
| 期末施工房屋面积 | 平方米 | 0 | 0 | — | 0 |
| 房屋竣工面积 | 平方米 | 0 | 0 | — | 1 080 000 |
| 税收总额 | 万元 | 507 193 | 6 099 877 | 9.86 | 30 801 819 |
| 其中：工商税收 | 万元 | 74 952 | 1 301 672 | 8.90 | 6 455 522 |
| 海关税收及代征税 | 万元 | 432 241 | 4 798 205 | 10.13 | 24 346 297 |
| 固定资产投资额 | 万元 | 154 483 | 3 110 200 | 5.07 | 17 273 638 |
| 其中：基础设施投资 | 万元 | 26 156 | 378 283 | -22.92 | 2 848 739 |
| 期末从业人员 | 人 | 192 460 | 192 460 | 1.32 | 192 460 |
| 其中：外资企业从业人员 | 人 | 76 977 | 76 977 | 13.81 | 76 977 |
| 保税区批准面积 | 平方公里 | 5 | 5 | 0.00 | 5 |
| 保税区验收封关面积 | 平方公里 | 4 | 4 | 0.00 | 4 |

续表

| 指标 | 单位 | 大连保税区 | | | |
|---|---|---|---|---|---|
| | | 2012年12月 | 当年累计 | 增幅（%） | 历年累计 |
| 增加值 | 万元 | 0 | 2 866 000 | 1.70 | 18 241 364 |
| 销售收入 | 万元 | 885 000 | 10 230 000 | 0.48 | 63 824 175 |
| 工业总产值 | 万元 | 71 000 | 1 129 000 | 0.15 | 7 261 452 |
| 其中：高新技术产业 | 万元 | 0 | 0 | — | 0 |
| 电子信息产业 | 万元 | 0 | 0 | — | 0 |
| 商品销售额 | 万元 | 490 000 | 5 991 000 | 2.87 | 37 665 944 |
| 物流企业营业收入 | 万元 | 43 000 | 1 661 400 | 10.02 | 12 645 705 |
| 批准企业 | 个 | 0 | 520 | -14.33 | 7 459 |
| 其中：加工企业 | 个 | 0 | 9 | -81.25 | 727 |
| 贸易企业 | 个 | 0 | 454 | -16.54 | 3 134 |
| 仓储物流企业 | 个 | 0 | 15 | 0.00 | 452 |
| 批准外资企业数 | 个 | 0 | 19 | -55.81 | 2 552 |
| 其中：加工企业 | 个 | 0 | 1 | -80.00 | 211 |
| 贸易企业 | 个 | 0 | 17 | -52.78 | 778 |
| 仓储物流企业 | 个 | 0 | 0 | -100.00 | 134 |
| 批准投资额 | 万美元 | 0 | 396 246 | 32.01 | 2 757 945 |
| 其中：外商投资总额 | 万美元 | 0 | 3 852 | -93.16 | 1 023 856 |
| 合同利用外资 | 万美元 | 0 | 2 777 | -92.08 | 958 079 |
| 实际利用外资 | 万美元 | 0 | 1 030 | -98.53 | 517 571 |
| 期末货物存放量 | 万吨 | 0 | 0 | — | 0 |
| 货运总量 | 万吨 | 0 | 2 755 | 24.89 | 18 236 |
| 期末施工房屋面积 | 平方米 | 0 | 0 | — | 0 |
| 房屋竣工面积 | 平方米 | 0 | 0 | — | 2 370 000 |
| 税收总额 | 万元 | 14 400 | 374 400 | 14.60 | 7 012 935 |
| 其中：工商税收 | 万元 | 14 400 | 374 400 | 14.60 | 1 945 523 |
| 海关税收及代征税 | 万元 | 0 | 0 | — | 5 067 412 |
| 固定资产投资额 | 万元 | 0 | 2 219 800 | 15.86 | 10 360 890 |
| 其中：基础设施投资 | 万元 | 0 | 53 140 | -86.93 | 5 293 350 |
| 期末从业人员 | 人 | 58 000 | 58 000 | 0.00 | 58 000 |
| 其中：外资企业从业人员 | 人 | 40 000 | 40 000 | 0.00 | 40 000 |
| 保税区批准面积 | 平方公里 | 2 | 2 | 0.00 | 2 |
| 保税区验收封关面积 | 平方公里 | 2 | 2 | 0.00 | 2 |

续表

| 指标 | 单位 | 上海外高桥保税区 | | | |
|---|---|---|---|---|---|
| | | 2012年12月 | 当年累计 | 增幅（%） | 历年累计 |
| 增加值 | 万元 | 1 300 000 | 15 772 200 | 7.31 | 98 199 800 |
| 销售收入 | 万元 | 11 300 000 | 118 893 100 | 9.72 | 703 995 500 |
| 工业总产值 | 万元 | 677 900 | 7 277 800 | 0.03 | 67 883 600 |
| 其中：高新技术产业 | 万元 | 39 500 | 419 000 | -2.17 | 10 301 200 |
| 电子信息产业 | 万元 | 475 500 | 5 068 400 | 1.63 | 40 728 100 |
| 商品销售额 | 万元 | 10 300 000 | 107 003 900 | 10.16 | 598 258 000 |
| 物流企业营业收入 | 万元 | 3 200 000 | 33 983 700 | 2.00 | 223 020 700 |
| 批准企业 | 个 | 45 | 415 | 20.64 | 11 533 |
| 其中：加工企业 | 个 | 1 | 8 | -38.46 | 834 |
| 贸易企业 | 个 | 29 | 253 | 24.02 | 8 344 |
| 仓储物流企业 | 个 | 2 | 65 | -1.52 | 1 799 |
| 批准外资企业数 | 个 | 13 | 131 | 3.97 | 8 300 |
| 其中：加工企业 | 个 | 0 | 2 | -66.67 | 592 |
| 贸易企业 | 个 | 12 | 89 | 8.54 | 6 404 |
| 仓储物流企业 | 个 | 1 | 22 | -26.67 | 1 174 |
| 批准投资额 | 万美元 | 12 177 | 345 426 | 137.10 | 2 460 011 |
| 其中：外商投资总额 | 万美元 | 9 548 | 303 194 | 137.65 | 2 059 185 |
| 合同利用外资 | 万美元 | 5 480 | 146 353 | 104.04 | 1 117 022 |
| 实际利用外资 | 万美元 | 700 | 51 700 | -10.55 | 736 200 |
| 期末货物存放量 | 万吨 | 70 | 70 | -14.95 | 70 |
| 货运总量 | 万吨 | 30 | 480 | -21.30 | 7 199 |
| 期末施工房屋面积 | 平方米 | 902 600 | 902 600 | 16.99 | 902 600 |
| 房屋竣工面积 | 平方米 | 254 300 | 322 300 | 154.78 | 2 234 200 |
| 税收总额 | 万元 | 707 600 | 10 089 400 | 6.22 | 59 118 500 |
| 其中：工商税收 | 万元 | 158 600 | 4 018 500 | 10.79 | 22 908 600 |
| 海关税收及代征税 | 万元 | 549 000 | 6 070 900 | 3.40 | 36 209 900 |
| 固定资产投资额 | 万元 | 26 200 | 250 900 | -1.06 | 4 687 200 |
| 其中：基础设施投资 | 万元 | 2 400 | 26 100 | -44.23 | 1 062 698 |
| 期末从业人员 | 人 | 250 500 | 250 500 | 5.70 | 250 500 |
| 其中：外资企业从业人员 | 人 | 232 000 | 232 000 | 2.56 | 232 000 |
| 保税区批准面积 | 平方公里 | 10 | 10 | 0.00 | 10 |
| 保税区验收封关面积 | 平方公里 | 9 | 9 | 0.00 | 9 |

续表

| 指标 | 单位 | 张家港保税区 | | | |
|---|---|---|---|---|---|
| | | 2012 年 12 月 | 当年累计 | 增幅（%） | 历年累计 |
| 增加值 | 万元 | 294 613 | 3 647 323 | 1.54 | 19 578 662 |
| 销售收入 | 万元 | 2 356 531 | 34 920 618 | -12.35 | 208 724 078 |
| 工业总产值 | 万元 | 953 697 | 10 353 715 | -2.08 | 57 278 504 |
| 其中：高新技术产业 | 万元 | 272 160 | 3 267 916 | 15.34 | 11 807 183 |
| 电子信息产业 | 万元 | 36 174 | 404 038 | -2.98 | 1 923 798 |
| 商品销售额 | 万元 | 3 256 941 | 35 266 142 | -6.51 | 192 452 606 |
| 物流企业营业收入 | 万元 | 39 288 | 826 078 | 39.62 | 3 529 850 |
| 批准企业 | 个 | 52 | 816 | 15.58 | 6 152 |
| 其中：加工企业 | 个 | 0 | 13 | -48.00 | 303 |
| 贸易企业 | 个 | 47 | 783 | 30.94 | 5 231 |
| 仓储物流企业 | 个 | 5 | 20 | 53.85 | 212 |
| 批准外资企业数 | 个 | 0 | 25 | -26.47 | 964 |
| 其中：加工企业 | 个 | 0 | 5 | -54.55 | 170 |
| 贸易企业 | 个 | 0 | 19 | -17.39 | 345 |
| 仓储物流企业 | 个 | 0 | 1 | — | 43 |
| 批准投资额 | 万美元 | 2 185 | 137 592 | -33.46 | 1 562 853 |
| 其中：外商投资总额 | 万美元 | 170 | 99 242 | -3.48 | 1 459 719 |
| 合同利用外资 | 万美元 | 90 | 64 128 | 17.77 | 856 163 |
| 实际利用外资 | 万美元 | 2 000 | 33 162 | -21.39 | 463 086 |
| 期末货物存放量 | 万吨 | 984 | 984 | 45.62 | 984 |
| 货运总量 | 万吨 | 95 | 1 180 | 13.72 | 7 170 |
| 期末施工房屋面积 | 平方米 | 3 298 173 | 3 298 173 | 68.44 | 3 298 173 |
| 房屋竣工面积 | 平方米 | 80 120 | 674 935 | -63.01 | 6 750 513 |
| 税收总额 | 万元 | 105 338 | 1 279 149 | 9.10 | 8 285 520 |
| 其中：工商税收 | 万元 | 35 835 | 492 775 | 4.26 | 2 956 404 |
| 海关税收及代征税 | 万元 | 69 503 | 786 374 | 12.37 | 5 329 116 |
| 固定资产投资额 | 万元 | 124 271 | 950 206 | 2.65 | 5 600 099 |
| 其中：基础设施投资 | 万元 | 18 925 | 175 864 | 38.30 | 1 263 915 |
| 期末从业人员 | 人 | 46 481 | 46 481 | 5.51 | 46 481 |
| 其中：外资企业从业人员 | 人 | 21 145 | 21 145 | -0.14 | 21 145 |
| 保税区批准面积 | 平方公里 | 4 | 4 | 0.00 | 4 |
| 保税区验收封关面积 | 平方公里 | 4 | 4 | 0.00 | 4 |

续表

| 指标 | 单位 | 宁波保税区 | | | |
|---|---|---|---|---|---|
| | | 2012年12月 | 当年累计 | 增幅（%） | 历年累计 |
| 增加值 | 万元 | 150 679 | 1 362 212 | 3.63 | 10 972 021 |
| 销售收入 | 万元 | 2 495 169 | 26 959 470 | 6.26 | 118 354 961 |
| 工业总产值 | 万元 | 477 368 | 5 701 852 | 5.06 | 34 736 781 |
| 其中：高新技术产业 | 万元 | 427 984 | 5 066 204 | 3.34 | 25 125 020 |
| 电子信息产业 | 万元 | 394 385 | 4 730 100 | 14.33 | 26 556 544 |
| 商品销售额 | 万元 | 2 099 235 | 22 610 898 | 6.37 | 84 853 442 |
| 物流企业营业收入 | 万元 | 30 042 | 567 090 | -1.71 | 1 570 111 |
| 批准企业 | 个 | 31 | 502 | -7.89 | 8 861 |
| 其中：加工企业 | 个 | 0 | 0 | — | 337 |
| 贸易企业 | 个 | 31 | 502 | -7.89 | 8 488 |
| 仓储物流企业 | 个 | 0 | 0 | — | 36 |
| 批准外资企业数 | 个 | 1 | 10 | -52.38 | 1 016 |
| 其中：加工企业 | 个 | 0 | 0 | — | 255 |
| 贸易企业 | 个 | 1 | 10 | -52.38 | 731 |
| 仓储物流企业 | 个 | 0 | 0 | — | 30 |
| 批准投资额 | 万美元 | 500 | 54 273 | -4.07 | 962 845 |
| 其中：外商投资总额 | 万美元 | 157 | 33 109 | 35.01 | 651 228 |
| 合同利用外资 | 万美元 | 1 297 | 14 172 | 9.42 | 407 688 |
| 实际利用外资 | 万美元 | 6 294 | 10 450 | 4.05 | 203 905 |
| 期末货物存放量 | 万吨 | 12 | 12 | -29.73 | 12 |
| 货运总量 | 万吨 | 48 | 460 | -13.71 | 5 843 |
| 期末施工房屋面积 | 平方米 | 336 500 | 336 500 | 25.75 | 336 500 |
| 房屋竣工面积 | 平方米 | 1 000 | 63 500 | -27.01 | 2 884 500 |
| 税收总额 | 万元 | 34 387 | 507 723 | -8.01 | 3 908 215 |
| 其中：工商税收 | 万元 | 21 616 | 324 362 | -0.75 | 2 252 047 |
| 海关税收及代征税 | 万元 | 12 771 | 183 361 | -18.55 | 1 656 168 |
| 固定资产投资额 | 万元 | 8 743 | 103 791 | -31.37 | 2 161 504 |
| 其中：基础设施投资 | 万元 | 0 | 0 | — | 229 558 |
| 期末从业人员 | 人 | 54 915 | 54 915 | 4.52 | 54 915 |
| 其中：外资企业从业人员 | 人 | 52 169 | 52 169 | 10.33 | 52 169 |
| 保税区批准面积 | 平方公里 | 2 | 2 | 0.00 | 2 |
| 保税区验收封关面积 | 平方公里 | 2 | 2 | 0.00 | 2 |

续表

| 指标 | 单位 | 福州保税区 | | | |
|---|---|---|---|---|---|
| | | 2012年12月 | 当年累计 | 增幅（%） | 历年累计 |
| 增加值 | 万元 | 9 180 | 116 318 | 65.70 | 409 946 |
| 销售收入 | | 7 850 | 235 290 | 262.69 | 370 700 |
| 工业总产值 | | 8 560 | 83 760 | 3.57 | 487 327 |
| 其中：高新技术产业 | | 0 | 0 | — | 0 |
| 电子信息产业 | | 0 | 0 | — | 0 |
| 商品销售额 | | 5 300 | 578 989 | 763.89 | 767 958 |
| 物流企业营业收入 | | 4 600 | 71 520 | 150.42 | 154 592 |
| 批准企业 | 个 | 53 | 179 | 5.92 | 1 467 |
| 其中：加工企业 | | 0 | 0 | — | 31 |
| 贸易企业 | | 1 | 117 | -18.75 | 1 228 |
| 仓储物流企业 | | 0 | 6 | -57.14 | 136 |
| 批准外资企业数 | 个 | 0 | 3 | 50.00 | 401 |
| 其中：加工企业 | | 0 | 0 | — | 15 |
| 贸易企业 | | 0 | 3 | 50.00 | 330 |
| 仓储物流企业 | | 0 | 0 | — | 52 |
| 批准投资额 | 万美元 | 4 951 | 21 139 | 15.15 | 168 225 |
| 其中：外商投资总额 | | 0 | 342 | -69.22 | 63 580 |
| 合同利用外资 | | 0 | 222 | -25.75 | 34 261 |
| 实际利用外资 | | 0 | 16 | -94.94 | 16 388 |
| 期末货物存放量 | 万吨 | 0 | 0 | — | 0 |
| 货运总量 | | 0 | 0 | — | 40 |
| 期末施工房屋面积 | 平方米 | 0 | 0 | — | 0 |
| 房屋竣工面积 | | 0 | 0 | — | 1 000 |
| 税收总额 | 万元 | 4 782 | 31 792 | -11.18 | 576 821 |
| 其中：工商税收 | | 4 782 | 27 391 | -8.09 | 156 023 |
| 海关税收及代征税 | | 0 | 4 401 | -26.55 | 420 797 |
| 固定资产投资额 | 万元 | 100 | 3 502 | — | 160 620 |
| 其中：基础设施投资 | | 0 | 0 | — | 125 941 |
| 期末从业人员 | 人 | 6 230 | 6 230 | 3.83 | 6 230 |
| 其中：外资企业从业人员 | | 1 200 | 1 200 | -20.00 | 1 200 |
| 保税区批准面积 | 平方公里 | 2 | 2 | 0.00 | 2 |
| 保税区验收封关面积 | | 1 | 1 | 0.00 | 1 |

续表

| 指标 | 单位 | 厦门象屿保税区 | | | |
|---|---|---|---|---|---|
| | | 2012 年 12 月 | 当年累计 | 增幅（%） | 历年累计 |
| 增加值 | 万元 | 32 557 | 505 170 | 13.50 | 2 191 440 |
| 销售收入 | | 399 358 | 4 655 026 | 21.34 | 16 453 237 |
| 工业总产值 | | 11 062 | 185 505 | 7.35 | 844 773 |
| 其中：高新技术产业 | | 0 | 0 | — | 0 |
| 电子信息产业 | | 10 800 | 141 809 | 17.83 | 565 943 |
| 商品销售额 | | 328 000 | 3 810 118 | 22.83 | 10 545 118 |
| 物流企业营业收入 | | 60 296 | 655 617 | 14.41 | 2 898 214 |
| 批准企业 | 个 | 31 | 345 | 18.56 | 1 518 |
| 其中：加工企业 | | 0 | 11 | 175.00 | 33 |
| 贸易企业 | | 12 | 187 | 16.15 | 865 |
| 仓储物流企业 | | 8 | 92 | -4.17 | 517 |
| 批准外资企业数 | 个 | 1 | 5 | -44.44 | 58 |
| 其中：加工企业 | | 0 | 0 | — | 2 |
| 贸易企业 | | 1 | 5 | -37.50 | 43 |
| 仓储物流企业 | | 0 | 0 | — | 12 |
| 批准投资额 | 万美元 | 2 615 | 42 113 | 19.60 | 153 205 |
| 其中：外商投资总额 | | 10 | 2 988 | 40.74 | 13 905 |
| 合同利用外资 | | 714 | 3 567 | 68.02 | 45 085 |
| 实际利用外资 | | 830 | 2 150 | 24.57 | 35 111 |
| 期末货物存放量 | 万吨 | 0 | 0 | — | 0 |
| 货运总量 | | 9 | 79 | 31.85 | 355 |
| 期末施工房屋面积 | 平方米 | 0 | 0 | — | 0 |
| 房屋竣工面积 | | 0 | 0 | — | 0 |
| 税收总额 | 万元 | 5 488 | 104 008 | 45.69 | 521 457 |
| 其中：工商税收 | | 3 595 | 64 949 | 15.90 | 251 010 |
| 海关税收及代征税 | | 1 893 | 39 059 | 154.39 | 270 447 |
| 固定资产投资额 | 万元 | 3 000 | 53 000 | 1.92 | 416 075 |
| 其中：基础设施投资 | | 0 | 1 300 | 188.89 | 97 170 |
| 期末从业人员 | 人 | 20 000 | 20 000 | -4.76 | 20 000 |
| 其中：外资企业从业人员 | | 0 | 0 | -100.00 | 0 |
| 保税区批准面积 | 平方公里 | 2 | 2 | 0.00 | 2 |
| 保税区验收封关面积 | | 1 | 1 | 0.00 | 1 |

续表

| 指标 | 单位 | 青岛保税区 | | | |
|---|---|---|---|---|---|
| | | 2012年12月 | 当年累计 | 增幅（%） | 历年累计 |
| 增加值 | 万元 | 91 502 | 1 105 732 | 5.05 | 7 090 366 |
| 销售收入 | 万元 | 419 650 | 5 134 330 | 11.75 | 33 084 070 |
| 工业总产值 | 万元 | 46 078 | 470 100 | -0.53 | 6 057 691 |
| 其中：高新技术产业 | 万元 | 42 008 | 413 522 | 2.74 | 2 460 583 |
| 电子信息产业 | 万元 | 25 492 | 230 233 | 3.70 | 1 624 034 |
| 商品销售额 | 万元 | 245 490 | 2 937 194 | 2.37 | 19 492 995 |
| 物流企业营业收入 | 万元 | 89 530 | 1 074 398 | 64.70 | 5 161 428 |
| 批准企业 | 个 | 35 | 391 | -5.78 | 6 257 |
| 其中：加工企业 | 个 | 0 | 1 | -50.00 | 206 |
| 贸易企业 | 个 | 34 | 384 | -2.78 | 5 873 |
| 仓储物流企业 | 个 | 1 | 5 | -16.67 | 152 |
| 批准外资企业数 | 个 | 0 | 15 | -44.44 | 1 435 |
| 其中：加工企业 | 个 | 0 | 1 | 0.00 | 163 |
| 贸易企业 | 个 | 0 | 14 | -46.15 | 1 242 |
| 仓储物流企业 | 个 | 0 | 0 | — | 30 |
| 批准投资额 | 万美元 | 3 512 | 101 891 | -17.43 | 687 398 |
| 其中：外商投资总额 | 万美元 | 0 | 19 450 | -72.28 | 351 934 |
| 合同利用外资 | 万美元 | 0 | 9 251 | -44.08 | 213 124 |
| 实际利用外资 | 万美元 | 3 | 6 558 | 67.90 | 105 423 |
| 期末货物存放量 | 万吨 | 177 | 177 | 464.77 | 177 |
| 货运总量 | 万吨 | 42 | 321 | -4.73 | 1 613 |
| 期末施工房屋面积 | 平方米 | 10 301 | 10 301 | -30.24 | 10 301 |
| 房屋竣工面积 | 平方米 | 0 | 30 285 | -47.16 | 1 446 177 |
| 税收总额 | 万元 | 59 903 | 508 927 | 3.54 | 2 832 651 |
| 其中：工商税收 | 万元 | 8 803 | 98 827 | 4.56 | 874 197 |
| 海关税收及代征税 | 万元 | 51 100 | 410 100 | 3.67 | 1 928 707 |
| 固定资产投资额 | 万元 | 3 602 | 38 667 | -15.24 | 644 610 |
| 其中：基础设施投资 | 万元 | 0 | 1 420 | -37.69 | 78 975 |
| 期末从业人员 | 人 | 29 260 | 29 260 | 1.79 | 29 260 |
| 其中：外资企业从业人员 | 人 | 19 770 | 19 770 | 1.11 | 19 770 |
| 保税区批准面积 | 平方公里 | 3 | 3 | 0.00 | 3 |
| 保税区验收封关面积 | 平方公里 | 3 | 3 | 0.00 | 3 |

续表

| 指标 | 单位 | 广州保税区 | | | |
| --- | --- | --- | --- | --- | --- |
| | | 2012 年 12 月 | 当年累计 | 增幅（%） | 历年累计 |
| 增加值 | 万元 | 56 026 | 729 258 | -4.02 | 2 420 726 |
| 销售收入 | | 273 769 | 3 223 954 | -4.16 | 21 557 342 |
| 工业总产值 | | 52 710 | 714 708 | 4.00 | 8 807 215 |
| 其中：高新技术产业 | | 52 588 | 504 312 | -5.81 | 4 730 857 |
| 电子信息产业 | | 52 588 | 504 312 | -5.81 | 4 730 857 |
| 商品销售额 | | 145 840 | 1 774 484 | -16.97 | 13 829 856 |
| 物流企业营业收入 | | 61 429 | 737 150 | 4.50 | 2 565 550 |
| 批准企业 | 个 | 2 | 45 | -23.73 | 2 534 |
| 其中：加工企业 | | 0 | 0 | -100.00 | 62 |
| 贸易企业 | | 2 | 17 | -37.04 | 2 345 |
| 仓储物流企业 | | 0 | 7 | -56.25 | 39 |
| 批准外资企业数 | 个 | 0 | 2 | -77.78 | 770 |
| 其中：加工企业 | | 0 | 0 | — | 60 |
| 贸易企业 | | 0 | 0 | -100.00 | 695 |
| 仓储物流企业 | | 0 | 0 | -100.00 | 3 |
| 批准投资额 | 万美元 | 48 | 8 887 | 69.15 | 238 955 |
| 其中：外商投资总额 | | 0 | 7 546 | 87.25 | 199 370 |
| 合同利用外资 | | 0 | 3 578 | 5.76 | 109 377 |
| 实际利用外资 | | 0 | 3 219 | -38.38 | 76 290 |
| 期末货物存放量 | 万吨 | 0 | 0 | — | 0 |
| 货运总量 | | 0 | 0 | — | 62 |
| 期末施工房屋面积 | 平方米 | 0 | 0 | — | 0 |
| 房屋竣工面积 | | 0 | 0 | — | 0 |
| 税收总额 | 万元 | 2 437 | 101 694 | -29.14 | 1 089 323 |
| 其中：工商税收 | | 2 437 | 101 694 | -29.14 | 1 086 882 |
| 海关税收及代征税 | | 0 | 0 | — | 0 |
| 固定资产投资额 | 万元 | 1 723 | 14 334 | 7.18 | 614 809 |
| 其中：基础设施投资 | | 0 | 0 | — | 127 099 |
| 期末从业人员 | 人 | 12 835 | 12 835 | 0.00 | 12 835 |
| 其中：外资企业从业人员 | | 12 198 | 12 198 | 0.00 | 12 198 |
| 保税区批准面积 | 平方公里 | 2 | 2 | 0.00 | 2 |
| 保税区验收封关面积 | | 2 | 2 | 0.00 | 2 |

续表

| 指标 | 单位 | 深圳保税区 | | | |
|---|---|---|---|---|---|
| | | 2012年12月 | 当年累计 | 增幅（%） | 历年累计 |
| 增加值 | 万元 | 108 301 | 1 222 522 | 12.40 | 16 706 635 |
| 销售收入 | 万元 | 466 294 | 4 274 853 | 11.60 | 39 547 954 |
| 工业总产值 | 万元 | 797 075 | 9 965 039 | 38.30 | 80 977 982 |
| 其中：高新技术产业 | 万元 | 0 | 0 | — | 0 |
| 电子信息产业 | 万元 | 0 | 0 | — | 0 |
| 商品销售额 | 万元 | 425 730 | 3 807 669 | 2.21 | 17 380 263 |
| 物流企业营业收入 | 万元 | 0 | 0 | — | 303 100 |
| 批准企业 | 个 | 27 | 235 | 34.29 | 1 972 |
| 其中：加工企业 | 个 | 4 | 29 | 93.33 | 432 |
| 贸易企业 | 个 | 10 | 109 | 12.37 | 907 |
| 仓储物流企业 | 个 | 11 | 79 | 229.17 | 389 |
| 批准外资企业数 | 个 | 7 | 40 | -23.08 | 1 061 |
| 其中：加工企业 | 个 | 4 | 10 | 100.00 | 358 |
| 贸易企业 | 个 | 1 | 23 | -36.11 | 575 |
| 仓储物流企业 | 个 | 2 | 4 | 0.00 | 125 |
| 批准投资额 | 万美元 | 1 197 | 9 797 | 48.06 | 320 470 |
| 其中：外商投资总额 | 万美元 | 1 197 | 9 794 | 48.01 | 176 055 |
| 合同利用外资 | 万美元 | 936 | 7 657 | 15.72 | 176 055 |
| 实际利用外资 | 万美元 | 0 | 5 615 | 23.71 | 175 746 |
| 期末货物存放量 | 万吨 | 0 | 0 | — | 0 |
| 货运总量 | 万吨 | 0 | 0 | — | 574 |
| 期末施工房屋面积 | 平方米 | 0 | 0 | — | 0 |
| 房屋竣工面积 | 平方米 | 0 | 0 | — | 0 |
| 税收总额 | 万元 | 78 535 | 1 319 949 | 6.87 | 6 231 891 |
| 其中：工商税收 | 万元 | 12 229 | 116 699 | 4.17 | 705 211 |
| 海关税收及代征税 | 万元 | 66 306 | 1 203 250 | 7.14 | 5 526 680 |
| 固定资产投资额 | 万元 | 0 | 0 | — | 0 |
| 其中：基础设施投资 | 万元 | 0 | 0 | — | 0 |
| 期末从业人员 | 人 | 34 510 | 34 510 | -9.31 | 34 510 |
| 其中：外资企业从业人员 | 人 | 0 | 0 | — | 0 |
| 保税区批准面积 | 平方公里 | 3 | 3 | 0.00 | 3 |
| 保税区验收封关面积 | 平方公里 | 2 | 2 | 0.00 | 2 |

续表

| 指标 | 单位 | 珠海保税区 | | | |
| --- | --- | --- | --- | --- | --- |
| | | 2012 年 12 月 | 当年累计 | 增幅（%） | 历年累计 |
| 增加值 | 万元 | 21 100 | 251 400 | 16.83 | 1 440 871 |
| 销售收入 | | 90 989 | 963 161 | -51.80 | 18 639 910 |
| 工业总产值 | | 75 450 | 884 410 | -13.50 | 8 929 337 |
| 其中：高新技术产业 | | 48 174 | 572 174 | -12.15 | 1 336 209 |
| 电子信息产业 | | 62 626 | 305 634 | 8.39 | 1 965 621 |
| 商品销售额 | | 9 511 | 153 145 | 50.48 | 5 617 043 |
| 物流企业营业收入 | | 2 905 | 23 650 | -97.64 | 12 887 400 |
| 批准企业 | 个 | 9 | 79 | 276.19 | 394 |
| 其中：加工企业 | | 0 | 6 | 500.00 | 177 |
| 贸易企业 | | 4 | 45 | 309.09 | 101 |
| 仓储物流企业 | | 0 | 7 | -22.22 | 89 |
| 批准外资企业数 | 个 | 3 | 20 | 100.00 | 316 |
| 其中：加工企业 | | 0 | 4 | 300.00 | 175 |
| 贸易企业 | | 0 | 9 | 50.00 | 59 |
| 仓储物流企业 | | 0 | 4 | 33.33 | 75 |
| 批准投资额 | 万美元 | 1 337 | 5 676 | 34.12 | 140 396 |
| 其中：外商投资总额 | | 1 337 | 3 301 | 59.01 | 123 036 |
| 合同利用外资 | | 1 337 | 3 301 | 34.73 | 91 099 |
| 实际利用外资 | | 0 | 2 901 | 56.56 | 72 786 |
| 期末货物存放量 | 万吨 | 1 | 1 | -28.57 | 1 |
| 货运总量 | | 2 | 27 | 5.72 | 1 447 |
| 期末施工房屋面积 | 平方米 | 0 | 0 | — | 0 |
| 房屋竣工面积 | | 0 | 0 | — | 90 000 |
| 税收总额 | 万元 | 8 934 | 134 233 | 3.02 | 668 030 |
| 其中：工商税收 | | 2 201 | 76 435 | 15.95 | 304 407 |
| 海关税收及代征税 | | 6 733 | 57 798 | -10.21 | 363 618 |
| 固定资产投资额 | 万元 | 3 859 | 52 641 | 36.83 | 542 233 |
| 其中：基础设施投资 | | 3 406 | 3 406 | -90.31 | 203 390 |
| 期末从业人员 | 人 | 15 919 | 15 919 | 6.06 | 15 919 |
| 其中：外资企业从业人员 | | 14 605 | 14 605 | 0.72 | 14 605 |
| 保税区批准面积 | 平方公里 | 3 | 3 | 0.00 | 3 |
| 保税区验收封关面积 | | 3 | 3 | 0.00 | 3 |

续表

| 指标 | 单位 | 汕头保税区 | | | |
|---|---|---|---|---|---|
| | | 2012年12月 | 当年累计 | 增幅（%） | 历年累计 |
| 增加值 | 万元 | 23 761 | 248 082 | 7.20 | 1 955 001 |
| 销售收入 | 万元 | 47 533 | 463 005 | 13.15 | 2 619 907 |
| 工业总产值 | 万元 | 43 976 | 418 511 | 15.49 | 2 899 424 |
| 其中：高新技术产业 | 万元 | 20 870 | 172 989 | 18.91 | 893 516 |
| 电子信息产业 | 万元 | 5 019 | 55 049 | -2.44 | 307 061 |
| 商品销售额 | 万元 | 6 657 | 99 419 | -22.64 | 901 945 |
| 物流企业营业收入 | 万元 | 7 377 | 83 150 | -18.76 | 730 037 |
| 批准企业 | 个 | 1 | 16 | -11.11 | 273 |
| 其中：加工企业 | 个 | 0 | 7 | -50.00 | 117 |
| 贸易企业 | 个 | 1 | 8 | 700.00 | 134 |
| 仓储物流企业 | 个 | 0 | 1 | -50.00 | 19 |
| 批准外资企业数 | 个 | 0 | 3 | -25.00 | 199 |
| 其中：加工企业 | 个 | 0 | 1 | -50.00 | 80 |
| 贸易企业 | 个 | 0 | 1 | — | 108 |
| 仓储物流企业 | 个 | 0 | 1 | -50.00 | 11 |
| 批准投资额 | 万美元 | 60 | 1 104 | -72.37 | 62 248 |
| 其中：外商投资总额 | 万美元 | 0 | 143 | -92.05 | 40 289 |
| 合同利用外资 | 万美元 | 0 | 267 | -78.06 | 29 481 |
| 实际利用外资 | 万美元 | 0 | 193 | -85.30 | 22 687 |
| 期末货物存放量 | 万吨 | 1 | 1 | -21.43 | 1 |
| 货运总量 | 万吨 | 6 | 59 | 9.26 | 1 276 |
| 期末施工房屋面积 | 平方米 | 199 145 | 199 145 | 142.88 | 199 145 |
| 房屋竣工面积 | 平方米 | 0 | 0 | -100.00 | 558 389 |
| 税收总额 | 万元 | 3 451 | 31 550 | 1.99 | 443 050 |
| 其中：工商税收 | 万元 | 1 687 | 20 398 | 25.45 | 106 970 |
| 海关税收及代征税 | 万元 | 1 764 | 11 152 | -24.01 | 336 080 |
| 固定资产投资额 | 万元 | 12 076 | 36 175 | 38.68 | 382 824 |
| 其中：基础设施投资 | 万元 | 30 | 2 230 | -60.70 | 112 531 |
| 期末从业人员 | 人 | 4 065 | 4 065 | 0.22 | 4 065 |
| 其中：外资企业从业人员 | 人 | 1 421 | 1 421 | 3.12 | 1 421 |
| 保税区批准面积 | 平方公里 | 2 | 2 | 0.00 | 2 |
| 保税区验收封关面积 | 平方公里 | 2 | 2 | 0.00 | 2 |

续表

| 指标 | 单位 | 海口保税区 | | | |
|---|---|---|---|---|---|
| | | 2012年12月 | 当年累计 | 增幅（%） | 历年累计 |
| 增加值 | 万元 | 30 676 | 378 366 | 12.82 | 2 325 569 |
| 销售收入 | 万元 | 123 225 | 1 510 000 | 1.87 | 10 812 760 |
| 工业总产值 | 万元 | 141 433 | 1 702 525 | 9.40 | 11 360 349 |
| 其中：高新技术产业 | 万元 | 128 619 | 1 583 379 | 7.33 | 8 053 444 |
| 电子信息产业 | 万元 | 108 574 | 1 342 973 | 5.14 | 7 909 702 |
| 商品销售额 | 万元 | 0 | 1 500 311 | 125.80 | 2 164 753 |
| 物流企业营业收入 | 万元 | 0 | 0 | — | 0 |
| 批准企业 | 个 | 0 | 25 | 108.33 | 773 |
| 其中：加工企业 | 个 | 0 | 9 | 80.00 | 185 |
| 贸易企业 | 个 | 0 | 16 | 128.57 | 501 |
| 仓储物流企业 | 个 | 0 | 0 | — | 0 |
| 批准外资企业数 | 个 | 0 | 0 | — | 97 |
| 其中：加工企业 | 个 | 0 | 0 | — | 23 |
| 贸易企业 | 个 | 0 | 0 | — | 73 |
| 仓储物流企业 | 个 | 0 | 0 | — | 0 |
| 批准投资额 | 万美元 | 0 | 3 736 | 610.27 | 77 613 |
| 其中：外商投资总额 | 万美元 | 0 | 0 | — | 44 377 |
| 合同利用外资 | 万美元 | 0 | 0 | — | 28 626 |
| 实际利用外资 | 万美元 | 0 | 0 | — | 28 626 |
| 期末货物存放量 | 万吨 | 0 | 0 | — | 0 |
| 货运总量 | 万吨 | 0 | 0 | -95.65 | 1 288 |
| 期末施工房屋面积 | 平方米 | 0 | 0 | — | 0 |
| 房屋竣工面积 | 平方米 | 0 | 0 | — | 320 000 |
| 税收总额 | 万元 | 8 403 | 115 262 | 18.95 | 943 312 |
| 其中：工商税收 | 万元 | 8 403 | 111 968 | 16.97 | 913 698 |
| 海关税收及代征税 | 万元 | 0 | 3 294 | 179.63 | 29 614 |
| 固定资产投资额 | 万元 | 0 | 65 948 | 108.24 | 508 887 |
| 其中：基础设施投资 | 万元 | 0 | 52 642 | 66.23 | 331 561 |
| 期末从业人员 | 人 | 14 233 | 14 233 | 15.99 | 14 233 |
| 其中：外资企业从业人员 | 人 | 26 | 26 | 0.00 | 26 |
| 保税区批准面积 | 平方公里 | 2 | 2 | 0.00 | 2 |
| 保税区验收封关面积 | 平方公里 | 2 | 2 | 0.00 | 2 |

# 2012 年全国保税区进口额前 30 位国家和地区排名表

| 序号 | 国家和地区 | 2012 年 | |
|---|---|---|---|
| | | 进口额（万美元） | 比上年增长（%） |
| | 合计 | 16 620 643.7 | 22.3 |
| 1 | 中华人民共和国 | 2 412 332.9 | 63.2 |
| 2 | 日本 | 1 563 973.0 | -10.7 |
| 3 | 南非 | 1 559 234.9 | 125.6 |
| 4 | 马来西亚 | 1 503 090.7 | 15.0 |
| 5 | 中国台湾 | 1 416 048.9 | 76.0 |
| 6 | 韩国 | 1 121 525.9 | -3.2 |
| 7 | 美国 | 1 062 005.0 | 11.9 |
| 8 | 德国 | 656 833.4 | 19.5 |
| 9 | 泰国 | 433 511.7 | -21.4 |
| 10 | 英国 | 429 269.3 | 55.8 |
| 11 | 菲律宾 | 367 717.2 | 29.5 |
| 12 | 法国 | 342 333.5 | 2.0 |
| 13 | 哥斯达黎加 | 294 029.0 | 71.1 |
| 14 | 越南 | 290 782.5 | 272.1 |
| 15 | 瑞士 | 268 545.3 | 25.2 |
| 16 | 新加坡 | 262 174.3 | -9.3 |
| 17 | 澳大利亚 | 239 670.1 | -9.6 |
| 18 | 巴西 | 178 096.8 | 20.8 |
| 19 | 印度尼西亚 | 174 154.5 | -12.6 |
| 20 | 斯洛伐克 | 171 377.3 | 20.2 |
| 21 | 印度 | 156 397.4 | -1.8 |
| 22 | 意大利 | 148 336.1 | -13.0 |
| 23 | 比利时 | 133 377.2 | -14.9 |
| 24 | 沙特阿拉伯 | 102 116.2 | 5.7 |
| 25 | 智利 | 95 078.2 | 13.0 |
| 26 | 中国香港 | 93 593.9 | 232.4 |
| 27 | 墨西哥 | 87 748.1 | 44.3 |
| 28 | 俄罗斯联邦 | 79 447.4 | -46.2 |
| 29 | 瑞典 | 74 778.6 | -10.0 |
| 30 | 加拿大 | 73 433.2 | -18.6 |

# 2012年全国保税区出口额前30位国家和地区排名表

| 序号 | 国家和地区 | 2012年 | |
|---|---|---|---|
| | | 出口额（万美元） | 比上年增长（%） |
| | 合计 | 8 750 483.6 | 47.4 |
| 1 | 中国香港 | 5 469 308.3 | 102.1 |
| 2 | 美国 | 566 716.7 | 5.8 |
| 3 | 日本 | 372 863.4 | 2.0 |
| 4 | 新加坡 | 250 803.7 | -14.5 |
| 5 | 韩国 | 218 590.3 | -3.6 |
| 6 | 德国 | 147 891.3 | -2.8 |
| 7 | 马来西亚 | 137 020.2 | 30.4 |
| 8 | 澳大利亚 | 127 480.7 | 42.5 |
| 9 | 中国台湾 | 120 642.4 | 9.0 |
| 10 | 泰国 | 112 011.0 | 10.4 |
| 11 | 荷兰 | 96 162.8 | 2.8 |
| 12 | 印度 | 88 334.6 | 3.6 |
| 13 | 英国 | 83 080.9 | -7.1 |
| 14 | 巴西 | 63 560.1 | 17.3 |
| 15 | 印度尼西亚 | 57 064.2 | 21.5 |
| 16 | 法国 | 56 976.1 | -15.7 |
| 17 | 俄罗斯联邦 | 54 373.5 | 3.6 |
| 18 | 墨西哥 | 51 496.0 | -19.5 |
| 19 | 加拿大 | 40 953.6 | -3.6 |
| 20 | 阿联酋 | 36 541.4 | 27.9 |
| 21 | 意大利 | 33 603.1 | -20.1 |
| 22 | 菲律宾 | 33 600.8 | 22.5 |
| 23 | 比利时 | 33 173.8 | -11.8 |
| 24 | 越南 | 30 522.8 | -10.1 |
| 25 | 西班牙 | 29 035.0 | -4.6 |
| 26 | 南非 | 25 588.3 | 11.8 |
| 27 | 土耳其 | 24 665.8 | -4.8 |
| 28 | 尼日利亚 | 22 629.0 | 11.8 |
| 29 | 伊朗 | 20 714.9 | 15.2 |
| 30 | 沙特阿拉伯 | 20 078.0 | 59.0 |

# 2012 年全国保税区主要进口商品分类统计表（22 大类）

| 商品类别 | 2012 年 | |
|---|---|---|
| | 进口额（万美元） | 比上年增长（%） |
| 合计 | 16 620 643.7 | 22.3 |
| 第十六类　机器、机械器具、电气设备及其零件；录音机及放声机、电视图像、声音的录制和重放设备及其零件、附件 | 8 028 875.1 | 23.7 |
| 第二十二类　特殊交易品及未分类商品 | 1 591 542.0 | 134.0 |
| 第十八类　光学、照相、电影、计量、检验、医疗或外科用仪器及设备、精密仪器及设备；钟表；乐器；上述物品的零件、附件 | 1 249 927.8 | 58.8 |
| 第七类　塑料及其制品；橡胶及其制品 | 1 227 460.7 | -16.0 |
| 第六类　化学工业及其相关工业的产品 | 1 031 177.5 | 8.7 |
| 第十七类　车辆、航空器、船舶及有关运输设备 | 1 027 029.9 | 30.1 |
| 第十五类　贱金属及其制品 | 715 149.6 | -1.4 |
| 第十一类　纺织原料及纺织制品 | 375 492.6 | 0.4 |
| 第五类　矿产品 | 366 539.0 | -1.2 |
| 第四类　食品；饮料、酒及醋；烟草、烟草及烟草代用品的制品 | 246 683.0 | 19.6 |
| 第三类　动、植物油、脂及其分解产品；精制的食用油脂；动、植物蜡 | 201 974.4 | 22.2 |
| 第二类　植物产品 | 163 773.6 | -1.9 |
| 第十四类　天然或养殖珍珠、宝石或半宝石、贵金属、包贵金属及其制品；信首饰；硬币 | 95 040.2 | -24.3 |
| 第十三类　石料、石膏、水泥、石棉、云母及类似材料的制品；陶瓷产品；玻璃及其制品 | 67 499.4 | -2.4 |
| 第一类　活动物；动物产品 | 62 346.0 | -0.8 |
| 第八类　生皮、皮革、毛皮及其制品；鞍具及挽具；旅行用品、手提包及类似品；动物肠线（蚕胶丝除外）制品 | 61 405.1 | -6.9 |
| 第二十类　杂项制品 | 38 149.9 | 5.3 |
| 第十类　木浆及其他纤维状纤维素浆；纸及纸板的废碎品；纸、纸板及其制品 | 37 021.3 | 4.2 |
| 第十二类　鞋、帽、伞、杖、鞭及其零件；已加工的羽毛及其制品；人造花；人发制品 | 18 754.1 | 16.6 |
| 第九类　木及木制品；木炭；软木及软木制品；稻草、秸秆、针茅或其他编结材料制品；篮筐及柳条编结品 | 14 229.5 | 14.1 |
| 第二十一类　艺术品、收藏品及古物 | 573.1 | 388.9 |

# 2012 年全国保税区主要出口商品分类统计表（22 大类）

| 商品类别 | 2012 年 | |
| --- | --- | --- |
| | 出口额（万美元） | 比上年增长（%） |
| 合计 | 8 750 483.6 | 47.4 |
| 第十六类　机器、机械器具、电气设备及其零件；录音机及放声机、电视图像、声音的录制和重放设备及其零件、附件 | 4 798 355.2 | 46.0 |
| 第十四类　天然或养殖珍珠、宝石或半宝石、贵金属、包贵金属及其制品；信首饰；硬币 | 1 663 227.7 | 112.6 |
| 第十八类　光学、照相、电影、计量、检验、医疗或外科用仪器及设备、精密仪器及设备；钟表；乐器；上述物品的零件、附件 | 761 093.6 | 101.1 |
| 第六类　化学工业及其相关工业的产品 | 308 491.2 | 15.6 |
| 第十一类　纺织原料及纺织制品 | 264 357.3 | -2.7 |
| 第十五类　贱金属及其制品 | 257 650.5 | -11.3 |
| 第七类　塑料及其制品；橡胶及其制品 | 214 572.5 | -6.5 |
| 第十七类　车辆、航空器、船舶及有关运输设备 | 119 091.0 | 40.8 |
| 第二十类　杂项制品 | 75 164.1 | 8.3 |
| 第八类　生皮、皮革、毛皮及其制品；鞍具及挽具；旅行用品、手提包及类似品；动物肠线（蚕胶丝除外）制品 | 55 334.1 | 0.4 |
| 第十二类　鞋、帽、伞、杖、鞭及其零件；已加工的羽毛及其制品；人造花；人发制品 | 49 847.0 | 2.6 |
| 第五类　矿产品 | 41 217.7 | 54.7 |
| 第四类　食品；饮料、酒及醋；烟草、烟草及烟草代用品的制品 | 39 524.8 | -12.5 |
| 第十三类　石料、石膏、水泥、石棉、云母及类似材料的制品；陶瓷产品；玻璃及其制品 | 37 589.6 | 6.8 |
| 第十类　木浆及其他纤维状纤维素浆；纸及纸板的废碎品；纸、纸板及其制品 | 23 375.7 | 6.2 |
| 第一类　活动物；动物产品 | 16 412.6 | -2.1 |
| 第二类　植物产品 | 16 162.5 | -17.5 |
| 第九类　木及木制品；木炭；软木及软木制品；稻草、秸秆、针茅或其他编结材料制品；篮筐及柳条编结品 | 6 441.2 | 0.9 |
| 第三类　动、植物油、脂及其分解产品；精制的食用油脂；动、植物蜡 | 1 383.5 | 8.7 |
| 第二十一类　艺术品、收藏品及古物 | 1 186.5 | -11.0 |
| 第十九类　武器、弹药及其零件、附件 | 5.6 | -46.7 |
| 第二十二类　特殊交易品及未分类商品 | | |

# 上海外高桥保税区统计数据表

## （1）2012 年上海外高桥保税区主要经济指标完成情况表

| 指标名称 | 单位 | 2012 年 | 比上年增长（%） |
|---|---|---|---|
| 增加值 | 万元 | 15 772 200 | 7.3 |
| 销售收入 | 万元 | 118 893 100 | 9.7 |
| 工业总产值 | 万元 | 7 277 800 | 2.4 |
| 其中：高新技术产业 | 万元 | 419 000 | -2.1 |
| 电子信息产业 | 万元 | 5 068 400 | 4.1 |
| 商品销售额 | 万元 | 107 003 900 | 10.2 |
| 物流企业营业收入 | 万元 | 33 983 700 | 2.2 |
| 当年批准企业数 | 个 | 415 | 20.6 |
| 其中：加工企业 | 个 | 8 | -38.5 |
| 贸易企业 | 个 | 253 | 24.0 |
| 仓储物流企业 | 个 | 65 | -1.5 |
| 当年批准外资企业数 | 个 | 131 | 4.0 |
| 其中：加工企业 | 个 | 2 | -66.7 |
| 贸易企业 | 个 | 89 | 8.5 |
| 仓储物流企业 | 个 | 22 | -26.7 |
| 当年批准投资总额 | 万美元 | 345 400 | 137.1 |
| 其中：外商投资总额 | 万美元 | 303 200 | 137.7 |
| 当年合同利用外资 | 万美元 | 146 400 | 104.0 |
| 当年实际利用外资 | 万美元 | 51 700 | -10.6 |
| 期末货物存放量 | 万吨 | 62.9 | -23.6 |
| 企业货运总量 | 万吨 | 486.1 | -20.3 |
| 期末施工房屋面积 | 平方米 | 902 600 | 17.0 |
| 房屋竣工面积 | 平方米 | 322 300 | 154.8 |
| 税收总额 | 万元 | 10 089 400 | 6.2 |
| 其中：工商税收 | 万元 | 4 018 500 | 10.8 |
| 海关税收及代征税 | 万元 | 6 070 900 | 3.4 |
| 固定资产投资额 | 万元 | 250 900 | -1.1 |
| 其中：基础设施投资 | 万元 | 26 100 | -44.2 |
| 期末从业人员 | 人 | 250 500 | 5.7 |
| 其中：外资企业从业人员 | 人 | 234 500 | 3.7 |
| 期末保税区批准面积 | 平方公里 | 10 | 0.0 |
| 期末保税区验收封关面积 | 平方公里 | 8.9 | 0.0 |

### (2)-1 截至2012年上海外高桥保税区历年招商引资情况表

| 指标 | 单位 | 历年累计 |
|---|---|---|
| 批准企业 | 个 | 11 533 |
| 其中：外资企业 | | 8 300 |
| 投资总额 | 万美元 | 2 460 011 |
| 其中：外商投资总额 | | 2 059 186 |
| 合同外资额 | | 1 117 021 |
| 实际利用外资 | | 739 000 |

### (2)-2 截至2012年上海外高桥保税区历年主要外商投资情况表

| 按项目数排列 | | | 按投资额排列 | | |
|---|---|---|---|---|---|
| 序号 | 国别（地区） | 项目数（个） | 序号 | 国别（地区） | 投资额（万美元） |
| 1 | 中国香港 | 2 057 | 1 | 中国香港 | 521 300 |
| 2 | 日本 | 1 630 | 2 | 日本 | 282 000 |
| 3 | 美国 | 889 | 3 | 美国 | 281 600 |
| 4 | 新加坡 | 488 | 4 | 新加坡 | 215 700 |
| 5 | 中国台湾 | 479 | 5 | 荷兰 | 110 000 |
| 6 | 英属维尔京群岛 | 345 | 6 | 毛里求斯 | 96 900 |
| 7 | 韩国 | 275 | 7 | 英属维尔京群岛 | 72 500 |
| 8 | 德国 | 238 | 8 | 开曼群岛 | 56 500 |
| 9 | 萨摩亚 | 205 | 9 | 英国 | 47 900 |
| 10 | 英国 | 178 | 10 | 中国台湾 | 34 900 |

### (3) 2012年外高桥保税区出口加工业主要行业产值完成情况表

单位：万元

| 序号 | 行业类别 | 工业总产值 | 比重（%） |
|---|---|---|---|
| | 保税区合计 | 7 277 808 | 100.0 |
| 1 | 通信设备、计算机及其他电子设备制造业 | 4 844 520 | 66.6 |
| 2 | 交通运输设备制造业 | 505 651 | 6.9 |
| 3 | 通用设备制造业 | 493 889 | 6.8 |
| 4 | 化学制品制造业 | 424 471 | 5.8 |
| 5 | 专用设备制造业 | 286 719 | 3.9 |
| 6 | 橡胶、塑料制品业 | 189 971 | 2.6 |
| 7 | 仪器仪表制造业 | 85 968 | 1.2 |
| 8 | 电气机械及器材制造业 | 82 471 | 1.1 |
| 9 | 金属制品业 | 81 818 | 1.1 |
| 10 | 有色金属压延加工业 | 60 992 | 0.8 |
| 11 | 家具制造业 | 53 101 | 0.7 |

续表

| 序号 | 行业类别 | 工业总产值 | 比重（%） |
|---|---|---|---|
| 12 | 其他运输设备制造业 | 36 859 | 0.5 |
| 13 | 烟草制品业 | 29 765 | 0.4 |
| 14 | 非金属矿物制品业 | 27 627 | 0.4 |
| 15 | 食品饮料制造业 | 18 108 | 0.2 |
| 16 | 热力供应业 | 15 170 | 0.2 |
| 17 | 造纸及纸制品业 | 9 796 | 0.1 |
| 18 | 航天设备修理业 | 9 783 | 0.1 |
| 19 | 纺织服装、服饰业 | 9 619 | 0.1 |
| 20 | 文教体育用品制造业 | 5 226 | 0.1 |
| 21 | 印刷业 | 3 541 | 0.0 |
| 22 | 皮革制品业 | 2 743 | 0.0 |

### （4）2012 年外高桥保税区贸易企业主要行业销售额完成情况表

单位：万元

| 序号 | 行业类别 | 商品销售额 | 比重（%） |
|---|---|---|---|
|  | 保税区合计 | 107 003 900 | 100.0 |
| 1 | 机械设备、五金交电及电子产品批发 | 5 877 1600 | 54.9 |
| 2 | 矿产品、建材及化工产品批发 | 27 314 900 | 25.5 |
| 3 | 纺织、服装及日用品批发 | 8 029 500 | 7.5 |
| 4 | 医药及医疗器材批发 | 7 542 100 | 7.0 |
| 5 | 食品、饮料及烟草制品批发 | 2 391 000 | 2.2 |
| 6 | 文化、体育用品及器材批发 | 1 664 100 | 1.6 |
| 7 | 农畜产品批发 | 682 700 | 0.6 |
| 8 | 贸易经纪与代理 | 29 800 | 0.0 |
| 9 | 其他产品批发 | 578 300 | 0.5 |

# 深圳保税区统计数据表

## （1）2012 年深圳保税区主要经济指标完成情况表

| 指标名称 | 单位 | 2012 年 | 比上年增长（%） |
|---|---|---|---|
| 增加值 | 万元 | 1 222 522 | 12.4 |
| 销售（经营）收入 | 万元 | 4 274 853 | 11.6 |
| 工业总产值 | 万元 | 9 965 039 | 38.3 |
| 商品销售额 | 万元 | 3 807 669 | 2.2 |
| 当年批准企业 | 个 | 235 | 34.3 |
| 其中：加工类 | 个 | 29 | 93.3 |
| 贸易类 | 个 | 109 | 12.4 |
| 仓储物流类 | 个 | 79 | 229.2 |
| 当年批准三资企业 | 个 | 40 | -23.2 |
| 其中：加工类 | 个 | 10 | 100.0 |
| 贸易类 | 个 | 23 | -36.1 |
| 仓储物流类 | 个 | 4 | 0.0 |
| 当年批准投资额 | 万美元 | 9 797.45 | 48.1 |
| 其中：三资企业 | 万美元 | 9 794.45 | 48.0 |
| 合同利用外资 | 万美元 | 7 656.58 | 15.7 |
| 实际利用外资 | 万美元 | 5 614.89 | 23.7 |
| 各种税收收入总额 | 万元 | 1 319 948.83 | 6.9 |
| 其中：海关税收及代征税 | 万元 | 1 203 249.65 | 4.2 |
| 工商税收 | 万元 | 116 699.18 | 7.1 |
| 期末从业人员 | 万人 | 34 510 | -9.3 |
| 期末保税区批准面积 | 平方公里 | 2.94 | 0.0 |
| 期末保税区验收封关面积 | 平方公里 | 2.51 | 0.0 |

## （2）-1　截至2012年深圳保税区历年招商引资情况表

| 指标 | 单位 | 历年累计 |
|---|---|---|
| 批准企业 | 个 | 1 972 |
| 其中：外资企业 | | 1 061 |
| 投资总额 | 万美元 | 320 470 |
| 其中：外商投资总额 | | 176 055 |
| 合同外资额 | | 163 142 |
| 实际利用外资 | | 175 746 |

## （2）-2　截至2012年深圳保税区历年主要外商投资情况表

| 按项目数排列 | | | 按投资额排列 | | |
|---|---|---|---|---|---|
| 序号 | 国别（地区） | 项目数（个） | 序号 | 国别（地区） | 投资额（万美元） |
| 1 | 中国香港 | 1 001 | 1 | 中国香港 | 84 613 |
| 2 | 英属维尔京群岛 | 72 | 2 | 英属维尔京群岛 | 28 413 |
| 3 | 中国台湾 | 41 | 3 | 新加坡 | 18 781 |
| 4 | 美国 | 40 | 4 | 荷兰 | 13 458 |
| 5 | 新加坡 | 37 | 5 | 美国 | 11 561 |
| 6 | 日本 | 25 | 6 | 中国台湾 | 3 190 |
| 7 | 萨摩亚 | 19 | 7 | 日本 | 2 214 |
| 8 | 加拿大 | 15 | 8 | 英国 | 1 684 |
| 9 | 英国 | 9 | 9 | 萨摩亚 | 1 023 |
| 10 | 荷兰 | 8 | 10 | 德国 | 865 |

## （3）2012深圳保税区出口加工企业工业产值排名表

单位：万元

| 序号 | 企业名称 | 工业总产值 | 序号 | 企业名称 | 工业总产值 |
|---|---|---|---|---|---|
| 1 | 联想信息产品（深圳）有限公司 | 2 526 173 | 11 | 金鹏珠宝首饰（深圳）有限公司 | 233 311 |
| 2 | 深圳市中隆基珠宝首饰有限公司 | 989 100 | 12 | 深圳市大万珠宝首饰有限公司 | 215 627 |
| 3 | 深圳宝华行珠宝首饰有限公司 | 929 582 | 13 | 金富盛发珠宝首饰（深圳）有限公司 | 199 333 |
| 4 | 深圳市金宝昌珠宝首饰有限公司 | 664 070 | 14 | 才众电脑（深圳）有限公司 | 172 564 |
| 5 | 麦迪实电子科技深圳有限公司 | 429 137 | 15 | 深圳市金森珠宝首饰有限公司 | 172 439 |
| 6 | 深圳赛意法微电子有限公司 | 349 449 | 16 | 深圳市万山珠宝有限公司 | 163 532 |
| 7 | 昱科环球存储科技深圳有限公司 | 344 244 | 17 | 晨隆珠宝首饰（深圳）有限公司 | 159 390 |
| 8 | 金爵莱宝首饰（深圳）有限公司 | 333 804 | 18 | 新美亚科技（深圳）有限公司 | 141 599 |
| 9 | 深圳市诚信好珠宝有限公司 | 311 751 | 19 | 深圳市金宝丰珠宝首饰有限公司 | 134 859 |
| 10 | 深圳市安盛华钟表有限公司 | 270 077 | 20 | 润汇首饰（深圳）有限公司 | 121 087 |

## （4）2012 深圳保税区贸易企业商品销售额排名表

单位：万元

| 序号 | 企业名称 | 商品销售额 | 序号 | 企业名称 | 商品销售额 |
|---|---|---|---|---|---|
| 1 | 乐金显示贸易（深圳）有限公司 | 1 448 813 | 16 | 艾睿电子（深圳）有限公司 | 30 696 |
| 2 | 恩益禧视像设备贸易（深圳）有限公司 | 440 583 | 17 | 长龙化工（深圳）有限公司 | 23 765 |
| 3 | 法之龙运动品（深圳）有限公司 | 321 378 | 18 | 阿奇夏米尔机电贸易深圳有限公司 | 17 677 |
| 4 | 松下电器机电（深圳）有限公司 | 311 945 | 19 | 深圳市新元特钢有限公司 | 17 360 |
| 5 | 深圳市东方嘉盛供应链股份有限公司 | 274 482 | 20 | 日立高新技术（深圳）贸易有限公司 | 16 274 |
| 6 | 卡西欧电子（深圳）有限公司 | 243 761 | 21 | 合昌国际贸易（深圳）有限公司 | 15 698 |
| 7 | 3M 国际贸易（深圳）有限公司 | 180 281 | 22 | 艾罗贸易（深圳）有限公司 | 11 668 |
| 8 | 南团贸易（深圳）有限公司 | 73 219 | 23 | 深圳市贝利爽实业有限公司 | 11 479 |
| 9 | 安富利物流（深圳）有限公司 | 50 943 | 24 | 信昌国际贸易（深圳）有限公司 | 11 443 |
| 10 | 深圳帝人化成贸易有限公司 | 49 320 | 25 | 创能电子（深圳）有限公司 | 9 095 |
| 11 | 深圳宜和股份有限公司 | 47 701 | 26 | 岩田贸易（深圳）有限公司 | 7 104 |
| 12 | 凯普松贸易（深圳）有限公司 | 43 952 | 27 | 深圳市金展鸿贸易有限公司 | 6 846 |
| 13 | 白桦家具（深圳）有限公司 | 36 216 | 28 | 深圳市京泰进出口有限公司 | 6 784 |
| 14 | 天田国际贸易（深圳）有限公司 | 34 334 | 29 | 嘉睦贸易（深圳）有限公司 | 5 686 |
| 15 | 建生裕科贸易（深圳）有限公司 | 31 764 | | | |

## （5）2012 深圳保税区物流企业营业收入排名表

单位：万元

| 序号 | 企业名称 | 营业收入 | 序号 | 企业名称 | 营业收入 |
|---|---|---|---|---|---|
| 1 | 深圳市腾邦物流股份有限公司 | 346 348 | 16 | 深圳国能国际商贸有限公司 | 5 912 |
| 2 | 深圳市旗丰供应链服务有限公司 | 303 920 | 17 | 中海物流深圳有限公司 | 5 093 |
| 3 | 深圳市润泰供应链管理有限公司 | 119 448 | 18 | 深圳市腾邦货运交易中心有限公司 | 5 078 |
| 4 | 深圳正佳物流有限公司 | 82 176 | 19 | 港裕程国际货运代理（深圳）有限公司 | 4 599 |
| 5 | 乔达国际货运代理（深圳）有限公司 | 68 054 | 20 | 深圳市中天元投资发展有限公司 | 4 013 |
| 6 | 深圳市海格物流有限公司 | 49 934 | 21 | 深圳市中海运输有限公司 | 3 463 |
| 7 | 近铁国际物流（深圳）有限公司 | 25 028 | 22 | 鸿池国际货运（深圳）有限公司 | 3 445 |
| 8 | 深圳顺仓物流有限公司 | 23 533 | 23 | 三运仓储深圳有限公司 | 3 155 |
| 9 | 深圳综合信兴物流有限公司 | 17 815 | 24 | 深圳市泰福货运有限公司 | 3 056 |
| 10 | 嘉里大通物流（深圳）有限公司 | 14 739 | 25 | 深圳泰福物流有限公司 | 2 916 |
| 11 | 深圳市正佳供应链管理有限公司 | 13 523 | 26 | 理光通运（深圳）仓储有限公司 | 2 751 |
| 12 | 全球物流（深圳）有限公司 | 12 977 | 27 | 信华仓储贸易深圳有限公司 | 2 715 |
| 13 | 飞力达物流（深圳）有限公司 | 7 900 | 28 | 马斯科亚洲采购服务深圳有限公司 | 2 611 |
| 14 | 深圳市港运通国际物流有限公司 | 6 894 | 29 | 深圳市特伟通运输有限公司 | 2 565 |
| 15 | 深圳市唯佳全球快运有限公司 | 6 133 | 30 | 希杰物流（深圳）有限公司 | 2 510 |

# 广州保税区统计数据表

## （1）2012年广州保税区主要经济指标完成情况表

| 指标名称 | 单位 | 2012年 | 增幅（%） |
|---|---|---|---|
| 增加值 | 万元 | 729 258 | -4.0 |
| 销售收入 | 万元 | 3 223 954 | -4.2 |
| 工业总产值 | 万元 | 714 708 | 4.0 |
| 其中：高新技术产业 | 万元 | 504 312 | -5.8 |
| 电子信息产业 | 万元 | 504 312 | -5.8 |
| 商品销售额 | 万元 | 1 774 484 | -17.0 |
| 物流企业营业收入 | 万元 | 737 150 | 4.5 |
| 批准企业数 | 个 | 45 | -23.7 |
| 其中：贸易企业 | 个 | 17 | -37.0 |
| 仓储物流企业 | 个 | 7 | -56.3 |
| 批准外资企业数 | 个 | 2 | -77.8 |
| 批准投资总额 | 万美元 | 8 887 | 69.1 |
| 其中：外商投资总额 | 万美元 | 7 546 | 87.2 |
| 合同利用外资 | 万美元 | 3 578 | 5.8 |
| 实际利用外资 | 万美元 | 3 219 | -38.4 |
| 税收总额 | 万元 | 101 694 | -29.1 |
| 其中：工商税收 | 万元 | 101 694 | -29.1 |
| 固定资产投资额 | 万元 | 14 334 | 7.2 |
| 期末从业人员 | 人 | 12 835 | 0.0 |
| 其中：期末外资企业从业人员 | 人 | 12 198 | 0.0 |
| 期末批准面积 | 平方公里 | 1.4 | 0.0 |
| 期末验收封关面积 | 平方公里 | 1.4 | 0.0 |

### (2)-1 截至2012年广州保税区历年招商引资情况表

| 指标 | 单位 | 历年累计 |
| --- | --- | --- |
| 批准企业 | 个 | 2 534 |
| 其中：外资企业 | | 770 |
| 批准投资总额 | 万美元 | 238 955 |
| 其中：外商投资总额 | | 199 370 |
| 合同利用外资 | | 109 377 |
| 实际利用外资 | | 76 290 |

### (2)-2 截至2012年广州保税区历年主要外商投资情况表

| 按项目数排列 | | | 按投资额排列 | | |
| --- | --- | --- | --- | --- | --- |
| 序号 | 国别（地区） | 项目数（个） | 序号 | 国别（地区） | 合同利用外资（万美元） |
| 1 | 中国香港 | 292 | 1 | 中国香港 | 30 659 |
| 2 | 英属维尔京群岛 | 47 | 2 | 英属维尔京群岛 | 22 937 |
| 3 | 中国台湾 | 27 | 3 | 巴巴多斯 | 5 640 |
| 4 | 日本 | 26 | 4 | 开曼群岛 | 4 630 |
| 5 | 美国 | 19 | 5 | 投资性公司投资 | 3 414 |
| 6 | 马来西亚 | 15 | 6 | 日本 | 3 105 |
| 7 | 新加坡 | 10 | 7 | 新加坡 | 3 044 |
| 8 | 澳门 | 7 | 8 | 塞浦路斯 | 2 999 |
| 9 | 德国 | 7 | 9 | 美国 | 2 727 |
| 10 | 萨摩亚 | 6 | 10 | 马来西亚 | 2 023 |

### (3) 2012年广州保税区企业工业总产值排名表

| 序号 | 单位名称 | 序号 | 单位名称 |
| --- | --- | --- | --- |
| 1 | 广茂科技（广州）有限公司 | 10 | 蒂森克虏伯不锈钢国际（广州）有限公司 |
| 2 | 广川科技（广州）有限公司 | 11 | 广州卓德嘉薄膜有限公司 |
| 3 | 广上科技（广州）有限公司 | 12 | 广州华微电子有限公司 |
| 4 | 海瑞克（广州）隧道设备有限公司 | 13 | 费森尤斯卡比（广州）医疗用品有限公司 |
| 5 | 广大科技（广州）有限公司 | 14 | 广州友益电子科技有限公司 |
| 6 | 广天科技（广州）有限公司 | 15 | 龙记钢材制品（广州保税区）有限公司 |
| 7 | 卡尔蔡司光学科技（广州）有限公司 | 16 | 维塔罗包装（广州）有限公司 |
| 8 | 红叶工贸（广州保税区）有限公司 | 17 | 东马油脂（广州保税区）有限公司 |
| 9 | 广合科技（广州）有限公司 | 18 | 广州千乘研磨材料有限公司 |

## （4）2012 年广州保税区企业销售额排名表

| 序号 | 单位名称 | 序号 | 单位名称 |
|---|---|---|---|
| 1 | 广州市国美电器有限公司 | 16 | 元祯贸易（广州）有限公司 |
| 2 | 益海嘉里食品营销有限公司广州分公司 | 17 | 广州冈谷钢机贸易有限公司 |
| 3 | 广州住友商事有限公司 | 18 | 广州富地石油有限公司 |
| 4 | 广州中邮普泰移动通信设备有限责任公司 | 19 | 广东安联投资有限公司 |
| 5 | 广州威穗国际贸易有限公司 | 20 | 广州闪星锑业有限公司 |
| 6 | 广州宝力机械科技有限公司 | 21 | 希比希（广州）贸易有限公司 |
| 7 | 广州保税区佳讯电讯有限公司 | 22 | 广州市美高工业器材有限公司 |
| 8 | 广州宏协贸易有限公司 | 23 | 道达尔石油（广州有限公司） |
| 9 | 鲜进广州保税区贸易有限公司 | 24 | 广州迪爱生贸易有限公司 |
| 10 | 保世高（广州）贸易有限公司 | 25 | 惠盛国际贸易（广州）有限公司 |
| 11 | 广州稻畑产业贸易有限公司 | 26 | 广州恩丰贸易有限公司 |
| 12 | 广州保税区捷宝运动用品有限公司 | 27 | 三华合成（广州）塑胶有限公司 |
| 13 | 广州广移电信有限公司 | 28 | 广州保税区天易达国际贸易有限公司 |
| 14 | 广东国药医药连锁企业有限公司 | 29 | 友特（广州）贸易有限公司 |
| 15 | 富昱（广州）贸易有限公司 | 30 | 广州杰枫贸易有限公司 |

## （5）2012 年广州保税区物流企业营业收入排名表

| 序号 | 单位名称 | 序号 | 单位名称 |
|---|---|---|---|
| 1 | 中远航运股份有限公司 | 5 | 广州百润捷物流有限公司 |
| 2 | 中远日邮汽车船运输有限公司 | 6 | 广州世达国际货运有限公司 |
| 3 | 广州润田物流有限公司 | 7 | 广州市挚翔物流有限公司 |
| 4 | 广州安泰达物流有限公司 | 8 | 广州市华陆捷物流有限公司 |

# 汕头保税区统计数据表

## (1) 2012 年汕头保税区主要经济指标完成情况表

| 指标名称 | 单位 | 2012 年 | 比上年增长(%) |
| --- | --- | --- | --- |
| 增加值 | 万元 | 248 082 | 7.2 |
| 销售收入 | 万元 | 463 005 | 13.2 |
| 工业总产值 | 万元 | 418 511 | 15.5 |
| 其中:高新技术产业 | 万元 | 172 989 | 18.9 |
| 电子信息产业 | 万元 | 55 049 | -2.4 |
| 商品销售额 | 万元 | 99 419 | -22.6 |
| 物流企业营业收入 | 万元 | 83 150 | -18.8 |
| 当年批准企业数 | 个 | 16 | -11.1 |
| 其中:加工企业 | 个 | 7 | -50.0 |
| 贸易企业 | 个 | 8 | 700.0 |
| 仓储物流企业 | 个 | 1 | -50.0 |
| 当年批准外资企业数 | 个 | 3 | -25.0 |
| 其中:加工企业 | 个 | 1 | -50.0 |
| 贸易企业 | 个 | 1 | — |
| 仓储物流企业 | 个 | 1 | -50.0 |
| 当年批准投资总额 | 万美元 | 1 104 | -72.4 |
| 其中:外商投资总额 | 万美元 | 143 | -92.0 |
| 合同利用外资 | 万美元 | 267 | -78.1 |
| 实际利用外资 | 万美元 | 193 | -85.3 |
| 期末货物存放量 | 万吨 | 1.1 | -21.4 |
| 企业货运总量 | 万吨 | 59 | 9.3 |
| 期末施工房屋面积 | 平方米 | 199 145 | 142.9 |
| 税收总额 | 万元 | 31 551 | 2.0 |
| 其中:海关税收及代征税 | 万元 | 11 153 | -24.0 |
| 工商税收 | 万元 | 20 398 | 25.4 |
| 固定资产投资额 | 万元 | 36 175 | 38.7 |
| 其中:基础设施投资 | 万元 | 2 230 | -60.7 |
| 期末从业人员 | 人 | 4 065 | 0.2 |
| 其中:外资企业从业人员 | 人 | 1 421 | 3.1 |
| 期末保税区批准面积 | 平方公里 | 2.34 | 0.0 |
| 期末保税区验收封关面积 | 平方公里 | 2.34 | 0.0 |

## （2）-1　截至2012年汕头保税区历年招商引资情况表

| 指标 | 单位 | 历年累计 |
|---|---|---|
| 批准企业 | 个 | 273 |
| 其中：外资企业 | 个 | 199 |
| 投资总额 | 万美元 | 62 248 |
| 其中：外商投资总额 | 万美元 | 40 289 |
| 合同外资额 | 万美元 | 29 481 |
| 实际利用外资 | 万美元 | 22 687 |

## （2）-2　截至2012年汕头保税区历年主要外商投资情况表

| 按项目数排列 | | | 按投资额排列 | | |
|---|---|---|---|---|---|
| 序号 | 国别（地区） | 项目数（个） | 序号 | 国别（地区） | 投资额（万美元） |
| 1 | 中国香港 | 177 | 1 | 中国香港 | 24 605 |
| 2 | 美国 | 4 | 2 | 美国 | 3 211 |
| 3 | 新加坡 | 2 | 3 | 新加坡 | 1 150 |
| 4 | 加拿大 | 2 | 4 | 英属维尔京群岛 | 530 |
| 5 | 马来西亚 | 2 | 5 | 中国台湾 | 320 |

## （3）2012年汕头保税区出口加工企业工业产值排名表

单位：万元

| 序号 | 企业名称 | 工业总产值 | 序号 | 企业名称 | 工业总产值 |
|---|---|---|---|---|---|
| 1 | 广东华美油脂有限公司 | 97 573 | 6 | 汕头保税区金光实业有限公司 | 14 264 |
| 2 | 汕头万顺包装材料股份有限公司（保税区厂区） | 79 078 | 7 | 汕头保税区洛斯特制药有限公司 | 4 587 |
| 3 | 广东西电动力科技股份有限公司 | 69 941 | 8 | 汕头卜高通美实业有限公司 | 2 612 |
| 4 | 汕头超声电子股份有限公司覆铜板厂 | 55 049 | 9 | 汕头保税区三宝光晶云母科技有限公司 | 2 461 |
| 5 | 汕头保税区联通工业有限公司 | 16 875 | 10 | 津贝特（汕头）环保制造有限公司 | 1 456 |

## （4）2012年汕头保税区贸易企业商品销售额排名表

单位：万元

| 序号 | 企业名称 | 序号 | 企业名称 |
|---|---|---|---|
| 1 | 汕头保税区建设投资基金有限公司 | 4 | 汕头市锦玛有限公司 |
| 2 | 汕头金株贸易有限公司 | 5 | 汕头保税区三宝矿业有限公司 |
| 3 | 汕头市永固电热贸易有限公司 | | |

## （5）2012年汕头保税区物流企业营业收入排名表

单位：万元

| 序号 | 企业名称 | 序号 | 企业名称 |
|---|---|---|---|
| 1 | 威尔信（汕头保税区）动力设备有限公司 | 4 | 汕头保税区惠信贸易有限公司 |
| 2 | 汕头保税区商品展示中心有限公司 | 5 | 汕头保税区海伟酒类交易市场有限公司 |
| 3 | 广东来裕物流（集团）有限公司 | | |

# 海口保税区统计数据表

## （1）2012 年海口保税区主要经济指标完成情况表

| 指标名称 | 单位 | 2012 年 | 比上年增长（%） |
| --- | --- | --- | --- |
| 增加值 | 万元 | 378 366 | 12.7 |
| 销售收入 | 万元 | 1 510 000 | 2.0 |
| 工业总产值 | 万元 | 1 702 525 | 9.4 |
| 其中：高新技术产业 | 万元 | 1 583 379 | 7.3 |
| 电子信息产业 | 万元 | 1 342 973 | 5.1 |
| 物流企业营业收入 | 万元 | 1 500 311 | 125.8 |
| 当年批准企业数 | 个 | 25 | 108.3 |
| 其中：加工企业 | 个 | 9 | 80.0 |
| 贸易企业 | 个 | 16 | 128.6 |
| 当年批准投资总额 | 万美元 | 3 736 | 610.4 |
| 税收总额 | 万元 | 111 968 | 15.6 |
| 其中：工商税收 | 万元 | 111 968 | 17.0 |
| 固定资产投资额 | 万元 | 65 948 | 108.2 |
| 其中：基础设施投资 | 万元 | 52 642 | 66.2 |
| 期末从业人员 | 人 | 14 233 | 16.0 |
| 其中：外资企业从业人员 | 人 | 26 | 0.0 |
| 期末保税区批准面积 | 平方公里 | 1.93 | 0.0 |
| 期末保税区验收封关面积 | 平方公里 | 1.93 | 0.0 |

## （2）–1　截至 2012 年海口保税区历年招商引资情况表

| 指标 | 单位 | 历年累计 |
| --- | --- | --- |
| 批准企业 | 个 | 773（含迁出和历年吊销数） |
| 其中：外资企业 |  | 97（含迁出和历年吊销数） |
| 投资总额 | 万美元 | 77 613（含迁出和历年吊销数） |
| 其中：外商投资总额 |  | 44 377（含迁出和历年吊销数） |
| 合同外资额 |  | 28 626（含迁出和历年吊销数） |
| 实际利用外资 |  | 28 626（含迁出和历年吊销数） |

## （2）-2　截至2012年海口保税区历年主要外商投资情况表

| 按项目数排列 | | | 按投资额排列 | | |
|---|---|---|---|---|---|
| 序号 | 国别（地区） | 项目数（个） | 序号 | 国别（地区） | 投资额（万美元） |
| 1 | 中国香港 | 7 | 1 | 韩国 | 5 680 |
| 2 | 英国 | 3 | 2 | 英国 | 2 761 |
| 3 | 日本 | 3 | 3 | 中国香港 | 1 793 |
| 4 | 萨摩亚 | 2 | 4 | 中国台湾 | 1 303 |
| 5 | 中国台湾 | 2 | 5 | 萨摩亚 | 936 |
| 6 | 美国 | 1 | 6 | 美国 | 724 |
| 7 | 韩国 | 1 | 7 | 日本 | 222 |
| 8 | 菲律宾 | 1 | 8 | 菲律宾 | 40 |

## （3）2012年海口保税区出口加工企业工业产值排名表

单位：万元

| 序号 | 企业名称 | 工业总产值 | 序号 | 企业名称 | 工业总产值 |
|---|---|---|---|---|---|
| 1 | 海马汽车 | 893 067 | 16 | 宇傲汽车配件 | 12 217 |
| 2 | 金盘电气 | 146 947 | 17 | 澳美华制药 | 14 779 |
| 3 | 养生堂药业 | 77 924 | 18 | 康芝药业 | 11 979 |
| 4 | 奇力制药 | 72 315 | 19 | 瑞利工业 | 11 173 |
| 5 | 三星光通信技术 | 58 907 | 20 | 威昌汽车配件 | 10 901 |
| 6 | 惠普森医药 | 46 413 | 21 | 中和药业 | 10 512 |
| 7 | 碧凯制药 | 32 935 | 22 | 明芳机械 | 8 553 |
| 8 | 浙江万向系统 | 31 863 | 23 | 海神同洲制药 | 7 492 |
| 9 | 灵康制药 | 28 744 | 24 | 新世通制药 | 6 534 |
| 10 | 中化联合 | 25 938 | 25 | 全盛汽车配件 | 5 351 |
| 11 | 钧达汽车配件 | 24 667 | 26 | 瑞应鑫汽车配件 | 4 209 |
| 12 | 全兴工业 | 24 226 | 27 | 联顺金属工业 | 4 020 |
| 13 | 全星制药 | 13 475 | 28 | 利能康泰制药 | 3 070 |
| 14 | 六和机械工业 | 12 343 | 29 | 亚元防伪 | 2 106 |
| 15 | 亚洲制药 | 12 263 | 30 | 邦迪汽车系统 | 1 763 |

# 宁波保税区统计数据表

## (1) 2012 年宁波保税区主要经济指标完成情况表

| 指标名称 | 单位 | 2012 年 | 比上年增长（%） |
|---|---|---|---|
| 增加值 | 万元 | 1 362 212 | 3.6 |
| 销售收入 | 万元 | 26 959 470 | 6.3 |
| 工业总产值 | 万元 | 5 701 852 | 5.1 |
| 其中：高新技术产业 | 万元 | 5 066 204 | 3.3 |
| 电子信息产业 | 万元 | 4 730 100 | 14.3 |
| 商品销售额 | 万元 | 22 610 898 | 6.4 |
| 物流企业营业收入 | 万元 | 567 090 | -1.7 |
| 当年批准企业数 | 个 | 502 | -7.9 |
| 其中：贸易企业 | 个 | 502 | -7.9 |
| 当年批准外资企业数 | 个 | 10 | -52.4 |
| 其中：贸易企业 | 个 | 10 | -52.4 |
| 当年批准投资总额 | 万美元 | 54 273 | -4.1 |
| 其中：外商投资总额 | 万美元 | 33 109 | 35.0 |
| 合同利用外资 | 万美元 | 14 172 | 9.4 |
| 实际利用外资 | 万美元 | 10 450 | 4.1 |
| 期末货物存放量 | 万吨 | 12.1 | -29.7 |
| 企业货运总量 | 万吨 | 459.91 | -13.7 |
| 期末施工房屋面积 | 平方米 | 336 500 | 25.7 |
| 房屋竣工面积 | 平方米 | 63 500 | -27.0 |
| 税收总额 | 万元 | 507 723 | -8.0 |
| 其中：海关税收及代征税 | 万元 | 183 361 | -18.6 |
| 工商税收 | 万元 | 324 362 | -0.7 |
| 固定资产投资额 | 万元 | 103 791 | -31.4 |
| 期末从业人员 | 人 | 54 915 | 4.5 |
| 其中：外资企业从业人员 | 人 | 52 169 | 10.3 |
| 期末保税区批准面积 | 平方公里 | 2.3 | 0.0 |
| 期末保税区验收封关面积 | 平方公里 | 2.3 | 0.0 |

## （2）-1　截至2012年宁波保税区历年招商引资情况表

| 指标 | 单位 | 历年累计 |
|---|---|---|
| 批准企业 | 个 | 8 861 |
| 其中：外资企业 | | 1 016 |
| 投资总额 | 万美元 | 962 845 |
| 其中：外商投资总额 | | 651 228 |
| 合同外资额 | | 407 688 |
| 实际利用外资 | | 203 905 |

## （2）-2　截至2012年宁波保税区历年主要外商投资情况表

| 按项目数排列 | | | 按投资额排列 | | |
|---|---|---|---|---|---|
| 序号 | 国别（地区） | 项目数（个） | 序号 | 国别（地区） | 投资额（万美元） |
| 1 | 中国香港 | 198 | 1 | 中国香港 | 147 250 |
| 2 | 中国台湾 | 103 | 2 | 萨摩亚 | 119 585 |
| 3 | 美国 | 100 | 3 | 英属维尔京群岛 | 100 565 |
| 4 | 维尔京群岛 | 51 | 4 | 中国台湾 | 51 339 |
| 5 | 日本 | 42 | 5 | 美国 | 23 212 |
| 6 | 萨摩亚 | 27 | 6 | 日本 | 17 915 |
| 7 | 澳大利亚 | 20 | 7 | 开曼群岛 | 13 625 |
| 8 | 韩国 | 19 | 8 | 文莱 | 9 590 |
| 9 | 新加坡 | 19 | 9 | 英国 | 5 718 |
| 10 | 加拿大 | 17 | 10 | 新加坡 | 5 683 |

## （3）2012年宁波保税区企业工业产值排名表

单位：万元

| 序号 | 企业名称 | 工业总产值 | 序号 | 企业名称 | 工业总产值 |
|---|---|---|---|---|---|
| 1 | 宁波技嘉科技有限公司 | 162 607 | 16 | 宁波冠硕电子有限公司 | 17 430 |
| 2 | 宁波奇信电子有限公司 | 156 743 | 17 | 宁波旺泉电子有限公司 | 17 160 |
| 3 | 宁波汉圣化工有限公司 | 47 094 | 18 | 宁波菱钢弹簧有限公司 | 16 670 |
| 4 | 宁波斯易安清洁设备有限公司 | 45 974 | 19 | 初田（宁波）消防器材有限公司 | 16 185 |
| 5 | 浙江金瑞泓科技股份有限公司 | 36 820 | 20 | 宁波比亚迪半导体有限公司 | 14 651 |
| 6 | 光圣科技（宁波）有限公司 | 34 913 | 21 | 宁波晶元太阳能有限公司 | 14 531 |
| 7 | 宁波维科电池股份有限公司 | 34 352 | 22 | 工进利天泵（宁波）有限公司 | 14 333 |
| 8 | 宁波兰羚钢铁实业有限公司 | 33 908 | 23 | 晟铭电子（宁波）有限公司 | 13 888 |
| 9 | 宁波理工监测科技股份有限公司 | 30 976 | 24 | 宁波立立半导体有限公司 | 13 680 |
| 10 | 宁波保税区提爱思泉盟汽车内饰有限公司 | 25 921 | 25 | 宁波东海敏孚汽车部件有限公司 | 10 975 |
| 11 | 宁波索宝食品有限公司 | 24 367 | 26 | 宁波波峰电子有限公司 | 9 010 |

续表

| 序号 | 企业名称 | 工业总产值 | 序号 | 企业名称 | 工业总产值 |
|---|---|---|---|---|---|
| 12 | 宁波闳光电子有限公司 | 21 096 | 27 | 宁波保税区升乐电工合金材料有限公司 | 8 312 |
| 13 | 庆达西（宁波）钢构制造有限公司 | 20 836 | 28 | 美洲豹曲轴（宁波）有限公司 | 7 745 |
| 14 | 宁波亚乐克汽车部件有限公司 | 18 700 | 29 | 宁波精胜科技有限公司 | 7 603 |
| 15 | 宁波欧琳实业有限公司 | 17 993 | 30 | 宁波耐特电力设备部件有限公司 | 6 919 |

## （4）2012 年宁波保税区贸易企业商品销售额排名表

单位：万元

| 序号 | 企业名称 | 商品销售额 | 序号 | 企业名称 | 商品销售额 |
|---|---|---|---|---|---|
| 1 | 宁波萍钢贸易有限公司 | 1 182 250 | 16 | 宁波保税区港华物资贸易有限公司 | 175 468 |
| 2 | 新兴发展（宁波）金属资源有限公司 | 905 923 | 17 | 宁波保税区曼斯特化工有限公司 | 175 165 |
| 3 | 浙江坤巍贸易有限公司 | 750 947 | 18 | 宁波中燃船舶燃料有限公司 | 172 506 |
| 4 | 宁波保税区首德贸易有限公司 | 656 848 | 19 | 宁波亿源国际贸易有限公司 | 157 409 |
| 5 | 宁波聚雄进出口有限公司 | 443 429 | 20 | 宁波百道尔投资有限公司 | 156 162 |
| 6 | 宁波保税区杭钢外贸发展有限公司 | 430 998 | 21 | 宁波溢远国际贸易有限公司 | 152 759 |
| 7 | 宁波禾元进出口有限公司 | 383 037 | 22 | 宁波甬石农垦油品有限公司 | 152 425 |
| 8 | 宁波保税区创世国际贸易有限公司 | 368 485 | 23 | 浙江文德进出口有限公司 | 144 872 |
| 9 | 宁波舟宇金属材料有限公司 | 338 929 | 24 | 宁波远大国际贸易有限公司 | 139 661 |
| 10 | 宁波保税区永谐国际贸易有限公司 | 321 634 | 25 | 宁波华冠燃料有限公司 | 133 210 |
| 11 | 宁波中嘉科贸有限公司 | 247 428 | 26 | 宁波三环磁声工贸有限公司 | 133 138 |
| 12 | 宁波柏森国际贸易有限公司 | 226 177 | 27 | 宁波保税区龙翔化工国际贸易有限公司 | 131 305 |
| 13 | 宁波谦和贸易有限公司 | 217 243 | 28 | 浙江企赢能源化工有限公司 | 126 832 |
| 14 | 宁波杭钢江南国际贸易有限公司 | 209 427 | 29 | 宁波尚元国际贸易有限公司 | 125 296 |
| 15 | 宁波伟仕矿业有限公司 | 207 784 | 30 | 宁波东辰矿业有限公司 | 119 671 |

## （5）2012 年宁波保税区物流企业营业收入排名表

单位：万元

| 序号 | 企业名称 | 营业收入 | 序号 | 企业名称 | 营业收入 |
|---|---|---|---|---|---|
| 1 | 宁波冠保仓储有限公司 | 256 018 | 11 | 宁波长海国际物流有限公司 | 585 |
| 2 | 宁波浙金钢材有限公司 | 183 139 | 12 | 宁波亿百华国际物流有限公司 | 515 |
| 3 | 宁波丰盛食品有限公司 | 68 186 | 13 | 宁波保税区上善仓储有限公司 | 365 |
| 4 | 宁波太平国际贸易联运有限公司 | 65 641 | 14 | 宁波挚诚仓储服务有限公司 | 302 |
| 5 | 宁波保税区高新货柜有限公司 | 13 829 | 15 | 宁波保税区迅诚物流有限公司 | 250 |
| 6 | 宁波盛悦化工有限公司 | 11 015 | 16 | 宁波市软通物流有限公司 | 228 |
| 7 | 宁波保税区安信国际集装箱储运有限公司 | 5 646 | 17 | 宁波保税区宝兴物流仓储有限公司 | 223 |
| 8 | 宁波保税区华东进口商品市场开发有限公司 | 4 076 | 18 | 宁波保税区海盛仓储有限公司 | 207 |
| 9 | 宁波大港新世纪货柜有限公司 | 3 898 | 19 | 宁波保税区金铭国际贸易有限公司 | 76 |
| 10 | 宁波保税区广盛物流有限公司 | 2 239 | | | |

# 张家港保税区统计数据表

## （1）2012 年张家港保税区主要经济指标完成情况表

| 指标名称 | 单位 | 2012 年 | 比上年增长（%） |
|---|---|---|---|
| 增加值 | 万元 | 3 647 323 | 1.5 |
| 销售收入 | 万元 | 34 920 618 | -12.3 |
| 工业总产值 | 万元 | 10 353 715 | -2.1 |
| 其中：高新技术产业 | 万元 | 3 267 916 | 15.3 |
| 电子信息产业 | 万元 | 404 038 | -3.0 |
| 商品销售额 | 万元 | 35 266 142 | -6.5 |
| 物流企业营业收入 | 万元 | 826 078 | 39.6 |
| 当年批准企业数 | 个 | 816 | 15.6 |
| 其中：加工企业 | 个 | 13 | -48.0 |
| 贸易企业 | 个 | 783 | 30.9 |
| 仓储物流企业 | 个 | 20 | 53.8 |
| 当年批准外资企业数 | 个 | 25 | -26.5 |
| 其中：加工企业 | 个 | 5 | -54.5 |
| 贸易企业 | 个 | 19 | -17.4 |
| 仓储物流企业 | 个 | 1 | — |
| 当年批准投资总额 | 万美元 | 137 592 | -33.5 |
| 其中：外商投资总额 | 万美元 | 99 242 | -3.5 |
| 合同利用外资 | 万美元 | 64 128 | 17.8 |
| 实际利用外资 | 万美元 | 33 162 | -21.4 |
| 期末货物存放量 | 万吨 | 984.11 | 45.6 |
| 企业货运总量 | 万吨 | 1 180.07 | 13.7 |
| 期末施工房屋面积 | 平方米 | 3 298 173 | 68.4 |
| 房屋竣工面积 | 平方米 | 674 935 | -63.0 |
| 税收总额 | 万元 | 1 279 149 | 9.1 |
| 其中：海关税收及代征税 | 万元 | 786 374 | 12.4 |
| 工商税收 | 万元 | 492 775 | 4.3 |
| 固定资产投资额 | 万元 | 950 206 | 2.6 |
| 其中：基础设施投资 | 万元 | 175 864 | 38.3 |
| 期末从业人员 | 人 | 46 481 | 5.5 |
| 其中：外资企业从业人员 | 人 | 21 145 | -0.1 |
| 期末保税区批准面积 | 平方公里 | 4.1 | 0.0 |
| 期末保税区验收封关面积 | 平方公里 | 4.1 | 0.0 |

## (2)-1 截至2012年张家港保税区历年招商引资情况表

| 指标 | 单位 | 历年累计 |
|---|---|---|
| 批准企业 | 个 | 6 152 |
| 其中：外资企业 | | 964 |
| 投资总额 | 万美元 | 1 562 853 |
| 其中：外商投资总额 | | 1 459 719 |
| 合同外资额 | | 856 163 |
| 实际利用外资 | | 463 086 |

## (2)-2 截至2012年张家港保税区历年主要外商投资情况表

| 按项目数排列 | | | 按投资额排列 | | |
|---|---|---|---|---|---|
| 序号 | 国别（地区） | 项目数（个） | 序号 | 国别（地区） | 投资额（万美元） |
| 1 | 中国香港 | 327 | 1 | 中国香港 | 389 446 |
| 2 | 美国 | 80 | 2 | 新加坡 | 271 303 |
| 3 | 中国台湾 | 63 | 3 | 美国 | 162 162 |
| 4 | 日本 | 50 | 4 | 英属维尔京群岛 | 96 330 |
| 5 | 韩国 | 40 | 5 | 日本 | 90 726 |
| 6 | 英属维尔京群岛 | 36 | 6 | 德国 | 31 560 |
| 7 | 新加坡 | 31 | 7 | 加拿大 | 25 182 |
| 8 | 澳大利亚 | 29 | 8 | 文莱 | 24 338 |
| 9 | 英国 | 16 | 9 | 中国台湾 | 22 461 |
| 10 | 马来西亚 | 13 | 10 | 韩国 | 19 765 |

## (3) 2012年张家港保税区出口加工企业工业产值排名表

单位：万元

| 序号 | 企业名称 | 工业总产值 | 序号 | 企业名称 | 工业总产值 |
|---|---|---|---|---|---|
| 1 | 中粮东海粮油工业（张家港）有限公司 | 1 947 958 | 16 | 顺德工业（江苏）有限公司 | 45 459 |
| 2 | 攀华集团有限公司 | 573 410 | 17 | 华奇（张家港）化工有限公司 | 43 146 |
| 3 | 京瓷显示器（张家港）有限公司 | 364 279 | 18 | 杜邦—旭化成聚甲醛（张家港）有限公司 | 23 872 |
| 4 | 道康宁（张家港）有限公司 | 359 456 | 19 | 泰亿机械工业（江苏）有限公司 | 19 557 |
| 5 | 东华能源股份有限公司 | 231 235 | 20 | 张家港保税区中奥毛条工业有限公司 | 17 996 |
| 6 | 南港（张家港保税区）橡胶工业有限公司 | 161 080 | 21 | 张家港大塚化学有限公司 | 17 484 |
| 7 | 天宇羊毛工业（张家港保税区）有限公司 | 135 650 | 22 | 张家港北兴化工有限公司 | 15 871 |

续表

| 序号 | 企业名称 | 工业总产值 | 序号 | 企业名称 | 工业总产值 |
|---|---|---|---|---|---|
| 8 | 道康宁（张家港）有机硅有限公司 | 117 150 | 23 | 富美实（张家港）特殊化学品有限公司 | 14 907 |
| 9 | 双狮（张家港）精细化工有限公司 | 110 467 | 24 | 张家港东亚迪爱生化学有限公司 | 13 319 |
| 10 | 陶氏化学（张家港）有限公司 | 109 103 | 25 | 江苏中核利柏特股份有限公司 | 12 942 |
| 11 | 辻产业重机（江苏）有限公司 | 87 251 | 26 | 张家港保税区长隆新材料有限公司 | 11 836 |
| 12 | 丰田合成（张家港）科技有限公司 | 66 364 | 27 | 首能电子科技（张家港保税区）有限公司 | 6 582 |
| 13 | 张家港保税区澳丰毛纺有限公司 | 59 422 | 28 | 苏州中田机械有限公司 | 5 919 |
| 14 | 张家港保税区麦福生物制品有限公司 | 53 047 | 29 | 张家港保税区纳莱凯斯汽车配件有限公司 | 5 185 |
| 15 | 瓦克化学气相二氧化硅（张家港）有限公司 | 49 555 | 30 | 张家港保税区卢森宝佳辉铜箔有限公司 | 2 938 |

## （4）2012 年张家港保税区贸易企业商品销售额排名表

单位：万元

| 序号 | 企业名称 | 商品销售额 | 序号 | 企业名称 | 商品销售额 |
|---|---|---|---|---|---|
| 1 | 张家港保税区日祥贸易有限公司 | 3 021 484 | 16 | 中华棉花集团张家港保税物流园区国际贸易有限公司 | 217 072 |
| 2 | 张家港保税区兴恒得贸易有限公司 | 1 752 423 | 17 | 江苏永恒炉料实业有限公司 | 189 148 |
| 3 | 张家港保税区沙钢冶金炉料有限公司 | 1 491 646 | 18 | 张家港保税区昊江油脂贸易有限公司 | 178 381 |
| 4 | 丰立集团有限公司 | 931 820 | 19 | 张家港保税区德威进出口贸易有限公司 | 171 117 |
| 5 | 张家港保税区旭江贸易有限公司 | 855 021 | 20 | 江苏栋国进出口有限公司 | 169 858 |
| 6 | 张家港保税区九龙港资源贸易有限公司 | 848 728 | 21 | 张家港保税物流园区华芳物流有限公司 | 168 920 |
| 7 | 张家港保税区鑫东鸣贸易有限公司 | 491 284 | 22 | 张家港保税区吉鑫贸易有限公司 | 164 038 |
| 8 | 张家港保税区荣德贸易有限公司 | 449 006 | 23 | 江苏永盛能源有限公司 | 160 672 |
| 9 | 江苏沙钢三中国际贸易有限公司 | 438 694 | 24 | 中油泰富船舶燃料有限公司 | 149 394 |
| 10 | 张家港保税区锦德贸易有限公司 | 401 517 | 25 | 江苏丰立国际贸易有限公司 | 147 184 |
| 11 | 张家港保税区荣润贸易有限公司 | 346 562 | 26 | 江苏华昌化工股份有限公司复合肥分公司 | 142 168 |
| 12 | 江苏沙钢世富钢铁炉料有限责任公司 | 326 451 | 27 | 张家港保税区宽景国际贸易有限公司 | 123 977 |
| 13 | 张家港玖隆钢铁贸易有限公司 | 289 801 | 28 | 张家港保税区君明国际贸易有限公司 | 120 775 |
| 14 | 江苏新三中国际贸易有限公司 | 266 249 | 29 | 江苏万维纺织有限公司 | 117 925 |
| 15 | 张家港保税区明丰国际贸易有限公司 | 252 517 | 30 | 张家港保税区大地阳光国际贸易有限公司 | 117 626 |

## （5）2012 年张家港保税区物流企业营业收入排名表

单位：万元

| 序号 | 企业名称 | 营业收入 | 序号 | 企业名称 | 营业收入 |
|---|---|---|---|---|---|
| 1 | 张家港保税物流园区华芳物流有限公司 | 168 435 | 16 | 张家港保税区越港运输有限公司 | 3 249 |
| 2 | 张家港保税区长江国际港务有限公司 | 30 773 | 17 | 张家港保税物流园区龙亿国际物流有限公司 | 3 196 |
| 3 | 张家港保税物流园区万源物流有限公司 | 26 358 | 18 | 张家港保税区顺达通运输有限公司 | 3 165 |
| 4 | 张家港孚宝仓储有限公司 | 21 912 | 19 | 张家港中东石化实业有限公司 | 3 003 |
| 5 | 张家港华达码头有限公司 | 12 672 | 20 | 张家港保税物流园区凯伦仓储有限公司 | 2 871 |
| 6 | 江苏三禾物流有限公司 | 10 845 | 21 | 南京泛贸国际货运代理有限公司张家港保税区分公司 | 2 856 |
| 7 | 张家港市永泰码头有限公司 | 10 787 | 22 | 张家港吉祥物流有限公司 | 2 573 |
| 8 | 张家港保税港区港务有限公司 | 10 392 | 23 | 张家港保税区开滦沙钢能源有限公司 | 2 568 |
| 9 | 张家港越洋实业有限公司 | 6 421 | 24 | 张家港保税区奇捷亚国际物流有限公司 | 2 536 |
| 10 | 中国石油天然气运输公司张家港保税区分公司 | 5 040 | 25 | 张家港万达物流有限公司 | 2 315 |
| 11 | 张家港永恒码头有限公司 | 4 880 | 26 | 张家港保税物流园区扬子江化学品运输有限公司 | 2 186 |
| 12 | 江苏东华能源仓储有限公司 | 4 476 | 27 | 张家港保税区中融物流有限公司 | 2 166 |
| 13 | 江苏张皋汽渡有限公司 | 3 542 | 28 | 张家港保税区港鑫船务有限公司 | 2 058 |
| 14 | 江苏舜天化工仓储有限公司 | 3 521 | 29 | 江苏众捷物流股份有限公司 | 1 767 |
| 15 | 上海丸协运输有限公司张家港保税区分公司 | 3 452 | 30 | 张家港保税区朗汇运输有限公司 | 1 735 |

# 厦门象屿保税区统计数据表

## （1）2012 年厦门象屿保税区主要经济指标完成情况表

| 指标名称 | 单位 | 2012 年 | 比上年增长（%） |
|---|---|---|---|
| 增加值 | 万元 | 505 170 | 13.5 |
| 销售收入 | 万元 | 4 655 026 | 21.3 |
| 工业总产值 | 万元 | 185 505 | 7.4 |
| 其中：电子信息产业 | 万元 | 141 809 | 17.8 |
| 商品销售额 | 万元 | 3 810 118 | 22.8 |
| 物流企业营业收入 | 万元 | 655 617 | 14.4 |
| 当年批准企业数 | 个 | 345 | 18.6 |
| 其中：加工企业 | 个 | 11 | 175.0 |
| 贸易企业 | 个 | 187 | 16.1 |
| 仓储物流企业 | 个 | 92 | -4.2 |
| 当年批准外资企业数 | 个 | 5 | -44.4 |
| 其中：贸易企业 | 个 | 5 | -37.5 |
| 当年批准投资总额 | 万美元 | 42 113 | 19.6 |
| 其中：外商投资总额 | 万美元 | 2 988 | 40.7 |
| 当年合同利用外资 | 万美元 | 3 567 | 68.0 |
| 当年实际利用外资 | 万美元 | 2 150 | 24.6 |
| 企业货运总量 | 万吨 | 79.15 | 31.9 |
| 税收总额 | 万元 | 104 008 | 45.7 |
| 其中：海关税收及代征税 | 万元 | 39 059 | 154.4 |
| 工商税收 | 万元 | 64 949 | 15.9 |
| 固定资产投资额 | 万元 | 53 000 | 1.9 |
| 其中：基础设施投资 | 万元 | 1 300 | 188.9 |
| 期末从业人员 | 人 | 20 000 | -4.8 |
| 期末保税区批准面积 | 平方公里 | 0.63 | 0.0 |
| 期末保税区验收封关面积 | 平方公里 | 0.63 | 0.0 |

## （2） 截至2012年厦门象屿保税区历年招商引资情况表

| 指标 | 单位 | 历年累计 |
|---|---|---|
| 批准企业 | 个 | 2 859 |
| 其中：外资企业 | | 559 |
| 投资总额 | 万美元 | 223 034 |
| 其中：外商投资总额 | | 45 355 |
| 合同外资额 | | 45 355 |
| 实际利用外资 | | 38 150 |

## （3）2012年厦门象屿保税区出口加工企业工业产值排名表

单位：万元

| 序号 | 企业名称 | 序号 | 企业名称 |
|---|---|---|---|
| 1 | 贝莱胜电子（厦门）有限公司 | 4 | 厦门翔义混凝土有限公司 |
| 2 | 安保（厦门）塑胶工业有限公司 | 5 | 皇基（厦门）塑胶工业有限公司 |
| 3 | 日东电工（厦门）有限公司 | | |

# 2012 年全国保税物流园区下分贸易方式进出口贸易额统计表

| 名称 | 贸易方式 | 进出口总额（万美元） | 比上年增长（%） | 出口额（万美元） | 比上年增长（%） | 进口额（万美元） | 比上年增长（%） |
|---|---|---|---|---|---|---|---|
| 合计 | | 1 654 143.2 | 30.6 | 851 402.8 | 35.3 | 802 740.4 | 25.9 |
| 天津保税物流园区 | 合计 | 65 726.5 | -32.6 | 31 967.5 | -23.2 | 33 759.0 | -39.5 |
| | 一般贸易 | 975.7 | -47.4 | 334.8 | -43.0 | 640.9 | -49.4 |
| | 海关特殊监管区域物流货物 | 64 750.4 | -32.3 | 31 632.4 | -23.0 | 33 118.0 | -39.3 |
| | 其他贸易 | 0.4 | -51.7 | 0.3 | | 0.1 | -88.4 |
| 上海保税物流园区 | 合计 | 730 250.8 | 11.0 | 240 598.1 | 21.9 | 489 652.7 | 6.4 |
| | 一般贸易 | 326.7 | 22.5 | 326.6 | 40.7 | 0.0 | -99.9 |
| | 海关特殊监管区域物流货物 | 729 923.6 | 11.0 | 240 271.5 | 21.9 | 489 652.1 | 6.4 |
| | 其他贸易 | 0.6 | -38.0 | | | 0.6 | -38.0 |
| 福州保税物流园区 | 合计 | 149.4 | -67.4 | 138.8 | -67.2 | 10.7 | -70.7 |
| | 海关特殊监管区域物流货物 | 149.4 | -67.4 | 138.8 | -67.2 | 10.7 | -70.7 |
| 厦门象屿保税物流园区 | 合计 | 101 490.0 | 23.8 | 79 662.2 | 27.1 | 21 827.8 | 13.1 |
| | 一般贸易 | 315.9 | -53.4 | 113.6 | -52.7 | 202.3 | -53.9 |
| | 保税监管场所进出境货物 | 16.8 | -76.1 | | | 16.8 | -69.3 |
| | 海关特殊监管区域物流货物 | 101 156.9 | 24.5 | 79 548.5 | 27.4 | 21 608.5 | 14.9 |
| | 其他贸易 | 0.3 | 586.3 | 0.1 | 45.4 | 0.3 | |
| 青岛保税物流园 | 合计 | 104.7 | -93.6 | 104.7 | -62.8 | | |
| | 一般贸易 | 104.7 | -66.2 | 104.7 | -55.4 | | |

| 名称 | 贸易方式 | 进出口总额（万美元） | 比上年增长（%） | 出口额（万美元） | 比上年增长（%） | 进口额（万美元） | 比上年增长（%） |
|---|---|---|---|---|---|---|---|
| | 保税监管场所进出境货物 | | | | | | |
| | 海关特殊监管区域物流货物 | | | | | | |
| | 其他贸易 | | | | | | |
| 广州保税物流园区 | 合计 | 136 133.3 | 48.9 | 35 853.6 | 26.6 | 100 279.8 | 58.8 |
| | 一般贸易 | 1 297.1 | -66.7 | 622.4 | -78.5 | 674.7 | -33.0 |
| | 海关特殊监管区域物流货物 | 134 836.1 | 54.0 | 35 231.1 | 38.5 | 99 605.0 | 60.3 |
| | 其他贸易 | 0.1 | | | | 0.1 | |
| 深圳盐田保税物流园区 | 合计 | 620 288.5 | 87.8 | 463 078.0 | 57.6 | 157 210.5 | 332.0 |
| | 一般贸易 | 209.6 | 1 825.3 | 209.6 | 1 825.3 | | |
| | 保税监管场所进出境货物 | 21 881.6 | -2.0 | 21 881.6 | -2.0 | | |
| | 海关特殊监管区域物流货物 | 598 197.4 | 94.2 | 440 986.9 | 62.4 | 157 210.5 | 332.0 |

# 2012 年全国保税物流园区经济指标统计情况表

| 指标 | 单位 | 合计 | | | |
|---|---|---|---|---|---|
| | | 2012 年 12 月 | 当年累计 | 增幅（%） | 历年累计 |
| 增加值 | 万元 | 4 500 | 66 569 | 27.31 | 334 868 |
| 营业收入 | 万元 | 41 011 | 843 575 | 73.90 | 2 374 833 |
| 批准企业 | 个 | 1 | 7 | -46.15 | 270 |
| 其中：贸易企业 | 个 | 1 | 1 | -50.00 | 103 |
| 仓储物流企业 | 个 | 0 | 4 | -33.33 | 128 |
| 批准外资企业数 | 个 | 1 | 2 | — | 100 |
| 其中：贸易企业 | 个 | 1 | 1 | — | 43 |
| 仓储物流企业 | 个 | 0 | 1 | — | 42 |
| 批准投资额 | 万美元 | 1 517 | 24 639 | 493.42 | 94 610 |
| 其中：外商投资总额 | 万美元 | 1 517 | 23 889 | 485.08 | 69 632 |
| 合同利用外资 | 万美元 | 632 | 13 187 | 765.86 | 41 719 |
| 实际利用外资 | 万美元 | 0 | 520 | 113.99 | 11 648 |
| 期末货物存放量 | 万吨 | 15 | 15 | -28.44 | 15 |
| 企业货运总量 | 万吨 | 13 | 118 | 9.32 | 480 |
| 期末施工房屋面积 | 平方米 | 246 000 | 246 000 | 0.00 | 246 000 |
| 房屋竣工面积 | 平方米 | 0 | 0 | — | 147 200 |
| 税收总额 | 万元 | 364 069 | 5 047 500 | 10.68 | 22 126 079 |
| 其中：工商税收 | 万元 | 1 395 | 15 179 | -4.70 | 159 410 |
| 海关税收及代征税 | 万元 | 362 674 | 5 032 321 | 10.74 | 21 962 242 |
| 固定资产投资额 | 万元 | 0 | 17 255 | -11.53 | 366 771 |
| 其中：基础设施投资 | 万元 | 0 | 0 | — | 162 552 |
| 期末从业人员 | 人 | 4 069 | 4 069 | 4.04 | 4 069 |
| 其中：外资企业从业人员 | 人 | 789 | 789 | 27.05 | 789 |
| 期末批准面积 | 平方公里 | 8 | 8 | 0.00 | 8 |
| 期末验收封关面积 | 平方公里 | 5 | 5 | 0.00 | 5 |

续表

| 指标 | 单位 | 上海外高桥保税物流园区 | | | |
|---|---|---|---|---|---|
| | | 2012 年 12 月 | 当年累计 | 增幅（%） | 历年累计 |
| 增加值 | 万元 | 1 809 | 23 387 | -9.49 | 162 999 |
| 营业收入 | 万元 | 32 450 | 663 197 | 114.48 | 1 580 660 |
| 批准企业 | 个 | 1 | 3 | 50.00 | 42 |
| 其中：贸易企业 | 个 | 1 | 1 | 0.00 | 17 |
| 仓储物流企业 | 个 | 0 | 2 | 100.00 | 23 |
| 批准外资企业数 | 个 | 1 | 2 | — | 16 |
| 其中：贸易企业 | 个 | 1 | 1 | — | 5 |
| 仓储物流企业 | 个 | 0 | 1 | — | 11 |
| 批准投资额 | 万美元 | 1 517 | 23 339 | 501.83 | 64 592 |
| 其中：外商投资总额 | 万美元 | 1 517 | 22 589 | 488.26 | 48 284 |
| 合同利用外资 | 万美元 | 632 | 12 667 | 889.61 | 29 055 |
| 实际利用外资 | 万美元 | 0 | 0 | — | 0 |
| 期末货物存放量 | 万吨 | 15 | 15 | -28.44 | 15 |
| 企业货运总量 | 万吨 | 0 | 0 | — | 0 |
| 期末施工房屋面积 | 平方米 | 246 000 | 246 000 | 0.00 | 246 000 |
| 房屋竣工面积 | 平方米 | 0 | 0 | — | 117 200 |
| 税收总额 | 万元 | 400 | 6 100 | 6.66 | 4 053 300 |
| 其中：工商税收 | 万元 | 400 | 6 100 | 6.66 | 40 370 |
| 海关税收及代征税 | 万元 | 0 | 0 | — | 4 012 930 |
| 固定资产投资额 | 万元 | 0 | 55 | -47.12 | 267 730 |
| 其中：基础设施投资 | 万元 | 0 | 0 | — | 129 643 |
| 期末从业人员 | 人 | 781 | 781 | 7.13 | 781 |
| 其中：外资企业从业人员 | 人 | 466 | 466 | 35.47 | 466 |
| 期末批准面积 | 平方公里 | 1 | 1 | 0.00 | 1 |
| 期末验收封关面积 | 平方公里 | 1 | 1 | 0.00 | 1 |

续表

| 指标 | 单位 | 天津港保税物流区 | | | |
|---|---|---|---|---|---|
| | | 2012年12月 | 当年累计 | 增幅（%） | 历年累计 |
| 增加值 | 万元 | 628 | 5 241 | -14.42 | 61 435 |
| 营业收入 | 万元 | 5 074 | 91 560 | -5.78 | 531 434 |
| 批准企业 | 个 | 0 | 0 | — | 144 |
| 其中：贸易企业 | 个 | 0 | 0 | — | 77 |
| 仓储物流企业 | 个 | 0 | 0 | — | 36 |
| 批准外资企业数 | 个 | 0 | 0 | — | 59 |
| 其中：贸易企业 | 个 | 0 | 0 | — | 35 |
| 仓储物流企业 | 个 | 0 | 0 | — | 11 |
| 批准投资额 | 万美元 | 0 | 0 | — | 12 869 |
| 其中：外商投资总额 | 万美元 | 0 | 0 | — | 7 705 |
| 合同利用外资 | 万美元 | 0 | 0 | — | 5 599 |
| 实际利用外资 | 万美元 | 0 | 0 | — | 5 599 |
| 期末货物存放量 | 万吨 | 0 | 0 | — | 0 |
| 企业货运总量 | 万吨 | 0 | 0 | — | 0 |
| 期末施工房屋面积 | 平方米 | 0 | 0 | — | 0 |
| 房屋竣工面积 | 平方米 | 0 | 0 | — | 0 |
| 税收总额 | 万元 | 349 313 | 4 183 904 | 10.19 | 15 825 413 |
| 其中：工商税收 | 万元 | 169 | 2 203 | 2.51 | 22 926 |
| 海关税收及代征税 | 万元 | 349 144 | 4 181 701 | 10.20 | 15 802 487 |
| 固定资产投资额 | 万元 | 0 | 0 | — | 23 641 |
| 其中：基础设施投资 | 万元 | 0 | 0 | — | 2 909 |
| 期末从业人员 | 人 | 473 | 473 | 10.00 | 473 |
| 其中：外资企业从业人员 | 人 | 323 | 323 | 16.61 | 323 |
| 期末批准面积 | 平方公里 | 2 | 2 | 0.00 | 2 |
| 期末验收封关面积 | 平方公里 | 1 | 1 | 0.00 | 1 |

续表

| 指标 | 单位 | 厦门保税物流园区 | | | |
|---|---|---|---|---|---|
| | | 2012 年 12 月 | 当年累计 | 增幅（%） | 历年累计 |
| 增加值 | 万元 | 2 063 | 21 704 | 6.78 | 94 197 |
| 营业收入 | 万元 | 3 487 | 41 709 | 8.21 | 175 469 |
| 批准企业 | 个 | 0 | 0 | -100.00 | 42 |
| 其中：贸易企业 | 个 | 0 | 0 | — | 2 |
| 仓储物流企业 | 个 | 0 | 0 | -100.00 | 40 |
| 批准外资企业数 | 个 | 0 | 0 | — | 13 |
| 其中：贸易企业 | 个 | 0 | 0 | — | 0 |
| 仓储物流企业 | 个 | 0 | 0 | — | 13 |
| 批准投资额 | 万美元 | 0 | 0 | -100.00 | 2 546 |
| 其中：外商投资总额 | 万美元 | 0 | 0 | — | 1 405 |
| 合同利用外资 | 万美元 | 0 | 0 | — | 1 405 |
| 实际利用外资 | 万美元 | 0 | 0 | — | 450 |
| 期末货物存放量 | 万吨 | 0 | 0 | — | 0 |
| 企业货运总量 | 万吨 | 7 | 71 | -2.46 | 279 |
| 期末施工房屋面积 | 平方米 | 0 | 0 | — | 0 |
| 房屋竣工面积 | 平方米 | 0 | 0 | — | 30 000 |
| 税收总额 | 万元 | 499 | 45 261 | 14.67 | 330 188 |
| 其中：工商税收 | 万元 | 290 | 2 681 | -35.69 | 12 825 |
| 海关税收及代征税 | 万元 | 209 | 42 580 | 20.62 | 313 166 |
| 固定资产投资额 | 万元 | 0 | 17 200 | -11.34 | 75 400 |
| 其中：基础设施投资 | 万元 | 0 | 0 | — | 30 000 |
| 期末从业人员 | 人 | 1 600 | 1 600 | 0.00 | 1 600 |
| 其中：外资企业从业人员 | 人 | 0 | 0 | — | 0 |
| 期末批准面积 | 平方公里 | 1 | 1 | 0.00 | 1 |
| 期末验收封关面积 | 平方公里 | 0 | 0 | 0.00 | 0 |

续表

| 指标 | 单位 | 深圳保税物流园区 | | | |
|---|---|---|---|---|---|
| | | 2012年12月 | 当年累计 | 增幅（%） | 历年累计 |
| 增加值 | 万元 | 0 | 16 237 | — | 16 237 |
| 营业收入 | | 0 | 47 109 | 17.30 | 87 270 |
| 批准企业 | 个 | 0 | 4 | -50.00 | 42 |
| 其中：贸易企业 | | 0 | 0 | -100.00 | 7 |
| 仓储物流企业 | | 0 | 2 | 0.00 | 29 |
| 批准外资企业数 | 个 | 0 | 0 | — | 12 |
| 其中：贸易企业 | | 0 | 0 | — | 3 |
| 仓储物流企业 | | 0 | 0 | — | 7 |
| 批准投资额 | 万美元 | 0 | 1 300 | 434.98 | 14 603 |
| 其中：外商投资总额 | | 0 | 1 300 | 434.98 | 12 238 |
| 合同利用外资 | | 0 | 520 | 113.99 | 5 660 |
| 实际利用外资 | | 0 | 520 | 113.99 | 5 599 |
| 期末货物存放量 | 万吨 | 0 | 0 | — | 0 |
| 企业货运总量 | | 6 | 47 | 34.11 | 201 |
| 期末施工房屋面积 | 平方米 | 0 | 0 | — | 0 |
| 房屋竣工面积 | | 0 | 0 | — | 0 |
| 税收总额 | 万元 | 13 857 | 812 235 | 13.09 | 1 917 178 |
| 其中：工商税收 | | 536 | 4 195 | 7.81 | 83 289 |
| 海关税及代征税 | | 13 321 | 808 040 | 13.11 | 1 833 659 |
| 固定资产投资额 | 万元 | 0 | 0 | — | 0 |
| 其中：基础设施投资 | | 0 | 0 | — | 0 |
| 期末从业人员 | 人 | 1 215 | 1 215 | 5.47 | 1 215 |
| 其中：外资企业从业人员 | | 0 | 0 | — | 0 |
| 期末批准面积 | 平方公里 | 2 | 2 | 0.00 | 2 |
| 期末验收封关面积 | | 1 | 1 | 0.00 | 1 |

1. 由于物流园区成立时间较短，部分数据尚未进行统计。

2. 主要指标解释：增加值，指一个国家或地区所有常驻单位通过劳动所创造的最终产品和劳务的价值，计算公式为“税金总额+企业利润+劳动报酬总额+折旧”；营业收入，是指区内企业通过经营服务活动所取得的全部营业收入；合同利用外资，是指批准证书上标明的注册资本的外方部分；实际利用外资，是指外方已投入到企业的资本金，反映合同利用外资的到位情况；货运总量，是指区内企业以重量单位吨计算的各种运输工具实际完成运输过程的货物数量。

3. 部分区域为预测数据，全年实际情况以2013年两区年鉴为准。

# 上海外高桥保税物流园区统计数据表

## （1）2012年上海外高桥保税物流园区主要经济指标完成情况表

| 指标名称 | 单位 | 2012年 | 比上年增长（%） |
|---|---|---|---|
| 营业（销售）收入 | 万元 | 275 000 | 70.0 |
| 当年批准企业数 | 个 | 3 | 50.0 |
| 其中：贸易企业 | 个 | 1 | 0.0 |
| 仓储物流企业 | 个 | 2 | 100.0 |
| 当年批准外资企业数 | 个 | 2 | — |
| 其中：贸易企业 | 个 | 1 | — |
| 仓储物流企业 | 个 | 1 | — |
| 当年批准投资总额 | 万美元 | 23 339 | 501.8 |
| 其中：外商投资总额 | 万美元 | 22 589 | 488.3 |
| 当年合同利用外资 | 万美元 | 12 667 | 889.6 |
| 当年实际利用外资 | 万美元 | 12 667 | 889.6 |
| 期末货物存放量 | 万吨 | 15.45 | -28.4 |
| 期末施工房屋面积 | 平方米 | 246 000 | 0.0 |
| 工商税收 | 万元 | 6 100 | 6.7 |
| 固定资产投资额 | 万元 | 55 | -47.1 |
| 期末从业人员 | 人 | 781 | 7.1 |
| 其中：外资企业从业人员 | 人 | 466 | 35.5 |
| 期末物流园区物批准面积 | 平方公里 | 1.03 | 0.0 |
| 期末物流园区验收封关面积 | 平方公里 | 1.03 | 0.0 |

## （2）截至2012年上海外高桥保税物流园区历年招商引资情况表

| 指标 | 单位 | 历年累计 |
|---|---|---|
| 批准企业 | 个 | 42 |
| 其中：外资企业 | | 16 |
| 投资总额 | 万美元 | 64 592 |
| 其中：外商投资总额 | | 48 284 |
| 合同外资额 | | 29 055 |
| 实际利用外资 | | 29 055 |

# 深圳保税物流园区统计数据表

## （1）2012 年深圳盐田港保税物流园区主要经济指标完成情况表

| 指标名称 | 单位 | 2012 年 | 比上年增长（%） |
|---|---|---|---|
| 增加值 | 万元 | 16 237 | — |
| 营业收入 | 万元 | 47 109 | 17.3 |
| 当年批准企业 | 个 | 4 | -50.0 |
| 其中：仓储物流企业 | 个 | 2 | 0.0 |
| 当年批准投资额 | 万美元 | 1 300 | 434.0 |
| 其中：外资企业 | 万美元 | 1 300 | 434.0 |
| 合同外资 | 万美元 | 520 | 113.6 |
| 实际利用外资 | 万美元 | 520 | 114.2 |
| 企业货运总量 | 万吨 | 47 | 34.1 |
| 各种税收收入总额 | 万元 | 812 235 | 13.1 |
| 其中：海关税收及代征税 | 万元 | 808 040 | 13.1 |
| 工商税收 | 万元 | 4 195 | 7.8 |
| 期末从业人员 | 人 | 1 215 | 8.0 |
| 期末物流园区批准面积 | 平方公里 | 0.96 | 0.0 |
| 期末物流园区验收封关面积 | 平方公里 | 0.96 | 0.0 |

## （2）-1 截至 2012 年深圳盐田港保税物流园区历年招商引资情况表

| 指标 | 单位 | 历年累计 |
|---|---|---|
| 批准企业 | 个 | 42 |
| 其中：外资企业 | 个 | 12 |
| 投资总额 | 万美元 | |
| 其中：外商投资总额 | 万美元 | 12 238 |
| 合同外资额 | 万美元 | 5 660 |
| 实际利用外资 | 万美元 | 5 599 |

## （2）-2 截至2012年深圳盐田港保税物流园区历年主要外商投资情况表

| 按项目数排列 | | | 按投资额排列 | | |
|---|---|---|---|---|---|
| 序号 | 国别（地区） | 项目数（个） | 序号 | 国别（地区） | 投资额（万美元） |
| 1 | 中国香港 | 11 | 1 | 中国香港 | 7 398 |
| 2 | 美国 | 1 | 2 | 马来西亚 | 3 340 |
| 3 | 中国台湾 | 1 | 3 | 美国 | 1 050 |
| 4 | 马来西亚 | 1 | 4 | 中国台湾 | 450 |

## （3）2012年盐田港保税物流园区物流企业营业收入排名表

单位：万元

| 序号 | 企业名称 | 营业收入 | 序号 | 企业名称 | 营业收入 |
|---|---|---|---|---|---|
| 1 | 深圳畅联国际物流有限公司 | 13 975 | 7 | 深圳市中海港口物流有限公司 | 2 184 |
| 2 | 嘉里物流（深圳）有限公司 | 8 956 | 8 | 深圳市通捷利物流有限公司 | 2 126 |
| 3 | 深圳市盐田区盐田港保税区投资开发有限公司 | 4 295 | 9 | 新兴物流（深圳）有限公司 | 2 076 |
| 4 | 中建投物流有限公司 | 3 280 | 10 | 深圳市中远盐田港物流有限公司 | 1 953 |
| 5 | 日通储运（深圳）有限公司 | 2 708 | 11 | 深圳市正佳盐田国际物流有限公司 | 1 698 |
| 6 | 力又实业（深圳）有限公司 | 2 302 | 12 | 中联富运仓储运输（深圳）有限公司 | 1 558 |

# 厦门象屿保税物流园区统计数据表

## （1）2012 年厦门象屿保税物流园区主要经济指标完成情况表

| 指标名称 | 单位 | 2012 年 | 比上年增长（%） |
|---|---|---|---|
| 增加值 | 万元 | 21 704 | 6.8 |
| 营业（销售）收入 | 万元 | 41 709 | 8.2 |
| 企业货运总量 | 万吨 | 71.25 | -2.5 |
| 税收总额 | 万元 | 45 261 | 14.7 |
| 其中：海关税收及代征税 | 万元 | 42 580 | 20.6 |
| 工商税收 | 万元 | 2 681 | -35.7 |
| 固定资产投资额 | 万元 | 17 200 | -11.3 |
| 期末从业人员 | 人 | 1 600 | 0.0 |
| 期末物流园区批准面积 | 平方公里 | 0.7 | 0.0 |
| 期末物流园区验收封关面积 | 平方公里 | 0.29 | 0.0 |

## （2）截至 2012 年厦门象屿保税物流园区历年招商引资情况表

| 指标 | 单位 | 历年累计 |
|---|---|---|
| 批准企业 | 个 | 42 |
| 其中：外资企业 | | 13 |
| 投资总额 | 万美元 | 2 546 |
| 其中：外商投资总额 | | 1 405 |
| 合同外资额 | | 1 405 |
| 实际利用外资 | | 1 405 |

## （3）2012 年厦门象屿保税物流园区物流企业营业收入排名表

单位：万元

| 序号 | 企业名称 | 序号 | 企业名称 |
|---|---|---|---|
| 1 | 厦门港务物流保税有限公司 | 6 | 日通国际物流（厦门）有限公司 |
| 2 | 五矿物流（福建）有限责任公司 | 7 | 厦门越海供应链有限公司 |
| 3 | 厦门怡中进出口有限公司 | 8 | 厦门汉连供应链有限公司 |
| 4 | 厦门瑞欣冠物流有限公司 | 9 | 厦门日茂物流有限公司 |
| 5 | 厦门建发保税物流有限责任公司 | | |

出口加工区

# 2012 年全国出口加工区下分贸易方式进出口贸易额统计表

| 名称 | 贸易方式 | 进出口总额（万美元） | 比上年增长（%） | 出口额（万美元） | 比上年增长（%） | 进口额（万美元） | 比上年增长（%） |
|---|---|---|---|---|---|---|---|
| 合计 | | 13 200 211.7 | -16.4 | 8 271 682.7 | -18.8 | 4 928 529.0 | -12.1 |
| 天津出口加工区 | 合计 | 32 934.4 | 66.0 | 14 107.3 | 15.2 | 18 827.2 | 148.0 |
| | 一般贸易 | 187.2 | | 187.2 | | 0.0 | |
| | 来料加工装配贸易 | 109.7 | 242.1 | | | 109.7 | 242.1 |
| | 进料加工贸易 | 16 608.2 | 3.5 | 13 915.9 | 13.6 | 2 692.4 | -29.2 |
| | 海关特殊监管区域物流货物 | 15 977.2 | 337.0 | 4.2 | | 15 973.0 | 336.8 |
| | 海关特殊监管区域进口设备 | 52.1 | -48.3 | | | 52.1 | -48.3 |
| 河北秦皇岛出口加工区 | 合计 | 4 544.2 | 22.9 | 3 665.8 | 33.2 | 878.4 | -7.0 |
| | 一般贸易 | | | | | | |
| | 来料加工装配贸易 | 1 478.5 | -2.8 | 893.9 | 5.1 | 584.6 | -12.8 |
| | 进料加工贸易 | 2 650.4 | 36.6 | 2 380.3 | 42.7 | 270.1 | -0.7 |
| | 海关特殊监管区域物流货物 | 413.8 | 76.9 | 391.6 | 68.0 | 22.2 | 2 643.0 |
| | 海关特殊监管区域进口设备 | 1.5 | 111.9 | | | 1.5 | 111.9 |
| 河北廊坊出口加工区 | 合计 | 5 129.4 | 103.8 | 2 507.3 | 62.0 | 2 622.1 | 170.7 |
| | 一般贸易 | 1 400.8 | 7 375.5 | | | 1 400.8 | 7 375.5 |
| | 来料加工装配贸易 | 159.4 | -71.5 | 82.6 | -73.0 | 76.8 | -69.7 |
| | 进料加工贸易 | 3 125.8 | 82.7 | 2 424.1 | 95.1 | 701.7 | 49.7 |

续表

| 名称 | 贸易方式 | 进出口总额（万美元） | 比上年增长（%） | 出口额（万美元） | 比上年增长（%） | 进口额（万美元） | 比上年增长（%） |
|---|---|---|---|---|---|---|---|
| | 海关特殊监管区域物流货物 | 35.1 | -64.4 | 0.6 | | 34.5 | -65.0 |
| | 海关特殊监管区域进口设备 | 408.2 | 216.6 | | | 408.2 | 216.6 |
| 内蒙古呼和浩特出口加工区 | 合计 | 4 192.3 | -57.9 | 2 136.1 | -64.4 | 2 056.2 | -48.1 |
| | 来料加工装配贸易 | 2 179.8 | 11.1 | 1 080.1 | 4.0 | 1 099.7 | 19.0 |
| | 进料加工贸易 | 1 577.9 | -80.1 | 1 056.0 | -78.7 | 521.9 | -82.5 |
| | 海关特殊监管区域物流货物 | 422.8 | | | | 422.8 | |
| | 海关特殊监管区域进口设备 | 11.9 | -80.4 | | | 11.9 | -80.4 |
| 辽宁沈阳（张士）出口加工区 | 合计 | 12 463.4 | -15.7 | 7 075.7 | -5.2 | 5 387.7 | -26.3 |
| | 来料加工装配贸易 | 785.7 | -0.1 | 593.7 | -5.1 | 192.0 | 19.5 |
| | 进料加工贸易 | 10 071.9 | -9.8 | 6 482.0 | -5.3 | 3 589.9 | -17.1 |
| | 海关特殊监管区域物流货物 | | | | | | |
| | 海关特殊监管区域进口设备 | 1 605.8 | -5.3 | | | 1 605.8 | -5.3 |
| 辽宁大连出口加工区 | 合计 | 114 064.5 | -3.2 | 82 716.2 | -0.2 | 31 348.3 | -10.1 |
| | 一般贸易 | 1.1 | 516.6 | | | 1.1 | 516.6 |
| | 来料加工装配贸易 | 3 703.0 | 25.4 | 1 945.5 | 15.5 | 1 757.5 | 38.5 |
| | 进料加工贸易 | 101 863.4 | -1.4 | 79 095.9 | -0.6 | 22 767.5 | -4.1 |
| | 海关特殊监管区域物流货物 | 2 264.3 | 12.0 | 1 674.8 | 2.6 | 589.5 | 51.7 |
| | 海关特殊监管区域进口设备 | 6 232.4 | -34.3 | | | 6 232.4 | -34.3 |
| | 其他贸易 | 0.4 | -17.9 | | | 0.4 | -17.9 |
| 吉林珲春出口加工区 | 合计 | 16 567.4 | 15.4 | 10 035.4 | 6.4 | 6 532.0 | 32.4 |

续表

| 名称 | 贸易方式 | 进出口总额（万美元） | 比上年增长（%） | 出口额（万美元） | 比上年增长（%） | 进口额（万美元） | 比上年增长（%） |
|---|---|---|---|---|---|---|---|
| | 进料加工贸易 | 16 207.6 | 13.4 | 10 015.3 | 6.9 | 6 192.3 | 25.7 |
| | 保税监管场所进出境货物 | | | | | | |
| | 海关特殊监管区域物流货物 | 357.3 | 527.5 | 20.1 | -64.7 | 337.3 | |
| | 海关特殊监管区域进口设备 | 2.4 | -67.2 | | | 2.4 | -67.2 |
| 上海漕河泾出口加工区 | 合计 | 1 229 335.0 | -6.2 | 985 303.8 | -4.8 | 244 031.2 | -11.5 |
| | 一般贸易 | 21.2 | -81.3 | 9.8 | -48.1 | 11.3 | -88.0 |
| | 来料加工装配贸易 | 0.0 | | | | 0.0 | |
| | 进料加工贸易 | 1 183 649.1 | -7.0 | 967 869.0 | -5.3 | 215 780.1 | -13.9 |
| | 海关特殊监管区域物流货物 | 35 908.4 | 6.3 | 17 424.9 | 35.7 | 18 483.4 | -11.7 |
| | 海关特殊监管区域进口设备 | 9 755.9 | 143.8 | | | 9 755.9 | 143.8 |
| | 其他贸易 | 0.5 | -96.0 | | | 0.5 | -96.0 |
| 上海嘉定出口加工区 | 合计 | 48 780.4 | 61.1 | 23 127.4 | 71.3 | 25 653.0 | 52.9 |
| | 一般贸易 | | | | | | |
| | 进料加工贸易 | 10 448.8 | -1.8 | 10 207.8 | -1.7 | 241.1 | -6.1 |
| | 海关特殊监管区域物流货物 | 38 329.0 | 95.3 | 12 919.7 | 314.0 | 25 409.3 | 53.9 |
| | 海关特殊监管区域进口设备 | 2.6 | -62.7 | | | 2.6 | -62.7 |
| | 其他贸易 | | | | | | |
| 上海闵行出口加工区 | 合计 | 191 752.5 | -7.7 | 135 934.7 | -6.9 | 55 817.8 | -9.8 |
| | 一般贸易 | | | | | | |
| | 来料加工装配贸易 | 4 853.0 | -28.3 | 3 865.0 | -21.4 | 988.1 | -46.7 |
| | 进料加工贸易 | 171 943.2 | -9.2 | 128 025.3 | -7.4 | 43 917.9 | -13.9 |

续表

| 名称 | 贸易方式 | 进出口总额（万美元） | 比上年增长（%） | 出口额（万美元） | 比上年增长（%） | 进口额（万美元） | 比上年增长（%） |
|---|---|---|---|---|---|---|---|
| | 海关特殊监管区域物流货物 | 13 442.7 | 40.8 | 4 044.5 | 47.1 | 9 398.2 | 38.3 |
| | 海关特殊监管区域进口设备 | 1 513.3 | -30.9 | | | 1 513.3 | -30.9 |
| | 其他贸易 | 0.2 | 11.8 | | | 0.2 | 11.8 |
| 上海松江出口加工区 | 合计 | 4 144 654.2 | -17.1 | 3 039 322.5 | -18.7 | 1 105 331.7 | -12.4 |
| | 一般贸易 | 62.9 | -10.5 | 51.4 | 3.0 | 11.5 | -43.4 |
| | 来料加工装配贸易 | 740.4 | 1 228.5 | 17.7 | -57.9 | 722.6 | 5 214.3 |
| | 进料加工贸易 | 3 680 584.7 | -20.0 | 2 933 804.4 | -19.2 | 746 780.3 | -23.0 |
| | 外商投资企业作为投资进口的设备、物品 | 0.0 | | | | 0.0 | |
| | 海关特殊监管区域物流货物 | 435 475.8 | 16.4 | 105 449.0 | 0.3 | 330 026.9 | 22.7 |
| | 海关特殊监管区域进口设备 | 27 790.2 | 21.6 | | | 27 790.2 | 21.6 |
| | 其他贸易 | 0.1 | -67.9 | | | 0.1 | -67.9 |
| 上海青浦出口加工区 | 合计 | 76 345.8 | 8.3 | 34 382.3 | -1.2 | 41 963.5 | 17.4 |
| | 一般贸易 | 1.5 | 743.5 | | | 1.5 | 743.5 |
| | 来料加工装配贸易 | 41.8 | -64.4 | 15.3 | -79.7 | 26.6 | -37.3 |
| | 进料加工贸易 | 62 933.3 | 14.5 | 29 385.9 | -1.9 | 33 547.4 | 34.3 |
| | 海关特殊监管区域物流货物 | 10 726.4 | -8.0 | 4 981.1 | 5.0 | 5 745.3 | -16.8 |
| | 海关特殊监管区域进口设备 | 2 642.2 | -30.6 | | | 2 642.2 | -30.6 |
| | 其他贸易 | 0.6 | 48.9 | | | 0.6 | 48.9 |
| 上海金桥出口加工区（南区） | 合计 | 36 795.8 | -11.3 | 25 148.1 | -5.8 | 11 647.7 | -21.3 |
| | 一般贸易 | 0.4 | 20.8 | | | 0.4 | 20.8 |

续表

| 名称 | 贸易方式 | 进出口总额（万美元） | 比上年增长（%） | 出口额（万美元） | 比上年增长（%） | 进口额（万美元） | 比上年增长（%） |
|---|---|---|---|---|---|---|---|
| | 进料加工贸易 | 33 952.6 | -9.9 | 24 856.1 | -4.1 | 9 096.5 | -22.7 |
| | 海关特殊监管区域物流货物 | 1 255.4 | -41.9 | 291.9 | -62.6 | 963.4 | -30.3 |
| | 海关特殊监管区域进口设备 | 1 586.6 | -4.0 | | | 1 586.6 | -4.0 |
| | 其他贸易 | 0.9 | -28.7 | | | 0.9 | -28.7 |
| 江苏南京出口加工区 | 合计 | 278 436.6 | 58.5 | 166 178.8 | 81.2 | 112 257.8 | 33.7 |
| | 来料加工装配贸易 | 65 623.8 | 91.3 | 6 382.4 | -20.1 | 59 241.4 | 125.1 |
| | 进料加工贸易 | 186 979.1 | 76.1 | 148 485.2 | 124.3 | 38 493.9 | -3.7 |
| | 海关特殊监管区域物流货物 | 23 989.3 | -19.0 | 11 311.2 | -35.5 | 12 678.0 | 5.0 |
| | 海关特殊监管区域进口设备 | 1 844.5 | -67.1 | | | 1 844.5 | -67.1 |
| | 其他贸易 | | | | | | |
| 江苏无锡出口加工区 | 合计 | 920 980.8 | 12.0 | 476 230.4 | 20.3 | 444 750.5 | 4.4 |
| | 来料加工装配贸易 | 469 605.8 | 9.4 | 329 471.3 | 4.3 | 140 134.5 | 23.8 |
| | 进料加工贸易 | 217 749.9 | 23.8 | 90 276.3 | 35.6 | 127 473.6 | 16.6 |
| | 海关特殊监管区域物流货物 | 118 771.5 | 69.9 | 56 482.7 | 320.1 | 62 288.8 | 10.3 |
| | 海关特殊监管区域进口设备 | 114 852.7 | -21.9 | | | 114 852.7 | -21.9 |
| | 其他贸易 | 1.0 | 45.3 | | | 1.0 | 45.3 |
| 江苏常州出口加工区 | 合计 | 342 223.3 | 302.2 | 158 461.9 | 422.9 | 183 761.3 | 235.4 |
| | 一般贸易 | 0.4 | | 0.4 | | | |
| | 来料加工装配贸易 | 1.7 | 64.7 | 1.0 | -6.8 | 0.8 | |
| | 进料加工贸易 | 56 137.4 | 5.0 | 32 557.4 | 17.9 | 23 579.9 | -8.9 |
| | 海关特殊监管区域物流货物 | 281 989.3 | 1 082.1 | 125 903.2 | 4 583.5 | 156 086.1 | 637.4 |

续表

| 名称 | 贸易方式 | 进出口总额（万美元） | 比上年增长（%） | 出口额（万美元） | 比上年增长（%） | 进口额（万美元） | 比上年增长（%） |
|---|---|---|---|---|---|---|---|
| | 海关特殊监管区域进口设备 | 4 094.5 | -47.2 | | | 4 094.5 | -47.2 |
| 江苏苏州工业园区加工区 | 合计 | 531 752.8 | -74.3 | 268 660.4 | -80.8 | 263 092.4 | -60.6 |
| | 一般贸易 | | | | | | |
| | 来料加工装配贸易 | 91 053.2 | -79.7 | 62 174.9 | -78.4 | 28 878.3 | -82.0 |
| | 进料加工贸易 | 55 764.3 | -96.2 | 40 143.8 | -96.3 | 15 620.5 | -95.9 |
| | 海关特殊监管区域物流货物 | 383 950.0 | 201.5 | 166 341.7 | 935.1 | 217 608.3 | 95.6 |
| | 海关特殊监管区域进口设备 | 984.9 | -90.9 | | | 984.9 | -90.9 |
| | 其他贸易 | 0.4 | -54.9 | | | 0.4 | -38.6 |
| 江苏南通出口加工区 | 合计 | 14 440.3 | -34.5 | 9 624.5 | -26.8 | 4 815.7 | -46.0 |
| | 一般贸易 | 30.1 | 102.7 | 0.0 | | 30.1 | 102.6 |
| | 来料加工装配贸易 | 1 181.0 | -79.5 | 703.5 | -79.0 | 477.5 | -80.3 |
| | 进料加工贸易 | 12 395.5 | -15.6 | 8 330.7 | -13.3 | 4 064.9 | -20.0 |
| | 海关特殊监管区域物流货物 | 623.7 | -37.6 | 590.4 | 210.9 | 33.3 | -95.9 |
| | 海关特殊监管区域进口设备 | 209.9 | -64.5 | | | 209.9 | -64.5 |
| | 其他贸易 | | | | | | |
| 江苏连云港出口加工区 | 合计 | 36 143.6 | 296.1 | 5 873.3 | -16.8 | 30 270.3 | 1 368.5 |
| | 来料加工装配贸易 | 5 499.7 | -15.0 | 3 873.5 | -20.0 | 1 626.2 | -0.4 |
| | 进料加工贸易 | 2 258.3 | -7.9 | 1 862.9 | -12.7 | 395.4 | 24.6 |
| | 海关特殊监管区域物流货物 | 28 264.1 | 15 965.3 | 136.9 | 54.7 | 28 127.1 | 32 077.3 |
| | 海关特殊监管区域进口设备 | 121.5 | 421.1 | | | 121.5 | 421.1 |

续表

| 名称 | 贸易方式 | 进出口总额（万美元） | 比上年增长（%） | 出口额（万美元） | 比上年增长（%） | 进口额（万美元） | 比上年增长（%） |
|---|---|---|---|---|---|---|---|
| 江苏淮安出口加工区 | 合计 | 35 170.2 | 27.2 | 12 284.7 | -9.0 | 22 885.4 | 61.8 |
| | 来料加工装配贸易 | 0.5 | | 0.5 | | | |
| | 进料加工贸易 | 32 004.3 | 21.4 | 11 561.7 | -14.2 | 20 442.6 | 58.6 |
| | 海关特殊监管区域物流货物 | 724.2 | 1 920.6 | 722.5 | 1 915.8 | 1.7 | |
| | 海关特殊监管区域进口设备 | 2 441.1 | 94.2 | | | 2 441.1 | 94.2 |
| | 其他贸易 | | | | | | |
| 江苏扬州出口加工区 | 合计 | 38 032.2 | 2.5 | 22 757.6 | 60.9 | 15 274.6 | -33.5 |
| | 一般贸易 | 0.0 | -89.0 | | | 0.0 | -89.0 |
| | 来料加工装配贸易 | 29 886.1 | 50.0 | 18 912.6 | 64.0 | 10 973.4 | 30.8 |
| | 进料加工贸易 | 3 200.9 | -49.0 | 1 352.0 | 1.2 | 1 848.9 | -62.6 |
| | 海关特殊监管区域物流货物 | 3 095.0 | -41.7 | 2 492.9 | 95.3 | 602.1 | -85.1 |
| | 海关特殊监管区域进口设备 | 1 850.1 | -67.0 | | | 1 850.1 | -67.0 |
| | 其他贸易 | | | | | | |
| 江苏镇江出口加工区 | 合计 | 11 828.9 | 83.5 | 1 316.6 | 84.5 | 10 512.3 | 83.3 |
| | 进料加工贸易 | 3 127.4 | 27.9 | 717.3 | 6.7 | 2 410.1 | 36.0 |
| | 海关特殊监管区域物流货物 | 8 683.5 | 132.9 | 599.3 | 1 346.9 | 8 084.3 | 119.2 |
| | 海关特殊监管区域进口设备 | 17.9 | -93.4 | | | 17.9 | -93.4 |
| 江苏泰州出口加工区 | 合计 | 6 935.4 | 1 778.5 | 325.7 | 149.9 | 6 609.7 | 2 667.2 |
| | 进料加工贸易 | 575.9 | | 54.2 | | 521.7 | |
| | 海关特殊监管区域物流货物 | 572.4 | 321.1 | 271.5 | 108.3 | 300.8 | 5 294.8 |
| | 海关特殊监管区域进口设备 | 5 787.1 | 2 380.7 | | | 5 787.1 | 2 380.7 |

续表

| 名称 | 贸易方式 | 进出口总额（万美元） | 比上年增长（%） | 出口额（万美元） | 比上年增长（%） | 进口额（万美元） | 比上年增长（%） |
|---|---|---|---|---|---|---|---|
| 江苏常熟出口加工区 | 合计 | 61 930.0 | 82.9 | 6 074.9 | 17.1 | 55 855.0 | 94.8 |
| | 来料加工装配贸易 | 7 999.3 | 20.2 | 2 160.0 | 22.1 | 5 839.2 | 19.5 |
| | 进料加工贸易 | 6 464.6 | -9.9 | 3 038.4 | 22.5 | 3 426.3 | -27.0 |
| | 海关特殊监管区域物流货物 | 46 857.9 | 141.2 | 876.5 | -6.5 | 45 981.4 | 148.7 |
| | 海关特殊监管区域进口设备 | 608.2 | 0.1 | | | 608.2 | 0.1 |
| 江苏吴江出口加工区 | 合计 | 326 367.2 | 74.8 | 191 611.0 | 90.5 | 134 756.2 | 56.4 |
| | 来料加工装配贸易 | 12 514.4 | -6.2 | 12 514.4 | 32.4 | | |
| | 进料加工贸易 | 157 987.5 | 25.2 | 92 229.2 | 53.6 | 65 758.2 | -0.6 |
| | 海关特殊监管区域物流货物 | 154 984.2 | 249.8 | 86 867.3 | 179.7 | 68 116.9 | 414.2 |
| | 海关特殊监管区域进口设备 | 881.1 | -69.0 | | | 881.1 | -69.0 |
| 浙江杭州出口加工区 | 合计 | 219 243.7 | -20.6 | 166 681.4 | -10.9 | 52 562.4 | -40.8 |
| | 进料加工贸易 | 196 714.7 | -17.6 | 162 435.2 | -11.5 | 34 279.5 | -37.7 |
| | 海关特殊监管区域物流货物 | 20 339.2 | -42.4 | 4 246.2 | 19.7 | 16 093.0 | -49.3 |
| | 海关特殊监管区域进口设备 | 2 189.5 | 5.0 | | | 2 189.5 | 5.0 |
| | 其他贸易 | 0.4 | 862.9 | | | 0.4 | 862.9 |
| 浙江宁波出口加工区 | 合计 | 606 078.4 | 8.8 | 256 193.4 | 14.8 | 349 885.0 | 4.8 |
| | 一般贸易 | 0.4 | 64.5 | | | 0.4 | 64.5 |
| | 来料加工装配贸易 | 9 517.1 | -38.3 | | | 9 517.1 | -38.3 |
| | 进料加工贸易 | 505 440.3 | 8.3 | 229 255.4 | 12.2 | 276 184.9 | 5.2 |
| | 海关特殊监管区域物流货物 | 89 039.6 | 22.1 | 26 938.0 | 43.0 | 62 101.6 | 14.8 |
| | 海关特殊监管区域进口设备 | 2 080.8 | 5.8 | | | 2 080.8 | 5.8 |

续表

| 名称 | 贸易方式 | 进出口总额（万美元） | 比上年增长（%） | 出口额（万美元） | 比上年增长（%） | 进口额（万美元） | 比上年增长（%） |
|---|---|---|---|---|---|---|---|
| | 其他贸易 | 0.1 | -92.2 | | | 0.1 | -92.2 |
| 浙江嘉兴出口加工区 | 合计 | 25 151.6 | 3.6 | 5 603.3 | -17.4 | 19 548.3 | 11.8 |
| | 一般贸易 | 0.4 | | | | 0.4 | |
| | 来料加工装配贸易 | 1 045.6 | 2 337.8 | 733.7 | 4 421.3 | 312.0 | 1 069.9 |
| | 进料加工贸易 | 6 153.2 | -20.7 | 4 329.5 | -34.3 | 1 823.7 | 55.7 |
| | 海关特殊监管区域物流货物 | 12 668.8 | 268.9 | 540.1 | 197.7 | 12 128.7 | 272.8 |
| | 海关特殊监管区域进口设备 | 5 283.5 | -59.5 | | | 5 283.5 | -59.5 |
| 浙江慈溪出口加工区 | 合计 | 9 896.3 | 2.8 | 2 550.9 | 126.9 | 7 345.4 | -13.6 |
| | 一般贸易 | 821.5 | | | | 821.5 | |
| | 进料加工贸易 | 920.2 | | 635.5 | | 284.8 | |
| | 海关特殊监管区域物流货物 | 8 154.6 | -15.3 | 1 915.4 | 70.4 | 6 239.2 | -26.6 |
| 安徽合肥出口加工区 | 合计 | 3 496.1 | | 52.6 | | 3 443.5 | |
| | 进料加工贸易 | 61.8 | | 39.2 | | 22.6 | |
| | 海关特殊监管区域物流货物 | 1 201.1 | | 13.4 | | 1 187.7 | |
| | 海关特殊监管区域进口设备 | 2 233.2 | | | | 2 233.2 | |
| 安徽芜湖出口加工区 | 合计 | 53 888.4 | 20.3 | 39 415.8 | 27.4 | 14 472.6 | 4.4 |
| | 一般贸易 | 0.3 | | | | 0.3 | |
| | 进料加工贸易 | 46 817.3 | 7.4 | 34 851.3 | 13.4 | 11 966.0 | -7.1 |
| | 海关特殊监管区域物流货物 | 6 799.4 | 726.6 | 4 564.5 | 2 157.9 | 2 234.9 | 260.2 |
| | 海关特殊监管区域进口设备 | 271.3 | -27.5 | | | 271.3 | -27.5 |
| | 其他贸易 | 0.0 | | | | 0.0 | |

续表

| 名称 | 贸易方式 | 进出口总额（万美元） | 比上年增长（%） | 出口额（万美元） | 比上年增长（%） | 进口额（万美元） | 比上年增长（%） |
|---|---|---|---|---|---|---|---|
| 福建福州福清出口加工区 | 合计 | 6 883.4 | -31.3 | 3 358.2 | 32.4 | 3 525.1 | -52.9 |
| | 一般贸易 | 1 775.9 | 287.6 | 32.3 | | 1 743.7 | 280.6 |
| | 来料加工装配贸易 | 1 975.2 | 407.7 | 1 651.3 | 330.3 | 323.9 | 6 057.8 |
| | 进料加工贸易 | 625.6 | 73.1 | 620.3 | 73.8 | 5.3 | 13.3 |
| | 海关特殊监管区域物流货物 | 2 490.3 | -71.6 | 1 054.3 | -41.3 | 1 436.0 | -79.4 |
| | 海关特殊监管区域进口设备 | 16.4 | -52.7 | | | 16.4 | -52.7 |
| 福建泉州出口加工区 | 合计 | 114 796.3 | 1 937.1 | 57 499.9 | 2 005.4 | 57 296.4 | 1 872.8 |
| | 一般贸易 | 0.1 | | | | 0.1 | |
| | 进料加工贸易 | 112 190.9 | 4 079.6 | 56 925.3 | 2 758.4 | 55 265.6 | 7 877.5 |
| | 保税监管场所进出境货物 | 0.6 | | | | 0.6 | |
| | 海关特殊监管区域物流货物 | 2 366.7 | -17.5 | 574.6 | -22.3 | 1 792.1 | -15.9 |
| | 海关特殊监管区域进口设备 | 238.1 | 194.9 | | | 238.1 | 194.9 |
| | 其他贸易 | 0.0 | | | | 0.0 | |
| 江西南昌出口加工区 | 合计 | 64 675.5 | 17.4 | 31 396.0 | 0.3 | 33 279.5 | 39.8 |
| | 进料加工贸易 | 55 430.3 | 163.4 | 27 502.5 | 177.7 | 27 927.8 | 150.7 |
| | 海关特殊监管区域物流货物 | 6 286.9 | -80.1 | 3 893.5 | -81.8 | 2 393.4 | -76.7 |
| | 海关特殊监管区域进口设备 | 2 958.2 | 23.5 | | | 2 958.2 | 23.5 |
| 江西九江出口加工区 | 合计 | 110 647.8 | 18.1 | 65 943.3 | 30.5 | 44 704.5 | 3.5 |
| | 来料加工装配贸易 | 42 557.5 | 77.8 | 29 821.9 | 59.1 | 12 735.6 | 145.0 |
| | 进料加工贸易 | 65 441.0 | -0.4 | 35 298.6 | 13.0 | 30 142.4 | -12.6 |

续表

| 名称 | 贸易方式 | 进出口总额（万美元） | 比上年增长（%） | 出口额（万美元） | 比上年增长（%） | 进口额（万美元） | 比上年增长（%） |
|---|---|---|---|---|---|---|---|
| | 海关特殊监管区域物流货物 | 822.8 | -29.5 | 822.8 | 52.4 | | |
| | 海关特殊监管区域进口设备 | 1 826.5 | -36.2 | | | 1 826.5 | -36.2 |
| 江西赣州出口加工区 | 合计 | 21 424.5 | 463.4 | 18 523.7 | 547.7 | 2 900.8 | 207.6 |
| | 进料加工贸易 | 4 068.2 | 44.5 | 3 292.2 | 71.9 | 776.0 | -13.7 |
| | 海关特殊监管区域物流货物 | 17 336.5 | 1 735.5 | 15 231.6 | 1 512.7 | 2 105.0 | |
| | 海关特殊监管区域进口设备 | 19.8 | -54.5 | | | 19.8 | -54.5 |
| 山东济南出口加工区 | 合计 | 25 466.5 | -32.7 | 20 979.1 | -11.9 | 4 487.3 | -68.0 |
| | 一般贸易 | 3.0 | | | | 3.0 | |
| | 来料加工装配贸易 | 12.6 | 256.7 | 6.7 | 14 513.5 | 5.9 | 69.0 |
| | 进料加工贸易 | 6 538.9 | -32.4 | 6 178.1 | -35.5 | 360.8 | 297.6 |
| | 海关特殊监管区域物流货物 | 18 752.8 | -33.3 | 14 794.3 | 3.8 | 3 958.5 | -71.5 |
| | 海关特殊监管区域进口设备 | 159.2 | 137.0 | | | 159.2 | 137.0 |
| 山东青岛出口加工区 | 合计 | 89 489.5 | 21.0 | 45 296.6 | -1.3 | 44 192.9 | 57.5 |
| | 一般贸易 | 1.7 | -99.3 | 1.7 | -91.6 | 0.0 | -100.0 |
| | 来料加工装配贸易 | 11 596.3 | 12.0 | 7 535.1 | 13.9 | 4 061.1 | 8.7 |
| | 进料加工贸易 | 48 962.4 | 0.6 | 35 515.7 | -1.8 | 13 446.7 | 7.4 |
| | 保税监管场所进出境货物 | | | | | | |
| | 海关特殊监管区域物流货物 | 26 929.5 | 95.8 | 2 244.1 | -28.2 | 24 685.4 | 132.3 |
| | 海关特殊监管区域进口设备 | 1 999.7 | 107.0 | | | 1 999.7 | 107.0 |
| | 其他贸易 | | | | | | |
| 山东烟台出口加工区 | 合计 | 1 677 313.7 | -4.3 | 1 013 958.4 | -1.2 | 663 355.3 | -8.7 |

续表

| 名称 | 贸易方式 | 进出口总额（万美元） | 比上年增长（%） | 出口额（万美元） | 比上年增长（%） | 进口额（万美元） | 比上年增长（%） |
|---|---|---|---|---|---|---|---|
| | 一般贸易 | 114.9 | -72.4 | 21.1 | -69.2 | 93.8 | -73.0 |
| | 来料加工装配贸易 | 9 661.3 | 29.8 | 5 794.4 | 37.4 | 3 867.0 | 19.8 |
| | 进料加工贸易 | 1 323 927.4 | -14.8 | 846 558.7 | -13.7 | 477 368.7 | -16.6 |
| | 海关特殊监管区域物流货物 | 339 488.5 | 80.1 | 161 584.3 | 297.0 | 177 904.2 | 20.4 |
| | 海关特殊监管区域进口设备 | 4 121.6 | 34.6 | | | 4 121.6 | 34.6 |
| 山东潍坊出口加工区 | 合计 | 34 662.4 | 157.9 | 23 023.4 | 119.1 | 11 639.0 | 297.1 |
| | 来料加工装配贸易 | 1 080.1 | 6.8 | 877.4 | 6.4 | 202.7 | 8.9 |
| | 进料加工贸易 | 16 675.3 | 174.6 | 13 082.2 | 151.1 | 3 593.1 | 317.2 |
| | 海关特殊监管区域物流货物 | 16 873.8 | 167.1 | 9 063.7 | 102.6 | 7 810.1 | 323.5 |
| | 海关特殊监管区域进口设备 | 33.2 | -15.7 | | | 33.2 | -15.7 |
| 山东威海出口加工区 | 合计 | 116 367.8 | 7.1 | 48 148.4 | -0.2 | 68 219.4 | 12.8 |
| | 来料加工装配贸易 | 39 811.8 | 0.9 | 22 211.5 | -2.4 | 17 600.3 | 5.5 |
| | 进料加工贸易 | 62 090.2 | 0.2 | 25 124.1 | 3.0 | 36 966.0 | -1.6 |
| | 保税监管场所进出境货物 | 258.5 | | | | 258.5 | |
| | 海关特殊监管区域物流货物 | 6 113.7 | 182.0 | 812.7 | -24.3 | 5 301.0 | 384.2 |
| | 海关特殊监管区域进口设备 | 8 093.6 | 58.0 | | | 8 093.6 | 58.0 |
| 河南郑州出口加工区 | 合计 | 54 950.8 | -47.7 | 5 846.0 | -21.9 | 49 104.8 | -49.7 |
| | 一般贸易 | 1.1 | -73.8 | | | 1.1 | -73.8 |
| | 来料加工装配贸易 | 4 085.0 | -42.9 | 2 185.6 | -40.1 | 1 899.4 | -45.9 |
| | 进料加工贸易 | 12 396.2 | 58.8 | 1 513.3 | 83.9 | 10 882.9 | 55.9 |
| | 海关特殊监管区域物流货物 | 6 223.9 | -92.4 | 2 147.1 | -28.9 | 4 076.7 | -94.8 |

续表

| 名称 | 贸易方式 | 进出口总额（万美元） | 比上年增长（%） | 出口额（万美元） | 比上年增长（%） | 进口额（万美元） | 比上年增长（%） |
|---|---|---|---|---|---|---|---|
| | 海关特殊监管区域进口设备 | 32 244.6 | 278.0 | | | 32 244.6 | 278.0 |
| 湖北武汉出口加工区 | 合计 | 3 867.0 | -12.0 | 1 666.4 | 520.1 | 2 200.6 | -46.6 |
| | 一般贸易 | 0.5 | | 0.5 | | 0.0 | |
| | 进料加工贸易 | 3 614.7 | 25.6 | 1 664.0 | 536.6 | 1 950.7 | -25.5 |
| | 海关特殊监管区域物流货物 | 216.2 | 102.9 | 1.9 | -74.1 | 214.3 | 116.1 |
| | 海关特殊监管区域进口设备 | 35.6 | -97.5 | | | 35.6 | -97.5 |
| 湖南郴州出口加工区 | 合计 | 91 765.3 | 214.9 | 48 644.1 | 167.5 | 43 121.2 | 293.5 |
| | 来料加工装配贸易 | 27 113.3 | 133.1 | 14 229.9 | 182.2 | 12 883.4 | 95.6 |
| | 进料加工贸易 | 63 492.6 | 311.9 | 33 638.3 | 162.0 | 29 854.3 | 1 058.2 |
| | 海关特殊监管区域物流货物 | 861.4 | -53.9 | 775.9 | 154.1 | 85.5 | -94.5 |
| | 海关特殊监管区域进口设备 | 298.0 | 29.4 | | | 298.0 | 29.4 |
| 广东广州出口加工区 | 合计 | 57 572.9 | 39.1 | 46 629.8 | 32.9 | 10 943.1 | 73.8 |
| | 一般贸易 | | | | | | |
| | 进料加工贸易 | 57 217.4 | 39.5 | 46 629.8 | 32.9 | 10 587.6 | 78.9 |
| | 海关特殊监管区域进口设备 | 355.6 | -6.0 | | | 355.6 | -6.0 |
| | 其他贸易 | | | | | | |
| 广东深圳出口加工区 | 合计 | 720 700.8 | 84.2 | 421 692.6 | 67.4 | 299 008.2 | 114.7 |
| | 一般贸易 | 0.0 | | | | 0.0 | |
| | 来料加工装配贸易 | 11.6 | | | | 11.6 | |
| | 进料加工贸易 | 421 435.2 | 24.4 | 300 722.5 | 30.0 | 120 712.8 | 12.3 |
| | 海关特殊监管区域物流货物 | 292 424.4 | 506.2 | 120 970.1 | 485.5 | 171 454.2 | 521.6 |

续表

| 名称 | 贸易方式 | 进出口总额（万美元） | 比上年增长（%） | 出口额（万美元） | 比上年增长（%） | 进口额（万美元） | 比上年增长（%） |
|---|---|---|---|---|---|---|---|
| | 海关特殊监管区域进口设备 | 6 829.6 | 61.0 | | | 6 829.6 | 61.0 |
| 珠澳跨境工业区珠海园区 | 合计 | 12 103.0 | -21.9 | 4 112.8 | -23.7 | 7 990.2 | -21.0 |
| | 一般贸易 | 381.1 | -40.3 | | | 381.1 | -40.3 |
| | 来料加工装配贸易 | 724.4 | -0.9 | 449.1 | -3.7 | 275.3 | 4.0 |
| | 进料加工贸易 | 133.6 | -43.2 | 80.4 | -39.5 | 53.2 | -48.0 |
| | 海关特殊监管区域物流货物 | 10 841.1 | -21.9 | 3 583.4 | -25.3 | 7 257.7 | -20.2 |
| | 海关特殊监管区域进口设备 | 22.9 | 51.4 | | | 22.9 | 51.4 |
| 广西北海出口加工区 | 合计 | 72 686.6 | -18.6 | 47 627.3 | -21.2 | 25 059.3 | -13.0 |
| | 一般贸易 | 0.2 | | | | 0.2 | |
| | 来料加工装配贸易 | 3 433.0 | -40.4 | 2 066.7 | -34.0 | 1 366.2 | -48.0 |
| | 进料加工贸易 | 66 115.1 | -14.4 | 44 487.9 | -16.5 | 21 627.2 | -9.8 |
| | 海关特殊监管区域物流货物 | 2 887.6 | -50.1 | 1 072.7 | -73.3 | 1 815.0 | 2.6 |
| | 海关特殊监管区域进口设备 | 250.7 | -42.5 | | | 250.7 | -42.5 |
| 四川绵阳出口加工区 | 合计 | 16 549.1 | 25.0 | 14 430.7 | 29.0 | 2 118.4 | 3.1 |
| | 来料加工装配贸易 | 566.7 | -9.8 | 548.3 | -9.9 | 18.4 | -7.3 |
| | 进料加工贸易 | 15 970.8 | 27.1 | 13 882.4 | 31.2 | 2 088.5 | 5.0 |
| | 海关特殊监管区域进口设备 | 11.5 | -74.8 | | | 11.5 | -74.8 |
| | 其他贸易 | 0.0 | | | | 0.0 | |
| 云南昆明出口加工区 | 合计 | 4 361.2 | 31.2 | 732.6 | 86.7 | 3 628.7 | 23.8 |
| | 一般贸易 | 14.8 | | | | 14.8 | |

续表

| 名称 | 贸易方式 | 进出口总额（万美元） | 比上年增长（%） | 出口额（万美元） | 比上年增长（%） | 进口额（万美元） | 比上年增长（%） |
|---|---|---|---|---|---|---|---|
| | 来料加工装配贸易 | 7.7 | -95.7 | | | 7.7 | -95.7 |
| | 进料加工贸易 | 481.9 | -77.4 | 56.0 | 7.2 | 425.9 | -79.5 |
| | 海关特殊监管区域物流货物 | 3 856.9 | 279.9 | 676.6 | 98.9 | 3 180.3 | 371.2 |
| 陕西西安出口加工区 | 合计 | 460 597.0 | 37.7 | 193 038.2 | 56.6 | 267 558.8 | 26.7 |
| | 一般贸易 | 636.1 | 27.4 | 558.1 | 63.5 | 78.0 | -50.7 |
| | 来料加工装配贸易 | 8 086.6 | 105.2 | 3 701.7 | 76.4 | 4 384.8 | 138.0 |
| | 进料加工贸易 | 290 174.3 | 24.1 | 76 569.4 | 42.1 | 213 604.9 | 18.7 |
| | 海关特殊监管区域物流货物 | 138 536.0 | 75.0 | 112 209.0 | 67.5 | 26 327.0 | 116.2 |
| | 海关特殊监管区域进口设备 | 23 163.3 | 36.4 | | | 23 163.3 | 36.4 |
| | 其他贸易 | 0.8 | -63.7 | 0.0 | | 0.7 | -64.0 |
| 新疆乌鲁木齐出口加工区 | 合计 | 3 775.4 | 53.4 | 3 775.4 | 55.9 | | |
| | 进料加工贸易 | 1 417.5 | 43.3 | 1 417.5 | 43.3 | | |
| | 海关特殊监管区域物流货物 | 2 357.9 | 218.0 | 2 357.9 | 218.0 | | |
| | 海关特殊监管区域进口设备 | | | | | | |
| | 其他贸易 | | | | | | |

# 2012 年全国出口加工区经济指标统计情况表

| 指标 | 单位 | 合计 | | | |
|---|---|---|---|---|---|
| | | 2012 年 12 月 | 当年累计 | 增幅（%） | 历年累计 |
| 增加值 | 万元 | 611 516 | 6 494 119 | 6.45 | 32 166 771 |
| 营业总收入 | | 4 801 210 | 51 361 396 | — | 321 025 059 |
| 工业总产值 | | 5 214 169 | 52 438 083 | -2.04 | 349 537 674 |
| 其中：高新技术产业 | | 1 733 087 | 19 006 168 | 6.20 | 103 212 909 |
| 电子信息产业 | | 4 349 213 | 43 526 156 | -3.36 | 299 362 655 |
| 工业产品销售额 | | 4 665 512 | 50 321 542 | -4.39 | 343 015 556 |
| 企业利润总额 | | 96 452 | 1 162 963 | -17.59 | 7 614 268 |
| 物流企业营业收入 | | 55 548 | 439 623 | 157.87 | 910 449 |
| 综合能源耗费量 | 吨标准煤 | 149 764 | 804 780 | 18.47 | 3 605 039 |
| 批准企业数 | 个 | 13 | 136 | 8.80 | 1 403 |
| 其中：外资企业 | | 1 | 42 | -32.26 | 888 |
| 仓储物流企业 | | 5 | 51 | 27.50 | 275 |
| 批准投资总额 | 万美元 | 19 006 | 315 504 | 10.27 | 3 942 726 |
| 其中：外商投资总额 | | 7 463 | 241 732 | 27.48 | 3 423 866 |
| 增资额 | | 6 979 | 150 499 | 57.41 | 1 303 147 |
| 合同利用外资 | | 12 001 | 167 062 | 46.31 | 1 667 356 |
| 其中：增资额 | | 10 779 | 75 672 | 38.73 | 533 435 |
| 企业实际到位资金 | | 32 076 | 151 794 | -4.30 | 1 725 549 |
| 其中：实际利用外资 | | 22 885 | 86 418 | -14.44 | 1 280 278 |
| 固定资产投资额 | 万元 | 204 971 | 2 457 268 | -4.71 | 20 023 612 |
| 其中：基础设施投资 | | 18 664 | 357 253 | 105.12 | 3 168 163 |
| 开发公司投资 | | 5 293 | 228 000 | 239.32 | 1 289 832 |
| 期末施工房屋建筑面积 | 平方米 | 1 951 894 | 1 951 894 | -11.92 | 1 951 894 |
| 其中：在建厂房面积 | | 1 690 243 | 1 690 243 | -7.23 | 1 690 243 |
| 房屋竣工建筑面积 | | 92 992 | 1 977 221 | 116.62 | 17 984 991 |
| 其中：已建成厂房面积 | | 43 992 | 1 214 651 | 86.52 | 15 058 350 |
| 已建成仓库面积 | | 10 000 | 147 010 | -35.96 | 1 351 945 |
| 土地实际已租售面积 | | 255 701 | 1 439 579 | 7.44 | 31 100 902 |
| 已投产物流企业 | 个 | 6 | 28 | 3.70 | 217 |
| 已投产工业企业 | | 25 | 58 | 20.83 | 776 |
| 其中：投资额 5 000 万美元（含）以上 | | 0 | 2 | -66.67 | 77 |
| 投资额 3 000（含）~5 000 万美元以上 | | 0 | 2 | — | 31 |
| 投资额 1 000（含）~3 000 万美元以上 | | 0 | 5 | -37.50 | 171 |
| 税收总额 | 万元 | 132 023 | 1 290 789 | 5.32 | 4 670 313 |
| 其中：海关税收及代征税 | | 103 427 | 954 392 | 5.73 | 3 246 083 |
| 工商税收 | | 28 594 | 331 043 | 2.66 | 1 419 480 |
| 期末从业人员 | 人 | 450 998 | 450 998 | 6.16 | 450 998 |
| 其中：外资企业从业人员 | | 419 772 | 419 776 | 4.92 | 419 776 |
| 期末出口加工区批准面积 | 平方公里 | 120 | 120 | 0.00 | 120 |
| 期末出口加工区验收封关面积 | | 65 | 65 | 0.00 | 65 |

续表

| 指标 | 单位 | 天津出口加工区 | | | |
|---|---|---|---|---|---|
| | | 2012年12月 | 当年累计 | 增幅（%） | 历年累计 |
| 增加值 | 万元 | 2 796 | 25 670 | 90.27 | 545 400 |
| 营业总收入 | 万元 | 38 046 | 345 926 | — | 345 926 |
| 工业总产值 | 万元 | 38 308 | 351 130 | 91.40 | 2 978 330 |
| 其中：高新技术产业 | 万元 | 0 | 0 | — | 101 617 |
| 电子信息产业 | 万元 | 0 | 0 | — | 1 424 747 |
| 工业产品销售额 | 万元 | 37 986 | 345 558 | 93.73 | 2 819 002 |
| 企业利润总额 | 万元 | 586 | 5 321 | 132.26 | 271 051 |
| 物流企业营业收入 | 万元 | 60 | 364 | -13.33 | 1 227 |
| 综合能源耗费量 | 吨标准煤 | 2 990 | 11 111 | 85.86 | 44 616 |
| 批准企业数 | 个 | 0 | 0 | -100.00 | 23 |
| 其中：外资企业 | 个 | 0 | 0 | — | 12 |
| 仓储物流企业 | 个 | 0 | 0 | -100.00 | 3 |
| 批准投资总额 | 万美元 | 0 | 0 | -100.00 | 20 105 |
| 其中：外商投资总额 | 万美元 | 0 | 0 | — | 17 423 |
| 增资额 | 万美元 | 0 | 0 | — | 390 |
| 合同利用外资 | 万美元 | 0 | 0 | — | 9 478 |
| 其中：增资额 | 万美元 | 0 | 0 | — | 390 |
| 企业实际到位资金 | 万美元 | 0 | 0 | — | 9 978 |
| 其中：实际利用外资 | 万美元 | 0 | 0 | — | 9 146 |
| 固定资产投资额 | 万元 | 0 | 0 | — | 87 348 |
| 其中：基础设施投资 | 万元 | 0 | 0 | — | 12 076 |
| 开发公司投资 | 万元 | 0 | 0 | — | 11 000 |
| 期末施工房屋建筑面积 | 平方米 | 0 | 0 | — | 0 |
| 其中：在建厂房面积 | 平方米 | 0 | 0 | — | 0 |
| 房屋竣工建筑面积 | 平方米 | 0 | 0 | — | 255 879 |
| 其中：已建成厂房面积 | 平方米 | 0 | 0 | — | 231 979 |
| 已建成仓库面积 | 平方米 | 0 | 0 | — | 23 900 |
| 土地实际已租售面积 | 平方米 | 0 | 0 | — | 977 100 |
| 已投产物流企业 | 个 | 0 | 0 | -100.00 | 3 |
| 已投产工业企业 | 个 | 0 | 0 | — | 10 |
| 其中：投资额5 000万美元（含）以上 | 个 | 0 | 0 | — | 1 |
| 投资额3 000（含）~5 000万美元以上 | 个 | 0 | 0 | — | 0 |
| 投资额1 000（含）~3 000万美元以上 | 个 | 0 | 0 | — | 2 |
| 税收总额 | 万元 | 1 599 | 17 968 | 379.79 | 32 700 |
| 其中：海关税收及代征税 | 万元 | 1 113 | 14 623 | 330.85 | 27 165 |
| 工商税收 | 万元 | 486 | 3 345 | 852.99 | 5 506 |
| 期末从业人员 | 人 | 5 116 | 5 116 | -0.85 | 5 116 |
| 其中：外资企业从业人员 | 人 | 3 118 | 3 118 | 0.00 | 3 118 |
| 期末出口加工区批准面积 | 平方公里 | 3 | 3 | 0.00 | 3 |
| 期末出口加工区验收封关面积 | 平方公里 | 1 | 1 | 0.00 | 1 |

续表

| 指标 | 单位 | 河北秦皇岛出口加工区 | | | |
|---|---|---|---|---|---|
| | | 2012 年 12 月 | 当年累计 | 增幅（%） | 历年累计 |
| 增加值 | 万元 | 151 | 3 098 | 8.36 | 21 039 |
| 营业总收入 | | 1 081 | 17 276 | — | 82 572 |
| 工业总产值 | | 1 077 | 17 247 | 25.30 | 82 520 |
| 其中：高新技术产业 | | 0 | 0 | — | 0 |
| 电子信息产业 | | 0 | 0 | — | 0 |
| 工业产品销售额 | | 1 077 | 17 248 | 25.98 | 82 481 |
| 企业利润总额 | | -139 | -267 | — | 2 488 |
| 物流企业营业收入 | | 4 | 28 | -30.00 | 91 |
| 综合能源耗费量 | 吨标准煤 | 296 | 1 712 | 61.36 | 7 238 |
| 批准企业数 | 个 | 0 | 0 | -100.00 | 15 |
| 其中：外资企业 | | 0 | 0 | — | 6 |
| 仓储物流企业 | | 0 | 0 | — | 4 |
| 批准投资总额 | 万美元 | 0 | 0 | -100.00 | 1 254 |
| 其中：外商投资总额 | | 0 | 0 | — | 992 |
| 增资额 | | 0 | 0 | — | 20 |
| 合同利用外资 | | 0 | 0 | — | 706 |
| 其中：增资额 | | 0 | 0 | — | 20 |
| 企业实际到位资金 | | 0 | 0 | -100.00 | 849 |
| 其中：实际利用外资 | | 0 | 0 | — | 508 |
| 固定资产投资额 | 万元 | 0 | 487 | 441.11 | 26 081 |
| 其中：基础设施投资 | | 0 | 0 | — | 21 123 |
| 开发公司投资 | | 0 | 487 | 441.11 | 4 958 |
| 期末施工房屋建筑面积 | 平方米 | 0 | 0 | — | 0 |
| 其中：在建厂房面积 | | 0 | 0 | — | 0 |
| 房屋竣工建筑面积 | | 0 | 0 | -100.00 | 129 110 |
| 其中：已建成厂房面积 | | 0 | 0 | — | 96 044 |
| 已建成仓库面积 | | 0 | 0 | -100.00 | 25 698 |
| 土地实际已租售面积 | | 0 | 0 | — | 99 952 |
| 已投产物流企业 | 个 | 0 | 0 | — | 3 |
| 已投产工业企业 | | 0 | 2 | — | 8 |
| 其中：投资额 5 000 万美元（含）以上 | | 0 | 0 | — | 0 |
| 投资额 3 000（含）~5 000 万美元以上 | | 0 | 0 | — | 0 |
| 投资额 1 000（含）~3 000 万美元以上 | | 0 | 0 | — | 0 |
| 税收总额 | 万元 | 2 219 | 4 501 | -0.11 | 9 498 |
| 其中：海关税收及代征税 | | 2 214 | 4 437 | 0.80 | 9 095 |
| 工商税收 | | 5 | 64 | -38.46 | 403 |
| 期末从业人员 | 人 | 1 166 | 1 166 | 0.95 | 1 166 |
| 其中：外资企业从业人员 | | 1 029 | 1 029 | 0.10 | 1 029 |
| 期末出口加工区批准面积 | 平方公里 | 3 | 3 | 0.00 | 3 |
| 期末出口加工区验收封关面积 | | 1 | 1 | 0.00 | 1 |

续表

| 指标 | 单位 | 河北廊坊出口加工区 | | | |
|---|---|---|---|---|---|
| | | 2012年12月 | 当年累计 | 增幅（%） | 历年累计 |
| 增加值 | 万元 | 191 | 2 003 | 15.71 | 6 973 |
| 营业总收入 | 万元 | 2 026 | 18 429 | — | 37 950 |
| 工业总产值 | 万元 | 1 853 | 18 003 | 55.02 | 45 023 |
| 其中：高新技术产业 | 万元 | 0 | 0 | — | 0 |
| 电子信息产业 | 万元 | 1 340 | 9 297 | 71.88 | 25 499 |
| 工业产品销售额 | 万元 | 2 014 | 18 164 | 72.69 | 37 159 |
| 企业利润总额 | 万元 | -100 | -387 | — | -2 121 |
| 物流企业营业收入 | 万元 | 12 | 265 | -21.83 | 791 |
| 综合能源耗费量 | 吨标准煤 | 90 | 780 | 27.04 | 3 036 |
| 批准企业数 | 个 | 0 | 0 | — | 4 |
| 其中：外资企业 | 个 | 0 | 0 | — | 3 |
| 仓储物流企业 | 个 | 0 | 0 | — | 1 |
| 批准投资总额 | 万美元 | 0 | 250 | — | 1 699 |
| 其中：外商投资总额 | 万美元 | 0 | 250 | — | 1 479 |
| 增资额 | 万美元 | 0 | 250 | — | 510 |
| 合同利用外资 | 万美元 | 0 | 250 | — | 1 462 |
| 其中：增资额 | 万美元 | 0 | 250 | — | 490 |
| 企业实际到位资金 | 万美元 | 0 | 150 | 500.00 | 1 512 |
| 其中：实际利用外资 | 万美元 | 0 | 150 | 500.00 | 1 309 |
| 固定资产投资额 | 万元 | 0 | 945 | — | 13 332 |
| 其中：基础设施投资 | 万元 | 0 | 0 | — | 6 420 |
| 开发公司投资 | 万元 | 0 | 0 | — | 2 230 |
| 期末施工房屋建筑面积 | 平方米 | 0 | 0 | — | 0 |
| 其中：在建厂房面积 | 平方米 | 0 | 0 | — | 0 |
| 房屋竣工建筑面积 | 平方米 | 0 | 0 | — | 32 882 |
| 其中：已建成厂房面积 | 平方米 | 0 | 0 | — | 25 320 |
| 已建成仓库面积 | 平方米 | 0 | 0 | — | 2 770 |
| 土地实际已租售面积 | 平方米 | 0 | 0 | — | 189 756 |
| 已投产物流企业 | 个 | 0 | 0 | — | 1 |
| 已投产工业企业 | 个 | 0 | 0 | — | 3 |
| 其中：投资额5 000万美元（含）以上 | 个 | 0 | 0 | — | 0 |
| 投资额3 000（含）~5 000万美元以上 | 个 | 0 | 0 | — | 0 |
| 投资额1 000（含）~3 000万美元以上 | 个 | 0 | 0 | — | 0 |
| 税收总额 | 万元 | 341 | 7 044 | 47.06 | 16 041 |
| 其中：海关税收及代征税 | 万元 | 339 | 7 032 | 47.48 | 15 978 |
| 工商税收 | 万元 | 2 | 12 | -45.45 | 60 |
| 期末从业人员 | 人 | 374 | 374 | 38.01 | 374 |
| 其中：外资企业从业人员 | 人 | 339 | 339 | 31.40 | 339 |
| 期末出口加工区批准面积 | 平方公里 | 1 | 1 | 0.00 | 1 |
| 期末出口加工区验收封关面积 | 平方公里 | 0 | 0 | 0.00 | 0 |

续表

| 指标 | 单位 | 内蒙古呼和浩特出口加工区 | | | |
|---|---|---|---|---|---|
| | | 2012年12月 | 当年累计 | 增幅（%） | 历年累计 |
| 增加值 | 万元 | 1 496 | 35 053 | 16.82 | 143 665 |
| 营业总收入 | | 4 912 | 115 479 | — | 124 907 |
| 工业总产值 | | 5 160 | 121 211 | 35.72 | 412 146 |
| 其中：高新技术产业 | | 0 | 740 | -93.07 | 32 413 |
| 电子信息产业 | | 0 | 0 | — | 0 |
| 工业产品销售额 | | 4 909 | 115 460 | 36.37 | 381 612 |
| 企业利润总额 | | 1 478 | 3 235 | — | 277 |
| 物流企业营业收入 | | 3 | 19 | — | 19 |
| 综合能源耗费量 | 吨标准煤 | 10 342 | 18 890 | 73.86 | 44 585 |
| 批准企业数 | 个 | 0 | 2 | — | 8 |
| 其中：外资企业 | | 0 | 1 | — | 4 |
| 仓储物流企业 | | 0 | 0 | — | 2 |
| 批准投资总额 | 万美元 | 0 | 1 751 | 226.68 | 4 404 |
| 其中：外商投资总额 | | 0 | 15 | — | 2 132 |
| 增资额 | | 0 | 0 | -100.00 | 420 |
| 合同利用外资 | | 0 | 15 | -96.43 | 2 080 |
| 其中：增资额 | | 0 | 0 | -100.00 | 420 |
| 企业实际到位资金 | | 0 | 0 | -100.00 | 1 863 |
| 其中：实际利用外资 | | 0 | 0 | -100.00 | 1 811 |
| 固定资产投资额 | 万元 | 8 000 | 48 000 | 210.92 | 84 812 |
| 其中：基础设施投资 | | 8 000 | 27 000 | 507.97 | 42 329 |
| 开发公司投资 | | 0 | 0 | — | 0 |
| 期末施工房屋建筑面积 | 平方米 | 160 050 | 160 050 | 195.78 | 160 050 |
| 其中：在建厂房面积 | | 1 328 | 1 328 | -97.55 | 1 328 |
| 房屋竣工建筑面积 | | 0 | 32 575 | 203.00 | 67 311 |
| 其中：已建成厂房面积 | | 0 | 25 424 | 606.22 | 51 459 |
| 已建成仓库面积 | | 0 | 7 151 | 0.00 | 15 852 |
| 土地实际已租售面积 | | 0 | 0 | — | 138 175 |
| 已投产物流企业 | 个 | 0 | 1 | — | 1 |
| 已投产工业企业 | | 0 | 0 | — | 2 |
| 其中：投资额5 000万美元（含）以上 | | 0 | 0 | — | 0 |
| 投资额3 000（含）~5 000万美元以上 | | 0 | 0 | — | 0 |
| 投资额1 000（含）~3 000万美元以上 | | 0 | 0 | — | 1 |
| 税收总额 | 万元 | 124 | 630 | 12.50 | 5 916 |
| 其中：海关税收及代征税 | | 122 | 457 | 83.53 | 5 026 |
| 工商税收 | | 2 | 173 | -44.37 | 830 |
| 期末从业人员 | 人 | 540 | 540 | -14.15 | 540 |
| 其中：外资企业从业人员 | | 540 | 540 | -14.15 | 540 |
| 期末出口加工区批准面积 | 平方公里 | 2 | 2 | 0.00 | 2 |
| 期末出口加工区验收封关面积 | | 1 | 1 | 0.00 | 1 |

续表

| 指标 | 单位 | 辽宁大连出口加工区A区 | | | |
|---|---|---|---|---|---|
| | | 2012年12月 | 当年累计 | 增幅（%） | 历年累计 |
| 增加值 | 万元 | 15 972 | 179 145 | 2.27 | 1 043 346 |
| 营业总收入 | 万元 | 55 384 | 648 408 | — | 3 806 716 |
| 工业总产值 | 万元 | 47 201 | 642 397 | 7.09 | 3 915 381 |
| 其中：高新技术产业 | 万元 | 649 | 9 468 | 6.36 | 58 562 |
| 电子信息产业 | 万元 | 11 491 | 129 829 | 7.12 | 783 080 |
| 工业产品销售额 | 万元 | 54 795 | 646 746 | -3.43 | 3 803 035 |
| 企业利润总额 | 万元 | 1 747 | 18 736 | 9.88 | 138 914 |
| 物流企业营业收入 | 万元 | 89 | 1 136 | 11.15 | 8 721 |
| 综合能源耗费量 | 吨标准煤 | 2 780 | 10 857 | 0.05 | 64 107 |
| 批准企业数 | 个 | 0 | 6 | 100.00 | 67 |
| 其中：外资企业 | 个 | 0 | 3 | 200.00 | 62 |
| 仓储物流企业 | 个 | 0 | 3 | — | 5 |
| 批准投资总额 | 万美元 | 0 | 1 807 | 18.88 | 60 677 |
| 其中：外商投资总额 | 万美元 | 0 | 680 | -44.26 | 45 811 |
| 增资额 | 万美元 | 0 | 572 | 25.44 | 6 428 |
| 合同利用外资 | 万美元 | 0 | 725 | -35.27 | 51 574 |
| 其中：增资额 | 万美元 | 0 | 40 | -91.23 | 5 896 |
| 企业实际到位资金 | 万美元 | 0 | 1 554 | 37.52 | 52 403 |
| 其中：实际利用外资 | 万美元 | 0 | 610 | -40.20 | 45 459 |
| 固定资产投资额 | 万元 | 214 | 2 237 | -4.48 | 1 159 141 |
| 其中：基础设施投资 | 万元 | 26 | 293 | 11.83 | 75 893 |
| 开发公司投资 | 万元 | 0 | 0 | — | 0 |
| 期末施工房屋建筑面积 | 平方米 | 5 400 | 5 400 | 0.00 | 5 400 |
| 其中：在建厂房面积 | 平方米 | 5 400 | 5 400 | 0.00 | 5 400 |
| 房屋竣工建筑面积 | 平方米 | 0 | 3 000 | -3.85 | 660 100 |
| 其中：已建成厂房面积 | 平方米 | 0 | 3 000 | -3.85 | 638 000 |
| 已建成仓库面积 | 平方米 | 0 | 0 | — | 22 100 |
| 土地实际已租售面积 | 平方米 | 0 | 7 660 | -33.16 | 1 167 977 |
| 已投产物流企业 | 个 | 0 | 0 | — | 2 |
| 已投产工业企业 | 个 | 0 | 2 | -33.33 | 61 |
| 其中：投资额5 000万美元（含）以上 | 个 | 0 | 0 | — | 1 |
| 投资额3 000（含）~5 000万美元以上 | 个 | 0 | 0 | — | 0 |
| 投资额1 000（含）~3 000万美元以上 | 个 | 0 | 0 | — | 5 |
| 税收总额 | 万元 | 1 562 | 15 605 | -0.44 | 86 175 |
| 其中：海关税收及代征税 | 万元 | 1 304 | 6 964 | -16.60 | 33 648 |
| 工商税收 | 万元 | 258 | 8 641 | 17.98 | 52 527 |
| 期末从业人员 | 人 | 7 845 | 7 845 | 0.14 | 7 845 |
| 其中：外资企业从业人员 | 人 | 7 331 | 7 331 | 0.11 | 7 331 |
| 期末出口加工区批准面积 | 平方公里 | 2 | 2 | 0.00 | 2 |
| 期末出口加工区验收封关面积 | 平方公里 | 2 | 2 | 0.00 | 2 |

续表

| 指标 | 单位 | 辽宁大连出口加工区B区 | | | |
|---|---|---|---|---|---|
| | | 2012年12月 | 当年累计 | 增幅（%） | 历年累计 |
| 增加值 | 万元 | 0 | 334 800 | -49.27 | 994 800 |
| 营业总收入 | | 92 482 | 569 663 | — | 1 709 663 |
| 工业总产值 | | 92 482 | 569 663 | -50.03 | 1 709 663 |
| 其中：高新技术产业 | | 0 | 0 | — | 0 |
| 电子信息产业 | | 92 482 | 569 663 | -50.03 | 1 709 663 |
| 工业产品销售额 | | 92 482 | 569 663 | -50.03 | 1 709 663 |
| 企业利润总额 | | 38 394 | 180 083 | -55.74 | 586 983 |
| 物流企业营业收入 | | 0 | 0 | — | 0 |
| 综合能源耗费量 | 吨标准煤 | 0 | 19 085 | 21.78 | 34 757 |
| 批准企业数 | 个 | 0 | 0 | — | 1 |
| 其中：外资企业 | | 0 | 0 | — | 1 |
| 仓储物流企业 | | 0 | 0 | — | 0 |
| 批准投资总额 | 万美元 | 0 | 0 | — | 250 000 |
| 其中：外商投资总额 | | 0 | 0 | — | 250 000 |
| 增资额 | | 0 | 0 | — | 0 |
| 合同利用外资 | | 0 | 0 | — | 62 500 |
| 其中：增资额 | | 0 | 0 | — | 0 |
| 企业实际到位资金 | | 0 | 0 | — | 62 500 |
| 其中：实际利用外资 | | 0 | 0 | — | 62 500 |
| 固定资产投资额 | 万元 | 0 | 4 000 | -99.20 | 1 504 000 |
| 其中：基础设施投资 | | 0 | 0 | — | 1 000 |
| 开发公司投资 | | 0 | 0 | — | 0 |
| 期末施工房屋建筑面积 | 平方米 | 0 | 0 | — | 0 |
| 其中：在建厂房面积 | | 0 | 0 | — | 0 |
| 房屋竣工建筑面积 | | 0 | 0 | — | 160 000 |
| 其中：已建成厂房面积 | | 0 | 0 | — | 160 000 |
| 已建成仓库面积 | | 0 | 0 | — | 0 |
| 土地实际已租售面积 | | 0 | 0 | — | 600 000 |
| 已投产物流企业 | 个 | 0 | 0 | — | 0 |
| 已投产工业企业 | | 0 | 0 | — | 1 |
| 其中：投资额5 000万美元（含）以上 | | 0 | 0 | — | 1 |
| 投资额3 000（含）~5 000万美元以上 | | 0 | 0 | — | 0 |
| 投资额1 000（含）~3 000万美元以上 | | 0 | 0 | — | 0 |
| 税收总额 | 万元 | 1 070 | 15 091 | -36.76 | 81 402 |
| 其中：海关税收及代征税 | | 181 | 181 | — | 181 |
| 工商税收 | | 889 | 14 910 | -37.52 | 81 221 |
| 期末从业人员 | 人 | 1 700 | 1 700 | 0.00 | 1 700 |
| 其中：外资企业从业人员 | | 1 700 | 1 700 | 0.00 | 1 700 |
| 期末出口加工区批准面积 | 平方公里 | 1 | 1 | 0.00 | 1 |
| 期末出口加工区验收封关面积 | | 1 | 1 | 0.00 | 1 |

续表

| 指标 | 单位 | 吉林珲春出口加工区 | | | |
|---|---|---|---|---|---|
| | | 2012年12月 | 当年累计 | 增幅（%） | 历年累计 |
| 增加值 | 万元 | 35 224 | 35 224 | 80.97 | 124 146 |
| 营业总收入 | 万元 | 88 200 | 88 200 | — | 237 773 |
| 工业总产值 | 万元 | 125 800 | 125 800 | 76.86 | 444 171 |
| 其中：高新技术产业 | 万元 | 0 | 0 | — | 672 |
| 电子信息产业 | 万元 | 0 | 0 | — | 1 454 |
| 工业产品销售额 | 万元 | 88 200 | 88 200 | 25.73 | 362 328 |
| 企业利润总额 | 万元 | 3 952 | 3 952 | -81.91 | 77 163 |
| 物流企业营业收入 | 万元 | 0 | 0 | — | 0 |
| 综合能源耗费量 | 吨标准煤 | 900 | 6 230 | -37.20 | 52 179 |
| 批准企业数 | 个 | 0 | 0 | — | 53 |
| 其中：外资企业 | 个 | 0 | 0 | — | 17 |
| 仓储物流企业 | 个 | 0 | 0 | — | 0 |
| 批准投资总额 | 万美元 | 0 | 0 | — | 13 528 |
| 其中：外商投资总额 | 万美元 | 0 | 0 | — | 4 340 |
| 增资额 | 万美元 | 0 | 0 | — | 0 |
| 合同利用外资 | 万美元 | 0 | 0 | — | 4 597 |
| 其中：增资额 | 万美元 | 0 | 0 | — | 0 |
| 企业实际到位资金 | 万美元 | 0 | 0 | — | 9 830 |
| 其中：实际利用外资 | 万美元 | 0 | 0 | — | 2 784 |
| 固定资产投资额 | 万元 | 0 | 0 | — | 41 764 |
| 其中：基础设施投资 | 万元 | 0 | 0 | — | 14 000 |
| 开发公司投资 | 万元 | 0 | 0 | — | 0 |
| 期末施工房屋建筑面积 | 平方米 | 25 900 | 25 900 | 0.00 | 25 900 |
| 其中：在建厂房面积 | 平方米 | 25 900 | 25 900 | 0.00 | 25 900 |
| 房屋竣工建筑面积 | 平方米 | 0 | 0 | — | 108 329 |
| 其中：已建成厂房面积 | 平方米 | 0 | 0 | — | 108 329 |
| 已建成仓库面积 | 平方米 | 0 | 0 | — | 0 |
| 土地实际已租售面积 | 平方米 | 0 | 0 | — | 6 000 |
| 已投产物流企业 | 个 | 0 | 0 | — | 0 |
| 已投产工业企业 | 个 | 22 | 22 | — | 37 |
| 其中：投资额5 000万美元（含）以上 | 个 | 0 | 0 | — | 0 |
| 投资额3 000（含）~5 000万美元以上 | 个 | 0 | 0 | — | 0 |
| 投资额1 000（含）~3 000万美元以上 | 个 | 0 | 0 | — | 0 |
| 税收总额 | 万元 | 0 | 0 | — | 490 |
| 其中：海关税收及代征税 | 万元 | 0 | 0 | — | 4 |
| 工商税收 | 万元 | 0 | 0 | — | 486 |
| 期末从业人员 | 人 | 680 | 680 | 0.00 | 680 |
| 其中：外资企业从业人员 | 人 | 450 | 450 | 0.00 | 450 |
| 期末出口加工区批准面积 | 平方公里 | 2 | 2 | 0.00 | 2 |
| 期末出口加工区验收封关面积 | 平方公里 | 1 | 1 | 0.00 | 1 |

续表

| 指标 | 单位 | 上海漕河泾出口加工区 | | | |
|---|---|---|---|---|---|
| | | 2012年12月 | 当年累计 | 增幅（%） | 历年累计 |
| 增加值 | 万元 | 0 | 0 | -100.00 | 1 518 343 |
| 营业总收入 | 万元 | 626 717 | 6 255 577 | — | 56 731 866 |
| 工业总产值 | 万元 | 614 286 | 6 243 716 | -12.90 | 57 384 531 |
| 其中：高新技术产业 | 万元 | 602 094 | 6 136 318 | -12.88 | 24 303 243 |
| 电子信息产业 | 万元 | 604 174 | 6 158 114 | -3.59 | 56 329 469 |
| 工业产品销售额 | 万元 | 626 717 | 6 255 577 | -12.67 | 56 731 866 |
| 企业利润总额 | 万元 | 3 978 | 47 497 | 41.22 | 233 549 |
| 物流企业营业收入 | 万元 | 0 | 0 | — | 0 |
| 综合能源耗费量 | 吨标准煤 | 4 576 | 62 377 | -0.07 | 386 543 |
| 批准企业数 | 个 | 0 | 0 | — | 20 |
| 其中：外资企业 | 个 | 0 | 0 | — | 16 |
| 仓储物流企业 | 个 | 0 | 0 | — | 4 |
| 批准投资总额 | 万美元 | 0 | 0 | — | 69 036 |
| 其中：外商投资总额 | 万美元 | 0 | 0 | — | 69 036 |
| 增资额 | 万美元 | 0 | 0 | — | 31 917 |
| 合同利用外资 | 万美元 | 0 | 0 | — | 25 163 |
| 其中：增资额 | 万美元 | 0 | 0 | — | 14 520 |
| 企业实际到位资金 | 万美元 | 0 | 0 | — | 25 268 |
| 其中：实际利用外资 | 万美元 | 0 | 0 | — | 25 124 |
| 固定资产投资额 | 万元 | 0 | 0 | — | 370 074 |
| 其中：基础设施投资 | 万元 | 0 | 0 | — | 236 051 |
| 开发公司投资 | 万元 | 0 | 0 | — | 12 203 |
| 期末施工房屋建筑面积 | 平方米 | 0 | 0 | — | 0 |
| 其中：在建厂房面积 | 平方米 | 0 | 0 | — | 0 |
| 房屋竣工建筑面积 | 平方米 | 0 | 0 | — | 581 700 |
| 其中：已建成厂房面积 | 平方米 | 0 | 0 | — | 581 700 |
| 已建成仓库面积 | 平方米 | 0 | 0 | — | 0 |
| 土地实际已租售面积 | 平方米 | 0 | 0 | — | 582 133 |
| 已投产物流企业 | 个 | 0 | 0 | — | 0 |
| 已投产工业企业 | 个 | 0 | 0 | — | 12 |
| 其中：投资额5 000万美元（含）以上 | 个 | 0 | 0 | — | 2 |
| 投资额3 000（含）~5 000万美元以上 | 个 | 0 | 0 | — | 0 |
| 投资额1 000（含）~3 000万美元以上 | 个 | 0 | 0 | — | 2 |
| 税收总额 | 万元 | 5 908 | 66 759 | 16.07 | 553 386 |
| 其中：海关税收及代征税 | 万元 | 5 453 | 45 372 | 16.39 | 461 395 |
| 工商税收 | 万元 | 455 | 21 387 | 15.39 | 91 235 |
| 期末从业人员 | 人 | 33 048 | 33 048 | 4.70 | 33 048 |
| 其中：外资企业从业人员 | 人 | 32 950 | 32 950 | 4.67 | 32 950 |
| 期末出口加工区批准面积 | 平方公里 | 3 | 3 | 0.00 | 3 |
| 期末出口加工区验收封关面积 | 平方公里 | 1 | 1 | 0.00 | 1 |

续表

| 指标 | 单位 | 上海嘉定出口加工区 | | | |
|---|---|---|---|---|---|
| | | 2012年12月 | 当年累计 | 增幅（%） | 历年累计 |
| 增加值 | 万元 | 2 149 | 14 328 | 134. 39 | 38 719 |
| 营业总收入 | 万元 | 6 085 | 66 099 | — | 274 237 |
| 工业总产值 | 万元 | 6 062 | 65 796 | -1. 33 | 275 376 |
| 其中：高新技术产业 | 万元 | 0 | 0 | — | 0 |
| 电子信息产业 | 万元 | 0 | 0 | — | 0 |
| 工业产品销售额 | 万元 | 6 062 | 66 011 | -1. 01 | 274 149 |
| 企业利润总额 | 万元 | 546 | 8 206 | 43. 39 | 31 640 |
| 物流企业营业收入 | 万元 | 0 | 0 | — | 0 |
| 综合能源耗费量 | 吨标准煤 | 754 | 2 544 | 395. 91 | 5 447 |
| 批准企业数 | 个 | 0 | 0 | — | 4 |
| 其中：外资企业 | 个 | 0 | 0 | — | 1 |
| 仓储物流企业 | 个 | 0 | 0 | — | 3 |
| 批准投资总额 | 万美元 | 0 | 0 | — | 4 000 |
| 其中：外商投资总额 | 万美元 | 0 | 0 | — | 4 000 |
| 增资额 | 万美元 | 0 | 0 | — | 0 |
| 合同利用外资 | 万美元 | 0 | 0 | — | 4 000 |
| 其中：增资额 | 万美元 | 0 | 0 | — | 0 |
| 企业实际到位资金 | 万美元 | 0 | 0 | — | 2 108 |
| 其中：实际利用外资 | 万美元 | 0 | 0 | — | 2 108 |
| 固定资产投资额 | 万元 | 0 | 0 | — | 80 362 |
| 其中：基础设施投资 | 万元 | 0 | 0 | — | 57 540 |
| 开发公司投资 | 万元 | 0 | 0 | — | 51 215 |
| 期末施工房屋建筑面积 | 平方米 | 0 | 0 | — | 0 |
| 其中：在建厂房面积 | 平方米 | 0 | 0 | — | 0 |
| 房屋竣工建筑面积 | 平方米 | 0 | 0 | — | 22 290 |
| 其中：已建成厂房面积 | 平方米 | 0 | 0 | — | 22 290 |
| 已建成仓库面积 | 平方米 | 0 | 0 | — | 0 |
| 土地实际已租售面积 | 平方米 | 0 | 0 | — | 40 000 |
| 已投产物流企业 | 个 | 2 | 2 | -50. 00 | 6 |
| 已投产工业企业 | 个 | 0 | 0 | — | 1 |
| 其中：投资额5 000万美元（含）以上 | 个 | 0 | 0 | — | 0 |
| 投资额3 000（含）~5 000万美元以上 | 个 | 0 | 0 | — | 1 |
| 投资额1 000（含）~3 000万美元以上 | 个 | 0 | 0 | — | 0 |
| 税收总额 | 万元 | 1 | 55 | 358. 33 | 1 371 |
| 其中：海关税收及代征税 | 万元 | 0 | 0 | — | 78 |
| 工商税收 | 万元 | 0 | 0 | — | 1 219 |
| 期末从业人员 | 人 | 1 152 | 1 152 | -14. 16 | 1 152 |
| 其中：外资企业从业人员 | 人 | 1 152 | 1 152 | -14. 16 | 1 152 |
| 期末出口加工区批准面积 | 平方公里 | 3 | 3 | 0. 00 | 3 |
| 期末出口加工区验收封关面积 | 平方公里 | 1 | 1 | 0. 00 | 1 |

续表

| 指标 | 单位 | 上海闵行出口加工区 | | | |
| --- | --- | --- | --- | --- | --- |
| | | 2012 年 12 月 | 当年累计 | 增幅（%） | 历年累计 |
| 增加值 | 万元 | 5 205 | 61 868 | 25.40 | 329 696 |
| 营业总收入 | 万元 | 70 220 | 962 638 | — | 4 410 796 |
| 工业总产值 | 万元 | 70 220 | 976 367 | -5.45 | 4 451 048 |
| 其中：高新技术产业 | 万元 | 0 | 0 | — | 0 |
| 电子信息产业 | 万元 | 32 339 | 477 722 | -1.91 | 3 020 359 |
| 工业产品销售额 | 万元 | 70 140 | 962 173 | -3.53 | 4 409 285 |
| 企业利润总额 | 万元 | -4 713 | -37 006 | — | 45 132 |
| 物流企业营业收入 | 万元 | 35 | 378 | -59.57 | 1 424 |
| 综合能源耗费量 | 吨标准煤 | 2 357 | 13 770 | 37.06 | 37 492 |
| 批准企业数 | 个 | 0 | 0 | -100.00 | 26 |
| 其中：外资企业 | 个 | 0 | 0 | -100.00 | 17 |
| 仓储物流企业 | 个 | 0 | 0 | -100.00 | 4 |
| 批准投资总额 | 万美元 | 0 | 0 | -100.00 | 58 652 |
| 其中：外商投资总额 | 万美元 | 0 | 0 | -100.00 | 25 707 |
| 增资额 | 万美元 | 0 | 0 | -100.00 | 11 598 |
| 合同利用外资 | 万美元 | 0 | 0 | -100.00 | 13 656 |
| 其中：增资额 | 万美元 | 0 | 0 | — | 3 567 |
| 企业实际到位资金 | 万美元 | 0 | 0 | -100.00 | 16 602 |
| 其中：实际利用外资 | 万美元 | 0 | 0 | — | 10 446 |
| 固定资产投资额 | 万元 | 0 | 0 | -100.00 | 363 627 |
| 其中：基础设施投资 | 万元 | 0 | 0 | — | 48 603 |
| 开发公司投资 | 万元 | 0 | 0 | -100.00 | 2 912 |
| 期末施工房屋建筑面积 | 平方米 | 0 | 0 | — | 0 |
| 其中：在建厂房面积 | 平方米 | 0 | 0 | — | 0 |
| 房屋竣工建筑面积 | 平方米 | 0 | 0 | -100.00 | 463 016 |
| 其中：已建成厂房面积 | 平方米 | 0 | 0 | -100.00 | 433 280 |
| 已建成仓库面积 | 平方米 | 0 | 0 | -100.00 | 29 736 |
| 土地实际已租售面积 | 平方米 | 0 | 0 | — | 849 153 |
| 已投产物流企业 | 个 | 0 | 0 | -100.00 | 4 |
| 已投产工业企业 | 个 | 0 | 0 | — | 14 |
| 其中：投资额 5 000 万美元（含）以上 | 个 | 0 | 0 | — | 1 |
| 投资额 3 000（含）~5 000 万美元以上 | 个 | 0 | 0 | — | 1 |
| 投资额 1 000（含）~3 000 万美元以上 | 个 | 0 | 0 | — | 6 |
| 税收总额 | 万元 | 3 591 | 22 332 | 54.15 | 55 960 |
| 其中：海关税收及代征税 | 万元 | 3 445 | 16 874 | 60.92 | 39 307 |
| 工商税收 | 万元 | 146 | 5 458 | 36.42 | 16 653 |
| 期末从业人员 | 人 | 8 314 | 8 314 | -11.50 | 8 314 |
| 其中：外资企业从业人员 | 人 | 7 680 | 7 680 | -11.93 | 7 680 |
| 期末出口加工区批准面积 | 平方公里 | 3 | 3 | 0.00 | 3 |
| 期末出口加工区验收封关面积 | 平方公里 | 2 | 2 | 0.00 | 2 |

续表

| 指标 | 单位 | 上海松江出口加工区 | | | |
|---|---|---|---|---|---|
| | | 2012年12月 | 当年累计 | 增幅（%） | 历年累计 |
| 增加值 | 万元 | 69 195 | 853 162 | -6.07 | 6 450 216 |
| 营业总收入 | 万元 | 1 311 955 | 15 803 962 | — | 159 056 017 |
| 工业总产值 | 万元 | 1 754 419 | 16 291 942 | -21.59 | 160 388 733 |
| 其中：高新技术产业 | 万元 | 0 | 0 | — | 22 906 867 |
| 电子信息产业 | 万元 | 1 666 978 | 15 475 781 | -23.79 | 149 676 278 |
| 工业产品销售额 | 万元 | 1 308 170 | 15 757 589 | -22.38 | 158 798 984 |
| 企业利润总额 | 万元 | -7 077 | 71 614 | -65.10 | 1 482 085 |
| 物流企业营业收入 | 万元 | 3 785 | 46 373 | 6.59 | 146 408 |
| 综合能源耗费量 | 吨标准煤 | 22 954 | 102 293 | -8.65 | 597 632 |
| 批准企业数 | 个 | 0 | 9 | -10.00 | 108 |
| 其中：外资企业 | 个 | 0 | 0 | -100.00 | 83 |
| 仓储物流企业 | 个 | 0 | 5 | 66.67 | 21 |
| 批准投资总额 | 万美元 | 0 | 580 | -97.15 | 252 356 |
| 其中：外商投资总额 | 万美元 | 0 | 0 | -100.00 | 244 802 |
| 增资额 | 万美元 | 0 | 0 | -100.00 | 192 129 |
| 合同利用外资 | 万美元 | 0 | 0 | -100.00 | 106 531 |
| 其中：增资额 | 万美元 | 0 | 0 | -100.00 | 80 208 |
| 企业实际到位资金 | 万美元 | 0 | 294 | -65.21 | 82 847 |
| 其中：实际利用外资 | 万美元 | 0 | 0 | -100.00 | 78 967 |
| 固定资产投资额 | 万元 | 75 030 | 75 030 | 408.51 | 1 185 030 |
| 其中：基础设施投资 | 万元 | 0 | 0 | — | 121 000 |
| 开发公司投资 | 万元 | 0 | 0 | — | 0 |
| 期末施工房屋建筑面积 | 平方米 | 43 148 | 43 148 | 139.71 | 43 148 |
| 其中：在建厂房面积 | 平方米 | 43 148 | 43 148 | 139.71 | 43 148 |
| 房屋竣工建筑面积 | 平方米 | 0 | 4 366 | -63.65 | 1 042 691 |
| 其中：已建成厂房面积 | 平方米 | 0 | 0 | — | 888 818 |
| 已建成仓库面积 | 平方米 | 0 | 4 366 | -63.65 | 153 873 |
| 土地实际已租售面积 | 平方米 | 0 | 0 | — | 2 134 695 |
| 已投产物流企业 | 个 | 0 | 2 | -50.00 | 16 |
| 已投产工业企业 | 个 | 0 | 2 | — | 60 |
| 其中：投资额5 000万美元（含）以上 | 个 | 0 | 0 | — | 12 |
| 投资额3 000（含）~5 000万美元以上 | 个 | 0 | 0 | — | 0 |
| 投资额1 000（含）~3 000万美元以上 | 个 | 0 | 0 | — | 25 |
| 税收总额 | 万元 | 9 841 | 221 035 | -17.27 | 1 217 965 |
| 其中：海关税收及代征税 | 万元 | 8 961 | 152 195 | -21.50 | 853 643 |
| 工商税收 | 万元 | 880 | 68 840 | -6.07 | 364 322 |
| 期末从业人员 | 人 | 105 349 | 105 349 | -3.88 | 105 349 |
| 其中：外资企业从业人员 | 人 | 104 801 | 104 801 | -3.79 | 104 801 |
| 期末出口加工区批准面积 | 平方公里 | 6 | 6 | 0.00 | 6 |
| 期末出口加工区验收封关面积 | 平方公里 | 4 | 4 | 0.00 | 4 |

续表

| 指标 | 单位 | 上海青浦出口加工区 | | | |
|---|---|---|---|---|---|
| | | 2012年12月 | 当年累计 | 增幅（%） | 历年累计 |
| 增加值 | 万元 | 9 769 | 123 954 | 41.37 | 459 141 |
| 营业总收入 | 万元 | 40 916 | 471 382 | — | 471 382 |
| 工业总产值 | 万元 | 40 706 | 492 859 | 22.06 | 1 860 111 |
| 其中：高新技术产业 | 万元 | 31 414 | 430 507 | 26.40 | 430 507 |
| 电子信息产业 | 万元 | 4 412 | 63 729 | 19.59 | 283 837 |
| 工业产品销售额 | 万元 | 34 128 | 463 734 | 20.50 | 1 760 684 |
| 企业利润总额 | 万元 | -1 478 | 19 783 | 29.17 | 83 448 |
| 物流企业营业收入 | 万元 | 210 | 1 210 | 10.00 | 2 339 |
| 综合能源耗费量 | 吨标准煤 | 4 678 | 18 714 | 21.91 | 92 758 |
| 批准企业数 | 个 | 0 | 1 | — | 31 |
| 其中：外资企业 | 个 | 0 | 0 | — | 25 |
| 仓储物流企业 | 个 | 0 | 1 | — | 5 |
| 批准投资总额 | 万美元 | 0 | 0 | -100.00 | 80 751 |
| 其中：外商投资总额 | 万美元 | 0 | 0 | -100.00 | 80 000 |
| 增资额 | 万美元 | 0 | 0 | -100.00 | 33 726 |
| 合同利用外资 | 万美元 | 0 | 0 | -100.00 | 32 767 |
| 其中：增资额 | 万美元 | 0 | 0 | -100.00 | 15 630 |
| 企业实际到位资金 | 万美元 | 0 | 0 | -100.00 | 18 924 |
| 其中：实际利用外资 | 万美元 | 0 | 0 | -100.00 | 18 501 |
| 固定资产投资额 | 万元 | 0 | 21 246 | 3 563.10 | 178 428 |
| 其中：基础设施投资 | 万元 | 0 | 40 | -87.73 | 66 101 |
| 开发公司投资 | 万元 | 0 | 1 500 | 490.55 | 98 481 |
| 期末施工房屋建筑面积 | 平方米 | 40 806 | 40 806 | — | 40 806 |
| 其中：在建厂房面积 | 平方米 | 40 806 | 40 806 | — | 40 806 |
| 房屋竣工建筑面积 | 平方米 | 0 | 0 | — | 192 164 |
| 其中：已建成厂房面积 | 平方米 | 0 | 0 | — | 190 464 |
| 已建成仓库面积 | 平方米 | 0 | 0 | — | 1 200 |
| 土地实际已租售面积 | 平方米 | 0 | 0 | — | 661 683 |
| 已投产物流企业 | 个 | 0 | 1 | — | 5 |
| 已投产工业企业 | 个 | 0 | 0 | — | 13 |
| 其中：投资额5 000万美元（含）以上 | 个 | 0 | 0 | — | 5 |
| 投资额3 000（含）～5 000万美元以上 | 个 | 0 | 0 | — | 0 |
| 投资额1 000（含）～3 000万美元以上 | 个 | 0 | 0 | — | 6 |
| 税收总额 | 万元 | 2 934 | 46 720 | 2.34 | 124 832 |
| 其中：海关税收及代征税 | 万元 | 2 684 | 37 917 | 4.58 | 91 249 |
| 工商税收 | 万元 | 250 | 3 520 | -62.54 | 33 452 |
| 期末从业人员 | 人 | 3 217 | 3 217 | 0.25 | 3 217 |
| 其中：外资企业从业人员 | 人 | 3 017 | 3 017 | 0.27 | 3 017 |
| 期末出口加工区批准面积 | 平方公里 | 3 | 3 | 0.00 | 3 |
| 期末出口加工区验收封关面积 | 平方公里 | 2 | 2 | 0.00 | 2 |

续表

| 指标 | 单位 | 上海金桥（南区）出口加工区 | | | |
|---|---|---|---|---|---|
| | | 2012年12月 | 当年累计 | 增幅（%） | 历年累计 |
| 增加值 | 万元 | 8 951 | 43 864 | -6.33 | 239 785 |
| 营业总收入 | 万元 | 46 537 | 232 746 | — | 992 899 |
| 工业总产值 | 万元 | 22 464 | 220 571 | 5.45 | 992 685 |
| 其中：高新技术产业 | 万元 | 7 226 | 55 427 | 28.95 | 893 361 |
| 电子信息产业 | 万元 | 6 976 | 48 622 | 65.48 | 221 494 |
| 工业产品销售额 | 万元 | 24 217 | 208 687 | -5.92 | 936 908 |
| 企业利润总额 | 万元 | 8 529 | 30 610 | -12.03 | 101 386 |
| 物流企业营业收入 | 万元 | 695 | 17 729 | -13.67 | 55 991 |
| 综合能源耗费量 | 吨标准煤 | 4 589 | 6 178 | 16.17 | 42 497 |
| 批准企业数 | 个 | 0 | 0 | — | 32 |
| 其中：外资企业 | 个 | 0 | 0 | — | 30 |
| 仓储物流企业 | 个 | 0 | 0 | — | 2 |
| 批准投资总额 | 万美元 | 0 | 0 | — | 163 593 |
| 其中：外商投资总额 | 万美元 | 0 | 0 | — | 155 407 |
| 增资额 | 万美元 | 0 | 0 | — | 14 954 |
| 合同利用外资 | 万美元 | 0 | 0 | — | 58 613 |
| 其中：增资额 | 万美元 | 0 | 0 | — | 2 231 |
| 企业实际到位资金 | 万美元 | 0 | 0 | — | 59 503 |
| 其中：实际利用外资 | 万美元 | 0 | 0 | — | 58 613 |
| 固定资产投资额 | 万元 | 14 435 | 70 328 | 25.67 | 236 461 |
| 其中：基础设施投资 | 万元 | 896 | 7 508 | 510.90 | 102 539 |
| 开发公司投资 | 万元 | 2 109 | 14 508 | 29.49 | 127 475 |
| 期末施工房屋建筑面积 | 平方米 | 286 250 | 286 250 | -20.69 | 286 250 |
| 其中：在建厂房面积 | 平方米 | 205 671 | 205 671 | -26.64 | 205 671 |
| 房屋竣工建筑面积 | 平方米 | 0 | 0 | — | 225 322 |
| 其中：已建成厂房面积 | 平方米 | 0 | 0 | — | 222 123 |
| 已建成仓库面积 | 平方米 | 0 | 0 | — | 3 199 |
| 土地实际已租售面积 | 平方米 | 0 | 0 | — | 488 869 |
| 已投产物流企业 | 个 | 0 | 0 | — | 1 |
| 已投产工业企业 | 个 | 0 | 0 | — | 25 |
| 其中：投资额5 000万美元（含）以上 | 个 | 0 | 0 | — | 2 |
| 投资额3 000（含）~5 000万美元以上 | 个 | 0 | 0 | — | 0 |
| 投资额1 000（含）~3 000万美元以上 | 个 | 0 | 0 | — | 4 |
| 税收总额 | 万元 | 1 706 | 35 066 | 3.21 | 100 500 |
| 其中：海关税收及代征税 | 万元 | 900 | 8 536 | 21.87 | 23 326 |
| 工商税收 | 万元 | 806 | 26 530 | -1.64 | 77 174 |
| 期末从业人员 | 人 | 1 536 | 1 536 | -4.71 | 1 536 |
| 其中：外资企业从业人员 | 人 | 1 536 | 1 536 | -4.71 | 1 536 |
| 期末出口加工区批准面积 | 平方公里 | 3 | 3 | 0.00 | 3 |
| 期末出口加工区验收封关面积 | 平方公里 | 2 | 2 | 0.00 | 2 |

续表

| 指标 | 单位 | 江苏南京出口加工区 | | | |
|---|---|---|---|---|---|
| | | 2012 年 12 月 | 当年累计 | 增幅（%） | 历年累计 |
| 增加值 | 万元 | 3 554 | 33 736 | 1.49 | 96 882 |
| 营业总收入 | | 17 450 | 190 376 | — | 190 376 |
| 工业总产值 | | 16 760 | 183 196 | -13.49 | 702 279 |
| 其中：高新技术产业 | | 0 | 0 | — | 10 392 |
| 电子信息产业 | | 5 490 | 59 598 | -17.83 | 276 544 |
| 工业产品销售额 | | 14 590 | 173 813 | -4.25 | 601 722 |
| 企业利润总额 | | 4 950 | 25 730 | 9.43 | 60 382 |
| 物流企业营业收入 | | 60 | 825 | -8.33 | 3 925 |
| 综合能源耗费量 | 吨标准煤 | 0 | 890 | -67.75 | 7 675 |
| 批准企业数 | 个 | 0 | 0 | -100.00 | 10 |
| 其中：外资企业 | | 0 | 0 | -100.00 | 6 |
| 仓储物流企业 | | 0 | 0 | -100.00 | 4 |
| 批准投资总额 | 万美元 | 0 | 7 900 | 280.91 | 38 482 |
| 其中：外商投资总额 | | 0 | 7 900 | 295.00 | 36 262 |
| 增资额 | | 0 | 7 900 | — | 13 700 |
| 合同利用外资 | | 0 | 1 200 | 200.00 | 11 440 |
| 其中：增资额 | | 0 | 0 | — | 2 400 |
| 企业实际到位资金 | | 0 | 1 238 | 177.58 | 11 960 |
| 其中：实际利用外资 | | 0 | 1 238 | 435.93 | 8 539 |
| 固定资产投资额 | 万元 | 0 | 5 873 | -77.00 | 179 310 |
| 其中：基础设施投资 | | 0 | 5 873 | -76.96 | 104 756 |
| 开发公司投资 | | 0 | 0 | -100.00 | 8 500 |
| 期末施工房屋建筑面积 | 平方米 | 0 | 0 | — | 0 |
| 其中：在建厂房面积 | | 0 | 0 | — | 0 |
| 房屋竣工建筑面积 | | 0 | 0 | — | 302 900 |
| 其中：已建成厂房面积 | | 0 | 0 | — | 254 340 |
| 已建成仓库面积 | | 0 | 0 | — | 22 560 |
| 土地实际已租售面积 | | 0 | 0 | — | 1 099 960 |
| 已投产物流企业 | 个 | 0 | 0 | -100.00 | 4 |
| 已投产工业企业 | | 0 | 0 | — | 5 |
| 其中：投资额 5 000 万美元（含）以上 | | 0 | 0 | — | 1 |
| 投资额 3 000（含）~5 000 万美元以上 | | 0 | 0 | — | 2 |
| 投资额 1 000（含）~3 000 万美元以上 | | 0 | 0 | — | 0 |
| 税收总额 | 万元 | 140 | 1 857 | -29.58 | 7 972 |
| 其中：海关税收及代征税 | | 0 | 0 | — | 0 |
| 工商税收 | | 140 | 1 857 | -29.58 | 7 972 |
| 期末从业人员 | 人 | 2 190 | 2 190 | 4.29 | 2 190 |
| 其中：外资企业从业人员 | | 2 129 | 2 129 | 8.18 | 2 129 |
| 期末出口加工区批准面积 | 平方公里 | 3 | 3 | 0.00 | 3 |
| 期末出口加工区验收封关面积 | | 2 | 2 | 0.00 | 2 |

续表

| 指标 | 单位 | 江苏南京出口加工区（南区） | | | |
|---|---|---|---|---|---|
| | | 2012年12月 | 当年累计 | 增幅（%） | 历年累计 |
| 增加值 | 万元 | 0 | 4 200 | -89.32 | 366 352 |
| 营业总收入 | 万元 | 44 174 | 503 240 | — | 503 240 |
| 工业总产值 | 万元 | 44 094 | 1 001 267 | 446.92 | 3 788 495 |
| 其中：高新技术产业 | 万元 | 0 | 0 | — | 0 |
| 电子信息产业 | 万元 | 41 727 | 944 708 | 450.43 | 3 693 825 |
| 工业产品销售额 | 万元 | 30 048 | 393 082 | 120.23 | 3 229 786 |
| 企业利润总额 | 万元 | 1 469 | -2 468 | — | 19 621 |
| 物流企业营业收入 | 万元 | 80 | 904 | 24.18 | 2 831 |
| 综合能源耗费量 | 吨标准煤 | 931 | 3 317 | 29.37 | 17 412 |
| 批准企业数 | 个 | 0 | 1 | -75.00 | 31 |
| 其中：外资企业 | 个 | 0 | 0 | -100.00 | 24 |
| 仓储物流企业 | 个 | 0 | 1 | -50.00 | 7 |
| 批准投资总额 | 万美元 | 0 | 0 | -100.00 | 31 374 |
| 其中：外商投资总额 | 万美元 | 0 | 0 | -100.00 | 29 357 |
| 增资额 | 万美元 | 0 | 0 | -100.00 | 3 480 |
| 合同利用外资 | 万美元 | 0 | 400 | -78.14 | 18 911 |
| 其中：增资额 | 万美元 | 0 | 400 | -31.03 | 3 390 |
| 企业实际到位资金 | 万美元 | 500 | 1 083 | 130.43 | 12 267 |
| 其中：实际利用外资 | 万美元 | 500 | 1 083 | 130.43 | 12 193 |
| 固定资产投资额 | 万元 | 0 | 423 | 1 310.00 | 30 804 |
| 其中：基础设施投资 | 万元 | 0 | 423 | 1 310.00 | 22 178 |
| 开发公司投资 | 万元 | 0 | 0 | — | 309 |
| 期末施工房屋建筑面积 | 平方米 | 0 | 0 | — | 0 |
| 其中：在建厂房面积 | 平方米 | 0 | 0 | — | 0 |
| 房屋竣工建筑面积 | 平方米 | 0 | 14 118 | — | 654 358 |
| 其中：已建成厂房面积 | 平方米 | 0 | 14 118 | — | 234 158 |
| 已建成仓库面积 | 平方米 | 0 | 0 | — | 2 400 |
| 土地实际已租售面积 | 平方米 | 0 | 0 | — | 200 216 |
| 已投产物流企业 | 个 | 0 | 0 | — | 3 |
| 已投产工业企业 | 个 | 0 | 0 | — | 8 |
| 其中：投资额5 000万美元（含）以上 | 个 | 0 | 0 | — | 0 |
| 投资额3 000（含）~5 000万美元以上 | 个 | 0 | 0 | — | 0 |
| 投资额1 000（含）~3 000万美元以上 | 个 | 0 | 0 | — | 4 |
| 税收总额 | 万元 | 4 361 | 83 784 | -52.54 | 265 932 |
| 其中：海关税收及代征税 | 万元 | 4 261 | 83 144 | -52.63 | 258 672 |
| 工商税收 | 万元 | 100 | 640 | -35.94 | 7 231 |
| 期末从业人员 | 人 | 4 955 | 4 955 | 69.75 | 4 955 |
| 其中：外资企业从业人员 | 人 | 4 955 | 4 955 | 69.75 | 4 955 |
| 期末出口加工区批准面积 | 平方公里 | 1 | 1 | 0.00 | 1 |
| 期末出口加工区验收封关面积 | 平方公里 | 1 | 1 | 0.00 | 1 |

续表

| 指标 | 单位 | 江苏无锡出口加工区 | | | |
|---|---|---|---|---|---|
| | | 2012年12月 | 当年累计 | 增幅（%） | 历年累计 |
| 增加值 | 万元 | 125 128 | 1 254 563 | 7.52 | 6 624 096 |
| 营业总收入 | 万元 | 240 618 | 2 763 403 | — | 19 584 085 |
| 工业总产值 | 万元 | 243 593 | 2 806 352 | 12.64 | 20 245 865 |
| 其中：高新技术产业 | 万元 | 218 677 | 2 534 469 | 11.85 | 13 826 479 |
| 电子信息产业 | 万元 | 235 005 | 2 677 352 | 14.33 | 14 941 836 |
| 工业产品销售额 | 万元 | 236 990 | 2 718 432 | 10.56 | 19 490 824 |
| 企业利润总额 | 万元 | -837 | 172 443 | 9.70 | 1 245 886 |
| 物流企业营业收入 | 万元 | 3 628 | 44 971 | 263.31 | 93 261 |
| 综合能源耗费量 | 吨标准煤 | 15 322 | 192 528 | 25.10 | 1 004 137 |
| 批准企业数 | 个 | 2 | 3 | 200.00 | 42 |
| 其中：外资企业 | 个 | 0 | 1 | 0.00 | 31 |
| 仓储物流企业 | 个 | 2 | 2 | — | 10 |
| 批准投资总额 | 万美元 | 0 | 23 543 | 16.26 | 765 667 |
| 其中：外商投资总额 | 万美元 | 0 | 23 543 | 16.26 | 746 961 |
| 增资额 | 万美元 | 0 | 23 543 | 23.91 | 358 193 |
| 合同利用外资 | 万美元 | 0 | 8 030 | 4.29 | 317 447 |
| 其中：增资额 | 万美元 | 0 | 8 030 | 11.53 | 140 530 |
| 企业实际到位资金 | 万美元 | 4 135 | 10 441 | -12.05 | 299 859 |
| 其中：实际利用外资 | 万美元 | 2 500 | 8 806 | -16.11 | 268 637 |
| 固定资产投资额 | 万元 | 31 412 | 677 889 | -6.20 | 6 454 419 |
| 其中：基础设施投资 | 万元 | 0 | 60 | 3.45 | 60 362 |
| 开发公司投资 | 万元 | 0 | 0 | -100.00 | 38 155 |
| 期末施工房屋建筑面积 | 平方米 | 85 418 | 85 418 | 0.32 | 85 418 |
| 其中：在建厂房面积 | 平方米 | 85 418 | 85 418 | 0.32 | 85 418 |
| 房屋竣工建筑面积 | 平方米 | 0 | 0 | — | 909 318 |
| 其中：已建成厂房面积 | 平方米 | 0 | 0 | — | 809 856 |
| 已建成仓库面积 | 平方米 | 0 | 0 | — | 99 462 |
| 土地实际已租售面积 | 平方米 | 0 | 0 | — | 1 380 560 |
| 已投产物流企业 | 个 | 0 | 0 | — | 9 |
| 已投产工业企业 | 个 | 0 | 0 | — | 22 |
| 其中：投资额5 000万美元（含）以上 | 个 | 0 | 0 | — | 8 |
| 投资额3 000（含）~5 000万美元以上 | 个 | 0 | 0 | — | 0 |
| 投资额1 000（含）~3 000万美元以上 | 个 | 0 | 0 | — | 7 |
| 税收总额 | 万元 | 18 933 | 126 534 | 64.22 | 392 053 |
| 其中：海关税收及代征税 | 万元 | 8 074 | 57 189 | 195.69 | 105 416 |
| 工商税收 | 万元 | 10 859 | 69 345 | 20.16 | 286 637 |
| 期末从业人员 | 人 | 24 050 | 24 050 | 0.59 | 24 050 |
| 其中：外资企业从业人员 | 人 | 23 100 | 23 100 | 0.64 | 23 100 |
| 期末出口加工区批准面积 | 平方公里 | 3 | 3 | 0.00 | 3 |
| 期末出口加工区验收封关面积 | 平方公里 | 2 | 2 | 0.00 | 2 |

续表

| 指标 | 单位 | 江苏常州出口加工区 | | | |
|---|---|---|---|---|---|
| | | 2012年12月 | 当年累计 | 增幅（%） | 历年累计 |
| 增加值 | 万元 | 3 641 | 36 810 | -19.76 | 112 016 |
| 营业总收入 | | 6 838 | 140 914 | — | 621 049 |
| 工业总产值 | | 6 758 | 134 781 | -8.03 | 618 873 |
| 其中：高新技术产业 | | 0 | 0 | — | 0 |
| 电子信息产业 | | 0 | 34 749 | -34.30 | 155 976 |
| 工业产品销售额 | | 5 896 | 136 590 | -3.91 | 476 847 |
| 企业利润总额 | | 325 | 7 209 | -56.22 | 22 433 |
| 物流企业营业收入 | | 80 | 1 344 | 80.16 | 3 100 |
| 综合能源耗费量 | 吨标准煤 | 2 152 | 5 234 | -14.38 | 22 524 |
| 批准企业数 | 个 | 0 | 1 | -50.00 | 13 |
| 其中：外资企业 | | 0 | 0 | -100.00 | 12 |
| 仓储物流企业 | | 0 | 0 | — | 1 |
| 批准投资总额 | 万美元 | 0 | 1 200 | -60.13 | 36 110 |
| 其中：外商投资总额 | | 0 | 1 200 | -60.13 | 36 110 |
| 增资额 | | 0 | 0 | — | 8 198 |
| 合同利用外资 | | 0 | 451 | -85.50 | 19 157 |
| 其中：增资额 | | 0 | 451 | -85.50 | 6 861 |
| 企业实际到位资金 | | 0 | 451 | -85.50 | 14 383 |
| 其中：实际利用外资 | | 0 | 451 | -85.50 | 14 236 |
| 固定资产投资额 | 万元 | 0 | 4 000 | -55.56 | 192 861 |
| 其中：基础设施投资 | | 0 | 2 000 | -33.33 | 139 367 |
| 开发公司投资 | | 0 | 2 500 | -58.33 | 135 352 |
| 期末施工房屋建筑面积 | 平方米 | 0 | 0 | — | 0 |
| 其中：在建厂房面积 | | 0 | 0 | — | 0 |
| 房屋竣工建筑面积 | | 0 | 0 | -100.00 | 234 471 |
| 其中：已建成厂房面积 | | 0 | 0 | — | 198 121 |
| 已建成仓库面积 | | 0 | 0 | -100.00 | 36 350 |
| 土地实际已租售面积 | | 0 | 0 | — | 211 309 |
| 已投产物流企业 | 个 | 0 | 2 | — | 3 |
| 已投产工业企业 | | 0 | 1 | -75.00 | 10 |
| 其中：投资额5 000万美元（含）以上 | | 0 | 0 | — | 1 |
| 投资额3 000（含）~5 000万美元以上 | | 0 | 0 | 0 | 0 |
| 投资额1 000（含）~3 000万美元以上 | | 0 | 1 | -50.00 | 3 |
| 税收总额 | 万元 | 775 | 10 628 | -16.87 | 32 113 |
| 其中：海关税收及代征税 | | 310 | 5 952 | -12.23 | 18 628 |
| 工商税收 | | 465 | 4 676 | -18.02 | 13 182 |
| 期末从业人员 | 人 | 512 | 512 | -60.92 | 512 |
| 其中：外资企业从业人员 | | 512 | 512 | -60.92 | 512 |
| 期末出口加工区批准面积 | 平方公里 | 2 | 2 | 0.00 | 2 |
| 期末出口加工区验收封关面积 | | 1 | 1 | 0.00 | 1 |

续表

| 指标 | 单位 | 江苏武进出口加工区 | | | |
|---|---|---|---|---|---|
| | | 2012 年 12 月 | 当年累计 | 增幅（%） | 历年累计 |
| 增加值 | 万元 | 3 407 | 60 616 | 103.72 | 110 400 |
| 营业总收入 | | 41 923 | 480 518 | — | 480 518 |
| 工业总产值 | | 44 700 | 515 366 | 37.56 | 1 127 591 |
| 其中：高新技术产业 | | 44 700 | 515 366 | 157.04 | 715 866 |
| 电子信息产业 | | 44 700 | 515 366 | 37.56 | 1 127 591 |
| 工业产品销售额 | | 41 702 | 478 539 | 25.57 | 1 084 149 |
| 企业利润总额 | | 3 984 | 15 160 | 79.81 | 26 460 |
| 物流企业营业收入 | | 221 | 1 979 | 50.84 | 4 232 |
| 综合能源耗费量 | 吨标准煤 | 737 | 8 514 | 65.19 | 16 838 |
| 批准企业数 | 个 | 1 | 3 | 50.00 | 16 |
| 其中：外资企业 | | 0 | 0 | -100.00 | 5 |
| 仓储物流企业 | | 0 | 0 | -100.00 | 5 |
| 批准投资总额 | 万美元 | 6 000 | 6 000 | -47.83 | 67 015 |
| 其中：外商投资总额 | | 6 000 | 6 000 | -42.86 | 52 780 |
| 增资额 | | 6 000 | 6 000 | -40.00 | 20 980 |
| 合同利用外资 | | 1 800 | 1 800 | -79.61 | 27 105 |
| 其中：增资额 | | 1 800 | 1 800 | -77.84 | 9 922 |
| 企业实际到位资金 | | 2 140 | 2 860 | -66.57 | 37 491 |
| 其中：实际利用外资 | | 2 140 | 2 860 | -65.12 | 24 340 |
| 固定资产投资额 | 万元 | 5 658 | 93 848 | 217.05 | 186 905 |
| 其中：基础设施投资 | | 0 | 3 073 | 268.02 | 8 017 |
| 开发公司投资 | | 202 | 5 486 | 121.93 | 16 923 |
| 期末施工房屋建筑面积 | 平方米 | 0 | 0 | -100.00 | 0 |
| 其中：在建厂房面积 | | 0 | 0 | -100.00 | 0 |
| 房屋竣工建筑面积 | | 0 | 337 494 | 297.97 | 526 356 |
| 其中：已建成厂房面积 | | 0 | 247 936 | 287.99 | 391 998 |
| 已建成仓库面积 | | 0 | 40 566 | 521.89 | 61 689 |
| 土地实际已租售面积 | | 0 | 0 | -100.00 | 479 863 |
| 已投产物流企业 | 个 | 0 | 0 | — | 3 |
| 已投产工业企业 | | 0 | 2 | 100.00 | 5 |
| 其中：投资额 5 000 万美元（含）以上 | | 0 | 1 | 0.00 | 4 |
| 投资额 3 000（含）~5 000 万美元以上 | | 0 | 0 | — | 0 |
| 投资额 1 000（含）~3 000 万美元以上 | | 0 | 0 | — | 0 |
| 税收总额 | 万元 | 998 | 15 079 | 24.99 | 30 163 |
| 其中：海关税收及代征税 | | 439 | 10 907 | 27.42 | 19 840 |
| 工商税收 | | 559 | 4 172 | 19.06 | 10 323 |
| 期末从业人员 | 人 | 8 824 | 8 824 | -0.85 | 8 824 |
| 其中：外资企业从业人员 | | 8 324 | 8 324 | -2.07 | 8 324 |
| 期末出口加工区批准面积 | 平方公里 | 1 | 1 | 0.00 | 1 |
| 期末出口加工区验收封关面积 | | 1 | 1 | 0.00 | 1 |

续表

| 指标 | 单位 | 江苏吴中出口加工区 | | | |
|---|---|---|---|---|---|
| | | 2012年12月 | 当年累计 | 增幅（%） | 历年累计 |
| 增加值 | 万元 | 4 817 | 58 239 | 110.70 | 110 283 |
| 营业总收入 | 万元 | 23 640 | 340 243 | — | 2 109 915 |
| 工业总产值 | 万元 | 22 512 | 315 563 | -79.78 | 2 076 712 |
| 其中：高新技术产业 | 万元 | 0 | 0 | — | 0 |
| 电子信息产业 | 万元 | 22 512 | 315 563 | -79.78 | 2 050 358 |
| 工业产品销售额 | 万元 | 22 428 | 333 433 | -78.59 | 2 089 420 |
| 企业利润总额 | 万元 | -517 | -7 399 | — | -47 444 |
| 物流企业营业收入 | 万元 | 379 | 4 115 | -37.04 | 17 800 |
| 综合能源耗费量 | 吨标准煤 | 1 384 | 5 628 | -26.68 | 14 839 |
| 批准企业数 | 个 | 0 | 4 | 33.33 | 31 |
| 其中：外资企业 | 个 | 0 | 2 | 0.00 | 6 |
| 仓储物流企业 | 个 | 0 | 1 | 0.00 | 20 |
| 批准投资总额 | 万美元 | 0 | 20 039 | 363.65 | 56 218 |
| 其中：外商投资总额 | 万美元 | 0 | 19 960 | 369.65 | 39 496 |
| 增资额 | 万美元 | 0 | 0 | — | 12 175 |
| 合同利用外资 | 万美元 | 0 | 19 960 | 1 074.12 | 27 748 |
| 其中：增资额 | 万美元 | 0 | 0 | — | 3 000 |
| 企业实际到位资金 | 万美元 | 0 | 450 | -69.43 | 16 887 |
| 其中：实际利用外资 | 万美元 | 0 | 371 | -73.50 | 6 038 |
| 固定资产投资额 | 万元 | 8 | 12 203 | -75.59 | 255 672 |
| 其中：基础设施投资 | 万元 | 0 | 0 | -100.00 | 86 903 |
| 开发公司投资 | 万元 | 0 | 499 | -92.32 | 62 763 |
| 期末施工房屋建筑面积 | 平方米 | 82 606 | 82 606 | 0.00 | 82 606 |
| 其中：在建厂房面积 | 平方米 | 82 606 | 82 606 | 0.00 | 82 606 |
| 房屋竣工建筑面积 | 平方米 | 0 | 0 | -100.00 | 344 404 |
| 其中：已建成厂房面积 | 平方米 | 0 | 0 | — | 293 300 |
| 已建成仓库面积 | 平方米 | 0 | 0 | -100.00 | 51 104 |
| 土地实际已租售面积 | 平方米 | 0 | 0 | -100.00 | 903 359 |
| 已投产物流企业 | 个 | 0 | 0 | — | 17 |
| 已投产工业企业 | 个 | 0 | 0 | — | 5 |
| 其中：投资额5 000万美元（含）以上 | 个 | 0 | 0 | — | 1 |
| 投资额3 000（含）~5 000万美元以上 | 个 | 0 | 0 | — | 0 |
| 投资额1 000（含）~3 000万美元以上 | 个 | 0 | 0 | — | 2 |
| 税收总额 | 万元 | 3 219 | 46 184 | 205.31 | 79 721 |
| 其中：海关税收及代征税 | 万元 | 3 180 | 44 893 | 230.00 | 76 420 |
| 工商税收 | 万元 | 39 | 1 291 | -15.12 | 3 299 |
| 期末从业人员 | 人 | 2 969 | 2 969 | -31.51 | 2 969 |
| 其中：外资企业从业人员 | 人 | 2 798 | 2 798 | -26.56 | 2 798 |
| 期末出口加工区批准面积 | 平方公里 | 3 | 3 | 0.00 | 3 |
| 期末出口加工区验收封关面积 | 平方公里 | 1 | 1 | 0.00 | 1 |

续表

| 指标 | 单位 | 江苏南通出口加工区 | | | |
|---|---|---|---|---|---|
| | | 2012年12月 | 当年累计 | 增幅（%） | 历年累计 |
| 增加值 | 万元 | 1 758 | 11 725 | -30.48 | 79 148 |
| 营业总收入 | 万元 | 6 694 | 59 645 | — | 325 788 |
| 工业总产值 | 万元 | 7 832 | 60 045 | -13.69 | 317 269 |
| 其中：高新技术产业 | 万元 | 0 | 0 | — | 0 |
| 电子信息产业 | 万元 | 0 | 1 252 | -64.10 | 44 893 |
| 工业产品销售额 | 万元 | 6 632 | 58 909 | -15.34 | 322 608 |
| 企业利润总额 | 万元 | 0 | 2 543 | -23.10 | 8 172 |
| 物流企业营业收入 | 万元 | 62 | 736 | 21.85 | 3 180 |
| 综合能源耗费量 | 吨标准煤 | 132 | 1 118 | -23.95 | 10 076 |
| 批准企业数 | 个 | 0 | 2 | 100.00 | 28 |
| 其中：外资企业 | 个 | 0 | 2 | 100.00 | 17 |
| 仓储物流企业 | 个 | 0 | 1 | — | 11 |
| 批准投资总额 | 万美元 | 0 | 7 875 | -55.55 | 41 947 |
| 其中：外商投资总额 | 万美元 | 0 | 7 875 | -55.55 | 40 624 |
| 增资额 | 万美元 | 0 | 5 200 | -35.00 | 16 930 |
| 合同利用外资 | 万美元 | 0 | 3 192 | -58.00 | 18 247 |
| 其中：增资额 | 万美元 | 0 | 2 000 | -44.44 | 8 121 |
| 企业实际到位资金 | 万美元 | 0 | 2 374 | -48.14 | 13 472 |
| 其中：实际利用外资 | 万美元 | 0 | 2 374 | -48.14 | 11 680 |
| 固定资产投资额 | 万元 | 0 | 0 | -100.00 | 35 041 |
| 其中：基础设施投资 | 万元 | 0 | 0 | -100.00 | 18 100 |
| 开发公司投资 | 万元 | 0 | 0 | — | 0 |
| 期末施工房屋建筑面积 | 平方米 | 0 | 0 | — | 0 |
| 其中：在建厂房面积 | 平方米 | 0 | 0 | — | 0 |
| 房屋竣工建筑面积 | 平方米 | 0 | 0 | — | 162 011 |
| 其中：已建成厂房面积 | 平方米 | 0 | 0 | — | 154 104 |
| 已建成仓库面积 | 平方米 | 0 | 0 | — | 3 707 |
| 土地实际已租售面积 | 平方米 | 0 | 0 | — | 620 355 |
| 已投产物流企业 | 个 | 0 | 0 | — | 9 |
| 已投产工业企业 | 个 | 0 | 0 | — | 6 |
| 其中：投资额5 000万美元（含）以上 | 个 | 0 | 0 | — | 0 |
| 投资额3 000（含）~5 000万美元以上 | 个 | 0 | 0 | — | 0 |
| 投资额1 000（含）~3 000万美元以上 | 个 | 0 | 0 | — | 1 |
| 税收总额 | 万元 | 1 037 | 7 251 | -11.90 | 19 353 |
| 其中：海关税收及代征税 | 万元 | 569 | 6 308 | -7.24 | 15 938 |
| 工商税收 | 万元 | 468 | 942 | -34.13 | 3 413 |
| 期末从业人员 | 人 | 3 012 | 3 012 | 0.00 | 3 012 |
| 其中：外资企业从业人员 | 人 | 2 897 | 2 897 | 0.00 | 2 897 |
| 期末出口加工区批准面积 | 平方公里 | 3 | 3 | 0.00 | 3 |
| 期末出口加工区验收封关面积 | 平方公里 | 1 | 1 | 0.00 | 1 |

续表

| 指标 | 单位 | 江苏连云港出口加工区 | | | |
|---|---|---|---|---|---|
| | | 2012年12月 | 当年累计 | 增幅（%） | 历年累计 |
| 增加值 | 万元 | 1 779 | 18 930 | 11.39 | 70 550 |
| 营业总收入 | 万元 | 8 890 | 109 605 | — | 347 222 |
| 工业总产值 | 万元 | 7 266 | 91 754 | 30.97 | 329 607 |
| 其中：高新技术产业 | 万元 | 1 200 | 10 401 | 3.63 | 37 065 |
| 电子信息产业 | 万元 | 1 005 | 10 724 | 3.90 | 47 804 |
| 工业产品销售额 | 万元 | 8 631 | 105 688 | 33.66 | 338 181 |
| 企业利润总额 | 万元 | -254 | 6 977 | 35.48 | 13 178 |
| 物流企业营业收入 | 万元 | 259 | 3 493 | 44.22 | 9 071 |
| 综合能源耗费量 | 吨标准煤 | 538 | 1 708 | 4.72 | 8 070 |
| 批准企业数 | 个 | 0 | 2 | — | 14 |
| 其中：外资企业 | 个 | 0 | 0 | — | 9 |
| 仓储物流企业 | 个 | 0 | 2 | — | 6 |
| 批准投资总额 | 万美元 | 0 | 924 | — | 17 713 |
| 其中：外商投资总额 | 万美元 | 0 | 0 | — | 13 770 |
| 增资额 | 万美元 | 0 | 840 | — | 1 990 |
| 合同利用外资 | 万美元 | 0 | 840 | — | 7 910 |
| 其中：增资额 | 万美元 | 0 | 840 | — | 1 415 |
| 企业实际到位资金 | 万美元 | 0 | 924 | -9.68 | 9 127 |
| 其中：实际利用外资 | 万美元 | 0 | 840 | 170.97 | 7 017 |
| 固定资产投资额 | 万元 | 0 | 0 | -100.00 | 39 493 |
| 其中：基础设施投资 | 万元 | 0 | 0 | -100.00 | 14 999 |
| 开发公司投资 | 万元 | 0 | 0 | -100.00 | 19 492 |
| 期末施工房屋建筑面积 | 平方米 | 26 304 | 26 304 | -11.62 | 26 304 |
| 其中：在建厂房面积 | 平方米 | 26 005 | 26 005 | -11.73 | 26 005 |
| 房屋竣工建筑面积 | 平方米 | 0 | 0 | -100.00 | 294 277 |
| 其中：已建成厂房面积 | 平方米 | 0 | 0 | -100.00 | 275 073 |
| 已建成仓库面积 | 平方米 | 0 | 0 | -100.00 | 12 136 |
| 土地实际已租售面积 | 平方米 | 0 | 0 | — | 400 168 |
| 已投产物流企业 | 个 | 0 | 2 | — | 6 |
| 已投产工业企业 | 个 | 0 | 0 | — | 8 |
| 其中：投资额5 000万美元（含）以上 | 个 | 0 | 0 | — | 0 |
| 投资额3 000（含）~5 000万美元以上 | 个 | 0 | 0 | — | 0 |
| 投资额1 000（含）~3 000万美元以上 | 个 | 0 | 0 | — | 5 |
| 税收总额 | 万元 | 77 | 2 541 | 16.77 | 7 849 |
| 其中：海关税收及代征税 | 万元 | 7 | 1 130 | 15.31 | 3 811 |
| 工商税收 | 万元 | 70 | 1 411 | 17.98 | 4 035 |
| 期末从业人员 | 人 | 2 700 | 2 700 | -18.7 | 2 700 |
| 其中：外资企业从业人员 | 人 | 2 605 | 2 605 | -20.84 | 2 605 |
| 期末出口加工区批准面积 | 平方公里 | 3 | 3 | 0.00 | 3 |
| 期末出口加工区验收封关面积 | 平方公里 | 1 | 1 | 0.00 | 1 |

续表

| 指标 | 单位 | 江苏淮安出口加工区 | | | |
|---|---|---|---|---|---|
| | | 2012 年 12 月 | 当年累计 | 增幅（%） | 历年累计 |
| 增加值 | 万元 | 89 147 | 727 013 | 144.22 | 1 429 114 |
| 营业总收入 | 万元 | 602 535 | 4 465 497 | — | 8 091 445 |
| 工业总产值 | 万元 | 576 631 | 4 486 983 | 162.90 | 8 202 959 |
| 其中：高新技术产业 | 万元 | 0 | 0 | — | 0 |
| 电子信息产业 | 万元 | 576 631 | 4 486 983 | 162.90 | 8 202 959 |
| 工业产品销售额 | 万元 | 602 446 | 4 464 709 | 164.28 | 8 089 978 |
| 企业利润总额 | 万元 | 2 079 | 14 222 | -59.98 | 121 510 |
| 物流企业营业收入 | 万元 | 89 | 788 | 16.05 | 1 467 |
| 综合能源耗费量 | 吨标准煤 | 38 078 | 128 352 | 60.28 | 320 586 |
| 批准企业数 | 个 | 0 | 0 | -100.00 | 12 |
| 其中：外资企业 | 个 | 0 | 0 | -100.00 | 8 |
| 仓储物流企业 | 个 | 0 | 0 | — | 3 |
| 批准投资总额 | 万美元 | 0 | 0 | -100.00 | 113 500 |
| 其中：外商投资总额 | 万美元 | 0 | 0 | -100.00 | 113 300 |
| 增资额 | 万美元 | 0 | 0 | -100.00 | 79 320 |
| 合同利用外资 | 万美元 | 7 000 | 7 000 | -26.32 | 55 480 |
| 其中：增资额 | 万美元 | 7 000 | 7 000 | -22.22 | 42 240 |
| 企业实际到位资金 | 万美元 | 9 530 | 9 530 | 1.95 | 53 330 |
| 其中：实际利用外资 | 万美元 | 9 530 | 9 530 | 1.95 | 53 270 |
| 固定资产投资额 | 万元 | 0 | 0 | -100.00 | 588 709 |
| 其中：基础设施投资 | 万元 | 0 | 0 | -100.00 | 347 137 |
| 开发公司投资 | 万元 | 0 | 0 | -100.00 | 10 920 |
| 期末施工房屋建筑面积 | 平方米 | 0 | 0 | — | 0 |
| 其中：在建厂房面积 | 平方米 | 0 | 0 | — | 0 |
| 房屋竣工建筑面积 | 平方米 | 0 | 0 | — | 1 490 000 |
| 其中：已建成厂房面积 | 平方米 | 0 | 0 | — | 1 046 400 |
| 已建成仓库面积 | 平方米 | 0 | 0 | — | 326 860 |
| 土地实际已租售面积 | 平方米 | 0 | 0 | — | 180 009 |
| 已投产物流企业 | 个 | 0 | 0 | -100.00 | 3 |
| 已投产工业企业 | 个 | 0 | 0 | -100.00 | 9 |
| 其中：投资额 5 000 万美元（含）以上 | 个 | 0 | 0 | — | 3 |
| 投资额 3 000（含）~5 000 万美元以上 | 个 | 0 | 0 | — | 0 |
| 投资额 1 000（含）~3 000 万美元以上 | 个 | 0 | 0 | -100.00 | 2 |
| 税收总额 | 万元 | 2 789 | 11 953 | -43.80 | 62 287 |
| 其中：海关税收及代征税 | 万元 | 1 282 | 6 766 | -53.82 | 37 533 |
| 工商税收 | 万元 | 1 507 | 5 177 | -21.79 | 24 738 |
| 期末从业人员 | 人 | 33 136 | 33 136 | 11.18 | 33 136 |
| 其中：外资企业从业人员 | 人 | 33 079 | 33 079 | 11.19 | 33 079 |
| 期末出口加工区批准面积 | 平方公里 | 1 | 1 | 0.00 | 1 |
| 期末出口加工区验收封关面积 | 平方公里 | 1 | 1 | 0.00 | 1 |

续表

| 指标 | 单位 | 江苏扬州出口加工区 | | | |
|---|---|---|---|---|---|
| | | 2012 年 12 月 | 当年累计 | 增幅（%） | 历年累计 |
| 增加值 | 万元 | 5 174 | 88 386 | -4.63 | 336 052 |
| 营业总收入 | 万元 | 41 783 | 633 942 | — | 633 942 |
| 工业总产值 | 万元 | 35 248 | 583 965 | -13.55 | 1 777 486 |
| 其中：高新技术产业 | 万元 | 0 | 0 | — | 0 |
| 电子信息产业 | 万元 | 0 | 0 | — | 0 |
| 工业产品销售额 | 万元 | 28 114 | 534 210 | -17.28 | 1 692 736 |
| 企业利润总额 | 万元 | 1 906 | 44 515 | -9.83 | 188 968 |
| 物流企业营业收入 | 万元 | 976 | 28 930 | 2.11 | 78 294 |
| 综合能源耗费量 | 吨标准煤 | 163 | 2 954 | -0.51 | 8 209 |
| 批准企业数 | 个 | 0 | 3 | 0.00 | 19 |
| 其中：外资企业 | 个 | 0 | 2 | 0.00 | 17 |
| 仓储物流企业 | 个 | 0 | 0 | — | 2 |
| 批准投资总额 | 万美元 | 0 | 5 440 | -68.42 | 99 391 |
| 其中：外商投资总额 | 万美元 | 0 | 4 514 | -70.73 | 97 610 |
| 增资额 | 万美元 | 0 | 898 | -81.40 | 18 160 |
| 合同利用外资 | 万美元 | 0 | 2 105 | -64.66 | 65 630 |
| 其中：增资额 | 万美元 | 0 | 2 085 | -25.54 | 15 477 |
| 企业实际到位资金 | 万美元 | 1 456 | 3 209 | -34.46 | 43 513 |
| 其中：实际利用外资 | 万美元 | 1 456 | 3 209 | -32.75 | 43 506 |
| 固定资产投资额 | 万元 | 639 | 20 010 | -77.79 | 426 312 |
| 其中：基础设施投资 | 万元 | 0 | 185 | -53.98 | 148 582 |
| 开发公司投资 | 万元 | 0 | 50 | -80.69 | 104 533 |
| 期末施工房屋建筑面积 | 平方米 | 31 800 | 31 800 | -42.18 | 31 800 |
| 其中：在建厂房面积 | 平方米 | 31 800 | 31 800 | -42.18 | 31 800 |
| 房屋竣工建筑面积 | 平方米 | 0 | 26 717 | -25.58 | 520 987 |
| 其中：已建成厂房面积 | 平方米 | 0 | 26 717 | 14.18 | 516 846 |
| 已建成仓库面积 | 平方米 | 0 | 0 | — | 4 141 |
| 土地实际已租售面积 | 平方米 | 0 | 20 260 | 855.66 | 731 817 |
| 已投产物流企业 | 个 | 0 | 0 | — | 2 |
| 已投产工业企业 | 个 | 0 | 0 | -100.00 | 13 |
| 其中：投资额 5 000 万美元（含）以上 | 个 | 0 | 0 | -100.00 | 6 |
| 投资额 3 000（含）~5 000 万美元以上 | 个 | 0 | 0 | — | 0 |
| 投资额 1 000（含）~3 000 万美元以上 | 个 | 0 | 0 | — | 7 |
| 税收总额 | 万元 | 1 724 | 33 513 | 3.35 | 87 519 |
| 其中：海关税收及代征税 | 万元 | 1 339 | 23 753 | 10.66 | 58 235 |
| 工商税收 | 万元 | 385 | 9 760 | -10.97 | 29 284 |
| 期末从业人员 | 人 | 1 277 | 1 277 | -22.98 | 1 277 |
| 其中：外资企业从业人员 | 人 | 1 138 | 1 138 | -25.96 | 1 138 |
| 期末出口加工区批准面积 | 平方公里 | 3 | 3 | 0.00 | 3 |
| 期末出口加工区验收封关面积 | 平方公里 | 1 | 1 | 0.00 | 1 |

续表

| 指标 | 单位 | 江苏镇江出口加工区 | | | |
|---|---|---|---|---|---|
| | | 2012年12月 | 当年累计 | 增幅（%） | 历年累计 |
| 增加值 | 万元 | 1 383 | 18 216 | 143.79 | 43 076 |
| 营业总收入 | | 4 812 | 60 041 | — | 65 898 |
| 工业总产值 | | 5 715 | 63 925 | 138.46 | 172 345 |
| 其中：高新技术产业 | | 5 715 | 63 925 | 138.46 | 136 028 |
| 电子信息产业 | | 0 | 0 | — | 37 170 |
| 工业产品销售额 | | 4 202 | 53 519 | 136.21 | 152 735 |
| 企业利润总额 | | 2 086 | 28 041 | 1011.86 | 35 535 |
| 物流企业营业收入 | | 610 | 6 522 | 672.75 | 8 981 |
| 综合能源耗费量 | 吨标准煤 | 366 | 4 087 | 206.83 | 6 448 |
| 批准企业数 | 个 | 0 | 1 | — | 13 |
| 其中：外资企业 | | 0 | 0 | — | 10 |
| 仓储物流企业 | | 0 | 1 | — | 3 |
| 批准投资总额 | 万美元 | 0 | 8 | — | 28 927 |
| 其中：外商投资总额 | | 0 | 0 | — | 28 190 |
| 增资额 | | 0 | 0 | — | 670 |
| 合同利用外资 | | 0 | 0 | — | 9 601 |
| 其中：增资额 | | 0 | 0 | — | 350 |
| 企业实际到位资金 | | 0 | 280 | -7.59 | 8 250 |
| 其中：实际利用外资 | | 0 | 280 | -7.59 | 6 198 |
| 固定资产投资额 | 万元 | 0 | 4 754 | -33.16 | 61 642 |
| 其中：基础设施投资 | | 0 | 4 754 | -33.16 | 35 416 |
| 开发公司投资 | | 0 | 0 | — | 9 200 |
| 期末施工房屋建筑面积 | 平方米 | 16 000 | 16 000 | 0.00 | 16 000 |
| 其中：在建厂房面积 | | 16 000 | 16 000 | 0.00 | 16 000 |
| 房屋竣工建筑面积 | | 0 | 0 | — | 126 930 |
| 其中：已建成厂房面积 | | 0 | 0 | — | 125 000 |
| 已建成仓库面积 | | 0 | 0 | — | 1 930 |
| 土地实际已租售面积 | | 0 | 0 | -100.00 | 546 764 |
| 已投产物流企业 | 个 | 0 | 0 | — | 2 |
| 已投产工业企业 | | 0 | 0 | — | 4 |
| 其中：投资额5 000万美元（含）以上 | | 0 | 0 | — | 0 |
| 投资额3 000（含）~5 000万美元以上 | | 0 | 0 | — | 1 |
| 投资额1 000（含）~3 000万美元以上 | | 0 | 0 | — | 0 |
| 税收总额 | 万元 | 2 342 | 11 049 | 157.43 | 23 495 |
| 其中：海关税收及代征税 | | 2 292 | 10 273 | 196.82 | 21 572 |
| 工商税收 | | 50 | 776 | -6.62 | 1 923 |
| 期末从业人员 | 人 | 635 | 635 | -14.42 | 635 |
| 其中：外资企业从业人员 | | 635 | 635 | -14.42 | 635 |
| 期末出口加工区批准面积 | 平方公里 | 3 | 3 | 0.00 | 3 |
| 期末出口加工区验收封关面积 | | 1 | 1 | 0.00 | 1 |

续表

| 指标 | 单位 | 江苏泰州出口加工区 | | | |
|---|---|---|---|---|---|
| | | 2012 年 12 月 | 当年累计 | 增幅（%） | 历年累计 |
| 增加值 | 万元 | 163 | 277 | — | 277 |
| 营业总收入 | 万元 | 1 091 | 2 136 | — | 2 136 |
| 工业总产值 | 万元 | 1 084 | 1 845 | — | 1 845 |
| 其中：高新技术产业 | 万元 | 0 | 0 | — | 0 |
| 电子信息产业 | 万元 | 1 084 | 1 845 | — | 1 845 |
| 工业产品销售额 | 万元 | 1 084 | 1 845 | — | 1 845 |
| 企业利润总额 | 万元 | 20 | 105 | — | 105 |
| 物流企业营业收入 | 万元 | 7 | 291 | — | 1 040 |
| 综合能源耗费量 | 吨标准煤 | 2 778 | 5 977 | — | 5 977 |
| 批准企业数 | 个 | 0 | 0 | — | 3 |
| 其中：外资企业 | 个 | 0 | 0 | — | 1 |
| 仓储物流企业 | 个 | 0 | 0 | — | 2 |
| 批准投资总额 | 万美元 | 0 | 18 000 | — | 46 800 |
| 其中：外商投资总额 | 万美元 | 0 | 18 000 | — | 46 800 |
| 增资额 | 万美元 | 0 | 18 000 | — | 18 000 |
| 合同利用外资 | 万美元 | 0 | 6 200 | — | 16 000 |
| 其中：增资额 | 万美元 | 0 | 6 200 | — | 6 200 |
| 企业实际到位资金 | 万美元 | 0 | 6 200 | — | 16 000 |
| 其中：实际利用外资 | 万美元 | 0 | 6 200 | — | 16 000 |
| 固定资产投资额 | 万元 | 0 | 135 179 | — | 135 179 |
| 其中：基础设施投资 | 万元 | 0 | 102 447 | — | 102 447 |
| 开发公司投资 | 万元 | 0 | 0 | — | 0 |
| 期末施工房屋建筑面积 | 平方米 | 0 | 0 | — | 0 |
| 其中：在建厂房面积 | 平方米 | 0 | 0 | — | 0 |
| 房屋竣工建筑面积 | 平方米 | 0 | 219 496 | — | 219 496 |
| 其中：已建成厂房面积 | 平方米 | 0 | 187 394 | — | 187 394 |
| 已建成仓库面积 | 平方米 | 0 | 5 534 | — | 5 534 |
| 土地实际已租售面积 | 平方米 | 0 | 0 | — | 0 |
| 已投产物流企业 | 个 | 0 | 0 | — | 2 |
| 已投产工业企业 | 个 | 0 | 0 | — | 1 |
| 其中：投资额 5 000 万美元（含）以上 | 个 | 0 | 0 | — | 1 |
| 投资额 3 000（含）~5 000 万美元以上 | 个 | 0 | 0 | — | 0 |
| 投资额 1 000（含）~3 000 万美元以上 | 个 | 0 | 0 | — | 0 |
| 税收总额 | 万元 | 100 | 5 756 | — | 5 756 |
| 其中：海关税收及代征税 | 万元 | 0 | 5 178 | — | 5 178 |
| 工商税收 | 万元 | 100 | 578 | — | 578 |
| 期末从业人员 | 人 | 1 546 | 1 546 | — | 1 546 |
| 其中：外资企业从业人员 | 人 | 1 515 | 1 515 | — | 1 515 |
| 期末出口加工区批准面积 | 平方公里 | 2 | 2 | — | 2 |
| 期末出口加工区验收封关面积 | 平方公里 | 1 | 1 | — | 1 |

续表

| 指标 | 单位 | 江苏常熟出口加工区 | | | |
|---|---|---|---|---|---|
| | | 2012年12月 | 当年累计 | 增幅（%） | 历年累计 |
| 增加值 | 万元 | 1 313 | 11 371 | 24.70 | 38 605 |
| 营业总收入 | | 8 334 | 72 559 | — | 236 980 |
| 工业总产值 | | 6 843 | 64 576 | 9.97 | 249 859 |
| 其中：高新技术产业 | | 0 | 0 | — | 0 |
| 电子信息产业 | | 2 441 | 26 970 | 10.05 | 93 122 |
| 工业产品销售额 | | 7 726 | 64 645 | 7.52 | 228 322 |
| 企业利润总额 | | 465 | 662 | -46.57 | 2 598 |
| 物流企业营业收入 | | 608 | 7 914 | 1 690.50 | 8 658 |
| 综合能源耗费量 | 吨标准煤 | 160 | 638 | 18.15 | 1 911 |
| 批准企业数 | 个 | 0 | 2 | 100.00 | 17 |
| 其中：外资企业 | | 0 | 0 | -100.00 | 11 |
| 仓储物流企业 | | 0 | 2 | — | 6 |
| 批准投资总额 | 万美元 | 0 | 161 | -94.81 | 10 256 |
| 其中：外商投资总额 | | 0 | 0 | -100.00 | 9 757 |
| 增资额 | | 0 | 0 | -100.00 | 2 890 |
| 合同利用外资 | | 0 | 0 | -100.00 | 4 647 |
| 其中：增资额 | | 0 | 0 | -100.00 | 1 167 |
| 企业实际到位资金 | | 0 | 161 | -80.05 | 3 848 |
| 其中：实际利用外资 | | 0 | 0 | -100.00 | 3 481 |
| 固定资产投资额 | 万元 | 0 | 0 | — | 53 338 |
| 其中：基础设施投资 | | 0 | 0 | — | 28 000 |
| 开发公司投资 | | 0 | 0 | — | 7 640 |
| 期末施工房屋建筑面积 | 平方米 | 0 | 0 | -100.00 | 0 |
| 其中：在建厂房面积 | | 0 | 0 | -100.00 | 0 |
| 房屋竣工建筑面积 | | 0 | 9 600 | 3.90 | 123 740 |
| 其中：已建成厂房面积 | | 0 | 9 600 | 3.90 | 105 640 |
| 已建成仓库面积 | | 0 | 0 | — | 13 600 |
| 土地实际已租售面积 | | 0 | 0 | — | 220 811 |
| 已投产物流企业 | 个 | 0 | 2 | — | 6 |
| 已投产工业企业 | | 0 | 0 | -100.00 | 9 |
| 其中：投资额5 000万美元（含）以上 | | 0 | 0 | — | 0 |
| 投资额3 000（含）~5 000万美元以上 | | 0 | 0 | — | 0 |
| 投资额1 000（含）~3 000万美元以上 | | 0 | 0 | -100.00 | 3 |
| 税收总额 | 万元 | 3 490 | 31 813 | 289.63 | 42 838 |
| 其中：海关税收及代征税 | | 3 273 | 29 326 | 271.36 | 39 080 |
| 工商税收 | | 217 | 2 487 | 827.99 | 3 591 |
| 期末从业人员 | 人 | 1 351 | 1 351 | 11.65 | 1 351 |
| 其中：外资企业从业人员 | | 1 290 | 1 290 | 8.68 | 1 290 |
| 期末出口加工区批准面积 | 平方公里 | 1 | 1 | 0.00 | 1 |
| 期末出口加工区验收封关面积 | | 1 | 1 | 0.00 | 1 |

续表

| 指标 | 单位 | 江苏吴江出口加工区 | | | |
|---|---|---|---|---|---|
| | | 2012年12月 | 当年累计 | 增幅（%） | 历年累计 |
| 增加值 | 万元 | 988 | 29 548 | -1.54 | 74 587 |
| 营业总收入 | 万元 | 85 807 | 964 966 | — | 1 903 027 |
| 工业总产值 | 万元 | 102 851 | 1 113 742 | 19.00 | 2 209 014 |
| 其中：高新技术产业 | 万元 | 69 938 | 692 624 | 5.72 | 1 407 619 |
| 电子信息产业 | 万元 | 92 565 | 999 590 | 12.42 | 1 998 435 |
| 工业产品销售额 | 万元 | 85 709 | 962 260 | 20.29 | 1 898 003 |
| 企业利润总额 | 万元 | 384 | -12 209 | — | -31 948 |
| 物流企业营业收入 | 万元 | 98 | 2 605 | 99.16 | 4 923 |
| 综合能源耗费量 | 吨标准煤 | 1 133 | 4 467 | -0.11 | 11 894 |
| 批准企业数 | 个 | 0 | 4 | -42.86 | 28 |
| 其中：外资企业 | 个 | 0 | 4 | -42.86 | 25 |
| 仓储物流企业 | 个 | 0 | 0 | — | 4 |
| 批准投资总额 | 万美元 | 0 | 24 810 | 58.66 | 76 223 |
| 其中：外商投资总额 | 万美元 | 0 | 24 810 | 77.49 | 74 583 |
| 增资额 | 万美元 | 0 | 0 | -100.00 | 9 777 |
| 合同利用外资 | 万美元 | 0 | 12 450 | 28.66 | 35 536 |
| 其中：增资额 | 万美元 | 0 | 0 | -100.00 | 3 889 |
| 企业实际到位资金 | 万美元 | 986 | 2 979 | -23.93 | 17 618 |
| 其中：实际利用外资 | 万美元 | 986 | 2 979 | -23.93 | 16 019 |
| 固定资产投资额 | 万元 | 10 364 | 27 360 | 78.92 | 151 407 |
| 其中：基础设施投资 | 万元 | 0 | 4 | -99.81 | 36 766 |
| 开发公司投资 | 万元 | 705 | 7 766 | 33.32 | 70 563 |
| 期末施工房屋建筑面积 | 平方米 | 42 000 | 42 000 | 0.00 | 42 000 |
| 其中：在建厂房面积 | 平方米 | 32 000 | 32 000 | 0.00 | 32 000 |
| 房屋竣工建筑面积 | 平方米 | 0 | 22 595 | — | 221 124 |
| 其中：已建成厂房面积 | 平方米 | 0 | 22 595 | — | 207 795 |
| 已建成仓库面积 | 平方米 | 0 | 0 | — | 12 129 |
| 土地实际已租售面积 | 平方米 | 0 | 0 | — | 388 165 |
| 已投产物流企业 | 个 | 0 | 0 | — | 3 |
| 已投产工业企业 | 个 | 0 | 0 | -100.00 | 9 |
| 其中：投资额5 000万美元（含）以上 | 个 | 0 | 0 | -100.00 | 3 |
| 投资额3 000（含）~5 000万美元以上 | 个 | 0 | 0 | — | 0 |
| 投资额1 000（含）~3 000万美元以上 | 个 | 0 | 0 | — | 2 |
| 税收总额 | 万元 | 939 | 14 730 | 27.02 | 42 103 |
| 其中：海关税收及代征税 | 万元 | 852 | 13 537 | 20.77 | 38 916 |
| 工商税收 | 万元 | 87 | 1 193 | 207.47 | 3 187 |
| 期末从业人员 | 人 | 4 138 | 4 138 | 0.00 | 4 138 |
| 其中：外资企业从业人员 | 人 | 4 068 | 4 068 | 0.00 | 4 068 |
| 期末出口加工区批准面积 | 平方公里 | 1 | 1 | 0.00 | 1 |
| 期末出口加工区验收封关面积 | 平方公里 | 1 | 1 | 0.00 | 1 |

续表

| 指标 | 单位 | 浙江杭州出口加工区 | | | |
|---|---|---|---|---|---|
| | | 2012 年 12 月 | 当年累计 | 增幅（%） | 历年累计 |
| 增加值 | 万元 | 18 357 | 124 862 | 15.03 | 806 195 |
| 营业总收入 | | 88 042 | 1 230 865 | — | 1 230 865 |
| 工业总产值 | | 91 047 | 1 213 260 | -10.98 | 11 382 625 |
| 其中：高新技术产业 | | 2 397 | 22 258 | 10.01 | 42 490 |
| 电子信息产业 | | 72 137 | 996 933 | -14.10 | 9 896 493 |
| 工业产品销售额 | | 85 278 | 1 211 908 | -9.42 | 11 305 847 |
| 企业利润总额 | | 3 303 | 28 761 | 2.69 | 214 387 |
| 物流企业营业收入 | | 746 | 6 042 | 14.67 | 37 468 |
| 综合能源耗费量 | 吨标准煤 | 2 919 | 13 300 | -3.05 | 128 785 |
| 批准企业数 | 个 | 0 | 0 | -100.00 | 33 |
| 其中：外资企业 | | 0 | 0 | -100.00 | 28 |
| 仓储物流企业 | | 0 | 0 | — | 6 |
| 批准投资总额 | 万美元 | 0 | 0 | -100.00 | 59 787 |
| 其中：外商投资总额 | | 0 | 0 | -100.00 | 49 771 |
| 增资额 | | 0 | 0 | — | 21 492 |
| 合同利用外资 | | 0 | 0 | -100.00 | 21 871 |
| 其中：增资额 | | 0 | 0 | — | 7 505 |
| 企业实际到位资金 | | 0 | 0 | -100.00 | 25 506 |
| 其中：实际利用外资 | | 0 | 0 | -100.00 | 18 919 |
| 固定资产投资额 | 万元 | 1 278 | 19 427 | 15.53 | 364 764 |
| 其中：基础设施投资 | | 1 278 | 19 427 | 22.23 | 81 596 |
| 开发公司投资 | | 0 | 0 | — | 22 485 |
| 期末施工房屋建筑面积 | 平方米 | 0 | 0 | -100.00 | 0 |
| 其中：在建厂房面积 | | 0 | 0 | -100.00 | 0 |
| 房屋竣工建筑面积 | | 0 | 0 | — | 569 187 |
| 其中：已建成厂房面积 | | 0 | 0 | — | 543 582 |
| 已建成仓库面积 | | 0 | 0 | — | 17 147 |
| 土地实际已租售面积 | | 0 | 0 | -100.00 | 886 049 |
| 已投产物流企业 | 个 | 0 | 0 | — | 6 |
| 已投产工业企业 | | 0 | 0 | — | 24 |
| 其中：投资额 5 000 万美元（含）以上 | | 0 | 0 | — | 2 |
| 投资额 3 000（含）~5 000 万美元以上 | | 0 | 0 | — | 2 |
| 投资额 1 000（含）~3 000 万美元以上 | | 0 | 0 | — | 7 |
| 税收总额 | 万元 | 4 232 | 88 498 | 14.70 | 300 742 |
| 其中：海关税收及代征税 | | 3 297 | 71 254 | 18.63 | 213 111 |
| 工商税收 | | 935 | 17 244 | 0.91 | 87 630 |
| 期末从业人员 | 人 | 8 984 | 8 984 | -13.52 | 8 984 |
| 其中：外资企业从业人员 | | 8 841 | 8 841 | -13.33 | 8 841 |
| 期末出口加工区批准面积 | 平方公里 | 3 | 3 | 0.00 | 3 |
| 期末出口加工区验收封关面积 | | 2 | 2 | 0.00 | 2 |

续表

| 指标 | 单位 | 浙江宁波出口加工区 | | | |
|---|---|---|---|---|---|
| | | 2012年12月 | 当年累计 | 增幅（%） | 历年累计 |
| 增加值 | 万元 | 20 815 | 334 446 | 0.39 | 2 378 186 |
| 营业总收入 | 万元 | 357 277 | 4 467 118 | — | 24 891 933 |
| 工业总产值 | 万元 | 395 933 | 4 791 089 | 6.54 | 25 778 337 |
| 其中：高新技术产业 | 万元 | 355 021 | 4 256 980 | 4.93 | 22 819 201 |
| 电子信息产业 | 万元 | 310 268 | 3 794 045 | 10.82 | 21 568 439 |
| 工业产品销售额 | 万元 | 353 077 | 4 304 611 | -1.92 | 24 721 414 |
| 企业利润总额 | 万元 | 647 | 73 647 | 17.89 | 638 380 |
| 物流企业营业收入 | 万元 | 4 200 | 48 443 | 1 313.57 | 56 455 |
| 综合能源耗费量 | 吨标准煤 | 3 555 | 43 335 | 7.32 | 227 560 |
| 批准企业数 | 个 | 0 | 0 | — | 43 |
| 其中：外资企业 | 个 | 0 | 0 | — | 42 |
| 仓储物流企业 | 个 | 0 | 0 | — | 5 |
| 批准投资总额 | 万美元 | 0 | 31 312 | 3 379.11 | 226 422 |
| 其中：外商投资总额 | 万美元 | 0 | 31 312 | 3 379.11 | 226 422 |
| 增资额 | 万美元 | 0 | 31 312 | 3 379.11 | 199 607 |
| 合同利用外资 | 万美元 | 0 | 9 989 | 1 373.30 | 98 705 |
| 其中：增资额 | 万美元 | 0 | 9 989 | 1 373.30 | 32 199 |
| 企业实际到位资金 | 万美元 | 0 | 260 | 30.00 | 48 085 |
| 其中：实际利用外资 | 万美元 | 0 | 260 | 30.00 | 48 085 |
| 固定资产投资额 | 万元 | 689 | 21 608 | -71.40 | 1 061 665 |
| 其中：基础设施投资 | 万元 | 0 | 0 | — | 42 969 |
| 开发公司投资 | 万元 | 0 | 0 | — | 0 |
| 期末施工房屋建筑面积 | 平方米 | 69 840 | 69 840 | 9.13 | 69 840 |
| 其中：在建厂房面积 | 平方米 | 69 840 | 69 840 | 9.13 | 69 840 |
| 房屋竣工建筑面积 | 平方米 | 0 | 78 000 | 100.00 | 1 001 000 |
| 其中：已建成厂房面积 | 平方米 | 0 | 78 000 | 100.00 | 1 001 000 |
| 已建成仓库面积 | 平方米 | 0 | 0 | — | 0 |
| 土地实际已租售面积 | 平方米 | 0 | 0 | — | 661 000 |
| 已投产物流企业 | 个 | 0 | 0 | — | 3 |
| 已投产工业企业 | 个 | 0 | 0 | — | 20 |
| 其中：投资额5 000万美元（含）以上 | 个 | 0 | 0 | — | 1 |
| 投资额3 000（含）~5 000万美元以上 | 个 | 0 | 0 | — | 3 |
| 投资额1 000（含）~3 000万美元以上 | 个 | 0 | 0 | — | 3 |
| 税收总额 | 万元 | 628 | 5 397 | -8.77 | 36 518 |
| 其中：海关税收及代征税 | 万元 | 628 | 5 397 | -8.77 | 35 318 |
| 工商税收 | 万元 | 0 | 0 | — | 1 200 |
| 期末从业人员 | 人 | 42 852 | 42 852 | 19.41 | 42 852 |
| 其中：外资企业从业人员 | 人 | 40 709 | 40 709 | 13.44 | 40 709 |
| 期末出口加工区批准面积 | 平方公里 | 3 | 3 | 0.00 | 3 |
| 期末出口加工区验收封关面积 | 平方公里 | 2 | 2 | 0.00 | 2 |

续表

| 指标 | 单位 | 浙江嘉兴出口加工区 | | | |
|---|---|---|---|---|---|
| | | 2012年12月 | 当年累计 | 增幅（%） | 历年累计 |
| 增加值 | 万元 | 259 | 8 781 | -11.54 | 27 379 |
| 营业总收入 | | 7 241 | 46 103 | — | 137 062 |
| 工业总产值 | | 4 057 | 42 059 | -14.30 | 137 044 |
| 其中：高新技术产业 | | 0 | 0 | — | 0 |
| 电子信息产业 | | 0 | 0 | — | 0 |
| 工业产品销售额 | | 5 168 | 42 377 | -3.88 | 130 249 |
| 企业利润总额 | | 54 | 1 796 | -52.28 | 7 355 |
| 物流企业营业收入 | | 18 | 192 | 131.33 | 354 |
| 综合能源耗费量 | 吨标准煤 | 561 | 2 351 | 19.22 | 6 917 |
| 批准企业数 | 个 | 3 | 3 | 50.00 | 19 |
| 其中：外资企业 | | 0 | 0 | -100.00 | 10 |
| 仓储物流企业 | | 1 | 1 | — | 2 |
| 批准投资总额 | 万美元 | 254 | 254 | -87.79 | 15 605 |
| 其中：外商投资总额 | | 0 | 0 | -100.00 | 7 610 |
| 增资额 | | 0 | 0 | — | 0 |
| 合同利用外资 | | 0 | 0 | — | 3 718 |
| 其中：增资额 | | 0 | 0 | — | 0 |
| 企业实际到位资金 | | 254 | 1 568 | — | 4 514 |
| 其中：实际利用外资 | | 0 | 1 314 | — | 2 870 |
| 固定资产投资额 | 万元 | 4 008 | 11 099 | 4.50 | 155 188 |
| 其中：基础设施投资 | | 0 | 0 | — | 2 416 |
| 开发公司投资 | | 0 | 0 | — | 0 |
| 期末施工房屋建筑面积 | 平方米 | 0 | 0 | -100.00 | 0 |
| 其中：在建厂房面积 | | 0 | 0 | -100.00 | 0 |
| 房屋竣工建筑面积 | | 0 | 0 | — | 137 300 |
| 其中：已建成厂房面积 | | 0 | 0 | — | 137 300 |
| 已建成仓库面积 | | 0 | 0 | — | 0 |
| 土地实际已租售面积 | | 0 | 0 | -100.00 | 31 800 |
| 已投产物流企业 | 个 | 0 | 0 | — | 1 |
| 已投产工业企业 | | 0 | 0 | — | 11 |
| 其中：投资额5 000万美元（含）以上 | | 0 | 0 | — | 0 |
| 投资额3 000（含）~5 000万美元以上 | | 0 | 0 | — | 0 |
| 投资额1 000（含）~3 000万美元以上 | | 0 | 0 | — | 3 |
| 税收总额 | 万元 | 39 | 938 | -25.85 | 6 316 |
| 其中：海关税收及代征税 | | 0 | 0 | — | 2 881 |
| 工商税收 | | 39 | 938 | -25.85 | 3 435 |
| 期末从业人员 | 人 | 1 176 | 1 176 | 17.01 | 1 176 |
| 其中：外资企业从业人员 | | 416 | 416 | 6.67 | 416 |
| 期末出口加工区批准面积 | 平方公里 | 3 | 3 | 0.00 | 3 |
| 期末出口加工区验收封关面积 | | 2 | 2 | 0.00 | 2 |

续表

| 指标 | 单位 | 浙江慈溪出口加工区 | | | |
|---|---|---|---|---|---|
| | | 2012 年 12 月 | 当年累计 | 增幅（%） | 历年累计 |
| 增加值 | 万元 | 335 | 3 601 | 49.79 | 7 644 |
| 营业总收入 | 万元 | 2 173 | 11 260 | — | 24 327 |
| 工业总产值 | 万元 | 2 107 | 11 822 | 95.28 | 22 360 |
| 其中：高新技术产业 | 万元 | 0 | 0 | — | 0 |
| 电子信息产业 | 万元 | 2 107 | 11 822 | 95.28 | 22 315 |
| 工业产品销售额 | 万元 | 2 015 | 10 155 | 97.53 | 19 937 |
| 企业利润总额 | 万元 | 35 | 264 | 41.94 | 568 |
| 物流企业营业收入 | 万元 | 66 | 926 | -31.20 | 4 211 |
| 综合能源耗费量 | 吨标准煤 | 18 | 66 | 65.00 | 147 |
| 批准企业数 | 个 | 1 | 4 | -42.86 | 24 |
| 其中：外资企业 | 个 | 0 | 0 | -100.00 | 7 |
| 仓储物流企业 | 个 | 1 | 4 | 33.33 | 13 |
| 批准投资总额 | 万美元 | 318 | 1 607 | -68.03 | 25 860 |
| 其中：外商投资总额 | 万美元 | 0 | 624 | 890.48 | 14 994 |
| 增资额 | 万美元 | 0 | 0 | — | 0 |
| 合同利用外资 | 万美元 | 0 | 624 | 890.48 | 9 183 |
| 其中：增资额 | 万美元 | 0 | 0 | — | 0 |
| 企业实际到位资金 | 万美元 | 5 | 982 | -72.81 | 8 949 |
| 其中：实际利用外资 | 万美元 | 0 | 312 | 395.24 | 3 901 |
| 固定资产投资额 | 万元 | 1 750 | 16 048 | 16.57 | 69 130 |
| 其中：基础设施投资 | 万元 | 1 750 | 15 247 | 29.05 | 63 222 |
| 开发公司投资 | 万元 | 0 | 1 205 | -70.08 | 22 675 |
| 期末施工房屋建筑面积 | 平方米 | 0 | 0 | -100.00 | 0 |
| 其中：在建厂房面积 | 平方米 | 0 | 0 | -100.00 | 0 |
| 房屋竣工建筑面积 | 平方米 | 0 | 35 000 | -10.49 | 141 640 |
| 其中：已建成厂房面积 | 平方米 | 0 | 0 | -100.00 | 49 786 |
| 已建成仓库面积 | 平方米 | 0 | 35 000 | 45.83 | 86 754 |
| 土地实际已租售面积 | 平方米 | 0 | 16 675 | -66.74 | 270 416 |
| 已投产物流企业 | 个 | 1 | 3 | -25.00 | 11 |
| 已投产工业企业 | 个 | 0 | 0 | -100.00 | 6 |
| 其中：投资额 5 000 万美元（含）以上 | 个 | 0 | 0 | — | 0 |
| 投资额 3 000（含）~5 000 万美元以上 | 个 | 0 | 0 | — | 0 |
| 投资额 1 000（含）~3 000 万美元以上 | 个 | 0 | 0 | -100.00 | 1 |
| 税收总额 | 万元 | 1 372 | 5 878 | -22.53 | 17 705 |
| 其中：海关税收及代征税 | 万元 | 1 360 | 5 774 | -23.17 | 17 418 |
| 工商税收 | 万元 | 12 | 104 | 44.44 | 287 |
| 期末从业人员 | 人 | 143 | 143 | -4.03 | 143 |
| 其中：外资企业从业人员 | 人 | 31 | 31 | 0.00 | 31 |
| 期末出口加工区批准面积 | 平方公里 | 2 | 2 | 0.00 | 2 |
| 期末出口加工区验收封关面积 | 平方公里 | 1 | 1 | 0.00 | 1 |

续表

| 指标 | 单位 | 安徽芜湖出口加工区 | | | |
|---|---|---|---|---|---|
| | | 2012 年 12 月 | 当年累计 | 增幅（%） | 历年累计 |
| 增加值 | 万元 | 4 505 | 46 356 | 63.54 | 106 320 |
| 营业总收入 | | 20 935 | 257 297 | — | 784 967 |
| 工业总产值 | | 21 314 | 252 429 | -2.98 | 784 821 |
| 其中：高新技术产业 | | 61 | 7 260 | 55.43 | 24 163 |
| 电子信息产业 | | 13 516 | 182 538 | -7.41 | 538 780 |
| 工业产品销售额 | | 20 933 | 257 273 | -0.60 | 784 855 |
| 企业利润总额 | | 1 362 | 10 086 | — | 2 991 |
| 物流企业营业收入 | | 2 | 24 | -45.45 | 112 |
| 综合能源耗费量 | 吨标准煤 | 1 458 | 10 948 | 9.81 | 53 462 |
| 批准企业数 | 个 | 0 | 2 | 100.00 | 29 |
| 其中：外资企业 | | 0 | 0 | — | 12 |
| 仓储物流企业 | | 0 | 1 | 0.00 | 5 |
| 批准投资总额 | 万美元 | 0 | 16 709 | 86.59 | 51 511 |
| 其中：外商投资总额 | | 0 | 15 680 | — | 30 870 |
| 增资额 | | 0 | 16 470 | — | 27 959 |
| 合同利用外资 | | 0 | 15 447 | — | 30 008 |
| 其中：增资额 | | 0 | 15 447 | — | 25 298 |
| 企业实际到位资金 | | 0 | 6 627 | 530.54 | 25 285 |
| 其中：实际利用外资 | | 0 | 5 408 | 108 060.00 | 17 925 |
| 固定资产投资额 | 万元 | 8 076 | 38 296 | 197.24 | 209 650 |
| 其中：基础设施投资 | | 3 100 | 21 097 | 694.91 | 120 696 |
| 开发公司投资 | | 0 | 0 | — | 11 651 |
| 期末施工房屋建筑面积 | 平方米 | 24 000 | 24 000 | — | 24 000 |
| 其中：在建厂房面积 | | 24 000 | 24 000 | — | 24 000 |
| 房屋竣工建筑面积 | | 0 | 7 000 | -78.23 | 299 949 |
| 其中：已建成厂房面积 | | 0 | 7 000 | -78.23 | 273 628 |
| 已建成仓库面积 | | 0 | 0 | — | 10 521 |
| 土地实际已租售面积 | | 0 | 202 774 | 65.30 | 926 005 |
| 已投产物流企业 | 个 | 0 | 0 | — | 2 |
| 已投产工业企业 | | 0 | 0 | — | 12 |
| 其中：投资额 5 000 万美元（含）以上 | | 0 | 0 | — | 2 |
| 投资额 3 000（含）~5 000 万美元以上 | | 0 | 0 | — | 0 |
| 投资额 1 000（含）~3 000 万美元以上 | | 0 | 0 | — | 1 |
| 税收总额 | 万元 | 797 | 6 847 | -54.94 | 27 916 |
| 其中：海关税收及代征税 | | 711 | 4 763 | -63.69 | 21 894 |
| 工商税收 | | 86 | 2 084 | 0.43 | 6 021 |
| 期末从业人员 | 人 | 4 501 | 4 501 | -44.47 | 4 501 |
| 其中：外资企业从业人员 | | 4 008 | 4 008 | -47.95 | 4 008 |
| 期末出口加工区批准面积 | 平方公里 | 3 | 3 | 0.00 | 3 |
| 期末出口加工区验收封关面积 | | 2 | 2 | 0.00 | 2 |

续表

| 指标 | 单位 | 福建福州出口加工区 | | | |
|---|---|---|---|---|---|
| | | 2012年12月 | 当年累计 | 增幅（%） | 历年累计 |
| 增加值 | 万元 | 215 | 2 023 | -48.14 | 16 720 |
| 营业总收入 | 万元 | 1 605 | 11 950 | — | 28 610 |
| 工业总产值 | 万元 | 1 560 | 11 620 | 38.50 | 28 620 |
| 其中：高新技术产业 | 万元 | 0 | 0 | — | 0 |
| 电子信息产业 | 万元 | 0 | 0 | — | 0 |
| 工业产品销售额 | 万元 | 1 530 | 11 135 | 24.69 | 24 815 |
| 企业利润总额 | 万元 | 67 | 572 | -9.35 | 1 203 |
| 物流企业营业收入 | 万元 | 72 | 666 | 26.62 | 3 590 |
| 综合能源耗费量 | 吨标准煤 | 47 | 157 | — | 157 |
| 批准企业数 | 个 | 1 | 3 | 200.00 | 18 |
| 其中：外资企业 | 个 | 0 | 0 | -100.00 | 4 |
| 仓储物流企业 | 个 | 0 | 2 | 100.00 | 9 |
| 批准投资总额 | 万美元 | 70 | 84 | 180.00 | 7 243 |
| 其中：外商投资总额 | 万美元 | 0 | 0 | -100.00 | 4 430 |
| 增资额 | 万美元 | 0 | 0 | — | 0 |
| 合同利用外资 | 万美元 | 0 | 0 | -100.00 | 2 230 |
| 其中：增资额 | 万美元 | 0 | 0 | — | 0 |
| 企业实际到位资金 | 万美元 | 70 | 84 | -70.53 | 4 213 |
| 其中：实际利用外资 | 万美元 | 0 | 0 | — | 1 167 |
| 固定资产投资额 | 万元 | 620 | 5 220 | -55.99 | 86 522 |
| 其中：基础设施投资 | 万元 | 200 | 280 | -63.16 | 23 350 |
| 开发公司投资 | 万元 | 0 | 0 | — | 0 |
| 期末施工房屋建筑面积 | 平方米 | 9 000 | 9 000 | -65.38 | 9 000 |
| 其中：在建厂房面积 | 平方米 | 9 000 | 9 000 | 2.27 | 9 000 |
| 房屋竣工建筑面积 | 平方米 | 10 000 | 27 500 | — | 110 680 |
| 其中：已建成厂房面积 | 平方米 | 10 000 | 21 800 | — | 63 580 |
| 已建成仓库面积 | 平方米 | 0 | 5 700 | — | 7 700 |
| 土地实际已租售面积 | 平方米 | 0 | 0 | -100.00 | 295 474 |
| 已投产物流企业 | 个 | 0 | 2 | — | 5 |
| 已投产工业企业 | 个 | 0 | 0 | — | 1 |
| 其中：投资额5 000万美元（含）以上 | 个 | 0 | 0 | — | 0 |
| 投资额3 000（含）~5 000万美元以上 | 个 | 0 | 0 | — | 0 |
| 投资额1 000（含）~3 000万美元以上 | 个 | 0 | 0 | — | 1 |
| 税收总额 | 万元 | 3 643 | 25 385 | 12.75 | 66 339 |
| 其中：海关税收及代征税 | 万元 | 3 590 | 24 767 | 12.58 | 62 978 |
| 工商税收 | 万元 | 53 | 616 | 19.84 | 3 359 |
| 期末从业人员 | 人 | 350 | 350 | 84.21 | 350 |
| 其中：外资企业从业人员 | 人 | 295 | 295 | 1 866.67 | 295 |
| 期末出口加工区批准面积 | 平方公里 | 1 | 1 | 0.00 | 1 |
| 期末出口加工区验收封关面积 | 平方公里 | 0 | 0 | 0.00 | 0 |

续表

| 指标 | 单位 | 福建福清出口加工区 | | | |
| --- | --- | --- | --- | --- | --- |
| | | 2012 年 12 月 | 当年累计 | 增幅（%） | 历年累计 |
| 增加值 | 万元 | 284 | 628 | 107.95 | 1 144 |
| 营业总收入 | | 3 311 | 4 761 | — | 4 761 |
| 工业总产值 | | 3 293 | 4 631 | -1.91 | 10 279 |
| 其中：高新技术产业 | | 0 | 0 | — | 0 |
| 电子信息产业 | | 0 | 0 | — | 0 |
| 工业产品销售额 | | 3 293 | 4 631 | — | 4 631 |
| 企业利润总额 | | 195 | -326 | — | -329 |
| 物流企业营业收入 | | 18 | 130 | -20.73 | 444 |
| 综合能源耗费量 | 吨标准煤 | 9 | 27 | 440.00 | 32 |
| 批准企业数 | 个 | 0 | 0 | -100.00 | 12 |
| 其中：外资企业 | | 0 | 0 | -100.00 | 9 |
| 仓储物流企业 | | 0 | 0 | — | 3 |
| 批准投资总额 | 万美元 | 0 | 0 | -100.00 | 30 413 |
| 其中：外商投资总额 | | 0 | 0 | -100.00 | 29 500 |
| 增资额 | | 0 | 0 | — | 0 |
| 合同利用外资 | | 0 | 0 | -100.00 | 11 280 |
| 其中：增资额 | | 0 | 0 | — | 0 |
| 企业实际到位资金 | | 0 | 801 | 360.34 | 5 178 |
| 其中：实际利用外资 | | 0 | 801 | 701.00 | 4 250 |
| 固定资产投资额 | 万元 | 1 275 | 27 671 | 26.77 | 115 723 |
| 其中：基础设施投资 | | 0 | 3 785 | 28.31 | 36 504 |
| 开发公司投资 | | 1 275 | 23 886 | 33.61 | 69 739 |
| 期末施工房屋建筑面积 | 平方米 | 0 | 0 | — | 0 |
| 其中：在建厂房面积 | | 0 | 0 | — | 0 |
| 房屋竣工建筑面积 | | 0 | 0 | — | 159 328 |
| 其中：已建成厂房面积 | | 0 | 0 | — | 151 122 |
| 已建成仓库面积 | | 0 | 0 | — | 4 758 |
| 土地实际已租售面积 | | 0 | 0 | — | 398 865 |
| 已投产物流企业 | 个 | 0 | 0 | — | 2 |
| 已投产工业企业 | | 0 | 1 | — | 2 |
| 其中：投资额 5 000 万美元（含）以上 | | 0 | 0 | — | 0 |
| 投资额 3 000（含）~5 000 万美元以上 | | 0 | 0 | — | 0 |
| 投资额 1 000（含）~3 000 万美元以上 | | 0 | 0 | — | 0 |
| 税收总额 | 万元 | 3 918 | 20 139 | 129.69 | 36 756 |
| 其中：海关税收及代征税 | | 3 897 | 20 040 | 128.71 | 35 891 |
| 工商税收 | | 21 | 99 | 1 550.00 | 865 |
| 期末从业人员 | 人 | 209 | 209 | 52.55 | 209 |
| 其中：外资企业从业人员 | | 141 | 141 | 80.77 | 141 |
| 期末出口加工区批准面积 | 平方公里 | 1 | 1 | 0.00 | 1 |
| 期末出口加工区验收封关面积 | | 1 | 1 | 0.00 | 1 |

续表

| 指标 | 单位 | 江西南昌出口加工区 | | | |
|---|---|---|---|---|---|
| | | 2012 年 12 月 | 当年累计 | 增幅（%） | 历年累计 |
| 增加值 | 万元 | 0 | 10 554 | 75. 34 | 30 174 |
| 营业总收入 | 万元 | 7 901 | 192 941 | — | 192 941 |
| 工业总产值 | 万元 | 7 892 | 189 118 | 115. 87 | 348 210 |
| 其中：高新技术产业 | 万元 | 0 | 0 | — | 0 |
| 电子信息产业 | 万元 | 0 | 99 160 | 124. 97 | 163 146 |
| 工业产品销售额 | 万元 | 4 143 | 181 660 | 134. 42 | 300 687 |
| 企业利润总额 | 万元 | -1 030 | -2 828 | — | -1 627 |
| 物流企业营业收入 | 万元 | 43 | 371 | 82. 76 | 750 |
| 综合能源耗费量 | 吨标准煤 | 91 | 892 | 160. 82 | 27 257 |
| 批准企业数 | 个 | 0 | 3 | 50. 00 | 14 |
| 其中：外资企业 | 个 | 0 | 2 | 0. 00 | 13 |
| 仓储物流企业 | 个 | 0 | 1 | — | 3 |
| 批准投资总额 | 万美元 | 0 | 16 000 | 5 233. 33 | 49 464 |
| 其中：外商投资总额 | 万美元 | 0 | 6 000 | 1 900. 00 | 36 215 |
| 增资额 | 万美元 | 0 | 0 | — | 0 |
| 合同利用外资 | 万美元 | 0 | 7 200 | 157. 14 | 32 415 |
| 其中：增资额 | 万美元 | 0 | 0 | -100. 00 | 4 100 |
| 企业实际到位资金 | 万美元 | 0 | 6 050 | 43. 71 | 17 870 |
| 其中：实际利用外资 | 万美元 | 0 | 2 050 | -51. 31 | 13 870 |
| 固定资产投资额 | 万元 | 0 | 12 000 | -72. 70 | 108 720 |
| 其中：基础设施投资 | 万元 | 0 | 0 | -100. 00 | 44 578 |
| 开发公司投资 | 万元 | 0 | 12 000 | — | 12 000 |
| 期末施工房屋建筑面积 | 平方米 | 15 000 | 15 000 | -28. 57 | 15 000 |
| 其中：在建厂房面积 | 平方米 | 15 000 | 15 000 | -28. 57 | 15 000 |
| 房屋竣工建筑面积 | 平方米 | 0 | 0 | -100. 00 | 218 550 |
| 其中：已建成厂房面积 | 平方米 | 0 | 0 | -100. 00 | 215 800 |
| 已建成仓库面积 | 平方米 | 0 | 0 | -100. 00 | 2 750 |
| 土地实际已租售面积 | 平方米 | 0 | 0 | — | 187 981 |
| 已投产物流企业 | 个 | 0 | 0 | — | 2 |
| 已投产工业企业 | 个 | 0 | 2 | — | 9 |
| 其中：投资额 5 000 万美元（含）以上 | 个 | 0 | 0 | — | 2 |
| 投资额 3 000（含）～5 000 万美元以上 | 个 | 0 | 2 | — | 2 |
| 投资额 1 000（含）～3 000 万美元以上 | 个 | 0 | 0 | — | 2 |
| 税收总额 | 万元 | 2 | 53 | 307. 69 | 105 |
| 其中：海关税收及代征税 | 万元 | 0 | 31 | 3 000. 00 | 50 |
| 工商税收 | 万元 | 1 | 20 | 900. 00 | 38 |
| 期末从业人员 | 人 | 2 744 | 2 744 | 13. 15 | 2 744 |
| 其中：外资企业从业人员 | 人 | 2 715 | 2 715 | 11. 96 | 2 715 |
| 期末出口加工区批准面积 | 平方公里 | 1 | 1 | 0. 00 | 1 |
| 期末出口加工区验收封关面积 | 平方公里 | 1 | 1 | 0. 00 | 1 |

续表

| 指标 | 单位 | 江西九江出口加工区 | | | |
|---|---|---|---|---|---|
| | | 2012年12月 | 当年累计 | 增幅（%） | 历年累计 |
| 增加值 | 万元 | 2 649 | 29 911 | 195.13 | 52 842 |
| 营业总收入 | 万元 | 6 773 | 340 697 | — | 340 697 |
| 工业总产值 | 万元 | 6 672 | 325 117 | -1.83 | 832 927 |
| 其中：高新技术产业 | 万元 | 0 | 0 | — | 0 |
| 电子信息产业 | 万元 | 6 672 | 325 117 | -1.83 | 824 738 |
| 工业产品销售额 | 万元 | 6 672 | 317 550 | 5.19 | 776 639 |
| 企业利润总额 | 万元 | 135 | 5 460 | 70.79 | 13 448 |
| 物流企业营业收入 | 万元 | 0 | 11 | — | 14 |
| 综合能源耗费量 | 吨标准煤 | 316 | 1 240 | 60.00 | 3 066 |
| 批准企业数 | 个 | 0 | 1 | -50.00 | 22 |
| 其中：外资企业 | 个 | 0 | 1 | 0.00 | 15 |
| 仓储物流企业 | 个 | 0 | 0 | — | 3 |
| 批准投资总额 | 万美元 | 0 | 5 200 | 25.33 | 55 816 |
| 其中：外商投资总额 | 万美元 | 0 | 5 200 | 160.00 | 46 666 |
| 增资额 | 万美元 | 0 | 4 000 | 100.00 | 6 000 |
| 合同利用外资 | 万美元 | 0 | 28 760 | 858.67 | 46 666 |
| 其中：增资额 | 万美元 | 0 | 4 000 | 100.00 | 5 000 |
| 企业实际到位资金 | 万美元 | 0 | 600 | -83.05 | 17 256 |
| 其中：实际利用外资 | 万美元 | 0 | 600 | -83.05 | 15 745 |
| 固定资产投资额 | 万元 | 12 | 16 100 | -22.21 | 101 082 |
| 其中：基础设施投资 | 万元 | 0 | 3 600 | -34.13 | 20 469 |
| 开发公司投资 | 万元 | 0 | 0 | -100.00 | 13 946 |
| 期末施工房屋建筑面积 | 平方米 | 12 762 | 12 762 | 0.00 | 12 762 |
| 其中：在建厂房面积 | 平方米 | 12 762 | 12 762 | 0.00 | 12 762 |
| 房屋竣工建筑面积 | 平方米 | 0 | 27 669 | — | 170 383 |
| 其中：已建成厂房面积 | 平方米 | 0 | 27 669 | — | 127 669 |
| 已建成仓库面积 | 平方米 | 0 | 0 | — | 1 847 |
| 土地实际已租售面积 | 平方米 | 0 | 71 334 | — | 585 997 |
| 已投产物流企业 | 个 | 0 | 0 | — | 2 |
| 已投产工业企业 | 个 | 0 | 0 | -100.00 | 21 |
| 其中：投资额5 000万美元（含）以上 | 个 | 0 | 0 | — | 1 |
| 投资额3 000（含）~5 000万美元以上 | 个 | 0 | 0 | — | 8 |
| 投资额1 000（含）~3 000万美元以上 | 个 | 0 | 0 | -100.00 | 5 |
| 税收总额 | 万元 | 7 | 845 | 121.20 | 2 307 |
| 其中：海关税收及代征税 | 万元 | 3 | 332 | — | 493 |
| 工商税收 | 万元 | 4 | 513 | 34.29 | 1 814 |
| 期末从业人员 | 人 | 3 990 | 3 990 | 62.46 | 3 990 |
| 其中：外资企业从业人员 | 人 | 3 890 | 3 890 | 62.35 | 3 890 |
| 期末出口加工区批准面积 | 平方公里 | 1 | 1 | 0.00 | 1 |
| 期末出口加工区验收封关面积 | 平方公里 | 1 | 1 | 0.00 | 1 |

续表

| 指标 | 单位 | 江西赣州出口加工区 | | | |
|---|---|---|---|---|---|
| | | 2012年12月 | 当年累计 | 增幅（%） | 历年累计 |
| 增加值 | 万元 | 1 148 | 11 060 | — | 11 860 |
| 营业总收入 | 万元 | 2 078 | 37 223 | — | 57 401 |
| 工业总产值 | 万元 | 2 057 | 21 640 | 64.50 | 35 483 |
| 其中：高新技术产业 | 万元 | 0 | 0 | — | 0 |
| 电子信息产业 | 万元 | 2 057 | 21 640 | 64.50 | 35 483 |
| 工业产品销售额 | 万元 | 2 057 | 21 640 | 74.53 | 34 727 |
| 企业利润总额 | 万元 | 189 | 504 | — | 504 |
| 物流企业营业收入 | 万元 | 21 | 15 583 | 55 553.57 | 21 918 |
| 综合能源耗费量 | 吨标准煤 | 196 | 628 | -18.97 | 1 073 |
| 批准企业数 | 个 | 0 | 5 | 400.00 | 8 |
| 其中：外资企业 | 个 | 0 | 0 | — | 1 |
| 仓储物流企业 | 个 | 0 | 4 | 300.00 | 6 |
| 批准投资总额 | 万美元 | 0 | 12 948 | 161 750.00 | 14 206 |
| 其中：外商投资总额 | 万美元 | 0 | 0 | — | 1 200 |
| 增资额 | 万美元 | 0 | 0 | — | 0 |
| 合同利用外资 | 万美元 | 0 | 0 | — | 1 200 |
| 其中：增资额 | 万美元 | 0 | 0 | — | 0 |
| 企业实际到位资金 | 万美元 | 0 | 2 277 | 28 362.50 | 2 957 |
| 其中：实际利用外资 | 万美元 | 0 | 580 | — | 1 200 |
| 固定资产投资额 | 万元 | 1 200 | 6 325 | 79.18 | 27 998 |
| 其中：基础设施投资 | 万元 | 1 200 | 3 055 | 219.90 | 7 234 |
| 开发公司投资 | 万元 | 0 | 3 270 | 26.99 | 20 764 |
| 期末施工房屋建筑面积 | 平方米 | 6 000 | 6 000 | -92.00 | 6 000 |
| 其中：在建厂房面积 | 平方米 | 6 000 | 6 000 | — | 6 000 |
| 房屋竣工建筑面积 | 平方米 | 5 000 | 78 400 | 3 919 900.00 | 191 200 |
| 其中：已建成厂房面积 | 平方米 | 5 000 | 73 600 | — | 183 600 |
| 已建成仓库面积 | 平方米 | 0 | 4 800 | — | 7 600 |
| 土地实际已租售面积 | 平方米 | 0 | 200 000 | — | 370 000 |
| 已投产物流企业 | 个 | 1 | 3 | 200.00 | 5 |
| 已投产工业企业 | 个 | 0 | 0 | — | 1 |
| 其中：投资额5 000万美元（含）以上 | 个 | 0 | 0 | — | 0 |
| 投资额3 000（含）~5 000万美元以上 | 个 | 0 | 0 | — | 0 |
| 投资额1 000（含）~3 000万美元以上 | 个 | 0 | 0 | — | 0 |
| 税收总额 | 万元 | 24 | 4 160 | 2 089.47 | 4 388 |
| 其中：海关税收及代征税 | 万元 | 6 | 3 840 | — | 3 840 |
| 工商税收 | 万元 | 18 | 320 | 68.42 | 548 |
| 期末从业人员 | 人 | 3 780 | 3 780 | -12.50 | 3 780 |
| 其中：外资企业从业人员 | 人 | 3 400 | 3 400 | -20.84 | 3 400 |
| 期末出口加工区批准面积 | 平方公里 | 3 | 3 | 0.00 | 3 |
| 期末出口加工区验收封关面积 | 平方公里 | 1 | 1 | 0.00 | 1 |

续表

| 指标 | 单位 | 山东济南出口加工区 | | | |
|---|---|---|---|---|---|
| | | 2012 年 12 月 | 当年累计 | 增幅（%） | 历年累计 |
| 增加值 | 万元 | 1 221 | 29 272 | 137.06 | 60 511 |
| 营业总收入 | 万元 | 41 311 | 235 886 | — | 235 886 |
| 工业总产值 | 万元 | 11 409 | 108 027 | 5.06 | 447 278 |
| 其中：高新技术产业 | 万元 | 898 | 6 037 | — | 6 037 |
| 电子信息产业 | 万元 | 0 | 0 | — | 0 |
| 工业产品销售额 | 万元 | 11 324 | 108 050 | -5.76 | 454 879 |
| 企业利润总额 | 万元 | 1 082 | 18 212 | 146.64 | 31 878 |
| 物流企业营业收入 | 万元 | 29 987 | 127 834 | — | 128 170 |
| 综合能源耗费量 | 吨标准煤 | 62 | 226 | -23.91 | 1 089 |
| 批准企业数 | 个 | 0 | 6 | 100.00 | 33 |
| 其中：外资企业 | 个 | 0 | 2 | 100.00 | 13 |
| 仓储物流企业 | 个 | 0 | 1 | -66.67 | 10 |
| 批准投资总额 | 万美元 | 0 | 4 972 | -10.46 | 27 750 |
| 其中：外商投资总额 | 万美元 | 0 | 2 422 | 44.17 | 17 342 |
| 增资额 | 万美元 | 0 | 0 | — | 524 |
| 合同利用外资 | 万美元 | 0 | 633 | -62.32 | 8 445 |
| 其中：增资额 | 万美元 | 0 | 0 | — | 524 |
| 企业实际到位资金 | 万美元 | 1 051 | 8 099 | 151.37 | 21 227 |
| 其中：实际利用外资 | 万美元 | 0 | 300 | -55.88 | 4 359 |
| 固定资产投资额 | 万元 | 6 640 | 49 963 | 261.47 | 177 570 |
| 其中：基础设施投资 | 万元 | 0 | 2 288 | 236.47 | 13 136 |
| 开发公司投资 | 万元 | 0 | 0 | -100.00 | 16 053 |
| 期末施工房屋建筑面积 | 平方米 | 168 855 | 168 855 | 55.40 | 168 855 |
| 其中：在建厂房面积 | 平方米 | 164 582 | 164 582 | 57.67 | 164 582 |
| 房屋竣工建筑面积 | 平方米 | 0 | 14 000 | -35.66 | 275 035 |
| 其中：已建成厂房面积 | 平方米 | 0 | 14 000 | 143.06 | 214 850 |
| 已建成仓库面积 | 平方米 | 0 | 0 | -100.00 | 23 145 |
| 土地实际已租售面积 | 平方米 | 56 000 | 275 334 | 130.18 | 812 930 |
| 已投产物流企业 | 个 | 0 | 0 | — | 4 |
| 已投产工业企业 | 个 | 0 | 1 | — | 11 |
| 其中：投资额 5 000 万美元（含）以上 | 个 | 0 | 0 | — | 0 |
| 投资额 3 000（含）~5 000 万美元以上 | 个 | 0 | 0 | — | 0 |
| 投资额 1 000（含）~3 000 万美元以上 | 个 | 0 | 0 | — | 0 |
| 税收总额 | 万元 | 4 918 | 24 805 | 60.44 | 49 410 |
| 其中：海关税收及代征税 | 万元 | 4 900 | 20 800 | 42.58 | 42 975 |
| 工商税收 | 万元 | 18 | 4 005 | 358.76 | 6 435 |
| 期末从业人员 | 人 | 968 | 968 | -1.83 | 968 |
| 其中：外资企业从业人员 | 人 | 224 | 224 | -63.16 | 224 |
| 期末出口加工区批准面积 | 平方公里 | 3 | 3 | 0.00 | 3 |
| 期末出口加工区验收封关面积 | 平方公里 | 1 | 1 | 0.00 | 1 |

续表

| 指标 | 单位 | 山东青岛出口加工区 | | | |
|---|---|---|---|---|---|
| | | 2012年12月 | 当年累计 | 增幅（%） | 历年累计 |
| 增加值 | 万元 | 13 495 | 123 277 | 3.26 | 665 302 |
| 营业总收入 | 万元 | 45 086 | 492 372 | — | 2 354 472 |
| 工业总产值 | 万元 | 48 197 | 439 683 | 3.12 | 2 396 912 |
| 其中：高新技术产业 | 万元 | 12 049 | 110 066 | 3.26 | 696 267 |
| 电子信息产业 | 万元 | 38 558 | 352 243 | 3.26 | 1 792 318 |
| 工业产品销售额 | 万元 | 44 522 | 429 557 | 3.45 | 2 342 402 |
| 企业利润总额 | 万元 | 8 514 | 77 806 | 2.17 | 383 714 |
| 物流企业营业收入 | 万元 | 62 | 775 | -6.06 | 2 546 |
| 综合能源耗费量 | 吨标准煤 | 1 810 | 7 305 | 1.88 | 28 275 |
| 批准企业数 | 个 | 0 | 6 | -33.33 | 66 |
| 其中：外资企业 | 个 | 0 | 5 | -37.50 | 60 |
| 仓储物流企业 | 个 | 0 | 0 | — | 2 |
| 批准投资总额 | 万美元 | 979 | 32 634 | -7.77 | 175 247 |
| 其中：外商投资总额 | 万美元 | 979 | 30 730 | 29.28 | 145 381 |
| 增资额 | 万美元 | 979 | 16 824 | 484.17 | 37 464 |
| 合同利用外资 | 万美元 | 979 | 10 506 | 4.69 | 62 504 |
| 其中：增资额 | 万美元 | 979 | 6 306 | 356.96 | 18 100 |
| 企业实际到位资金 | 万美元 | 2 746 | 11 693 | 41.78 | 150 962 |
| 其中：实际利用外资 | 万美元 | 986 | 5 820 | 42.30 | 38 787 |
| 固定资产投资额 | 万元 | 861 | 36 367 | 301.31 | 207 737 |
| 其中：基础设施投资 | 万元 | 85 | 12 025 | 675.31 | 67 944 |
| 开发公司投资 | 万元 | 0 | 100 | — | 100 |
| 期末施工房屋建筑面积 | 平方米 | 40 000 | 40 000 | — | 40 000 |
| 其中：在建厂房面积 | 平方米 | 40 000 | 40 000 | — | 40 000 |
| 房屋竣工建筑面积 | 平方米 | 35 000 | 35 000 | 775.00 | 470 000 |
| 其中：已建成厂房面积 | 平方米 | 25 000 | 25 000 | 2 400.00 | 412 719 |
| 已建成仓库面积 | 平方米 | 10 000 | 10 000 | 233.33 | 23 000 |
| 土地实际已租售面积 | 平方米 | 0 | 0 | — | 1 455 404 |
| 已投产物流企业 | 个 | 0 | 0 | — | 2 |
| 已投产工业企业 | 个 | 0 | 0 | -100.00 | 49 |
| 其中：投资额5 000万美元（含）以上 | 个 | 0 | 0 | — | 2 |
| 投资额3 000（含）~5 000万美元以上 | 个 | 0 | 0 | — | 3 |
| 投资额1 000（含）~3 000万美元以上 | 个 | 0 | 0 | — | 14 |
| 税收总额 | 万元 | 1 139 | 14 579 | 35.74 | 57 338 |
| 其中：海关税收及代征税 | 万元 | 1 031 | 7 141 | 124.84 | 17 593 |
| 工商税收 | 万元 | 108 | 7 438 | -1.67 | 39 742 |
| 期末从业人员 | 人 | 7 610 | 7 610 | -1.30 | 7 610 |
| 其中：外资企业从业人员 | 人 | 7 390 | 7 390 | -0.27 | 7 390 |
| 期末出口加工区批准面积 | 平方公里 | 3 | 3 | 0.00 | 3 |
| 期末出口加工区验收封关面积 | 平方公里 | 2 | 2 | 0.00 | 2 |

续表

| 指标 | 单位 | 山东青岛西海岸出口加工区 | | | |
|---|---|---|---|---|---|
| | | 2012年12月 | 当年累计 | 增幅（%） | 历年累计 |
| 增加值 | 万元 | 6 911 | 73 998 | 21.03 | 167 843 |
| 营业总收入 | 万元 | 25 599 | 270 577 | — | 578 718 |
| 工业总产值 | 万元 | 21 543 | 255 939 | 20.28 | 612 027 |
| 其中：高新技术产业 | 万元 | 0 | 0 | — | 0 |
| 电子信息产业 | 万元 | 0 | 0 | — | 0 |
| 工业产品销售额 | 万元 | 22 101 | 256 075 | 32.39 | 560 200 |
| 企业利润总额 | 万元 | 3 583 | 39 092 | 47.03 | 64 467 |
| 物流企业营业收入 | 万元 | 3 498 | 14 502 | 1 295.77 | 18 518 |
| 综合能源耗费量 | 吨标准煤 | 382 | 1 448 | 29.06 | 3 245 |
| 批准企业数 | 个 | 0 | 2 | 0.00 | 20 |
| 其中：外资企业 | 个 | 0 | 1 | 0.00 | 17 |
| 仓储物流企业 | 个 | 0 | 1 | — | 2 |
| 批准投资总额 | 万美元 | 0 | 14 392 | 121.42 | 66 236 |
| 其中：外商投资总额 | 万美元 | 0 | 8 816 | 252.64 | 56 360 |
| 增资额 | 万美元 | 0 | 2 500 | — | 5 635 |
| 合同利用外资 | 万美元 | 0 | 6 744 | 68.60 | 35 754 |
| 其中：增资额 | 万美元 | 0 | 1 444 | -59.89 | 8 179 |
| 企业实际到位资金 | 万美元 | 446 | 8 037 | -64.17 | 45 150 |
| 其中：实际利用外资 | 万美元 | 50 | 1 703 | -90.33 | 30 689 |
| 固定资产投资额 | 万元 | 1 315 | 16 152 | -17.30 | 90 353 |
| 其中：基础设施投资 | 万元 | 416 | 2 524 | 40.07 | 45 478 |
| 开发公司投资 | 万元 | 0 | 0 | — | 0 |
| 期末施工房屋建筑面积 | 平方米 | 128 323 | 128 323 | 22.71 | 128 323 |
| 其中：在建厂房面积 | 平方米 | 128 323 | 128 323 | 22.71 | 128 323 |
| 房屋竣工建筑面积 | 平方米 | 3 992 | 69 866 | -43.80 | 464 846 |
| 其中：已建成厂房面积 | 平方米 | 3 992 | 69 866 | 1.05 | 401 964 |
| 已建成仓库面积 | 平方米 | 0 | 0 | -100.00 | 62 882 |
| 土地实际已租售面积 | 平方米 | 0 | 0 | -100.00 | 1 816 377 |
| 已投产物流企业 | 个 | 0 | 1 | — | 2 |
| 已投产工业企业 | 个 | 0 | 0 | -100.00 | 15 |
| 其中：投资额5 000万美元（含）以上 | 个 | 0 | 0 | -100.00 | 3 |
| 投资额3 000（含）~5 000万美元以上 | 个 | 0 | 0 | — | 2 |
| 投资额1 000（含）~3 000万美元以上 | 个 | 0 | 0 | -100.00 | 6 |
| 税收总额 | 万元 | 1 882 | 18 699 | 157.14 | 35 518 |
| 其中：海关税收及代征税 | 万元 | 1 581 | 14 996 | 243.32 | 26 213 |
| 工商税收 | 万元 | 301 | 3 703 | 27.51 | 9 305 |
| 期末从业人员 | 人 | 9 035 | 9 035 | -0.71 | 9 035 |
| 其中：外资企业从业人员 | 人 | 7 750 | 7 750 | -1.90 | 7 750 |
| 期末出口加工区批准面积 | 平方公里 | 2 | 2 | 0.00 | 2 |
| 期末出口加工区验收封关面积 | 平方公里 | 2 | 2 | 0.00 | 2 |

续表

| 指标 | 单位 | 山东潍坊出口加工区 | | | |
|---|---|---|---|---|---|
| | | 2012 年 12 月 | 当年累计 | 增幅（%） | 历年累计 |
| 增加值 | 万元 | 5 540 | 39 038 | 157.93 | 65 656 |
| 营业总收入 | 万元 | 19 123 | 133 251 | — | 133 251 |
| 工业总产值 | 万元 | 18 714 | 131 515 | 170.92 | 244 789 |
| 其中：高新技术产业 | 万元 | 17 792 | 124 651 | 186.18 | 218 582 |
| 电子信息产业 | 万元 | 17 659 | 125 946 | 306.74 | 172 969 |
| 工业产品销售额 | 万元 | 18 982 | 131 188 | 176.04 | 241 617 |
| 企业利润总额 | 万元 | 3 320 | 19 319 | 319.25 | 27 787 |
| 物流企业营业收入 | 万元 | 141 | 1 312 | 0.92 | 4 935 |
| 综合能源耗费量 | 吨标准煤 | 821 | 2 037 | 1134.55 | 2 412 |
| 批准企业数 | 个 | 0 | 5 | 150.00 | 43 |
| 其中：外资企业 | 个 | 0 | 3 | — | 14 |
| 仓储物流企业 | 个 | 0 | 2 | — | 5 |
| 批准投资总额 | 万美元 | 0 | 4 590 | -67.23 | 106 887 |
| 其中：外商投资总额 | 万美元 | 0 | 2 032 | — | 31 433 |
| 增资额 | 万美元 | 0 | 0 | — | 0 |
| 合同利用外资 | 万美元 | 0 | 920 | — | 10 910 |
| 其中：增资额 | 万美元 | 0 | 0 | — | 0 |
| 企业实际到位资金 | 万美元 | 708 | 6 997 | -18.76 | 38 094 |
| 其中：实际利用外资 | 万美元 | 350 | 500 | — | 1 902 |
| 固定资产投资额 | 万元 | 4 600 | 45 601 | 59.67 | 190 334 |
| 其中：基础设施投资 | 万元 | 0 | 899 | -31.32 | 10 203 |
| 开发公司投资 | 万元 | 0 | 0 | — | 6 308 |
| 期末施工房屋建筑面积 | 平方米 | 415 578 | 415 578 | 101.88 | 415 578 |
| 其中：在建厂房面积 | 平方米 | 407 800 | 407 800 | 148.38 | 407 800 |
| 房屋竣工建筑面积 | 平方米 | 0 | 33 893 | 61.12 | 292 870 |
| 其中：已建成厂房面积 | 平方米 | 0 | 0 | -100.00 | 216 833 |
| 已建成仓库面积 | 平方米 | 0 | 33 893 | — | 42 541 |
| 土地实际已租售面积 | 平方米 | 11 351 | 253 499 | 207.86 | 1 365 841 |
| 已投产物流企业 | 个 | 0 | 0 | — | 6 |
| 已投产工业企业 | 个 | 0 | 3 | — | 15 |
| 其中：投资额 5 000 万美元（含）以上 | 个 | 0 | 1 | — | 1 |
| 投资额 3 000（含）~5 000 万美元以上 | 个 | 0 | 0 | — | 1 |
| 投资额 1 000（含）~3 000 万美元以上 | 个 | 0 | 0 | — | 1 |
| 税收总额 | 万元 | 2 167 | 23 341 | 108.03 | 41 959 |
| 其中：海关税收及代征税 | 万元 | 1 277 | 16 734 | 171.70 | 22 893 |
| 工商税收 | 万元 | 890 | 6 607 | 30.55 | 19 066 |
| 期末从业人员 | 人 | 5 000 | 5 000 | 85.19 | 5 000 |
| 其中：外资企业从业人员 | 人 | 550 | 550 | 0.00 | 550 |
| 期末出口加工区批准面积 | 平方公里 | 3 | 3 | 0.00 | 3 |
| 期末出口加工区验收封关面积 | 平方公里 | 2 | 2 | 0.00 | 2 |

续表

| 指标 | 单位 | 山东威海出口加工区 | | | |
|---|---|---|---|---|---|
| | | 2012 年 12 月 | 当年累计 | 增幅（%） | 历年累计 |
| 增加值 | 万元 | 9 963 | 86 695 | 6.84 | 520 260 |
| 营业总收入 | | 27 209 | 415 539 | — | 2 071 347 |
| 工业总产值 | | 45 072 | 396 676 | 0.07 | 2 259 693 |
| 其中：高新技术产业 | | 0 | 0 | -100.00 | 11 218 |
| 电子信息产业 | | 34 201 | 280 086 | 7.48 | 1 460 716 |
| 工业产品销售额 | | 26 906 | 353 840 | 12.85 | 2 007 835 |
| 企业利润总额 | | -776 | -9 417 | — | 25 071 |
| 物流企业营业收入 | | 120 | 1 516 | 41.15 | 3 329 |
| 综合能源耗费量 | 吨标准煤 | 998 | 3 958 | 10.01 | 24 312 |
| 批准企业数 | 个 | 0 | 0 | — | 54 |
| 其中：外资企业 | | 0 | 0 | — | 47 |
| 仓储物流企业 | | 0 | 0 | — | 5 |
| 批准投资总额 | 万美元 | 0 | 600 | -90.76 | 71 781 |
| 其中：外商投资总额 | | 0 | 0 | — | 67 781 |
| 增资额 | | 0 | 600 | -90.76 | 20 369 |
| 合同利用外资 | | 84 | 684 | -88.46 | 39 718 |
| 其中：增资额 | | 0 | 600 | — | 10 193 |
| 企业实际到位资金 | | 600 | 1 260 | -80.59 | 42 568 |
| 其中：实际利用外资 | | 600 | 720 | -88.91 | 39 718 |
| 固定资产投资额 | 万元 | 3 140 | 66 818 | 177.28 | 207 311 |
| 其中：基础设施投资 | | 0 | 15 778 | 288.05 | 45 197 |
| 开发公司投资 | | 0 | 0 | — | 100 |
| 期末施工房屋建筑面积 | 平方米 | 20 000 | 20 000 | — | 20 000 |
| 其中：在建厂房面积 | | 20 000 | 20 000 | — | 20 000 |
| 房屋竣工建筑面积 | | 0 | 61 000 | 16.19 | 439 552 |
| 其中：已建成厂房面积 | | 0 | 61 000 | 16.19 | 432 860 |
| 已建成仓库面积 | | 0 | 0 | — | 5 792 |
| 土地实际已租售面积 | | 0 | 0 | -100.00 | 1 127 010 |
| 已投产物流企业 | 个 | 0 | 0 | — | 7 |
| 已投产工业企业 | | 0 | 0 | — | 38 |
| 其中：投资额 5 000 万美元（含）以上 | | 0 | 0 | — | 0 |
| 投资额 3 000（含）~5 000 万美元以上 | | 0 | 0 | — | 0 |
| 投资额 1 000（含）~3 000 万美元以上 | | 0 | 0 | — | 15 |
| 税收总额 | 万元 | 377 | 7 344 | -1.02 | 27 077 |
| 其中：海关税收及代征税 | | 0 | 408 | -28.30 | 3 230 |
| 工商税收 | | 377 | 6 935 | 1.23 | 23 846 |
| 期末从业人员 | 人 | 11 537 | 11 537 | -1.60 | 11 537 |
| 其中：外资企业从业人员 | | 11 428 | 11 428 | -1.66 | 11 428 |
| 期末出口加工区批准面积 | 平方公里 | 3 | 3 | 0.00 | 3 |
| 期末出口加工区验收封关面积 | | 1 | 1 | 0.00 | 1 |

续表

| 指标 | 单位 | 河南郑州出口加工区 | | | |
|---|---|---|---|---|---|
| | | 2012年12月 | 当年累计 | 增幅（%） | 历年累计 |
| 增加值 | 万元 | 19 832 | 120 049 | 56.70 | 280 706 |
| 营业总收入 | 万元 | 82 885 | 447 128 | — | 1 000 444 |
| 工业总产值 | 万元 | 82 836 | 471 719 | 65.59 | 1 031 302 |
| 其中：高新技术产业 | 万元 | 77 684 | 405 978 | 105.08 | 675 542 |
| 电子信息产业 | 万元 | 77 684 | 405 978 | 105.08 | 680 523 |
| 工业产品销售额 | 万元 | 82 782 | 446 289 | 57.04 | 994 935 |
| 企业利润总额 | 万元 | 2 838 | 17 852 | 25.68 | 50 973 |
| 物流企业营业收入 | 万元 | 103 | 839 | 40.77 | 5 509 |
| 综合能源耗费量 | 吨标准煤 | 4 725 | 12 875 | 58.01 | 27 821 |
| 批准企业数 | 个 | 2 | 11 | 10.00 | 47 |
| 其中：外资企业 | 个 | 1 | 4 | 33.33 | 14 |
| 仓储物流企业 | 个 | 0 | 4 | 33.33 | 14 |
| 批准投资总额 | 万美元 | 3 710 | 20 283 | -10.77 | 95 256 |
| 其中：外商投资总额 | 万美元 | 484 | 15 493 | 140.95 | 62 558 |
| 增资额 | 万美元 | 0 | 14 800 | 208.33 | 44 400 |
| 合同利用外资 | 万美元 | 292 | 5 450 | 102.00 | 30 300 |
| 其中：增资额 | 万美元 | 0 | 5 000 | 212.50 | 19 585 |
| 企业实际到位资金 | 万美元 | 0 | 12 822 | 3.48 | 70 805 |
| 其中：实际利用外资 | 万美元 | 0 | 5 062 | 27.15 | 28 714 |
| 固定资产投资额 | 万元 | 0 | 309 758 | 238.94 | 749 501 |
| 其中：基础设施投资 | 万元 | 0 | 474 | -85.14 | 53 397 |
| 开发公司投资 | 万元 | 0 | 34 500 | — | 71 704 |
| 期末施工房屋建筑面积 | 平方米 | 0 | 0 | -100.00 | 0 |
| 其中：在建厂房面积 | 平方米 | 0 | 0 | -100.00 | 0 |
| 房屋竣工建筑面积 | 平方米 | 0 | 253 626 | 221.68 | 632 103 |
| 其中：已建成厂房面积 | 平方米 | 0 | 253 626 | 221.68 | 536 307 |
| 已建成仓库面积 | 平方米 | 0 | 0 | — | 27 814 |
| 土地实际已租售面积 | 平方米 | 0 | 0 | — | 638 699 |
| 已投产物流企业 | 个 | 0 | 3 | 200.00 | 12 |
| 已投产工业企业 | 个 | 0 | 3 | 0.00 | 22 |
| 其中：投资额5 000万美元（含）以上 | 个 | 0 | 0 | — | 1 |
| 投资额3 000（含）~5 000万美元以上 | 个 | 0 | 0 | — | 0 |
| 投资额1 000（含）~3 000万美元以上 | 个 | 0 | 2 | — | 4 |
| 税收总额 | 万元 | 5 164 | 19 674 | 161.21 | 35 395 |
| 其中：海关税收及代征税 | 万元 | 726 | 13 656 | 148.20 | 26 225 |
| 工商税收 | 万元 | 4 438 | 6 018 | 196.45 | 9 170 |
| 期末从业人员 | 人 | 28 481 | 28 481 | 87.39 | 28 481 |
| 其中：外资企业从业人员 | 人 | 28 100 | 28 100 | 86.45 | 28 100 |
| 期末出口加工区批准面积 | 平方公里 | 3 | 3 | 0.00 | 3 |
| 期末出口加工区验收封关面积 | 平方公里 | 1 | 1 | 0.00 | 1 |

# 2012年全国出口加工区进口额前30位国家和地区排名表

| 序号 | 国家和地区 | 2012年 | |
|---|---|---|---|
| | | 进口额（万美元） | 比上年增长（%） |
| 序号 | 合计 | 4 928 529.0 | -12.1 |
| 1 | 中国台湾 | 1 071 051.2 | -7.8 |
| 2 | 中华人民共和国 | 714 796.2 | -7.5 |
| 3 | 韩国 | 663 401.4 | -5.0 |
| 4 | 日本 | 618 917.0 | -20.2 |
| 5 | 美国 | 377 564.6 | 0.9 |
| 6 | 马来西亚 | 240 298.6 | -52.9 |
| 7 | 新加坡 | 192 701.2 | -25.6 |
| 8 | 泰国 | 173 542.3 | -37.9 |
| 9 | 德国 | 144 653.8 | 54.3 |
| 10 | 菲律宾 | 135 328.3 | -4.6 |
| 11 | 南非 | 124 989.4 | 1148.2 |
| 12 | 哥斯达黎加 | 50 384.8 | -16.8 |
| 13 | 智利 | 36 645.6 | 114.2 |
| 14 | 印度 | 33 888.7 | 77.7 |
| 15 | 印度尼西亚 | 31 472.5 | 74.9 |
| 16 | 中国香港 | 27 599.8 | -48.1 |
| 17 | 越南 | 22 010.4 | -38.0 |
| 18 | 荷兰 | 21 875.0 | -54.3 |
| 19 | 澳大利亚 | 20 707.9 | 42.4 |
| 20 | 墨西哥 | 19 886.0 | 94.8 |
| 21 | 意大利 | 17 196.8 | -12.4 |
| 22 | 英国 | 16 354.5 | -1.1 |
| 23 | 法国 | 15 802.8 | 24.4 |
| 24 | 加拿大 | 14 547.7 | -22.9 |
| 25 | 缅甸 | 12 589.2 | 2037.8 |
| 26 | 秘鲁 | 11 183.0 | 114.0 |
| 27 | 奥地利 | 10 099.0 | -11.0 |
| 28 | 巴西 | 8 725.6 | 94.0 |
| 29 | 伊朗 | 7 455.6 | 774.3 |
| 30 | 瑞士 | 7 334.3 | -56.3 |

# 2012 年全国出口加工区出口额前 30 位国家和地区排名表

| 序号 | 国家和地区 | 2012 年 | |
|---|---|---|---|
| | | 出口额（万美元） | 比上年增长（%） |
| 序号 | 合计 | 8 271 682.7 | -18.8 |
| 1 | 美国 | 2 424 477.0 | -27.5 |
| 2 | 中国香港 | 1 411 338.5 | 60.7 |
| 3 | 日本 | 804 371.5 | -10.2 |
| 4 | 荷兰 | 521 080.0 | -38.8 |
| 5 | 韩国 | 449 108.5 | -7.7 |
| 6 | 德国 | 301 466.6 | -24.7 |
| 7 | 新加坡 | 282 091.3 | -2.6 |
| 8 | 英国 | 214 367.2 | 9.7 |
| 9 | 澳大利亚 | 149 338.3 | -36.6 |
| 10 | 中国台湾 | 136 510.6 | -17.3 |
| 11 | 墨西哥 | 121 526.1 | -23.2 |
| 12 | 印度 | 113 985.8 | -11.9 |
| 13 | 捷克 | 110 394.4 | -46.1 |
| 14 | 意大利 | 100 719.0 | -29.2 |
| 15 | 巴西 | 95 540.2 | -32.4 |
| 16 | 加拿大 | 87 535.6 | -35.1 |
| 17 | 芬兰 | 81 564.0 | 27.5 |
| 18 | 泰国 | 72 519.3 | -18.4 |
| 19 | 马来西亚 | 66 932.1 | -37.5 |
| 20 | 匈牙利 | 59 313.9 | 102.4 |
| 21 | 印度尼西亚 | 57 857.9 | -31.5 |
| 22 | 俄罗斯联邦 | 56 462.0 | -27.9 |
| 23 | 法国 | 54 405.1 | -75.9 |
| 24 | 阿联酋 | 48 412.8 | -56.7 |
| 25 | 土耳其 | 46 850.9 | -14.2 |
| 26 | 比利时 | 35 195.7 | -34.4 |
| 27 | 越南 | 32 134.8 | -21.6 |
| 28 | 斯洛伐克 | 32 060.6 | -19.3 |
| 29 | 波兰 | 28 492.8 | -50.6 |
| 30 | 卢森堡 | 25 568.5 | -32.3 |

# 2012年全国出口加工区主要进口商品分类统计表(22大类)

| 商品类别 | 2012年 | |
|---|---|---|
| | 进口额（万美元） | 比上年增长（%） |
| 合计 | 4 928 529.0 | -12.1 |
| 第十六类　机器、机械器具、电气设备及其零件；录音机及放声机、电视图像、声音的录制和重放设备及其零件、附件 | 3 376 018.5 | -22.1 |
| 第十八类　光学、照相、电影、计量、检验、医疗或外科用仪器及设备、精密仪器及设备；钟表；乐器；上述物品的零件、附件 | 720 818.3 | 10.2 |
| 第十五类　贱金属及其制品 | 202 922.0 | 2.3 |
| 第二十二类　特殊交易品及未分类商品 | 133 326.5 | 715.9 |
| 第六类　化学工业及其相关工业的产品 | 130 936.8 | 22.0 |
| 第七类　塑料及其制品；橡胶及其制品 | 124 064.8 | -2.1 |
| 第五类　矿产品 | 57 773.3 | 439.6 |
| 第十一类　纺织原料及纺织制品 | 51 850.4 | 28.8 |
| 第二十类　杂项制品 | 23 977.8 | -27.6 |
| 第十四类　天然或养殖珍珠、宝石或半宝石、贵金属、包贵金属及其制品；信首饰；硬币 | 20 226.1 | 77.1 |
| 第十类　木浆及其他纤维状纤维素浆；纸及纸板的废碎品；纸、纸板及其制品 | 20 004.1 | -19.0 |
| 第十七类　车辆、航空器、船舶及有关运输设备 | 19 525.1 | 103.6 |
| 第十三类　石料、石膏、水泥、石棉、云母及类似材料的制品；陶瓷产品；玻璃及其制品 | 17 118.9 | -1.9 |
| 第一类　活动物；动物产品 | 9 450.7 | 42.8 |
| 第八类　生皮、皮革、毛皮及其制品；鞍具及挽具；旅行用品、手提包及类似品；动物肠线（蚕胶丝除外）制品 | 7 373.6 | -24.4 |
| 第四类　食品；饮料、酒及醋；烟草、烟草及烟草代用品的制品 | 5 638.4 | 157.7 |
| 第九类　木及木制品；木炭；软木及软木制品；稻草、秸秆、针茅或其他编结材料制品；篮筐及柳条编结品 | 4 979.0 | 27.8 |
| 第二类　植物产品 | 2 089.6 | 22.5 |
| 第三类　动、植物油、脂及其分解产品；精制的食用油脂；动、植物蜡 | 385.6 | 59.8 |
| 第十二类　鞋、帽、伞、杖、鞭及其零件；已加工的羽毛及其制品；人造花；人发制品 | 41.5 | 40.6 |
| 第二十一类　艺术品、收藏品及古物 | 8.1 | 130.5 |

# 2012年全国出口加工区主要出口商品分类统计表(22大类)

| 商品类别 | 2012年 | |
|---|---|---|
| | 出口额（万美元） | 比上年增长（%） |
| 合计 | 8 271 682.7 | -18.8 |
| 第十六类　机器、机械器具、电气设备及其零件；录音机及放声机、电视图像、声音的录制和重放设备及其零件、附件 | 6 778 727.5 | -25.2 |
| 第二十类　杂项制品 | 472 511.2 | 24.2 |
| 第十八类　光学、照相、电影、计量、检验、医疗或外科用仪器及设备、精密仪器及设备；钟表；乐器；上述物品的零件、附件 | 442 463.3 | 25.3 |
| 第十四类　天然或养殖珍珠、宝石或半宝石、贵金属、包贵金属及其制品；信首饰；硬币 | 146 713.4 | 569.5 |
| 第十七类　车辆、航空器、船舶及有关运输设备 | 116 357.7 | -8.4 |
| 第六类　化学工业及其相关工业的产品 | 101 377.0 | 140.0 |
| 第十一类　纺织原料及纺织制品 | 72 218.0 | 4.9 |
| 第十五类　贱金属及其制品 | 40 034.9 | -10.1 |
| 第七类　塑料及其制品；橡胶及其制品 | 31 481.3 | -3.7 |
| 第二十二类　特殊交易品及未分类商品 | 13 385.5 | 16 992.2 |
| 第十三类　石料、石膏、水泥、石棉、云母及类似材料的制品；陶瓷产品；玻璃及其制品 | 9 221.7 | 5.7 |
| 第四类　食品；饮料、酒及醋；烟草、烟草及烟草代用品的制品 | 9 177.3 | 11.7 |
| 第九类　木及木制品；木炭；软木及软木制品；稻草、秸秆、针茅或其他编结材料制品；篮筐及柳条编结品 | 8 712.9 | 8.8 |
| 第十类　木浆及其他纤维状纤维素浆；纸及纸板的废碎品；纸、纸板及其制品 | 7 064.0 | -30.0 |
| 第一类　活动物；动物产品 | 5 641.3 | 64.4 |
| 第二类　植物产品 | 5 492.1 | 43.7 |
| 第八类　生皮、皮革、毛皮及其制品；鞍具及挽具；旅行用品、手提包及类似品；动物肠线（蚕胶丝除外）制品 | 5 287.5 | -29.8 |
| 第十二类　鞋、帽、伞、杖、鞭及其零件；已加工的羽毛及其制品；人造花；人发制品 | 3 364.4 | 58.1 |
| 第五类　矿产品 | 2 372.5 | 152.6 |
| 第二十一类　艺术品、收藏品及古物 | 37.8 | 53.9 |
| 第三类　动、植物油、脂及其分解产品；精制的食用油脂；动、植物蜡 | 32.8 | 4 932.6 |
| 第十九类　武器、弹药及其零件、附件 | 8.8 | -30.6 |

# 天津出口加工区统计数据表

## (1) 2012 年天津出口加工区主要经济指标完成情况表

| 指标名称 | 单位 | 2012 年 | 比上年增长（%） |
|---|---|---|---|
| 增加值 | 万元 | 25 670 | 90.3 |
| 工业总产值 | 万元 | 351 130 | 91.4 |
| 工业产品销售额 | 万元 | 345 558 | 93.7 |
| 企业利润总额 | 万元 | 5 321 | 132.3 |
| 物流企业营业收入 | 万元 | 364 | -13.3 |
| 综合能源耗费量 | 吨标准煤 | 11 111 | 85.9 |
| 当年批准企业数 | 个 | 0 | -100.0 |
| 历年已投产物流企业 | 个 | 3 | — |
| 历年已投产工业企业 | 个 | 10 | — |
| 其中：投资额 1 000 万美元（含）以上 | 个 | 3 | — |
| 税收总额 | 万元 | 17 968 | 379.8 |
| 其中：海关部门税收及代征税 | 万元 | 14 623 | 330.8 |
| 工商税收 | 万元 | 3 345 | 853.0 |
| 期末从业人员 | 人 | 5 116 | -0.9 |
| 其中：期末外资企业从业人员 | 人 | 3 118 | 0.0 |
| 期末出口加工区批准面积 | 平方公里 | 2.54 | 0.0 |
| 期末出口加工区验收封关面积 | 平方公里 | 1.43 | 0.0 |

## (2)-1 截至 2012 年天津出口加工区历年招商引资情况表

| 指标 | 单位 | 历年累计 |
|---|---|---|
| 批准企业 | 个 | 23 |
| 其中：外资企业 | | 12 |
| 投资总额 | 万美元 | 20 105 |
| 其中：外商投资总额 | | 17 423 |
| 合同外资额 | | 9 478 |
| 实际利用外资 | | 9 146 |

## （2）-2　截至2012年天津出口加工区历年主要外商投资情况表

| 按项目数排列 | | | 按投资额排列 | | |
|---|---|---|---|---|---|
| 序号 | 国别（地区） | 项目数（个） | 序号 | 国别（地区） | 投资额（万美元） |
| 1 | 日本 | 2 | 1 | 日本 | 4 100 |
| 2 | 台港澳合资 | 1 | 2 | 台港澳合资 | 2 899 |
| 3 | 美国 | 1 | 3 | 美国 | 761 |
| 4 | 英国 | 1 | 4 | 英国 | 500 |
| 5 | 中国香港 | 1 | 5 | 中国香港 | 290 |

## （3）2012年天津出口加工区出口加工企业工业产值排名表

单位：万元

| 序号 | 企业名称 | 序号 | 企业名称 |
|---|---|---|---|
| 1 | 美克国际家私加工（天津）有限公司 | 4 | 瑞森橱柜（天津）有限公司 |
| 2 | 汤浅（天津）实业有限公司 | 5 | 正森木业（天津）有限公司 |
| 3 | 天津长荣电池材料有限公司 | | |

## （4）2012年天津出口加工区物流企业营业收入排名表

单位：万元

| 序号 | 企业名称 | 序号 | 企业名称 |
|---|---|---|---|
| 1 | 天津环渤海物流有限公司 | 4 | 天津驰尔通物流有限公司 |
| 2 | 天津大田储运有限公司 | 5 | 天津宏睿物流有限公司 |
| 3 | 天津顺城物流有限公司 | | |

# 河北秦皇岛出口加工区统计数据表

## （1）2012 年河北秦皇岛出口加工区主要经济指标完成情况表

| 指标名称 | 单位 | 2012 年 | 比上年增长（%） |
|---|---|---|---|
| 增加值 | 万元 | 3 098 | 8.4 |
| 工业总产值 | 万元 | 17 247 | 25.3 |
| 工业产品销售额 | 万元 | 14 248 | 26.0 |
| 企业利润总额 | 万元 | -267 | 81.6 |
| 物流企业营业收入 | 万元 | 28 | -30.0 |
| 综合能源耗费量 | 吨标准煤 | 1 712 | 61.4 |
| 当年批准企业数 | 个 | 0 | — |
| 当年批准投资总额 | 万美元 | 0 | -100.0 |
| 固定资产投资额 | 万元 | 487 | 441.1 |
| 历年已投产物流企业 | 个 | 3 | — |
| 历年已投产工业企业 | 个 | 8 | — |
| 税收总额 | 万元 | 4 501 | -0.1 |
| 其中：海关部门税收及代征税 | 万元 | 4 437 | 0.8 |
| 工商税收 | 万元 | 64 | -38.5 |
| 期末从业人员 | 人 | 1 166 | 1.0 |
| 其中：期末外资企业从业人员 | 人 | 1 029 | 0.1 |
| 期末出口加工区批准面积 | 平方公里 | 2.5 | 0.0 |
| 期末出口加工区验收封关面积 | 平方公里 | 0.67 | 0.0 |

## （2）-1　截至 2012 年河北秦皇岛出口加工区历年招商引资情况表

| 指标 | 单位 | 历年累计 |
|---|---|---|
| 批准企业 | 个 | 15 |
| 其中：外资企业 | | 6 |
| 投资总额 | 万美元 | 1 254 |
| 其中：外商投资总额 | | 992 |
| 合同外资额 | | 706 |
| 实际利用外资 | | 508 |

### （2）-2　截至2012年河北秦皇岛出口加工区历年主要外商投资情况表

| 按项目数排列 | | | 按投资额排列 | | |
|---|---|---|---|---|---|
| 序号 | 国别（地区） | 项目数（个） | 序号 | 国别（地区） | 投资额（万美元） |
| 1 | 日本 | 4 | 1 | 日本 | 611 |
| 2 | 韩国 | 1 | 2 | 韩国 | 92 |
| 3 | 中国香港 | 1 | 3 | 中国香港 | 3 |

### （3）2012年河北秦皇岛出口加工区出口加工企业工业产值排名表

单位：万元

| 序号 | 企业名称 | 工业总产值 | 序号 | 企业名称 | 工业总产值 |
|---|---|---|---|---|---|
| 1 | 秦皇岛关东针织有限公司 | 7 100 | 5 | 秦皇岛罗普钢索工业有限公司 | 442 |
| 2 | 秦皇岛信达尔工程机械有限公司 | 4 177 | 6 | 秦皇岛优泰汽车镜制造有限公司 | 265 |
| 3 | 秦皇岛飞凯特金属制品有限公司 | 2 956 | 7 | 秦皇岛嘉泰钢绳有限公司 | 214 |
| 4 | 秦皇岛一心西服有限公司 | 2 017 | 8 | 秦皇岛途锦玻璃有限公司 | 75 |

### （4）2012年河北秦皇岛出口加工区物流企业营业收入排名表

单位：万元

| 序号 | 企业名称 | 营业收入 | 序号 | 企业名称 | 营业收入 |
|---|---|---|---|---|---|
| 1 | 秦皇岛海源保税物流有限公司 | 14 | 3 | 秦皇岛通诚保税物流有限公司 | 2 |
| 2 | 秦皇岛运盛保税物流有限公司 | 12 | | | |

# 辽宁大连出口加工区 B 区统计数据表

## （1）2012 年辽宁大连出口加工区 B 区主要经济指标完成情况表

| 指标名称 | 单位 | 2012 年 |
|---|---|---|
| 增加值 | 万元 | 334 800 |
| 工业总产值 | 万元 | 569 663 |
| 其中：高新技术产业 | 万元 | 0 |
| 电子信息产业 | 万元 | 569 663 |
| 工业产品销售额 | 万元 | 569 663 |
| 企业利润总额 | 万元 | 180 083 |
| 综合能源耗费量 | 吨标准煤 | 19 085 |
| 固定资产投资额 | 万元 | 4 000 |
| 其中：基础设施投资 | 万元 | 4 000 |
| 历年已投产工业企业 | 个 | 1 |
| 其中：投资额 1 000 万美元（含）以上 | 个 | 1 |
| 税收总额 | 万元 | 15 091 |
| 其中：海关部门税收及代征税 | 万元 | 181 |
| · 工商税收 | 万元 | 14 910 |
| 期末从业人员 | 人 | 1 700 |
| 其中：期末外资企业从业人员 | 人 | 1 700 |
| 期末出口加工区批准面积 | 平方公里 | 1.45 |
| 期末出口加工区验收封关面积 | 平方公里 | 0.6 |

## （2）-1　截至 2012 年辽宁大连出口加工区 B 区历年招商引资情况表

| 指标 | 单位 | 历年累计 |
|---|---|---|
| 批准企业 | 个 | 1 |
| 其中：外资企业 | | 1 |
| 投资总额 | 万美元 | 250 000 |
| 其中：外商投资总额 | | 250 000 |
| 合同外资额 | | 250 000 |
| 实际利用外资 | | 62 500 |

## （2）-2　截至2012年辽宁大连出口加工区B区历年主要外商投资情况表

| 按项目数排列 | | | 按投资额排列 | | |
|---|---|---|---|---|---|
| 序号 | 国别（地区） | 项目数（个） | 序号 | 国别（地区） | 投资额（万美元） |
| 1 | 美国 | 1 | 1 | 美国 | 250 000 |

# 上海松江出口加工区统计数据表

## （1）2012 年上海松江出口加工区主要经济指标完成情况表

| 指标名称 | 单位 | 2012 年 | 比上年增长（%） |
|---|---|---|---|
| 增加值 | 万元 | 853 162 | -6.1 |
| 营业总收入 | 万元 | 15 803 962 | -22.3 |
| 工业总产值 | 万元 | 16 291 942 | -21.6 |
| 其中：电子信息产业 | 万元 | 15 475 781 | -23.8 |
| 工业产品销售额 | 万元 | 15 757 589 | -22.4 |
| 企业利润总额 | 万元 | 71 614 | -65.1 |
| 物流企业营业收入 | 万元 | 46 373 | 6.6 |
| 综合能源耗费量 | 吨标准煤 | 102 293 | -8.6 |
| 批准企业数 | 个 | 9 | -10.0 |
| 其中：仓储物流企业 | 个 | 5 | 66.7 |
| 批准投资总额 | 万美元 | 580 | -97.1 |
| 企业实际到位资金 | 万美元 | 294 | -65.2 |
| 固定资产投资额 | 万元 | 75 030 | 408.5 |
| 期末施工房屋面积 | 平方米 | 43 148 | 139.7 |
| 其中：期末在建厂房面积 | 平方米 | 43 148 | 139.7 |
| 房屋竣工面积 | 平方米 | 4 366 | -63.7 |
| 其中：已建成仓库面积 | 平方米 | 4 366 | -63.7 |
| 已投产物流企业 | 个 | 16 | -50.0 |
| 已投产工业企业 | 个 | 60 | — |
| 税收总额 | 万元 | 221 035 | -17.3 |
| 其中：海关税收及代征税 | 万元 | 152 195 | -21.5 |
| 工商税收 | 万元 | 68 840 | -6.1 |
| 期末从业人员 | 人 | 105 349 | -3.9 |
| 其中：期末外资企业从业人员 | 人 | 104 801 | -3.8 |
| 期末出口加工区批准面积 | 平方公里 | 5.96 | 0.0 |
| 期末出口加工区验收封关面积 | 平方公里 | 4.28 | 0.0 |

## （2）-1 截至2012年上海松江出口加工区历年招商引资情况表

| 指标 | 单位 | 历年累计 |
|---|---|---|
| 批准企业 | 个 | 108 |
| 其中：外资企业 | | 83 |
| 投资总额 | 万美元 | 252 356 |
| 其中：外商投资总额 | | 244 802 |
| 合同外资额 | | 106 531 |
| 实际利用外资 | | 78 967 |

## （2）-2 截至2012年上海松江出口加工区历年主要外商投资情况表

| 按项目数排列 | | | 按投资额排列 | | |
|---|---|---|---|---|---|
| 序号 | 国别（地区） | 项目数（个） | 序号 | 国别（地区） | 投资额（万美元） |
| 1 | 中国香港 | 28 | 1 | 中国香港 | 127 973 |
| 2 | 日本 | 15 | 2 | 开曼群岛 | 36 440 |
| 3 | 新加坡 | 11 | 3 | 日本 | 23 465 |
| 4 | 英属维尔京群岛 | 5 | 4 | 马来西亚 | 23 380 |
| 5 | 美国 | 5 | 5 | 萨莫亚 | 12 503 |

## （3）2012年上海松江出口加工区出口加工企业工业产值排名表

单位：万元

| 序号 | 企业名称 | 序号 | 企业名称 |
|---|---|---|---|
| 1 | 达功（上海）电脑有限公司 | 11 | 庆业电子（上海）有限公司 |
| 2 | 达丰（上海）电脑有限公司 | 12 | 大碇电脑配件（上海）有限公司 |
| 3 | 国基电子（上海）有限公司 | 13 | 思考电机（上海）有限公司 |
| 4 | 达人（上海）电脑有限公司 | 14 | 达利（上海）电脑有限公司 |
| 5 | 展运（上海）电子有限公司 | 15 | 友达光电（上海）电子有限公司 |
| 6 | 上海凯虹科技电子有限公司 | 16 | 上海昭和汽车配件有限公司 |
| 7 | 达研（上海）光电有限公司 | 17 | 上海元豪表面处理有限公司 |
| 8 | 上海璨宇光电有限公司 | 18 | 同和金属材料（上海）有限公司 |
| 9 | 斯丹达（上海）能源有限公司 | 19 | 葵和精密电子（上海）有限公司 |
| 10 | 达耐时工业（上海）有限公司 | 20 | 巨腾电子（上海）有限公司 |

## （4）2012年上海松江出口加工区物流企业营业收入排名表

单位：万元

| 序号 | 企业名称序号 | 企业名称 | |
|---|---|---|---|
| 1 | 上海奇霖物流有限公司 | 6 | 上海基森仓储有限公司 |
| 2 | 上海华松物流有限公司 | 7 | 上海富泰通国际物流有限公司 |
| 3 | 达伟（上海）物流仓储有限公司 | 8 | 上海金若仓储服务有限公司上海 |
| 4 | 上海交运福祉物流有限公司 | 9 | 上海挚臻物流服务有限公司 |
| 5 | 大众国际仓储物流有限公司 | 10 | 上海中外运松江物流有限公司 |

# 上海金桥出口加工区（南区）统计数据表

## （1）2012 年上海金桥出口加工区（南区）主要经济指标完成情况表

| 指标名称 | 单位 | 2012 年 | 比上年增长（%） |
| --- | --- | --- | --- |
| 增加值 | 万元 | 43 864 | -6.3 |
| 营业总收入 | 万元 | 232 746 | -5.5 |
| 工业总产值 | 万元 | 220 571 | 5.5 |
| 其中：高新技术产业 | 万元 | 55 427 | 29.0 |
| 电子信息产业 | 万元 | 48 622 | 65.5 |
| 工业产品销售额 | 万元 | 208 687 | -5.9 |
| 工业企业利润总额 | 万元 | 30 610 | -12.0 |
| 物流企业营业收入 | 万元 | 17 729 | -13.7 |
| 综合能源耗费量 | 吨标准煤 | 6 178 | 16.2 |
| 当年批准企业数 | 个 | 0 | -100.0 |
| 当年批准投资额 | 万美元 | 0 | -100.0 |
| 固定资产投资额 | 万元 | 70 328 | 25.7 |
| 其中：基础设施投资 | 万元 | 7 508 | 510.9 |
| 开发公司投资 | 万元 | 14 508 | 29.5 |
| 期末施工房屋建筑面积 | 平方米 | 286 250 | -20.7 |
| 其中：在建厂房面积 | 平方米 | 205 671 | -26.6 |
| 历年已投产工业企业 | 个 | 25 | — |
| 各种税收收入总额 | 万元 | 35 066 | 3.2 |
| 其中：海关税收及代征税 | 万元 | 8 536 | 21.9 |
| 工商税收 | 万元 | 26 530 | -1.6 |
| 期末从业人员 | 人 | 1 536 | -4.7 |
| 其中：外资企业从业人员 | 人 | 1 536 | -4.7 |
| 期末出口加工区批准面积 | 平方公里 | 2.8 | 0.0 |
| 期末出口加工区验收封关面积 | 平方公里 | 1.55 | 0.0 |

## （2）-1 截至2012年上海金桥出口加工区（南区）历年招商引资情况表

| 指标 | 单位 | 历年累计 |
|---|---|---|
| 批准企业 | 个 | 32 |
| 其中：外资企业 | | 30 |
| 投资总额 | 万美元 | 163 593 |
| 其中：外商投资总额 | | 155 407 |
| 合同外资额 | | 58 613 |
| 实际利用外资 | | 58 613 |

## （2）-2 截至2012年上海金桥出口加工区（南区）历年主要外商投资情况表

| 按项目数排列 | | | 按投资额排列 | | |
|---|---|---|---|---|---|
| 序号 | 国别（地区） | 项目数（个） | 序号 | 国别（地区） | 投资额（万美元） |
| 1 | 中国香港 | 8 | 1 | 中国香港 | 121 917 |
| 2 | 美国 | 6 | 2 | 马来西亚 | 14 400 |
| 3 | 英国 | 4 | 3 | 开曼群岛 | 10 504 |
| 4 | 开曼群岛 | 4 | 4 | 德国 | 2 570 |
| 5 | 德国 | 2 | 5 | 英国 | 1 392 |
| 6 | 加拿大 | 2 | 6 | 美国 | 1 316 |
| 7 | 法国 | 1 | 7 | 新加坡 | 800 |
| 8 | 马来西亚 | 1 | 8 | 法国 | 707 |
| 9 | 丹麦 | 1 | 9 | 加拿大 | 581 |
| 10 | 新加坡 | 1 | 10 | 丹麦 | 564 |

## （3）2012年上海金桥出口加工区（南区）出口加工企业工业产值排名表

单位：万元

| 序号 | 企业名称 | 工业总产值 | 序号 | 企业名称 | 工业总产值 |
|---|---|---|---|---|---|
| 1 | 罗克韦尔自动化制造（上海）有限公司 | 49 347 | 7 | 费斯托（中国）自动化制造有限公司 | 9 296 |
| 2 | 上海世邦机器有限公司 | 37 854 | 8 | 百发汽车零部件（上海）有限公司 | 6 607 |
| 3 | 英联川宁饮料（上海）有限公司 | 34 187 | 9 | 必达泰克光电设备（上海）有限公司 | 6 021 |
| 4 | 中微半导体设备（上海）有限公司 | 32 458 | 10 | 安集微电子科技（上海）有限公司 | 4 697 |
| 5 | 艾默生船用过程控制（上海）有限公司 | 22 966 | 11 | 飞世尔实验器材制造（上海）有限公司 | 2 956 |
| 6 | 西蒙通讯产品（上海）有限公司 | 11 468 | 12 | 比克（上海）文化用品制造有限公司 | 2 716 |

## （4）2012 年上海金桥出口加工区（南区）出口加工企业产品销售额排名表

单位：万元

| 序号 | 企业名称 | 产品销售额 | 序号 | 企业名称 | 产品销售额 |
|---|---|---|---|---|---|
| 1 | 罗克韦尔自动化制造（上海）有限公司 | 49 347 | 7 | 费斯托（中国）自动化制造有限公司 | 9 296 |
| 2 | 上海世邦机器有限公司 | 37 854 | 8 | 百发汽车零部件（上海）有限公司 | 6 149 |
| 3 | 英联川宁饮料（上海）有限公司 | 33 512 | 9 | 必达泰克光电设备（上海）有限公司 | 6 021 |
| 4 | 艾默生船用过程控制（上海）有限公司 | 23 763 | 10 | 安集微电子科技（上海）有限公司 | 4 778 |
| 5 | 中微半导体设备（上海）有限公司 | 20 439 | 11 | 比克（上海）文化用品制造有限公司 | 3 107 |
| 6 | 西蒙通讯产品（上海）有限公司 | 11 468 | 12 | 飞世尔实验器材制造（上海）有限公司 | 2 956 |

## （5）2012 年上海金桥出口加工区（南区）物流企业营业收入排名表

单位：万元

| 序号 | 企业名称 | 营业收入 | 序号 | 企业名称 | 营业收入 |
|---|---|---|---|---|---|
| 1 | 上海金桥出口加工区南区物流有限公司 | 17 729 | | | |

# 江苏无锡出口加工区统计数据表

## (1) 2012 年江苏无锡出口加工区主要经济指标完成情况表

| 指标名称 | 单位 | 2012 年 | 比上年增长（%） |
|---|---|---|---|
| 增加值 | 万元 | 1 254 563 | 7.5 |
| 工业总产值 | 万元 | 2 806 352 | 12.6 |
| 其中：高新技术产业 | 万元 | 2 534 469 | 11.9 |
| 电子信息产业 | 万元 | 2 677 352 | 14.3 |
| 工业产品销售额 | 万元 | 2 718 432 | 10.6 |
| 企业利润总额 | 万元 | 172 443 | 9.7 |
| 物流企业营业收入 | 万元 | 44 971 | 263.3 |
| 综合能源耗费量 | 吨标准煤 | 192 528 | 25.1 |
| 当年批准企业数 | 个 | 3 | 200.0 |
| 其中：外资企业 | 个 | 1 | 0.0 |
| 仓储物流企业 | 个 | 2 | — |
| 当年批准投资总额 | 万美元 | 23 543 | 16.3 |
| 其中：外资项目投资额 | 万美元 | 23 543 | 16.3 |
| 增资额 | 万美元 | 23 543 | 23.9 |
| 当年合同利用外资 | 万美元 | 8 030 | 4.3 |
| 其中：增资额 | 万美元 | 8 030 | 11.5 |
| 当年企业实际到位资金 | 万美元 | 10 441 | -12.1 |
| 其中：实际利用外资 | 万美元 | 8 806 | -16.1 |
| 固定资产投资额 | 万元 | 677 889 | -6.2 |
| 其中：基础设施投资 | 万元 | 60 | 3.5 |
| 期末施工房屋面积 | 平方米 | 85 418 | 0.3 |
| 其中：期末在建厂房面积 | 平方米 | 85 418 | 0.3 |
| 历年已投产物流企业 | 个 | 9 | — |
| 历年已投产工业企业 | 个 | 22 | — |
| 其中：投资额 1 000 万美元（含）以上 | 个 | 15 | — |
| 税收总额 | 万元 | 126 534 | 63.8 |
| 其中：海关部门税收及代征税 | 万元 | 57 189 | 192.6 |
| 工商税收 | 万元 | 69 345 | 24.0 |
| 期末从业人员 | 人 | 24 050 | 0.6 |
| 其中：期末外资企业从业人员 | 人 | 23 100 | 0.6 |
| 期末出口加工区批准面积 | 平方公里 | 2.98 | 0.0 |
| 期末出口加工区验收封关面积 | 平方公里 | 1.7 | 0.0 |

## （2）-1 截至2012年江苏无锡出口加工区历年招商引资情况表

| 指标 | 单位 | 历年累计 |
|---|---|---|
| 批准企业 | 个 | 42 |
| 其中：外资企业 | | 31 |
| 投资总额 | 万美元 | 765 667 |
| 其中：外商投资总额 | | 746 961 |
| 合同外资额 | | 317 447 |
| 实际利用外资 | | 268 637 |

## （2）-2 截至2012年江苏无锡出口加工区历年主要外商投资情况表

| 按项目数排列 | | | 按投资额排列 | | |
|---|---|---|---|---|---|
| 序号 | 国别（地区） | 项目数（个） | 序号 | 国别（地区） | 投资额（万美元） |
| 1 | 美国 | 6 | 1 | 韩国 | 556 260 |
| 2 | 韩国 | 3 | 2 | 美国 | 77 951 |
| 3 | 日本 | 2 | 3 | 日本 | 44 250 |
| 4 | 中国香港 | 2 | 4 | 中国台湾 | 9 000 |
| 5 | 英国 | 2 | 5 | 法国 | 6 900 |

## （3）2012年江苏无锡出口加工区出口加工企业工业产值排名表

单位：万元

| 序号 | 企业名称 | 工业总产值 | 序号 | 企业名称 | 工业总产值 |
|---|---|---|---|---|---|
| 1 | SK海力士半导体（中国）有限公司 | 1 379 848 | 10 | 液化空气（无锡）工业气体有限公司 | 25 155 |
| 2 | 捷普电子（无锡）有限公司 | 349 808 | 11 | 康奈可科技（无锡）有限公司 | 24 861 |
| 3 | 海太半导体（无锡）有限公司 | 333 324 | 12 | 亨沃机械设备（无锡）有限公司 | 21 143 |
| 4 | 无锡村田电子有限公司 | 264 273 | 13 | 菲尼萨光电通讯科技（无锡）有限公司 | 19 434 |
| 5 | 希捷国际科技（无锡）有限公司 | 163 181 | 14 | 理波光电科技（无锡）有限公司 | 18 783 |
| 6 | 天弘自动化科技（无锡）有限公司 | 62 488 | 15 | SK海力士半导体（无锡）有限公司 | 2 863 |
| 7 | 微密冲压件（无锡）有限公司 | 51 651 | 16 | 无锡威峰科技有限公司 | 1 087 |
| 8 | 敦南微电子（无锡）有限公司 | 49 769 | 17 | 联普包装材料（无锡）有限公司 | 301 |
| 9 | 无锡小天鹅通用电器有限公司 | 38 145 | 18 | 无锡铭板塑胶有限公司 | 238 |

## （4）2012年江苏无锡出口加工区物流企业营业收入排名表

单位：万元

| 序号 | 企业名称 | 营业收入 | 序号 | 企业名称 | 营业收入 |
|---|---|---|---|---|---|
| 1 | 无锡中外运物流有限公司 | 7 992 | 5 | 无锡佳达仓储服务有限公司 | 260 |
| 2 | 无锡天原物流有限公司 | 4 775 | 6 | 无锡富通仓储服务有限公司 | 99 |
| 3 | 中国外运江苏集团公司富昌公司 | 3 254 | 7 | 无锡挚尚仓储服务有限公司 | 24 |
| 4 | 无锡泓明高新物流有限公司 | 930 | 8 | | |

# 江苏南通出口加工区统计数据表

## （1）2012年江苏南通出口加工区主要经济指标完成情况表

| 指标名称 | 单位 | 2012年 | 比上年增长（%） |
|---|---|---|---|
| 增加值 | 万元 | 11 725 | -30.5 |
| 工业总产值 | 万元 | 60 045 | -13.7 |
| 其中：电子信息产业 | 万元 | 1 252 | -64.1 |
| 工业产品销售额 | 万元 | 58 909 | -15.3 |
| 企业利润总额 | 万元 | 2 543 | -23.1 |
| 物流企业营业收入 | 万元 | 736 | 21.9 |
| 综合能源耗费量 | 吨标准煤 | 1 118 | -23.9 |
| 当年批准企业数 | 个 | 2 | 100.0 |
| 其中：外资企业 | 个 | 2 | 100.0 |
| 仓储物流企业 | 个 | 1 | — |
| 当年批准投资总额 | 万美元 | 7 875 | -55.5 |
| 其中：外资项目投资额 | 万美元 | 7 875 | -55.5 |
| 增资额 | 万美元 | 5 200 | -35.0 |
| 合同利用外资 | 万美元 | 3 192 | -58.0 |
| 其中：增资额 | 万美元 | 2 000 | -44.4 |
| 企业实际到位资金 | 万美元 | 2 374 | -48.1 |
| 其中：实际利用外资 | 万美元 | 2 374 | -48.1 |
| 历年已投产物流企业 | 个 | 9 | — |
| 历年已投产工业企业 | 个 | 6 | — |
| 其中：投资额1 000万美元（含）以上 | 个 | 1 | — |
| 税收总额 | 万元 | 7 250 | -11.9 |
| 其中：海关部门税收及代征税 | 万元 | 6 308 | -7.2 |
| 工商税收 | 万元 | 942 | -34.1 |
| 期末从业人员 | 人 | 3 012 | 0.0 |
| 其中：期末外资企业从业人员 | 人 | 2 897 | 0.0 |
| 期末出口加工区批准面积 | 平方公里 | 2.98 | 0.0 |
| 期末出口加工区验收封关面积 | 平方公里 | 0.75 | 0.0 |

## (2)-1 截至2012年江苏南通出口加工区历年招商引资情况表

| 指标 | 单位 | 历年累计 |
| --- | --- | --- |
| 批准企业 | 个 | 28 |
| 其中：外资企业 | | 17 |
| 投资总额 | 万美元 | 41 947 |
| 其中：外商投资总额 | | 40 624 |
| 合同外资额 | | 18 247 |
| 实际利用外资 | | 11 680 |

## (2)-2 截至2012年江苏南通出口加工区历年主要外商投资情况表

| 按项目数排列 | | | 按投资额排列 | | |
| --- | --- | --- | --- | --- | --- |
| 序号 | 国别（地区） | 项目数（个） | 序号 | 国别（地区） | 投资额（万美元） |
| 1 | 日本 | 7 | 1 | 中国香港 | 14 634 |
| 2 | 中国香港 | 4 | 2 | 开曼群岛 | 12 800 |
| 3 | 开曼群岛 | 1 | 3 | 日本 | 3 233 |
| 4 | 澳大利亚 | 1 | 4 | 澳大利亚 | 2 200 |
| 5 | 马来西亚 | 1 | 5 | 马来西亚 | 900 |
| 6 | 南非 | 1 | 6 | 南非 | 800 |
| 7 | 挪威 | 1 | 7 | 挪威 | 600 |
| 8 | 美国 | 1 | 8 | 美国 | 256 |

## (3) 2012年江苏南通出口加工区出口加工企业工业产值排名表

单位：万元

| 序号 | 企业名称 | 序号 | 企业名称 |
| --- | --- | --- | --- |
| 1 | 南通延锋江森座椅面套有限公司 | 4 | 南通静和绿色家具有限公司 |
| 2 | 南通新福达光电有限公司 | 5 | 南通市开发区千野实业有限公司 |
| 3 | 南通联亚药业有限公司 | | |

## (4) 2012年江苏南通出口加工区出口加工企业产品销售额排名表

单位：万元

| 序号 | 企业名称 | 序号 | 企业名称 |
| --- | --- | --- | --- |
| 1 | 南通延锋江森座椅面套有限公司 | 4 | 南通静和绿色家具有限公司 |
| 2 | 南通新福达光电有限公司 | 5 | 南通市开发区千野实业有限公司 |
| 3 | 南通联亚药业有限公司 | | |

## (5) 2011年江苏南通出口加工区物流企业营业收入排名表

单位：万元

| 序号 | 企业名称 | 序号 | 企业名称 |
| --- | --- | --- | --- |
| 1 | 南通世瑞供应链管理有限公司 | 6 | 中国外运江苏集团公司南通公司 |
| 2 | 南通出口加工区物流中心有限公司 | 7 | 南通翔帆国际物流有限公司 |
| 3 | 南通恒升物流有限公司 | 8 | 南通利达储运有限公司 |
| 4 | 南通鼎吉国际物流有限公司 | 9 | 南通远之通物流有限公司 |
| 5 | 南通中外运物流有限公司 | | |

# 江苏南京出口加工区统计数据表

## 2012 年江苏南京出口加工区主要经济指标完成情况表

| 指标名称 | 单位 | 2012 年 | 比上年增长（%） |
|---|---|---|---|
| 增加值 | 万元 | 33 736 | 1.5 |
| 工业总产值 | 万元 | 183 196 | -13.5 |
| 其中：高新技术产业 | 万元 | 0 | 0.0 |
| 电子信息产业 | 万元 | 59 598 | -17.8 |
| 工业产品销售额 | 万元 | 173 813 | -4.3 |
| 企业利润总额 | 万元 | 25 730 | 9.4 |
| 物流企业营业收入 | 万元 | 825 | -8.3 |
| 综合能源耗费量 | 吨标准煤 | 890 | -67.8 |
| 当年批准企业数 | 个 | 0 | -100.0 |
| 其中：外资企业 | 个 | 0 | -100.0 |
| 仓储物流企业 | 个 | 0 | -100.0 |
| 当年批准投资总额 | 万美元 | 7 900 | 280.9 |
| 其中：外资项目投资额 | 万美元 | 7 900 | 295.0 |
| 增资额 | 万美元 | 7 900 | — |
| 当年合同利用外资 | 万美元 | 1 200 | 200.0 |
| 其中：增资额 | 万美元 | 0 | 0.0 |
| 当年企业实际到位资金 | 万美元 | 1 238 | 177.6 |
| 其中：实际利用外资 | 万美元 | 1 238 | 435.9 |
| 固定资产投资额 | 万元 | 5 873 | -77.0 |
| 其中：基础设施投资 | 万元 | 5 873 | -77.0 |
| 开发公司投资 | 万元 | 0 | -100.0 |
| 期末施工房屋面积 | 平方米 | 0 | 0.0 |
| 其中：期末在建厂房面积 | 平方米 | 0 | 0.0 |
| 房屋竣工面积 | 平方米 | 0 | 0.0 |
| 其中：已建成厂房面积 | 平方米 | 0 | 0.0 |
| 已建成仓库面积 | 平方米 | 0 | 0.0 |
| 土地实际已租售面积 | 平方米 | 0 | 0.0 |
| 历年已投产物流企业 | 个 | 4 | — |
| 历年已投产工业企业 | 个 | 5 | — |
| 其中：投资额 1 000 万美元（含）以上 | 个 | 3 | — |
| 税收总额 | 万元 | 1 857 | -29.6 |
| 其中：海关部门税收及代征税 | 万元 | 0 | 0.0 |
| 工商税收 | 万元 | 1 857 | -29.6 |
| 期末从业人员 | 人 | 2 190 | 4.3 |
| 其中：期末外资企业从业人员 | 人 | 2 190 | 8.2 |
| 期末出口加工区批准面积 | 平方公里 | 2.5 | 0.0 |
| 期末出口加工区验收封关面积 | 平方公里 | 1.5 | 0.0 |

# 江苏泰州出口加工区统计数据表

## (1) 2012 年江苏泰州出口加工区主要经济指标完成情况表

| 指标名称 | 单位 | 2012 年 |
|---|---|---|
| 增加值 | 万元 | 277 |
| 工业总产值 | 万元 | 1 845 |
| 其中：高新技术产业 | 万元 | 0 |
| 电子信息产业 | 万元 | 1 845 |
| 工业产品销售额 | 万元 | 1 845 |
| 企业利润总额 | 万元 | 105 |
| 物流企业营业收入 | 万元 | 291 |
| 综合能源耗费量 | 吨标准煤 | 5 977 |
| 当年批准企业数 | 个 | 0 |
| 当年批准投资总额 | 万美元 | 18 000 |
| 其中：外资项目投资额 | 万美元 | 18 000 |
| 增资额 | 万美元 | 18 000 |
| 当年合同利用外资 | 万美元 | 6 200 |
| 其中：增资额 | 万美元 | 6 200 |
| 当年企业实际到位资金 | 万美元 | 6 200 |
| 其中：实际利用外资 | 万美元 | 6 200 |
| 固定资产投资额 | 万元 | 135 179 |
| 其中：基础设施投资 | 万元 | 102 447 |
| 房屋竣工面积 | 平方米 | 219 496 |
| 其中：已建成厂房面积 | 平方米 | 187 394 |
| 已建成仓库面积 | 平方米 | 5 534 |
| 历年已投产物流企业 | 个 | 2 |
| 历年已投产工业企业 | 个 | 1 |
| 其中：投资额 1 000 万美元（含）以上 | 个 | 1 |
| 税收总额 | 万元 | 5 756 |
| 其中：海关部门税收及代征税 | 万元 | 5 178 |
| 工商税收 | 万元 | 578 |
| 期末从业人员 | 人 | 1 546 |
| 其中：期末外资企业从业人员 | 人 | 1 515 |
| 期末出口加工区批准面积 | 平方公里 | 1.76 |
| 期末出口加工区验收封关面积 | 平方公里 | 0.60 |

## （2）截至2012年江苏泰州出口加工区历年招商引资情况表

| 指标 | 单位 | 历年累计 |
|---|---|---|
| 批准企业 | 个 | 3 |
| 其中：外资企业 | | 1 |
| 投资总额 | 万美元 | 46 800 |
| 其中：外商投资总额 | | 46 800 |
| 合同外资额 | | 16 000 |
| 实际利用外资 | | 16 000 |

# 江苏连云港出口加工区统计数据表

## (1) 2012 年江苏连云港出口加工区主要经济指标完成情况表

| 指标名称 | 单位 | 2012 年 | 增幅 (%) |
| --- | --- | --- | --- |
| 增加值 | 万元 | 18 930 | 11.4 |
| 营业总收入 | 万元 | 109 151 | — |
| 工业总产值 | 万元 | 91 754 | 31.0 |
| 其中：高新技术产业 | 万元 | 10 401 | 3.6 |
| 电子信息产业 | 万元 | 10 724 | 3.9 |
| 工业产品销售额 | 万元 | 105 688 | 33.7 |
| 企业利润总额 | 万元 | 6 977 | 35.5 |
| 物流企业营业收入 | 万元 | 3 493 | 44.2 |
| 综合能源耗费量 | 吨标准煤 | 1 708 | 4.7 |
| 批准企业数 | 个 | 2 | — |
| 其中：外资企业 | 个 | 0 | — |
| 仓储物流企业 | 个 | 2 | — |
| 批准投资总额 | 万美元 | 924 | — |
| 其中：外商投资总额 | 万美元 | 0 | — |
| 增资额 | 万美元 | 840 | — |
| 合同利用外资 | 万美元 | 840 | — |
| 其中：增资额 | 万美元 | 840 | — |
| 企业实际到位资金 | 万美元 | 924 | -9.7 |
| 其中：实际利用外资 | 万美元 | 840 | 171.0 |
| 期末施工房屋面积 | 平方米 | 26 304 | 11.6 |
| 其中：期末在建厂房面积 | 平方米 | 26 005 | 11.7 |
| 历年已投产物流企业 | 个 | 6 | — |
| 历年已投产工业企业 | 个 | 8 | — |
| 其中：投资额 1 000 万美元（含）以上 | 个 | 5 | — |
| 税收总额 | 万元 | 2 541 | 16.8 |
| 其中：海关税收及代征税 | 万元 | 1 130 | 15.3 |
| 工商税收 | 万元 | 1 411 | 18.0 |
| 期末从业人员 | 人 | 2 700 | -18.7 |
| 其中：期末外资企业从业人员 | 人 | 2 605 | -20.8 |

## （2）-1　截至2012年江苏连云港出口加工区历年招商引资情况表

| 指标 | 单位 | 历年累计 |
|---|---|---|
| 批准企业 | 个 | 12 |
| 其中：外资企业 | | 9 |
| 投资总额 | 万美元 | 17 713 |
| 其中：外商投资总额 | | 13 770 |
| 合同外资额 | | 7 910 |
| 实际利用外资 | | 7 017 |

## （2）-2　截至2012年江苏连云港出口加工区历年主要外商投资情况表

| 按项目数排列 | | | 按投资额排列 | | |
|---|---|---|---|---|---|
| 序号 | 国别（地区） | 项目数（个） | 序号 | 国别（地区） | 投资额（万美元） |
| 1 | 美国 | 6 | 1 | 美国 | 7 435 |
| 2 | 韩国 | 1 | 2 | 韩国 | 5 400 |
| 3 | 日本 | 1 | 3 | 中国香港 | 800 |
| 4 | 中国香港 | 1 | 4 | 日本 | 135 |

## （3）2012年江苏连云港出口加工区出口加工企业工业产值排名表

单位：万元

| 序号 | 企业名称 | 序号 | 企业名称 |
|---|---|---|---|
| 1 | 重山风力设备（连云港）有限公司 | 4 | 连云港倚天科技有限公司 |
| 2 | 连云港艾业无纺布制品有限公司 | 5 | 连云港柏科医用制品有限公司 |
| 3 | 连云港柏学实业有限公司 | 6 | 杰亮电子科技（连云港）有限公司 |

## （4）2012年江苏连云港出口加工区物流企业营业收入排名表

单位：万元

| 序号 | 企业名称 | 序号 | 企业名称 |
|---|---|---|---|
| 1 | 连云港中外运储运有限公司 | 3 | 新世嘉（连云港）保税仓储有限公司 |
| 2 | 江苏锦达保税仓储服务有限公司 | 4 | 连云港汉化保税仓储有限公司 |

# 江苏镇江出口加工区统计数据表

## （1）2012 年江苏镇江出口加工区主要经济指标完成情况表

| 指标名称 | 单位 | 2012 年 | 比上年增长（%） |
|---|---|---|---|
| 增加值 | 万元 | 18 216 | 143.8 |
| 工业总产值 | 万元 | 63 925 | 138.5 |
| 其中：高新技术产业 | 万元 | 63 925 | 138.5 |
| 工业产品销售额 | 万元 | 53 519 | 136.2 |
| 企业利润总额 | 万元 | 28 041 | 1 011.9 |
| 物流企业营业收入 | 万元 | 6 522 | 672.7 |
| 综合能源耗费量 | 吨标准煤 | 4 087 | 206.8 |
| 当年批准企业数 | 个 | 1 | — |
| 其中：外资企业 | 个 | 0 | — |
| 仓储物流企业 | 个 | 1 | — |
| 当年批准投资总额 | 万美元 | 8 | — |
| 当年企业实际到位资金 | 万美元 | 280 | -7.6 |
| 其中：实际利用外资 | 万美元 | 280 | -7.6 |
| 固定资产投资额 | 万元 | 4 754 | -33.2 |
| 其中：基础设施投资 | 万元 | 4 754 | -33.2 |
| 期末施工房屋面积 | 平方米 | 16 000 | — |
| 其中：期末在建厂房面积 | 平方米 | 16 000 | — |
| 土地实际已租售面积 | 平方米 | 0 | -100.0 |
| 历年已投产物流企业 | 个 | 2 | — |
| 历年已投产工业企业 | 个 | 4 | — |
| 其中：投资额 1 000 万美元（含）以上 | 个 | 1 | — |
| 税收总额 | 万元 | 11 049 | 157.4 |
| 其中：海关部门税收及代征税 | 万元 | 10 273 | 196.8 |
| 工商税收 | 万元 | 776 | -6.6 |
| 期末从业人员 | 人 | 635 | -14.4 |
| 其中：期末外资企业从业人员 | 人 | 635 | -14.4 |
| 期末出口加工区批准面积 | 平方公里 | 2.53 | 0.0 |
| 期末出口加工区验收封关面积 | 平方公里 | 0.91 | 0.0 |

## （2）-1　截至2012年江苏镇江出口加工区历年招商引资情况表

| 指标 | 单位 | 历年累计 |
|---|---|---|
| 批准企业 | 个 | 13 |
| 其中：外资企业 | | 10 |
| 投资总额 | 万美元 | 28 927 |
| 其中：外商投资总额 | | 28 190 |
| 合同外资额 | | 9 601 |
| 实际利用外资 | | 6 198 |

## （2）-2　截至2012年江苏镇江出口加工区历年主要外商投资情况表

| 按项目数排列 | | | 按投资额排列 | | |
|---|---|---|---|---|---|
| 序号 | 国别（地区） | 项目数（个） | 序号 | 国别（地区） | 投资额（万美元） |
| 1 | 中国香港 | 3 | 1 | 瑞典 | 5 140 |
| 2 | 中国台湾 | 2 | 2 | 中国香港 | 2 480 |
| 3 | 美国 | 1 | 3 | 英国 | 1 830 |
| 4 | 瑞典 | 1 | 4 | 中国台湾 | 1 100 |
| 5 | 英国 | 1 | 5 | 美国 | 420 |

## （3）2012年江苏镇江出口加工区出口加工企业工业产值排名表

单位：万元

| 序号 | 企业名称 | 序号 | 企业名称 |
|---|---|---|---|
| 1 | 先进光电科技（镇江）有限公司 | 3 | 镇江高博能源技术有限公司 |
| 2 | 圣睿太阳能科技（镇江）有限公司 | 4 | 镇江吉福装饰有限公司 |

## （4）2012年江苏镇江出口加工区物流企业营业收入排名表

单位：万元

| 序号 | 企业名称 | 序号 | 企业名称 |
|---|---|---|---|
| 1 | 镇江瑞翔国际物流有限公司 | 3 | 镇江出口加工区港城国际贸易有限责任公司 |
| 2 | 镇江远港物流有限公司 | 4 | 镇江中沙保税物流有限公司 |

# 江苏常熟出口加工区统计数据表

## （1）2012 年常熟出口加工区主要经济指标完成情况表

| 指标名称 | 单位 | 2012 年 | 比上年增长（%） |
|---|---|---|---|
| 增加值 | 万元 | 11 371 | 24.7 |
| 工业总产值 | 万元 | 64 576 | 10.0 |
| 其中：电子信息产业 | 万元 | 26 970 | 10.1 |
| 工业产品销售额 | 万元 | 64 645 | 7.5 |
| 企业利润总额 | 万元 | 662 | -46.6 |
| 物流企业营业收入 | 万元 | 7 914 | 1 690.5 |
| 综合能源耗费量 | 吨标准煤 | 638 | 18.1 |
| 当年批准企业数 | 个 | 2 | 100.0 |
| 其中：仓储物流企业 | 个 | 2 | — |
| 当年批准投资总额 | 万美元 | 161 | -94.8 |
| 当年企业实际到位资金 | 万美元 | 161 | -80.0 |
| 房屋竣工面积 | 平方米 | 9 600 | 3.9 |
| 其中：已建成厂房面积 | 平方米 | 9 600 | 3.9 |
| 历年已投产物流企业 | 个 | 6 | — |
| 历年已投产工业企业 | 个 | 9 | — |
| 其中：投资额 1 000 万美元（含）以上 | 个 | 3 | — |
| 税收总额 | 万元 | 31 813 | 289.6 |
| 其中：海关部门税收及代征税 | 万元 | 29 326 | 271.4 |
| 工商税收 | 万元 | 2 487 | 828.0 |
| 期末从业人员 | 人 | 1 351 | 11.7 |
| 其中：期末外资企业从业人员 | 人 | 1 290 | 8.7 |
| 期末出口加工区批准面积 | 平方公里 | 0.94 | 0.0 |
| 期末出口加工区验收封关面积 | 平方公里 | 0.53 | 0.0 |

## （2）-1　截至2012年江苏常熟出口加工区历年招商引资情况表

| 指标 | 单位 | 历年累计 |
|---|---|---|
| 批准企业 | 个 | 17 |
| 其中：外资企业 | 个 | 11 |
| 投资总额 | 万美元 | 10 256 |
| 其中：外商投资总额 | 万美元 | 9 757 |
| 合同外资额 | 万美元 | 4 647 |
| 实际利用外资 | 万美元 | 3 848 |

## （2）-2　截至2012年江苏常熟出口加工区历年主要外商投资情况表

| 按项目数排列 | | | 按投资额排列 | | |
|---|---|---|---|---|---|
| 序号 | 国别（地区） | 项目数（个） | 序号 | 国别（地区） | 投资额（万美元） |
| 1 | 美国 | 5 | 1 | 美国 | 3 277 |
| 2 | 新加坡 | 1 | 2 | 新加坡 | 3 120 |
| 3 | 加拿大 | 1 | 3 | 中国台湾 | 2 980 |
| 4 | 韩国 | 1 | 4 | 加拿大 | 210 |
| 5 | 中国台湾 | 1 | 5 | 韩国 | 170 |

## （3）2012年江苏常熟出口加工区出口加工企业工业产值排名表

单位：万元

| 序号 | 企业名称 | 工业总产值 | 序号 | 企业名称 | 工业总产值 |
|---|---|---|---|---|---|
| 1 | 迪爱奇希电子（常熟）有限公司 | 27 007 | 5 | 欧地管道系统（苏州）有限公司 | 3 603 |
| 2 | 常熟众达机械工程有限公司 | 12 586 | 6 | 常熟拓凯日用品有限公司 | 2 952 |
| 3 | 世伟洛克（中国）流体系统科技有限公司 | 9 462 | 7 | 常熟安卓塑业有限公司 | 825 |
| 4 | 常熟美信达科技能源设备有限公司 | 7 857 | 8 | 泰格医疗科技（常熟）有限公司 | 284 |

## （4）2012年江苏常熟出口加工区物流企业营业收入排名表

单位：万元

| 序号 | 企业名称 | 营业收入 | 序号 | 企业名称 | 营业收入 |
|---|---|---|---|---|---|
| 1 | 长江国际物流（常熟）有限公司 | 5 373 | 4 | 苏州时创仓储物流有限公司 | 346 |
| 2 | 常熟外轮代理有限公司 | 1 590 | 5 | 常熟市外运物流有限公司 | 91 |
| 3 | 常熟市华顺物流有限公司 | 514 | | | |

# 江苏吴中出口加工区统计数据表

## (1) 2012 年江苏吴中出口加工区主要经济指标完成情况表

| 指标名称 | 单位 | 2012 年 | 比上年增长(%) |
|---|---|---|---|
| 增加值 | 万元 | 58 239 | 110.7 |
| 工业总产值 | | 315 563 | -79.8 |
| 其中:高新技术产业 | | 0 | — |
| 电子信息产业 | | 315 563 | -79.8 |
| 工业产品销售额 | | 333 433 | -78.6 |
| 企业利润总额 | | -7 399 | — |
| 物流企业营业收入 | | 4 115 | -37.0 |
| 综合能源耗费量 | 吨标准煤 | 5 628 | -26.7 |
| 当年批准企业数 | 个 | 4 | 33.3 |
| 其中:外资企业 | | 2 | 0.0 |
| 仓储物流企业 | | 1 | 0.0 |
| 当年批准投资总额 | 万美元 | 20 039 | 363.7 |
| 其中:外商投资总额 | | 19 960 | 369.6 |
| 增资额 | | 0 | — |
| 当年合同利用外资 | | 19 960 | 1 074.1 |
| 其中:增资额 | | 0 | — |
| 当年企业实际到位资金 | | 450 | -69.4 |
| 其中:实际利用外资 | | 371 | -73.5 |
| 固定资产投资额 | 万元 | 12 204 | -75.6 |
| 其中:基础设施投资 | | 0 | -100.0 |
| 开发公司投资 | | 0 | -100.0 |
| 期末施工房屋建筑面积 | 平方米 | 82 606 | 0.0 |
| 其中:期末在建厂房面积 | | 82 606 | 0.0 |
| 房屋竣工建筑面积 | | 0 | -100.0 |
| 其中:已建成厂房面积 | | 0 | — |
| 已建成仓库面积 | | 0 | -100.0 |
| 土地实际已租售面积 | 平方米 | 0 | — |
| 历年已投产物流企业 | 个 | 17 | — |
| 历年已投产工业企业 | | 5 | — |
| 其中:投资额1 000 万美元(含)以上 | | 3 | — |
| 税收总额 | 万元 | 46 184 | 205.3 |
| 其中:海关税收及代征税 | | 44 893 | 230.0 |
| 工商税收 | | 1 291 | -15.1 |
| 期末从业人员 | 人 | 2 969 | -31.5 |
| 其中:期末外资企业从业人员 | | 2 798 | -26.6 |
| 期末出口加工区批准面积 | 平方 | 3 | 0.0 |
| 期末出口加工区验收封关面积 | 公里 | 1.38 | 0.0 |

## （2）-1 截至2012年江苏吴中出口加工区历年招商引资情况表

| 指标 | 单位 | 历年累计 |
|---|---|---|
| 批准企业 | 个 | 31 |
| 其中：外资企业 | | 6 |
| 投资总额 | 万美元 | 56 218 |
| 其中：外商投资总额 | | 39 496 |
| 合同外资额 | | 27 748 |
| 实际利用外资 | | 6 038 |

## （2）-2 截至2012年江苏吴中出口加工区历年主要外商投资情况表

| 按项目数排列 | | | 按投资额排列 | | |
|---|---|---|---|---|---|
| 序号 | 国别（地区） | 项目数（个） | 序号 | 国别（地区） | 投资额（万美元） |
| 1 | 中国香港 | 3 | 1 | 英属维尔京群岛 | 15 000 |
| 2 | 英属维尔京群岛 | 1 | 2 | 中国香港 | 22 460 |
| 3 | 毛里求斯 | 1 | 3 | 奥地利 | 1 750 |
| 4 | 奥地利 | 1 | 4 | 毛里求斯 | 286 |

## （3）2012年江苏吴中出口加工区出口加工企业产值排名表

单位：万元

| 序号 | 企业名称 | 工业总产值 | 序号 | 企业名称 | 工业总产值 |
|---|---|---|---|---|---|
| 1 | 伟创力电脑（苏州）有限公司 | 284 106 | 3 | 热传电子科技（苏州）有限公司 | 370 |
| 2 | 昱鑫科技（苏州）有限公司 | 30 836 | 4 | 苏州特博尔光电有限公司 | 250 |

## （4）2012年江苏吴中出口加工区物流企业营业收入排名表

单位：万元

| 序号 | 企业名称 | 营业收入 | 序号 | 企业名称 | 营业收入 |
|---|---|---|---|---|---|
| 1 | 苏州铁洋国际物流有限公司 | 1 388 | 6 | 苏州冠祥国际货运代理 | 150 |
| 2 | 苏州飞力达现代物流有限公司 | 975 | 7 | 苏州宜威仓储有限公司 | 143 |
| 3 | 苏州市国海国际货运代理有限公司 | 484 | 8 | 苏州翔悦国际货运代理有限公司 | 135 |
| 4 | 苏州伟达国际货运有限公司 | 368 | 9 | 苏州隽泰物流有限公司 | 43 |
| 5 | 苏州创联物流有限公司 | 338 | 10 | 苏州新鼎国际货运代理有限公司 | 18 |

# 江苏南京出口加工区（南区）统计数据表

## （1）2012年江苏南京出口加工区（南区）主要经济指标完成情况表

| 指标名称 | 单位 | 2012年 | 比上年增长（%） |
|---|---|---|---|
| 增加值 | 万元 | 4 200 | -89.3 |
| 工业总产值 | 万元 | 1 001 267 | 446.9 |
| 其中：高新技术产业 | 万元 | 0 | — |
| 电子信息产业 | 万元 | 944 708 | 450.4 |
| 工业产品销售额 | 万元 | 393 082 | 120.2 |
| 企业利润总额 | 万元 | -2 468 | — |
| 物流企业营业收入 | 万元 | 904 | 24.2 |
| 综合能源耗费量 | 吨标准煤 | 3 317 | 29.4 |
| 当年批准企业数 | 个 | 1 | -75.0 |
| 其中：外资企业 | 个 | 0 | -100.0 |
| 仓储物流企业 | 个 | 1 | -50.0 |
| 当年批准投资总额 | 万美元 | 0 | -100.0 |
| 其中：外资项目投资额 | 万美元 | 0 | -100.0 |
| 增资额 | 万美元 | 0 | -100.0 |
| 当年合同利用外资 | 万美元 | 400 | -78.1 |
| 其中：增资额 | 万美元 | 400 | -31.0 |
| 当年企业实际到位资金 | 万美元 | 1 083 | 130.4 |
| 其中：实际利用外资 | 万美元 | 1 083 | 130.4 |
| 固定资产投资额 | 万元 | 423 | 1 310.0 |
| 其中：基础设施投资 | 万元 | 423 | 1 310.0 |
| 开发公司投资 | 万元 | 0 | — |
| 期末施工房屋面积 | 平方米 | 0 | — |
| 其中：期末在建厂房面积 | 平方米 | 0 | — |
| 房屋竣工面积 | 平方米 | 14 118 | — |
| 其中：已建成厂房面积 | 平方米 | 14 118 | — |
| 已建成仓库面积 | 平方米 | 0 | — |
| 土地实际已租售面积 | 平方米 | 0 | — |
| 历年已投产物流企业 | 个 | 3 | — |
| 历年已投产工业企业 | 个 | 8 | — |
| 其中：投资额1 000万美元（含）以上 | 个 | 4 | — |
| 税收总额 | 万元 | 83 784 | -52.5 |
| 其中：海关部门税收及代征税 | 万元 | 83 144 | -52.6 |
| 工商税收 | 万元 | 640 | -35.9 |
| 期末从业人员 | 人 | 4 955 | 69.7 |
| 其中：期末外资企业从业人员 | 人 | 4 955 | 69.7 |
| 期末出口加工区批准面积 | 平方公里 | 1.2 | 0.0 |
| 期末出口加工区验收封关面积 | 平方公里 | 1.2 | 0.0 |

## （2）截至2012年江苏南京出口加工区（南区）历年招商引资情况表

| 指标 | 单位 | 历年累计 |
|---|---|---|
| 批准企业 | 个 | 31 |
| 其中：外资企业 | | 24 |
| 投资总额 | 万美元 | 31 374 |
| 其中：外商投资总额 | | 29 357 |
| 合同外资额 | | 18 911 |
| 实际利用外资 | | 12 193 |

# 江苏武进出口加工区统计数据表

## 2012 年江苏武进出口加工区主要经济指标完成情况表

| 指标名称 | 单位 | 2012 年 | 比上年增长（%） |
|---|---|---|---|
| 增加值 | 万元 | 60 616 | 103.7 |
| 工业总产值 | 万元 | 515 366 | 37.6 |
| 其中：高新技术产业 | 万元 | 515 366 | 157.0 |
| 电子信息产业 | 万元 | 515 366 | 37.6 |
| 工业产品销售额 | 万元 | 478 539 | 25.6 |
| 企业利润总额 | 万元 | 15 160 | 79.8 |
| 物流企业营业收入 | 万元 | 1 979 | 50.8 |
| 综合能源耗费量 | 吨标准煤 | 8 514 | 65.2 |
| 当年批准企业数 | 个 | 3 | 50.0 |
| 当年批准投资总额 | 万美元 | 6 000 | -47.8 |
| 其中：外资项目投资额 | 万美元 | 6 000 | -42.9 |
| 增资额 | 万美元 | 6 000 | -40.0 |
| 当年合同利用外资 | 万美元 | 1 800 | -79.6 |
| 其中：增资额 | 万美元 | 1 800 | -77.8 |
| 当年企业实际到位资金 | 万美元 | 2 860 | -66.6 |
| 其中：实际利用外资 | 万美元 | 2 860 | -65.1 |
| 固定资产投资额 | 万元 | 93 848 | 217.1 |
| 其中：基础设施投资 | 万元 | 3 073 | 268.0 |
| 开发公司投资 | 万元 | 5 486 | 121.9 |
| 房屋竣工面积 | 平方米 | 337 494 | 298.0 |
| 其中：已建成厂房面积 | 平方米 | 247 936 | 288.0 |
| 已建成仓库面积 | 平方米 | 40 566 | 521.9 |
| 历年已投产物流企业 | 个 | 3 | — |
| 历年已投产工业企业 | 个 | 5 | — |
| 其中：投资额 1 000 万美元（含）以上 | 个 | 4 | — |
| 税收总额 | 万元 | 15 079 | 25.0 |
| 其中：海关部门税收及代征税 | 万元 | 10 907 | 27.4 |
| 工商税收 | 万元 | 4 172 | 19.1 |
| 期末从业人员 | 人 | 8 824 | -0.9 |
| 其中：期末外资企业从业人员 | 人 | 8 324 | -2.1 |
| 期末出口加工区批准面积 | 平方公里 | 1.15 | 0.0 |
| 期末出口加工区验收封关面积 | 平方公里 | 1.08 | 0.0 |

# 浙江杭州出口加工区统计数据表

## （1）2012年浙江杭州出口加工区主要经济指标完成情况表

| 指标名称 | 单位 | 2012年 | 比上年增长（%） |
|---|---|---|---|
| 增加值 | 万元 | 124 862 | 15.0 |
| 工业总产值 | 万元 | 1 213 260 | -11.0 |
| 其中：高新技术产业 | 万元 | 22 258 | 10.0 |
| 电子信息产业 | 万元 | 996 933 | -14.1 |
| 工业产品销售额 | 万元 | 1 211 908 | -9.4 |
| 企业利润总额 | 万元 | 28 761 | 2.7 |
| 物流企业营业收入 | 万元 | 6 042 | 14.7 |
| 综合能源耗费量 | 吨标准煤 | 13 300 | -3.0 |
| 当年批准企业数 | 个 | 0 | -100.0 |
| 当年批准投资总额 | 万美元 | 0 | -100.0 |
| 固定资产投资额 | 万元 | 19 427 | 15.5 |
| 其中：基础设施投资 | 万元 | 19 427 | 22.2 |
| 历年已投产物流企业 | 个 | 6 | — |
| 历年已投产工业企业 | 个 | 24 | — |
| 其中：投资额1 000万美元（含）以上 | 个 | 11 | — |
| 税收总额 | 万元 | 88 498 | 14.7 |
| 其中：海关部门税收及代征税 | 万元 | 71 254 | 18.6 |
| 工商税收 | 万元 | 17 244 | 0.9 |
| 期末从业人员 | 人 | 8 984 | -13.5 |
| 其中：期末外资企业从业人员 | 人 | 8 841 | -13.3 |
| 期末出口加工区批准面积 | 平方公里 | 2.92 | 0.0 |
| 期末出口加工区验收封关面积 | 平方公里 | 2 | 0.0 |

## （2）-1 截至2012年浙江杭州出口加工区历年招商引资情况表

| 指标 | 单位 | 历年累计 |
|---|---|---|
| 批准企业 | 个 | 33 |
| 其中：外资企业 | 个 | 28 |
| 投资总额 | 万美元 | 59 787 |
| 其中：外商投资总额 | 万美元 | 49 771 |
| 合同外资额 | 万美元 | 21 871 |
| 实际利用外资 | 万美元 | 18 919 |

## （2）-2 截至2012年浙江杭州出口加工区历年主要外商投资情况表

| 按项目数排列 | | | 按投资额排列 | | |
|---|---|---|---|---|---|
| 序号 | 国别（地区） | 项目数（个） | 序号 | 国别（地区） | 投资额（万美元） |
| 1 | 日本 | 10 | 1 | 日本 | 30 857 |
| 2 | 美国 | 2 | 2 | 中国香港 | 5 900 |
| 3 | 澳大利亚 | 2 | 3 | 澳大利亚 | 1 400 |
| 4 | 萨摩亚 | 2 | 4 | 美国 | 798 |
| 5 | 中国香港 | 2 | 5 | 中国台湾 | 600 |

## （3）2012年浙江杭州出口加工区出口加工企业工业产值排名表

单位：万元

| 序号 | 企业名称 | 工业总产值 | 序号 | 企业名称 | 工业总产值 |
|---|---|---|---|---|---|
| 1 | 东芝信息机器（杭州）有限公司 | 746 709 | 11 | 盛康橡胶（杭州）有限公司 | 8 365 |
| 2 | 杭州矢崎配件有限公司 | 212 017 | 12 | 莱蒙斯密封件（杭州）有限公司 | 7 019 |
| 3 | 杭州松下住宅电器设备（出口加工区）有限公司 | 80 822 | 13 | 真珠乐器（杭州）有限公司 | 5 864 |
| 4 | 希赛瓶盖系统（杭州）有限公司 | 30 735 | 14 | 杭州万事达装饰用品有限公司 | 5 086 |
| 5 | 中日龙电器制品（杭州）有限公司 | 26 025 | 15 | 晟铭电子（杭州）有限公司 | 4 725 |
| 6 | 杭州天裕光能科技有限公司 | 22 258 | 16 | 杭州全镒橡塑制品有限公司 | 3 398 |
| 7 | 杭州东芝家电技术电子有限公司 | 19 908 | 17 | 杭州杭琦电子有限公司 | 1 178 |
| 8 | 矢野电子（杭州）有限公司 | 16 215 | 18 | 杭州拜罗纺织有限公司 | 947 |
| 9 | 瑞奇包装系统（杭州）有限公司 | 10 690 | 19 | 运萨（杭州）包装制品有限公司 | 476 |
| 10 | 杭州泰谷诺石英有限公司 | 10 393 | 20 | 聪缙电子（杭州）有限公司 | 429 |

## （4）2012年浙江杭州出口加工区物流企业营业收入排名表

单位：万元

| 序号 | 企业名称 | 营业收入 | 序号 | 企业名称 | 营业收入 |
|---|---|---|---|---|---|
| 1 | 杭州九捷国际货运代理有限公司 | 4 087 | 4 | 杭州八方仓储有限公司 | 288 |
| 2 | 东芝货物管理（杭州）有限公司 | 3 909 | 5 | 杭州汉达国际货运代理有限公司 | 171 |
| 3 | 浙江杭州出口加工区国际物流有限公司 | 574 | 6 | 浙江杭州出口加工区美亚仓储综合服务有限公司 | 123 |

# 浙江宁波出口加工区统计数据表

## （1）2012年浙江宁波出口加工区主要经济指标完成情况表

| 指标名称 | 单位 | 2012年 | 比上年增长（%） |
|---|---|---|---|
| 增加值 | 万元 | 334 446 | 0.4 |
| 工业总产值 | 万元 | 4 791 089 | 6.5 |
| 其中：高新技术产业 | 万元 | 4 256 980 | 4.9 |
| 电子信息产业 | 万元 | 3 794 045 | 10.8 |
| 工业产品销售额 | 万元 | 4 304 611 | -1.9 |
| 企业利润总额 | 万元 | 73 647 | 17.9 |
| 物流企业营业收入 | 万元 | 48 443 | 1 313.6 |
| 综合能源耗费量 | 吨标准煤 | 43 335 | 7.3 |
| 当年批准投资总额 | 万美元 | 31 312 | 3 379.1 |
| 其中：外资项目投资额 | 万美元 | 31 312 | 3 379.1 |
| 增资额 | 万美元 | 33 272 | 3 608.0 |
| 当年合同利用外资 | 万美元 | 9 989 | 1 373.3 |
| 其中：增资额 | 万美元 | 9 989 | 1 373.3 |
| 当年企业实际到位资金 | 万美元 | 260 | 30.0 |
| 其中：实际利用外资 | 万美元 | 260 | 30.0 |
| 固定资产投资额 | 万元 | 21 608 | -71.4 |
| 期末施工房屋面积 | 平方米 | 69 840 | 9.1 |
| 其中：期末在建厂房面积 | 平方米 | 69 840 | 9.1 |
| 房屋竣工面积 | 平方米 | 78 000 | 100.0 |
| 其中：已建成厂房面积 | 平方米 | 78 000 | 100.0 |
| 历年已投产物流企业 | 个 | 3 | — |
| 历年已投产工业企业 | 个 | 20 | — |
| 其中：投资额1 000万美元（含）以上 | 个 | 7 | — |
| 税收总额 | 万元 | 5 397 | -8.8 |
| 其中：海关部门税收及代征税 | 万元 | 5 397 | -8.8 |
| 期末从业人员 | 人 | 42 852 | 19.4 |
| 其中：期末外资企业从业人员 | 人 | 40 709 | 13.4 |
| 期末出口加工区批准面积 | 平方公里 | 3 | 0.0 |
| 期末出口加工区验收封关面积 | 平方公里 | 2 | 0.0 |

## (2)-1 截至2012年浙江宁波出口加工区历年招商引资情况表

| 指标 | 单位 | 历年累计 |
|---|---|---|
| 批准企业 | 个 | 43 |
| 其中：外资企业 | | 42 |
| 投资总额 | 万美元 | 226 422 |
| 其中：外商投资总额 | | 226 422 |
| 合同外资额 | | 98 705 |
| 实际利用外资 | | 48 085 |

## (2)-2 截至2012年浙江宁波出口加工区历年主要外商投资情况表

| 按项目数排列 | | | 按投资额排列 | | |
|---|---|---|---|---|---|
| 序号 | 国别（地区） | 项目数（个） | 序号 | 国别（地区） | 投资额（万美元） |
| 1 | 中国香港 | 14 | 1 | 萨摩亚 | 122 906 |
| 2 | 英属维尔京群岛 | 7 | 2 | 中国香港 | 35 106 |
| 3 | 萨摩亚 | 6 | 3 | 英属维尔京群岛 | 31 290 |
| 4 | 美国 | 3 | 4 | 中国台湾 | 11 800 |
| 5 | 中国台湾 | 2 | 5 | 毛里求斯 | 8 000 |

## (3) 2012年浙江宁波出口加工区出口加工企业工业产值排名表

单位：万元

| 序号 | 企业名称 | 工业总产值 | 序号 | 企业名称 | 工业总产值 |
|---|---|---|---|---|---|
| 1 | 宁波奇美电子有限公司 | 2 905 720 | 11 | 宁波出口加工区提爱思泉盟汽车内饰有限公司 | 27 389 |
| 2 | 宁波奇美光电有限公司 | 634 522 | 12 | 宁波奥威尔轮毂有限公司 | 27 149 |
| 3 | 宁波奇美材料科技有限公司 | 276 173 | 13 | 宁波旺泉电子有限公司 | 17 160 |
| 4 | 宁波菱茂光电有限公司 | 257 981 | 14 | 宁波菱钢弹簧有限公司 | 16 670 |
| 5 | 宁波奇信电子有限公司 | 156 743 | 15 | 宁波智涌塑胶有限公司 | 5 796 |
| 6 | 宁波中集物流装备有限公司 | 141 762 | 16 | 宁波海伯精工机械制造有限公司 | 3 476 |
| 7 | 宁波海天华远机械有限公司 | 94 646 | 17 | 宁波尔耶思电子有限公司 | 2 504 |
| 8 | 宁波璨宇光电有限公司 | 87 981 | 18 | 宁波宝洲金属材料有限公司 | 2 350 |
| 9 | 宁波大亿科技有限公司 | 85 594 | 19 | 圣索普文具礼品制造（宁波）有限公司 | 1 505 |
| 10 | 宁波斯易安清洁设备有限公司 | 45 974 | 20 | | |

## (4) 2012年浙江宁波出口加工区物流企业营业收入排名表

单位：万元

| 序号 | 企业名称 | 营业收入 | 序号 | 企业名称 | 营业收入 |
|---|---|---|---|---|---|
| 1 | 宁波出口加工区物流中心 | 2 500 | 3 | 宁波汎韩物流有限公司 | 603 |
| 2 | 宁波奇美物流有限公司 | 1 283 | | | |

# 安徽芜湖出口加工区统计数据表

## （1）2012 年安徽芜湖出口加工区主要经济指标完成情况表

| 指标名称 | 单位 | 2012 年 | 比上年增长（%） |
|---|---|---|---|
| 增加值 | 万元 | 46 356 | 63.5 |
| 工业总产值 | 万元 | 252 429 | -3.0 |
| 其中：高新技术产业 | 万元 | 7 260 | 55.4 |
| 电子信息产业 | 万元 | 182 538 | -7.4 |
| 工业产品销售额 | 万元 | 257 273 | -0.6 |
| 企业利润总额 | 万元 | 10 086 | — |
| 物流企业营业收入 | 万元 | 24 | -45.5 |
| 综合能源耗费量 | 吨标准煤 | 10 948 | 9.8 |
| 当年批准企业数 | 个 | 2 | 100.0 |
| 其中：仓储物流企业 | 个 | 1 | 0.0 |
| 当年批准投资总额 | 万美元 | 16 709 | 86.6 |
| 其中：外资项目投资额 | 万美元 | 15 680 | — |
| 增资额 | 万美元 | 16 470 | — |
| 当年合同利用外资 | 万美元 | 15 447 | — |
| 其中：增资额 | 万美元 | 15 447 | — |
| 当年企业实际到位资金 | 万美元 | 6 627 | 530.5 |
| 其中：实际利用外资 | 万美元 | 5 408 | 108 060.0 |
| 固定资产投资额 | 万元 | 38 296 | 197.2 |
| 其中：基础设施投资 | 万元 | 21 097 | 694.9 |
| 期末施工房屋面积 | 平方米 | 24 000 | — |
| 其中：期末在建厂房面积 | 平方米 | 24 000 | — |
| 房屋竣工面积 | 平方米 | 7 000 | -78.2 |
| 其中：已建成厂房面积 | 平方米 | 7 000 | -78.2 |
| 土地实际已租售面积 | 平方米 | 202 774 | 65.3 |
| 历年已投产物流企业 | 个 | 0 | — |
| 历年已投产工业企业 | 个 | 0 | — |
| 其中：投资额 1 000 万美元（含）以上 | 个 | 0 | — |
| 税收总额 | 万元 | 6 847 | -54.9 |
| 其中：海关部门税收及代征税 | 万元 | 4 763 | -63.7 |
| 工商税收 | 万元 | 2 084 | 0.4 |
| 期末从业人员 | 人 | 4 501 | -44.5 |
| 其中：期末外资企业从业人员 | 人 | 4 008 | -47.9 |
| 期末出口加工区批准面积 | 平方公里 | 2.95 | 0.0 |
| 期末出口加工区验收封关面积 | 平方公里 | 2.17 | 0.0 |

## (2)-1 截至2012年安徽芜湖出口加工区历年招商引资情况表

| 指标 | 单位 | 历年累计 |
|---|---|---|
| 批准企业 | 个 | 29 |
| 其中：外资企业 | | 12 |
| 投资总额 | 万美元 | 51 511 |
| 其中：外商投资总额 | | 30 870 |
| 合同外资额 | | 30 008 |
| 实际利用外资 | | 17 925 |

## (2)-2 截至2012年安徽芜湖出口加工区历年主要外商投资情况表

| 按项目数排列 | | | 按投资额排列 | | |
|---|---|---|---|---|---|
| 序号 | 国别（地区） | 项目数（个） | 序号 | 国别（地区） | 投资额（万美元） |
| 1 | 中国香港 | 4 | 1 | 中国香港 | 27 113 |
| 2 | 美国 | 2 | 2 | 美国 | 1 444 |
| 3 | 中国台湾 | 2 | 3 | 新加坡 | 1 250 |
| 4 | 新加坡 | 1 | 4 | 中国台湾 | 685 |
| 5 | 韩国 | 1 | 5 | 韩国 | 351 |

## (3) 2012年安徽芜湖出口加工区出口加工企业工业产值排名表

单位：万元

| 序号 | 企业名称 | 工业总产值 | 序号 | 企业名称 | 工业总产值 |
|---|---|---|---|---|---|
| 1 | 中达电子（芜湖）有限公司 | 180 540 | 7 | 芜湖昌永得机械有限公司 | 3 800 |
| 2 | 合保电气（芜湖）有限公司 | 22 357 | 8 | 芜湖市海晟塑业有限公司 | 2 580 |
| 3 | 芜湖美的洗涤电器有限公司 | 18 141 | 9 | 芜湖维德视频设备有限公司 | 1 064 |
| 4 | 芜湖华烨工业用布有限公司 | 9 315 | 10 | 固镒电子（芜湖）有限公司 | 834 |
| 5 | 芜湖晟志工业制品有限公司 | 7 878 | 11 | 芜湖市海力渔网制造有限公司 | 607 |
| 6 | 芜湖安华玻璃有限公司 | 4 978 | 12 | 芜湖大雁生物技术有限公司 | 334 |

## (4) 2012年安徽芜湖出口加工区物流企业营业收入排名表

单位：万元

| 序号 | 企业名称 | 营业收入 | 序号 | 企业名称 | 营业收入 |
|---|---|---|---|---|---|
| 1 | 芜湖中外运出口加工区物流有限公司 | 19 | 2 | 芜湖捷瑞出口加工区物流有限公司 | |

# 江西九江出口加工区统计数据表

## （1）2012年江西九江出口加工区主要经济指标完成情况表

| 指标名称 | 单位 | 2012年 | 比上年增长（%） |
|---|---|---|---|
| 增加值 | 万元 | 30 911 | 205.0 |
| 工业总产值 | 万元 | 325 117 | -1.8 |
| 其中：高新技术产业 | 万元 | 0 | — |
| 电子信息产业 | 万元 | 325 117 | -1.8 |
| 工业产品销售额 | 万元 | 317 550 | 5.2 |
| 企业利润总额 | 万元 | 5 460 | 70.8 |
| 物流企业营业收入 | 万元 | 11 | — |
| 综合能源耗费量 | 吨标准煤 | 1 240 | 60.0 |
| 当年批准企业数 | 个 | 1 | -50.0 |
| 其中：外资企业 | 个 | 1 | 0.0 |
| 仓储物流企业 | 个 | 0 | 0.0 |
| 当年批准投资总额 | 万美元 | 5 200 | 25.3 |
| 其中：外资项目投资额 | 万美元 | 5 200 | 160.0 |
| 增资额 | 万美元 | 4 000 | 100.0 |
| 当年合同利用外资 | 万美元 | 28 760 | 858.7 |
| 其中：增资额 | 万美元 | 4 000 | 100.0 |
| 当年企业实际到位资金 | 万美元 | 600 | -83.1 |
| 其中：实际利用外资 | 万美元 | 600 | -83.1 |
| 固定资产投资额 | 万元 | 16 100 | -22.2 |
| 其中：基础设施投资 | 万元 | 3 600 | -34.1 |
| 开发公司投资 | 万元 | 0 | -100.0 |
| 期末施工房屋面积 | 平方米 | 12 762 | 0.0 |
| 其中：期末在建厂房面积 | 平方米 | 12 762 | 0.0 |
| 房屋竣工面积 | 平方米 | 27 669 | — |
| 其中：已建成厂房面积 | 平方米 | 27 669 | — |
| 已建成仓库面积 | 平方米 | 0 | — |
| 土地实际已租售面积 | 平方米 | 71 334 | — |
| 历年已投产物流企业 | 个 | 2 | — |
| 历年已投产工业企业 | 个 | 21 | — |
| 其中：投资额1 000万美元（含）以上 | 个 | 14 | — |
| 税收总额 | 万元 | 845 | 121.2 |
| 其中：海关部门税收及代征税 | 万元 | 332 | — |
| 工商税收 | 万元 | 513 | 34.3 |
| 期末从业人员 | 人 | 3 990 | 62.5 |
| 其中：期末外资企业从业人员 | 人 | 3 890 | 62.4 |
| 期末出口加工区批准面积 | 平方公里 | 0.99 | 0.0 |
| 期末出口加工区验收封关面积 | 平方公里 | 0.99 | 0.0 |

## (2)-1 截至2012年江西九江出口加工区历年招商引资情况表

| 指标 | 单位 | 历年累计 |
|---|---|---|
| 批准企业 | 个 | 22 |
| 其中：外资企业 | | 15 |
| 投资总额 | 万美元 | 55 816 |
| 其中：外商投资总额 | | 46 666 |
| 合同外资额 | | 46 666 |
| 实际利用外资 | | 15 745 |

## (2)-2 截至2012年江西九江出口加工区历年主要外商投资情况表

| 按项目数排列 | | | 按投资额排列 | | |
|---|---|---|---|---|---|
| 序号 | 国别（地区） | 项目数（个） | 序号 | 国别（地区） | 投资额（万美元） |
| 1 | 中国台湾 | 8 | 1 | 中国台湾 | 13 950 |
| 2 | 中国香港 | 5 | 2 | 中国香港 | 5 315 |
| 3 | 美国 | 2 | 3 | 澳大利亚 | 2 000 |
| 4 | 澳大利亚 | 1 | 4 | 美国 | 1 018 |

## (3) 2012年江西九江出口加工区出口加工企业工业产值排名表

单位：万元

| 序号 | 企业名称 | 序号 | 企业名称 |
|---|---|---|---|
| 1 | 九江绿晶光电科技有限公司 | 5 | 多维科技（九江）有限公司 |
| 2 | 九江铨讯电子有限公司 | 6 | 九江正展光电有限公司 |
| 3 | 九江绿翔光电科技有限公司 | 7 | 长怡科技（九江）有限公司 |
| 4 | 瀚森科技（江西）有限公司 | 8 | 万利通（九江）复合环保材料有限公司 |

# 山东青岛出口加工区统计数据表

## （1）2012 年山东青岛出口加工区主要经济指标完成情况表

| 指标名称 | 单位 | 2012 年 | 比上年增长（%） |
|---|---|---|---|
| 增加值 | 万元 | 123 277 | 3.3 |
| 工业总产值 | 万元 | 439 683 | 3.1 |
| 其中：高新技术产业 | 万元 | 110 066 | 3.3 |
| 电子信息产业 | 万元 | 352 243 | 3.3 |
| 工业产品销售额 | 万元 | 429 557 | 3.5 |
| 企业利润总额 | 万元 | 77 806 | 2.2 |
| 物流企业营业收入 | 万元 | 775 | -6.1 |
| 综合能源耗费量 | 吨标准煤 | 7 305 | 1.9 |
| 当年批准企业数 | 个 | 6 | -33.3 |
| 其中：外资企业 | 个 | 5 | -37.5 |
| 当年批准投资总额 | 万美元 | 32 634 | -7.8 |
| 其中：外资项目投资额 | 万美元 | 30 730 | 29.3 |
| 增资额 | 万美元 | 16 824 | 484.2 |
| 当年合同利用外资 | 万美元 | 10 506 | 4.7 |
| 其中：增资额 | 万美元 | 6 306 | 357.0 |
| 当年企业实际到位资金 | 万美元 | 11 693 | 41.8 |
| 其中：实际利用外资 | 万美元 | 5 820 | 42.3 |
| 固定资产投资额 | 万元 | 36 367 | 301.3 |
| 其中：基础设施投资 | 万元 | 12 025 | 675.3 |
| 开发公司投资 | 万元 | 100 | — |
| 期末施工房屋面积 | 平方米 | 40 000 | — |
| 其中：期末在建厂房面积 | 平方米 | 40 000 | — |
| 房屋竣工面积 | 平方米 | 35 000 | 775.0 |
| 其中：已建成厂房面积 | 平方米 | 25 000 | 2 400.0 |
| 已建成仓库面积 | 平方米 | 10 000 | 233.3 |
| 历年已投产物流企业 | 个 | 2 | — |
| 历年已投产工业企业 | 个 | 49 | — |
| 其中：投资额 1 000 万美元（含）以上 | 个 | 19 | — |
| 税收总额 | 万元 | 14 579 | 35.7 |
| 其中：海关部门税收及代征税 | 万元 | 7 141 | 124.8 |
| 工商税收 | 万元 | 7 438 | -1.7 |
| 期末从业人员 | 人 | 7 610 | -1.3 |
| 其中：期末外资企业从业人员 | 人 | 7 390 | -0.3 |
| 期末出口加工区批准面积 | 平方公里 | 2.8 | 0.0 |
| 期末出口加工区验收封关面积 | 平方公里 | 1.7 | 0.0 |

## (2)-1 截至2012年山东青岛出口加工区历年招商引资情况表

| 指标 | 单位 | 历年累计 |
|---|---|---|
| 批准企业 | 个 | 66 |
| 其中：外资企业 | | 60 |
| 投资总额 | 万美元 | 175 247 |
| 其中：外商投资总额 | | 145 381 |
| 合同外资额 | | 62 504 |
| 实际利用外资 | | 38 787 |

## (2)-2 截至2012年山东青岛出口加工区历年主要外商投资情况表

| 按项目数排列 | | | 按投资额排列 | | |
|---|---|---|---|---|---|
| 序号 | 国别（地区） | 项目数（个） | 序号 | 国别（地区） | 投资额（万美元） |
| 1 | 中国香港 | 18 | 1 | 日本 | 29 347 |
| 2 | 韩国 | 12 | 2 | 中国香港 | 23 589 |
| 3 | 日本 | 10 | 3 | 德国 | 8 445 |
| 4 | 美国 | 3 | 4 | 韩国 | 8 180 |
| 5 | 英国 | 3 | 5 | 新加坡 | 6 100 |

## (3) 2012年山东青岛出口加工区出口加工企业工业产值排名表

单位：万元

| 序号 | 企业名称 | 工业总产值 | 序号 | 企业名称 | 工业总产值 |
|---|---|---|---|---|---|
| 1 | 安德烈斯蒂尔动力工具（青岛）有限公司 | 103 315 | 8 | 洋马发动机（山东）有限公司 | 9 786 |
| 2 | 泰科电子（青岛）有限公司 | 68 794 | 9 | 青岛天湾电机有限公司 | 9 506 |
| 3 | 青岛福轮科技有限公司 | 30 317 | 10 | 高丽精线合金（青岛）有限公司 | 7 663 |
| 4 | 星电高科技（青岛）有限公司 | 19 838 | 11 | 青岛开拓隆海制冷配件有限公司 | 7 311 |
| 5 | 青岛奥技科光学有限公司 | 12 513 | 12 | 山德维克（青岛）有限公司 | 5 136 |
| 6 | 青岛尖能办公用品有限公司 | 11 312 | 13 | 青岛伟立精工塑胶有限公司 | 4 336 |
| 7 | 青岛晓源电子有限公司 | 9 843 | 14 | 青岛恩利旺精密工业有限公司 | 2 583 |

## (4) 2012年山东青岛出口加工区物流企业营业收入排名表

单位：万元

| 序号 | 企业名称 | 序号 | 企业名称 |
|---|---|---|---|
| 1 | 青岛德尔达国际物流有限公司 | 3 | 青岛永盛国际货运有限公司 |
| 2 | 青岛乐驰物流有限公司 | | |

# 山东威海出口加工区统计数据表

## （1）2012年山东威海出口加工区主要经济指标完成情况表

| 指标名称 | 单位 | 2012年 | 比上年增长（%） |
|---|---|---|---|
| 增加值 | 万元 | 86 695 | 6.8 |
| 工业总产值 | 万元 | 396 676 | 0.1 |
| 其中：电子信息产业 | 万元 | 280 086 | 7.5 |
| 工业产品销售额 | 万元 | 353 840 | 12.9 |
| 企业利润总额 | 万元 | -9 417 | — |
| 物流企业营业收入 | 万元 | 1 516 | 41.2 |
| 综合能源耗费量 | 吨标准煤 | 3 958 | 10.0 |
| 当年批准投资总额 | 万美元 | 600 | -90.8 |
| 其中：增资额 | 万美元 | 600 | -90.8 |
| 当年合同利用外资 | 万美元 | 684 | -88.5 |
| 其中：增资额 | 万美元 | 600 | — |
| 当年企业实际到位资金 | 万美元 | 1 260 | -80.6 |
| 其中：实际利用外资 | 万美元 | 720 | -88.9 |
| 固定资产投资额 | 万元 | 66 818 | 177.3 |
| 其中：基础设施投资 | 万元 | 15 778 | 288.0 |
| 期末施工房屋面积 | 平方米 | 20 000 | — |
| 其中：期末在建厂房面积 | 平方米 | 20 000 | — |
| 房屋竣工面积 | 平方米 | 61 000 | 16.2 |
| 其中：已建成厂房面积 | 平方米 | 61 000 | 16.2 |
| 历年已投产物流企业 | 个 | 7 | — |
| 历年已投产工业企业 | 个 | 38 | — |
| 其中：投资额1 000万美元（含）以上 | 个 | 15 | — |
| 税收总额 | 万元 | 7 344 | -1.0 |
| 其中：海关部门税收及代征税 | 万元 | 408 | -28.3 |
| 工商税收 | 万元 | 6 935 | 1.2 |
| 期末从业人员 | 人 | 11 537 | -1.6 |
| 其中：期末外资企业从业人员 | 人 | 11 428 | -1.7 |
| 期末出口加工区批准面积 | 平方公里 | 2.6 | 0.0 |
| 期末出口加工区验收封关面积 | 平方公里 | 1.34 | 0.0 |

## （2）-1 截至2012年山东威海出口加工区历年招商引资情况表

| 指标 | 单位 | 历年累计 |
|---|---|---|
| 批准企业 | 个 | 54 |
| 其中：外资企业 | | 47 |
| 投资总额 | 万美元 | 71 781 |
| 其中：外商投资总额 | | 67 781 |
| 合同外资额 | | 39 718 |
| 实际利用外资 | | 39 718 |

## （2）-2 截至2012年山东威海出口加工区历年主要外商投资情况表

| 按项目数排列 | | | 按投资额排列 | | |
|---|---|---|---|---|---|
| 序号 | 国别（地区） | 项目数（个） | 序号 | 国别（地区） | 投资额（万美元） |
| 1 | 韩国 | 40 | 1 | 韩国 | 62 616 |
| 2 | 日本 | 4 | 2 | 日本 | 4 015 |
| 3 | 中国香港 | 1 | 3 | 美国 | 500 |
| 4 | 美国 | 1 | 4 | 法国 | 500 |
| 5 | 法国 | 1 | 5 | 中国香港 | 150 |

## （3）2012年山东威海出口加工区出口加工企业工业产值排名表

单位：万元

| 序号 | 企业名称 | 工业总产值 | 序号 | 企业名称 | 工业总产值 |
|---|---|---|---|---|---|
| 1 | 世一电子 | 115 000 | 11 | 艾迪姆汽车 | 9 176 |
| 2 | 日月光半导体 | 61 161 | 12 | 东源食品 | 8 648 |
| 3 | 仁昌电子 | 33 898 | 13 | 日都食品 | 6 561 |
| 4 | 广濑电机 | 26 723 | 14 | 侑昵机电 | 6 402 |
| 5 | 海纳开碧 | 23 571 | 15 | 兴宝纺织 | 5 484 |
| 6 | 世比亚食品 | 17 098 | 16 | 液化空气 | 2 838 |
| 7 | 元晟电子 | 15 898 | 17 | 美京电子 | 2 581 |
| 8 | 金海食品 | 15 523 | 18 | 太田金属 | 2 136 |
| 9 | 新韩精工 | 10 310 | 19 | 海纳电子 | 2 091 |
| 10 | 久映汽车 | 9 516 | 20 | 精诚特种纤维 | 1 803 |

## （4）2012年山东威海出口加工区物流企业营业收入排名表

单位：万元

| 序号 | 企业名称 | 营业收入 | 序号 | 企业名称 | 营业收入 |
|---|---|---|---|---|---|
| 1 | 威海精诚物流有限公司 | 664 | 5 | 威海泛亚物流有限公司 | 51 |
| 2 | 威海中外运保税物流有限公司 | 514 | 6 | 威海凯顺国际货运代理有限公司 | 25 |
| 3 | 威海世丰仓储有限公司 | 119 | 7 | 威海泛中物流有限公司 | 25 |
| 4 | 威海天皓物流有限公司 | 63 | | | |

# 河南郑州出口加工区统计数据表

## （1）2012 年河南郑州出口加工区主要经济指标完成情况表

| 指标名称 | 单位 | 2012 年 | 比上年增长（%） |
|---|---|---|---|
| 增加值 | 万元 | 120 049 | 56.7 |
| 营业总收入 | 万元 | 447 128 | — |
| 工业总产值 | 万元 | 471 719 | 65.6 |
| 其中：高新技术产业 | 万元 | 405 978 | 105.1 |
| 电子信息产业 | 万元 | 405 978 | 105.1 |
| 工业产品销售额 | 万元 | 446 289 | 57.0 |
| 企业利润总额 | 万元 | 17 852 | 25.7 |
| 物流企业营业收入 | 万元 | 839 | 40.8 |
| 综合能源耗费量 | 吨标准煤 | 12 875 | 58.0 |
| 当年批准企业数 | 个 | 11 | 10.0 |
| 其中：外资企业 | 个 | 4 | 33.3 |
| 仓储物流企业 | 个 | 4 | 33.3 |
| 当年批准投资总额 | 万美元 | 20 283 | -10.8 |
| 其中：外资项目投资额 | 万美元 | 15 493 | 140.9 |
| 增资额 | 万美元 | 14 800 | 208.3 |
| 当年合同利用外资 | 万美元 | 5 450 | 102.0 |
| 其中：增资额 | 万美元 | 5 000 | 212.5 |
| 当年企业实际到位资金 | 万美元 | 12 822 | 3.5 |
| 其中：实际利用外资 | 万美元 | 5 062 | 27.2 |
| 固定资产投资额 | 万元 | 309 758 | 238.9 |
| 其中：基础设施投资 | 万元 | 474 | -85.1 |
| 开发公司投资 | 万元 | 34 500 | — |
| 房屋竣工面积 | 平方米 | 253 626 | 221.7 |
| 其中：已建成厂房面积 | 平方米 | 253 626 | 221.7 |
| 历年已投产物流企业 | 个 | 12 | 33.3 |
| 历年已投产工业企业 | 个 | 22 | 16.0 |
| 其中：投资额 1 000 万美元（含）以上 | 个 | 5 | 66.7 |
| 税收总额 | 万元 | 19 674 | 161.2 |
| 其中：海关部门税收及代征税 | 万元 | 13 656 | 148.2 |
| 工商税收 | 万元 | 6 018 | 196.5 |
| 期末从业人员 | 人 | 28 481 | 87.4 |
| 其中：期末外资企业从业人员 | 人 | 28 100 | 86.5 |
| 期末出口加工区批准面积 | 平方公里 | 2.7 | 0.0 |
| 期末出口加工区验收封关面积 | 平方公里 | 0.9 | 0.0 |

### (2)-1 截至2012年河南郑州出口加工区历年招商引资情况表

| 指标 | 单位 | 历年累计 |
| --- | --- | --- |
| 批准企业 | 个 | 47 |
| 其中：外资企业 | | 14 |
| 投资总额 | 万美元 | 95 256 |
| 其中：外商投资总额 | | 62 558 |
| 合同外资额 | | 30 300 |
| 实际利用外资 | | 28 714 |

### (2)-2 截至2012年河南郑州出口加工区历年主要外商投资情况表

| 按项目数排列 | | | 按投资额排列 | | |
| --- | --- | --- | --- | --- | --- |
| 序号 | 国别（地区） | 项目数（个） | 序号 | 国别（地区） | 投资额（万美元） |
| 1 | 中国香港 | 7 | 1 | 中国香港 | 60 690 |
| 2 | 中国台湾 | 3 | 2 | 美国 | 600 |
| 3 | 美国 | 1 | 3 | 英属维尔京群岛 | 538 |
| 4 | 加拿大 | 1 | 4 | 加拿大 | 484 |
| 5 | 日本 | 1 | 5 | 中国台湾 | 196 |

### (3) 2012年河南郑州出口加工区出口加工企业工业产值排名表

单位：万元

| 序号 | 企业名称 | 序号 | 企业名称 |
| --- | --- | --- | --- |
| 1 | 富泰华精密电子（郑州）有限公司 | 6 | 河南科隆实业有限公司 |
| 2 | 郑州朝歌纺纱有限公司 | 7 | 河南瑞蓝斯机械零配件有限公司 |
| 3 | 锜昌科技（郑州）有限公司 | 8 | 郑州天之彩实业有限公司 |
| 4 | 郑州官田电子科技有限公司 | 9 | 优鼎材料科技（郑州）有限公司 |
| 5 | 河南省豫星华晶微钻有限公司 | 10 | 郑州硕达钻石有限公司 |

### (4) 2012年河南郑州出口加工区物流企业营业收入排名表

单位：万元

| 序号 | 企业名称 | 序号 | 企业名称 |
| --- | --- | --- | --- |
| 1 | 瞻航保税物流服务（郑州）有限公司 | 4 | 郑州思博雅保税仓储服务有限公司 |
| 2 | 河南中部保税物流中心有限公司 | 5 | 河南外经进出口有限公司 |
| 3 | 郑州优传供应链有限公司 | | |

# 广东广州出口加工区统计数据表

## （1）2012 年广东广州出口加工区主要经济指标完成情况表

| 指标名称 | 单位 | 当年累计 | 增幅（%） |
|---|---|---|---|
| 增加值 | 万元 | 58 494 | 30.7 |
| 营业总收入 | 万元 | 287 099 | — |
| 工业总产值 | 万元 | 284 504 | 25.4 |
| 其中：高新技术产业 | 万元 | 0 | — |
| 电子信息产业 | 万元 | 0 | — |
| 工业产品销售额 | 万元 | 287 099 | 21.8 |
| 企业利润总额 | 万元 | 8 034 | 22.8 |
| 物流企业营业收入 | 万元 | 0 | — |
| 综合能源耗费量 | 吨标准煤 | 3 678 | 18.1 |
| 批准企业数 | 个 | 0 | — |
| 其中：外资企业 | 个 | 0 | — |
| 仓储物流企业 | 个 | 0 | — |
| 批准投资总额 | 万美元 | 0 | — |
| 其中：外商投资总额 | 万美元 | 0 | — |
| 增资额 | 万美元 | 0 | — |
| 合同利用外资 | 万美元 | 0 | — |
| 其中：增资额 | 万美元 | 0 | — |
| 企业实际到位资金 | 万美元 | 0 | — |
| 其中：实际利用外资 | 万美元 | 0 | — |
| 固定资产投资额 | 万元 | 0 | — |
| 其中：基础设施投资 | 万元 | 0 | — |
| 开发公司投资 | 万元 | 0 | — |
| 期末施工房屋面积 | 平方米 | 0 | — |
| 其中：期末在建厂房面积 | 平方米 | 0 | — |
| 房屋竣工面积 | 平方米 | 0 | — |
| 其中：已建成厂房面积 | 平方米 | 0 | — |
| 已建成仓库面积 | 平方米 | 0 | — |
| 土地实际已租售面积 | 平方米 | 0 | — |
| 已投产物流企业 | 个 | 0 | — |
| 已投产工业企业 | 个 | 0 | — |
| 其中：投资额 1 000（含）~3 000 万美元 | 个 | 0 | — |
| 税收总额 | 万元 | 0 | — |
| 其中：海关部门税收及代征税 | 万元 | 0 | — |
| 工商税收 | 万元 | 0 | — |
| 期末从业人员 | 人 | 1 267 | 2.9 |
| 其中：期末外资企业从业人员 | 人 | 1 204 | 1.3 |
| 期末出口加工区批准面积 | 平方公里 | 3 | 0.0 |
| 期末出口加工区验收封关面积 | 平方公里 | 0.9 | 0.0 |

## (2)-1 截至2012年广东广州出口加工区历年招商引资情况表

| 指标 | 单位 | 历年累计 |
|---|---|---|
| 批准企业 | 个 | 1 |
| 其中：外资企业 | | 1 |
| 投资总额 | 万美元 | 12 500 |
| 其中：外商投资总额 | | 12 500 |
| 合同外资额 | | 5 400 |
| 实际利用外资 | | 5 338 |

## (2)-2 截至2012年广东广州出口加工区历年主要外商投资情况表

| 按项目数排列 | | | 按投资额排列 | | |
|---|---|---|---|---|---|
| 序号 | 国别（地区） | 项目数（个） | 序号 | 国别（地区） | 合同利用外资（万美元） |
| 1 | 日本 | 1 | 1 | 日本 | 5 400 |

## (3) 2012年广东广州出口加工区工业总产值排名表

单位：万元

| 序号 | 单位名称 | 序号 | 单位名称 |
|---|---|---|---|
| 1 | 本田汽车（中国）有限公司 | | |

# 广东深圳出口加工区统计数据表

## （1）2012 年广东深圳出口加工区主要经济指标完成情况表

| 指标名称 | 单位 | 2012 年 | 比上年增长（%） |
|---|---|---|---|
| 增加值 | 万元 | 321 680 | 4.4 |
| 工业总产值 | 万元 | 1 367 108 | 4.4 |
| 其中：高新技术产业 | 万元 | 957 674 | 22.1 |
| 电子信息产业 | 万元 | 940 890 | 22.2 |
| 工业产品销售额 | 万元 | 1 368 229 | 4.6 |
| 企业利润总额 | 万元 | 50 913 | 66.1 |
| 综合能源耗费量 | 吨标准煤 | 27 685 | -19.2 |
| 当年批准企业数 | 个 | 10 | 0.0 |
| 其中：外资企业 | 个 | 1 | 0.0 |
| 仓储物流企业 | 个 | 9 | 0.0 |
| 当年批准投资总额 | 万美元 | 2 900 | 0.0 |
| 其中：外资项目投资额 | 万美元 | 2 900 | 0.0 |
| 当年合同利用外资 | 万美元 | 2 000 | 0.0 |
| 其中：增资额 | 万美元 | 2 000 | 0.0 |
| 固定资产投资额 | 万元 | 32 244 | 145.2 |
| 历年已投产工业企业 | 个 | 45 | — |
| 其中：投资额 1 000 万美元（含）以上 | 个 | 9 | — |
| 税收总额 | 万元 | 67 012 | -29.1 |
| 其中：海关部门税收及代征税 | 万元 | 67 012 | -29.1 |
| 期末从业人员 | 人 | 18 369 | -3.1 |
| 其中：期末外资企业从业人员 | 人 | 9 558 | -6.6 |
| 期末出口加工区批准面积 | 平方公里 | 3 | 0.0 |
| 期末出口加工区验收封关面积 | 平方公里 | 3 | 0.0 |

## （2）-1　截至 2012 年广东深圳出口加工区历年招商引资情况表

| 指标 | 单位 | 历年累计 |
|---|---|---|
| 批准企业 | 个 | 57 |
| 其中：外资企业 | 个 | 40 |
| 投资总额 | 万美元 | 115 135 |
| 其中：外商投资总额 | 万美元 | 114 584 |
| 合同外资额 | 万美元 | 47 849 |
| 实际利用外资 | 万美元 | 36 331 |

## (2)-2 截至2012年广东深圳出口加工区历年主要外商投资情况表

| 按项目数排列 | | | 按投资额排列 | | |
|---|---|---|---|---|---|
| 序号 | 国别（地区） | 项目数（个） | 序号 | 国别（地区） | 投资额（万美元） |
| 1 | 中国香港 | 21 | 1 | 中国香港 | 75 326 |
| 2 | 日本 | 3 | 2 | 荷兰 | 19 800 |
| 3 | 英国 | 2 | 3 | 新加坡 | 4 150 |
| 4 | 美国 | 2 | 4 | 英国（含英属维尔京群岛） | 3 222 |
| 5 | 新加坡、中国台湾、塞舌尔、荷兰、加拿大、西萨摩亚、英属维尔京群岛、开曼群岛 | 1 | 5 | 日本 | 921 |

## (3) 2012年广东深圳出口加工区出口加工企业工业产值排名表

单位：万元

| 序号 | 企业名称 | 工业总产值 | 序号 | 企业名称 | 工业总产值 |
|---|---|---|---|---|---|
| 1 | 昱科环球存储科技（深圳）有限公司 | 8 600 160 | 11 | 发财制造（深圳）有限公司 | 247 821 |
| 2 | 奥仕达主力电器（深圳）有限公司 | 876 270 | 12 | 怡程金属（深圳）有限公司 | 246 487 |
| 3 | 主力实业（深圳）有限公司 | 714 475 | 13 | 柯仕达家具（深圳）有限公司 | 217 576 |
| 4 | 乐得利钟表（深圳）有限公司 | 481 397 | 14 | 中汇洲电子（深圳）有限公司 | 193 882 |
| 5 | 珈伟太阳能光电（深圳）有限公司 | 480 764 | 15 | 全能电业科技（深圳）有限公司 | 157 637 |
| 6 | 旭硝子精细玻璃（深圳）有限公司 | 335 844 | 16 | 阿特拉斯螺栓（深圳）有限公司 | 126 963 |
| 7 | 肯发科技（深圳）有限公司 | 276 778 | 17 | 拜里斯科技（深圳）有限公司 | 69 866 |
| 8 | 安柏家庭用品（深圳）有限公司 | 269 811 | 18 | 深圳腾辉威泰电子有限公司 | 60 809 |
| 9 | 深圳顶海电子有限公司 | 262 100 | 19 | 上吉达电子科技（深圳）有限公司 | 54 716 |
| 10 | 华粤五金（深圳）有限公司 | 257 591 | 20 | 亚逊帕包装（深圳）有限公司 | 27 280 |

# 广西北海出口加工区统计数据表

## （1）2012 年广西北海出口加工区主要经济指标完成情况表

| 指标名称 | 单位 | 2012 年 | 比上年增长（%） |
|---|---|---|---|
| 增加值 | 万元 | 166 586 | -5.6 |
| 工业总产值 | 万元 | 840 628 | -3.8 |
| 其中：电子信息产业 | 万元 | 763 381 | -3.8 |
| 工业产品销售额 | 万元 | 834 437 | 0.0 |
| 企业利润总额 | 万元 | 114 938 | -5.3 |
| 物流企业营业收入 | 万元 | 1 198 | 13.4 |
| 综合能源耗费量 | 吨标准煤 | 6 667 | -6.3 |
| 当年批准企业数 | 个 | 6 | 200.0 |
| 其中：外资企业 | 个 | 1 | -50.0 |
| 当年批准投资总额 | 万美元 | 1 142 | -68.7 |
| 其中：外资项目投资额 | 万美元 | 65 | -97.0 |
| 增资额 | 万美元 | 790 | -47.3 |
| 当年合同利用外资 | 万美元 | 855 | -71.0 |
| 其中：增资额 | 万美元 | 790 | -56.1 |
| 当年企业实际到位资金 | 万美元 | 7 308 | -16.6 |
| 其中：实际利用外资 | 万美元 | 790 | -72.4 |
| 固定资产投资额 | 万元 | 9 583 | -55.5 |
| 期末施工房屋面积 | 平方米 | 89 573 | 14.1 |
| 其中：期末在建厂房面积 | 平方米 | 89 573 | 14.1 |
| 历年已投产物流企业 | 个 | 3 | — |
| 历年已投产工业企业 | 个 | 27 | — |
| 其中：投资额 1 000 万美元（含）以上 | 个 | 7 | — |
| 税收总额 | 万元 | 19 003 | 42.9 |
| 其中：海关部门税收及代征税 | 万元 | 9 680 | 98.8 |
| 工商税收 | 万元 | 9 323 | 10.6 |
| 期末从业人员 | 人 | 16 470 | -6.9 |
| 其中：期末外资企业从业人员 | 人 | 15 480 | -8.4 |
| 期末出口加工区批准面积 | 平方公里 | 1.45 | 0.0 |
| 期末出口加工区验收封关面积 | 平方公里 | 1.13 | 0.0 |

## (2)－1 截至2012年广西北海出口加工区历年招商引资情况表

| 指标 | 单位 | 历年累计 |
|---|---|---|
| 批准企业 | 个 | 64 |
| 其中：外资企业 | | 35 |
| 投资总额 | 万美元 | 62 400 |
| 其中：外商投资总额 | | 42 924 |
| 合同外资额 | | 28 605 |
| 实际利用外资 | | 27 970 |

## (2)－2 截至2012年广西北海出口加工区历年主要外商投资情况表

| 按项目数排列 | | | 按投资额排列 | | |
|---|---|---|---|---|---|
| 序号 | 国别（地区） | 项目数（个） | 序号 | 国别（地区） | 投资额（万美元） |
| 1 | 中国香港 | 16 | 1 | 中国香港 | 24 015 |
| 2 | 英属维尔京群岛群岛 | 5 | 2 | 英属维尔京群岛 | 9 550 |
| 3 | 中国台湾 | 4 | 3 | 中国台湾 | 1 744 |
| 4 | 中国澳门 | 2 | 4 | 美国 | 1 550 |
| 5 | 美国 | 2 | 5 | 韩国 | 1 413 |

## (3) 2012年广西北海出口加工区出口加工企业工业产值排名表

单位：万元

| 序号 | 企业名称 | 序号 | 企业名称 |
|---|---|---|---|
| 1 | 建兴光电科技（北海）有限公司 | 11 | 北海双赢洋弓制造有限公司 |
| 2 | 永昶科技电子（北海）有限公司 | 12 | 北海华洲机电设备有限公司 |
| 3 | 德昌电机（北海）有限公司 | 13 | 美高精密部品（北海）有限公司 |
| 4 | 北海惠科电子有限公司 | 14 | 鉴隆实业（北海）有限公司 |
| 5 | 北海保通冷冻食品有限公司 | 15 | 模雅特电子（北海）有限公司 |
| 6 | 北海爱飞数码科技有限公司 | 16 | 北海泰达电子科技有限公司 |
| 7 | 北海志成塑胶电子工业有限公司 | 17 | 北海定辉工服有限公司 |
| 8 | 富优科技（北海）有限公司 | 18 | 北海群英精密橡塑有限公司 |
| 9 | 北海建准电子有限公司 | 19 | 北海威德电子科技有限公司 |
| 10 | 北海味莱鲜海洋生物科技有限公司 | 20 | 北海创利体育用品有限公司 |

## (4) 2012年广西北海出口加工区物流企业营业收入排名表

单位：万元

| 序号 | 企业名称 | 序号 | 企业名称 |
|---|---|---|---|
| 1 | 北海万利通供应链管理有限公司 | 3 | 三永物流（北海）有限公司 |
| 2 | 北海普路通供应链管理有限公司 | | |

# 四川绵阳出口加工区统计数据表

## （1）2012 年四川绵阳出口加工区主要经济指标完成情况表

| 指标名称 | 单位 | 2012 年 | 比上年增长（%） |
|---|---|---|---|
| 增加值 | 万元 | 24 414 | 18.8 |
| 工业总产值 | 万元 | 96 984 | 18.6 |
| 其中：电子信息产业 | 万元 | 96 984 | 18.6 |
| 工业产品销售额 | 万元 | 92 593 | 18.7 |
| 企业利润总额 | 万元 | 3 510 | 156.6 |
| 物流企业营业收入 | 万元 | 89 | 147.2 |
| 综合能源耗费量 | 吨标准煤 | 1 344 | -7.0 |
| 当年批准企业数 | 个 | 1 | — |
| 当年批准投资总额 | 万美元 | 3 100 | — |
| 其中：外资项目投资额 | 万美元 | 634 | — |
| 当年企业实际到位资金 | 万美元 | 156 | — |
| 固定资产投资额 | 万元 | 3 054 | -86.6 |
| 历年已投产物流企业 | 个 | 2 | — |
| 历年已投产工业企业 | 个 | 4 | — |
| 税收总额 | 万元 | 908 | 45.7 |
| 其中：海关部门税收及代征税 | 万元 | 908 | 45.7 |
| 期末从业人员 | 人 | 8 218 | 7.6 |
| 其中：期末外资企业从业人员 | 人 | 7 608 | 6.0 |
| 期末出口加工区批准面积 | 平方公里 | 0.56 | 0.0 |
| 期末出口加工区验收封关面积 | 平方公里 | 0.15 | 0.0 |

## （2）-1 截至 2012 年四川绵阳出口加工区历年招商引资情况表

| 指标 | 单位 | 历年累计 |
|---|---|---|
| 批准企业 | 个 | 7 |
| 其中：外资企业 | | 2 |
| 投资总额 | 万美元 | 3 970 |
| 其中：外商投资总额 | | 1 194 |
| 合同外资额 | | 310 |
| 实际利用外资 | | 310 |

## （2）-2 截至2012年四川绵阳出口加工区历年主要外商投资情况表

| 按项目数排列 | | | 按投资额排列 | | |
|---|---|---|---|---|---|
| 序号 | 国别（地区） | 项目数（个） | 序号 | 国别（地区） | 投资额（万美元） |
| 1 | 美国 | 1 | 1 | 美国 | 1 000 |
| 2 | 中国台湾 | 1 | 2 | 中国台湾 | 194 |

## （3）2012年四川绵阳出口加工区出口加工企业工业产值排名表

单位：万元

| 序号 | 企业名称 | 工业总产值 | 序号 | 企业名称 | 工业总产值 |
|---|---|---|---|---|---|
| 1 | 绵阳普思电子有限公司 | 60 355 | 2 | 四川虹锐电工有限责任公司 | 34 482 |

## （4）2012年四川绵阳出口加工区物流企业营业收入排名表

单位：万元

| 序号 | 营业收入 | 工业总产值 | 序号 | 营业收入 | 工业总产值 |
|---|---|---|---|---|---|
| 1 | 中外运出口加工区物流公司 | 82.4 | 2 | 绵阳出口加工区华泰物流有限公司 | 6.6 |

# 陕西西安出口加工区（A区）统计数据表

## （1）2012年陕西西安出口加工区（A区）主要经济指标完成情况表

| 指标名称 | 单位 | 2012年 | 比上年增长（%） |
|---|---|---|---|
| 增加值 | 万元 | 321 327 | 17.4 |
| 工业总产值 | 万元 | 1 198 823 | 21.8 |
| 其中：高新技术产业 | 万元 | 502 696 | 29.2 |
| 电子信息产业 | 万元 | 1 517 | 18.1 |
| 工业产品销售额 | 万元 | 1 348 995 | 20.9 |
| 企业利润总额 | 万元 | 9 622 | -20.0 |
| 物流企业营业收入 | 万元 | 30 058 | 7.8 |
| 综合能源耗费量 | 吨标准煤 | 5 985 | 36.5 |
| 当年批准企业数 | 个 | 10 | -9.1 |
| 其中：外资企业 | 个 | 5 | 66.7 |
| 仓储物流企业 | 个 | 1 | 0.0 |
| 当年批准投资总额 | 万美元 | 21 839 | 20.5 |
| 其中：外资项目投资额 | 万美元 | 537 | -86.5 |
| 当年合同利用外资 | 万美元 | 492 | -87.7 |
| 当年企业实际到位资金 | 万美元 | 13 355 | -27.4 |
| 其中：实际利用外资 | 万美元 | 687 | -83.8 |
| 固定资产投资额 | 万元 | 150 776 | 3.5 |
| 其中：基础设施投资 | 万元 | 22 715 | -43.7 |
| 开发公司投资 | 万元 | 6 672 | — |
| 期末施工房屋面积 | 平方米 | 83 700 | -35.6 |
| 其中：期末在建厂房面积 | 平方米 | 83 700 | -35.6 |
| 房屋竣工面积 | 平方米 | 46 306 | 15.8 |
| 其中：已建成厂房面积 | 平方米 | 46 306 | 15.8 |
| 土地实际已租售面积 | 平方米 | 60 030 | -22.4 |
| 历年已投产物流企业 | 个 | 8 | — |
| 历年已投产工业企业 | 个 | 56 | — |
| 其中：投资额1 000万美元（含）以上 | 个 | 10 | — |
| 税收总额 | 万元 | 26 003 | 90.8 |
| 其中：海关部门税收及代征税 | 万元 | 22 969 | 140.6 |
| 工商税收 | 万元 | 3 034 | -25.7 |
| 期末从业人员 | 人 | 3 215 | 14.7 |
| 其中：期末外资企业从业人员 | 人 | 1 582 | 37.2 |
| 期末出口加工区批准面积 | 平方公里 | 1.46 | 0.0 |
| 期末出口加工区验收封关面积 | 平方公里 | 0.75 | 0.0 |

## (2)-1 截至2012年陕西西安出口加工区（A区）历年招商引资情况表

| 指标 | 单位 | 历年累计 |
|---|---|---|
| 批准企业 | 个 | 66 |
| 其中：外资企业 | | 28 |
| 投资总额 | 万美元 | 91 799 |
| 其中：外商投资总额 | | 16 449 |
| 合同外资额 | | 12 549 |
| 实际利用外资 | | 11 822 |

## (2)-2 截至2012年陕西西安出口加工区（A区）历年主要外商投资情况表

| 按项目数排列 | | | 按投资额排列 | | |
|---|---|---|---|---|---|
| 序号 | 国别（地区） | 项目数（个） | 序号 | 国别（地区） | 投资额（万美元） |
| 1 | 中国香港 | 6 | 1 | 英国 | 5 301 |
| 2 | 美国 | 5 | 2 | 中国香港 | 4 955 |
| 3 | 英国 | 2 | 3 | 意大利 | 2 255 |
| 4 | 新加坡 | 2 | 4 | 法国 | 1 860 |
| 5 | 中国台湾 | 2 | 5 | 日本 | 1 530 |

## (3) 2012年陕西西安出口加工区（A区）出口加工企业工业产值排名表

单位：万元

| 序号 | 企业名称 | 序号 | 企业名称 |
|---|---|---|---|
| 1 | 碧辟普瑞太阳能有限公司 | 11 | 西安赛威短舱有限公司 |
| 2 | 西安西航集团莱特航空制造技术有限公司 | 12 | 西安凤城精密机械有限公司 |
| 3 | 西安商泰机械制造有限公司 | 13 | 西安益仁机械制造有限公司 |
| 4 | 西安沃迈特航材有限公司 | 14 | 西安鸿瑞光显部品有限公司 |
| 5 | 西安西罗涡轮制造有限公司 | 15 | 蒂森克虏伯航空材料（西安）有限公司 |
| 6 | 西安图远机电有限公司 | 16 | 奥尔电子西安有限公司 |
| 7 | 西安海博云天网络技术有限公司 | 17 | 西安大河晶振科技有限公司 |
| 8 | 米斯尔钻石加工（西安）有限公司 | 18 | 西安海普艾瑞航空装备有限公司 |
| 9 | 时硕科技（西安）有限公司公司 | 19 | 西安阿美瑞肯生物工程有限公司 |
| 10 | 西安庆安航空机械制造有限公司 | 20 | 西安天祺太阳能技术有限 |

## (4) 2012年陕西西安出口加工区（A区）物流企业营业收入排名表

单位：万元

| 序号 | 企业名称 | 序号 | 企业名称 |
|---|---|---|---|
| 1 | 西安陆海恒利物流服务有限公司 | 5 | 西安融创航空科技发展有限公司 |
| 2 | 西安凯迪克航材物流有限公司 | 6 | 西飞国际科技发展（西安）有限公司 |
| 3 | 西安碧瑞祥物流有限公司 | 7 | 西安邦达吉通通物流有限公司 |
| 4 | 西安盈和展宏物流有限公司 | 8 | 易通国际物流（西安）有限公司 |

# 陕西西安出口加工区（B 区）统计数据表

## （1）2012 年陕西西安出口加工区（B 区）主要经济指标完成情况表

| 指标名称 | 单位 | 2012 年 | 比上年增长（%） |
|---|---|---|---|
| 增加值 | 万元 | 330 092 | 15.8 |
| 工业总产值 | 万元 | 1 651 680 | 19.1 |
| 其中：高新技术产业 | 万元 | 1 651 680 | 19.1 |
| 电子信息产业 | 万元 | 1 651 680 | 19.1 |
| 工业产品销售额 | 万元 | 1 646 694 | 16.2 |
| 企业利润总额 | 万元 | 7 288 | -68.6 |
| 物流企业营业收入 | 万元 | 15 714 | 32 637.5 |
| 综合能源耗费量 | 吨标准煤 | 10 885 | 87.2 |
| 当年批准企业数 | 个 | 5 | 0.0 |
| 其中：外资企业 | 个 | 2 | 100.0 |
| 当年批准投资总额 | 万美元 | 4 650 | 279.0 |
| 其中：外资项目投资额 | 万美元 | 4 540 | 1 776.0 |
| 当年合同利用外资 | 万美元 | 3 040 | 23.8 |
| 当年企业实际到位资金 | 万美元 | 10 840 | 236.9 |
| 其中：实际利用外资 | 万美元 | 10 730 | 361.3 |
| 固定资产投资额 | 万元 | 156 336 | 213.2 |
| 其中：基础设施投资 | 万元 | 4 | — |
| 房屋竣工面积 | 平方米 | 100 000 | 93.1 |
| 土地实际已租售面积 | 平方米 | 30 045 | 47.0 |
| 历年已投产物流企业 | 个 | 4 | — |
| 历年已投产工业企业 | 个 | 6 | — |
| 其中：投资额 1 000 万美元（含）以上 | 个 | 4 | — |
| 税收总额 | 万元 | 5 119 | -55.6 |
| 其中：海关部门税收及代征税 | 万元 | 1 363 | -81.3 |
| 工商税收 | 万元 | 3 756 | -11.6 |
| 期末从业人员 | 人 | 2 780 | 70.2 |
| 其中：期末外资企业从业人员 | 人 | 2 651 | 62.7 |
| 期末出口加工区批准面积 | 平方公里 | 1.34 | 0.0 |
| 期末出口加工区验收封关面积 | 平方公里 | 0.7 | 0.0 |

## (2) -1 截至2012年陕西西安出口加工区（B区）历年招商引资情况表

| 指标 | 单位 | 历年累计 |
|---|---|---|
| 批准企业 | 个 | 24 |
| 其中：外资企业 | | 9 |
| 投资总额 | 万美元 | 138 000 |
| 其中：外商投资总额 | | 131 2000 |
| 合同外资额 | | 102 600 |
| 实际利用外资 | | 102 600 |

## (2) -2 截至2012年陕西西安出口加工区（B区）历年主要外商投资情况表

| 按项目数排列 | | | 按投资额排列 | | |
|---|---|---|---|---|---|
| 序号 | 国别（地区） | 项目数（个） | 序号 | 国别（地区） | 投资额（万美元） |
| 1 | 韩国 | 3 | 1 | 美国 | 111 100 |
| 2 | 美国 | 3 | 2 | 韩国 | 9 940 |
| 3 | 中国香港 | 2 | 3 | 意大利 | 242 |
| 4 | 意大利 | 1 | 4 | 中国香港 | 108 |

## (3) 2012年陕西西安出口加工区（B区）出口加工企业工业产值排名表

单位：万元

| 序号 | 企业名称 | 工业总产值 | 序号 | 企业名称 | 工业总产值 |
|---|---|---|---|---|---|
| 1 | 美光半导体（西安）有限责任公司 | 1 625 271 | 3 | 西安盛佳光电有限公司 | 4 718 |
| 2 | 信泰电子西安有限公司 | 22 163 | 4 | 西安欧森机电有限公司 | 148 |

## (4) 2012年陕西西安出口加工区（B区）物流企业营业收入排名表

单位：万元

| 序号 | 企业名称 | 营业收入 | 序号 | 企业名称 | 营业收入 |
|---|---|---|---|---|---|
| 1 | 西安恒诚国际物流有限公司 | 18 120 | | | |

# 保税港区（综合保税区）

# 2012年全国保税港区和综合保税区下分贸易方式进出口贸易额统计表

| 名称 | 贸易方式 | 进出口总额（万美元） | 比上年增长（%） | 出口额（万美元） | 比上年增长（%） | 进口额（万美元） | 比上年增长（%） |
|---|---|---|---|---|---|---|---|
| 合计 | | 20 454 444.6 | 107.4 | 11 679 485.9 | 118.5 | 8 774 958.7 | 94.3 |
| 北京天竺综合保税区 | 合计 | 240 256.8 | 20.1 | 37 148.7 | 3.3 | 203 108.1 | 23.8 |
| | 一般贸易 | 1 848.4 | 119.2 | 8.6 | 3 324.9 | 1 839.8 | 118.2 |
| | 其他捐赠物资 | 479.7 | | | | 479.7 | |
| | 来料加工装配贸易 | 29 649.7 | 15.3 | 14 627.3 | 15.4 | 15 022.4 | 15.1 |
| | 进料加工贸易 | 27 041.0 | -16.1 | 14 144.7 | -12.9 | 12 896.2 | -19.4 |
| | 保税监管场所进出境货物 | 102.1 | | | | 102.1 | |
| | 海关特殊监管区域物流货物 | 177 423.1 | 28.9 | 8 368.0 | 18.8 | 169 055.1 | 29.5 |
| | 海关特殊监管区域进口设备 | 3 704.9 | 3.5 | | | 3 704.9 | 3.5 |
| | 其他贸易 | 7.8 | 33.1 | | | 7.8 | 33.1 |
| 天津东疆保税港区 | 合计 | 533 129.7 | 130.2 | 73 190.1 | 122.4 | 459 939.7 | 131.4 |
| | 一般贸易 | 29 472.3 | 126.1 | 7 568.8 | 249.6 | 21 903.5 | 101.5 |
| | 来料加工装配贸易 | 4.4 | | | | 4.4 | |
| | 进料加工贸易 | 3 609.4 | 47 808.8 | 541.8 | 9 959.9 | 3 067.6 | 142 686.6 |
| | 保税监管场所进出境货物 | 543.4 | 187.8 | | | 543.4 | 187.8 |
| | 海关特殊监管区域物流货物 | 499 223.8 | 129.8 | 65 077.2 | 111.7 | 434 146.5 | 132.7 |
| | 海关特殊监管区域进口设备 | 268.3 | -76.1 | | | 268.3 | -76.1 |

续表

| 名称 | 贸易方式 | 进出口总额（万美元） | 比上年增长（%） | 出口额（万美元） | 比上年增长（%） | 进口额（万美元） | 比上年增长（%） |
|---|---|---|---|---|---|---|---|
| | 其他贸易 | 8.3 | -34.9 | 2.3 | 1 094.9 | 6.0 | -52.0 |
| 天津滨海新区综合保税区 | 合计 | 185 321.1 | 19.6 | 10 867.5 | 118.9 | 174 453.5 | 16.3 |
| | 一般贸易 | 405.3 | 53.8 | 82.9 | -20.6 | 322.5 | 102.6 |
| | 来料加工装配贸易 | 40 346.2 | | | | 40 346.2 | |
| | 进料加工贸易 | 19.2 | | | | 19.2 | |
| | 海关特殊监管区域物流货物 | 144 062.8 | -6.8 | 10 784.5 | 121.9 | 133 278.3 | -11.0 |
| | 海关特殊监管区域进口设备 | 449.1 | | | | 449.1 | |
| | 其他贸易 | 38.5 | 277.0 | 0.1 | -68.9 | 38.4 | 291.5 |
| 大连大窑湾保税港区 | 合计 | 231 668.8 | 6.9 | 105 239.6 | 11.7 | 126 429.2 | 3.3 |
| | 一般贸易 | 785.7 | -39.0 | 678.8 | 775.9 | 106.9 | -91.2 |
| | 来料加工装配贸易 | 1.4 | | 1.4 | | | |
| | 进料加工贸易 | 1 284.0 | 695.5 | 1 280.6 | 693.4 | 3.4 | |
| | 保税监管场所进出境货物 | 10 659.0 | 412 560.6 | | | 10 659.0 | |
| | 海关特殊监管区域物流货物 | 218 929.3 | 1.7 | 103 275.9 | 9.9 | 115 653.4 | -4.6 |
| | 其他贸易 | 9.3 | 4 801.9 | 3.0 | 2 207.0 | 6.4 | 10 095.4 |
| 绥芬河综合保税区 | 合计 | 20 383.8 | 1 981.9 | 19 432.9 | 15 763.1 | 950.9 | 11.0 |
| | 一般贸易 | 13 901.0 | 3 059.8 | 13 809.8 | 15 781.3 | 91.3 | -74.1 |
| | 进料加工贸易 | 81.7 | | 18.9 | | 62.8 | |
| | 边境小额贸易 | 3 769.3 | 752.8 | 3 420.0 | 11 857.3 | 349.2 | -15.5 |
| | 保税监管场所进出境货物 | 764.2 | | 392.1 | | 372.1 | |
| | 海关特殊监管区域物流货物 | 1 850.7 | 26 544.5 | 1 779.6 | 25 521.4 | 71.1 | |
| | 海关特殊监管区域进口设备 | | | | | | |

续表

| 名称 | 贸易方式 | 进出口总额（万美元） | 比上年增长（%） | 出口额（万美元） | 比上年增长（%） | 进口额（万美元） | 比上年增长（%） |
|---|---|---|---|---|---|---|---|
| | 其他贸易 | 16.9 | | 12.5 | | 4.4 | |
| 洋山保税港区 | 合计 | 931 753.5 | 58.2 | 385 614.7 | 29.4 | 546 138.8 | 87.8 |
| | 一般贸易 | 7 283.5 | 37.6 | 4 791.3 | 171.4 | 2 492.2 | -29.4 |
| | 进料加工贸易 | 8.5 | -98.9 | | | 8.5 | -98.9 |
| | 外商投资企业作为投资进口的设备、物品 | 0.1 | -97.0 | | | 0.1 | -97.0 |
| | 保税监管场所进出境货物 | 13 690.6 | 61.4 | 2 331.7 | 3 425.1 | 11 358.9 | 34.9 |
| | 海关特殊监管区域物流货物 | 910 686.7 | 58.6 | 378 491.7 | 27.8 | 532 195.1 | 91.4 |
| | 海关特殊监管区域进口设备 | 64.2 | | | | 64.2 | |
| | 其他贸易 | 19.9 | 601.2 | 0.1 | | 19.9 | 599.4 |
| 上海浦东机场综合保税区 | 合计 | 188 843.3 | 217.7 | 68 778.6 | 242.3 | 120 064.7 | 205.1 |
| | 一般贸易 | 0.7 | | | | 0.7 | |
| | 进料加工贸易 | 151.7 | | | | 151.7 | |
| | 保税监管场所进出境货物 | 468.9 | -14.7 | 352.4 | 176.4 | 116.5 | -72.4 |
| | 海关特殊监管区域物流货物 | 188 211.9 | 219.6 | 68 426.2 | 242.7 | 119 785.7 | 207.7 |
| | 海关特殊监管区域进口设备 | 1.3 | -43.1 | | | 1.3 | -43.1 |
| | 其他贸易 | 8.8 | 508.2 | | | 8.8 | 508.2 |
| 苏州高新区综合保税区 | 合计 | 3 638 030.0 | 509.8 | 2 294 301.7 | 639.2 | 1 343 728.2 | 369.5 |
| | 一般贸易 | 2 131.1 | 24.2 | 1.7 | | 2 129.4 | 24.1 |
| | 来料加工装配贸易 | 445 977.0 | 988.6 | 290 157.5 | 2 138.1 | 155 819.4 | 456.4 |
| | 进料加工贸易 | 1 407 344.3 | 821.9 | 1 024 601.8 | 988.2 | 382 742.5 | 554.2 |
| | 保税监管场所进出境货物 | 314.6 | -99.2 | | | 314.6 | -98.8 |
| | 海关特殊监管区域物流货物 | 1 756 496.5 | 412.3 | 979 539.8 | 410.5 | 776 956.7 | 414.7 |

续表

| 名称 | 贸易方式 | 进出口总额（万美元） | 比上年增长（%） | 出口额（万美元） | 比上年增长（%） | 进口额（万美元） | 比上年增长（%） |
| --- | --- | --- | --- | --- | --- | --- | --- |
| | 海关特殊监管区域进口设备 | 25 763.3 | 25.3 | | | 25 763.3 | 25.3 |
| | 其他贸易 | 3.2 | 4.7 | 0.9 | 9 820.4 | 2.3 | -24.8 |
| 张家港保税港区 | 合计 | 494 891.9 | -6.7 | 46 506.1 | -11.0 | 448 385.8 | -6.2 |
| | 一般贸易 | 2 649.6 | -66.0 | 480.8 | -19.4 | 2 168.7 | -69.9 |
| | 保税监管场所进出境货物 | 37 665.1 | -24.5 | 24 071.0 | -11.8 | 13 594.1 | -40.0 |
| | 海关特殊监管区域物流货物 | 454 544.3 | -3.8 | 21 954.3 | -10.0 | 432 590.1 | -3.5 |
| | 海关特殊监管区域进口设备 | 32.9 | -24.3 | | | 32.9 | -24.3 |
| | 其他贸易 | 0.0 | | 0.0 | | | |
| 昆山综合保税区 | 合计 | 5 459 078.6 | 18.8 | 3 602 775.5 | 22.3 | 1 856 303.2 | 12.6 |
| | 一般贸易 | 1 269.8 | 13 146.0 | | | 1 269.8 | 13 146.0 |
| | 来料加工装配贸易 | 384.2 | -78.5 | 205.7 | -71.8 | 178.5 | -83.2 |
| | 进料加工贸易 | 3 095 351.5 | -1.0 | 2 588 030.7 | 0.9 | 507 320.8 | -9.6 |
| | 海关特殊监管区域物流货物 | 2 343 777.4 | 60.6 | 1 014 539.1 | 167.0 | 1 329 238.3 | 23.1 |
| | 海关特殊监管区域进口设备 | 18 295.5 | 164.8 | | | 18 295.5 | 164.8 |
| | 其他贸易 | 0.3 | -50.7 | | | 0.3 | -50.7 |
| 宁波梅山保税港区 | 合计 | 14 678.3 | 126.6 | 11 144.5 | 317.5 | 3 533.8 | -7.2 |
| | 一般贸易 | 58.4 | 78.3 | | | 58.4 | 78.3 |
| | 保税监管场所进出境货物 | 135.9 | 19.5 | 135.9 | 19.5 | | |
| | 海关特殊监管区域物流货物 | 14 469.2 | 135.7 | 11 008.6 | 330.7 | 3 460.6 | -3.4 |
| | 海关特殊监管区域进口设备 | 14.2 | -92.7 | | | 14.2 | -92.7 |
| | 其他贸易 | 0.6 | 54.2 | | | 0.6 | 54.2 |
| 厦门海沧保税港区 | 合计 | 177 481.9 | 12.9 | 104 510.8 | 21.6 | 72 971.1 | 2.4 |
| | 一般贸易 | 224.5 | 99.0 | 30.8 | 276.4 | 193.7 | 85.1 |

续表

| 名称 | 贸易方式 | 进出口总额（万美元） | 比上年增长（%） | 出口额（万美元） | 比上年增长（%） | 进口额（万美元） | 比上年增长（%） |
|---|---|---|---|---|---|---|---|
| | 来料加工装配贸易 | 23 475.7 | 6.1 | 13 767.9 | 13.7 | 9 707.8 | -3.2 |
| | 进料加工贸易 | 82 050.5 | -11.9 | 53 961.6 | -13.0 | 28 088.9 | -9.8 |
| | 海关特殊监管区域物流货物 | 70 288.5 | 72.0 | 36 750.5 | 210.7 | 33 538.0 | 15.5 |
| | 海关特殊监管区域进口设备 | 1 442.5 | 46.9 | | | 1 442.5 | 46.9 |
| | 其他贸易 | 0.2 | | | | 0.2 | |
| 青岛前湾保税港区 | 合计 | 121 675.8 | 17.2 | 60 284.8 | 104.2 | 61 391.0 | -17.4 |
| | 一般贸易 | 336.5 | -28.9 | 172.0 | -57.1 | 164.6 | 126.9 |
| | 保税监管场所进出境货物 | 1 520.4 | 431.5 | 83.7 | -34.8 | 1 436.7 | 810.7 |
| | 海关特殊监管区域物流货物 | 119 818.9 | 16.3 | 60 029.1 | 107.1 | 59 789.8 | -19.3 |
| | 其他贸易 | 0.0 | -99.6 | | | 0.0 | -99.6 |
| 郑州新郑综合保税区 | 合计 | 2 849 740.3 | 3 764.1 | 1 564 970.1 | 6 441.1 | 1 284 770.2 | 2 478.6 |
| | 一般贸易 | 980.9 | | 0.3 | | 980.6 | |
| | 进料加工贸易 | 2 627 505.1 | 3 833.3 | 1 553 370.6 | 6 392.6 | 1 074 134.5 | 2 405.1 |
| | 海关特殊监管区域物流货物 | 35 374.3 | | 11 599.3 | | 23 775.1 | |
| | 海关特殊监管区域进口设备 | 185 880.0 | 2 575.5 | | | 185 880.0 | 2 575.5 |
| 深圳前海湾保税港区 | 合计 | 247 264.7 | 31.1 | 191 844.0 | 30.0 | 55 420.7 | 35.0 |
| | 一般贸易 | 0.2 | | 0.2 | | | |
| | 保税监管场所进出境货物 | 1.3 | -89.7 | 1.3 | -89.7 | | |
| | 海关特殊监管区域物流货物 | 247 172.9 | 31.0 | 191 842.5 | 30.0 | 55 330.4 | 34.8 |
| | 海关特殊监管区域进口设备 | 90.3 | 1 254.5 | | | 90.3 | 1 254.5 |
| 广州南沙保税港区（旧） | 合计 | 106 115.9 | 24.8 | 49 716.5 | 12.8 | 56 399.4 | 37.7 |
| | 一般贸易 | 1 597.7 | -30.1 | 29.7 | | 1 568.0 | -31.4 |

续表

| 名称 | 贸易方式 | 进出口总额（万美元） | 比上年增长（%） | 出口额（万美元） | 比上年增长（%） | 进口额（万美元） | 比上年增长（%） |
|---|---|---|---|---|---|---|---|
| | 进料加工贸易 | 8 074.3 | 160.5 | 3 813.8 | 445.1 | 4 260.5 | 77.5 |
| | 保税监管场所进出境货物 | 2 500.7 | 422.0 | 2 500.7 | 422.0 | | |
| | 海关特殊监管区域物流货物 | 93 930.3 | 18.6 | 43 372.3 | 1.1 | 50 558.0 | 39.3 |
| | 海关特殊监管区域进口设备 | 12.9 | | | | 12.9 | |
| 广西钦州保税港区 | 合计 | 127 636.6 | 377.2 | 31 046.3 | 406.4 | 96 590.2 | 368.6 |
| | 一般贸易 | 238.8 | -85.7 | 138.2 | -91.7 | 100.6 | 852.6 |
| | 来料加工装配贸易 | 74 193.7 | 205.7 | 30 129.3 | 573.6 | 44 064.4 | 122.6 |
| | 海关特殊监管区域物流货物 | 53 197.0 | 6 475.8 | 778.8 | | 52 418.3 | 6 379.5 |
| | 其他贸易 | 7.0 | | | | 7.0 | |
| 广西凭祥综合保税区 | 合计 | 23.1 | | | | 23.1 | |
| | 一般贸易 | 16.6 | | | | 16.6 | |
| | 海关特殊监管区域物流货物 | 6.5 | | | | 6.5 | |
| 海口综合保税区 | 合计 | 4 571.7 | | | | 4 571.7 | |
| | 一般贸易 | 3 245.1 | | | | 3 245.1 | |
| | 进料加工贸易 | 0.3 | | | | 0.3 | |
| | 海关特殊监管区域物流货物 | 436.7 | | | | 436.7 | |
| | 海关特殊监管区域进口设备 | 889.3 | | | | 889.3 | |
| | 其他贸易 | 0.2 | | | | 0.2 | |
| 海南洋浦保税港区 | 合计 | 1 247.8 | 143.5 | 24.2 | 192.2 | 1 223.6 | 142.7 |
| | 一般贸易 | 244.9 | 514.7 | 22.1 | | 222.9 | 459.3 |
| | 进料加工贸易 | 80.1 | 309.4 | | | 80.1 | 309.4 |
| | 边境小额贸易 | 747.4 | 280.2 | | | 747.4 | 280.2 |
| | 海关特殊监管区域物流货物 | 149.5 | -28.6 | 2.1 | -74.2 | 147.4 | -26.7 |

续表

| 名称 | 贸易方式 | 进出口总额（万美元） | 比上年增长（%） | 出口额（万美元） | 比上年增长（%） | 进口额（万美元） | 比上年增长（%） |
|---|---|---|---|---|---|---|---|
| | 海关特殊监管区域进口设备 | 25.9 | -44.8 | | | 25.9 | -44.8 |
| | 其他贸易 | | | | | | |
| 重庆两路寸滩保税港区（水港） | 合计 | 40 160.7 | 14.5 | 8 628.5 | -45.5 | 31 532.2 | 63.9 |
| | 一般贸易 | 163.7 | 18.7 | 106.0 | -22.8 | 57.7 | 9 198.7 |
| | 来料加工装配贸易 | 212.3 | -56.0 | 178.0 | -54.1 | 34.3 | -63.6 |
| | 进料加工贸易 | 2 503.4 | -50.6 | 1 992.4 | -50.2 | 510.9 | -52.0 |
| | 保税监管场所进出境货物 | 297.3 | 1 658.0 | | | 297.3 | 1 658.0 |
| | 海关特殊监管区域物流货物 | 36 903.4 | 27.0 | 6 352.2 | -43.9 | 30 551.3 | 72.1 |
| | 海关特殊监管区域进口设备 | 80.6 | -74.2 | | | 80.6 | -74.2 |
| | 其他贸易 | 0.1 | -77.0 | | | 0.1 | -77.0 |
| 重庆西永综合保税区 | 合计 | 1 760 981.5 | 153.1 | 1 169 566.9 | 180.5 | 591 414.6 | 112.1 |
| | 来料加工装配贸易 | 24 693.9 | 201.1 | 2 124.2 | 2 379.3 | 22 569.7 | 178.1 |
| | 进料加工贸易 | 1 283 641.3 | 190.4 | 1 149 667.4 | 179.4 | 133 973.9 | 336.8 |
| | 海关特殊监管区域物流货物 | 448 229.7 | 93.8 | 17 775.3 | 229.4 | 430 454.4 | 90.6 |
| | 海关特殊监管区域进口设备 | 4 416.5 | -68.9 | | | 4 416.5 | -68.9 |
| | 其他贸易 | 0.1 | 1 137.8 | | | 0.1 | 1 137.8 |
| 重庆两路寸滩保税港区（空港） | 合计 | 457 411.1 | 451.8 | 286 776.3 | 420.0 | 170 634.9 | 515.0 |
| | 一般贸易 | 0.4 | | | | 0.4 | |
| | 来料加工装配贸易 | 3.1 | | 3.1 | | | |
| | 进料加工贸易 | 285 003.2 | 410.3 | 279 798.2 | 407.7 | 5 205.0 | 606.8 |
| | 海关特殊监管区域物流货物 | 170 422.1 | 542.9 | 6 975.0 | 15 933.5 | 163 447.1 | 517.6 |
| | 海关特殊监管区域进口设备 | 1 982.4 | 263.7 | | | 1 982.4 | 263.7 |

续表

| 名称 | 贸易方式 | 进出口总额（万美元） | 比上年增长（%） | 出口额（万美元） | 比上年增长（%） | 进口额（万美元） | 比上年增长（%） |
|---|---|---|---|---|---|---|---|
| 成都高新综合保税区 | 合计 | 2 622 097.6 | 112.8 | 1 557 117.4 | 115.2 | 1 064 980.1 | 109.3 |
| | 一般贸易 | 1.5 | 2 307.2 | 0.1 | - | 1.4 | 2 204.5 |
| | 来料加工装配贸易 | 485 306.1 | 89.6 | 203 364.0 | 116.7 | 281 942.1 | 73.9 |
| | 进料加工贸易 | 1 821 757.1 | 96.2 | 1 252 592.3 | 99.5 | 569 164.7 | 89.3 |
| | 海关特殊监管区域物流货物 | 229 122.6 | 2 079.6 | 101 161.1 | 5 625.1 | 127 961.5 | 1 363.2 |
| | 海关特殊监管区域进口设备 | 85 910.3 | 129.8 | | | 85 910.3 | 129.8 |
| | 其他贸易 | 0.0 | | | | 0.0 | |

# 2012 年全国保税港区（综合保税区）经济指标统计情况表

| 指标 | 单位 | 合计 | | | |
|---|---|---|---|---|---|
| | | 2012 年 12 月 | 当年累计 | 增幅（%） | 历年累计 |
| 增加值 | 万元 | 728 938 | 7 637 456 | 67. 91 | 22 529 873 |
| 营业总收入 | 万元 | 7 746 896 | 81 730 771 | — | 286 976 610 |
| 工业总产值 | 万元 | 7 106 878 | 66 088 960 | 23. 01 | 259 510 585 |
| 企业利润总额 | 万元 | 191 086 | 1 174 319 | 13. 52 | 4 303 010 |
| 物流企业营业收入 | 万元 | 884 721 | 10 293 688 | 35. 42 | 29 864 601 |
| 综合能源耗费量 | 吨标准煤 | 79 005 | 474 743 | 60. 88 | 1 515 927 |
| 批准企业数 | 个 | 130 | 1 915 | 44. 53 | 6 021 |
| 其中：加工企业 | 个 | 1 | 27 | 8. 00 | 383 |
| 物流企业 | 个 | 23 | 457 | 38. 91 | 1 547 |
| 批准外资企业数 | 个 | 16 | 141 | 34. 29 | 742 |
| 其中：加工企业 | 个 | 1 | 10 | -37. 50 | 322 |
| 物流企业 | 个 | 3 | 35 | 16. 67 | 142 |
| 批准投资额 | 万美元 | 73 000 | 689 412 | 20. 75 | 3 973 428 |
| 其中：外商投资总额 | 万美元 | 43 182 | 232 849 | 72. 58 | 1 688 023 |
| 增资额 | 万美元 | 421 | 10 092 | -28. 59 | 420 052 |
| 合同利用外资 | 万美元 | 30 558 | 164 067 | 30. 81 | 996 590 |
| 其中：增资额 | 万美元 | 318 | 9 413 | 69. 91 | 133 281 |
| 企业实际到位资金 | 万美元 | 41 478 | 490 760 | 0. 42 | 2 671 361 |
| 其中：实际利用外资 | 万美元 | 30 454 | 133 640 | 12. 77 | 782 583 |
| 已投产运作企业数 | 个 | 42 | 562 | 18. 57 | 3 286 |
| 其中：已投产加工企业数 | 个 | 0 | 5 | -54. 55 | 275 |
| 已投产物流企业数 | 个 | 5 | 108 | 28. 57 | 998 |
| 其中：投资额 1 000 万美元以上 | 个 | 4 | 38 | 31. 03 | 262 |
| 土地实际已租售面积 | 平方米 | 304 168 | 3 423 451 | -29. 65 | 36 374 702 |
| 房屋竣工面积 | 平方米 | 252 815 | 2 030 944 | 58. 03 | 16 720 067 |
| 其中：已建成厂房面积 | 平方米 | 0 | 1 304 157 | 242. 88 | 8 940 821 |
| 已建成仓库面积 | 平方米 | 151 117 | 407 129 | 102. 59 | 4 870 226 |
| 港区货物吞吐量（限保税港区） | 万吨 | 4 554 | 45 458 | 29. 19 | 95 149 |
| 港区集装箱吞吐量（限保税港区） | 万标准箱 | 404 | 4 360 | 22. 63 | 13 559 |
| 税务部门税收 | 万元 | 78 211 | 1 097 246 | -1. 60 | 3 456 639 |
| 固定资产投资额 | 万元 | 184 203 | 3 255 006 | 46. 73 | 20 924 212 |
| 其中：基础设施投资 | 万元 | 56 571 | 667 660 | 2. 87 | 3 920 915 |
| 期末从业人员 | 人 | 758 743 | 758 743 | 42. 20 | 758 743 |
| 其中：期末外资企业从业人员 | 人 | 710 423 | 710 423 | 41. 91 | 710 423 |
| 期末批准面积 | 平方公里 | 127 | 127 | 0. 00 | 127 |
| 期末验收封关面积 | 平方公里 | 71 | 71 | 0. 00 | 71 |

续表

| 指标 | 单位 | 北京天竺综合保税区 | | | |
| --- | --- | --- | --- | --- | --- |
| | | 2012 年 12 月 | 当年累计 | 增幅（%） | 历年累计 |
| 增加值 | 万元 | 40 084 | 392 354 | 36.80 | 922 217 |
| 营业总收入 | 万元 | 165 017 | 2 005 028 | — | 2 005 028 |
| 工业总产值 | 万元 | 13 774 | 163 803 | -14.16 | 838 320 |
| 企业利润总额 | 万元 | -4 282 | 59 277 | -41.78 | 307 562 |
| 物流企业营业收入 | 万元 | 123 171 | 1 132 269 | 196.73 | 1 578 091 |
| 综合能源耗费量 | 吨标准煤 | 3 234 | 14 515 | 20.74 | 26 537 |
| 批准企业数 | 个 | 1 | 33 | 37.50 | 148 |
| 其中：加工企业 | 个 | 0 | 1 | -75.00 | 39 |
| 物流企业 | 个 | 0 | 7 | 133.33 | 51 |
| 批准外资企业数 | 个 | 0 | 4 | -20.00 | 51 |
| 其中：加工企业 | 个 | 0 | 1 | -66.67 | 33 |
| 物流企业 | 个 | 0 | 1 | — | 11 |
| 批准投资额 | 万美元 | 3 225 | 43 466 | 300.24 | 201 385 |
| 其中：外商投资总额 | 万美元 | 0 | 11 667 | 530.65 | 64 878 |
| 增资额 | 万美元 | 0 | 0 | — | 0 |
| 合同利用外资 | 万美元 | 0 | 11 667 | 374.85 | 65 485 |
| 其中：增资额 | 万美元 | 0 | 0 | — | 0 |
| 企业实际到位资金 | 万美元 | 0 | 37 067 | 283.36 | 100 118 |
| 其中：实际利用外资 | 万美元 | 0 | 11 587 | 1271.24 | 40 378 |
| 已投产运作企业数 | 个 | 0 | 6 | 100.00 | 61 |
| 其中：已投产加工企业数 | 个 | 0 | 1 | — | 18 |
| 已投产物流企业数 | 个 | 0 | 3 | 200.00 | 27 |
| 其中：投资额 1 000 万美元以上 | 个 | 0 | 1 | 0.00 | 9 |
| 土地实际已租售面积 | 平方米 | 0 | 0 | -100.00 | 3 053 300 |
| 房屋竣工面积 | 平方米 | 0 | 0 | -100.00 | 200 000 |
| 其中：已建成厂房面积 | 平方米 | 0 | 0 | — | 0 |
| 已建成仓库面积 | 平方米 | 0 | 0 | — | 0 |
| 港区货物吞吐量（限保税港区） | 万吨 | 0 | 0 | — | 0 |
| 港区集装箱吞吐量（限保税港区） | 万标准箱 | 0 | 0 | — | 0 |
| 税务部门税收 | 万元 | 4 162 | 54 780 | 4.77 | 121 506 |
| 固定资产投资额 | 万元 | 11 300 | 66 467 | 6.85 | 352 563 |
| 其中：基础设施投资 | 万元 | 0 | 0 | -100.00 | 49 530 |
| 期末从业人员 | 人 | 20 862 | 20 862 | 3.11 | 20 862 |
| 其中：期末外资企业从业人员 | 人 | 12 435 | 12 435 | 1.95 | 12 435 |
| 期末批准面积 | 平方公里 | 6 | 6 | 0.00 | 6 |
| 期末验收封关面积 | 平方公里 | 3 | 3 | 0.00 | 3 |

续表

| 指标 | 单位 | 上海浦东机场综合保税区 | | | |
|---|---|---|---|---|---|
| | | 2012年12月 | 当年累计 | 增幅（%） | 历年累计 |
| 增加值 | 万元 | 0 | 99 500 | — | 99 500 |
| 营业总收入 | 万元 | 15 000 | 165 500 | — | 232 800 |
| 工业总产值 | 万元 | 0 | 0 | — | 0 |
| 企业利润总额 | 万元 | 0 | 0 | — | 0 |
| 物流企业营业收入 | 万元 | 15 000 | 165 500 | 61.00 | 232 800 |
| 综合能源耗费量 | 吨标准煤 | 0 | 0 | — | 0 |
| 批准企业数 | 个 | 4 | 77 | 126.47 | 123 |
| 其中：加工企业 | 个 | 0 | 0 | — | 0 |
| 物流企业 | 个 | 0 | 8 | — | 27 |
| 批准外资企业数 | 个 | 0 | 7 | 40.00 | 16 |
| 其中：加工企业 | 个 | 0 | 0 | — | 0 |
| 物流企业 | 个 | 0 | 2 | — | 4 |
| 批准投资额 | 万美元 | 467 | 11 408 | 1.80 | 25 605 |
| 其中：外商投资总额 | 万美元 | 0 | 4 106 | 36.01 | 12 714 |
| 增资额 | 万美元 | 0 | 0 | — | 174 |
| 合同利用外资 | 万美元 | 0 | 4 106 | 36.01 | 12 714 |
| 其中：增资额 | 万美元 | 0 | 0 | — | 0 |
| 企业实际到位资金 | 万美元 | 0 | 6 620 | -11.49 | 39 425 |
| 其中：实际利用外资 | 万美元 | 0 | 4 106 | 36.01 | 4 106 |
| 已投产运作企业数 | 个 | 0 | 0 | — | 56 |
| 其中：已投产加工企业数 | 个 | 0 | 0 | — | 0 |
| 已投产物流企业数 | 个 | 0 | 0 | — | 14 |
| 其中：投资额1 000万美元以上 | 个 | 0 | 0 | — | 13 |
| 土地实际已租售面积 | 平方米 | 0 | 0 | — | 386 800 |
| 房屋竣工面积 | 平方米 | 0 | 0 | — | 380 000 |
| 其中：已建成厂房面积 | 平方米 | 0 | 0 | — | 0 |
| 已建成仓库面积 | 平方米 | 0 | 0 | — | 380 000 |
| 港区货物吞吐量（限保税港区） | 万吨 | 0 | 0 | — | 0 |
| 港区集装箱吞吐量（限保税港区） | 万标准箱 | 0 | 0 | — | 0 |
| 税务部门税收 | 万元 | 0 | 10 500 | 61.59 | 16 800 |
| 固定资产投资额 | 万元 | 0 | 199 900 | 396.01 | 412 700 |
| 其中：基础设施投资 | 万元 | 0 | 0 | — | 0 |
| 期末从业人员 | 人 | 900 | 900 | 64.84 | 900 |
| 其中：期末外资企业从业人员 | 人 | 765 | 765 | 62.77 | 765 |
| 期末批准面积 | 平方公里 | 4 | 4 | 0.00 | 4 |
| 期末验收封关面积 | 平方公里 | 4 | 4 | 0.00 | 4 |

续表

| 指标 | 单位 | 苏州高新区综合保税区 | | | |
|---|---|---|---|---|---|
| | | 2012 年 12 月 | 当年累计 | 增幅（%） | 历年累计 |
| 增加值 | 万元 | 18 064 | 147 135 | -28.59 | 1 148 467 |
| 营业总收入 | 万元 | 662 539 | 4 837 381 | — | 4 837 381 |
| 工业总产值 | 万元 | 409 542 | 5 115 185 | 13.29 | 13 439 888 |
| 企业利润总额 | 万元 | 3 641 | -19 269 | 786.75 | 77 706 |
| 物流企业营业收入 | 万元 | 5 842 | 43 191 | 80.23 | 113 680 |
| 综合能源耗费量 | 吨标准煤 | 3 422 | 74 284 | 18.69 | 350 574 |
| 批准企业数 | 个 | 0 | 3 | -50.00 | 88 |
| 其中：加工企业 | 个 | 0 | 2 | -60.00 | 70 |
| 物流企业 | 个 | 0 | 1 | 0.00 | 18 |
| 批准外资企业数 | 个 | 0 | 2 | -60.00 | 70 |
| 其中：加工企业 | 个 | 0 | 2 | -60.00 | 70 |
| 物流企业 | 个 | 0 | 0 | — | 0 |
| 批准投资额 | 万美元 | 0 | 640 | -91.04 | 292 829 |
| 其中：外商投资总额 | 万美元 | 0 | 560 | -90.40 | 247 016 |
| 增资额 | 万美元 | 0 | 0 | -100.00 | 108 995 |
| 合同利用外资 | 万美元 | 0 | 390 | -87.34 | 122 768 |
| 其中：增资额 | 万美元 | 0 | 0 | -100.00 | 43 159 |
| 企业实际到位资金 | 万美元 | 15 | 324 | -85.52 | 99 266 |
| 其中：实际利用外资 | 万美元 | 15 | 324 | -84.44 | 99 091 |
| 已投产运作企业数 | 个 | 0 | 0 | -100.00 | 57 |
| 其中：已投产加工企业数 | 个 | 0 | 0 | -100.00 | 46 |
| 已投产物流企业数 | 个 | 0 | 0 | -100.00 | 11 |
| 其中：投资额 1 000 万美元以上 | 个 | 0 | 0 | -100.00 | 33 |
| 土地实际已租售面积 | 平方米 | 0 | 0 | — | 1 444 481 |
| 房屋竣工面积 | 平方米 | 0 | 0 | -100.00 | 1 858 361 |
| 其中：已建成厂房面积 | 平方米 | 0 | 0 | -100.00 | 1 608 824 |
| 已建成仓库面积 | 平方米 | 0 | 0 | — | 229 691 |
| 港区货物吞吐量（限保税港区） | 万吨 | 0 | 0 | — | 0 |
| 港区集装箱吞吐量（限保税港区） | 万标准箱 | 0 | 0 | — | 0 |
| 税务部门税收 | 万元 | 206 | 12 845 | -21.65 | 73 164 |
| 固定资产投资额 | 万元 | 6 609 | 100 000 | -47.09 | 1 383 268 |
| 其中：基础设施投资 | 万元 | 0 | 0 | -100.00 | 133 749 |
| 期末从业人员 | 人 | 37 349 | 37 349 | -2.92 | 37 349 |
| 其中：期末外资企业从业人员 | 人 | 37 349 | 37 349 | -1.52 | 37 349 |
| 期末批准面积 | 平方公里 | 4 | 4 | 0.00 | 4 |
| 期末验收封关面积 | 平方公里 | 4 | 4 | 0.00 | 4 |

续表

| 指标 | 单位 | 昆山综合保税区 | | | |
|---|---|---|---|---|---|
| | | 2012年12月 | 当年累计 | 增幅（%） | 历年累计 |
| 增加值 | 万元 | 81 306 | 901 269 | -6.58 | 6 183 752 |
| 营业总收入 | 万元 | 1 840 944 | 23 349 653 | — | 153 889 703 |
| 工业总产值 | 万元 | 1 811 721 | 23 109 456 | -12.32 | 153 624 121 |
| 企业利润总额 | 万元 | 56 448 | 239 605 | -23.30 | 1 929 386 |
| 物流企业营业收入 | 万元 | 8 604 | 114 436 | 75.70 | 301 052 |
| 综合能源耗费量 | 吨标准煤 | 9 712 | 89 918 | 8.00 | 542 051 |
| 批准企业数 | 个 | 4 | 31 | -11.43 | 184 |
| 其中：加工企业 | 个 | 1 | 3 | 50.00 | 90 |
| 物流企业 | 个 | 0 | 5 | 25.00 | 30 |
| 批准外资企业数 | 个 | 2 | 4 | -50.00 | 107 |
| 其中：加工企业 | 个 | 1 | 1 | -50.00 | 88 |
| 物流企业 | 个 | 0 | 0 | — | 6 |
| 批准投资额 | 万美元 | 674 | 7 474 | -22.34 | 227 897 |
| 其中：外商投资总额 | 万美元 | 630 | 2 168 | -69.02 | 217 224 |
| 增资额 | 万美元 | 0 | 800 | -77.77 | 89 035 |
| 合同利用外资 | 万美元 | 325 | 1 175 | -61.04 | 104 232 |
| 其中：增资额 | 万美元 | 0 | 430 | -64.17 | 48 569 |
| 企业实际到位资金 | 万美元 | 44 | 7 677 | 18.95 | 106 675 |
| 其中：实际利用外资 | 万美元 | 0 | 3 014 | -40.87 | 98 191 |
| 已投产运作企业数 | 个 | 2 | 16 | -30.43 | 148 |
| 其中：已投产加工企业数 | 个 | 0 | 0 | -100.00 | 86 |
| 已投产物流企业数 | 个 | 0 | 4 | 33.33 | 25 |
| 其中：投资额1 000万美元以上 | 个 | 0 | 0 | — | 39 |
| 土地实际已租售面积 | 平方米 | 0 | 0 | — | 2 697 056 |
| 房屋竣工面积 | 平方米 | 16 782 | 68 570 | -60.61 | 2 792 061 |
| 其中：已建成厂房面积 | 平方米 | 0 | 51 788 | -70.25 | 2 535 598 |
| 已建成仓库面积 | 平方米 | 16 782 | 16 782 | — | 256 463 |
| 港区货物吞吐量（限保税港区） | 万吨 | 0 | 0 | — | 0 |
| 港区集装箱吞吐量（限保税港区） | 万标准箱 | 0 | 0 | — | 0 |
| 税务部门税收 | 万元 | 1 685 | 103 239 | -20.25 | 492 101 |
| 固定资产投资额 | 万元 | 14 482 | 152 512 | 49.10 | 1 875 335 |
| 其中：基础设施投资 | 万元 | 300 | 4 500 | 119.62 | 66 190 |
| 期末从业人员 | 人 | 122 832 | 122 832 | -1.95 | 122 832 |
| 其中：期末外资企业从业人员 | 人 | 121 229 | 121 229 | -2.32 | 121 229 |
| 期末批准面积 | 平方公里 | 6 | 6 | 0.00 | 6 |
| 期末验收封关面积 | 平方公里 | 3 | 3 | 0.00 | 3 |

续表

| 指标 | 单位 | 成都高新区综合保税区 | | | |
|---|---|---|---|---|---|
| | | 2012年12月 | 当年累计 | 增幅（%） | 历年累计 |
| 增加值 | 万元 | 212 581 | 2 370 182 | 44.75 | 6 304 229 |
| 营业总收入 | 万元 | 1 137 906 | 10 716 646 | — | 10 716 646 |
| 工业总产值 | 万元 | 1 324 852 | 13 110 164 | 56.09 | 32 171 421 |
| 企业利润总额 | 万元 | 26 457 | 406 920 | 45.71 | 414 310 |
| 物流企业营业收入 | 万元 | 3 643 | 42 168 | 4 133.73 | 44 688 |
| 综合能源耗费量 | 吨标准煤 | 48 919 | 158 624 | 456.48 | 232 905 |
| 批准企业数 | 个 | 0 | 2 | — | 42 |
| 其中：加工企业 | 个 | 0 | 0 | — | 24 |
| 物流企业 | 个 | 0 | 2 | — | 18 |
| 批准外资企业数 | 个 | 0 | 2 | — | 25 |
| 其中：加工企业 | 个 | 0 | 0 | — | 22 |
| 物流企业 | 个 | 0 | 2 | — | 3 |
| 批准投资额 | 万美元 | 0 | 2 | — | 223 115 |
| 其中：外商投资总额 | 万美元 | 0 | 2 | — | 187 909 |
| 增资额 | 万美元 | 0 | 0 | — | 42 876 |
| 合同利用外资 | 万美元 | 0 | 0 | — | 89 576 |
| 其中：增资额 | 万美元 | 0 | 0 | — | 7 713 |
| 企业实际到位资金 | 万美元 | 0 | 0 | — | 96 876 |
| 其中：实际利用外资 | 万美元 | 0 | 0 | — | 89 576 |
| 已投产运作企业数 | 个 | 0 | 3 | — | 37 |
| 其中：已投产加工企业数 | 个 | 0 | 0 | — | 23 |
| 已投产物流企业数 | 个 | 0 | 3 | — | 14 |
| 其中：投资额1 000万美元以上 | 个 | 0 | 0 | — | 15 |
| 土地实际已租售面积 | 平方米 | 0 | 0 | — | 3 816 276 |
| 房屋竣工面积 | 平方米 | 0 | 0 | — | 1 759 308 |
| 其中：已建成厂房面积 | 平方米 | 0 | 0 | — | 1 178 815 |
| 已建成仓库面积 | 平方米 | 0 | 0 | — | 100 188 |
| 港区货物吞吐量（限保税港区） | 万吨 | 0 | 0 | — | 0 |
| 港区集装箱吞吐量（限保税港区） | 万标准箱 | 0 | 0 | — | 0 |
| 税务部门税收 | 万元 | 1 090 | 87 770 | 436.62 | 127 230 |
| 固定资产投资额 | 万元 | 57 789 | 860 252 | 365.06 | 5 036 048 |
| 其中：基础设施投资 | 万元 | 0 | 0 | — | 95 651 |
| 期末从业人员 | 人 | 162 939 | 162 939 | 58.80 | 162 939 |
| 其中：期末外资企业从业人员 | 人 | 162 121 | 162 121 | 59.11 | 162 121 |
| 期末批准面积 | 平方公里 | 5 | 5 | 0.00 | 5 |
| 期末验收封关面积 | 平方公里 | 5 | 5 | 0.00 | 5 |

续表

| 指标 | 单位 | 郑州新郑综合保税区 | | | |
|---|---|---|---|---|---|
| | | 2012 年 12 月 | 当年累计 | 增幅（%） | 历年累计 |
| 增加值 | 万元 | 244 000 | 1 575 000 | 193.51 | 2 351 000 |
| 营业总收入 | 万元 | 1 782 000 | 11 870 000 | — | 11 873 000 |
| 工业总产值 | 万元 | 2 269 000 | 12 100 000 | 205.56 | 16 054 879 |
| 企业利润总额 | 万元 | 69 000 | 200 000 | 207.69 | 271 000 |
| 物流企业营业收入 | 万元 | 500 | 1 500 | — | 1 500 |
| 综合能源耗费量 | 吨标准煤 | 0 | 85 664 | 43.00 | 145 569 |
| 批准企业数 | 个 | 0 | 2 | — | 3 |
| 其中：加工企业 | 个 | 0 | 0 | — | 1 |
| 物流企业 | 个 | 0 | 2 | — | 2 |
| 批准外资企业数 | 个 | 0 | 0 | — | 1 |
| 其中：加工企业 | 个 | 0 | 0 | — | 1 |
| 物流企业 | 个 | 0 | 0 | — | 0 |
| 批准投资额 | 万美元 | 0 | 0 | — | 149 000 |
| 其中：外商投资总额 | 万美元 | 0 | 0 | — | 53 946 |
| 增资额 | 万美元 | 0 | 0 | — | 119 200 |
| 合同利用外资 | 万美元 | 0 | 26 546 | -42.29 | 53 946 |
| 其中：增资额 | 万美元 | 0 | 0 | — | 0 |
| 企业实际到位资金 | 万美元 | 0 | 26 546 | -42.29 | 53 946 |
| 其中：实际利用外资 | 万美元 | 0 | 26 546 | -42.29 | 53 946 |
| 已投产运作企业数 | 个 | 0 | 2 | — | 3 |
| 其中：已投产加工企业数 | 个 | 0 | 0 | — | 1 |
| 已投产物流企业数 | 个 | 0 | 2 | — | 2 |
| 其中：投资额 1 000 万美元以上 | 个 | 0 | 0 | — | 1 |
| 土地实际已租售面积 | 平方米 | 69 696 | 630 313 | — | 2 473 062 |
| 房屋竣工面积 | 平方米 | 0 | 1 000 000 | — | 2 000 000 |
| 其中：已建成厂房面积 | 平方米 | 0 | 1 000 000 | — | 2 000 000 |
| 已建成仓库面积 | 平方米 | 0 | 0 | — | 0 |
| 港区货物吞吐量（限保税港区） | 万吨 | 0 | 0 | — | 0 |
| 港区集装箱吞吐量（限保税港区） | 万标准箱 | 0 | 0 | — | 0 |
| 税务部门税收 | 万元 | 38 320 | 102 450 | — | 102 450 |
| 固定资产投资额 | 万元 | 19 000 | 802 000 | 61.37 | 1 342 000 |
| 其中：基础设施投资 | 万元 | 0 | 55 000 | 1 275.00 | 107 000 |
| 期末从业人员 | 人 | 265 000 | 265 000 | 112.00 | 265 000 |
| 其中：期末外资企业从业人员 | 人 | 264 942 | 264 942 | 111.95 | 264 942 |
| 期末批准面积 | 平方公里 | 5 | 5 | 0.00 | 5 |
| 期末验收封关面积 | 平方公里 | 2 | 2 | 0.00 | 2 |

续表

| 指标 | 单位 | 天津东疆保税港区 | | | |
|---|---|---|---|---|---|
| | | 2012年12月 | 当年累计 | 增幅（%） | 历年累计 |
| 增加值 | 万元 | 0 | 0 | — | 0 |
| 营业总收入 | 万元 | 0 | 0 | — | 0 |
| 工业总产值 | 万元 | 0 | 0 | — | 0 |
| 企业利润总额 | 万元 | 0 | 0 | — | 0 |
| 物流企业营业收入 | 万元 | 0 | 0 | — | 0 |
| 综合能源耗费量 | 吨标准煤 | 0 | 0 | — | 0 |
| 批准企业数 | 个 | 20 | 428 | 40.79 | 1 133 |
| 其中：加工企业 | 个 | 0 | 3 | -50.00 | 15 |
| 物流企业 | 个 | 4 | 82 | 34.43 | 230 |
| 批准外资企业数 | 个 | 3 | 35 | 25.00 | 105 |
| 其中：加工企业 | 个 | 0 | 1 | -66.67 | 8 |
| 物流企业 | 个 | 2 | 5 | -16.67 | 24 |
| 批准投资额 | 万美元 | 12 740 | 139 103 | -19.74 | 976 519 |
| 其中：外商投资总额 | 万美元 | 8 661 | 67 414 | 117.77 | 236 934 |
| 增资额 | 万美元 | 0 | 0 | — | 0 |
| 合同利用外资 | 万美元 | 1 631 | 28 047 | 110.23 | 77 168 |
| 其中：增资额 | 万美元 | 0 | 0 | — | 0 |
| 企业实际到位资金 | 万美元 | 8 354 | 82 588 | -29.54 | 743 326 |
| 其中：实际利用外资 | 万美元 | 1 393 | 15 070 | 50.16 | 54 698 |
| 已投产运作企业数 | 个 | 0 | 0 | — | 630 |
| 其中：已投产加工企业数 | 个 | 0 | 0 | — | 0 |
| 已投产物流企业数 | 个 | 0 | 0 | — | 0 |
| 其中：投资额1 000万美元以上 | 个 | 0 | 0 | — | 0 |
| 土地实际已租售面积 | 平方米 | 0 | 0 | -100.00 | 2 774 300 |
| 房屋竣工面积 | 平方米 | 0 | 0 | — | 777 589 |
| 其中：已建成厂房面积 | 平方米 | 0 | 0 | — | 104 456 |
| 已建成仓库面积 | 平方米 | 0 | 0 | — | 625 133 |
| 港区货物吞吐量（限保税港区） | 万吨 | 250 | 2 668 | 13.58 | 8 923 |
| 港区集装箱吞吐量（限保税港区） | 万标准箱 | 23 | 261 | 6.66 | 906 |
| 税务部门税收 | 万元 | 5 399 | 92 298 | 72.03 | 191 789 |
| 固定资产投资额 | 万元 | 1 913 | 35 969 | -36.29 | 1 825 536 |
| 其中：基础设施投资 | 万元 | 435 | 19 442 | 7.25 | 518 820 |
| 期末从业人员 | 人 | 5 800 | 5 800 | 205.26 | 5 800 |
| 其中：期末外资企业从业人员 | 人 | 857 | 857 | 114.25 | 857 |
| 期末批准面积 | 平方公里 | 10 | 10 | 0.00 | 10 |
| 期末验收封关面积 | 平方公里 | 4 | 4 | 0.00 | 4 |

续表

| 指标 | 单位 | 大连大窑湾保税港区 | | | |
|---|---|---|---|---|---|
| | | 2012 年 12 月 | 当年累计 | 增幅（%） | 历年累计 |
| 增加值 | 万元 | 10 007 | 151 961 | 12.91 | 671 857 |
| 营业总收入 | 万元 | 40 132 | 488 329 | — | 1 289 442 |
| 工业总产值 | 万元 | 139 | 2 265 | 10.17 | 5 097 |
| 企业利润总额 | 万元 | 977 | 12 517 | 2.16 | 48 897 |
| 物流企业营业收入 | 万元 | 11 064 | 99 293 | -3.00 | 409 770 |
| 综合能源耗费量 | 吨标准煤 | 3 527 | 14 068 | 2.46 | 60 648 |
| 批准企业数 | 个 | 1 | 10 | -28.57 | 107 |
| 其中：加工企业 | 个 | 0 | 0 | — | 2 |
| 物流企业 | 个 | 1 | 10 | 0.00 | 75 |
| 批准外资企业数 | 个 | 1 | 10 | 100.00 | 37 |
| 其中：加工企业 | 个 | 0 | 0 | — | 1 |
| 物流企业 | 个 | 1 | 10 | 400.00 | 26 |
| 批准投资额 | 万美元 | 315 | 10 144 | -14.40 | 151 580 |
| 其中：外商投资总额 | 万美元 | 260 | 7 890 | -17.86 | 112 250 |
| 增资额 | 万美元 | 42 | 543 | -48.38 | 9 078 |
| 合同利用外资 | 万美元 | 302 | 9 824 | -14.13 | 129 252 |
| 其中：增资额 | 万美元 | 38 | 436 | -52.09 | 7 062 |
| 企业实际到位资金 | 万美元 | 300 | 9 512 | -15.90 | 149 818 |
| 其中：实际利用外资 | 万美元 | 255 | 7 027 | -24.07 | 110 455 |
| 已投产运作企业数 | 个 | 0 | 6 | -53.85 | 68 |
| 其中：已投产加工企业数 | 个 | 0 | 0 | — | 2 |
| 已投产物流企业数 | 个 | 0 | 6 | -40.00 | 66 |
| 其中：投资额 1 000 万美元以上 | 个 | 0 | 2 | 0.00 | 15 |
| 土地实际已租售面积 | 平方米 | 0 | 65 200 | 25.38 | 2 621 590 |
| 房屋竣工面积 | 平方米 | 2 060 | 12 910 | -42.28 | 1 001 838 |
| 其中：已建成厂房面积 | 平方米 | 0 | 0 | — | 45 628 |
| 已建成仓库面积 | 平方米 | 2 060 | 12 910 | -42.28 | 955 210 |
| 港区货物吞吐量（限保税港区） | 万吨 | 9 | 91 | -1.51 | 531 |
| 港区集装箱吞吐量（限保税港区） | 万标准箱 | 21 | 229 | 15.36 | 995 |
| 税务部门税收 | 万元 | 6 409 | 110 273 | 35.73 | 367 191 |
| 固定资产投资额 | 万元 | 1 513 | 16 044 | -1.77 | 571 734 |
| 其中：基础设施投资 | 万元 | 89 | 1 130 | 4.05 | 50 976 |
| 期末从业人员 | 人 | 2 813 | 2 813 | 1.01 | 2 813 |
| 其中：期末外资企业从业人员 | 人 | 1 877 | 1 877 | 1.13 | 1 877 |
| 期末批准面积 | 平方公里 | 7 | 7 | 0.00 | 7 |
| 期末验收封关面积 | 平方公里 | 3 | 3 | 0.00 | 3 |

续表

| 指标 | 单位 | 洋山保税港区 | | | |
|---|---|---|---|---|---|
| | | 2012年12月 | 当年累计 | 增幅（%） | 历年累计 |
| 增加值 | 万元 | 0 | 608 300 | — | 608 300 |
| 营业总收入 | 万元 | 550 000 | 6 264 700 | — | 17 463 000 |
| 工业总产值 | 万元 | 0 | 0 | — | 0 |
| 企业利润总额 | 万元 | 0 | 0 | — | 0 |
| 物流企业营业收入 | 万元 | 550 000 | 6 264 700 | 19.97 | 17 463 000 |
| 综合能源耗费量 | 吨标准煤 | 0 | 0 | — | 0 |
| 批准企业数 | 个 | 27 | 296 | 116.06 | 612 |
| 其中：加工企业 | 个 | 0 | 0 | — | 0 |
| 物流企业 | 个 | 15 | 219 | 119.00 | 466 |
| 批准外资企业数 | 个 | 9 | 26 | 36.84 | 65 |
| 其中：加工企业 | 个 | 0 | 0 | — | 0 |
| 物流企业 | 个 | 0 | 5 | -58.33 | 23 |
| 批准投资额 | 万美元 | 10 506 | 83 356 | -46.14 | 618 631 |
| 其中：外商投资总额 | 万美元 | 7 352 | 38 799 | 53.54 | 94 941 |
| 增资额 | 万美元 | 0 | 0 | — | 0 |
| 合同利用外资 | 万美元 | 2 100 | 11 121 | 18.12 | 31 635 |
| 其中：增资额 | 万美元 | 0 | 0 | — | 0 |
| 企业实际到位资金 | 万美元 | 5 254 | 55 678 | -62.68 | 593 353 |
| 其中：实际利用外资 | 万美元 | 2 100 | 11 121 | 18.12 | 31 635 |
| 已投产运作企业数 | 个 | 0 | 0 | -100.00 | 480 |
| 其中：已投产加工企业数 | 个 | 0 | 0 | — | 0 |
| 已投产物流企业数 | 个 | 0 | 0 | — | 360 |
| 其中：投资额1 000万美元以上 | 个 | 0 | 0 | -100.00 | 45 |
| 土地实际已租售面积 | 平方米 | 0 | 0 | — | 4 936 700 |
| 房屋竣工面积 | 平方米 | 0 | 0 | — | 920 000 |
| 其中：已建成厂房面积 | 平方米 | 0 | 0 | — | 0 |
| 已建成仓库面积 | 平方米 | 0 | 0 | — | 800 000 |
| 港区货物吞吐量（限保税港区） | 万吨 | 1 118 | 12 969 | 10.51 | 23 586 |
| 港区集装箱吞吐量（限保税港区） | 万标准箱 | 130 | 1 415 | 8.02 | 6 179 |
| 税务部门税收 | 万元 | 0 | 260 600 | 27.31 | 773 500 |
| 固定资产投资额 | 万元 | 0 | 4 600 | -40.26 | 2 298 800 |
| 其中：基础设施投资 | 万元 | 0 | 0 | — | 115 900 |
| 期末从业人员 | 人 | 17 600 | 17 600 | 79.59 | 17 600 |
| 其中：期末外资企业从业人员 | 人 | 2 601 | 2 601 | 40.90 | 2 601 |
| 期末批准面积 | 平方公里 | 8 | 8 | 0.00 | 8 |
| 期末验收封关面积 | 平方公里 | 8 | 8 | 0.00 | 8 |

续表

| 指标 | 单位 | 张家港保税港区 | | | |
| --- | --- | --- | --- | --- | --- |
| | | 2012 年 12 月 | 当年累计 | 增幅（%） | 历年累计 |
| 增加值 | 万元 | 1 964 | 39 192 | 32.48 | 174 358 |
| 营业总收入 | 万元 | 39 288 | 826 078 | — | 3 495 426 |
| 工业总产值 | 万元 | 0 | 0 | — | 0 |
| 企业利润总额 | 万元 | 0 | 0 | — | 0 |
| 物流企业营业收入 | 万元 | 39 288 | 826 078 | 39.62 | 3 495 426 |
| 综合能源耗费量 | 吨标准煤 | 0 | 0 | — | 0 |
| 批准企业数 | 个 | 31 | 356 | 30.40 | 1 617 |
| 其中：加工企业 | 个 | 0 | 0 | — | 0 |
| 物流企业 | 个 | 0 | 6 | 100.00 | 87 |
| 批准外资企业数 | 个 | 1 | 8 | 100.00 | 77 |
| 其中：加工企业 | 个 | 0 | 0 | — | 0 |
| 物流企业 | 个 | 0 | 1 | — | 14 |
| 批准投资额 | 万美元 | 903 | 21 940 | 75.70 | 146 717 |
| 其中：外商投资总额 | 万美元 | 100 | 3 731 | 628.71 | 71 909 |
| 增资额 | 万美元 | 100 | 600 | — | 600 |
| 合同利用外资 | 万美元 | 100 | 3 731 | 628.71 | 49 559 |
| 其中：增资额 | 万美元 | 100 | 600 | — | 2 088 |
| 企业实际到位资金 | 万美元 | 1 386 | 21 117 | 75.13 | 42 665 |
| 其中：实际利用外资 | 万美元 | 583 | 3 944 | 283.28 | 19 664 |
| 已投产运作企业数 | 个 | 0 | 0 | — | 80 |
| 其中：已投产加工企业数 | 个 | 0 | 0 | — | 0 |
| 已投产物流企业数 | 个 | 0 | 0 | — | 61 |
| 其中：投资额 1 000 万美元以上 | 个 | 0 | 0 | — | 0 |
| 土地实际已租售面积 | 平方米 | 0 | 0 | — | 1 185 236 |
| 房屋竣工面积 | 平方米 | 0 | 0 | — | 833 700 |
| 其中：已建成厂房面积 | 平方米 | 0 | 0 | — | 0 |
| 已建成仓库面积 | 平方米 | 0 | 0 | — | 334 200 |
| 港区货物吞吐量（限保税港区） | 万吨 | 0 | 0 | — | 0 |
| 港区集装箱吞吐量（限保税港区） | 万标准箱 | 0 | 0 | — | 0 |
| 税务部门税收 | 万元 | 0 | 0 | -100.00 | 13 646 |
| 固定资产投资额 | 万元 | 0 | 0 | — | 0 |
| 其中：基础设施投资 | 万元 | 0 | 0 | — | 0 |
| 期末从业人员 | 人 | 5 063 | 5 063 | 27.47 | 5 063 |
| 其中：期末外资企业从业人员 | 人 | 397 | 397 | 11.20 | 397 |
| 期末批准面积 | 平方公里 | 4 | 4 | 0.00 | 4 |
| 期末验收封关面积 | 平方公里 | 2 | 2 | 0.00 | 2 |

续表

| 指标 | 单位 | 宁波梅山保税港区 | | | |
|---|---|---|---|---|---|
| | | 2012 年 12 月 | 当年累计 | 增幅（%） | 历年累计 |
| 增加值 | 万元 | 0 | 487 276 | — | 832 276 |
| 营业总收入 | | 0 | 6 725 030 | — | 11 174 763 |
| 工业总产值 | | 0 | 0 | — | 0 |
| 企业利润总额 | | 0 | 0 | — | 0 |
| 物流企业营业收入 | | 0 | 138 447 | — | 258 949 |
| 综合能源耗费量 | 吨标准煤 | 0 | 0 | — | 0 |
| 批准企业数 | 个 | 30 | 373 | 10.68 | 1 086 |
| 其中：加工企业 | | 0 | 3 | — | 3 |
| 物流企业 | | 1 | 24 | -57.14 | 124 |
| 批准外资企业数 | | 0 | 13 | 225.00 | 20 |
| 其中：加工企业 | | 0 | 0 | — | 0 |
| 物流企业 | | 0 | 1 | 0.00 | 2 |
| 批准投资额 | 万美元 | 17 629 | 209 245 | 118.80 | 296 319 |
| 其中：外商投资总额 | | 0 | 32 202 | 600.96 | 37 771 |
| 增资额 | | 0 | 0 | -100.00 | 8 047 |
| 合同利用外资 | | 0 | 9 575 | 811.90 | 11 006 |
| 其中：增资额 | | 0 | 0 | — | 0 |
| 企业实际到位资金 | | 0 | 169 193 | 76.92 | 252 129 |
| 其中：实际利用外资 | | 0 | 4 780 | 444.42 | 5 584 |
| 已投产运作企业数 | 个 | 30 | 373 | 10.68 | 1 086 |
| 其中：已投产加工企业数 | | 0 | 0 | — | 0 |
| 已投产物流企业数 | | 1 | 24 | -57.14 | 124 |
| 其中：投资额 1 000 万美元以上 | | 4 | 25 | 38.89 | 43 |
| 土地实际已租售面积 | 平方米 | 89 248 | 142 982 | -85.65 | 1 630 982 |
| 房屋竣工面积 | | 233 973 | 243 044 | 719.07 | 347 031 |
| 其中：已建成厂房面积 | | 0 | 0 | — | 0 |
| 已建成仓库面积 | | 132 275 | 132 275 | 491.17 | 186 412 |
| 港区货物吞吐量（限保税港区） | 万吨 | 67 | 757 | 46.05 | 1 394 |
| 港区集装箱吞吐量（限保税港区） | 万标准箱 | 8 | 87 | 61.09 | 153 |
| 税务部门税收 | 万元 | 6 141 | 138 515 | 108.09 | 230 520 |
| 固定资产投资额 | 万元 | 34 344 | 359 053 | 53.60 | 1 116 733 |
| 其中：基础设施投资 | | 34 344 | 359 053 | 74.31 | 1 116 732 |
| 期末从业人员 | 人 | 5 481 | 5 481 | 64.35 | 5 481 |
| 其中：期末外资企业从业人员 | | 82 | 82 | 90.70 | 82 |
| 期末批准面积 | 平方公里 | 8 | 8 | 0.00 | 8 |
| 期末验收封关面积 | | 3 | 3 | 0.00 | 3 |

续表

| 指标 | 单位 | 厦门海沧保税港区 | | | |
|---|---|---|---|---|---|
| | | 2012 年 12 月 | 当年累计 | 增幅（%） | 历年累计 |
| 增加值 | 万元 | 5 726 | 121 069 | -14.08 | 616 341 |
| 营业总收入 | 万元 | 46 715 | 403 320 | — | 403 320 |
| 工业总产值 | 万元 | 39 245 | 555 481 | -9.42 | 2 943 187 |
| 企业利润总额 | 万元 | 3 793 | 47 143 | -47.11 | 307 461 |
| 物流企业营业收入 | 万元 | 10 819 | 110 703 | 108.28 | 167 014 |
| 综合能源耗费量 | 吨标准煤 | 3 413 | 13 254 | 7.37 | 58 601 |
| 批准企业数 | 个 | 0 | 5 | -54.55 | 63 |
| 其中：加工企业 | 个 | 0 | 0 | — | 44 |
| 物流企业 | 个 | 0 | 5 | -54.55 | 19 |
| 批准外资企业数 | 个 | 0 | 5 | 25.00 | 45 |
| 其中：加工企业 | 个 | 0 | 1 | — | 36 |
| 物流企业 | 个 | 0 | 4 | 0.00 | 9 |
| 批准投资额 | 万美元 | 0 | 2 901 | -92.61 | 90 043 |
| 其中：外商投资总额 | 万美元 | 0 | 2 901 | -92.39 | 82 676 |
| 增资额 | 万美元 | 0 | 1 401 | 8141.18 | 16 417 |
| 合同利用外资 | 万美元 | 0 | 2 901 | -89.23 | 46 973 |
| 其中：增资额 | 万美元 | 0 | 1 401 | 600.50 | 7 243 |
| 企业实际到位资金 | 万美元 | 0 | 1 248 | -95.35 | 39 688 |
| 其中：实际利用外资 | 万美元 | 0 | 1 248 | -95.35 | 38 427 |
| 已投产运作企业数 | 个 | 0 | 24 | 1 100.00 | 60 |
| 其中：已投产加工企业数 | 个 | 0 | 0 | -100.00 | 33 |
| 已投产物流企业数 | 个 | 0 | 25 | 2 400.00 | 27 |
| 其中：投资额 1 000 万美元以上 | 个 | 0 | 0 | -100.00 | 8 |
| 土地实际已租售面积 | 平方米 | 0 | 0 | -100.00 | 816 490 |
| 房屋竣工面积 | 平方米 | 0 | 0 | -100.00 | 813 408 |
| 其中：已建成厂房面积 | 平方米 | 0 | 0 | | 663 804 |
| 已建成仓库面积 | 平方米 | 0 | 0 | -100.00 | 132 066 |
| 港区货物吞吐量（限保税港区） | 万吨 | 277 | 2 781 | 34.39 | 4 851 |
| 港区集装箱吞吐量（限保税港区） | 万标准箱 | 28 | 311 | 24.23 | 561 |
| 税务部门税收 | 万元 | 528 | 11 532 | -12.97 | 24 782 |
| 固定资产投资额 | 万元 | 3 811 | 44 521 | -67.80 | 182 789 |
| 其中：基础设施投资 | 万元 | 3 811 | 44 521 | -66.35 | 176 832 |
| 期末从业人员 | 人 | 13 277 | 13 277 | 9.37 | 13 277 |
| 其中：期末外资企业从业人员 | 人 | 11 393 | 11 393 | 7.79 | 11 393 |
| 期末批准面积 | 平方公里 | 10 | 10 | 0.00 | 10 |
| 期末验收封关面积 | 平方公里 | 5 | 5 | 0.00 | 5 |

续表

| 指标 | 单位 | 广州南沙保税港区 | | | |
|---|---|---|---|---|---|
| | | 2012年12月 | 当年累计 | 增幅（%） | 历年累计 |
| 增加值 | 万元 | 9 846 | 102 845 | 66.32 | 231 568 |
| 营业总收入 | 万元 | 18 050 | 251 196 | — | 590 515 |
| 工业总产值 | 万元 | 5 650 | 51 109 | 17.53 | 79 563 |
| 企业利润总额 | 万元 | 3 492 | 25 340 | 293.66 | 43 791 |
| 物流企业营业收入 | 万元 | 16 794 | 182 593 | 60.05 | 493 458 |
| 综合能源耗费量 | 吨标准煤 | 116 | 1 315 | — | 1 840 |
| 批准企业数 | 个 | 0 | 36 | 16.13 | 235 |
| 其中：加工企业 | 个 | 0 | 0 | -100.00 | 5 |
| 物流企业 | 个 | 0 | 36 | 20.00 | 230 |
| 批准外资企业数 | 个 | 0 | 1 | 0.00 | 8 |
| 其中：加工企业 | 个 | 0 | 0 | -100.00 | 4 |
| 物流企业 | 个 | 0 | 1 | — | 4 |
| 批准投资额 | 万美元 | 0 | 10 002 | 19.11 | 231 238 |
| 其中：外商投资总额 | 万美元 | 0 | 9 523 | 58.72 | 110 382 |
| 增资额 | 万美元 | 0 | 0 | -100.00 | 5 666 |
| 合同利用外资 | 万美元 | 0 | 4 623 | 15.14 | 83 472 |
| 其中：增资额 | 万美元 | 0 | 0 | -100.00 | 4 169 |
| 企业实际到位资金 | 万美元 | 0 | 1 433 | -51.46 | 146 235 |
| 其中：实际利用外资 | 万美元 | 0 | 954 | -67.44 | 37 211 |
| 已投产运作企业数 | 个 | 0 | 30 | 900.00 | 223 |
| 其中：已投产加工企业数 | 个 | 0 | 0 | -100.00 | 3 |
| 已投产物流企业数 | 个 | 0 | 30 | 2 900.00 | 220 |
| 其中：投资额1 000万美元以上 | 个 | 0 | 2 | 100.00 | 18 |
| 土地实际已租售面积 | 平方米 | 0 | 48 672 | -74.34 | 3 321 433 |
| 房屋竣工面积 | 平方米 | 0 | 150 000 | 650.00 | 606 689 |
| 其中：已建成厂房面积 | 平方米 | 0 | 10 000 | -50.00 | 77 381 |
| 已建成仓库面积 | 平方米 | 0 | 140 000 | — | 529 308 |
| 港区货物吞吐量（限保税港区） | 万吨 | 1 440 | 9 276 | 156.36 | 25 723 |
| 港区集装箱吞吐量（限保税港区） | 万标准箱 | 85 | 776 | 98.47 | 2 539 |
| 税务部门税收 | 万元 | 719 | 14 273 | 162.61 | 34 484 |
| 固定资产投资额 | 万元 | 11 863 | 54 862 | -11.12 | 135 349 |
| 其中：基础设施投资 | 万元 | 8 064 | 20 212 | — | 30 212 |
| 期末从业人员 | 人 | 3 780 | 3 780 | 51.20 | 3 780 |
| 其中：期末外资企业从业人员 | 人 | 1 077 | 1 077 | 34.63 | 1 077 |
| 期末批准面积 | 平方公里 | 7 | 7 | 0.00 | 7 |
| 期末验收封关面积 | 平方公里 | 4 | 4 | 0.00 | 4 |

续表

| 指标 | 单位 | 烟台保税港区 | | | |
|---|---|---|---|---|---|
| | | 2012 年 12 月 | 当年累计 | 增幅（%） | 历年累计 |
| 增加值 | 万元 | 83 757 | 641 373 | 16.61 | 2 386 008 |
| 营业总收入 | 万元 | 962 769 | 9 645 796 | — | 37 103 054 |
| 工业总产值 | 万元 | 960 614 | 9 627 059 | 11.88 | 37 060 675 |
| 企业利润总额 | 万元 | 31 560 | 202 549 | 18.90 | 902 660 |
| 物流企业营业收入 | 万元 | 2 155 | 18 738 | 14.56 | 42 380 |
| 综合能源耗费量 | 吨标准煤 | 6 662 | 23 101 | 1.57 | 97 202 |
| 批准企业数 | 个 | 0 | 19 | 0.00 | 130 |
| 其中：加工企业 | 个 | 0 | 6 | -14.29 | 69 |
| 物流企业 | 个 | 0 | 13 | 8.33 | 47 |
| 批准外资企业数 | 个 | 0 | 6 | 0.00 | 74 |
| 其中：加工企业 | 个 | 0 | 3 | 50.00 | 54 |
| 物流企业 | 个 | 0 | 3 | -25.00 | 9 |
| 批准投资额 | 万美元 | 279 | 10 730 | 325.46 | 108 097 |
| 其中：外商投资总额 | 万美元 | 179 | 10 068 | 492.93 | 93 122 |
| 增资额 | 万美元 | 279 | 6 748 | 432.18 | 19 964 |
| 合同利用外资 | 万美元 | 100 | 8 896 | 676.94 | 55 259 |
| 其中：增资额 | 万美元 | 180 | 6 546 | 764.73 | 13 278 |
| 企业实际到位资金 | 万美元 | 125 | 5 279 | 215.16 | 59 031 |
| 其中：实际利用外资 | 万美元 | 108 | 4 824 | 341.35 | 38 446 |
| 已投产运作企业数 | 个 | 4 | 10 | 42.86 | 90 |
| 其中：已投产加工企业数 | 个 | 0 | 2 | -33.33 | 61 |
| 已投产物流企业数 | 个 | 4 | 8 | 100.00 | 29 |
| 其中：投资额 1 000 万美元以上 | 个 | 0 | 0 | — | 5 |
| 土地实际已租售面积 | 平方米 | 0 | 2 350 000 | — | 3 500 500 |
| 房屋竣工面积 | 平方米 | 0 | 40 014 | 471.63 | 1 142 118 |
| 其中：已建成厂房面积 | 平方米 | 0 | 0 | — | 384 148 |
| 已建成仓库面积 | 平方米 | 0 | 18 224 | 160.34 | 80 906 |
| 港区货物吞吐量（限保税港区） | 万吨 | 204 | 2 775 | -19.82 | 6 236 |
| 港区集装箱吞吐量（限保税港区） | 万标准箱 | 5 | 49 | -2.88 | 99 |
| 税务部门税收 | 万元 | 8 806 | 44 832 | -17.13 | 161 028 |
| 固定资产投资额 | 万元 | 5 866 | 38 047 | 44.92 | 419 084 |
| 其中：基础设施投资 | 万元 | 5 866 | 28 957 | 36.85 | 77 759 |
| 期末从业人员 | 人 | 83 626 | 83 626 | -0.39 | 83 626 |
| 其中：期末外资企业从业人员 | 人 | 82 996 | 82 996 | -0.17 | 82 996 |
| 期末批准面积 | 平方公里 | 7 | 7 | 0.00 | 7 |
| 期末验收封关面积 | 平方公里 | 5 | 5 | 0.00 | 5 |

续表

| 指标 | 单位 | 重庆两路寸滩保税港区 | | | |
|---|---|---|---|---|---|
| | | 2012 年 12 月 | 当年累计 | 增幅（%） | 历年累计 |
| 增加值 | 万元 | 0 | 0 | — | 0 |
| 营业总收入 | 万元 | 387 087 | 3 088 451 | — | 26 711 162 |
| 工业总产值 | 万元 | 262 422 | 2 236 542 | 117.49 | 3 264 861 |
| 企业利润总额 | 万元 | 0 | 0 | — | 0 |
| 物流企业营业收入 | 万元 | 8 311 | 78 305 | 385.31 | 99 996 |
| 综合能源耗费量 | 吨标准煤 | 0 | 0 | — | 0 |
| 批准企业数 | 个 | 9 | 128 | 66.23 | 286 |
| 其中：加工企业 | 个 | 0 | 0 | — | 12 |
| 物流企业 | 个 | 2 | 21 | -22.22 | 77 |
| 批准外资企业数 | 个 | 0 | 2 | -77.78 | 21 |
| 其中：加工企业 | 个 | 0 | 0 | — | 4 |
| 物流企业 | 个 | 0 | 0 | — | 5 |
| 批准投资额 | 万美元 | 26 198 | 52 035 | 59.73 | 134 367 |
| 其中：外商投资总额 | 万美元 | 26 000 | 38 067 | — | 60 147 |
| 增资额 | 万美元 | 0 | 0 | — | 0 |
| 合同利用外资 | 万美元 | 26 000 | 38 067 | — | 60 147 |
| 其中：增资额 | 万美元 | 0 | 0 | — | 0 |
| 企业实际到位资金 | 万美元 | 26 000 | 51 464 | — | 133 796 |
| 其中：实际利用外资 | 万美元 | 26 000 | 38 067 | — | 60 147 |
| 已投产运作企业数 | 个 | 6 | 66 | 11.86 | 159 |
| 其中：已投产加工企业数 | 个 | 0 | 0 | — | 0 |
| 已投产物流企业数 | 个 | 0 | 0 | — | 0 |
| 其中：投资额 1 000 万美元以上 | 个 | 0 | 1 | — | 9 |
| 土地实际已租售面积 | 平方米 | 0 | 0 | — | 0 |
| 房屋竣工面积 | 平方米 | 0 | 484 255 | -1.41 | 1 105 674 |
| 其中：已建成厂房面积 | 平方米 | 0 | 242 369 | — | 326 570 |
| 已建成仓库面积 | 平方米 | 0 | 83 938 | — | 215 745 |
| 港区货物吞吐量（限保税港区） | 万吨 | 26 | 298 | — | 328 |
| 港区集装箱吞吐量（限保税港区） | 万标准箱 | 3 | 32 | 6.11 | 88 |
| 税务部门税收 | 万元 | 3 089 | 34 950 | -91.00 | 694 673 |
| 固定资产投资额 | 万元 | 12 582 | 394 434 | 4.76 | 2 425 574 |
| 其中：基础设施投资 | 万元 | 733 | 26 195 | -80.46 | 465 607 |
| 期末从业人员 | 人 | 10 302 | 10 302 | — | 10 302 |
| 其中：期末外资企业从业人员 | 人 | 10 302 | 10 302 | — | 10 302 |
| 期末批准面积 | 平方公里 | 8 | 8 | 0.00 | 8 |
| 期末验收封关面积 | 平方公里 | 8 | 8 | 0.00 | 8 |

续表

| 指标 | 单位 | 广西钦州保税港区 | | | |
|---|---|---|---|---|---|
| | | 2012年12月 | 当年累计 | 增幅（%） | 历年累计 |
| 增加值 | 万元 | 0 | 0 | — | 0 |
| 营业总收入 | 万元 | 0 | 0 | — | 0 |
| 工业总产值 | 万元 | 0 | 0 | — | 0 |
| 企业利润总额 | 万元 | 0 | 0 | — | 0 |
| 物流企业营业收入 | 万元 | 0 | 0 | — | 0 |
| 综合能源耗费量 | 吨标准煤 | 0 | 0 | — | 0 |
| 批准企业数 | 个 | 3 | 67 | 191.30 | 115 |
| 其中：加工企业 | 个 | 0 | 6 | — | 6 |
| 物流企业 | 个 | 0 | 15 | 36.36 | 45 |
| 批准外资企业数 | 个 | 0 | 12 | 500.00 | 16 |
| 其中：加工企业 | 个 | 0 | 0 | — | 0 |
| 物流企业 | 个 | 0 | 0 | -100.00 | 2 |
| 批准投资额 | 万美元 | 64 | 40 901 | 3 060.82 | 54 021 |
| 其中：外商投资总额 | 万美元 | 0 | 313 | -31.06 | 766 |
| 增资额 | 万美元 | 0 | 0 | — | 0 |
| 合同利用外资 | 万美元 | 0 | 0 | — | 0 |
| 其中：增资额 | 万美元 | 0 | 0 | — | 0 |
| 企业实际到位资金 | 万美元 | 0 | 0 | — | 0 |
| 其中：实际利用外资 | 万美元 | 0 | 0 | — | 0 |
| 已投产运作企业数 | 个 | 0 | 10 | -33.33 | 32 |
| 其中：已投产加工企业数 | 个 | 0 | 0 | — | 0 |
| 已投产物流企业数 | 个 | 0 | 2 | -71.43 | 17 |
| 其中：投资额1 000万美元以上 | 个 | 0 | 0 | | 2 |
| 土地实际已租售面积 | 平方米 | 145 224 | 186 284 | — | 1 549 828 |
| 房屋竣工面积 | 平方米 | 0 | 32 151 | 20.43 | 115 846 |
| 其中：已建成厂房面积 | 平方米 | 0 | 0 | — | 0 |
| 已建成仓库面积 | 平方米 | 0 | 3 000 | -85.95 | 24 355 |
| 港区货物吞吐量（限保税港区） | 万吨 | 110 | 1 170 | 58.85 | 2 640 |
| 港区集装箱吞吐量（限保税港区） | 万标准箱 | 4 | 47 | 17.83 | 115 |
| 税务部门税收 | 万元 | 1 597 | 6 919 | 37.64 | 12 117 |
| 固定资产投资额 | 万元 | 3 131 | 125 032 | -44.11 | 1 516 560 |
| 其中：基础设施投资 | 万元 | 2 929 | 108 370 | -15.64 | 904 585 |
| 期末从业人员 | 人 | 521 | 521 | 3.99 | 521 |
| 其中：期末外资企业从业人员 | 人 | 0 | 0 | — | 0 |
| 期末批准面积 | 平方公里 | 10 | 10 | 0.00 | 10 |
| 期末验收封关面积 | 平方公里 | 2 | 2 | 0.00 | 2 |

续表

| 指标 | 单位 | 青岛前湾保税港区 | | | |
|---|---|---|---|---|---|
| | | 2012年12月 | 当年累计 | 增幅（%） | 历年累计 |
| 增加值 | 万元 | 0 | 0 | — | 0 |
| 营业总收入 | 万元 | 89 530 | 1 074 398 | — | 5 161 428 |
| 工业总产值 | 万元 | 0 | 0 | — | 0 |
| 企业利润总额 | 万元 | 0 | 0 | — | 0 |
| 物流企业营业收入 | 万元 | 89 530 | 1 074 398 | 17.95 | 5 161 428 |
| 综合能源耗费量 | 吨标准煤 | 0 | 0 | — | 0 |
| 批准企业数 | 个 | 0 | 0 | — | 0 |
| 其中：加工企业 | 个 | 0 | 0 | — | 0 |
| 物流企业 | 个 | 0 | 0 | — | 0 |
| 批准外资企业数 | 个 | 0 | 0 | — | 0 |
| 其中：加工企业 | 个 | 0 | 0 | — | 0 |
| 物流企业 | 个 | 0 | 0 | — | 0 |
| 批准投资额 | 万美元 | 0 | 0 | — | 0 |
| 其中：外商投资总额 | 万美元 | 0 | 0 | — | 0 |
| 增资额 | 万美元 | 0 | 0 | — | 0 |
| 合同利用外资 | 万美元 | 0 | 0 | — | 0 |
| 其中：增资额 | 万美元 | 0 | 0 | — | 0 |
| 企业实际到位资金 | 万美元 | 0 | 0 | — | 0 |
| 其中：实际利用外资 | 万美元 | 0 | 0 | — | 0 |
| 已投产运作企业数 | 个 | 0 | 0 | — | 0 |
| 其中：已投产加工企业数 | 个 | 0 | 0 | — | 0 |
| 已投产物流企业数 | 个 | 0 | 0 | — | 0 |
| 其中：投资额1 000万美元以上 | 个 | 0 | 0 | — | 0 |
| 土地实际已租售面积 | 平方米 | 0 | 0 | — | 0 |
| 房屋竣工面积 | 平方米 | 0 | 0 | — | 0 |
| 其中：已建成厂房面积 | 平方米 | 0 | 0 | — | 0 |
| 已建成仓库面积 | 平方米 | 0 | 0 | — | 0 |
| 港区货物吞吐量（限保税港区） | 万吨 | 1 020 | 12 194 | 20.26 | 19 993 |
| 港区集装箱吞吐量（限保税港区） | 万标准箱 | 95 | 1 115 | 16.88 | 1 857 |
| 税务部门税收 | 万元 | 0 | 0 | — | 0 |
| 固定资产投资额 | 万元 | 0 | 0 | — | 0 |
| 其中：基础设施投资 | 万元 | 0 | 0 | — | 0 |
| 期末从业人员 | 人 | 0 | 0 | — | 0 |
| 其中：期末外资企业从业人员 | 人 | 0 | 0 | — | 0 |
| 期末批准面积 | 平方公里 | 10 | 10 | 0.00 | 10 |
| 期末验收封关面积 | 平方公里 | 5 | 5 | 0.00 | 5 |

续表

| 指标 | 单位 | 海南洋浦保税港区 | | | |
|---|---|---|---|---|---|
| | | 2012年12月 | 当年累计 | 增幅（%） | 历年累计 |
| 增加值 | 万元 | 0 | 0 | — | 0 |
| 营业总收入 | 万元 | 9 919 | 19 265 | — | 29 942 |
| 工业总产值 | 万元 | 9 919 | 17 896 | 67.61 | 28 573 |
| 企业利润总额 | 万元 | 0 | 237 | — | 237 |
| 物流企业营业收入 | 万元 | 0 | 1 369 | — | 1 369 |
| 综合能源耗费量 | 吨标准煤 | 0 | 0 | — | 0 |
| 批准企业数 | 个 | 0 | 49 | — | 49 |
| 其中：加工企业 | 个 | 0 | 3 | — | 3 |
| 物流企业 | 个 | 0 | 1 | — | 1 |
| 批准外资企业数 | 个 | 0 | 4 | — | 4 |
| 其中：加工企业 | 个 | 0 | 1 | — | 1 |
| 物流企业 | 个 | 0 | 0 | — | 0 |
| 批准投资额 | 万美元 | 0 | 46 065 | — | 46 065 |
| 其中：外商投资总额 | 万美元 | 0 | 3 438 | — | 3 438 |
| 增资额 | 万美元 | 0 | 0 | — | 0 |
| 合同利用外资 | 万美元 | 0 | 3 398 | — | 3 398 |
| 其中：增资额 | 万美元 | 0 | 0 | — | 0 |
| 企业实际到位资金 | 万美元 | 0 | 15 014 | — | 15 014 |
| 其中：实际利用外资 | 万美元 | 0 | 1 028 | — | 1 028 |
| 已投产运作企业数 | 个 | 0 | 16 | — | 16 |
| 其中：已投产加工企业数 | 个 | 0 | 2 | — | 2 |
| 已投产物流企业数 | 个 | 0 | 1 | — | 1 |
| 其中：投资额1 000万美元以上 | 个 | 0 | 7 | — | 7 |
| 土地实际已租售面积 | 平方米 | 0 | 0 | — | 166 668 |
| 房屋竣工面积 | 平方米 | 0 | 0 | — | 66 444 |
| 其中：已建成厂房面积 | 平方米 | 0 | 0 | — | 15 597 |
| 已建成仓库面积 | 平方米 | 0 | 0 | — | 20 549 |
| 港区货物吞吐量（限保税港区） | 万吨 | 34 | 478 | 2.63 | 944 |
| 港区集装箱吞吐量（限保税港区） | 万标准箱 | 3 | 37 | 16.77 | 68 |
| 税务部门税收 | 万元 | 60 | 11 470 | 40.08 | 19 658 |
| 固定资产投资额 | 万元 | 0 | 1 313 | -29.97 | 30 139 |
| 其中：基础设施投资 | 万元 | 0 | 280 | 37.93 | 11 372 |
| 期末从业人员 | 人 | 598 | 598 | 6.60 | 598 |
| 其中：期末外资企业从业人员 | 人 | 0 | 0 | — | 0 |
| 期末批准面积 | 平方公里 | 9 | 9 | 0.00 | 9 |
| 期末验收封关面积 | 平方公里 | 2 | 2 | 0.00 | 2 |

1. 截至2012年12月底，共有保税港区（综合保税区）18家，其中保税港区12家，综合保税区6家。
2. 本年新增“营业总收入”指标，由于无去年同期数，增幅均显示为“—”。
3. 综合保税区中，昆山综合保税区将原昆山出口加工区整合在内，苏州高新区综合保税区将原苏州高新区出口加工区和保税物流中心整合在内，北京天竺综合保税区将原北京天竺出口加工区和保税物流中心整合在内，成都高新综合保税区将原成都出口加工区和保税物流中心整合在内。
4. 保税港区中，大连大窑湾保税港区将原大连保税物流园区整合在内，烟台保税港区将原烟台出口加工区（A、B区）整合在内，广州南沙保税港区将原南沙出口加工区整合在内，厦门海沧保税港区将原厦门出口加工区整合在内，宁波梅山保税港区将原宁波保税物流园区整合在内，重庆两路寸滩保税港区将原重庆出口加工区整合在内。
5. 由于保税港区（综合保税区）成立时间较短，部分数据尚未进行统计。
6. 由于青岛保税区与青岛前湾保税港区的整合工作暂未完成，故青岛分别申报青岛保税区与前湾保税港区的报表。
7. 部分区域为预测数据，全年实际情况以2013年两区年鉴为准。

# 洋山保税港区统计数据表

## (1) 2012 年洋山保税港区主要经济指标完成情况表

| 指标名称 | 单位 | 2012 年 | 比上年增长（%） |
|---|---|---|---|
| 增加值 | 万元 | 608 300 | — |
| 物流企业营业收入 | 万元 | 6 264 700 | 20.0 |
| 当年批准企业数 | 个 | 296 | 116.1 |
| 其中：仓储物流企业 | 个 | 219 | 119.0 |
| 当年批准外资企业数 | 个 | 26 | 36.8 |
| 其中：仓储物流企业 | 个 | 5 | -58.3 |
| 当年批准投资总额 | 万美元 | 83 356 | -46.1 |
| 其中：外商投资总额 | 万美元 | 38 799 | 53.5 |
| 当年合同利用外资 | 万美元 | 11 121 | 18.1 |
| 当年实际到位资金 | 万美元 | 55 678 | -62.7 |
| 其中：实际利用外资 | 万美元 | 11 121 | 18.1 |
| 历年已投产运作企业数 | 个 | 480 | — |
| 其中：已投产物流企业数 | 个 | 360 | — |
| 其中：投资额 1 000 万美元以上 | 个 | 45 | — |
| 历年土地实际已租售面积 | 平方米 | 4 936 700 | — |
| 历年已建成仓库面积 | 平方米 | 800 000 | — |
| 港区货物吞吐量（限保税港区） | 万吨 | 12 969 | 10.5 |
| 港区集装箱吞吐量（限保税港区） | 万标准箱 | 1 415 | 8.0 |
| 税务部门税收 | 万元 | 260 600 | 27.3 |
| 固定资产投资额 | 万元 | 33 200 | 331.2 |
| 期末从业人员 | 人 | 17 600 | 79.6 |
| 其中：期末外资企业从业人员 | 人 | 2 601 | 40.9 |
| 期末批准面积 | 平方公里 | 8.14 | 0.0 |
| 期末验收封关面积 | 平方公里 | 8.14 | 0.0 |

## （2）截至 2012 年洋山保税港区历年招商引资情况表

| 指标 | 单位 | 历年累计 |
|---|---|---|
| 批准企业 | 个 | 612 |
| 其中：外资企业 | | 65 |
| 投资总额 | 万美元 | 618 630 |
| 其中：外商投资总额 | | 94 940 |
| 合同外资额 | | 31 636 |

## （3）2012 年洋山保税港区企业航运收入排名表

单位：万元

| 序号 | 企业名称 | 序号 | 企业名称 |
|---|---|---|---|
| 1 | 中远集装箱运输有限公司 | 6 | 上海海华轮船有限公司 |
| 2 | 上海泛亚航运有限公司 | 7 | 上海中远航运有限公司 |
| 3 | 神华中海航运有限公司 | 8 | 上海集海航运有限公司 |
| 4 | 上海中谷新良实业有限公司 | 9 | 上海宝钢航运有限公司 |
| 5 | 上海浦海航运有限公司 | 10 | 上海长航国际海运有限公司 |

# 烟台保税港区统计数据表

## (1) 2012 年烟台保税港区主要经济指标完成情况表

| 指标名称 | 单位 | 2012 年 | 比上年增长（%） |
|---|---|---|---|
| 增加值 | 万元 | 641 373 | 16.6 |
| 工业总产值 | 万元 | 9 627 059 | 11.9 |
| 企业利润总额 | 万元 | 202 549 | 18.9 |
| 物流企业营业收入 | 万元 | 18 738 | 14.6 |
| 综合能源耗费量 | 吨标准煤 | 23 101 | 1.6 |
| 当年批准企业数 | 个 | 19 | 0.0 |
| 其中：加工企业 | 个 | 6 | -14.3 |
| 仓储物流企业 | 个 | 13 | 8.3 |
| 当年批准外资企业数 | 个 | 6 | 0.0 |
| 其中：加工企业 | 个 | 3 | 50.0 |
| 仓储物流企业 | 个 | 3 | -25.0 |
| 当年批准投资总额 | 万美元 | 10 730 | 325.5 |
| 其中：外商投资总额 | 万美元 | 10 068 | 492.9 |
| 增资额 | 万美元 | 6 748 | 432.2 |
| 当年合同利用外资 | 万美元 | 8 896 | 676.9 |
| 其中：增资额 | 万美元 | 6 546 | 764.7 |
| 当年实际到位资金 | 万美元 | 5 279 | 215.2 |
| 其中：实际利用外资 | 万美元 | 4 824 | 341.4 |
| 历年已投产运作企业数 | 个 | 90 | 42.9 |
| 其中：已投产加工企业数 | 个 | 61 | -33.3 |
| 已投产物流企业数 | 个 | 29 | 100.0 |
| 土地实际已租售面积 | 平方米 | 2 350 000 | |
| 房屋竣工面积 | 平方米 | 40 014 | 471.6 |
| 其中：已建成仓库面积 | 平方米 | 18 224 | 160.3 |
| 港区货物吞吐量（限保税港区） | 万吨 | 2 775 | -19.8 |
| 港区集装箱吞吐量（限保税港区） | 万标准箱 | 49 | -2.9 |
| 税务部门税收 | 万元 | 44 832 | -17.1 |
| 固定资产投资额 | 万元 | 38 047 | 44.9 |
| 其中：基础设施投资 | 万元 | 28 957 | 36.8 |
| 期末从业人员 | 人 | 83 626 | -0.4 |
| 其中：期末外资企业从业人员 | 人 | 82 996 | -0.2 |
| 期末批准面积 | 平方公里 | 7.26 | 0.0 |
| 期末验收封关面积 | 平方公里 | 4.86 | 0.0 |

## （2）-1　截至2012年烟台保税港区历年招商引资情况表

| 指标 | 单位 | 历年累计 |
|---|---|---|
| 批准企业 | 个 | 130 |
| 其中：外资企业 | | 74 |
| 投资总额 | 万美元 | 108 097 |
| 其中：外商投资总额 | | 93 122 |
| 合同外资额 | | 55 259 |
| 实际利用外资 | | 38 446 |

## （2）-2　截至2012年烟台保税港区历年主要外商投资情况表

| 按项目数排列 | | | 按投资额排列 | | |
|---|---|---|---|---|---|
| 序号 | 国别（地区） | 项目数（个） | 序号 | 国别（地区） | 投资额（万美元） |
| 1 | 韩国 | 32 | 1 | 英属维尔京群岛 | 41 490 |
| 2 | 中国香港 | 16 | 2 | 萨摩亚 | 11 500 |
| 3 | 日本 | 11 | 3 | 中国香港 | 8 590 |
| 4 | 美国 | 3 | 4 | 韩国 | 7 145 |
| 5 | 中国台湾 | 2 | 5 | 美国 | 1 950 |

## （3）2012年烟台保税港区物流企业营业收入排名表

单位：万元

| 序号 | 企业名称 | 营业收入 | 序号 | 企业名称 | 营业收入 |
|---|---|---|---|---|---|
| 1 | 山东朗越国际储运有限公司 | 1 514 | 6 | 烟台海港国际物流有限公司 | 421 |
| 2 | 烟台瑞辰国际物流中心有限公司 | 1 163 | 7 | 烟台天隽物流有限公司 | 387 |
| 3 | 烟台富泰通国际物流有限公司 | 1 152 | 8 | 烟台一通物流有限公司 | 261 |
| 4 | 烟台富晋物流有限公司 | 964 | 9 | 烟台森泽国际物流有限公司 | 177 |
| 5 | 烟台捷顺物流服务有限公司 | 667 | 10 | 烟台挚恒仓储服务有限公司 | 125 |

## （4）2012年烟台保税港区工业企业工业产值排名表

单位：万元

| 序号 | 企业名称 | 工业总产值 | 序号 | 企业名称 | 工业总产值 |
|---|---|---|---|---|---|
| 1 | 鸿富锦精密电子（烟台）有限公司 | 6 795 000 | 6 | 烟台帕特仑精密电子有限公司 | 6 993 |
| 2 | 鸿富泰精密电子（烟台）有限公司 | 2 709 000 | 7 | 烟台致睿电子科技有限公司 | 6 968 |
| 3 | 烟台农标普瑞纳有限公司 | 35 908 | 8 | 万海电源（烟台）有限公司 | 6 350 |
| 4 | 烟台利时德拉索系统有限公司 | 13 836 | 9 | 维京空调（烟台）有限公司 | 5 221 |
| 5 | 烟台赤外线桑拿制品有限公司 | 10 478 | 10 | 烟台海杰食品有限公司 | 4 886 |

# 青岛保税港区统计数据表

## （1）2012年青岛保税港区主要经济指标完成情况表

| 指标名称 | 单位 | 2012年 | 比上年增长（%） |
|---|---|---|---|
| 增加值 | 万元 | 1 105 732 | 5.1 |
| 工业总产值 | 万元 | 470 100 | -0.5 |
| 企业利润总额 | 万元 | 62 650 | -5.9 |
| 物流企业营业收入 | 万元 | 1 074 398 | 64.7 |
| 综合能源耗费量 | 吨标准煤 | 13 889 | -2.3 |
| 当年批准企业数 | 个 | 391 | -5.8 |
| 其中：加工企业 | 个 | 1 | -50.0 |
| 仓储物流企业 | 个 | 5 | -16.7 |
| 当年批准外资企业数 | 个 | 15 | -44.4 |
| 其中：加工企业 | 个 | 1 | — |
| 当年批准投资总额 | 万美元 | 101 891 | -17.4 |
| 其中：外商投资总额 | 万美元 | 19 450 | -72.3 |
| 增资额 | 万美元 | 7 173 | 195.9 |
| 当年合同利用外资 | 万美元 | 9 251 | -44.1 |
| 其中：增资额 | 万美元 | 5 550 | 1 326.7 |
| 当年实际到位资金 | 万美元 | 78 190 | 36.5 |
| 其中：实际利用外资 | 万美元 | 6 558 | 67.9 |
| 历年已投产运作企业数 | 个 | 6 257 | — |
| 其中：已投产加工企业数 | 个 | 160 | — |
| 已投产物流企业数 | 个 | 168 | — |
| 其中：投资额1 000万美元以上 | 个 | 62 | — |
| 房屋竣工面积 | 平方米 | 30 285 | -47.2 |
| 其中：已建成厂房面积 | 平方米 | 13 149 | — |
| 已建成仓库面积 | 平方米 | 17 136 | — |
| 港区货物吞吐量（限保税港区） | 万吨 | 12 142 | 19.9 |
| 港区集装箱吞吐量（限保税港区） | 万标准箱 | 1 113 | 17.3 |
| 税务部门税收 | 万元 | 106 125 | 12.3 |
| 固定资产投资额 | 万元 | 40 686 | -10.8 |
| 其中：基础设施投资 | 万元 | 1 420 | -37.7 |
| 期末从业人员 | 人 | 29 260 | 1.8 |
| 其中：期末外资企业从业人员 | 人 | 19 770 | 1.1 |
| 期末批准面积 | 平方公里 | 9.72 | 0.0 |
| 期末验收封关面积 | 平方公里 | 7.94 | 0.0 |

## （2）-1 截至2012年青岛保税港区历年招商引资情况表

| 指标 | 单位 | 历年累计 |
|---|---|---|
| 批准企业 | 个 | 6 257 |
| 其中：外资企业 | 个 | 1 435 |
| 投资总额 | 万美元 | 687 398 |
| 其中：外商投资总额 | 万美元 | 351 934 |
| 合同外资额 | 万美元 | 213 124 |
| 实际利用外资 | 万美元 | 105 423 |

## （2）-2 截至2012年青岛保税港区历年主要外商投资情况表

| 按项目数排列 | | | 按投资额排列 | | |
|---|---|---|---|---|---|
| 序号 | 国别（地区） | 项目数（个） | 序号 | 国别（地区） | 投资额（万美元） |
| 1 | 韩国 | 278 | 1 | 中国香港 | 132 876 |
| 2 | 中国香港 | 140 | 2 | 韩国 | 36 791 |
| 3 | 日本 | 104 | 3 | 新加坡 | 32 995 |
| 4 | 美国 | 102 | 4 | 美国 | 32 658 |
| 5 | 中国台湾 | 39 | 5 | 日本 | 14 789 |

## （3）2012年青岛保税港区物流企业营业收入排名表

单位：万元

| 序号 | 企业名称 | 序号 | 企业名称 |
|---|---|---|---|
| 1 | 青岛裕龙东雍国际物流有限公司 | 6 | 青岛棉麻物流有限公司 |
| 2 | 青岛赛瑞特国际物流有限公司 | 7 | 青岛宏川物流有限公司 |
| 3 | 青岛克运物流有限公司 | 8 | 中铁现代物流科技股份有限公司青岛分公司 |
| 4 | 青岛保税区济钢国际物流有限公司 | 9 | 青岛振翔伟业物流有限公司 |
| 5 | 青岛长荣集装箱储运有限公司 | 10 | 青岛泺亨物流有限公司 |

## （4）2012年青岛保税港区工业企业工业产值排名表

单位：万元

| 序号 | 企业名称 | 序号 | 企业名称 |
|---|---|---|---|
| 1 | 青岛松下电子部品（保税区）有限公司 | 6 | 青岛优先出锐工具有限公司 |
| 2 | 青岛和美饲料有限公司 | 7 | 青岛吉母皮亚珠宝有限公司 |
| 3 | 软控股份有限公司 | 8 | 青岛普什宝枫实业有限公司 |
| 4 | 青岛友和饲料有限公司 | 9 | 青岛新韩金刚石工业有限公司 |
| 5 | 青岛乔瑟食品有限公司 | 10 | 青岛金和宇通电气设备有限公司 |

# 上海浦东机场综合保税区统计数据表

## （1）2012 年上海浦东机场综合保税区主要经济指标完成情况表

| 指标名称 | 单位 | 2012 年 | 比上年增长（%） |
|---|---|---|---|
| 增加值 | 万元 | 99 500 | — |
| 物流企业营业收入 | 万元 | 165 500 | 61.0 |
| 当年批准企业数 | 个 | 77 | 126.5 |
| 其中：仓储物流企业 | 个 | 8 | -46.7 |
| 当年批准外资企业数 | 个 | 7 | 40.0 |
| 其中：仓储物流企业 | 个 | 2 | 100.0 |
| 当年批准投资总额 | 万美元 | 11 408 | 1.8 |
| 当年合同利用外资 | 万美元 | 4 106 | 36.0 |
| 当年实际到位资金 | 万美元 | 6 620 | -11.5 |
| 其中：实际利用外资 | 万美元 | 4 106 | 36.0 |
| 历年已投产运作企业数 | 个 | 56 | — |
| 其中：已投产物流企业数 | 个 | 14 | — |
| 其中：投资额 1 000 万美元以上 | 个 | 13 | — |
| 历年土地实际已租售面积 | 平方米 | 386 800 | — |
| 历年已建成仓库面积 | 平方米 | 380 000 | — |
| 税务部门税收 | 万元 | 10 500 | 61.6 |
| 固定资产投资额 | 万元 | 199 900 | 396.0 |
| 期末从业人员 | 人 | 900 | 64.9 |
| 其中：期末外资企业从业人员 | 人 | 765 | 62.8 |
| 期末批准面积 | 平方公里 | 3.59 | 0.0 |
| 期末验收封关面积 | 平方公里 | 3.59 | 0.0 |

## （2）截至 2012 年上海浦东机场综合保税区历年招商引资情况表

| 指标 | 单位 | 历年累计 |
|---|---|---|
| 批准企业 | 个 | 123 |
| 其中：外资企业 | 个 | 16 |
| 投资总额 | 万美元 | 23 859 |
| 其中：外商投资总额 | 万美元 | 7 843 |
| 合同外资额 | 万美元 | 7 843 |
| 实际利用外资 | 万美元 | 7 843 |

# 苏州工业园综合保税区统计数据表

## （1）2012年苏州工业园综合保税区主要经济指标完成情况表

| 指标名称 | 单位 | 2012年 | 比上年增长（%） |
|---|---|---|---|
| 工业总产值 | 万元 | 3 732 941 | 4.9 |
| 物流企业营业收入 | 万元 | 166 998 | -8.8 |
| 当年批准企业数 | 个 | 12 | -29.4 |
| 其中：加工企业 | 个 | 3 | -25.0 |
| 仓储物流企业 | 个 | 1 | -66.7 |
| 当年批准外资企业数 | 个 | 6 | 20.0 |
| 其中：加工企业 | 个 | 3 | 50.0 |
| 当年批准投资总额 | 万美元 | 5 064 | -47.5 |
| 其中：外商投资总额 | 万美元 | 4 782 | -37.4 |
| 增资额 | 万美元 | 1 234 | -81.5 |
| 当年合同利用外资 | 万美元 | 3 392 | 25.2 |
| 其中：增资额 | 万美元 | 1 835 | -15.2 |
| 当年实际到位资金 | 万美元 | 2 838 | -47.5 |
| 其中：实际利用外资 | 万美元 | 2 556 | -24.9 |
| 历年已投产运作企业数 | 个 | 156 | — |
| 其中：已投产加工企业数 | 个 | 72 | — |
| 已投产物流企业数 | 个 | 32 | — |
| 其中：投资额1 000万美元以上 | 个 | 42 | — |
| 房屋竣工面积 | 平方米 | 135 763 | 150.2 |
| 其中：已建成厂房面积 | 平方米 | 133 882 | — |
| 已建成仓库面积 | 平方米 | 1 881 | -95.9 |
| 税收部门税收 | 万元 | 65 405 | 44.4 |
| 固定资产投资额 | 万元 | 91 340 | -31.6 |
| 其中：基础设施投资 | 万元 | 941 | 10.7 |
| 期末从业人员 | 人 | 42 200 | 0.5 |
| 其中：期末外资企业从业人员 | 人 | 37 200 | 0.5 |
| 期末批准面积 | 平方公里 | 5.28 | 0.0 |
| 期末验收封关面积 | 平方公里 | 4.86 | 0.0 |

## (2)-1 截至2012年苏州工业园综合保税区历年招商引资情况表

| 指标 | 单位 | 历年累计 |
|---|---|---|
| 批准企业 | 个 | 228 |
| 其中：外资企业 | | 150 |
| 投资总额 | 万美元 | 348 217 |
| 其中：外商投资总额 | | 336 646 |
| 合同外资额 | | 125 447 |
| 实际利用外资 | | 121 132 |

## (2)-2 截至2012年苏州工业园综合保税区历年主要外商投资情况表

| 按项目数排列 | | | 按投资额排列 | | |
|---|---|---|---|---|---|
| 序号 | 国别（地区） | 项目数（个） | 序号 | 国别（地区） | 投资额（万美元） |
| 1 | 中国香港 | 37 | 1 | 中国香港 | 169 399 |
| 2 | 美国 | 26 | 2 | 美国 | 52 346 |
| 3 | 新加坡 | 20 | 3 | 新加坡 | 42 623 |
| 4 | 英国 | 10 | 4 | 英属维尔京群岛 | 18 308 |
| 5 | 日本 | 9 | 5 | 英国 | 12 315 |

## (3) 2012年苏州工业园综合保税区物流企业营业收入排名表

单位：万元

| 序号 | 企业名称 | 序号 | 企业名称 |
|---|---|---|---|
| 1 | 苏州得尔达国际物流有限公司 | 6 | 优尼派特（苏州）物流有限公司 |
| 2 | 全球物流（苏州）有限公司 | 7 | 苏州宏高货运有限公司 |
| 3 | 江苏美集国际物流有限公司 | 8 | 苏州锦海捷亚国际物流有限公司 |
| 4 | 苏州工业园区伟创国际物流有限公司 | 9 | 苏州邦达新物流有限公司 |
| 5 | 苏州工业园区联合储运有限公司 | 10 | 苏州利耀国际物流有限公司 |

## (4) 2012年苏州工业园综合保税区工业企业工业产值排名表

单位：万元

| 序号 | 企业名称 | 序号 | 企业名称 |
|---|---|---|---|
| 1 | 苏州三星电子家电有限公司 | 6 | 希捷科技（苏州）有限公司 |
| 2 | 苏州长城开发科技有限公司 | 7 | 康普科技（苏州）有限公司 |
| 3 | 卡特彼勒（苏州）有限公司 | 8 | 优利康听力技术（苏州）有限公司 |
| 4 | 泰金宝科技（苏州）有限公司 | 9 | 泰科电子（苏州）有限公司 |
| 5 | 精英电脑（苏州工业园区）有限公司 | 10 | 水星海事技术（苏州）有限公司 |

# 苏州高新区综合保税区统计数据表

## （1）2012年苏州高新区综合保税区主要经济指标完成情况表

| 指标名称 | 单位 | 2012年 | 比上年增长（%） |
|---|---|---|---|
| 增加值 | 万元 | 147 135 | -28.6 |
| 工业总产值 | 万元 | 5 115 185 | 13.3 |
| 企业利润总额 | 万元 | -19 269 | -786.8 |
| 物流企业营业收入 | 万元 | 43 191 | 80.2 |
| 综合能源耗费量 | 吨标准煤 | 74 284 | 18.7 |
| 当年批准企业数 | 个 | 3 | -50.0 |
| 其中：加工企业 | 个 | 2 | -60.0 |
| 仓储物流企业 | 个 | 1 | 0.0 |
| 当年批准外资企业数 | 个 | 2 | -60.0 |
| 其中：加工企业 | 个 | 2 | -60.0 |
| 仓储物流企业 | 个 | 0 | — |
| 当年批准投资总额 | 万美元 | 640 | -91.0 |
| 其中：外商投资总额 | 万美元 | 560 | -90.4 |
| 增资额 | 万美元 | 0 | -100.0 |
| 当年合同利用外资 | 万美元 | 390 | -87.3 |
| 其中：增资额 | 万美元 | 0 | -100.0 |
| 当年实际到位资金 | 万美元 | 324 | -85.5 |
| 其中：实际利用外资 | 万美元 | 324 | -84.4 |
| 历年已投产运作企业数 | 个 | 57 | — |
| 其中：已投产加工企业数 | 个 | 46 | — |
| 已投产物流企业数 | 个 | 11 | — |
| 其中：投资额1 000万美元以上 | 个 | 33 | — |
| 土地实际已租售面积 | 平方米 | 1 444 481 | — |
| 房屋竣工面积 | 平方米 | 1 858 361 | — |
| 其中：已建成厂房面积 | 平方米 | 1 608 824 | — |
| 已建成仓库面积 | 平方米 | 229 691 | — |
| 税务部门税收 | 万元 | 12 845 | -21.7 |
| 固定资产投资额 | 万元 | 100 000 | -47.1 |
| 其中：基础设施投资 | 万元 | 0 | -100.0 |
| 期末从业人员 | 人 | 37 349 | -2.92 |
| 其中：期末外资企业从业人员 | 人 | 37 349 | -1.5 |
| 期末批准面积 | 平方公里 | 3.51 | 0.0 |
| 期末验收封关面积 | 平方公里 | 3.51 | 0.0 |

## （2）-1　截至2012年苏州高新区综合保税区历年招商引资情况表

| 指标 | 单位 | 历年累计 |
| --- | --- | --- |
| 批准企业 | 个 | 88 |
| 其中：外资企业 | | 70 |
| 投资总额 | 万美元 | 292 829 |
| 其中：外商投资总额 | | 247 016 |
| 合同外资额 | | 122 768 |
| 实际利用外资 | | 99 091 |

## （2）-2　截至2012年苏州高新区综合保税区历年主要外商投资情况表

| 按项目数排列 | | | 按投资额排列 | | |
| --- | --- | --- | --- | --- | --- |
| 序号 | 国别（地区） | 项目数（个） | 序号 | 国别（地区） | 投资额（万美元） |
| 1 | 中国台湾 | 15 | 1 | 中国台湾 | 110 533 |
| 2 | 美国 | 8 | 2 | 英属维尔京群岛 | 71 941 |
| 3 | 萨摩亚 | 6 | 3 | 萨摩亚 | 26 490 |
| 4 | 韩国 | 6 | 4 | 中国香港 | 15 698 |
| 5 | 英属维尔京群岛 | 5 | 5 | 欧洲 | 13 402 |

## （3）2012年苏州高新区综合保税区物流企业营业收入排名表

单位：万元

| 序号 | 企业名称 | 营业收入 | 序号 | 企业名称 | 营业收入 |
| --- | --- | --- | --- | --- | --- |
| 1 | 苏州综保通达供应链有限公司 | 3 289 | 6 | 苏州唯佳全球快运有限公司 | 1 355 |
| 2 | 苏州新宁物流有限公司 | 3 179 | 7 | 苏州恒捷国际物流有限公司 | 1 088 |
| 3 | 苏州综保物流有限公司 | 3 141 | 8 | 苏州综保通运国际货运代理有限公司 | 1 016 |
| 4 | 苏州祥迎国际物流有限公司 | 2 218 | 9 | 苏州大田仓储有限公司 | 925 |
| 5 | 苏州华伟仓储物流管理有限公司 | 2 057 | 10 | 苏州高新区伟天国际物流有限公司 | 756 |

## （4）2012年苏州高新区综合保税区工业企业工业产值排名表

单位：万元

| 序号 | 企业名称 | 工业总产值 | 序号 | 企业名称 | 工业总产值 |
| --- | --- | --- | --- | --- | --- |
| 1 | 名硕电脑（苏州）有限公司 | 4 502 481 | 6 | 苏州奥塞德精密科技有限公司 | 8 121 |
| 2 | 苏州统硕科技有限公司 | 23 396 | 7 | 苏州英豪精密塑胶模具有限公司 | 7 422 |
| 3 | 美克司电子机械（苏州）有限公司 | 13 073 | 8 | 东拓工业（苏州）有限公司 | 7 189 |
| 4 | 雅龙材料科技（苏州）有限公司 | 11 720 | 9 | 盖勒定量泵（苏州）有限公司 | 7 117 |
| 5 | 威斯达冷却技术（苏州）有限公司 | 10 213 | 10 | 飞迅世通科技（苏州）有限公司 | 7 090 |

# 昆山综合保税区统计数据表

## （1）2012 年昆山综合保税区主要经济指标完成情况表

| 指标名称 | 单位 | 2012 年 | 比上年增长（%） |
|---|---|---|---|
| 增加值 | 万元 | 901 269 | -6.6 |
| 工业总产值 | 万元 | 23 109 456 | -12.3 |
| 企业利润总额 | 万元 | 239 605 | -23.3 |
| 物流企业营业收入 | 万元 | 114 436 | 75.7 |
| 综合能源耗费量 | 吨标准煤 | 89 918 | 8.0 |
| 当年批准企业数 | 个 | 31 | -11.4 |
| 其中：加工企业 | 个 | 3 | 50.0 |
| 仓储物流企业 | 个 | 5 | 25.0 |
| 当年批准外资企业数 | 个 | 4 | -50.0 |
| 其中：加工企业 | 个 | 1 | -50.0 |
| 当年批准投资总额 | 万美元 | 7 474 | -22.3 |
| 其中：外商投资总额 | 万美元 | 2 168 | -69.0 |
| 增资额 | 万美元 | 800 | -77.8 |
| 当年合同利用外资 | 万美元 | 1 175 | -61.0 |
| 其中：增资额 | 万美元 | 430 | -64.2 |
| 当年实际到位资金 | 万美元 | 7 677 | 18.9 |
| 其中：实际利用外资 | 万美元 | 3 014 | -40.9 |
| 历年已投产运作企业数 | 个 | 148 | — |
| 其中：已投产加工企业数 | 个 | 86 | — |
| 已投产物流企业数 | 个 | 25 | — |
| 其中：投资额 1 000 万美元以上 | 个 | 39 | — |
| 土地实际已租售面积 | 平方米 | 0 | — |
| 房屋竣工面积 | 平方米 | 68 570 | -60.6 |
| 其中：已建成厂房面积 | 平方米 | 51 788 | -70.3 |
| 已建成仓库面积 | 平方米 | 16 782 | — |
| 港区货物吞吐量（限保税港区） | 万吨 | 0 | — |
| 港区集装箱吞吐量（限保税港区） | 万标准箱 | 0 | — |
| 税务部门税收 | 万元 | 103 239 | -20.3 |
| 固定资产投资额 | 万元 | 152 512 | 49.1 |
| 其中：基础设施投资 | 万元 | 4 500 | 119.6 |
| 期末从业人员 | 人 | 122 832 | -2.0 |
| 其中：期末外资企业从业人员 | 人 | 121 229 | -2.3 |
| 期末批准面积 | 平方公里 | 5.86 | 0.0 |
| 期末验收封关面积 | 平方公里 | 5.86 | 104.9 |

## (2)-1 截至2012年昆山综合保税区历年招商引资情况表

| 指标 | 单位 | 历年累计 |
|---|---|---|
| 批准企业 | 个 | 184 |
| 其中：外资企业 | | 107 |
| 投资总额 | 万美元 | 227 897 |
| 其中：外商投资总额 | | 217 224 |
| 合同外资额 | | 104 232 |
| 实际利用外资 | | 98 191 |

## (2)-2 截至2012年昆山综合保税区历年主要外商投资情况表

| 按项目数排列 | | | 按投资额排列 | | |
|---|---|---|---|---|---|
| 序号 | 国别（地区） | 项目数（个） | 序号 | 国别（地区） | 投资额（万美元） |
| 1 | 中国台湾 | 38 | 1 | 中国台湾 | 102 140 |
| 2 | 英属维尔京群岛 | 13 | 2 | 英属维尔京群岛 | 30 746 |
| 3 | 中国香港 | 12 | 3 | 萨摩亚 | 20 297 |
| 4 | 日本 | 9 | 4 | 中国香港 | 15 962 |
| 5 | 萨摩亚 | 8 | 5 | 日本 | 14 167 |

## (3) 2012年昆山综合保税区物流企业营业收入排名表

单位：万元

| 序号 | 企业名称 | 序号 | 企业名称 |
|---|---|---|---|
| 1 | 江苏易智供应链管理有限公司 | 6 | 昆山恒莱亦禾供应链管理有限公司 |
| 2 | 昆山飞力仓储服务有限公司 | 7 | 昆山中外运物流有限公司 |
| 3 | 昆山世远物流有限公司 | 8 | 江苏天合国际物流有限公司 |
| 4 | 昆山新宁物流有限公司 | 9 | 江苏飞力达现代物流有限公司 |
| 5 | 昆山叶水福物流有限公司 | 10 | 昆山天隽物流有限公司 |

## (4) 2012年昆山综合保税区工业企业工业产值排名表

单位：万元

| 序号 | 企业名称 | 序号 | 企业名称 |
|---|---|---|---|
| 1 | 仁宝信息技术（昆山）有限公司 | 6 | 纬智资通（昆山）有限公司 |
| 2 | 纬新资通（昆山）有限公司 | 7 | 牧田（昆山）有限公司 |
| 3 | 仁宝电子科技（昆山）有限公司 | 8 | 彩晶光电科技（昆山）有限公司 |
| 4 | 纬创资通（昆山）有限公司 | 9 | 正鹏电子（昆山）有限公司 |
| 5 | 仁宝资讯工业（昆山）有限公司 | 10 | 昆山扬皓光电有限公司 |

# 郑州新郑综合保税区统计数据表

## （1）2012 年郑州新郑综合保税区主要经济指标完成情况表

| 指标名称 | 单位 | 2012 年 | 比上年增长（%） |
|---|---|---|---|
| 增加值 | 万元 | 1 575 000 | 193.5 |
| 工业总产值 | 万元 | 12 100 000 | 205.6 |
| 企业利润总额 | 万元 | 200 000 | 207.7 |
| 物流企业营业收入 | 万元 | 1 500 | — |
| 综合能源耗费量 | 吨标准煤 | 54 985.46 | 318.9 |
| 当年批准企业数 | 个 | 2 | — |
| 其中：加工企业 | 个 | 0 | — |
| 仓储物流企业 | 个 | 2 | — |
| 当年批准外资企业数 | 个 | 0 | — |
| 其中：加工企业 | 个 | 0 | — |
| 仓储物流企业 | 个 | 0 | — |
| 当年批准投资总额 | 万美元 | 0 | — |
| 其中：外商投资总额 | 万美元 | 0 | — |
| 增资额 | 万美元 | 0 | — |
| 当年合同利用外资 | 万美元 | 26 546 | -42.0 |
| 其中：增资额 | 万美元 | 0 | — |
| 当年实际到位资金 | 万美元 | 26 546 | -42.0 |
| 其中：实际利用外资 | 万美元 | 26 546 | -42.0 |
| 历年已投产运作企业数 | 个 | 2 | — |
| 其中：已投产加工企业数 | 个 | 0 | — |
| 已投产物流企业数 | 个 | 2 | — |
| 其中：投资额 1 000 万美元以上 | 个 | 0 | — |
| 土地实际已租售面积 | 平方米 | 630 313 | — |
| 房屋竣工面积 | 平方米 | 1 000 000 | — |
| 其中：已建成厂房面积 | 平方米 | 1 000 000 | — |
| 已建成仓库面积 | 平方米 |  | — |
| 港区货物吞吐量（限保税港区） | 万吨 |  | — |
| 港区集装箱吞吐量（限保税港区） | 万标准箱 |  | — |
| 税务部门税收 | 万元 | 102 450 | — |
| 固定资产投资额 | 万元 | 802 000 | 65.0 |
| 其中：基础设施投资 | 万元 | 55 000 | 1 275.0 |
| 期末从业人员 | 人 | 265 000 | 112.0 |
| 其中：期末外资企业从业人员 | 人 | 264 942 | 112.0 |
| 期末批准面积 | 平方公里 | 5.073 | — |
| 期末验收封关面积 | 平方公里 | 2.73 | — |

## （2）–1 截至2012年郑州新郑综合保税区历年招商引资情况表

| 指标 | 单位 | 历年累计 |
|---|---|---|
| 批准企业 | 个 | 3 |
| 其中：外资企业 | | 1 |
| 投资总额 | 万美元 | 149 000 |
| 其中：外商投资总额 | | 53 946 |
| 合同外资额 | | 53 946 |
| 实际利用外资 | | 53 946 |

## （2）–2 截至2012年郑州新郑综合保税区历年主要外商投资情况表

| 按项目数排列 | | | 按投资额排列 | | |
|---|---|---|---|---|---|
| 序号 | 国别（地区） | 项目数（个） | 序号 | 国别（地区） | 投资额（万美元） |
| 1 | 中国台湾 | 1 | 1 | 中国台湾 | 53 946 |

## （3）2012年郑州新郑综合保税区物流企业营业收入排名表

单位：万元

| 序号 | 企业名称 | 序号 | 企业名称 |
|---|---|---|---|
| 1 | 郑州航空港区金象保税物流有限公司 | 2 | 郑州航空港区富态通物流有限公司 |

## （4）2012年郑州新郑综合保税区工业企业工业产值排名表

单位：万元

| 序号 | 企业名称 | 工业总产值 | 序号 | 企业名称 | 工业总产值 |
|---|---|---|---|---|---|
| 1 | 鸿富锦精密电子（郑州）有限公司 | 12 100 000 | | | |

# 淮安综合保税区统计数据表

## （1）2012 年淮安综合保税区主要经济指标完成情况表

| 指标名称 | 单位 | 2012 年 | 比上年增长（%） |
|---|---|---|---|
| 增加值 | 万元 | 727 013 | 144.2 |
| 工业总产值 | 万元 | 4 486 983 | 162.9 |
| 工业产品销售额 | 万元 | 4 464 709 | 164.3 |
| 企业利润总额 | 万元 | 14 222 | -60.0 |
| 物流企业营业收入 | 万元 | 788 | 16.1 |
| 综合能源耗费量 | 吨标准煤 | 128 352 | 60.3 |
| 当年批准企业数 | 个 | 0 | — |
| 当年批准投资总额 | 万美元 | 0 | — |
| 当年合同利用外资 | 万美元 | 7 000 | -26.3 |
| 其中：增资额 | 万美元 | 7 000 | -22.2 |
| 当年实际到位资金 | 万美元 | 9 530 | 1.9 |
| 其中：实际利用外资 | 万美元 | 9 530 | 1.9 |
| 历年已投产运作企业数 | 个 | 12 | — |
| 其中：已投产加工企业数 | 个 | 9 | — |
| 已投产物流企业数 | 个 | 3 | — |
| 其中：投资额 1 000 万美元以上 | 个 | 5 | — |
| 土地实际已租售面积 | 平方米 | 180 009 | — |
| 房屋竣工面积 | 平方米 | 1 490 000 | — |
| 其中：已建成厂房面积 | 平方米 | 1 046 400 | — |
| 已建成仓库面积 | 平方米 | 326 860 | — |
| 税务部门税收 | 万元 | 5 177 | -21.8 |
| 期末从业人员 | 人 | 33 136 | 11.2 |
| 其中：期末外资企业从业人员 | 人 | 33 079 | 11.2 |
| 期末批准面积 | 平方公里 | 2.63 | 93.4 |
| 期末验收封关面积 | 平方公里 | 2.63 | 93.4 |

## (2) -1 截至2012年淮安综合保税区历年招商引资情况表

| 指标 | 单位 | 历年累计 |
|---|---|---|
| 批准企业 | 个 | 12 |
| 其中：外资企业 | | 8 |
| 投资总额 | 万美元 | 113 500 |
| 其中：外商投资总额 | | 113 300 |
| 合同外资额 | | 55 480 |
| 实际利用外资 | | 53 270 |

## (2) -2 截至2012年淮安综合保税区历年主要外商投资情况表

| 按项目数排列 | | | 按投资额排列 | | |
|---|---|---|---|---|---|
| 序号 | 国别（地区） | 项目数（个） | 序号 | 国别（地区） | 投资额（万美元） |
| 1 | 萨摩亚 | 6 | 1 | 萨摩亚 | 60 860 |
| 2 | 中国香港 | 1 | 2 | 中国香港 | 49 460 |
| 3 | 文莱 | 1 | 3 | 文莱 | 2 980 |

## (3) 2012年淮安综合保税区物流企业营业收入排名表

单位：万元

| 序号 | 企业名称 | 营业收入 | 序号 | 企业名称 | 营业收入 |
|---|---|---|---|---|---|
| 1 | 淮安天隽供应链管理有限公司 | 562 | 2 | 淮安弘运达供应链管理有限公司 | 226 |

## (4) 2012年淮安综合保税区工业企业工业产值排名表

单位：万元

| 序号 | 企业名称 | 工业总产值 | 序号 | 企业名称 | 工业总产值 |
|---|---|---|---|---|---|
| 1 | 富誉电子科技（淮安）有限公司 | 2 975 477 | 3 | 富准精密模具（淮安）有限公司 | 625 859 |
| 2 | 宏恒胜电子科技（淮安）有限公司 | 885 646 | | | |

# 专题研究篇

# 海关特殊监管区在改革创新中不断发展

中国保税区出口加工区协会会长　甄朴

2012年10月，国务院下发了《国务院关于促进海关特殊监管区域科学发展的指导意见》（下简称国发〔2012〕58号），为我国海关特殊监管区域的科学发展指明了方向，提出了目标，规划了任务。目前，海关特殊监管区域（下简称特殊区域）面临着新的发展机遇，我们要以积极奋发的姿态，求真务实的工作迎接新的挑战，认真贯彻党的“十八大”精神及“国发〔2012〕58号”文件要求。

## 布局：实际出发 立足长远

国务院1990年批准在上海设立外高桥保税区至今的20多年间，国家先后批准设立了6种类型的特殊区域110个，其中保税区12个，出口加工区46个，保税物流园区5个，跨境工业区2个，保税港区14个，综合保税区31个。这些特殊区域布局在27个省、市、自治区（目前，贵州、西藏、青海和甘肃尚未设立特殊区域），大部分设立在国家级经济开发区、高新技术开发区和边境经济合作区内。其中，东部沿海地区79个，中西部（含东北）地区31个。这种布局在满足东部发达地区现实需要的基础上，兼顾了中西部（含东北）地区长远发展战略目标对保税加工、保税物流、保税服务业务政策平台的现实和潜在需求，体现了从实际出发的科学原则。

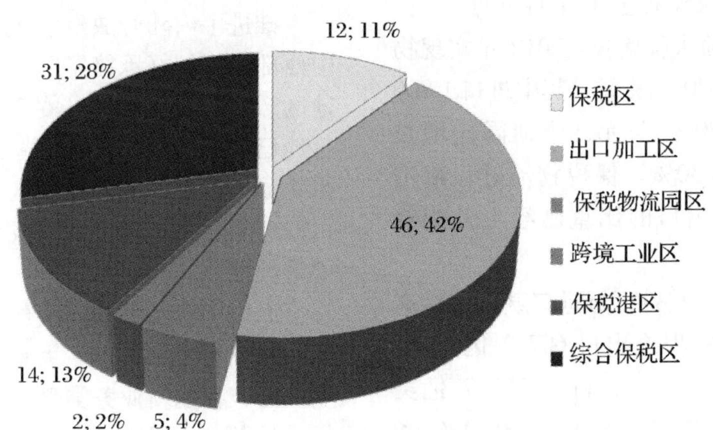


## 现状：整合升级 逆势上扬

2012年，在国务院有关部委的关心支持下，各特殊区域采取有效措施，应对欧债危机漫延、国际贸易趋冷带来的进出口增幅下滑的双重压力，在引进外资、承接产业转移、稳定外贸增长、提升区域竞争力、扩大社会就业方面积极作为，取得进出口增幅创历史新高的优异成绩，实现了整合升级进一步推进、保税功能进一步放大、产业链条进一步延伸、辐射作用进一步明显的四个“进一步”效应。同时，中西部特殊区域承接产业梯度转移的效果日益显现，进出口比重大幅上升，东中西部特殊区域发展不平衡的局面继续得到改善。

据海关统计，截至2012年年底，我国建成并有进出口统计数据的特殊区域为98个，当年实现进出口6 057.5亿美元，同比增长29.1%，占同期全国外贸进出口总额的15.7%。2012年进出口净增长1 367.7亿美元，占同期全国外贸增长总额的60.6%。上数两项数据不仅创下历史最好成绩，而且呈现三个突出变化：

一是进出口均衡增长。2012年实现进口3 112.2亿美元，出口2 955.3亿美元，分别同比增长26.9%和31.6%，增幅相对均衡，总体上呈现逆差态势。

二是加工贸易较快增长。我国特殊区域2012年实现加工贸易进出口约2 850亿美元，其中进口920亿美元，出口1 930亿美元，分别同比增长29.5%、27%和31.0%，增幅高出全国平均水平近30个百分点。

三是保税物流大幅增长。2012年实现物流货物进出口2 680亿美元，其中进口1 800亿美元，出口880亿美元，分别同比增长45.0%、175%和30%。保税物流进口额占全国特殊区域进出口的比重已经上升到约30%。

2013年1月，特殊区域进口继续保持高增长势头，当月实现进出口607.2亿美元，其中出口304.5亿美元，进口302.7亿美元，分别同比增长75.3%、80.1%和70.7%。进出口占全国外贸进出口的比重达到17.6%，较2012年提高了1.9个百分点。

**使命：对内对外开放和承接产业转移的主力军**

特殊区域是我国扩大对外开放的产物，是承接国际产业转移的政策窗口，也是促进东部地区产业梯度转移的主要载体，在不同发展阶段推动了我国以保税为特征的加工贸易的可持续健康发展，并在促进地方产业结构调整，辐射拉动区域周边经济发展和节约利用资源、新增就业岗位等方面发挥了重要作用，已经或正在成为所在地区继续扩大对内对外开放的政策平台和连接国内国际两个市场的重要抓手。

较好地承接了国际产业转移。作为承接跨国公司全球产业转移的重要载体，特殊区域吸引了欧美日及我国台港地区的电子信息、航空零部件等行业龙头企业在区内集聚。国内位居笔记本电脑出口前10位的代工企业有9个在特殊区域建立基地。

有力地推动了对外贸易增长。2012年，全国投入营运的98个特殊区域实现进出口6 057.6亿美元，占全国外贸进出口15.7%。江苏省等地特殊区域的进出口额约占全省进出口额的50%。作为加工贸易集聚区，还提高了加工贸易企业集中度，有利于资源的集约化利用和促进加工贸易转型升级。

推进了内陆开放经济较快成长。促进了中西部地区较好承接了跨国公司及东部沿海地区产业的梯度转移，在重庆、四川、河南等地已经形成了较大规模的产业集群。郑州、成都等地的综合保税区年加工贸易进出口已经超过200亿美元，成为当地经济的重要增长极。

产生了较明显的社会经济效益。制造业和物流业的集聚，产生大量的业务需求和就业岗位，在创新业务类型、节约利用土地和行政监管资源方面提供了先行先试的平台。目前，全国特殊区域直接就业岗位超过200万个，不仅为稳定社会促进和谐提供了支持，同时也为加快城镇化形成助力。

**直面：形势变化带来全新挑战**

功能单一，发展空间受限。出口加工区

是在规范加工贸易管理，承接国际产业转移和扩大商品出口为目标的背景下设立的，其政策、功能和监管方式的配置都以“两头在外，大进大出，零库存的加工贸易”的标的。此后，虽然进行了拓展保税物流功能，允许开展研发设计、检测维修和售后服务等改革创新，同时延展设立了综合保税区和保税港区，但实际能够开展的业务仍局限于保税加工及为之配套的仓储和物流业务，功能业务单一的情况并无质的改变，由此导致：1. 招商引资的领域、对象选择性少，发展潜力不足。2. 业务局限于保税加工、尤其是局限于单一行业和少数几家代工企业，抗风险能力较差。3. 只有利于出口，不利于拓展内销市场，投资者财税收益较低。

政策优势弱化，企业竞争力下降。与区外企业相比，特殊区域虽然有“围网 + 卡口”带来的“二线”通关上的不便，但在“两头在外，大进大出”的以出口为主的时期，区内政策优势较为明显，这种不便的影响不突出。随着形势变化，国际经济危机打破了区内企业产品“单一出口”的市场格局，国家实施出口和进口并重的战略，区内企业应变“两个市场”需求增大内销比例成为必然；国内产业配套环境逐步改善，区外配套产业链的形成改变了“两头在外”的依托境外来料加工的格局，国内采购比重上升；区域辐射和服务转变外贸发展方式，区域经济发展战略和带动配套产业发展的需求增大，进出区货物税收政策、监管方式等的不适应矛盾突出。

监管成本高企，执法风险增大。一方面，特殊区域采用封闭式管理，监管部门不仅对“一线”和“二线”货物实行全天候监管，还实施账册的核查核销等后续监管。这直接导致了海关管理成本的增加，尤其是一些发达地区的海关，监管任务十分繁重。由于监管人员严重不足，特殊区域普遍借调了武警部队，配置了地方协管员及保安协助监管，导致成本越来越高。另一方面，随着业务量和人员、车辆的成倍增长，还催生了监管部门的执法风险。某综合保税区日计有 3 万辆车次、12 万人次进出少数几个卡口，监管部门若按章严格执法，造成企业运行不便和成本增加，还容易造成卡口拥堵，诱发矛盾；若宽松执法，现场海关关员又面临问责的困境。

除了上述原因，还存在准入退出机制不健全，盲目跟风，重设立轻建设发展等诸多不足，特殊区域的投资效益，资源效益和社会效益未能得到充分的释放，可持续发展面临严峻挑战。

**研判：改革创新是发展的永恒动力**

特殊区域可持续发展中存在的矛盾有其历史背景和现实原因，但究其根本是完善功能政策和创新监管方式的工作滞后所致。因此，必须按照科学发展观的要求解放思想，转变观念，认真贯彻落实国发〔2012〕58 号文件精神，坚持改革创新，把特殊区域的发展提升到符合开放经济发展规律的科学轨道，最大限度地释放政策红利和投资效益。

一、尽快把改革创新成果转化为现实生产力

近年来，国家先后批准在天津、上海和江苏的一些特殊区域开展“金融租赁”、“国际维修”、“起运港退税”、“内销便利化”等业务创新试点和“信息围网”等监管方式创新，建议尽快将这些已经被实践证明的成果和做法总结推广到全国特殊区域，转化为推动特殊区域共同发展及进入特殊区域内投资企业公平参与市场竞争的现实生产力。

二、尽力做好符合中长期发展需要的顶层设计。国发〔2012〕58 号文件提出了特殊区域科学发展的指导意见，是促进特殊区域中长期发展工作的重要抓手。特殊区域科学发展不是统一名称和简单叠加功能政策，而是要以发展开放经济为目标，市场国际化需求为方向，全面发挥资源效益为根本，充分调动中央和地方政府，企业和监管部门多方积极性的系统工程，应加强宏观思考和顶层设计，实现大胆突破：

一是明确特殊区域的性质定位和发展目标。根据科学可持续发展的要求，结合国际自由贸易园区实践成果，从国情出发，破除关内还是关外的传统思想观念，对特殊区域可商讨定为“经国务院批准设立的享有特殊的税收政策，加工贸易和保税业务集中，先进制造业和现代服务业集聚，出口和进口并重，辐射和带动作用突出，能较好统筹国内外两种资源、链接国内外两个市场，有效监管和便捷通关相结合的特殊经济功能区”的改革建议进行充分论证。

二是依据市场规律完善特殊区域功能政策。政策是特殊区域可持续发展的生命，符合开放经济市场规律是特殊区域完善功能政策的必然选择。在完善功能政策中有必要认真探索和设计当前必须解决的问题是，要承认区内企业完整的市场主体资格和中国企业法人地位。赋予企业国际国内贸易经营权、增值税一般纳税人资格，使其可以直接与境内外市场主体开展业务，参与国内外两个市场拓展；要赋予特殊区域贸易、加工、物流、展示、服务等全方位的业务。既满足加工制造业向价值链两端拓展延伸的需求，同时促进特殊区域由单一功能向复合功能转变，实现国家、地方、企业和参与各方的利益最大化；要对货物进出区的保税和税收征管政策进行改革，以释放企业的生产力和地方政府投资效益。重点是探索“市场国际化和贸易便利化”情况下货物进出区时的税收（关税和代征税）征收方式改革及监管方式的适应性创新，使之既符合功能业务实际，又能够保证监管到位。

**合作：互为补充 共同发展**

2000 年，国务院在批复同意开展设立出口加工区试点时就明确要求其设立在国家级开发区内，目的在于依托开发区的产业基础、管理优势和投资能力，避免重复建设和资源浪费。目前，全国已经获批设立的 110 个特殊区域，设立在国家级（省级）开发区内的共有 85 个，占比达到总数的 77%。

因此，国家级开发区是特殊区域可持续发展的重要载体，特殊区域是国家级开发区的不可或缺的重要组成部分，是国家级开发区拓展招商引资渠道，承接国际国内转移产业的特殊政策资源和载体，大力发展开放型经济，促进产业结构调整的特殊物流平台和示范，两者相互补充，共同发展。

国家级开发区是特殊区域的投资和管理主体。除保税区外，2012 年年进出口超过 30 亿美元的 21 个特殊区域，有 17 个在国家级（省级）开发区内。上海松江、上海漕河泾、江苏昆山、苏州工业园、山东烟台、郑州新郑、重庆西永等，都是在开发区内发展较好的特殊区域典型。

正确认识特管区域的政策功能，有利于发挥对国家级开发区功能政策的补充作用，实现区内区外开放型经济的联动发展，放大特殊区域的资源效益。特殊区域的主要作用是满足开放型经济对进出口货物（商品）保税或缓税加工、仓储的需求，其最大的、最直接的投资回报大多体现在其保税、缓税政策所服务和辐射的关联产业产生的社会经济效益上。如苏州、重庆和成都等地的特殊区域的区内电子信息代工龙头企业，都形成了区内外相互依托的产业链，带动了相关区域的产业聚集和三产形成，促进了城镇化建设。

（注：本文系作者为《中国开发区》杂志创刊号特约撰稿。）

# 完善功能政策　释放改革红利

## ——关于促进海关特殊监管区域科学发展的研究

中国保税区出口加工区协会课题组

（2013 年 6 月 19 日）

**【内容提要】** 本研究概要总结了我国海关特殊监管区域建设发展的主要成就，梳理了影响健康发展的难点问题，系统分析了产生这些问题的深层原因，提出了促进特殊区域科学发展的改革建议和实施保障。研究认为，有必要按照中央的战略部署，立足现实需求，适应形势变化，大胆突破传统的思想观念，进一步深化改革，在明确特殊区域性质定位的基础上，拓展功能业务，调整完善政策，创新监管模式，理顺管理体制机制，促进科学发展。

**【关键词】** 海关特殊监管区域 发展 改革 研究

党的十八大报告指出：要加快转变对外经济发展方式，推动开放朝着优化结构、拓展深度、提高效益方向转变。坚持出口和进口并重，强化贸易政策和产业政策协调，促进加工贸易转型升级，发展服务贸易，推动对外贸易平衡发展。作为对外开放的重要载体，海关特殊区域要按照党的十八大精神，根据《国务院关于促进海关特殊监管区域科学发展的指导意见》（国发〔2012〕58 号）提出的海关特殊区域（以下简称特殊区域）发展指导思想、基本原则、总体要求等，在系统总结过去经验教训的基础上，不失时机地深化改革，坚决破除一切制约特殊区域科学发展的思想观念和体制机制障碍，最大限度地释放改革红利。

### 一、特殊区域发展的主要成效

截至 2012 年，全国有 27 个省市区设立了保税区、出口加工区、保税物流园区、保税港区、综合保税区、跨境工业园区等 6 类特殊区域 110 个。经过 20 多年的探索发展，各类特殊区域为我国扩大对外开放、承接国际产业转移、促进外贸增长、提升区域竞争力和增加社会就业岗位等做出了重要贡献。

#### （一）较好地承接了国际产业转移

特殊区域作为承接跨国公司全球产业转移的重要载体，吸引了欧美日等发达国家及我国港台地区的电子信息、精密机械等产业龙头企业在区内集聚。目前在国内加工出口的笔记本电脑、平板电脑、手机等电子产品绝大多数产自特殊区域。

#### （二）有力推动了外贸增长和加工贸易转型升级

2012 年，全国投入营运的 98 个特殊区域实现进出口 6 057.6 亿美元，占全国外贸进出口 15.7%，增长了 29.7%，高出中国外贸总体增速 23.5 个百分点。作为加工贸易聚集区，特殊区域近年还陆续增加了物流功能和研发、检测、售后服务等业务，促进了加工贸易转型升级。

#### （三）切实促进了内陆地区开放型经济的快速成长

中西部地区目前已设立 32 个特殊区域，发挥了承接跨国公司及我国东部沿海地区产业转移的载体作用，在重庆、四川、河南等地形成了较大规模的加工贸易产业集群。郑州新郑、成都高新和重庆西永等综合保税区的年进出口额都已超过200亿美元，成为当地经济的重要增长极。

（四）显著发挥了辐射带动和示范作用

特殊区域制造业和物流业的集聚，产生大量的业务需求，带动了相关配套产业的蓬勃发展，产生了较好的社会经济效益，仅直接提供的就业岗位已经超过200万个。作为对外开放的重要窗口，特殊区域还通过政策、业务的先行先试，发挥了进一步扩大对内对外开放的示范作用。

## 二、特殊区域面临的发展难题

特殊区域在取得显著发展成效的同时，也面临着不可忽视的难题和困惑，尤其是随着国际国内形势的巨大变化，制约特殊区域科学发展的一些制度瓶颈和政策障碍尤为突出。

（一）类型偏多，发展不平衡

目前全国特殊区域按功能政策分类，大致可分为离境退税类和入区退税类。离境退税类有保税区，入区退税类包括出口加工区、保税物流园区、保税港区、综合保税区、跨境工业区等。不同地区的特殊区域之间发展程度参差不齐，为数不少的特殊区域长期存在“批而不围、围而不用、用而不足”的现象。

全国特殊区域目前获批规划面积约430平方公里，围网验收面积约180平方公里，出租出让面积约120平方公里，而其中实际开发利用的又不到70%。同一地区内不同类型的特殊区域发展也不平衡。总体上，离境退税类的保税区发展业态选择性大，投入产出效益较高。入区退税类的特殊区域发展业态选择性较小，投入产出效益低。2011年，长三角地区3个保税区完成税收总额1 162.1亿元，其中工商税收442.7亿元，海关税收679.7亿元，而31个其他类型的特殊区域全部工商税收、海关税收合计仅有168.3亿元。

（二）功能单一，发展空间受限

入区退税类特殊区域功能相对单一。以综合保税区为例，从现行管理办法看，名义上被赋予了保税仓储，国际采购、分销和配送，国际中转、检测和售后服务维修，商品展示，研发、加工、制造等较为广泛的功能，但能够顺利开展的业务并不多，大部分都局限于保税加工及为之配套的物流、贸易。由于具体操作标准和规范的缺失，很多赋予的功能有名无实，比如研发、检测及售后维修等。由此导致：

1. 招商引资的领域、对象选择性少，发展潜力不足。业务局限于保税加工，尤其是局限于单一行业和少数几家代工企业。电子产业成为特殊区域事实上的最佳选择，有限的市场容量不仅极易导致区域之间的不公平竞争，还隐藏着极大的产业风险。不少地区出现投入大量资金，围绕一种产品（如笔记本电脑或智能手机）、一家企业（如富士康）设立特殊区域的现象，抗风险能力极低。

2. 产品向价值链两头延伸难度大，企业转型升级受阻。如许多跨国公司、品牌企业欲在特殊区域设立全球维修中心，开展全球检测维修业务。全球维修中心包括三种维修业务类型，一是在中国制造销往境外的产品入区维修；二是非中国制造的境外产品入区维修；三是中国制造的内销产品入区维修。由于维修中心的设立需要投入大量的检测设备、技术力量、管理运行网络系统以及配置大量的备品等，企业希望能将入区维修的三种业务类型进行整合。但是，目前特殊区域仅可以开展中国制造销往境外的产品入区维修，真正的全球维修中心还不能运作。研发也是如此。由于没有相应的保税监管模式，研发所消耗的物料核销目前只能套用加工账册监管模式，至于专门的研发机构，处于研发和中试阶段的中小型科技企业更是无法入区。

3. 不利于拓展内销市场。区内企业没有进出口贸易经营权和一般纳税人资格，不能开具增值税发票，导致国内贸易业务不能直接开展，需要经另一家国内外贸公司进口代理后方可内销，造成贸易环节增加、成本增加。服务业税收营改增后，进项税的抵扣也无法解决，直接造成区内企业成本上升。与保税区相比，综合保税区等入区退税类的特殊区域经济效益，尤其是地方财政收益明显不佳。

（三）政策优势弱化，企业竞争力下降

与区外企业相比，早期特殊区域内的企业有着明显的政策优势，但随着形势变化，这些政策优势逐渐弱化。如在税收政策上，区外加工贸易企业成品及半成品内销时按照折算原材料征税，而区内企业则需按出区状态征税，税基扩大，税负成本从而提高。在监管政策上，特殊区域实行封闭式管理，海关除了对"一线"、"二线"货物实施监管，并对区内企业实行账册核销，造成企业不仅没有享受到特殊区域的通关便利，相比区外企业还面临更多的限制，如委内委外加工检测无法开展等。尤其是随着企业内销和国内采购的比例增大，"二线"进出区货物也随之增多，区内外企业都要各自报关、报检等，运营成本更是增加。加上近年来海关提高查验率，将"一线"和"二线"货物合在一起考核，由于"二线"货物量大，查验率计算基数随之增大，降低了物流效率，增加了企业国内物流成本。因此，不少企业要求迁往区外。

（四）监管成本高企，执法风险增大

一方面，特殊区域采用封闭式管理，监管部门不仅对"一线"和"二线"货物实行全天候监管，还实施账册的核查核销等后续监管。这直接导致了海关管理成本的增加，尤其是一些经济发达地区的海关，监管任务十分繁重。由于监管人员严重不足，特殊区域普遍借调了武警部队，配置了地方协管员及保安协助监管，监管压力越来越大，成本越来越高。另一方面，随着业务量和人员、车辆的成倍增长，还催生了监管部门的执法风险。如昆山综合保税区，每天总计有3万辆车次、12万人次进出少数几个卡口。面对巨大的货物和人员流量，监管部门很难平衡，若按章严格执法，容易造成卡口拥堵，诱发矛盾；若宽松执法，又面临问责的困境。近年来，海关内部监督检查和外部审计监督措施越来越多，造成了现场海关执法两难境地。

## 三、特殊区域所面临发展难题的主要成因

特殊区域发展存在的难题是一系列历史和现实因素所致，但根本上说是生产关系不适应生产力发展变化的体现。破解特殊区域面临的困境，要系统反思其深层次的制度成因。

（一）特殊区域是在"摸着石头过河"中实践

我国第一种类型的特殊区域——保税区设立时，本意是试图借鉴国际上的自由贸易园区经验的，而入区退税是自由贸易园区特征的一个主要表现，所以保税区被赋予了包括入区退税在内的一系列政策，对保税区与境外之间进出的货物也规定使用备案制，以与一般的报关制有别。但事实上备案制有名无实，特殊区域的一线进出境货物除在配额、许可证管理等方面之外，与其他一线进出境货物在监管程序和要求上并无二致。1995年后，保税区的入区退税政策因故取

消，改行离境退税。这样，我国设立的保税区政策与国际上的自由贸易区特征有一定差距，保税区企业为适应政策环境变化，普遍开展国内贸易业务，并享有一般纳税人资格，形成了目前格局。

2000年之后，为规范海关监管，承接国际产业转移和适应“两头在外”、“大进大出、快进快出”之需，考虑解决与境外进出口的便利问题，开展出口加工区试点，并陆续设立了保税港区、综合保税区等特殊区域。出口加工区的政策体系以出口为导向，提出海关监管要管住“二线”，放开“一线”，但在实际监管中的“一线放开”与国际通则差距很大。按照《京都公约》的原则，货物在特殊区域和境外之间应“自由进出，免于实施惯常的海关监管制度”。事实上，目前还没有做到。这样，综合保税区等特殊区域，实质上“二线”管住了，“一线”没有完全放开。因此，区内企业如羊被圈养在区内，前门半开，后门堵住，活动空间有限。虽然后来几次修订了相关监管办法，但总体的理念和思路没有大的改变，仍处于“摸着石头过河”进行监管制度设计阶段。

（二）特殊区域功能政策未因形势变化而改变

出口加工区、综合保税区等特殊区域设立之初，对于推动当时的加工贸易发展，政策优势比较明显。当前遇到的一些发展难题，是由国际国内经济形势变化后伴随而来，即“两头在外、大进大出”的对外经济发展方式发生了巨大改变。

1. 国际经济形势发生巨变。设立特殊区域初期，正值经济全球化快速发展、国际产业转移活跃、引进外资扩大外贸出口的高速成长期。现在，由于国际金融危机、欧债危机等的冲击，世界经济低迷，投资和消费需求萎缩，贸易摩擦加剧。为此，国家也实施了扩大内需和鼓励出口与进口并重的战略。

2. 国内产业配套环境逐步改善。设立特殊区域初期，区内企业的原材料和产品市场都在境外。随着国内产业环境的优化，原来在境外生产原材料的企业纷纷进入国内，形成产业集聚，国内一些企业也加入产业链配套，目前区内企业的原材料绝大部分转为由国内采购。

3. 企业经营方式不断拓展。设立特殊区域初期，区内产业基本以出口加工为主。随着国际形势的变化和国内政策的调整，区内企业因应变化产生了利用两种资源、开拓两个市场的需求，业务也从加工制造向研发设计、国际贸易、维修检测、售后服务等拓展。

4. 区域经济辐射带动衍生了诸多配套需求。随着区内产业集聚，与国内产业各类配套服务的需求日益增多，委内、委外加工和检测业务频繁。而区域功能政策未能随形势变化而改变，导致特殊区域内各种不适应的矛盾交织、困难日益显现。

（三）特殊区域的管理体制机制长期不够顺畅也制约了问题的解决

特殊区域的管理体制机制不顺既是产生上述问题的制度根源，也制约了这些问题的解决。特殊区域管理属于中央事权，在宏观管理上，世界上大多数国家都是由中央政府专门的管理机构负责。我国在1998年、2003年机构改革以后，国务院特区办、体改委相继撤销，对特殊区域的牵头管理职责由海关总署承担，相对于特区办、体改办的综合性，海关总署的职权范围相对较窄，部际协调难度大。涉及特殊区域的功能政策修改调整，需协调十多个中央国家部委，意见一致方能报国务院审批。而在协调十多个部委意见时，不但环节多、周期长、成本高，而且很难形成完全一致的意见，导致特殊区域发展中存在的一些问题也迟迟难以解决。

## 四、特殊区域的改革路径

面对国际国内新形势、新情况，特殊区域，尤其是地处内陆的特殊区域，如果还是沿袭原有“以外资为主、以制造业为主、以出口为主”的发展模式，竞争优势不复存在，发展将难以为继。特殊区域必须要深化改革，进一步转型升级。国务院的指导意见已经明确，特殊区域将逐步整合为“综合保税区”。特殊区域转型升级不应只是换个名称，也不应只是功能政策的简单叠加，而是要在正确认识特殊区域发展难题及深层次原因的基础上，以企业转型升级为导向，以效益提升为重点，以有效监管为前提，以贸易便利化为目标，坚持科学发展的原则，加强前瞻性思考和顶层设计，求真务实，勇于突破。

（一）明确目标和性质定位

只有对特殊区域进行科学的性质和目标定位，相应的功能、政策和监管模式才能配套跟进。我们认为，目前影响特殊区域发展的主要症结既有“一线”放开不够的问题，更有“二线”监管过严的问题。因此，特殊区域的改革方向既需要考虑对境外市场的进一步开放，又需要考虑对国内市场的进一步接轨。

总体上应从特殊区域现阶段实际情况和长远发展战略需要出发，将特殊区域定位为“加工贸易和保税业务集中，先进制造业和现代服务业集聚，出口和进口并重，辐射和带动作用突出，能较好统筹国内外两种资源、链接国内外两个市场，有效监管和便捷通关相结合的特殊经济功能区”，并为此设计相应的功能、政策和监管模式。

特殊区域从总体性质上应定位为“关内”，着重考虑企业与国内市场有机接轨，但考虑到对外经济技术交往和对外贸易数量、规模巨大等因素，在特殊区域内设立保税物流区并“视为离境”赋予离境退税的政策，以满足进一步扩大对外开放的需求。这就使特殊区域在一定范围内拥有“关外”特性，而普遍具有“关内”属性，使其真正成为“对外开放的窗口，对内接轨的桥梁”。

因此，我国特殊区域的改革创新，应坚持继承扬弃的原则，在不改变现行管理体制，不增加新的税收政策，不调整指定区域开展保税贸易业务和不突破海关普遍监管保税货物方式的基础上通过“功能政策分区匹配，业务模式分类监管”去展开，更好更快地实现两种资源有效统筹，两个市场充分利用，监管风险更好降低。

（二）拓展功能

首先，拓宽区内企业经营业态，切实赋予特殊区域贸易、加工、物流、展示、服务等全方位业务功能。让企业从过去加工制造向价值链两端拓展延伸，从单一保税加工向具有加工制造、研发设计、贸易、展览展示、仓储物流、采购分拨、国际中转、维修检测、金融结算、服务外包等全方位拓展。其次，放开区内企业对内对外经营权。承认区内企业完整的市场主体资格和中国企业法人地位，赋予企业国际国内贸易经营权、增值税一般纳税人资格，使其可以直接与境内外市场主体开展业务，从过去依靠单一国际市场向国际国内两个市场拓展。通过功能业务拓展，使特殊区域能够有利于促进企业转型升级，增加市场主体竞争能力；有利于合理高效利用土地资源，提高单位面积的投入产出和效益水平；也有利于增加地方财政收入，兼顾国家、地方和企业的利益关系。

（三）完善政策

鉴于特殊区域的改革既要满足进一步对外开放的需求，又要满足无缝接轨国内经济的需求，也就是既要体现“关外”特性，又要体现“关内”属性。海关对特殊区域根据性质进行分类管理。将从事为进出口贸易服务的物流业务企业集中在一个区域内，设立保税物流区，采用“关外”政策和监管办法；将从事制造研发等业务的企业集中在另外的区域内，采用“关内”政策和监管办法，并在此基础上调整完善相关税收政策。

1. 保留现有部分政策，突出特殊区域优势。区内企业自用设备入区免税，进口料件（货物）入区保税，国内企业货物销往区内保税物流区的视同出口予以退税。

2. 调整完善部分政策，有利于贸易便利化和海关监管。除保税物流区内企业外，所有国内销往区内企业的货物全部采用国内贸易通行惯例运作，区内企业外销产品实际离境后退税，内销产品按原材料缴纳关税和进口环节增值税。

3. 鼓励科技创新，促进新兴产业发展。制定有利于研发机构、研发中试阶段中小企业，开展研发和产品试制的管理办法，完善相关设备保税、材料核销的特殊政策和通关便利措施，促进科技创新发展。

4. 及时总结推广先行先试经验。在一些特殊区域开展的“金融租赁”、“期货保税交割”、“全球维修”等业务试点应及时总结推广，使之惠及所有特殊区域。同时，推动在区内先行先试与国际接轨的、更为自由的货币结算兑换政策，为未来国家外汇管理体制及政策的变革做些积极探索。鼓励和引导特殊区域错位发展，形成有特色的开放经济集群。

（四）创新监管模式

随着现代信息技术发展和企业诚信自律体系健全，国际特殊区域的监管大多已不再沿袭封闭式监管的传统路径，而是依托信息化手段，实行开放式管理。应借鉴国际有益经验，大胆创新海关监管模式，探索分类管理的办法。

1. 完善封闭围网监管方式。保税物流区及口岸作业区采用现行“围网＋卡口”式全封闭管理，沿用现有特殊区域的监管模式和海关代码。真正实现“一线放开、二线管住、区内自由”，在境外货物“一线”入区时，改变现行备案清单管理方式，采用凭仓单等简化的管理流程入区。

2. 推行信息联网监管手段。对区内仓储、贸易、制造等企业采用信息化联网监管，依托监管信息平台、辅助监管系统和一些先进的管理技术，推行海关监管系统与企业 ERP 系统联网对接，实行企业业务运作动态联网下的实时监管和物流链过程风险监控，将卡口物理监管重点前移或融入物流过程监管。

3. 强化后续核查核销、稽查等工作，实现有效监管。这样既可以将监管战线收缩，突出重点进行严密监管，节省监管成本，又方便了企业的货物、车辆、人员出入卡口，降低企业综合运营成本，提高市场竞争力。

（五）理顺管理体制机制

适应“大部制”改革要求，完善统一管理体制，建立国务院授权的、能够高效运转的部际联系会议机制，协调解决由于部门认识不一而导致的矛盾与分歧。通过加快国家立法，进一步明确特殊区域的性质、地位、发展目标、功能政策、管理体制，中央和地方政府及部门间的权责关系。

## 五、特殊区域改革的实施保障

建议由海关总署牵头，或者提请国务院办公厅牵头，相关部委参加，成立特殊区域转型改革领导小组及课题研究小组。由课题小组首先进行广泛的调查研究、分析论证，形成改革方案，报经领导小组研究批准后，确定试点区域进行探索。领导小组负责指导改革试点的开展，及时研究、答复、解决试点单位遇到的问题，并定期对试点结果进行评估总结，在试点成功的基础上，上报国务院推广实施。在实践基础上，修改完善统一的《中华人民共和国海关特殊监管区域管理办法》，并以国务院名义颁布实施，各相关部委制定相应实施细则。

（注：1. 本研究报告由昆山综合保税区牵头，主要参与单位有苏州、无锡、上海、杭州、宁波等地的特殊区域管委会。

2. 东中西部和东北地区的特殊区域管委会如上海、张家港、大连、长春、重庆、宁波、钦州、北海、成都、西安、青岛和天津等约40个单位提供了书面修改意见。

3. 本研究报告的撰写执笔人员有陆宗元、蒲少伟、孙远东、陈贞新等。）